# MEMÓRIAS DA

# RAINHA DO

# CRIME

Publicado originalmente em 1977

# AGATHA CHRISTIE
## UMA AUTOBIOGRAFIA

· TRADUÇÃO DE ·
**Stefano Volp**

Rio de Janeiro, 2022

Título original: *An Autobiography*
Copyright © 1977 Agatha Christie Limited. All rights reserved.
Copyright de tradução © 2022 por Casa dos Livros Editora LTDA

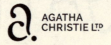

THE AC MONOGRAM and AGATHA CHRISTIE are registered trademarks of Agatha Christie Limited in the UK and/or elsewhere. All rights reserved.

Todos os direitos desta publicação são reservados à Casa dos Livros Editora LTDA. Nenhuma parte desta obra pode ser apropriada e estocada em sistema de banco de dados ou processo similar, em qualquer forma ou meio, seja eletrônico, de fotocópia, gravação etc., sem a permissão do detentor do copyright.

Diretora editorial: *Raquel Cozer*
Gerente editorial: *Alice Mello*
Editores: *Lara Berruezo e Victor Almeida*
Assistência editorial: *Anna Clara Gonçalves e Camila Carneiro*
Copidesque: *Bonie Santos, Luíza Amelio e Fernanda Marão*
Revisão: *Isabela Sampaio*
Design gráfico de capa e miolo: *Túlio Cerquize*
Diagramação: *Abreu's System*
Imagens de capa: *Shutterstock/ Risto Viita e Getty/ Hulton Deutsch*

---

Dados Internacionais de Catalogação na Publicação (CIP)
(Câmara Brasileira do Livro, SP, Brasil)

Christie, Agatha, 1890-1976
  Uma autobiografia / Agatha Christie; tradução Stefano Volp. – Rio de Janeiro: HarperCollins Brasil, 2022.

  Tradução original: An autobiography
  ISBN 978-65-5511-309-9

  1. Christie, Agatha, 1890-1976 2. Escritoras inglesas – Autobiografia I. Título.

22-103790                                         CDD-823.912

Cibele Maria Dias – Bibliotecária – CRB-8/9427

---

Os pontos de vista desta obra são de responsabilidade de seu autor, não refletindo necessariamente a posição da HarperCollins Brasil, da HarperCollins Publishers ou de sua equipe editorial.

HarperCollins Brasil é uma marca licenciada à Casa dos Livros Editora LTDA.
Todos os direitos reservados à Casa dos Livros Editora LTDA.
Rua da Quitanda, 86, sala 218 – Centro
Rio de Janeiro, RJ – CEP 20091-005
Tel.: (21) 3175-1030
www.harpercollins.com.br

# Sumário

| | |
|---|---|
| Prefácio | 7 |
| Apresentação | 9 |
| | |
| **Parte 1: Ashfield** | 13 |
| **Parte 2: "Meninas e meninos, venham brincar"** | 75 |
| **Parte 3: Crescendo** | 133 |
| **Parte 4: Namoro, corte, proibição, casamento (jogo popular vitoriano)** | 193 |
| **Parte 5: Guerra** | 265 |
| **Parte 6: Volta ao mundo** | 341 |
| **Parte 7: A terra da alegria perdida** | 381 |
| **Parte 8: Segunda primavera** | 429 |
| **Parte 9: A vida com Max** | 501 |
| **Parte 10: A Segunda Guerra** | 571 |
| **Parte 11: Outono** | 603 |
| | |
| Epílogo | 631 |

# Prefácio

Agatha Christie começou a escrever este livro em abril de 1950; ela o terminou cerca de quinze anos depois, aos 75 anos de idade. Qualquer livro escrito durante um período tão longo deve conter certas repetições e inconsistências, e estas foram arrumadas. Nada de importante foi omitido, no entanto: substancialmente, esta é a autobiografia como ela gostaria que fosse.

Ela terminou o texto aos 75 anos porque, como ela mesma colocou, "parece o momento certo de parar. Porque, no que diz respeito à vida, isso é tudo que há para dizer". Os últimos dez anos de sua vida viram alguns triunfos notáveis — o filme de *Assassinato no Expresso do Oriente*; a continuação do fenômeno de *A ratoeira*; as vendas de seus livros em todo o mundo crescendo maciçamente ano após ano e, nos Estados Unidos, assumindo o topo dos mais vendidos — que, por muito tempo, já era dela por direito na Grã-Bretanha e na Commonwealth; e sua nomeação em 1971 como Dama do Império Britânico. No entanto, esses não são mais do que louros extras pelas conquistas que, na mente dela, tinham ficado para trás. Em 1965, ela pôde escrever de forma autêntica... "Estou satisfeita. Fiz o que queria fazer".

Embora esta seja uma autobiografia, começando, como as autobiografias deveriam, do início, e indo em direção ao momento em que ela terminou de escrever, Agatha Christie não se permitiu ser circunscrita de forma tão rígida pela camisa de força da cronologia. Parte do deleite deste livro está no modo como ela se move como bem entende; pausando às vezes para refletir sobre os hábitos incompreensíveis das empregadas ou as compensações da velhice; pulando adiante em outro momento porque algum traço em seu caráter infantil a lembra vividamente do neto. Ela também não sente qualquer obrigação de incluir tudo. Alguns episódios que, para alguns, podem parecer importantes — o célebre desaparecimento, por exemplo — não são mencionados, embora, nesse caso particular, as referências em outro lugar a um ataque anterior de amnésia deem a pista para o que aconteceu de verdade. Quanto ao resto, "eu me lembrei, suponho, do que queria me lembrar", e embora ela descreva a separação do primeiro marido com comovente dignidade, o que em geral deseja lembrar são as partes alegres ou divertidas de sua existência. Poucas pessoas podem ter extraído diversão mais intensa ou mais variada da vida, e este livro, acima de tudo, é um hino à alegria de viver.

Se ela tivesse visto este livro impresso, sem dúvida teria desejado agradecer a muitos daqueles que ajudaram a trazer essa alegria para a sua vida; acima de tudo, é claro, a seu marido Max e a sua família. Talvez não seja inconveniente para nós, seus editores, agradecer *a ela*. Por cinquenta anos, ela nos maltratou, repreendeu e alegrou; a insistência dela em permanecer nos mais altos padrões em todas as áreas do mercado editorial era um desafio constante; o seu bom humor e o seu entusiasmo pela vida acaloraram as nossas. Fica óbvio nestas páginas que ela sentia grande prazer em escrever; o que não aparece é a maneira pela qual conseguia comunicar esse prazer a todos aqueles envolvidos com seu trabalho, de modo que o ato de publicá-la fosse um negócio sempre agradável. É certo que, tanto como autora quanto como pessoa, Agatha Christie permanecerá única.

# Apresentação

*NIMRUD, IRAQUE*
*2 de abril de 1950*

Nimrud é o nome moderno da antiga cidade de Calah, a capital militar dos assírios. Nossa Casa da Expedição é construída de tijolos de barro. Ela se estende pelo lado leste do monte, e tem uma cozinha, uma sala de estar e jantar, um pequeno escritório, uma sala de trabalho, uma sala de desenho, um grande depósito e uma sala de cerâmica, e uma pequena câmara escura (todos dormimos em tendas). Mas este ano, mais um cômodo foi acrescentado à Casa da Expedição, uma sala que mede cerca de três metros quadrados. O teto é de gesso, com esteiras de junco e alguns alegres tapetes rústicos. Há uma imagem na parede feita por um jovem artista iraquiano, de dois burros passando pelo mercado, toda feita de um labirinto de cubos coloridos. Há uma janela com vista para o leste em direção às montanhas cobertas de neve do Curdistão. Do lado de fora da porta há um cartão quadrado no qual está impresso, em escrita cuneiforme, BEIT AGATHA (Casa de Agatha).

Então esta é a minha "casa" e a ideia é que nela eu tenha total privacidade e possa me dedicar a sério ao ofício da escrita. Enquanto a escavação proceder, não haverá tempo para isso. Os objetos precisarão ser limpos e consertados. Haverá fotografia, etiquetagem, catalogação e empacotamento. Mas durante a primeira semana ou até os primeiros dez dias, deve haver relativo lazer.

É verdade que existem certos obstáculos à concentração. No telhado acima, trabalhadores árabes pulam, gritando alegres uns com os outros e alterando a posição de escadas não muito seguras. Cães latem, perus grugulejam. O cavalo do policial faz tilintar sua corrente, e a janela e a porta recusam-se a ficar fechadas, escancarando-se alternadamente. Estou sentada a uma mesa de madeira bastante firme, e ao meu lado está uma caixa de lata pintada com cores vivas com a qual os árabes viajam. Nela, pretendo manter meu texto datilografado conforme ele progride.

Eu *deveria* estar escrevendo uma história de detetive, mas, com a urgência natural dos escritores de escrever qualquer coisa que não o que deveriam, desejo, bastante inesperadamente, escrever minha autobiografia. O desejo de escrever uma autobiografia, pelo que me disseram, atinge todos, mais cedo ou mais tarde. E, de repente, me atingiu.

Pensando bem, autobiografia é uma palavra muito forte. Ela sugere um estudo intencional de toda a vida de uma pessoa. Implica nomes, datas e lugares em uma ordem cronológica organizada. O que eu quero é enfiar minha mão em uma caixa surpresa e emergir com um punhado de memórias variadas.

Para mim, a vida parece consistir em três partes: o cativante e, em geral, agradável presente, que avança minuto a minuto com fatal velocidade; o futuro, sombrio e incerto, para o qual se pode fazer qualquer número de planos interessantes (quanto mais selvagens e improváveis, melhor), uma vez que — já que nada sairá como se espera — você pode pelo menos se divertir ao planejar; e em terceiro lugar, o passado, as memórias e realidades que são o alicerce da vida presente de alguém, trazidas de volta de repente por um cheiro, a silhueta de uma colina, uma velha canção — alguma trivialidade que faz a pessoa de repente dizer "eu me lembro…" com um prazer peculiar e bastante inexplicável.

Essa é uma das compensações que vêm com a idade, e com certeza uma muito agradável: poder lembrar.

Infelizmente, muitas vezes você deseja não apenas lembrar, mas também *falar* sobre a lembrança. E isso, você precisa repetir muitas vezes para si mesmo, é chato para outras pessoas. Por que elas deveriam estar interessadas no que, afinal, é a *sua* vida, não a delas? Elas lhe dedicam, de fato, quando jovens, uma certa curiosidade histórica ocasional.

— Suponho — diz com interesse uma garota bem-educada — que você se lembre de *tudo* sobre a Crimeia.

Um tanto magoada, respondo que não sou tão velha assim. Também nego participação na Rebelião Indiana de 1857. Mas admito vagas recordações da Guerra dos Bôeres — o que é inevitável, pois meu irmão participou dela.

A primeira memória que surge em minha mente é uma imagem clara de mim mesma, andando pelas ruas de Dinard em um dia de mercado com minha mãe. Um garoto que carregava um cesto enorme cheio de coisas esbarra violentamente em mim, ralando meu braço e quase me derrubando no chão. Dói. Começo a chorar. Acho que tenho mais ou menos 7 anos. Minha mãe, que gosta de comportamentos estoicos em lugares públicos, reclama comigo.

— Pense nos nossos soldados corajosos na África do Sul — diz ela.

Minha resposta é gritar:

— Não quero ser um soldado valente. Quero ser uma covarde!

O que governa a escolha das memórias? A vida é como ver um filme no cinema. Plim! Aqui estou eu, uma criança, comendo bombas de creme no meu aniversário. Plim! Dois anos se passaram e estou sentada no colo da minha avó, sendo solenemente amarrada como uma galinha recém-chegada de Mr. Whiteley's, e quase histérica com a graça da piada.

Apenas momentos — e, entre eles, longos espaços vazios de meses ou mesmo anos. Onde é que eu estava, então? Isso traz à tona uma pergunta de Peer Gynt:

— Onde eu estava, eu mesmo, o homem inteiro, o homem verdadeiro?

Nunca conhecemos uma pessoa por inteiro, embora às vezes, em flashes rápidos, conheçamos a pessoa verdadeira. Eu mesma acho que as memórias de alguém representam aqueles momentos que, por mais insignificantes que possam parecer, não obstante representam o eu interior e o si mesmo como são de verdade.

Eu sou hoje a mesma pessoa que aquela garotinha séria de cachinhos claros enrolados feito salsichas. A casa em que a mente habita cresce, desenvolve instintos e gostos e emoções e capacidades intelectuais. Mas eu, a verdadeira Agatha, sou a mesma. Não conheço a Agatha por inteiro. Agatha por inteiro, creio eu, é conhecida apenas por Deus.

Então aí estamos nós, todas nós, a pequena Agatha Miller e a grande Agatha Miller, e Agatha Christie, e Agatha Mallowan, continuando nosso caminho — para onde? Isso não se sabe —, o que, é claro, torna a vida empolgante. Eu sempre achei a vida empolgante e ainda acho.

Como sabemos muito pouco da vida — apenas nossa ínfima parte —, cada um de nós é como um ator que tem algumas falas para dizer no primeiro ato. Ele dispõe de um roteiro datilografado com suas deixas, e isso é tudo que pode saber. Não leu a peça inteira. Por que iria lê-la? Terá apenas que dizer: "O telefone está enguiçado, minha senhora", e depois retirar-se para o escuro.

Mas quando a cortina subir no dia da apresentação, ele ouvirá a peça toda e estará lá para se alinhar com os outros e assumir seu lugar.

Fazer parte de algo que não se compreende nem o mínimo é, penso eu, uma das coisas mais intrigantes da vida.

Eu gosto de viver. Já me desesperei de forma descontrolada, fiquei muito infeliz, fui atormentada pela mágoa, mas apesar de tudo ainda sei com razoável certeza que simplesmente *estar viva* é algo grandioso.

Então, o que pretendo fazer é aproveitar os prazeres da memória — sem me apressar —, escrevendo algumas páginas de vez em quando. É uma tarefa que provavelmente levará anos. Mas por que chamo isso de *tarefa*? É uma indulgência. Certa vez, vi um velho pergaminho chinês que adorei. Apresentava um homem velho sentado sob uma árvore brincando de cama de gato. Chamava-se: "Velho desfrutando os prazeres do ócio". Nunca me esqueci dele.

Então, tendo decidido que vou me divertir, talvez seja melhor começar. E, embora eu não espere ser capaz de manter a ordem cronológica, posso pelo menos tentar começar do início.

# Parte 1

# *Ashfield*

*O! ma chère maison; mon nid, mon gîte*
*Le passé l'habite… O ma chère maison.*

# I

Uma das coisas mais afortunadas que nos podem acontecer na vida é ter uma infância feliz. Eu tive uma infância muito feliz. Tive uma casa e um jardim que adorava; uma babá sábia e paciente; quanto a pai e mãe, tive duas pessoas que se amavam profundamente e tiveram sucesso no casamento e como pais.

Quando olho para trás, sinto que nossa casa era de fato uma casa feliz. Isso se devia em grande parte a meu pai, pois ele era um homem muito agradável. Ser agradável não é uma qualidade muito enfatizada hoje em dia. As pessoas tendem a perguntar se um homem é inteligente, diligente, se ele contribui para o bem-estar da comunidade, se ele "faz diferença" de maneira geral. Mas Charles Dickens coloca a questão de maneira encantadora em *David Copperfield*:

"— Seu irmão é um homem agradável, Peggotty? — perguntei, hesitante.
"— Ah, que homem agradável ele é! — Peggotty exclamou (...)."

Faça a si mesmo essa pergunta sobre a maioria de seus amigos e conhecidos e talvez você se surpreenda com quão raramente a sua resposta será a mesma de Peggotty.

Pelos padrões modernos, meu pai talvez não fosse bem-conceituado. Era um homem preguiçoso. Vivíamos a época da renda independente, e, se você tivesse renda independente, não trabalhava. Ninguém esperaria algo diferente de você. Tenho fortes suspeitas de que meu pai não teria sido muito bom no trabalho, de qualquer maneira.

Ele saía de nossa casa em Torquay todas as manhãs e ia para o clube. Voltava de táxi, para o almoço, e à tarde retornava para o clube, jogava uíste a tarde toda e voltava para casa a tempo de se trocar para o jantar. Durante a temporada, passava os dias no clube de críquete, do qual era presidente. Também ocasionalmente organizava grupos de teatro amador. Ele tinha muitos amigos e adorava recebê-los. Havia um grande jantar em nossa casa toda semana, e ele e minha mãe saíam para jantar geralmente mais duas ou três vezes por semana.

Só mais tarde fui perceber o homem muito amado que ele era. Depois de sua morte, chegaram cartas de todo o mundo. E na nossa região, comerciantes, cocheiros, empregados antigos — toda hora algum senhor vinha até mim e dizia: "Ah! Eu me lembro bem do Mr. Miller. Nunca vou esquecê-lo. Não há muitos como ele hoje em dia".

No entanto, ele não tinha características marcantes. Não era particularmente inteligente. Acho que tinha um coração simples e amoroso, e cuidou de verdade de seus semelhantes. Ele tinha um ótimo senso de humor e fazia as pessoas rirem com facilidade. Não havia maldade nele, nenhum ciúme, e ele era quase generoso demais. E tinha uma felicidade e uma serenidade naturais.

Minha mãe era bem diferente. Era uma personalidade enigmática e cativante — mais contundente que meu pai —, surpreendentemente original em suas ideias, tímida e muito reservada e, no fundo, acho, tinha uma melancolia natural.

Os empregados e as crianças eram devotados a ela, e sua mais singela palavra era sempre prontamente obedecida. Ela teria sido uma educadora de primeira classe. Tudo o que dizia se tornava empolgante e significativo de imediato. A mesmice a aborrecia, e ela saltava de um assunto para outro de uma forma que às vezes tornava a conversa confusa. Como meu pai costumava lhe dizer, ela não tinha senso de humor. Diante dessa acusação, ela protestava, com voz magoada:

— Só porque não acho graça em certas histórias suas, Fred...
— E meu pai gargalhava.

Ela era cerca de dez anos mais nova que meu pai, e o amara com devoção desde que era apenas uma criança de 10 anos de idade. Durante todo o tempo em que ele foi um jovem alegre, viajando entre Nova York e o sul da França, minha mãe, uma garota tímida e quieta, ficou em casa, pensando nele, escrevendo de vez em quando um poema em seu "álbum", bordando uma pequena carteira para ele. Aquela carteira, aliás, meu pai guardou por toda a vida.

Um romance tipicamente vitoriano, mas com uma riqueza de sentimento profundo por trás.

Eu me interesso por meus pais não apenas porque eles *foram* meus pais, mas porque alcançaram aquela produção muito rara: um casamento feliz. Até hoje, vi apenas quatro casamentos de fato bem-sucedidos. Será que existe uma fórmula para o sucesso? Creio que não. Dos meus quatro exemplos, um era de uma garota de 17 anos casada com um homem quinze anos mais velho. Ele havia protestado, dizendo que ela não sabia o que estava fazendo. Ela respondera que sabia muito bem e que já estava decidida a se casar com ele havia cerca de três anos! O casamento ficou ainda mais complicado por terem primeiro uma e depois a outra sogra morando com eles — o suficiente para destruir a maioria das alianças. A esposa é calma, de uma natureza profundamente intensa. Ela me lembra um pouco minha mãe, mas sem o brilho e os interesses intelectuais dela. Eles têm três filhos, que saíram de casa há um bom tempo. A parceria deles dura mais de trinta anos, e eles ainda são dedicados um ao outro. Outro exemplo era o de um jovem rapaz casado com uma mulher quinze anos mais velha que ele — uma viúva. Ela o havia recusado por muitos anos, então por fim o aceitou, e eles viveram felizes até a morte dela, 35 anos depois.

Minha mãe, Clara Boehmer, foi infeliz quando criança. Seu pai, um Oficial do regimento Argyll Highlanders do Exército Britânico, caiu do cavalo e foi mortalmente ferido, e minha avó foi deixada, uma jovem e adorável viúva com quatro filhos, aos 27 anos, com nada além da pensão. Foi então que sua irmã mais velha, que pouco antes havia se casado com um estadunidense rico, como segunda esposa, escreveu para ela oferecendo-se para adotar uma das crianças e criá-la como se fosse sua.

Para a jovem viúva ansiosa, trabalhando desesperadamente como costureira para apoiar e educar quatro filhos, era uma oferta irrecusável. Dos três meninos e uma menina, ela escolheu a menina; ou porque lhe parecia que meninos eram capazes de se virar no mundo, enquanto uma menina precisava das vantagens de uma vida fácil, ou porque, como minha mãe sempre acreditou, ela se importava mais com os meninos. Minha mãe deixou Jersey e veio para o norte da Inglaterra para uma casa estranha. Acho que o ressentimento, a profunda mágoa por ser indesejada, influenciou sua atitude perante a vida. Fez com que tivesse pouca confiança em si mesma e com que suspeitasse do afeto das pessoas. Sua tia era uma mulher gentil, bem-humorada e generosa, mas não era atenta aos sentimentos de uma criança. Minha mãe teve todas as vantagens de um lar confortável e uma boa educação — o que ela perdeu e que nada poderia substituir foi a vida despreocupada com os irmãos em *sua própria casa*. Muitas vezes já vi em colunas de correspondência mensagens de pais ansiosos perguntando se deveriam abrir mão de um filho seu em nome "das vantagens que ele terá que eu não posso oferecer — como uma educação de primeira classe". Sempre desejo gritar: não abra mão de um filho seu. Sua própria casa, sua própria família, amor e a segurança do pertencimento — o que a melhor educação do mundo pode significar quando comparada a isso?

Minha mãe se sentiu profundamente infeliz em sua nova vida. Ela chorava até dormir todas as noites, ficou magra e pálida e, por fim, ficou tão doente que sua tia chamou um médico. Ele era um homem idoso e experiente e, depois de falar com a menina, foi até a tia e disse:

— A criança está com saudade de casa.

A tia respondeu com grande surpresa e incredulidade.

— Ah, não — disse ela. — Não pode ser. Clara é uma criança boa e quieta, nunca causa problemas e é bastante feliz.

Mas o velho médico voltou à criança e falou com ela novamente. A menina tinha irmãos, não tinha? Quantos? Quais eram seus nomes? E logo a criança desabou em uma tempestade de choro, e despejou toda a história.

Trazer à tona o problema aliviou a tensão, mas a sensação de "não ser desejada" sempre permaneceu. Acho que ela usou isso contra minha avó até o dia da morte dela. Ela acabou ficando muito ligada ao "tio" estadunidense. Ele já estava doente àquela altura, mas adorava a pequena e tranquila Clara, e ela costumava ler para ele o livro favorito dela: *O rei do rio de ouro*. Mas o verdadeiro consolo na vida da menina eram as visitas periódicas do enteado de sua tia — Fred Miller —, o chamado "primo Fred". Ele tinha então cerca de 20 anos e era sempre muito gentil com sua jovem "prima". Um dia, quando a menina tinha por volta de 11 anos, ele disse à madrasta:

— Que olhos lindos os de Clara!

Clara, que havia sempre se considerado muito sem graça, foi para o andar de cima e olhou-se no grande espelho da penteadeira da tia. Talvez seus olhos *fossem mesmo* bem bonitos… Ela ficou bastante animada. A partir de então, seu coração foi dado irrevogavelmente a Fred.

Lá nos Estados Unidos, um velho amigo da família disse ao alegre jovem:

— Freddie, um dia você vai se casar com aquela sua priminha inglesa.

Espantado, ele respondeu:

— Clara? Ela é apenas uma criança.

Mas ele sempre teve um sentimento especial pela criança que o adorava. Ele guardou as cartas infantis e os poemas que ela escreveu para ele, e depois de uma longa série de flertes com garotas espirituosas e belas da sociedade em Nova York (entre as quais Jenny Jerome, depois Lady Randolph Churchill), ele voltou para casa, na Inglaterra, para pedir a quieta priminha em casamento.

É bem do feitio de minha mãe tê-lo recusado com firmeza.

— Por quê? — perguntei certa vez.

— Porque eu era atarracada — respondeu ela.

Uma razão extraordinária, mas, para ela, bastante válida.

Meu pai não se daria por vencido. Ele apareceu uma segunda vez e, nessa ocasião, minha mãe superou suas desconfianças e, um tanto hesitante, concordou em se casar com ele, embora ainda bastante receosa de que o decepcionaria.

Então eles se casaram, e o retrato que tenho dela em seu vestido de noiva mostra um rosto adorável e sério, com cabelo escuro e grandes olhos castanhos.

Antes de minha irmã nascer, eles foram para Torquay, que na época era um elegante balneário de inverno que desfrutava do prestígio que mais tarde seria concedido à Riviera, e ocuparam quartos mobiliados lá. Meu pai ficou encantado com Torquay. Ele amava o mar. Ele tinha vários amigos que moravam lá e outros, dos Estados Unidos, que iam passar o inverno. Minha irmã Madge nasceu em Torquay, e logo depois meu pai e minha mãe partiram para os Estados Unidos, que na época eles esperavam ser um lar permanente. Os avós do meu pai ainda estavam vivos; após a morte da mãe dele na Flórida, ele fora criado por eles na tranquilidade do interior da Nova Inglaterra. Ele era muito apegado a eles, e eles estavam ansiosos para ver a esposa de meu pai e a filha bebê. Meu irmão nasceu enquanto eles estavam na América. Algum tempo depois, meu pai decidiu voltar para a Inglaterra. Assim que chegou, problemas comerciais o levaram de volta a Nova York. Ele sugeriu que minha mãe alugasse uma casa mobiliada em Torquay e se instalasse por lá até que ele pudesse voltar.

Minha mãe então foi procurar casas mobiliadas em Torquay. Ela retornou com o anúncio triunfante:

— Fred, comprei uma casa!

Meu pai quase caiu para trás. Ele ainda esperava viver nos Estados Unidos.

— Mas por que você fez isso? — perguntou ele.

— Porque gostei dela — explicou minha mãe.

Ela viu, ao que parece, cerca de 35 casas, mas só se apaixonou por uma, e aquela casa estava apenas à venda — os proprietários não queriam alugar. Então minha mãe, que havia recebido 2 mil libras do marido da minha tia, apelara para ela, que foi sua fiadora, e elas haviam imediatamente comprado a casa.

— Mas ficaremos lá apenas um ano — resmungou meu pai —, no *máximo*.

Minha mãe, que sempre afirmávamos ser vidente, respondeu que eles poderiam vendê-la de novo a qualquer momento. Talvez ela tenha tido uma leve visão da família morando naquela casa por muitos e muitos anos.

— Adorei a casa assim que entrei nela — insistiu ela. — Tem uma atmosfera maravilhosamente pacífica.

A casa pertencia à família Brown, que era quacre, e quando minha mãe, hesitante, compadeceu-se por Mrs. Brown ter que sair da casa em que haviam vivido por tantos anos, a velha senhora disse com gentileza:

— Fico feliz em pensar em você e seus filhos morando aqui, minha querida.

Aquilo foi, disse a minha mãe, como uma bênção.

Eu de fato acredito que *havia* uma bênção sobre a casa. Era um casarão comum, não na parte elegante de Torquay — Warberry ou Lincombe —, mas no outro lado da cidade, a parte mais antiga de Tor Mohun. Naquela época, a estrada em que estava situada conduzia quase imediatamente à rica região de Devon, com alamedas e campos. O nome da casa era Ashfield, e foi onde morei, entre idas e vindas, por quase toda a minha vida.

Porque meu pai, afinal, não foi morar nos Estados Unidos. Ele gostou tanto de Torquay que decidiu não sair de lá. Ele se acomodou em seu clube, seu uíste e seus amigos. Minha mãe odiava morar perto do mar, não gostava de nenhuma reunião social e não sabia jogar cartas. Mas ela vivia feliz em Ashfield e dava grandes jantares, comparecia a eventos e, nas noites calmas em casa, perguntava a meu pai com ansiosa impaciência sobre os escândalos locais e o que havia acontecido no clube de dia.

— Nada — respondia meu pai alegremente.

— Mas com certeza, Fred, *alguém* deve ter dito algo interessante.

Meu pai revira o cérebro, obediente, mas não consegue se lembrar de nada. Ele diz que M. ainda é muito mesquinho para comprar um jornal matutino, e vai ao clube, lê as notícias lá, e então insiste em tentar revendê-lo aos outros sócios. "Vocês viram isso na fronteira noroeste...?" etc. Todos ficam muito incomodados, uma vez que M. é um dos sócios mais ricos.

Minha mãe, que já ouviu tudo isso antes, não se satisfaz. Meu pai recai em um contentamento silencioso. Ele se recosta na cadeira, estica as pernas na direção da lareira e coça a cabeça devagar (um passatempo proibido).

— No que você está pensando, Fred? — pergunta a minha mãe.

— Nada — responde o meu pai, sincero.

— Você *não pode* estar pensando em *nada*!

Toda vez essa afirmação deixa a minha mãe perplexa. Para ela, isso é impensável. No cérebro dela, os pensamentos disparam com a rapidez de andorinhas voando. Longe de pensar em nada, ela costuma pensar em três coisas ao mesmo tempo.

Como eu viria a perceber muitos anos depois, as ideias da minha mãe sempre andaram ligeiramente em desacordo com a realidade. Ela via o universo com mais cores do que de fato havia, as pessoas tão melhores ou piores do que eram. Talvez porque nos anos de sua infância ela tivesse sido quieta, contida, mantido suas emoções bem abaixo da superfície, ela tendia a ver o mundo como se fosse um drama que se aproximava, às vezes, do melodrama. Sua imaginação criativa era tão fértil que ela nunca conseguia ver as coisas como monótonas ou comuns. Ela também tinha curiosos lampejos de intuição — de saber de repente o que as outras pessoas estavam pensando. Quando meu irmão era um jovem no Exército e se meteu em dificuldades financeiras, que não pretendia contar aos pais, ela o surpreendeu uma noite ao olhar diretamente para ele quando ele estava sentado carrancudo e preocupado.

— Ora, Monty — disse ela —, você tem procurado agiotas. Está fazendo dinheiro com o testamento do seu avô? Você não deveria fazer isso. É melhor ir contar a seu pai.

Sua habilidade para fazer esse tipo de coisa sempre surpreendeu a família dela. Certa vez, minha irmã disse:

— Se mamãe estiver no quarto e tiver alguma coisa que eu não quero que ela saiba, nem sequer *penso* no assunto.

## II

É difícil saber qual a primeira memória de alguém. Lembro-me com clareza do meu terceiro aniversário. O senso da minha própria importância aflora em mim. Estamos tomando chá no jardim — na parte do jardim onde, mais tarde, uma rede balança entre duas árvores.

Há uma mesa de chá coberta de bolos, com o meu bolo de aniversário todo coberto de açúcar e velinhas no meio. Três velinhas. E então o acontecimento emocionante — uma minúscula aranha vermelha, tão pequena que mal posso ver, corre pelo pano branco.

— É uma aranha da *sorte*, Agatha — diz a minha mãe. — Uma aranha da sorte para o seu aniversário...

E então a memória vai se apagando, exceto por uma reminiscência fragmentária de uma discussão interminável mantida por meu irmão sobre quantas bombas de creme ele tinha permissão para comer.

O adorável, seguro e, ainda assim, empolgante mundo da infância. Talvez a coisa mais marcante no meu seja o jardim. Ele viria a significar cada vez mais para mim, ano após ano. Eu passaria a conhecer cada árvore nele e atribuiria um significado especial a cada uma delas. Desde muito cedo, o jardim foi dividido em minha mente em três partes distintas.

Havia a horta, delimitada por um muro alto que dava para a estrada. Essa parte não me era interessante, exceto como fornecedora de framboesas e maçãs verdes, que eu comia em grandes quantidades. Era a horta, nada mais. Não oferecia possibilidades de encantamento.

Depois vinha o jardim propriamente dito — uma faixa de grama descendo a colina, cravejado de entidades interessantes. O azevinho, o cedro, a sequoia-gigante (que me entusiasmava por ser tão alta). Dois abetos, associados a meu irmão e a minha irmã por alguma razão incerta. Dava para subir na árvore de Monty (isto é, era possível se suspender com cautela até o terceiro galho). A árvore de Madge, quando você se embrenhava com cuidado na copa, tinha uma espécie de assento, um galho curvo convidativo, onde dava para se sentar e espiar o mundo sem ser visto. Depois, havia o que eu chamava de árvore de terebintina, de onde saía uma goma pegajosa de cheiro forte que eu coletava com cautela em folhas e que era um "bálsamo muito precioso". Por fim, a coroa de glória, a faia — a maior árvore do jardim, com deliciosas nozes que eu comia com gosto. Também havia uma faia com folhas avermelhadas, mas essa, por algum motivo, nunca fez parte do meu mundo de árvores.

Em terceiro lugar, havia o bosque. Na minha imaginação, parecia e de fato ainda parece tão grande quanto New Forest. Composto principalmente por freixos, ele era entrecortado por um caminho sinuoso. Tinha todos os elementos comuns a bosques. Mistério, terror, prazer secreto, inacessibilidade e distância...

O caminho através do bosque levava ao gramado de tênis ou croqué no topo de um barranco alto em frente à janela da sala de jantar. Quando você chegava lá, o encantamento acabava. Você estava no mundo cotidiano mais uma vez, e as mulheres, segurando as saias enroladas em uma das mãos, jogavam croqué ou, de chapéu-palheta na cabeça, tênis.

Quando havia esgotado os prazeres de "brincar no jardim", eu voltava para o berçário, onde ficava a Babá, um ponto fixo, imutável. Talvez porque ela fosse uma mulher idosa e reumática, minhas brincadeiras eram em volta e ao lado dela, mas não inteiramente *com* a Babá. Era tudo faz de conta. Desde que me lembro, tive várias companhias de minha própria escolha. O primeiro grupo, de quem não consigo me lembrar, a não ser por um nome, foram "Os Gatinhos". Não sei agora quem eram "Os Gatinhos" nem se eu mesma era uma Gatinha, mas me lembro de seus nomes: Clover, Blackie e três outros. O nome da mãe deles era Mrs. Benson.

A Babá era sábia demais para falar comigo sobre eles ou para tentar participar das conversas murmuradas em torno dos seus pés. Com certeza ela estava grata por eu poder me divertir tão facilmente.

Mesmo assim, tive um choque horrível um dia, quando subi as escadas do jardim para tomar chá e ouvi Susan, a empregada doméstica, dizendo:

— Ela parece não gostar muito de brinquedos, certo? Com *o que* ela brinca?

E a voz da Babá respondendo:

— Ah, ela finge que é uma gatinha brincando com outros gatinhos.

Por que existe uma demanda tão inata de sigilo na mente de uma criança? O conhecimento de que *qualquer pessoa* — até mesmo a Babá — pudesse saber sobre Os Gatinhos me perturbou profundamente. Daquele dia em diante, decidi nunca mais sussurrar em minhas brincadeiras. Os Gatinhos eram *Meus* Gatinhos e apenas meus. Ninguém deveria saber.

É claro que devo ter tido brinquedos. De fato, como era uma criança mimada e muito amada, devo ter tido uma boa variedade deles, mas não me lembro de nenhum, exceto, vagamente, de uma caixa de miçangas variadas, e de brincar montando colares com elas. Também me lembro de uma prima chata, adulta, insistindo e provocando que minhas miçangas azuis eram verdes e as minhas verdes eram azuis. Meus sentimentos eram como os de Euclides: "Que absurdo", mas para ser educada eu não a contradisse. A piada não deu certo.

Lembro-me de algumas bonecas: Phoebe, para quem eu não ligava muito, e uma boneca chamada Rosalind ou Rosy. Rosy tinha longos cabelos loiros e eu a admirava bastante, mas não brincava muito com ela. Eu preferia Os Gatinhos. Mrs. Benson era muito pobre, e tudo era muito triste. Capitão Benson, o pai deles, fora capitão do mar e afundara no oceano, e era por isso que eles haviam sido deixados naquela penúria. Isso meio que encerrou a Saga dos Gatinhos, exceto pelo fato de que existia vagamente em minha imaginação um glorioso final por vir, em que Capitão Benson não estaria morto e voltaria um belo dia com vasta riqueza, justamente quando as coisas estivessem desesperadoras na casa dos Gatinhos.

Dos Gatinhos, passei para Mrs. Green. Mrs. Green tinha uma centena de filhos, dos quais os importantes eram Poodle, Squirrel e Tree. Esses três me acompanhavam em todas as minhas explorações do jardim. Não eram bem crianças nem cachorros, mas criaturas indeterminadas entre os dois.

Uma vez por dia, como todas as crianças bem-educadas, eu "saía para dar um passeio". Disso eu não gostava nem um pouco, especialmente de abotoar minhas botas — um requisito necessário. Eu ficava para trás e arrastava os pés, e a única coisa que me fazia continuar eram as histórias da Babá. Havia um repertório de seis, todas centradas nos vários filhos das famílias com as quais ela vivera. Não me lembro de nenhuma delas agora, mas sei que uma dizia respeito a um tigre na Índia, uma era sobre macacos e outra sobre uma cobra. Elas eram muito empolgantes, e eu podia escolher a que quisesse ouvir. A Babá as repetia indefinidamente, sem o menor sinal de cansaço.

Às vezes, como um grande presente, ela me deixava tirar sua touca cheia de babados. Sem ela, a Babá de alguma maneira se retirava para sua vida privada e perdia seu status oficial. Então, com muito cuidado, eu amarrava uma larga fita de cetim azul em volta da cabeça dela — com enorme dificuldade e prendendo a respiração, porque amarrar um laço não é tarefa fácil para uma criança de 4 anos. Então eu recuava e exclamava em êxtase:

— Ah, Babá, você está *linda*!

Ao que ela sorria e dizia com sua voz gentil:

— Estou, meu amor?

Depois do chá, eu era vestida com uma bata engomada e descia à sala de estar para que minha mãe pudesse brincar comigo.

Se o encanto das histórias da Babá era o fato de que elas eram sempre as mesmas, de modo que ela representava a rocha da estabilidade em minha vida, o encanto de minha mãe era que suas histórias eram sempre diferentes e que praticamente nunca jogávamos o mesmo jogo duas vezes. Uma história, eu me lembro, era sobre um rato chamado Olhos Brilhantes. O rato teve várias aventuras diferentes, mas de repente, um dia, para minha consternação, minha mãe declarou que não havia mais histórias sobre Olhos Brilhantes para contar. Eu estava a ponto de chorar quando a minha mãe disse:

— Mas vou contar uma história sobre uma Vela Curiosa.

Tivemos dois capítulos da Vela Curiosa, que era, acho, uma espécie de história de detetive, até que infelizmente algumas visitas chegaram para ficar e nossos jogos e histórias particulares foram suspensos. Quando as visitas foram embora e eu pedi que ela contasse o fim da Vela Curiosa, que tinha sido pausada no momento mais emocionante, quando o vilão, pouco a pouco, envenenava a vela, minha mãe teve um branco e a princípio não conseguia se lembrar de nada sobre o assunto. Essa série inacabada ainda assombra minha mente. Outro jogo muito divertido era "Casinhas", em que recolhíamos toalhas de banho de toda a casa e as pendurávamos sobre cadeiras e mesas para criar nossas próprias residências, das quais saíamos engatinhando.

Lembro-me pouco do meu irmão e da minha irmã, e presumo que seja porque eles estavam na escola. Meu irmão estava em Harrow e minha irmã, em Brighton, na Miss Lawrences' School, que mais tarde se tornaria a Roedean. Minha mãe era considerada "avançada" por mandar a filha para um *colégio interno*, e meu pai, mente aberta por permitir. Mas minha mãe adorava novos experimentos.

Os experimentos dela foram sobretudo na religião. Ela era, eu acho, de uma mentalidade naturalmente mística. Tinha o dom da oração e da contemplação, mas sua fé e sua devoção ardentes achavam difícil encontrar uma forma adequada de adoração. Meu pobre pai consentia em segui-la para este e depois aquele local de adoração.

A maioria desses flertes religiosos aconteceu antes de eu nascer. Minha mãe quase foi recebida na Igreja Católica Romana, depois se tornou uma unitarista (o que explicava o fato de meu irmão nunca ter sido batizado) e, depois, uma teosofista iniciante, mas não gostou de Mrs. Besant ao ouvir sua palestra. Depois de um breve, mas vívido interesse pelo zoroastrismo, ela voltou, para grande alívio de meu pai, ao porto seguro da Igreja Anglicana, mas com preferência pela igreja alta. Havia uma foto de São Francisco ao lado de sua cama, e ela lia *A imitação de Cristo* toda noite e toda manhã. Esse mesmo livro está sempre ao lado da minha cama.

Meu pai era um cristão ortodoxo de coração simples. Ele orava todas as noites e ia à igreja todos os domingos. A religião dele era prática e sem questionamentos — mas, se a minha mãe preferisse algo com floreios, ele não se importava. Ele era, como eu disse, um homem agradável.

Acho que ficou aliviado quando a minha mãe voltou para a Igreja Anglicana a tempo de eu ser batizada na igreja paroquial. Fui chamada de Mary em homenagem a minha avó, Clarissa em homenagem a minha mãe e Agatha como uma reflexão tardia, sugerida a caminho da igreja por uma amiga da minha mãe que disse que era um nome bonito.

Minhas próprias opiniões religiosas derivavam principalmente da Babá, que era uma cristã afeiçoada à Bíblia. Ela não ia à igreja, mas lia a Bíblia em casa. Guardar o sábado era muito importante e ser mundano era uma ofensa dolorosa aos olhos do Todo-Poderoso. Eu mesma era insuportavelmente presunçosa, convicta de que seria "salva". Recusava-me a brincar no domingo, a cantar e a tocar piano, e temia demais pela salvação definitiva do meu pai, que jogava croqué feliz nas tardes de domingo e fazia piadinhas sobre padres e até, uma vez, sobre um bispo.

Minha mãe, que fora uma grande entusiasta da educação de meninas, havia agora, segundo sua maneira típica de ser, mudado para a opinião oposta. Nenhuma criança deveria poder ler antes dos 8 anos: melhor para os olhos e para o cérebro.

Aqui, porém, as coisas não correram conforme o planejado. Quando uma história era lida para mim e me apetecia, eu pedia o livro e estudava as páginas, que, se a princípio não faziam sentido algum, aos poucos iam ganhando significado. Quando eu saía com a Babá, perguntava a ela quais eram as palavras escritas nas fachadas das lojas ou nos painéis. Como resultado, um dia me dei conta de que estava lendo para mim mesma um livro chamado *O anjo do amor* com bastante sucesso. Comecei a fazer isso em voz alta para a Babá.

— Receio, senhora — disse a Babá, desculpando-se com a minha mãe no dia seguinte —, que Miss Agatha saiba *ler*.

Minha mãe ficou muito angustiada — mas estava feito. Eu ainda não tinha completado 5 anos, mas o mundo dos livros de histórias estava aberto para mim. A partir de então, no Natal e nos aniversários, eu pedia livros.

Meu pai me disse que, como eu já sabia ler, era melhor aprender a escrever. Isso não foi tão agradável. Até hoje encontro, em gavetas velhas, cadernos cheios de letras trêmulas e garranchos ou linhas de Bs e Rs tremidos, os quais pareço ter tido grande dificuldade em distinguir, pois aprendera a ler pela aparência das *palavras* e não pela das letras.

Então meu pai disse que eu deveria começar Aritmética, e todas as manhãs, depois do café, eu me sentava diante da janela da sala de jantar, divertindo-me muito mais com os números do que com as letras recalcitrantes do alfabeto.

Meu pai ficou orgulhoso e satisfeito com meu progresso. Fui promovida ao direito de ter um livrinho marrom de "problemas". Eu amava problemas. Embora fossem apenas somas disfarçadas, elas tinham um sabor intrigante. "John tem cinco maçãs, George tem seis. Se John tirar duas maçãs de George, quantas George terá no final do dia?" e assim por diante. Hoje em dia, pensando nesse problema, sinto uma necessidade de responder: "Depende do quanto George gosta de maçãs". Mas então eu escrevia 4, com a sensação de alguém que resolvera uma questão complicada, e acrescentava por conta própria "e John terá 7". O fato de gostar de Aritmética parecia estranho para minha mãe, que nunca, como admitia francamente, vira utilidade nos números e tinha tantos problemas com as contas domésticas que meu pai as assumiu.

A emoção seguinte na minha vida foi ganhar um canário de presente. Dei a ele o nome de Goldie e ele se tornou muito manso, saltitando pelo berçário, às vezes sentado no chapéu da Babá, e empoleirado no meu dedo quando eu o chamava. Ele não era apenas meu pássaro, era o início de uma nova saga secreta. Os personagens principais eram Dickie e a senhora de Dickie. Eles percorriam todo o país (o jardim) em cavalos de batalha, participavam de grandes aventuras e sempre escapavam por um triz de quadrilhas de assaltantes.

Um dia, a suprema catástrofe ocorreu. Goldie desapareceu. A janela estava aberta, o portão de sua gaiola, destrancado. Parecia provável que ele tivesse fugido. Ainda me lembro de como aquele dia se arrastou horrivelmente, parecendo nunca terminar. O tempo passou e passou e passou. Eu chorei e chorei e chorei. A gaiola foi colocada do lado de fora da janela com um pedaço de açúcar nas grades. Minha mãe e eu saímos pelo jardim gritando: "Dickie, Dickie, Dickie". A empregada foi ameaçada de demissão instantânea por minha mãe porque comentou, alegre:

— Provavelmente algum gato o pegou.

Isso fez minhas lágrimas rolarem de novo.

Só depois que fui colocada na cama e fiquei ali, ainda fungando espasmodicamente e segurando a mão da minha mãe, que um pio alegre foi ouvido. Do alto do varão da cortina veio Mestre Dickie. Ele deu a volta no nosso quarto uma vez e depois entrou na gaiola. Ah, que maravilha inacreditável! Durante todo aquele dia — aquele dia miserável e interminável — Dickie estivera no varão da cortina.

Minha mãe aproveitou a deixa para dar uma lição.

— Está vendo como você foi boba? — disse ela. — Que *desperdício* foi todo aquele choro? *Nunca* chore por uma coisa até ter certeza.

Garanti a ela que nunca o faria.

Então, outra coisa me ocorreu, além da alegria pela volta de Dickie: a força do amor e da compreensão de minha mãe quando havia problemas. No abismo da miséria, segurar firme em sua mão fora o único conforto. Havia algo magnético e curativo em seu toque. Na doença, não havia ninguém como ela. Ela era capaz de entregar a você a própria força e vitalidade.

# III

A figura mais marcante em minha infância foi a Babá. E em torno dela e de mim estava o nosso próprio mundo especial, o berçário.

Consigo ver o papel de parede agora — íris lilases subindo em uma estampa infinita. Eu costumava ficar deitada na cama à noite olhando para ele à luz da lareira ou à luz fraca da lamparina da Babá sobre a mesa. Eu achava aquele papel lindo. Na verdade, sempre tive uma paixão por lilás.

A Babá sentava-se à mesa costurando ou remendando. Havia um biombo ao redor da minha cama, e eu deveria estar dormindo, mas geralmente ficava acordada, admirando as íris, tentando ver *como* elas se entrelaçavam e pensando em novas aventuras para Os Gatinhos. Às 21h30, Susan, a empregada, trazia a bandeja com o jantar da Babá. Susan era uma moça grande, brusca, desajeitada em seus movimentos e capaz de derrubar as coisas. Ela e a Babá tinham uma conversa aos sussurros, e então, quando do ela saía, a Babá vinha até a cama e olhava por trás do biombo.

— Achei mesmo que não estivesse dormindo. Suponho que queira provar?

— Ah, sim, por favor, Babá.

Um pedaço delicioso de bife suculento era colocado em minha boca. Não consigo realmente acreditar que a Babá comesse bife todas as noites no jantar, mas, nas minhas lembranças, é sempre bife.

Outra pessoa importante na casa era Jane, nossa cozinheira, que governava a cozinha com a calma superioridade de uma rainha. Havia entrado para o serviço da minha mãe quando era uma jovem magrinha de 19 anos, recém-promovida de ajudante de cozinha. Permaneceu conosco por quarenta anos e, quando nos deixou, pesava pelo menos 95 quilos. Durante esse tempo todo, ela jamais demonstrou qualquer emoção, mas quando por fim cedeu aos apelos de seu irmão e foi cuidar da casa para ele na Cornualha, as lágrimas rolaram em silêncio por seu rosto enquanto ela partia. Ela levou consigo um baú — provavelmente aquele com o qual havia chegado. Em todos aqueles anos, não acumulara bens. Pelos padrões de hoje, ela era uma cozinheira maravilhosa, mas minha mãe às vezes reclamava de sua falta de imaginação.

— Ai, ai, esta noite vamos comer qual sobremesa? Sugira algo *você*, Jane.

— Que tal um bom pudim de pedra, senhora?

Um pudim de pedra era a única sugestão que Jane dava, mas por algum motivo a minha mãe era alérgica à ideia e dizia que não, não comeríamos aquilo, seria outra coisa. Até hoje eu nunca soube o que era um pudim de pedra. Minha mãe também não sabia, apenas dizia que parecia enfadonho.

Quando conheci Jane, ela era enorme — uma das mulheres mais gordas que já vi. Tinha um rosto calmo, cabelo repartido ao meio — um cabelo lindo, escuro, naturalmente ondulado, preso em um coque na nuca. Sua mandíbula se movia o tempo todo de forma rítmica, porque ela estava sempre comendo alguma coisa — um pedaço de massa, um *scone* fresquinho ou um bolo qualquer; era como uma grande vaca mansa, ruminando sempre.

Na cozinha, a comida era esplêndida o dia todo. Depois de um farto café da manhã, às onze horas vinha um chocolate quente delicioso e um prato de bolinhos e pãezinhos feitos na hora, ou talvez algum doce com geleia. A refeição do meio-dia acontecia quando a nossa terminava, e de acordo com a etiqueta, entrar na cozinha antes das quinze horas era um tabu. Fui instruída por minha mãe a *nunca* me intrometer durante a hora do almoço na cozinha:

— Esse é o horário delas, e não deve ser interrompido por nós.

Se por algum imprevisto — por exemplo, se convidados desmarcassem o jantar — uma mensagem precisasse ser transmitida, minha mãe pedia desculpas por incomodá-las, e, por alguma lei implícita, se estivessem sentadas à mesa, nenhuma das empregadas se levantava à chegada da minha mãe.

As empregadas tinham uma quantidade incrível de trabalho. Jane cozinhava jantares de cinco pratos para sete ou oito pessoas todos os dias. Para grandes jantares de doze ou mais pessoas, cada prato tinha alternativas — duas sopas, duas opções de peixe etc. A faxineira limpava cerca de quarenta porta-retratos de prata, além da prataria do banheiro; transportava e esvaziava a banheira para banhos de assento (tínhamos uma comum no banheiro, mas minha mãe considerava revoltante a ideia de usar uma banheira que outras pessoas tivessem usado), levava água quente para os quartos quatro vezes por dia, acendia as lareiras dos quartos no inverno, remendava a roupa de cama etc. todas as tardes. A copeira limpava incríveis quantidades de prataria e lavava copos com carinho em uma tigela de papel machê, além de servir à mesa perfeitamente.

Apesar dessas árduas tarefas, as empregadas eram, penso eu, muito felizes, principalmente porque sabiam que eram apreciadas — como *especialistas*, fazendo um trabalho especializado. Como tais, elas tinham aquela coisa misteriosa, prestígio. Desprezavam vendedores de lojas e seus semelhantes.

Uma das coisas de que acho que mais sentiria falta se eu fosse criança hoje em dia seria a ausência de empregados. Para uma criança, eles eram a parte mais colorida da vida diária. As babás forneciam o trivial; os empregados forneciam drama, entretenimento e todos os tipos de conhecimento inespecífico, mas interessante. Longe de serem escravos, eram volta e meia tiranos. Eles "sabiam o lugar deles", como se dizia; no entanto, saber qual era o lugar deles não significava subserviência, mas orgulho, orgulho profissional. Os empregados no início do século XX eram altamente qualificados. As copeiras tinham de ser altas, ter uma aparência elegante, ser treinadas com perfeição e ter a voz certa para murmurar: "Vinho branco ou xerez?" Operavam milagres intricados ao atender os cavalheiros.

Duvido que exista algum empregado *de verdade* hoje em dia. Possivelmente alguns estão mancando entre as idades de 70 e 80 anos, mas fora isso há apenas os diaristas, as garçonetes, os serventes, ajudantes domésticos, governantas e moças charmosas que querem combinar ganhar algum dinheiro extra com horários adequados a elas e às necessidades de seus filhos. Elas são amadoras amigáveis; muitas vezes tornam-se amigas, mas quase nunca inspiram a reverência com que considerávamos nossa equipe doméstica.

Os empregados, é claro, não eram um luxo particular — não eram apenas os ricos que os tinham; a única diferença era que os ricos tinham mais. Eles tinham mordomos, lacaios, criadas, copeiras, ajudantes gerais, auxiliares de cozinha e assim por diante. À medida que você descia os estágios de afluência, acabaria por chegar ao que é tão bem descrito naqueles deliciosos livros de Barry Pain, *Eliza* e *Eliza's Husband*, como "A garota".

Nossos vários empregados são muito mais reais para mim do que os amigos da minha mãe e os meus parentes distantes. Só preciso fechar os olhos para ver Jane se movendo majestosamente em sua cozinha, com seu busto vasto, seus quadris colossais e uma faixa engomada que prendia sua cintura. A gordura nunca parecia incomodá-la, ela nunca sofria dos pés, joelhos ou tornozelos, e se tinha pressão alta, não sabia. Pelo que me lembro, nunca ficou doente. Era olimpiana. Se tinha emoções, nunca as mostrava; não era pródiga em termos de carinho nem de raiva; apenas nos dias em que estava empenhada na preparação de um grande jantar, um leve rubor aparecia. A intensa calma de sua personalidade ficava, eu descreveria, "levemente enrugada" — o rosto um pouco mais vermelho, os lábios apertados, a testa um pouco franzida. Aqueles eram os dias em que eu costumava ser banida da cozinha com empenho.

— Ora, Miss Agatha! Não tenho tempo hoje. Tenho muito o que fazer. Vou te dar um punhado de passas e depois você deve ir para o jardim e não deve vir mais me preocupar.

Eu saía imediatamente, impressionada, como sempre, pelas declarações de Jane.

As principais características de Jane eram a discrição e a frieza. Sabíamos que tinha um irmão; fora isso, sabíamos pouco sobre a sua família. Ela nunca falava sobre eles. Tinha vindo da Cornualha. Seu nome era "Mrs. Rowe", mas aquele era um título de cortesia. Como todos os bons criados, ela sabia seu lugar. Era um lugar de comando, e ela deixava claro para os que trabalhavam na casa que era ela que mandava ali.

Jane devia se orgulhar dos pratos maravilhosos que preparava, mas nunca demonstrava nem falava a respeito. Ela aceitava elogios por seu jantar na manhã seguinte sem nenhum sinal de gratificação, embora ache que ela definitivamente ficava satisfeita quando meu pai aparecia na cozinha e a parabenizava.

Depois havia Barker, outra de nossas empregadas, que me abriu uma nova perspectiva de vida. O pai de Barker era um darbista particularmente severo, e ela se preocupava muito com o pecado, afligindo-se por vezes pelo modo como se libertara sob vários aspectos.

— Eu serei condenada por toda a Eternidade, sem dúvida — dizia ela, com uma espécie de prazer. — Não sei o que o meu pai diria se soubesse que fui aos cultos da Igreja Anglicana. E ainda mais, que *gostei deles*. Gostei do sermão do padre no domingo passado e também gostei das canções.

Certa vez, minha mãe ouviu uma criança dizer com desdém para a copeira:

— Ah! Você é apenas uma criada!

E prontamente a repreendeu:

— Nunca me deixe ouvir você falar assim com um empregado. Os empregados devem ser tratados com a maior cortesia. Eles estão fazendo um trabalho qualificado que você não poderia fazer sozinha sem um longo treinamento. E lembre-se de que eles não podem responder. Você deve sempre ser educada com as pessoas cuja posição as proíbe de serem rudes com você. Se você for indelicada, eles a desprezarão, e com razão, porque você não agiu como uma dama.

"Ser uma pequena dama" era algo muito importante naquela época. Incluía alguns itens curiosos.

Começando com a cortesia para com os empregados, ia até coisas como: "Sempre deixe uma sobra no prato, por educação", "Nunca beba com a boca cheia", "Lembre-se de nunca colocar dois selos de meio *pence* em uma carta, a não ser que seja uma conta para um comerciante". E, é claro, "Vista roupas de baixo limpas quando for fazer uma viagem de trem, para o caso de ocorrer um acidente".

A hora do chá na cozinha costumava ser uma reunião social. Jane tinha inúmeras amigas, e uma ou duas delas apareciam quase todos os dias. Bandejas de bolinhos quentes de frutas secas saíam do forno. Nunca, desde então, provei bolinhos como os de Jane. Eram crocantes, achatados e cheios de frutinhas, e quando comidos quentes eram o paraíso. Jane, com seus suaves modos bovinos, era muito disciplinar; se um dos outros se levantasse da mesa, uma voz diria:

— Ainda não terminei, Florence.

E Florence, envergonhada, voltaria a se sentar, murmurando:

— Peço desculpas, Mrs. Rowe.

As cozinheiras de casa de qualquer tempo eram sempre "Mrs.". As empregadas e as copeiras deviam ter nomes "adequados" — por exemplo: Jane, Mary, Edith etc. Nomes como Violet, Muriel, Rosamund e assim por diante não eram considerados adequados, e era dito à moça com firmeza:

— Enquanto estiver ao meu serviço, seu nome será Mary.

As copeiras, se tivessem tempo de casa suficiente, eram frequentemente chamadas pelos sobrenomes.

O atrito entre o berçário e a cozinha não era incomum, mas a Babá, embora não deixasse de defender seus direitos, era uma pessoa pacífica, respeitada e consultada pelas jovens empregadas.

Querida Babá. Tenho um retrato dela pendurado em minha casa em Devon. Foi pintado pelo mesmo artista que pintou o restante da minha família, um pintor bem conhecido na época — N. H. J. Baird. Minha mãe criticava um pouco os retratos de Mr. Baird:

— Ele faz todo mundo parecer tão *sujo* — queixava-se ela. — Todos vocês aparentam não se lavar há *semanas*!

Havia verdade no argumento dela. As pesadas sombras azuis e verdes na pele do rosto de meu irmão sugerem mesmo alguma relutância em usar água e sabão, e o meu retrato aos 16 anos sugere um bigode incipiente, uma mancha que nunca tive. O retrato do meu pai, no entanto, é tão rosa, branco e brilhante que poderia ser um anúncio de sabonete. Suspeito que pintá-lo não tenha sido especialmente prazeroso para o artista, mas que minha mãe tenha convencido o pobre Mr. Baird por pura força de personalidade. Os retratos do meu irmão e da minha irmã não eram bem parecidos; o do meu pai era a imagem viva dele, mas bem menos significativo enquanto retrato.

O retrato da Babá foi, tenho certeza, um trabalho de amor da parte de Mr. Baird. A cambraia transparente de seu chapéu e de seu avental com babados é adorável, e uma moldura perfeita para o rosto enrugado e sábio com seus olhos fundos — o todo fazendo lembrar a obra de um antigo mestre flamengo.

Não sei quantos anos a Babá tinha quando chegou a nossa casa, ou por que minha mãe teria escolhido uma mulher tão velha, mas ela sempre dizia:

— Desde o momento em que a Babá chegou, nunca mais precisei me preocupar com vocês. Eu sabia que vocês estavam em boas mãos.

Muitos bebês haviam passado por aquelas mãos. Eu seria a última.

Quando o censo chegou, meu pai teve que registrar os nomes e idades de todos na casa.

— Um trabalho muito estranho — disse ele com tristeza. — Os empregados não gostam que perguntem suas idades. E quanto à Babá?

Assim, a Babá foi chamada e ficou diante dele, as mãos cruzadas na frente do avental muito branco e os olhos amenos fixos nele interrogativamente.

— Bem, como você pode ver, tenho que registrar a idade de todos — explicou meu pai, após um breve resumo do que era um censo. — Hã... qual idade devo registrar para a senhora?

— A que o senhor quiser — respondeu a Babá, de forma educada.

— Sim, mas... hum... preciso *saber.*

— O que o senhor achar melhor. — Ela não se deixava perturbar.

A estimativa dele era de que ela tivesse pelo menos 75 anos.

— Hã... hã... 59? — arriscou ele, nervoso. — Algo assim?

Uma expressão de dor atravessou o rosto enrugado dela.

— Eu realmente pareço tão velha assim, senhor? — perguntou a Babá melancolicamente.

— Não, não... Bem, *o que devo* dizer?

A Babá insistiu ainda:

— O que o senhor achar *certo* — disse ela com dignidade.

Meu pai então escreveu 64 anos.

A atitude da Babá tem seus ecos na atualidade. Quando o meu marido, Max, estava lidando com pilotos poloneses e iugoslavos durante a última guerra, ele deparou com a mesma reação.

— Idade?

O piloto acena amigavelmente:

— A que o senhor quiser... 20, 30, 40, não importa.

— E onde você nasceu?

— Qualquer lugar que o senhor quiser. Cracóvia, Varsóvia, Belgrado, Zagreb, como preferir.

A ridícula falta de importância desses detalhes factuais não poderia ser mais enfatizada.

Os árabes são muito parecidos.

— O seu pai está bem?

— Ah, sim, mas ele está *muito* velho.

— Quantos anos?

— Ah, um homem muito velho... 90, 95.

Na verdade, o pai tinha pouco menos de 50 anos.

Mas é assim que a vida é vista. Quando você é jovem, você é *jovem*; quando está em vigor, você é um "homem *muito* forte"; quando seu vigor começa a falhar, você fica *velho*. Se for velho, você pode muito bem ser o mais velho possível.

No meu quinto aniversário, ganhei um cachorro. Foi a coisa mais impressionante que já me aconteceu; uma alegria tão inacreditável que não consegui dizer uma palavra. Quando leio aquele conhecido clichê "fulano de tal ficou pasmo", percebo que pode ser uma simples constatação. Fiquei mesmo pasma, nem consegui dizer obrigada. Eu mal conseguia olhar para o meu lindo cachorro. Em vez disso, virei o rosto. Eu precisava urgentemente ficar sozinha e aceitar aquela felicidade incrível. (Fiz a mesma coisa com frequência durante minha vida adulta. Por que alguém seria tão idiota?) Acho que me retirei para o banheiro — um lugar perfeito para meditação tranquila, onde ninguém poderia perseguir você. Os banheiros eram confortáveis, quase como apartamentos residenciais, naquela época. Fechei o pesado assento de mogno que parecia uma prateleira, sentei-me nele, encarei o mapa de Torquay pendurado na parede sem vê-lo de fato e me entreguei à compreensão.

"Eu tenho um cachorro... um cachorro... É um cachorro meu... meu próprio cão... É um yorkshire terrier... meu cachorro... meu próprio cachorro..."

Minha mãe me disse mais tarde que o meu pai tinha ficado muito decepcionado com a maneira como recebi o presente.

— Achei que a menina iria adorar — disse ele. — Ela não pareceu se importar nem um pouco.

Mas a minha mãe, sempre compreensiva, disse que eu precisava de um tempinho.

— Ela ainda não conseguiu absorver.

O filhotinho de yorkshire terrier de quatro meses, enquanto isso, vagara desconsolado para o jardim, onde se agarrara ao nosso jardineiro, um homem rabugento chamado Davey. O cachorro fora criado por um jardineiro, e, ao ver uma pá sendo pressionada contra a terra, achou que aquele era um lugar onde se sentiria em casa. Ele se sentou no caminho do jardim e observou a escavação com ar atento.

Foi ali que, no devido tempo, encontrei-o e nos conhecemos. Éramos ambos tímidos e fizemos apenas pequenos avanços um em relação ao outro. Mas, no final da semana, Tony e eu éramos inseparáveis. Seu nome oficial, dado a ele por meu pai, era George Washington — Tony, para resumir, foi contribuição minha. Tony era um cão admirável para uma criança. Ele era bem-humorado, afetuoso e se prestava a todos os meus desejos. A Babá foi poupada de certas provações. Laços de fita e adornos em geral eram agora aplicados a Tony, que os recebia como um sinal de agradecimento e ocasionalmente comia pedaços deles além de sua cota de chinelos. Ele teve o privilégio de ser apresentado à minha nova saga secreta. Dickie (Goldie, o canário) e a Senhora de Dickie (eu) estavam agora acompanhados por Lord Tony.

Lembro-me menos da minha irmã naqueles primeiros anos do que do meu irmão. Minha irmã era boa comigo, enquanto o meu irmão me chamava de Criança e era distante — então, naturalmente, eu me apegava a ele sempre que ele permitia. O principal fato de que me lembro sobre ele é que criava ratos brancos. Fui apresentada a Mr. e Mrs. Whiskers e sua família. A Babá desaprovava. Dizia que eles fediam. Eles fediam, é claro.

Já tínhamos um cachorro em casa, um velho dandie dinmont terrier chamado Scotty, que era do meu irmão. Meu irmão, que se chamava Louis Montant, em homenagem ao melhor amigo de meu pai nos Estados Unidos, sempre foi conhecido como Monty, e ele e Scotty eram inseparáveis. Quase automaticamente, minha mãe murmurava:

— Não ponha o rosto assim perto do cachorro e não o deixe lamber você, Monty.

Monty, deitado no chão ao lado da cesta de Scotty, com o braço em volta do pescoço dele, amorosamente, nem prestava atenção. Meu pai dizia:

— Esse cachorro fede!

Scotty tinha 15 anos, e só um amante fervoroso de cães poderia negar a acusação.

— Rosas! — Monty murmurava com amor. — Rosas! É a isso que ele cheira, a rosas.

Infelizmente, a tragédia atingiu Scotty. Lento e cego, ele estava caminhando na rua com a Babá e comigo quando, atravessando a rua, a carroça de um comerciante dobrou uma esquina e ele foi atropelado. Nós o trouxemos para casa em um táxi e o veterinário foi chamado, mas Scotty morreu algumas horas depois. Monty estava velejando com alguns amigos. Minha mãe ficou perturbada com a ideia de dar a notícia a ele. Ela mandou colocar o corpo na lavanderia e esperou ansiosa pela volta do meu irmão. Infelizmente, em vez de entrar direto em casa como de costume, ele deu a volta no quintal e entrou na lavanderia, procurando algumas ferramentas. Lá, encontrou o corpo de Scotty. Ele saiu de novo no mesmo instante e deve ter vagado na rua por muitas horas. Voltou para casa, por fim, pouco antes da meia-noite. Meus pais foram compreensivos o suficiente para não mencionar a morte de Scotty para ele. Ele mesmo cavou a sepultura de Scotty no Cemitério dos Cães, em um canto do jardim, onde cada cachorro da família viria a ter seu nome no devido tempo escrito em uma pequena lápide.

Meu irmão, dado, como mencionei, a provocações implacáveis, costumava me chamar de "galinha magricela". Eu retribuía explodindo em lágrimas todas as vezes. Por que o epíteto me enfurecia tanto eu não sei. Sendo uma espécie de bebê chorona, eu costumava correr para mamãe, soluçando:

— *Não sou* uma galinha magricela, sou, mamãe?

Minha mãe, imperturbável, apenas dizia:

— Se você não quer ser provocada, *por que* fica correndo atrás de Monty o tempo todo?

A pergunta era irrespondível, mas era tal o meu fascínio por meu irmão que eu não conseguia evitar. Ele estava em uma idade em que desprezava muito as irmãs menores e me considerava um grande estorvo. Às vezes ele era gentil e me admitia em sua "oficina", onde tinha um torno, e me permitia segurar pedaços de madeira e ferramentas e entregá-los a ele. Mas, mais cedo ou mais tarde, a galinha magricela recebia ordens de se retirar.

Uma vez ele me favoreceu tanto a ponto de se oferecer para me levar para passear com ele em seu barco. Ele tinha um pequeno bote que usava para velejar em Torbay. Para a surpresa de todos, tive permissão para ir. A Babá, que ainda estava conosco, era contra a expedição, sendo da opinião de que eu me molharia, sujaria, rasgaria meu vestido, machucaria meus dedos e certamente me afogaria.

— Jovens cavalheiros não sabem cuidar de uma menininha.

Minha mãe disse que achava que eu tinha bom senso para não cair no mar e que seria uma experiência. Acho que ela também queria expressar seu apreço pelo ato incomum de altruísmo de Monty. Assim, caminhamos pela cidade até o píer. Monty trouxe o barco até a escada e a Babá me passou para ele. No último momento, mamãe ficou apreensiva.

— Você deve ter cuidado, Monty. Muito cuidado. E não demore muito. Você *vai* cuidar dela, não vai?

Meu irmão, que já estava, imagino, arrependido de sua gentil oferta, disse brevemente:

— Ela vai ficar bem.

Para mim, ele disse:

— Sente-se onde está e fique quieta e, pelo amor de Deus, não toque em nada.

Ele então fez várias coisas com cordas. O barco assumiu um ângulo que tornou quase impossível que eu me sentasse onde estava e ficasse quieta como ordenado, e também me assustou bastante, mas, enquanto nos movíamos pela água, o meu ânimo ressurgiu e eu fui transportada com alegria.

Mamãe e a Babá esperavam no píer, olhando para nós à distância como personagens de uma tragédia grega, a Babá quase chorando enquanto profetizava uma desgraça, a minha mãe tentando acalmar seus medos, provavelmente se lembrando de como ela mesma era uma péssima marinheira e dizendo:

— Não acho que ela vai querer ir de novo algum dia. O mar está muito agitado.

A previsão foi bastante verdadeira. Fui levada de volta logo depois, verde de enjoo, tendo "alimentado os peixes", como disse meu irmão, três vezes. Ele me devolveu com grande desgosto, destacando que as mulheres eram todas iguais.

# IV

Foi pouco antes dos meus cinco anos de idade que conheci o medo. A Babá e eu estávamos colhendo flores em um dia de primavera. Havíamos cruzado a linha férrea e subido a Shiphay Lane, colhendo prímulas das sebes, onde cresciam densamente.

Entramos por um portão aberto e continuamos colhendo. Nossa cesta estava ficando cheia quando uma voz gritou para nós, irritada e áspera:

— O que vocês pensam que estão fazendo aqui?

Ele me parecia um homem gigante, zangado e de rosto vermelho. A Babá disse que não estávamos fazendo nada de mal, apenas colhendo prímulas.

— Invadindo, é isso que estão fazendo. Saiam daí. Se não saírem por esse portão em um minuto, vou ferver vocês vivas, entenderam?

Agarrei desesperadamente a mão da Babá enquanto saíamos. Ela não conseguia andar rápido e, de fato, nem tentou. Meu medo aumentou. Quando por fim estávamos em segurança na rua, quase desmaiei de alívio. Eu estava branca e enjoada, como a Babá de repente notou.

— Querida, você não achou que ele falava *sério*, achou? — disse ela, sendo gentil. — Não achou que ele ferveria você ou algo parecido, certo?

Eu assenti em silêncio. Tinha visualizado tudo aquilo. Um grande caldeirão fumegante, eu sendo empurrada para dentro. Meus gritos agonizantes. Tudo parecia mortalmente real para mim.

Ela explicou devagar. Era uma maneira que as pessoas tinham de falar. Uma espécie de piada, por assim dizer. Aquele não era um homem bom, e sim muito rude e desagradável, mas ele não quisera dizer aquilo de forma literal. Tinha sido uma piada.

Não tinha sido uma piada para mim, e mesmo agora, quando entro em um campo, um leve tremor desce pela minha espinha. Daquele dia até hoje, nunca conheci um terror tão real.

Mesmo assim, em pesadelos, nunca revivi essa experiência particular. Todas as crianças têm pesadelos, e duvido que sejam resultado de babás ou de outras pessoas que as "assustem", ou de qualquer acontecimento na vida real. Meu pesadelo particular girava em torno de alguém que eu chamava de "O Pistoleiro". Nunca li uma história sobre alguém do tipo. Eu o chamava assim porque ele carregava uma arma, não porque eu estava com medo de que ele atirasse em mim ou por qualquer motivo relacionado com a arma. A arma fazia parte de sua aparência, que agora me parece ter sido a de um francês de uniforme azul-acinzentado, cabelo empoado preso em uma trança e uma espécie de chapéu de três pontas, e a arma era uma espécie de mosquete antiquado. Apenas a mera presença dele já assustava. O sonho seria bastante comum — uma reunião para o chá, ou um passeio com várias pessoas, normalmente qualquer evento social. Então, de repente, uma sensação de mal-estar surgia. Havia alguém, *alguém que não deveria estar ali*; uma sensação horrível de medo: e então eu o veria — sentado à mesa, caminhando pela praia, entrando no jogo. Seus olhos azul-claros encontravam os meus e eu acordava gritando:

— O Pistoleiro! O Pistoleiro!

— Miss Agatha teve um de seus sonhos com um pistoleiro na noite passada — relatava a Babá em sua voz plácida.

— Por que ele é tão assustador, querida? — perguntaria minha mãe. — O que você acha que ele vai fazer com você?

Eu não sabia por que ele era assustador. Mais tarde, o sonho mudou. O Pistoleiro nem sempre estava vestido a caráter. Às vezes, quando nos sentávamos em volta de uma mesa de chá, eu olhava para um amigo ou um membro da família e de repente percebia que *não era* Dorothy ou Phyllis ou Monty, ou minha mãe ou quem quer que fosse. Nesse rosto familiar, os pálidos olhos azuis encontravam-se com os meus. *Era realmente o Pistoleiro.*

Aos 4 anos, eu me apaixonei. Foi uma experiência destruidora e maravilhosa. O objeto da minha paixão era um dos cadetes de Dartmouth, um amigo do meu irmão. De cabelos loiros e olhos azuis, ele despertava todos os meus instintos românticos. Ele mesmo não poderia ter a menor ideia das emoções que provocava. Gloriosamente desinteressado pela "irmã criança" de seu amigo Monty, ele teria dito, se perguntado, que eu não gostava dele. Um excesso de emoção me fazia ir na direção oposta se o visse chegando e, ao me sentar à mesa de jantar, manter a cabeça voltada para o lado oposto, decidida. Minha mãe me repreendia com gentileza.

— Sei que você é tímida, querida, mas deve ser educada. É tão rude nunca olhar nos olhos de Philip, e se ele falar com você, apenas murmurar. Mesmo que você não goste dele, deve ser educada.

Não goste dele! Eles não tinham ideia. Quando penso nisso agora, vejo como o amor precoce pode ser extremamente satisfatório. Não exige nada — nem um olhar, nem uma palavra. É pura adoração. Sustentada por esse amor, a pessoa flutua pelo ar, criando em sua própria mente ocasiões heroicas em que poderá ajudar a pessoa amada. Tratá-la da peste em um hospital de campanha. Salvá-la de um incêndio. Protegê-la de uma bala fatal. Qualquer coisa, na verdade, que prenda a imaginação em uma história. Nessas histórias inventadas, nunca há um final feliz. Você mesma morre queimada, é baleada ou sucumbe à peste. O herói nem mesmo fica sabendo do sacrifício supremo que você fez. Eu me sentava no chão do berçário e brincava com Tony, parecendo solene e pedante, enquanto dentro da minha cabeça uma exultação gloriosa girava em fantasias extravagantes. Os meses se passaram. Philip tornou-se aspirante da Marinha e deixou a Grã-Bretanha. Por um tempo, a imagem dele persistiu, mas depois desvaneceu. O amor desapareceu, para voltar três anos depois, quando amei sem esperanças um jovem capitão do Exército, alto, de cabelo e olhos escuros, que cortejava minha irmã.

Ashfield era o nosso lar e era aceita como tal; Ealing, no entanto, foi uma empolgação. Tinha todo o romance de um país estrangeiro. Uma de suas principais alegrias era o banheiro. Tinha um assento de mogno enorme no vaso sanitário. Sentada nele, qualquer pessoa parecia uma rainha no trono, e eu rapidamente transformei a senhora de Dickie na Rainha Marguerite, e Dickie se tornou seu filho, o Príncipe Goldie, herdeiro do trono. Ele ficava a seu lado direito no pequeno círculo onde ficava a linda asa de louça Wedgwood que servia para puxar a descarga. Pela manhã eu me retirava para lá, sentava, curvava-me em audiência e estendia minha mão para ser beijada, até ser convocada a sair de lá, com raiva, por outros que desejavam entrar. Na parede ficava pendurado um mapa colorido da cidade de Nova York, pelo qual eu também me interessava. Havia várias gravuras americanas na casa. No quarto de hóspedes havia um conjunto de gravuras coloridas pelas quais eu tinha profunda afeição. Uma delas, intitulada *Esportes de inverno*, retratava um homem de aparência muito fria em uma camada de gelo, puxando um peixe por um pequeno buraco. Parecia-me um esporte bastante melancólico. Por outro lado, Grey Eddy, o trotador, era vívido e fascinante.

Como meu pai havia se casado com a sobrinha de sua madrasta (a segunda esposa inglesa de seu pai americano), e como ele a chamava de mãe, enquanto sua esposa continuava a chamá-la de tia, ela era conhecida por quase todos oficialmente como Tia-avó. Meu avô havia passado os últimos anos de sua vida indo e voltando entre seu negócio em Nova York e a filial inglesa em Manchester. Ele tivera uma das "histórias de sucesso" dos Estados Unidos. Um menino pobre de uma família de Massachusetts, ele fora para Nova York, começara mais ou menos como office boy e tornara-se sócio na empresa. A ascensão da pobreza à riqueza foi real em nossa família. Meu avô fez uma grande fortuna. Meu pai, principalmente devido à confiança em seus parceiros, deixou que ela diminuísse, e meu irmão gastou o que restara dela como um relâmpago.

Pouco antes de morrer, meu avô comprou uma grande casa em Cheshire. Ele estava doente na época, e sua segunda esposa ficou viúva bem jovem. Ela viveu em Cheshire por um tempo, mas por fim comprou uma casa em Ealing, que na época ainda ficava praticamente no campo. Como ela costumava dizer, havia campos por toda parte. No entanto, quando cheguei a ir visitá-la, isso parecia difícil de acreditar. Fileiras de casinhas se espalhavam em todas as direções.

A casa e o jardim da vovó eram de um fascínio tremendo para mim. Eu dividi o berçário em vários "territórios". A parte da frente tinha sido construída com uma janela saliente e tinha um tapete listrado divertido. Essa parte eu batizei de Quarto Muriel (possivelmente porque eu ficara encantada com o termo "*Oriel window*"). Na parte de trás do quarto, coberta com um tapete belga, ficava o salão de jantar. Vários tapetes e pedaços de linóleo representavam para mim aposentos diferentes. Eu me movia, ocupada e importante, de um cômodo da minha casa para outro, murmurando baixinho. A Babá, pacífica como sempre, ficava sentada costurando.

Outro fascínio era a cama da Tia-avó, uma imensa cama de mogno com dossel e cortinas de um vermelho bem fechado. O colchão era de penas, e de manhã cedo, antes de me trocar, eu subia na cama. Vovó já estava acordada a partir das seis horas e sempre me recebia bem. No andar de baixo ficava a sala de estar, repleta de móveis de marchetaria e porcelana de Dresden, sempre mergulhada na escuridão por causa da estufa erguida do lado de fora. A sala era utilizada apenas para festas. Junto à sala de visitas ficava a "sala da manhã", onde quase invariavelmente se acomodava uma costureira. Por sinal, as costureiras eram um acréscimo inevitável em uma casa. Todas tinham uma certa semelhança entre si, no sentido de que eram em geral muito refinadas; em infelizes circunstâncias, tratadas com cuidadosa cortesia pela dona da casa e pela família, e sem nenhuma cortesia por parte dos empregados; suas refeições eram-lhes levadas em bandejas e — tanto quanto me lembro — eram incapazes de produzir qualquer peça de vestuário que nos servisse. Tudo ficava muito apertado ou largo demais. A resposta para qualquer reclamação normalmente era:

— Ah, sim, mas Miss James teve uma vida tão infeliz.

Então, na "sala da manhã", Miss James se sentava e costurava com tecidos estampados ao redor e uma máquina de costura à sua frente.

Na sala de jantar, vovó passava a vida em um contentamento vitoriano. A mobília era de mogno pesado; havia uma mesa no meio e cadeiras ao redor. As janelas tinham cortinas grossas de renda Nottingham. Vovó sentava-se à mesa, em uma enorme cadeira com encosto de couro, escrevendo cartas, ou então em uma grande poltrona de veludo perto da lareira. As mesas, o sofá e algumas das cadeiras ficavam cheios de livros, livros que deveriam estar ali e livros escapando de pacotes mal amarrados. Vovó estava sempre comprando livros, para ela e para dar de presente, e no final os livros tornavam-se demais para ela e ela esquecia para quem pretendia enviá-los — ou então descobria que o querido filhinho de Mr. Bennett já tinha, sem que ela notasse, chegado aos 18 anos, e não tinha mais idade para ler *The Boys of St. Guldred's* ou *The Adventures of Timothy Tiger*.

Gentil companheira de brincadeiras, vovó punha de lado a longa carta rabiscada que estava redigindo (muito rasurada, para "poupar papel de rascunho") e entrava no delicioso passatempo de "uma galinha de Mr. Whiteley's". Não preciso dizer que eu era a galinha. Selecionada pela vovó, que perguntava ao vendedor se eu era muito jovem e tenra, trazida para casa, amarrada, espetada (gritinhos de deleite), colocada no forno, virada, trazida para a mesa como prato principal, pronta para ser destrinchada com a faca de ponta, quando de repente a galinha ganhava vida e "Sou eu!" — grande clímax —; e isso se repetia indefinidamente.

Um dos eventos da manhã era a visita da vovó ao armário junto à porta lateral que dava para o jardim. Eu aparecia e vovó exclamava:

— Agora, o que uma garotinha pode querer aqui?

A garotinha aguardava esperançosa, espiando cada canto interessante. Fileiras de potes de geleia e compotas. Caixas de tâmaras, frutas em conserva, figos, ameixas francesas, cerejas, angélica, pacotes de passas, manteiga, sacos de açúcar, chá e farinha. Todos os alimentos da casa viviam ali e eram solenemente entregues todos os dias em antecipação às necessidades do dia. Também havia um rigoroso inquérito quanto à distribuição das sobras da véspera. Vovó era muito generosa em relação à comida com todo mundo, mas muito desconfiada quanto a *desperdício*. Com as necessidades da casa atendidas e a comida do dia anterior verificada de maneira satisfatória, vovó abria a tampa de um pote de ameixas francesas e eu ia alegre para o jardim com as mãos cheias.

É estranho, ao lembrar os primeiros dias, que o tempo pareça constante em alguns lugares. No berçário em Torquay, é sempre uma tarde de outono ou inverno. Há o fogo na lareira e, lá fora, as folhas se desprendem das árvores e caem em torvelinhos, ou, às vezes, o que me empolgava, a neve cai. No jardim em Ealing é sempre verão — e especialmente quente. Posso com facilidade reviver o sopro de ar quente e seco e o cheiro de rosas que eu sentia quando saía pela porta lateral. Aquele pequeno quadrado de relva verde, rodeado de roseiras convencionais, não me parece pequeno. Era um mundo. Primeiro as rosas, muito importantes; todas as partes mortas cortadas todos os dias, as outras rosas colhidas, levadas para dentro de casa e arrumadas em vários pequenos vasos. Vovó tinha um orgulho desmedido de suas rosas, atribuindo todo o tamanho e a beleza delas aos "despejos do quarto, minha querida. Adubo líquido — não há nada melhor que isso! *Ninguém* tem rosas como as minhas".

Aos domingos, minha outra avó e geralmente dois de meus tios costumavam vir para a refeição do meio-dia. Era um esplêndido dia vitoriano. A vovó Boehmer, conhecida como Vovó B., mãe da minha mãe, chegava por volta das onze horas, um pouco ofegante, porque era muito corpulenta, até mais corpulenta que a Tia-avó. Depois de tomar diversos trens e ônibus saindo de Londres, sua primeira ação era se livrar das botas com botões. Sua criada Harriet costumava vir com ela nessas ocasiões. Harriet se ajoelhava diante dela para tirar as botas e substituí-las por um confortável par de chinelos de lã. Então, com um suspiro profundo, Vovó B. se acomodava à mesa da sala de jantar, e as duas irmãs começavam seus negócios das manhãs de domingo. Eram cálculos longos e complicados. Vovó B. era quem fazia grande parte das compras da Tia-avó para ela nas lojas de departamentos da Army & Navy na Victoria Street. As lojas da Army & Navy eram o centro do universo para as duas irmãs. Listas, valores e contas eram analisados e apreciados intensamente por ambas. Havia discussões sobre a qualidade dos bens adquiridos:

— Você não teria gostado, Margaret. Não era um material de boa qualidade, muito cru, nada parecido com aquele último veludo cor de ameixa.

Então a Tia-avó sacava sua bolsa grande e gorda, para a qual sempre olhei com admiração e que sempre considerei um sinal externo e visível de imensa riqueza. Tinha muitas libras em ouro no compartimento do meio, e o resto era cheio de meias coroas, moedas de seis *pence* e uma ocasional moeda de cinco xelins. Elas também acertavam as contas de consertos e pequenas compras. A parte da Army & Navy, é claro, estava em uma conta-corrente — e acho que a Tia-avó sempre acrescentava um presentinho em dinheiro pelo tempo e pelo trabalho da Vovó B. As irmãs gostavam uma da outra, mas também havia uma boa dose de ciúme mesquinho e briguinhas entre elas. Cada uma gostava de provocar a outra e se aproveitar dela de alguma forma. Vovó B. vivia dizendo que havia sido a mais bonita da família. A Tia-avó costumava negar.

— Mary (ou Polly, como ela a chamava) tinha um rosto bonito, sim — dizia ela. — Mas é claro que ela não tinha a *silhueta* que eu tinha. Cavalheiros gostam de silhuetas.

Apesar da falta de silhueta de Polly (o que, posso dizer, ela compensou completamente depois — nunca vi um busto como aquele), aos 16 anos, um capitão do Regimento de Black Watch se apaixonara por ela. Embora a família tivesse dito que ela era muito jovem para se casar, ele ressaltou que iria para o exterior com seu regimento e poderia demorar algum tempo para voltar à Inglaterra, e que gostaria que o casamento acontecesse de imediato. Então, Polly casou-se aos 16 anos. Esse, eu acho, foi possivelmente o primeiro ponto de ciúme. Foi um casamento por amor. Polly era jovem e bonita, e seu capitão era considerado o homem mais bonito do regimento.

Polly logo teve cinco filhos, um dos quais morreu cedo. Seu marido a deixou viúva aos 27 anos, após cair de seu cavalo. A Tia-avó só se casaria muito mais tarde. Ela tivera um romance com um jovem oficial da Marinha, mas eles eram pobres demais para se casar, e ele acabou preferindo uma viúva abastada. Ela, por sua vez, casou-se com um americano rico, que já tinha um filho. Ficou frustrada de certo modo, embora seu bom senso e seu amor pela vida nunca a tenham abandonado. Não teve filhos. Mas tornou-se uma viúva muito rica. Com Polly, por outro lado, tudo o que ela podia fazer era alimentar e vestir a família dela após a morte do marido. Sua pequena pensão era tudo que lhe restara. Lembro-me dela sentada o dia todo à janela de sua casa, costurando, fazendo elegantes almofadas de alfinetes e bordando quadros e biombos. Ela era maravilhosa com a agulha e trabalhava sem cessar, muito mais, eu acho, do que oito horas por dia. Assim, cada uma invejava a outra por algo que ela própria não possuía. Acho que gostavam bastante de suas disputas animadas. Pequenas explosões enchiam nossos ouvidos.

— Bobagem, Margaret, nunca ouvi tanta bobagem em minha vida! ... Na verdade, Mary, deixe-me lhe dizer...

E assim por diante. Polly havia sido cortejada por alguns dos colegas oficiais do falecido marido e recebera várias ofertas de casamento, mas se recusava veementemente a se casar de novo. Ela dizia que não colocaria ninguém no lugar do marido e que seria enterrada com ele em seu túmulo em Jersey quando chegasse sua hora.

Terminadas as contas de domingo e anotadas as comissões para a semana seguinte, chegavam os tios. O tio Ernest trabalhava no Ministério do Interior e o tio Harry era secretário das lojas Army and Navy. O tio mais velho, Fred, estava na Índia com seu regimento. A mesa era posta e a refeição do meio-dia de domingo era servida.

Uma enorme peça de carne, geralmente torta de cereja e creme, um grande pedaço de queijo e, por fim, uma sobremesa nos incríveis pratos de sobremesa de domingo — eles eram lindos e ainda são (eu ainda os tenho, acho que dezoito dos 24 originais, nada mau para 60 anos). Não sei se eram porcelana Coalport ou francesa — as bordas eram de um verde brilhante, com acabamento em ouro, e no centro de cada prato havia uma fruta diferente — minha favorita era e sempre foi o figo, um suculento figo roxo. A de minha filha Rosalind sempre foi a groselha, uma groselha extraordinariamente grande e detalhada. Havia também um lindo pêssego, groselhas brancas, groselhas vermelhas, framboesas, morangos e muitos outros. O clímax da refeição acontecia quando esses pratos eram colocados na mesa, com as toalhinhas de renda e as tigelinhas em cima, e então cada um tentava adivinhar que fruta havia em seu prato. Não sei dizer por que isso trazia tanta satisfação, mas sempre foi um momento emocionante, e quando você acertava, sentia que tinha feito algo digno de consideração.

Depois de uma refeição gigantesca, vinha o sono. A Tia-avó retirava-se para uma outra cadeira perto da lareira, grande e baixa. Vovó B. se acomodava no sofá, um sofá de couro cor de clarete, com botões por toda a superfície, e sobre sua forma montanhosa estendia-se uma manta afegã. Não sei o que acontecia com os tios. Talvez eles saíssem para caminhar ou se retirassem para a sala de estar, mas a sala de estar raramente era usada. Não era possível usar a sala da manhã, porque era sagrada para Miss Grant, a costureira da época.

— Minha nossa, que caso mais triste — murmurava vovó para as amigas. — Que pobre criatura, deformada, tem *apenas uma passagem*, como uma *ave*!

Aquela frase sempre me fascinou, porque eu não sabia o que significava. Qual era o sentido daquilo que eu pensava ser um corredor?

Depois que todo mundo, exceto eu, dormira profundamente por pelo menos uma hora — eu ficava me balançando com cuidado na cadeira de balanço —, jogávamos o Jogo do Professor. Tanto tio Harry quanto tio Ernest eram jogadores excelentes. Sentávamo-nos em uma fileira, e aquele que representasse o professor, armado com um bastão feito de jornal enrolado, andava de uma ponta a outra da fileira gritando perguntas com voz hostil:

— Qual é a data da invenção da agulha? Quem foi a terceira esposa de Henrique VIII? Como William Rufus morreu? Quais são as doenças do trigo?

Quem respondesse corretamente ia para o começo da fila; quem errasse, ia para o fim. Suponho que esse tenha sido o precursor vitoriano dos jogos de perguntas e respostas de que tanto gostamos hoje em dia. Os tios, eu acho, desapareciam depois disso, tendo cumprido seu dever para com a mãe e a tia deles. Vovó B. ficava para o chá com bolo Madeira; então vinha o terrível momento em que as botas com botões eram trazidas, e Harriet começava a tarefa de envolver Vovó B. nelas mais uma vez. Era uma agonia assistir àquilo, e devia ser uma agonia suportar também. Os tornozelos da pobre Vovó B. ficavam inchados como pudins no final do dia. Forçar os botões em suas casas com a ajuda de um gancho de botão envolvia uma quantidade enorme de beliscões dolorosos, que arrancavam dela gritos agudos. Ah! Aquelas botas. *Por que* alguém usava aquilo? Eram recomendadas por médicos? Eram o preço de uma devoção servil à moda? Sei que as botas eram consideradas boas para os tornozelos das crianças, para fortalecê-los, mas isso dificilmente se aplicaria no caso de uma senhora de 70 anos. De qualquer forma, finalmente calçada e ainda pálida de dor, Vovó B. retornava de trem e ônibus para sua residência em Bayswater.

Ealing, naquela época, tinha as mesmas características de Cheltenham ou Leamington Spa. Os militares e os oficiais da Marinha aposentados iam para lá em grandes quantidades pelo "ar fresco" e pela vantagem da proximidade com Londres.

Vovó tinha uma vida social intensa — ela sempre foi uma mulher sociável. Sua casa estava sempre cheia de velhos coronéis e generais para os quais bordava coletes e tricotava meias:

— Espero que a *esposa* de vocês não faça objeções — dizia ela ao presenteá-los. — Eu não gostaria de causar *problemas*!

Os velhos cavalheiros davam respostas galantes e iam embora sentindo-se completamente estilosos e satisfeitos com sua atraente virilidade. Seus galanteios sempre me deixaram bastante tímida. As piadas que eles contavam para minha diversão não pareciam engraçadas, e o jeito malicioso e agressivo deles me deixava nervosa.

— E o que a mocinha vai comer de sobremesa? Doces para a doce daminha. Um pêssego? Ou uma dessas ameixas amarelas para combinar com esses cachinhos dourados?

Rosa de vergonha, eu murmurava que gostaria de um pêssego, por favor.

— E qual pêssego? Pode escolher.

— O maior e melhor, por favor.

Gargalhadas. Sem saber, eu parecia ter feito uma piada.

— Você não deve *pedir* o maior de todos, nunca — disse a Babá mais tarde. — É ganancioso.

Eu admitia que era ganancioso, mas por que era *engraçado*?

Como era uma guia da vida social, a Babá sentia-se em casa.

— Você deve comer seu jantar mais rápido. Suponha que você vá jantar em uma casa ducal quando crescer. — Nada parecia mais improvável, mas aceitei a possibilidade. — Haverá um mordomo e vários criados e, quando chegar a hora, eles vão retirar seu prato, *quer você tenha terminado ou não*.

Fiquei pálida diante da possibilidade, e me dediquei a comer com apetite meu pedaço de carneiro cozido.

Os acontecimentos da aristocracia eram frequentemente tema de conversas da Babá. Eles me enchiam de ambição. Eu queria, mais que tudo no mundo, ser Lady Agatha um dia. Mas o conhecimento social da Babá era inexorável.

— Isso você nunca poderá ser — disse ela.

— Nunca? — perguntei, chocada.

— Nunca — respondeu a Babá, uma realista firme. — Para ser Lady Agatha, você tem que nascer assim. Você tem que ser filha de um duque, um marquês ou um conde. Se você se casar com um duque, será uma duquesa, mas isso vai se dever ao título de seu marido. Não é algo com que você tenha nascido.

Foi meu primeiro contato com o inevitável. Existem coisas que não podem ser alcançadas. É importante, e muito bom para você, perceber isso cedo na vida. Existem algumas coisas que você simplesmente não pode ter — uma ondulação natural no cabelo, olhos pretos (se os seus forem azuis) ou o título de Lady Agatha.

De maneira geral, creio que o esnobismo da minha infância, quer dizer, o esnobismo do nascimento, é mais aceitável do que outros tipos de esnobismo: o do dinheiro ou o intelectual. O esnobismo intelectual parece hoje produzir uma forma particular de inveja e veneno. Pais e mães estão determinados a fazer seus filhos brilharem. "Fizemos grandes sacrifícios para que você tenha uma boa educação", dizem eles. A criança carrega o peso da culpa se não atender às expectativas deles. Todos estão certos de que tudo é uma questão de oportunidade — não de aptidão natural.

Acho que os pais e as mães do final da era vitoriana eram mais realistas e tinham mais consideração pelos filhos e pelo que daria uma vida feliz e bem-sucedida a eles. As famílias não se comparavam tanto... Hoje em dia, muitas vezes sinto que é pelo *próprio* prestígio que pais e mães desejam que seus filhos tenham sucesso. Os vitorianos olhavam para os filhos com frieza e tomavam decisões sobre as características deles. A obviamente viria a ser "a beleza da família". B era "o mais inteligente". C seria sem graça e definitivamente *nada* intelectual. Sua melhor chance seriam as obras de caridade. E assim por diante. Às vezes, é claro, eles erravam, mas em geral funcionava. É um alívio enorme que os outros não tenham expectativas de que possamos produzir algo de que não somos capazes.

Em contraste com a maioria de nossos amigos, não estávamos muito bem de vida. Meu pai, como estadunidense, era automaticamente considerado "rico". Todos os americanos eram considerados ricos. Na verdade, ele apenas tinha uma vida confortável. Não tínhamos mordomo nem lacaio. Não tínhamos carruagem, cavalos e cocheiro. Tínhamos três criados, o que era o mínimo na época. Em um dia chuvoso, se você fosse sair para tomar chá com uma amiga, andava 2,5 quilômetros na chuva com sua capa de chuva e suas galochas. Nunca se chamava uma carruagem para uma criança, a menos que fosse para uma festa de verdade com um vestido delicado.

Por outro lado, a comida servida aos hóspedes em nossa casa era bastante luxuosa em comparação com os padrões atuais — de fato, seria preciso contratar um chef e um assistente para oferecer tudo aquilo! Outro dia, sem querer encontrei o cardápio de um de nossos jantares (para dez pessoas). Começava com uma sopa à escolha: creme ou caldo. Depois havia pregado cozido ou filé de linguado. Então um *sorbet*. Depois, cordeiro. E então, inesperadamente, maionese de lagosta. *Pouding diplomatique* e *charlotte russe* eram os doces, e por fim vinham as frutas. Tudo era feito por Jane, sem ajuda.

Hoje em dia, é claro, com uma renda equivalente, uma família teria um carro, talvez duas diaristas, e qualquer recepção maior seria provavelmente em um restaurante ou feita em casa pela esposa.

Em nossa família, minha irmã logo foi reconhecida como "a inteligente". A diretora da escola em Brighton insistia que ela fosse para Girton. Meu pai ficou irritado e disse:

— Não podemos deixar Madge se transformar em uma *intelectual rasa*. É melhor mandá-la a Paris para aprender etiqueta.

Então minha irmã foi para Paris, para sua própria satisfação, já que não tinha nenhum desejo de ir para Girton. Ela certamente tinha a inteligência da família. Era espirituosa, muito divertida, respondia rápido e era bem-sucedida em tudo o que tentasse fazer. Meu irmão, um ano mais novo que ela, era muito encantador, gostava de Literatura, mas tinha certo atraso no desenvolvimento intelectual. Acho que tanto meu pai quanto minha mãe perceberam que ele seria "o difícil". Ele adorava Engenharia. Meu pai esperava que ele fosse trabalhar no setor bancário, mas percebeu que ele não teria capacidade para ter sucesso. Então começou a estudar Engenharia — mas tampouco teve sucesso, pois a Matemática o decepcionava.

Eu mesma sempre fui reconhecida, embora com muita gentileza, como "a lenta" da família. As reações da minha mãe e minha irmã eram extraordinariamente rápidas — eu nunca conseguia acompanhá-las. Eu também era muito inarticulada. Sempre era difícil, para mim, colocar em palavras o que queria dizer. "Agatha é tão *lenta*", era o que sempre se dizia. Era bem verdade, e eu sabia e aceitava. Isso não me preocupava ou angustiava. Eu estava resignada a ser sempre "a lenta". Só depois dos meus 20 anos foi que percebi que o padrão da minha família era bem alto, e que, na verdade, eu era tão rápida quanto a média, ou até mais rápida. Inarticulada é algo que sempre serei. É provável que seja uma das razões pelas quais me tornei escritora.

A primeira tristeza real da minha vida foi me separar da Babá. Por algum tempo, uma das pessoas de quem ela cuidara no passado, que tinha uma propriedade em Somerset, vinha insistindo para ela se aposentar. Ele ofereceu a ela um chalé pequeno e confortável em sua propriedade, onde ela e sua irmã poderiam aproveitar seus dias. Finalmente ela tomou a decisão. Tinha chegado a hora de parar de trabalhar.

Eu sentia muito a falta dela. Todos os dias eu escrevia para ela — uma carta curta e mal escrita, com erros ortográficos: redação e ortografia sempre foram terrivelmente difíceis para mim. Minhas cartas não tinham nenhuma originalidade. Eram quase sempre iguais:

> *Querida Babá. Sinto muito sua falta. Espero que você esteja muito bem. Tony está com uma pulga. Muito amor e muitos beijos. De Agatha*

Minha mãe me dava um selo para as cartas, mas depois de um tempo ela passou a protestar gentilmente.

— Eu não acho que você precise escrever *todos* os dias. Duas vezes por semana, talvez?

Fiquei arrasada.

— Mas eu *penso* nela todos os dias. Eu *preciso* escrever.

Ela suspirou, mas não se opôs. No entanto, continuou sugerindo gentilmente que eu diminuísse a frequência. Demorou alguns meses até que eu reduzisse o número de correspondências para as duas cartas por semana que ela havia sugerido. A própria Babá era péssima para escrever e, de qualquer forma, era sábia demais, imagino, para encorajar minha obstinada fidelidade. Ela me escrevia duas vezes por mês, epístolas gentis e genéricas. Acho que minha mãe ficou perturbada por eu achá-la tão difícil de esquecer. Depois, ela me contou que havia discutido o assunto com meu pai, que respondera com um brilho inesperado nos olhos:

— Bem, você se lembrava de mim com muita fidelidade quando era criança e eu fui para os Estados Unidos.

Minha mãe disse que aquilo fora bem diferente.

— Você achava que eu voltaria e me casaria com você um dia, quando fosse adulta? — perguntou ele.

— Com certeza não — disse minha mãe, então hesitou e admitiu que também sonhara acordada, *sim*. Eram sonhos vitorianos tipicamente românticos. Neles, meu pai teria um casamento brilhante, mas infeliz. Desiludido após a morte de sua esposa, ele voltaria à Inglaterra e procuraria sua tranquila prima Clara. Mas, infelizmente, Clara estaria agora debilitada, o tempo todo deitada num sofá, que, no final, o abençoaria com seu último suspiro. Minha mãe ria enquanto lhe contava.

— Está vendo? — dizia ela. — Eu achava que não pareceria tão atarracada deitada em um sofá, com uma bonita e macia manta de lã sobre mim.

Morte prematura e invalidez eram as tradições nos romances daquele tempo assim como a tenacidade parece ser a dos nossos dias. Nenhuma jovem daqueles dias, pelo que posso julgar, admitiria ter uma saúde de ferro. Vovó sempre me contava com grande complacência como ela tinha sido frágil quando criança, "nunca esperando viver até a maturidade"; bastava bater a mão de leve quando estivesse brincando e ela desmaiava. Vovó B., por outro lado, dizia sobre a irmã:

— Margaret sempre foi bem forte. *Eu* era a frágil.

Tia-avó viveu até 92 anos, e Vovó B., até 86, e, pessoalmente, duvido que tenham sido frágeis em algum momento. Mas sensibilidade extrema, desmaios constantes e morte precoce (por tuberculose, por exemplo) estavam na moda. Na verdade, vovó estava tão imbuída desse ponto de vista que com frequência se desdobrava para revelar misteriosamente aos meus vários rapazes como eu era bastante delicada e frágil, e como era improvável que chegasse à velhice. Muitas vezes, quando eu tinha 18 anos, um dos meus admiradores me dizia ansioso:

— Tem certeza de que não vai pegar um resfriado? Sua avó me disse como você é frágil!

Indignada, eu bradava sobre a saúde de ferro de que sempre gozara, e a expressão ansiosa desaparecia.

— Mas por que sua avó diz que você é frágil?

Eu tinha que explicar que vovó estava realmente dando o seu melhor para me fazer parecer interessante. Quando ela mesma era jovem, vovó me contara, as moças nunca eram capazes de lidar com mais que uma pequena quantidade de comida à mesa de jantar se cavalheiros estivessem presentes. Bandejas abarrotadas eram levadas para os quartos mais tarde.

A doença e a morte prematura prevaleciam até nos livros infantis. Um livro chamado *Our White Violet* era um dos meus favoritos. A pequena Violet, uma santa debilitada desde a página um, morria de forma edificante, cercada por sua família aos prantos, na última página. A tragédia era amenizada por seus dois irmãos travessos, Punny e Firkin, que nunca paravam de aprontar. *Mulherzinhas*, uma história alegre em geral, teve que sacrificar Beth, a garota do rosto rosado. A morte da pequena Nell em *Loja de antiguidades* me deixa gelada e um pouco nauseada, mas na época de Dickens, é claro, famílias inteiras choravam por seu *páthos*.

Esse artigo de mobiliário doméstico, o sofá ou divã, hoje está associado principalmente ao psiquiatra, mas na época vitoriana era o símbolo da morte prematura, da doença e do Romance com inicial maiúscula. Estou inclinada a acreditar que a esposa e mãe vitoriana tirava bastante vantagem dele. Ele a poupava das tarefas domésticas mais cansativas. Muitas vezes, ela se resignava a ele aos quarenta e poucos e passava uma vida prazerosa, sendo plenamente servida, com carinhosa consideração do marido dedicado e incondicional apoio das filhas. Amigos se reuniam para visitá-la, e sua paciência e sua doçura diante da aflição eram admiradas por todos. Havia de fato algo de errado com ela? Provavelmente não. Sem dúvida, as costas doíam e ela sofria dos pés, assim como acontece com a maioria de nós no decorrer da vida. O sofá era a resposta.

Outro de meus livros favoritos era sobre uma garotinha alemã (debilitada, com uma deficiência de nascença) que passava o dia todo deitada olhando pela janela. Sua acompanhante, uma jovem egoísta e fútil, saiu correndo da casa um dia para ver uma procissão. A garotinha inclinou-se demais para fora, caiu e morreu. Conclusão: remorso permanente da criada, que ficou pálida e enlutada pelo resto da vida. Eu lia com grande satisfação todos esses livros sombrios.

E havia, é claro, as histórias do Antigo Testamento, com as quais eu me deleitava desde bem nova. Ir à igreja era um dos pontos altos da semana. A igreja paroquial de Tor Mohun era a mais antiga de Torquay. A própria Torquay era uma moderna estância de águas termais, mas Tor Mohun ainda era o vilarejo original. A velha igreja era pequena, e foi decidido que uma segunda igreja, maior, seria necessária para a paróquia. Essa igreja foi construída na época em que nasci, e meu pai doou algum dinheiro em meu nome, a fim de que eu fosse considerada uma das fundadoras. Mais tarde, quando ele me explicou, eu me senti muito importante. "Quando vou poder ir à igreja?" era meu pedido constante, até que o grande dia por fim chegou. Sentei-me ao lado do meu pai em um banco perto da frente e acompanhei o culto no grande livro de orações dele. Ele havia me dito que eu poderia sair antes do sermão se quisesse, e quando chegou a hora, ele sussurrou: "Você gostaria de sair?" Eu neguei com a cabeça vigorosamente e fiquei. Ele pegou minha mão e me sentei satisfeita, tentando não ficar me mexendo.

Eu gostava muito dos cultos de domingo. Antes, em casa, havia livros de histórias especiais, que só podíamos ler aos domingos (o que fazia deles uma espécie de presente) e livros de histórias bíblicas que eu já conhecia. Não há dúvida de que as histórias do Antigo Testamento são, do ponto de vista de uma criança, interessantíssimas. Elas têm aquela impressão de causa e efeito dramática que a mente de uma criança exige: José e seus irmãos, sua túnica de várias cores, sua ascensão ao poder no Egito e o final dramático de seu perdão aos cruéis irmãos. Moisés e a sarça ardente era outra favorita. Davi e Golias também tem um apelo infalível.

Há apenas um ou dois anos, no monte em Nimrud, eu pude observar o espantador de pássaros local, um velho árabe com seu punhado de pedras e seu estilingue, defendendo as plantações das hordas de aves predadoras. Vendo a precisão de sua pontaria e a letalidade de sua arma, de repente entendi pela primeira vez que a armação havia sido feita contra *Golias*! Davi estivera em uma posição superior desde o início — o homem com uma arma de longa distância contra o homem desarmado. Não é tanto o pequeno contra o grande, mas a inteligência contra a força.

Muitas pessoas interessantes vieram à nossa casa durante a minha juventude, e parece uma pena que eu não me lembre de nenhuma delas. Tudo de que me lembro sobre Henry James é minha mãe reclamando que ele sempre queria um torrão de açúcar partido em dois para o chá — e que realmente era afetação, já que um pequeno pedaço serviria muito bem. Rudyard Kipling veio, e de novo minha única memória é uma discussão entre minha mãe e um amigo sobre por que ele se casara com Mrs. Kipling.

— Eu sei o motivo. Eles são o complemento perfeito um para o outro — concluiu a amiga da minha mãe.

Entendendo a palavra como "cumprimento", achei a observação muito obscura, mas como a Babá havia explicado um dia que um pedido de casamento era o mais alto elogio que um cavalheiro poderia fazer a uma senhora, eu comecei a entender o motivo.

Apesar de vir sempre à sala na hora do chá, vestida, lembro-me bem, de musselina branca com uma faixa de cetim amarelo na cintura, quase não me recordo das pessoas com quem convivíamos. As pessoas que eu imaginava sempre foram mais reais para mim do que as de carne e osso que conheci. Lembro-me de uma amiga íntima da minha mãe, uma Miss Tower, principalmente porque eu me esforçava muito para evitá-la. A mulher tinha sobrancelhas pretas e enormes dentes brancos, e eu achava que ela tinha a cara de um lobo. Tinha o hábito de pular em cima de mim, me beijar com veemência e exclamar:

— Eu poderia comer você!

Sempre tive medo de que ela o fizesse. Durante toda a minha vida, cuidadosamente me abstive de atacar crianças e beijá-las sem que me pedissem. Coitadinhas, como poderiam se defender? Querida Miss Tower, tão boa, gentil e apaixonada por crianças — mas com tão pouca ideia sobre seus sentimentos.

Lady MacGregor era uma das senhoras mais marcantes da sociedade de Torquay, e ela e eu nos entendíamos muito bem. Quando eu ainda andava no carrinho de bebê, ela me abordou um dia e perguntou se eu sabia quem ela era. Eu disse sinceramente que não.

— Diga a sua mamãe que você conheceu Mrs. Snooks hoje — disse ela.

Assim que ela saiu, a Babá me questionou.

— Essa é Lady MacGregor e você a conhece muito bem.

Mas, depois disso, sempre a cumprimentei como "Mrs. Snooks", e essa era nossa piada particular.

Meu padrinho, Lord Lifford, o Capitão Hewitt, era uma alma alegre. Um dia ele veio até minha casa e, ao ouvir que Mr. e Mrs. Miller estavam fora, disse alegre:

— Ah, tudo bem. Vou entrar e esperar por eles.

Ele tentou passar pela copeira, mas a conscienciosa criada bateu a porta na cara dele e correu escada acima para chamá-lo da janela do banheiro convenientemente situada. Ele por fim a convenceu de que era um amigo da família — em especial porque disse:

— E eu sei por qual janela você está falando, é a do banheiro.

Essa prova topográfica convenceu-a e ela o deixou entrar, mas retirou-se cheia de vergonha por ele saber que era o banheiro de onde ela falava.

Éramos muito delicados com os banheiros naquela época. Era impensável ser vista entrando ou saindo de um, exceto por um membro íntimo da família; algo difícil em nossa casa, já que o banheiro ficava na metade da escada e à vista do corredor. O pior, é claro, era estar lá dentro e ouvir vozes lá embaixo. Era impossível sair. Era preciso ficar presa ali até que o caminho estivesse limpo.

Dos meus próprios amigos de infância não me lembro muito.

Havia Dorothy e Dulcie, mais moças do que eu; crianças apáticas com adenoides, e que eu achava maçantes. Tomávamos chá no jardim e brincávamos de correr em volta da grande azinheira, comendo creme de leite de Devonshire com biscoito. Não posso imaginar *por que* isso nos agradava. O pai delas, Mr. B., era grande amigo do meu pai. Logo depois de virmos morar em Torquay, Mr. B. disse a meu pai que ia se casar. Uma mulher maravilhosa, era como ele a descrevia.

— E me assusta, Joe. — Meu pai sempre foi chamado de Joe pelos amigos. — Me assusta muito como essa mulher me ama!

Pouco depois chegou uma amiga da minha mãe para ficar um tempo, bastante perturbada. Trabalhando como acompanhante de alguém em um hotel em North Devon, ela se deparara com uma jovem grande e bastante bonita, que conversava em voz alta com um amigo no saguão do hotel.

— Atraí minha metade, Dora — gritava ela triunfante. — Finalmente consegui encontrá-lo e agora ele está comendo na palma da minha mão.

Dora a felicitou e os acordos do casamento foram discutidos. Em seguida, o nome de Mr. B. foi mencionado como sendo o noivo "conquistado".

Uma grande discussão aconteceu entre minha mãe e meu pai. O que deveria ser feito a respeito? Eles poderiam permitir que o pobre Mr. B. se casasse com alguém que estava atrás do seu dinheiro dessa forma vergonhosa? Já era tarde demais? Ele acreditaria neles se contassem o que fora ouvido?

Meu pai, por fim, tomou sua decisão. B. não deveria ser informado de *nada*. Contar histórias era um negócio mesquinho. E B. não era um rapaz ignorante. Ele escolhera de maneira consciente.

Quer Mrs. B. tenha se casado por dinheiro ou não, ela era uma excelente esposa, e eles pareciam ser tão felizes juntos como dois pombinhos. Tiveram três filhos, eram praticamente inseparáveis e não poderia haver uma vida melhor em casa. O pobre B. acabou morrendo de câncer na língua, e durante toda a sua longa e dolorosa provação, a esposa cuidou dele com devoção. Aquilo fora uma lição, minha mãe disse uma vez: não pensar que você sabe o que é melhor para as outras pessoas.

Quando se ia almoçar ou tomar chá com os B., a conversa era toda sobre comida.

— Percival, meu amor — berrava Mrs. B. —, um pouco mais deste excelente carneiro. Que delicioso!

— Como você quiser, Edith, minha querida. Só mais uma fatia. Deixe-me passar o molho de alcaparras. Feito de forma excelente. Dorothy, meu amor, um pouco mais de carneiro?

— Não, obrigada, papai.

— Dulcie? Apenas uma pequena fatia. Está tão macia!

— Não, obrigada, mamãe.

Eu tinha uma outra amiga chamada Margaret. Ela era o que poderia ser chamado de amiga semioficial. Não visitávamos a casa uma da outra (a mãe de Margaret tinha cabelos laranja vivo e bochechas muito rosadas; agora suspeito que ela fosse considerada "imoral" e que meu pai não permitia que minha mãe a visitasse), mas íamos passear juntas. Nossas babás, concluí, eram amigas. Margaret falava muito e costumava me causar um constrangimento horrível. Ela tinha acabado de perder os dentes da frente e isso tornava sua conversa tão confusa que eu não conseguia entender o que ela dizia. Eu achava indelicado dizer isso, então respondia ao acaso, ficando cada vez mais desesperada. Por fim, Margaret se ofereceu para "me contar uma história". Era sobre "*alfuns* doces *enfenenados*", mas o que acontecia com eles eu nunca saberei. Ela continuou incompreensivelmente por um longo tempo até que Margaret terminou triunfante com:

— *Focê* não acha que *effa hisfória é adoráfel*?

Concordei com fervor.

— *E focê* não acha que na *ferdade*...

Achei que questionamentos sobre a história seriam demais para eu suportar, e interrompi, decidida.

— Agora *eu* vou contar uma história, Margaret.

Margaret pareceu indecisa. Era evidente, havia algum ponto complicado na história dos doces envenenados que ela queria discutir, mas eu estava desesperada.

— É sobre um... um... caroço de pêssego — improvisei descontroladamente. — Sobre uma fada que vivia em um caroço de pêssego.

— Continue — disse Margaret.

Eu continuei até que o portão de Margaret estivesse à vista.

— É uma história muito bonita — disse Margaret com apreço. — De qual conto de fadas essa história saiu?

Não tinha saído de nenhum conto de fadas, mas da minha cabeça. Para mim, não era sequer uma história particularmente boa. Mas ela me salvara da terrível grosseria de repreender Margaret por seus dentes perdidos. Eu disse que não conseguia me lembrar em qual conto de fadas estava.

Quando eu tinha 5 anos, minha irmã voltou de Paris formada. Lembro-me da emoção de vê-la pousar em Ealing de uma carruagem de quatro rodas. Ela usava um divertido chapeuzinho de palha e um véu branco com bolotas pretas, e me parecia uma nova pessoa. Ela era muito simpática com sua irmã mais nova e costumava me contar histórias. Também se esforçava para lidar com minha educação, ensinando-me francês de um manual chamado *Le Petit Précepteur*. Ela não era, acho, uma boa professora, e eu passei a detestar o livro. Duas vezes, habilmente, escondi-o atrás de outros livros na estante; passou pouco tempo, entretanto, antes que ele surgisse de novo.

Percebi que precisava fazer melhor que aquilo. Em um canto da sala havia uma enorme caixa de vidro contendo uma águia-careca empalhada que era o orgulho e a glória do meu pai. Enfiei

*Le Petit Précepteur* atrás da águia no canto invisível da sala. Isso obteve grande sucesso. Vários dias se passaram e uma busca minuciosa não conseguiu encontrar o livro perdido.

Minha mãe, no entanto, derrotou meus esforços com facilidade. Ela declarou o prêmio de um chocolate particularmente delicioso para quem encontrasse o livro. Minha ganância foi minha ruína. Caí na armadilha, conduzi uma busca elaborada ao redor da sala, por fim subi em uma cadeira, espiei atrás da águia e exclamei com voz surpresa:

— Ora, aí está!

Seguiu-se a retribuição: fui advertida e mandada para a cama pelo resto do dia. Aceitei isso como justo, pois havia sido descoberta, mas achei injusto não ter recebido o chocolate. Ele havia sido prometido a quem encontrasse o livro, e *eu* o havia encontrado.

Minha irmã tinha um jogo que me fascinava e assustava: "A irmã mais velha". A tese era que em nossa família havia uma irmã mais velha, mais velha do que minha irmã e eu. Ela tinha enlouquecido e vivia em uma caverna em Corbin's Head, mas às vezes voltava para casa. Era impossível distingui-la da minha irmã, exceto pela voz, que era bem diferente. Era uma voz assustadora, uma voz suave e oleosa.

— Você sabe quem eu sou, não sabe, querida? Eu sou sua irmã Madge. Você não acha que eu sou outra pessoa, acha? Você não pensaria assim, *certo*?

Eu sentia um terror indescritível. Claro que eu sabia que era apenas Madge fingindo — mas era mesmo? Será que talvez não fosse verdade? Aquela voz... aqueles olhos astutos de esguelha. *Era* a irmã mais velha!

Minha mãe costumava ficar brava.

— Não quero que você assuste a criança com esse jogo idiota, Madge.

Madge respondia com um bom argumento:

— Mas ela me *pede* para fazer isso.

Eu pedia. Eu dizia a ela:

— A irmã mais velha virá em breve?

— Eu não sei. Você quer que ela venha?

— Sim... sim, eu quero...

Eu queria mesmo? Suponho que sim.

Meu pedido nunca era realizado logo. Talvez dois dias depois haveria uma batida na porta do quarto e a voz:

— Posso entrar, querida? É sua irmã mais velha...

Muitos anos depois, Madge só precisava usar a voz da irmã mais velha e eu sentia arrepios na espinha.

Por que eu *gostava* de ficar com medo? Que necessidade instintiva é satisfeita pelo terror? Por que, de fato, crianças gostam de histórias sobre ursos, lobos e bruxas? Será porque elas querem se rebelar contra a vida muito *segura*? Uma certa quantidade de perigo na vida é uma necessidade dos seres humanos? Grande parte da delinquência juvenil hoje em dia pode ser atribuída ao excesso de segurança? As pessoas precisam instintivamente de algo para combater, para superar — para, por assim dizer, provar a si mesmas? Tire o lobo da história da Chapeuzinho Vermelho; alguma criança ainda gostará dela? No entanto, como a maioria das coisas na vida, você quer ficar um pouco assustado — mas não muito.

Minha irmã devia ter um grande dom para contar histórias. Em uma idade precoce, o irmão a incentivava.

— Conte de novo.

— Não quero.

— Conte, conte!

— Não, eu não quero.

— Por favor. Faço qualquer coisa.

— Vai me deixar morder seu dedo?

— Sim.

— Vou morder com força. Talvez eu vá até arrancá-lo!

— Eu não me importo.

Madge gentilmente se lança na história mais uma vez. Então ela pega o dedo dele e o morde. Monty grita. Nossa mãe chega. Madge é punida.

— Mas foi um acordo — diz ela, sem se arrepender.

Lembro-me bem da minha primeira história escrita. Tinha a natureza de um melodrama, muito curto, já que tanto escrever quanto soletrar eram uma dor para mim. Era sobre a nobre Lady Madge (a boa) e a sanguinária Lady Agatha (a má) e tinha um enredo que envolvia a herança de um castelo.

Mostrei para minha irmã e sugeri que poderíamos encenar. Minha irmã disse imediatamente que preferia ser a sanguinária Lady Madge e eu poderia ser a nobre Lady Agatha.

— Mas você não quer ser do bem? — perguntei, chocada.

Minha irmã disse que não, que ela achava que seria muito mais divertido ser a perversa. Fiquei satisfeita, pois fora apenas a educação que me levara a atribuir nobreza a Lady Madge.

Meu pai, eu me lembro, riu muito do meu esforço, mas de uma maneira gentil, e minha mãe disse que talvez fosse melhor eu não usar a palavra "sanguinária" porque ela não era muito bonita.

— Mas ela *era* sanguinária — expliquei. — Ela matou muita gente. Era como a sanguinária Rainha Mary, que queimava pessoas na fogueira.

Os livros de contos de fadas desempenharam um grande papel na minha vida. Vovó me presenteava com eles em aniversários e no Natal. *The Yellow Fairy Book*, *The Blue Fairy Book* e assim por diante. Eu amava todos eles e os lia repetidamente. Em seguida, houve uma coleção de histórias de animais, também de Andrew Lang, incluindo uma sobre Andrócles e o Leão. Eu também adorava essa.

Deve ter sido nessa época que eu embarquei em uma onda de ler os livros de Mrs. Molesworth, uma célebre escritora de contos infantis. Eles ficaram comigo por muitos anos, e, relendo-os agora, considero-os muito bons. Claro que as crianças os achariam antiquados hoje em dia. No entanto, as histórias são boas, bem-narradas e simbólicas. Havia *Carrots*, *Just a Little Boy* e *Herr Baby* para crianças muito pequenas, bem como vários contos de fadas. Eu poderia reler *The Cuckoo Clock* e *The Tapestry Room* ainda hoje. Meu favorito de todos, *Four Winds Farm*, eu acho desinteressante agora e me pergunto por que o amava tanto.

Ler livros de histórias era considerado algo agradável demais para ser virtuoso. Não era permitido ler histórias antes do almoço. De manhã, devia-se encontrar algo "útil" para fazer. Até hoje, se eu sentar e ler um romance depois do café da manhã, tenho um sentimento de culpa. O mesmo se aplica aos jogos de cartas no domingo. Superei a condenação da Babá ao baralho como "os livros ilustrados do Diabo", mas "nada de jogar cartas aos domingos" era a regra da casa, e, depois de anos, jogando bridge em um domingo, eu sempre tinha uma leve sensação de quem está fazendo algo proibido.

Em algum período antes da partida da Babá, minha mãe e meu pai foram para os Estados Unidos e ficaram fora por algum tempo. A Babá e eu fomos para Ealing. Devo ter passado vários meses lá, e me adaptei muito bem. O pilar que mantinha vovó bem estabelecida era uma cozinheira velha e enrugada, Hannah. Ela era tão magra quanto Jane era gorda, um saco de ossos com o rosto bem enrugado e ombros curvados. Ela cozinhava magnificamente. Também fazia pão caseiro três vezes por semana, e eu tinha permissão para ir à cozinha ajudar e fazer meus próprios pães caseiros e tortinhas. Só tive problemas com ela uma vez, quando perguntei o que eram miúdos. Aparentemente, miúdos eram coisas sobre as quais as jovens bem-educadas *não* perguntavam. Tentei provocá-la correndo de um lado para o outro na cozinha, dizendo:

— Hannah, o que são miúdos? Hannah, pela terceira vez, o que são miúdos?

No final, fui expulsa da cozinha pela Babá, levei uma bronca, e Hannah não falou comigo por dois dias. Depois disso, eu me tornei muito mais cuidadosa para não transgredir as regras dela.

Em algum momento durante minha estada em Ealing, devo ter sido levada para o Jubileu de Diamante, pois há pouco tempo me deparei com uma carta escrita por meu pai quando ele estava nos Estados Unidos. Havia sido redigida no estilo da época, que era bastante diferente do jeito que meu pai falava — escrever cartas caía em um padrão fingido pré-estabelecido, enquanto a fala do meu pai era geralmente alegre e ligeiramente obscena.

*Você deve ser muito boa com a querida Tia-avó, Agatha, pois lembre-se de como ela tem sido muito boa com você e das guloseimas que ela lhe dá. Ouvi dizer que você assistirá a um espetáculo maravilhoso do qual nunca se esquecerá. Algo para ser visto apenas uma vez na vida. Você deve dizer a ela como você é muito grata e como foi maravilhoso. Eu gostaria de poder estar lá, e sua mãe também. Sei que você nunca vai esquecê-lo.*

Meu pai não tinha o dom da profecia, porque eu *me esqueci*. Como as crianças são enlouquecedoras! Quando olho para o passado, do que eu me lembro? Coisinhas bobas sobre costureiras locais, as tranças de pão que fiz na cozinha, o cheiro do hálito de Coronel F. — e do que me esqueci? Um espetáculo que alguém pagou muito dinheiro para que eu pudesse assistir e me recordar. Fico muito brava comigo mesma. Que criança horrível e ingrata!

Isso me lembra o que eu acho que foi uma coincidência tão incrível que temos a tendência de dizer que nunca poderia ter acontecido. A ocasião deve ter sido o funeral da Rainha Vitória. Tanto a Tia-avó quanto Vovó B. iriam assistir. Elas haviam conseguido uma janela em uma casa em algum lugar perto de Paddington, e deveriam se encontrar lá no grande dia. Às cinco da manhã, para não se atrasar, vovó levantou-se em sua casa em Ealing e, no devido tempo, chegou à estação de Paddington. Segundo seus cálculos, aquilo daria a ela boas três horas para chegar ao local do encontro, e ela levava consigo um bordado para ocupar as mãos, alguma comida e outras coisas necessárias para passar horas de espera quando lá chegasse. Infelizmente, o tempo que ela reservou não foi suficiente. As ruas estavam lotadas. Algum tempo depois de deixar a estação de Paddington, ela não conseguia mais caminhar. Dois homens de uma ambulância a resgataram da multidão e garantiram que ela não poderia continuar.

— Mas eu preciso! Eu preciso! — gritava vovó, com lágrimas escorrendo pelo rosto. — Eu tenho meu quarto, eu tenho meu assento; os dois primeiros lugares na segunda janela do segundo andar, para que possa olhar para baixo e ver tudo. Eu preciso!

— É impossível, senhora. As ruas estão congestionadas, ninguém consegue passar há meia hora.

Vovó chorou mais. O homem da ambulância disse gentilmente:

— A senhora não conseguirá ver nada, eu lamento, mas vou levá-la por esta rua até onde está nossa ambulância e a senhora poderá sentar-se lá e tomar uma boa xícara de chá.

Vovó foi com eles, ainda chorando. Ao lado da ambulância estava sentada uma figura monumental não muito diferente dela, também chorando, vestida de veludo preto e miçangas. Ela ergueu os olhos — dois gritos selvagens rasgaram o ar:

— Mary!

— Margaret!

Dois vultos gigantescos se abraçaram, fazendo chacoalhar as miçangas.

# V

Refletindo sobre o que me deu mais prazer na infância, eu deveria estar inclinada a colocar em primeiro lugar o meu bambolê. Um brinquedo simples, que custava... quanto? Seis *pence*? Um xelim? Com certeza não mais que isso.

E que dádiva inestimável para pais, babás e empregados. Em dias bons, Agatha sai para o jardim com seu bambolê e não incomoda mais ninguém até que chega a hora da refeição — ou, mais precisamente, até que chega a fome.

Meu bambolê era para mim, por sua vez, um cavalo, um monstro marinho e um trem. Batendo-o nos caminhos do jardim, eu era um cavaleiro de armadura à caça, uma senhora da corte exercitando seu corcel branco, Clover (de Os Gatinhos) escapando da prisão — ou, menos romanticamente, eu era uma maquinista, uma guarda ou uma passageira em três ferrovias de minha própria imaginação.

Havia três sistemas diferentes: a estrada de ferro subterrânea, com oito estações, que circulava em três quartos do jardim; a estrada de ferro do tanque, uma linha curta, que servia apenas a horta e tinha início num grande tanque de água com uma torneira sob um pinheiro; e a estrada de ferro do terraço, que dava a volta em toda a casa. Há pouco tempo, encontrei em um velho armário um pedaço de papelão sobre o qual sessenta anos atrás eu desenhei um esboço de todas essas ferrovias.

Hoje, não consigo entender *por que* eu gostava tanto de bater meu bambolê, parando e gritando:

— Canteiro de lírios-do-vale! Acesso ao trem subterrâneo. Terminal. Todos os passageiros devem desembarcar nesta estação!

Eu fazia isso por horas. Devia ser um exercício muito bom. Também praticava diligentemente a arte de lançar meu bambolê para que ele voltasse para mim, um truque no qual fui instruída por um de nossos amigos oficiais da Marinha. No início, eu não conseguia de jeito nenhum, mas com a prática longa e árdua, peguei o jeito e fiquei muito satisfeita comigo mesma.

Nos dias de chuva, havia Mathilde, uma grande égua de balanço americana que havia sido dada a minha irmã e meu irmão quando eles eram crianças nos Estados Unidos. Trazida para a Inglaterra, não passava agora de um velho vestígio do que fora um dia, sem crina, sem pintura, sem cauda e metida numa pequena estufa junto a um dos lados da casa — complemento da estufa maior, que se erguia em toda a sua magnificência, contendo vasos de begônias, gerânios, fileiras de prateleiras de toda espécie de samambaias e várias grandes palmeiras. Essa pequena estufa era chamada, não sei por quê, de K. K. (ou possivelmente Kai Kai?), e era desprovida de plantas. Em vez disso, abrigava marretas de croqué, arcos, bolas, cadeiras de jardim quebradas, velhas mesas de ferro pintadas, uma rede de tênis decadente e Mathilde.

Mathilde em ação era esplêndida — muito melhor do que qualquer cavalo de balanço inglês que eu já conheci. Ia para a frente e para trás, para cima e para baixo, e cavalgava com toda a pressão possível, sendo capaz de derrubar as pessoas. Suas molas, que precisavam de óleo, faziam um gemido terrível e aumentavam o prazer e o perigo. Outro esplêndido exercício. Não é de admirar que eu fosse uma criança magrinha.

Como companheiro de Mathilde na Kai Kai havia Truelove — também de origem transatlântica. Truelove era um cavalinho malhado, pequeno, que puxava uma carroça com pedais. Provavelmente devido aos longos anos sem uso, os pedais não funcionavam mais. Generosas aplicações de óleo poderiam ter resolvido o problema — mas havia uma maneira mais fácil de tornar Truelove útil. Como todos os jardins de Devon, o nosso ficava numa encosta. Meu método era puxar Truelove para o topo de uma longa encosta gramada, me acomodar nele com cuidado, emitir um som encorajador, e então partíamos; devagar no início, ganhando impulso enquanto eu freava com os pés, de modo que parávamos no fundo do jardim. Então, eu puxava Truelove de volta ao topo e descia mais uma vez.

Anos depois, descobri que assistir a esse processo, às vezes por uma hora de cada vez, sempre em perfeita solenidade, era uma grande fonte de diversão para meu futuro cunhado.

Quando a Babá foi embora, eu fiquei, naturalmente, sem saber o que fazer. Vagueava desconsolada, até que o bambolê resolveu meu problema. Como todas as crianças, eu tentava induzir as pessoas a brincar comigo — primeiro minha mãe, depois os criados. Mas, naquela época, se não havia ninguém cuja função fosse brincar com as crianças, a criança tinha que brincar sozinha. Os criados eram bem-humorados, mas tinham seu trabalho a fazer — bastante trabalho, aliás —, e assim era:

— Agora saia daqui, Miss Agatha. Eu tenho que continuar o que estou fazendo.

Jane costumava me dar um punhado de sultanas ou uma fatia de queijo, mas sugeria com firmeza que deviam ser consumidos no jardim.

Foi assim que eu construí meu próprio mundo e meus próprios companheiros de brincadeira. Eu realmente acho que foi uma coisa boa. Eu nunca, em toda a minha vida, sofri do tédio de "não ter o que fazer". Um enorme número de mulheres sofre. Elas sentem solidão e tédio. Ter tempo livre é um pesadelo, e não uma delícia. Se as coisas são constantemente feitas para te divertir, naturalmente você já espera por elas. E quando nada é feito por você, você fica perdido.

Suponho que hoje em dia quase todas as crianças parecem tão desesperadamente incapazes de produzir suas próprias ideias nas férias porque, quando vão à escola, têm tudo entregue de bandeja. Sempre fico surpresa quando crianças vêm até mim e dizem, com ar de desespero:

— Por favor. Não tenho nada para fazer.

— Mas você tem muitos brinquedos, não tem? — sugiro.

— Nem tanto.

— Mas você tem dois trens. E caminhões e um kit de pintura. E blocos. Você não pode brincar com eles?

— Mas eu não posso brincar *sozinho*.

— Por que não? Já sei. Faça o desenho de um pássaro, depois recorte, faça uma gaiola com os blocos e coloque o pássaro na gaiola.

Surge um raio de luz na escuridão, e há paz por quase dez minutos.

Olhando para o passado, tenho cada vez mais certeza de uma coisa. Meus gostos permaneceram basicamente os mesmos. As coisas com as quais eu gostava de brincar quando criança continuaram sendo minhas preferências na vida adulta.

Casinha, por exemplo.

Eu tinha, suponho, uma quantidade razoável de brinquedos: uma cama de boneca com lençóis e cobertores de verdade e os tijolos de construção da família, passados para mim por minha irmã mais velha e meu irmão. Muitos dos meus brinquedos eram improvisados. Eu cortava imagens de velhas revistas ilustradas e as colava em álbuns de papel pardo. Rolos aleatórios de papel de parede eram cortados e colados sobre caixas. Era um processo longo e sem pressa.

Mas minha principal fonte de diversão dentro de casa era, sem dúvida, minha casinha de bonecas. Era do tipo usual, pintada, com uma frente que se abria para revelar a cozinha, a sala de estar e o corredor no andar de baixo, dois quartos e banheiro no andar de cima. Quer dizer, começou assim. A mobília foi sendo adquirida peça por peça. Na época, havia uma enorme variedade de móveis de boneca nas lojas, de preço bastante acessível. Minha mesada era, para a época, bem farta. Consistia nas moedas de cobre que meu pai tinha em sua posse todas as manhãs. Eu o visitava em seu quarto de vestir, dizia bom dia e depois me voltava para a penteadeira para ver o que o destino havia reservado para mim naquele dia específico. Dois *pence*? Cinco? Uma vez foram onze! Às vezes, não havia nada. A incerteza tornava tudo muito empolgante.

Minhas compras sempre eram as mesmas. Alguns doces — *balas duras*, o único tipo que minha mãe considerava saudável — comprados de Mr. Wylie, que tinha uma loja em Tor. Os doces eram feitos no local e, ao entrar pela porta da loja, você sabia imediatamente o que estava sendo feito naquele dia. O cheiro forte de caramelo quente, o aroma marcante do torrão de hortelã-pimenta, a tênue fragrância de abacaxi, balas de cevada (uma sensaboria, quase sem cheiro algum) e o odor quase insuportável dos *drops* de pera em processo de fabricação.

Todos esses doces custavam dezesseis *pence* o quilo. Eu gastava cerca de quatro *pence* por semana — um *penny* para quatro tipos diferentes de doces. Havia ainda um *penny* a ser doado para os sem-teto (caixinha na mesa do corredor); de setembro em diante, alguns *pence* eram separados para os presentes de Natal que seriam comprados, não feitos. O resto ia para o mobiliário e equipamento da minha casa de bonecas.

Ainda me lembro do encanto das coisas que havia para comprar. Alimentos, por exemplo. Pequenas travessas de papelão com frango assado, ovos e bacon, um bolo de casamento, uma perna de cordeiro, maçãs e laranjas, peixe, pavê, pudim de ameixa. Havia cestos de pratos com facas, garfos e colheres. Havia pequenos conjuntos de copos. Em seguida, havia a mobília propriamente dita. Minha sala tinha um conjunto de cadeiras de cetim azul, às quais acrescentei aos poucos um sofá e uma poltrona dourada bem grande. Havia penteadeiras com espelhos, mesas de jantar redondas e polidas e um horrível conjunto de cadeiras estofadas em brocado laranja. Havia também pequenos abajures, adornos florais e vasos de flores. E também todos os utensílios domésticos, escovas e pá de lixo, vassouras, baldes e panelas de cozinha.

Logo minha casa de bonecas parecia mais um depósito de móveis.

Poderia eu — talvez — ganhar *outra* casa de bonecas?

Mamãe não achava bem que uma menina tivesse duas casas de bonecas. Mas por que eu não transformava um *armário* em uma casa de bonecas maior?, sugeriu ela, inspirada. Assim, ganhei um armário, o que foi uma ideia genial. Um cômodo grande no último andar da casa, originalmente construído por meu pai para que se instalassem ali mais dois quartos, era muito apreciado por meus irmãos, vazio como estava, e acabou virando quarto de brinquedos. As paredes estavam quase completamente forradas com prateleiras de livros e armários, e o centro do aposento permanecia convenientemente vazio. Foi-me confiado um armário com quatro prateleiras, parte dele firmemente construída na própria parede. Minha mãe me deu vários pedaços de um lindo papel de parede, que pude colar nas prateleiras como se fossem tapetes. A casa de bonecas foi colocada por cima do armário, e desse modo fiquei com uma casa de seis andares.

Minha casa, é claro, precisava ser habitada por uma família. Eu adquiri um pai e uma mãe, dois filhos e uma empregada doméstica, o tipo de boneca que tem cabeça e busto de porcelana e braços e pernas maleáveis de serragem. Mamãe costurou algumas roupas neles com retalhos estranhos. Ela até fixou com cola uma pequena barba preta e um bigode no rosto do pai. Pai, mãe, dois filhos e uma empregada doméstica. Era perfeito. Não me lembro de eles terem nenhuma personalidade particular — eles nunca se tornaram pessoas para mim, existiam apenas para ocupar a casa. Mas tudo parecia *real* quando você sentava a família em volta da mesa de jantar. Pratos, copos, frango assado e um pudim rosa bastante peculiar foram servidos na primeira refeição.

Um prazer adicional era a mudança de casa. Uma caixa de papelão robusta era a van da mobília. A mobília era carregada nela e então a van era puxada várias vezes ao redor da sala por um barbante, para "chegar à nova casa". (Isso acontecia pelo menos uma vez por semana.)

Agora posso ver claramente que continuei a brincar de casinha desde então. Percorri inúmeras casas, comprei casas, troquei por outras casas, mobiliei casas, decorei casas, fiz alterações estruturais em casas. Casas! Deus abençoe as casas!

Mas voltando às memórias. De que coisas *esquisitas* nos lembramos quando reunimos nossas memórias. Lembramos ocasiões felizes, lembramos — muito vividamente, creio — o medo. Estranhamente, a dor e a infelicidade são difíceis de recapturar. Não quero dizer exatamente que não me lembre deles — até posso, mas sem *senti-los*. No que se refere a eles, estou no primeiro estágio. Posso dizer que havia a Agatha terrivelmente infeliz, a Agatha com dor de dente... Mas não *sinto* a infelicidade nem a dor de dente. Por outro lado, um dia o cheiro repentino de limoeiros traz de volta o passado, e de repente eu me lembro de um dia passado perto dos limoeiros, o prazer com o qual eu me jogava no chão, o cheiro de grama quente e a repentina e adorável sensação de verão; um cedro próximo e o rio além... A sensação de estar em harmonia com a vida. Ela volta naquele instante. Não apenas uma coisa lembrada pela mente, mas também o próprio sentimento.

Lembro-me nitidamente de um campo de botões-de-ouro. Eu devia ter menos de 5 anos, porque fui até lá com a Babá. Foi quando estávamos em Ealing, hospedadas com a Tia-avó. Subimos uma colina, passando pela igreja de St. Stephen. Na época, só havia campos por ali, e chegamos a um cheio de botões-de--ouro. Nós íamos até lá — isso eu sei — com bastante frequência. Não sei se a minha lembrança é da primeira vez que fomos lá ou de uma ocasião posterior, mas me lembro e sinto a beleza da sensação. Tenho a impressão de que há muitos anos não vejo um campo de botões-de-ouro. Já vi *alguns* botões-de-ouro dispersos pelos campos, mas só isso. Um grande campo juncado de botões-de-ouro no início do verão é algo que realmente merece ser recordado. E esse espetáculo ainda guardo comigo.

O que mais nos dá prazer na vida? Atrevo-me a dizer que varia de pessoa para pessoa. De minha parte, relembrando e refletindo, parece que quase sempre são os momentos tranquilos do dia a dia. Esses eram os momentos, certamente, em que *eu* fui mais feliz. Adornando a velha cabeça grisalha da Babá com laços azuis, brincando com Tony, partindo seus pelos com um pente em suas costas largas, galopando no que considero serem verdadeiros cavalos do outro lado do rio que minha imaginação criou no jardim. Seguindo meu bambolê pelas estações de trem. Brincadeiras divertidas com minha mãe. Minha mãe, mais tarde, lendo Dickens para mim, aos poucos ficando com sono, seus óculos escorregando pelo nariz, sua cabeça caindo para a frente, e eu dizendo com uma voz agonizante.

— Mãe, você vai *dormir*!

Ao que minha mãe respondia com grande dignidade:

— Nada disso, querida. Não estou *nem um pouco* com sono!

Poucos minutos depois, ela estaria dormindo. Lembro-me de achá-la ridícula com os óculos descendo pelo nariz. Eu a amava muito naquele momento.

É um pensamento curioso, mas é somente quando você vê pessoas parecendo ridículas que você percebe o quanto as ama! Qualquer um pode admirar alguém por ser bonito, divertido ou charmoso, mas essa bolha logo é furada quando um traço de ridículo surge. Eu daria este conselho a qualquer moça que está para se casar: "Bem, agora imagine seu marido com um resfriado terrível, falando fanhoso, espirrando e com os olhos vermelhos e lacrimejantes. O que você sentiria por ele?" É um bom teste. O que se precisa sentir por um marido, acho eu, é o amor, que é ternura, que comporta carinho, que atura resfriados e pequenas manias no caminhar. A paixão é dispensável.

Mas casamento significa mais do que ter um amante — tenho uma visão antiquada de que o *respeito* é necessário. Respeito, que não se confunde com admiração. Sentir admiração por um homem durante toda a vida de casada seria, creio, excessivamente tedioso. Você teria, por assim dizer, uma cãibra mental no pescoço. Mas respeito é algo em que você não precisa pensar, que você sabe que felizmente está presente. Como dizia uma velha irlandesa sobre o marido: "Ele é uma boa cabeça para mim". Isso, eu acho, é aquilo de que uma mulher precisa. Ela deseja sentir que há integridade em seu cônjuge, que pode depender dele e respeitar seu julgamento e que, quando há uma decisão difícil a ser tomada, ela pode confiar nele para isso.

É curioso olhar para trás, para a vida, para todos os incidentes e cenas variados — uma infinidade de detalhes. De todos eles, o que mais importou? O que está por trás da seleção que a memória fez? O que nos faz escolher as coisas de que nos lembramos? É como se alguém fosse até um grande baú cheio de lixo em um sótão, enfiasse a mão nele e dissesse:

— Vou pegar isto... e isto... e isto.

Pergunte a três ou quatro pessoas o que se lembram de uma viagem ao exterior, por exemplo, e ficará surpreso com as diferentes respostas recebidas. Lembro-me de um menino de 15 anos, filho de amigos nossos, que foi levado a Paris durante as férias de primavera. Quando ele voltou, um amigo tolo da família disse, com o tom jovial sempre dirigido aos mais novos:

— Bem, meu filho, e o que mais o impressionou em Paris? Do que você se lembra?

— Das chaminés — respondeu ele de pronto. — As de lá são muito diferentes das chaminés das casas inglesas.

Do seu ponto de vista, era uma observação perfeitamente sensata. Alguns anos depois, ele começou a estudar para tornar-se artista. Aquele fora, portanto, um detalhe visual que o impressionara bastante, que tornava Paris diferente de Londres.

Então, outra memória. Essa aconteceu quando meu irmão chegou doente do leste da África. Ele trouxe consigo um criado nativo, Shebani. Ansioso por mostrar àquele africano simples as glórias de Londres, meu irmão alugou um carro e, sentado nele com Shebani, dirigiu por toda Londres. Exibiu para ele a abadia de Westminster, o palácio de Buckingham, o Parlamento, o Guildhall, o Hyde Park e assim por diante. Por fim, quando chegaram em casa, ele disse a Shebani:

— O que você achou de Londres?

Shebani revirou os olhos.

— É maravilhoso, Bwana, um lugar maravilhoso. Nunca pensei que veria algo assim.

Meu irmão acenou com a cabeça, satisfeito.

— E o que mais te impressionou?

A resposta veio de imediato:

— Ah, Bwana, as lojas cheias de *carne*. Lojas maravilhosas. As carnes penduradas em grandes porções sem *ninguém as roubar*. Ninguém corre e se esgueira até lá e rouba. Não, as pessoas passam por elas de forma organizada. Que riqueza! Quão grande deve ser um país para ter toda essa carne pendurada nas lojas abertas às ruas. Sim, de fato, a Inglaterra é um lugar maravilhoso. Londres é uma cidade maravilhosa.

Ponto de vista. O ponto de vista de uma criança. Todos nós já o conhecemos, mas viajamos para tão longe que é difícil retornar. Lembro-me de ter visto meu próprio neto Mathew quando ele devia ter, suponho, cerca de 2 anos e meio. Ele não sabia que eu estava lá. Eu olhava para ele do topo da escada. Ele descia a escada com muito cuidado. Era uma nova conquista e ele estava orgulhoso, mas ainda com um pouco de medo.

— Este é o Mathew descendo a escada. Este é o Mathew — murmurava ele para si mesmo. — Mathew está descendo a escada. Este é o Mathew descendo a escada.

Eu me pergunto se todos nós começamos a vida pensando em nós mesmos, assim que podemos fazê-lo, como uma pessoa separada, por assim dizer, daquela que observa. Será que eu disse a mim mesma uma vez, "Esta é Agatha com seu laço de festa descendo para a sala de jantar"? É como se o corpo no qual encontramos nosso espírito alojado nos fosse, a princípio, estranho. Uma entidade, sabemos seu nome, temos um acordo com ela, mas ainda não nos identificamos totalmente com ela. Somos como Agatha dando um passeio, Mathew descendo a escada. Vemos a nós mesmos em vez de nos *sentirmos*.

E então, um dia, a etapa seguinte da vida acontece. De repente não é mais "Este é o Mathew descendo a escada". De repente, *eu* estou descendo as escadas. Alcançar o *eu* é o primeiro passo para o progresso de nossa vida pessoal.

# Parte 2

## "Meninas e meninos, venham brincar"

# I

É impossível perceber quão extraordinária é a visão do mundo pelos olhos de uma criança até que se olhe para trás em busca de analisar o próprio passado. O ângulo de visão é totalmente diferente daquele do adulto, tudo está fora de proporção.

Crianças conseguem fazer uma avaliação astuta do que está acontecendo ao seu redor, e têm um bom julgamento do caráter e das pessoas. Mas o *como* e o *porquê* das coisas nunca parecem ocorrer a elas.

Quando meu pai começou a se preocupar com as finanças, eu devia ter uns 5 anos de idade. Ele havia sido o filho de um homem rico e tinha como certo que sempre haveria uma renda garantida. Meu avô havia estabelecido um complicado sistema de legados que entraria em vigor quando ele morresse. Havia quatro testamenteiros. Um era muito velho e acho que se aposentou de qualquer ligação ativa com o negócio, outro logo foi para uma clínica psiquiátrica e os outros dois, ambos homens da mesma idade que ele, morreram pouco depois. Um deles tinha um filho que assumiu o encargo. Se foi pura ineficiência ou se alguém conseguiu converter as coisas para seu próprio uso durante a substituição, não sei. De qualquer forma, a situação parecia piorar cada vez mais.

Meu pai estava perplexo e deprimido, mas, por não ser um homem de negócios, não sabia o que fazer a respeito. Ele escreveu para o caro Fulano de Tal e para o caro Sicrano de Outra Coisa, e eles responderam, ora tranquilizando-o, ora atribuindo a culpa ao estado do mercado, à depreciação e afins. O legado de uma tia idosa surgiu nessa época e, imagino, sustentou-o por um ou dois anos, enquanto o montante que lhe era devido e que deveria ter sido pago parecia nunca chegar.

Foi nessa época também que sua saúde começou a piorar. Em diversas ocasiões ele sofreu, supostamente, de ataques do coração, um termo vago que abrangia quase tudo. A preocupação financeira deve, creio eu, ter afetado sua saúde. O remédio imediato parecia ser que deveríamos economizar. A prática mais comum naquela época era ir morar no exterior por um curto período. Isso não era, como hoje, por causa do imposto de renda — o imposto de renda era, imagino eu, cerca de um xelim por libra —, mas porque o custo de vida era muito mais baixo no exterior. Então o procedimento era alugar a casa com os empregados etc., por um bom valor, e ir para o sul da França para hospedar-se em um hotel razoavelmente econômico.

Essa migração aconteceu, pelo que me lembro, quando eu tinha 6 anos. Ashfield foi devidamente alugada — acho que para norte-americanos, que pagaram um bom preço por ela — e a família se preparou para partir. Estávamos indo para Pau, no sul da França. Eu estava, é claro, muito animada com essa perspectiva. Lá de onde ficaríamos seria possível ver as montanhas, me disse minha mãe. Eu fiz muitas perguntas sobre elas. Elas eram muito, muito altas? Mais altas do que a torre da igreja de St. Mary? Eu perguntava com grande interesse. Era a coisa mais alta que eu conhecia. Sim, as montanhas eram muito, muito mais altas que a torre. Elas se alongavam por centenas de pés, milhares de pés. Retirei-me para o jardim com Tony e, mastigando uma enorme crosta de pão seco obtido de Jane na cozinha, comecei a trabalhar para tentar visualizar montanhas. Minha cabeça pendeu para trás, meus olhos fixaram-se no céu. Era assim que as montanhas pareceriam: subindo, subindo, subindo, subindo, subindo até se perderem nas nuvens. Foi um pensamento inspirador. Minha mãe amava montanhas. Ela dizia que nunca se importara com o mar. As montanhas, eu tinha certeza, seriam uma das maiores coisas da minha vida.

Uma coisa triste sobre a ida para o exterior foi que significou uma separação entre Tony e eu. Tony, é claro, não seria alugado com a casa; ele iria embora com uma antiga copeira chamada Froudie. Froudie, que era casada com um carpinteiro e morava não muito longe, estava preparada para receber Tony. Eu o beijei todo e ele respondeu lambendo freneticamente todo o meu rosto, meu pescoço, meus braços e minhas mãos.

As condições das viagens ao exterior naquele tempo parecem-nos hoje extraordinárias. É claro que não havia passaportes ou formulários para preencher. Você comprava as passagens, fazia reservas para o carro-leito e isso era tudo o que precisava ser feito. A própria simplicidade. Mas Fazer as Malas! (Apenas letras maiúsculas explicariam o que fazer as malas significava.) Não sei em que consistia a bagagem do resto da família; tenho uma boa memória do que minha mãe levou com ela. Para começar, havia três baús redondos. O maior tinha cerca de quatro pés de altura e dois compartimentos. Havia também chapeleiras, grandes estojos quadrados de couro, três baús do tipo que se chamava "bagagem de cabine" e malas de fabricação norte-americana, que costumavam ser vistas naquela época nos corredores dos hotéis. Eram grandes e, imagino, excessivamente pesadas.

Por uma semana, pelo menos, antes da partida, minha mãe vivia cercada por seus baús em seu quarto. Como não estávamos bem de vida pelos padrões da época, minha mãe não tinha uma criada. Então fez as malas sozinha. A preliminar era o que se chamava "catalogação". Os grandes guarda-roupas e cômodas ficavam abertos enquanto minha mãe separava coisas como flores artificiais e uma série de bugigangas intituladas "minhas fitas" e "minhas joias". Tudo isso aparentemente exigia horas de classificação antes de ser embalado nos compartimentos dos vários baús.

As joias não consistiam, como hoje em dia, em grandes quantidades de bijuterias e algumas "joias de verdade". As imitações eram tachadas como de "mau gosto", exceto por um ocasional broche de vidro. As joias valiosas da minha mãe eram "minha fivela de diamante, meu pingente em formato de lua crescente de diamante e meu anel de noivado de diamante". Seus outros ornamentos eram "reais", mas comparativamente baratos. No entanto, eles eram de grande interesse para todos nós. Havia "meu colar indiano", "meu conjunto florentino", "meu colar veneziano", "meus camafeus" e assim por diante. E havia seis broches pelos quais minha irmã e eu demonstrávamos um interesse pessoal e vívido. Eram "os peixes", cinco pequenos peixes em diamante, "o visco", um pequeno broche de diamante e pérolas, "minha violeta de parma", um broche laqueado representando a flor, "minha rosa canina", também um broche de flor, uma rosa cor-de-rosa esmaltada com folhas de diamante ao redor, e "meu burro", o favorito, que era uma pérola barroca incrustada em diamantes formando uma cabeça de burro. Todos eles haviam sido prometidos para nós duas, Madge e eu, para depois da morte da minha mãe. Madge ficaria com a violeta de parma (sua flor favorita), a lua crescente de brilhantes e o burro. Eu ficaria com a rosa, a fivela de diamante e o visco. Essa reserva de bens para o futuro era concedida livremente por minha família, sem evocar pensamentos tristes sobre a morte, mas meramente um sentimento confortável do benefício que adviria dela.

Em Ashfield, a casa inteira era apinhada de pinturas a óleo compradas por meu pai. Colocar as pinturas a óleo o mais perto possível umas das outras nas paredes era a moda da época. Uma ficou marcada em mim — uma grande pintura do mar, com uma jovem sorridente pegando um menino em uma rede. Era minha maior ideia de beleza quando criança, e é triste refletir como a desconsiderei quando chegou a hora de separar os quadros para vender. Nem os sentimentos me fizeram guardá-los. Sou forçada a considerar que o gosto do meu pai para quadros sempre foi ruim. Por outro lado, cada peça de mobiliário comprada por ele é uma joia. Ele tinha paixão por móveis antigos, e ter e viver com as escrivaninhas Sheraton e as cadeiras Chippendale que comprou, muitas vezes por um valor muito baixo, já que naquela época o bambu estava na moda, é uma alegria. Subiram tanto em valor que minha mãe conseguiu nos manter bem depois que meu pai morreu vendendo muitas das melhores peças.

Ele, minha mãe e minha avó tinham paixão por colecionar porcelana. Quando vovó veio morar conosco um tempo depois, ela trouxe consigo sua coleção de Dresden e Capo di Monte, e encheu inúmeros armários em Ashfield. Na verdade, novos armários tiveram que ser montados para acomodá-la. Não há dúvida de que éramos uma família de colecionadores, e herdei esses atributos. A única coisa triste é que, se você herda uma boa coleção de porcelana e móveis, não há desculpa para *começar* uma coleção própria. A paixão do colecionador, entretanto, deve ser satisfeita, e, no meu caso, acumulei um bom estoque de móveis de papel machê e pequenos objetos que não figuravam nas coleções dos meus pais.

Quando chegou o dia, eu estava tão animada que me sentia bastante enjoada e fiquei completamente em silêncio. Quando estou realmente emocionada com qualquer coisa, sempre pareço me privar da capacidade de falar. Minha primeira lembrança clara de ir para o exterior foi quando entramos no barco em Folkestone. Minha mãe e Madge levaram a travessia do Canal da Mancha com a maior seriedade. Elas eram péssimas marinheiras e retiraram-se imediatamente para o salão das damas para se deitar, fechar os olhos e esperar atravessar as águas intermediárias para a França sem que o pior acontecesse. Apesar de minha experiência em pequenos botes, eu estava convencida de que *eu* era uma boa marinheira. Meu pai me encorajava nessa crença, então permaneci no convés com ele. Foi, imagino, uma travessia perfeitamente suave, mas não dei crédito ao mar, e sim à minha própria capacidade de resistir ao seu movimento. Chegamos a Boulogne e fiquei feliz em ouvir meu pai anunciar:

— Agatha é uma excelente marinheira.

A empolgação seguinte seria dormir no trem. Dividi um compartimento com minha mãe e fui erguida para o beliche de cima. Minha mãe sempre teve uma paixão por ar fresco, e o vapor quente dos carros-leito era, para ela, uma agonia. Tive a impressão de que acordei várias vezes durante a noite e vi mamãe com a janela aberta e a cabeça para fora, inspirando grandes arfadas de ar noturno.

Chegamos a Pau na manhã seguinte. O ônibus do Hotel Beausejour nos aguardava, então nos amontoamos nele, nossas dezoito bagagens vindo separadamente, e no devido tempo chegamos ao hotel. Havia um grande terraço exterior de frente para os Pireneus.

— Lá! — disse o pai. — Está vendo? Essas montanhas de neve são os Pireneus.

Olhei. Foi uma das grandes desilusões da minha vida, uma desilusão que jamais esqueci. Onde estava aquela altura imponente subindo, subindo, subindo até o céu, muito acima da minha cabeça — algo além da contemplação e da compreensão? Em vez disso, vi, a alguma distância no horizonte, o que parecia ser uma fileira de dentes erguendo-se, ao que parecia, a cerca de uma polegada ou duas da planície abaixo. *Aquilo?* Aquilo eram *montanhas?* Eu não disse nada, mas mesmo agora ainda posso sentir aquela terrível decepção.

## *II*

Acho que passamos cerca de seis meses em Pau. Era uma vida inteiramente nova para mim. Meu pai, minha mãe e Madge logo estavam ocupados com um turbilhão de atividades. Meu pai recebeu vários amigos dos Estados Unidos lá, fez muitos conhecidos no hotel, e também havíamos levado cartas de apresentação para pessoas em vários hotéis e pensões.

Para cuidar de mim, minha mãe contratou uma espécie de preceptora diarista — na verdade, uma garota inglesa, mas que havia morado em Pau a vida toda e falava francês tão facilmente quanto inglês, se não, na verdade, um tanto melhor. A ideia era que eu aprendesse francês com ela. O plano não saiu conforme o esperado. Miss Markham me buscava todas as manhãs e me levava para dar um passeio, durante o qual ela chamava minha atenção para vários objetos e repetia seus nomes em francês.

— *Un chien. Une maison. Un gendarme. Le boulanger.*

Eu repetia tudo obedientemente, mas naturalmente, quando tinha uma pergunta a fazer, perguntava em inglês e Miss Markham respondia em inglês. Pelo que me lembro, eu ficava bastante entediada durante o dia; eram caminhadas intermináveis na companhia de Miss Markham, que era simpática, gentil, meticulosa e monótona.

Minha mãe logo decidiu que eu nunca aprenderia francês com Miss Markham e que deveria ter aulas regulares de francês com uma francesa que viria todas as tardes. A nova aquisição chamava-se Mademoiselle Mauhourat. Ela era grande, rechonchuda e vestia uma multiplicidade de capas marrons.

Nesse tempo, os aposentos eram mobiliados demais, repletos de bibelôs e ornamentos. Mademoiselle Mauhourat era muito brusca. Ela se agitava pela sala, sacudindo os ombros, gesticulando com as mãos e os cotovelos e, mais cedo ou mais tarde, invariavelmente derrubava um enfeite da mesa e o quebrava. Isso se tornou uma piada na família. Meu pai dizia:

— Ela me lembra aquela passarinha que você teve, Agatha. Daphne. Sempre grande e desajeitada e derrubando suas bandejas de sementes.

Mademoiselle Mauhourat era particularmente expansiva, e isso me deixava encabulada. Eu achava cada vez mais difícil responder aos seus gritinhos arrogantes de:

— *Oh, la chère mignonne! Quelle est gentille, cette petite! Oh, la chère mignonne! Nous allons prendre des leçons très amusantes, n'est ce pas?*

Eu olhava para ela educada, mas friamente. Então, recebendo um olhar firme da minha mãe, murmurava de forma pouco convincente:

— *Oui, merci* — que era quase o limite do meu francês naquela época.

As aulas de francês decorreram de forma amigável. Eu era dócil como sempre, mas aparentemente estúpida também. Minha mãe, que gostava de resultados rápidos, ficava insatisfeita com meu progresso.

— Ela não está indo como deveria, Fred — queixava-se a meu pai.

Meu pai, sempre amável, dizia:

— Ah, dê-lhe tempo, Clara, dê-lhe tempo. A mulher está aqui há apenas dez dias.

Mas minha mãe não dava tempo a ninguém. O clímax veio quando eu tive uma leve doença infantil. Suponho que tudo tenha começado com uma gripe local que me levou a problemas catarrais. Eu estava febril, indisposta, e nessa fase de convalescença, ainda com um pouco de febre, não podia suportar a visão de Mademoiselle Mauhourat.

— Por favor — eu implorava —, por favor, não me obrigue a estudar esta tarde. Eu não quero.

Minha mãe sempre foi bastante gentil quando havia uma causa real. Ela concordou. No devido tempo, Mademoiselle Mauhourat chegou com suas capas e tudo o mais. Minha mãe explicou que eu estava com febre, de cama e que talvez fosse melhor não ter aula naquele dia. Mademoiselle Mauhourat partiu para cima de mim imediatamente, sacudindo os cotovelos, agitando as capas, falando perto demais.

— *Oh, la pauvre mignonne, la pauvre petite mignonne.*

Ela disse que leria para mim, que contaria histórias e que iria divertir "*la pauvre petite*".

Lancei os olhares mais agonizantes para minha mãe. Eu não aguentaria. Não podia suportar nem mais um momento daquilo! A voz de Mademoiselle Mauhourat continuou, estridente e aguda — tudo o que eu mais detestava em uma voz. Meus olhos imploravam: "Mande-a embora. Por favor, mande-a *embora*". Com firmeza, minha mãe puxou Mademoiselle Mauhourat até a porta.

— Acho melhor Agatha ficar bem quieta esta tarde — disse. Ela conduziu Mademoiselle Mauhourat para fora, então voltou e balançou a cabeça para mim. — Está tudo bem, mas você não deve fazer essas *expressões* terríveis.

— Expressões?

— Sim. Todos aqueles trejeitos e os olhares para mim. Mademoiselle Mauhourat percebeu perfeitamente que você queria que ela fosse embora.

Fiquei transtornada. Não tinha sido minha intenção ser indelicada.

— Mas, mamãe, eu não estava fazendo expressões *francesas*. Estava fazendo expressões em *inglês*.

Minha mãe achou graça e me explicou que expressões faciais eram uma espécie de linguagem internacional entendida por pessoas de todos os países. No entanto, ela disse a meu pai que Mademoiselle Mauhourat não estava tendo muito sucesso e que procuraria uma professora em outro lugar. Meu pai disse que seria bom não perdermos muitos outros enfeites de porcelana.

— Se eu estivesse no lugar de Agatha, *eu* acharia aquela mulher insuportável, assim como ela — acrescentou ele.

Livre dos cuidados de Miss Markham e de Mademoiselle Mauhourat, comecei a me divertir. Hospedada no hotel estava Mrs. Selwyn, a viúva ou talvez a nora do bispo Selwyn, e suas duas filhas, Dorothy e Mary. Dorothy (Dar) era um ano mais velha do que eu, Mary, um ano mais jovem. Logo nos tornamos inseparáveis.

Quando estava sozinha, eu era uma criança boa, bem-comportada e obediente, mas na companhia de outras crianças eu estava sempre pronta para me envolver em qualquer travessura que estivesse acontecendo. Em particular, nós três atormentávamos a vida dos infelizes empregados da *table d'hôte*. Uma noite, trocamos o sal de todos os saleiros por açúcar. Outro dia, cortamos porquinhos de cascas de laranja e os colocamos nos pratos de todos, logo antes do gongo anunciando a refeição.

Aqueles garçons franceses eram os homens mais gentis que provavelmente conhecerei. Em particular, havia Victor, nosso garçom. Ele era um homem baixo e quadrado com um nariz comprido e saliente. Em minha mente, ele fedia (meu primeiro contato com alho). Apesar de todas as peças que lhe pregávamos, ele parecia não ter malícia e, na verdade, fazia o possível para ser gentil conosco. Ele costumava esculpir especialmente para nós os mais gloriosos ratos feitos com rabanetes. Se nunca entramos em apuros pelo que fizemos, foi porque o leal Victor nunca reclamou com a administração ou com nossos pais.

Minha amizade com Dar e Mary significou muito mais para mim do que qualquer uma de minhas amizades anteriores. Possivelmente eu já estava em uma idade em que qualquer empreendimento cooperativo era mais empolgante do que fazer as coisas sozinha. Fizemos muitas travessuras juntas e nos divertimos muito durante todos aqueles meses de inverno. É claro que muitas vezes nos metíamos em problemas por causa de nossas pegadinhas, mas em apenas uma ocasião nós realmente sentimos uma justa indignação com a censura que caiu sobre nós.

Minha mãe e Mrs. Selwyn estavam sentadas juntas, conversando alegremente, quando uma mensagem foi trazida pela camareira.

— Com os cumprimentos da senhora belga que morava no outro bloco do hotel. Mrs. Selwyn e Mrs. Miller sabem que suas filhas estavam andando sobre o parapeito do quarto andar?

Imagine a sensação das duas mães quando saíram para o pátio, olharam para cima e avistaram três figuras alegres se equilibrando em um parapeito de cerca de um pé de largura e caminhando em fila única. A ideia de que havia algum perigo associado àquilo nunca havia passado pela nossa cabeça. Tínhamos ido um pouco longe na provocação a uma das camareiras e ela conseguira nos enganar e nos prender em um armário de vassouras, e depois nos trancou lá dentro, girando a chave na fechadura triunfantemente. Nossa indignação foi enorme. O que poderíamos *fazer*? Havia uma janelinha minúscula e, enfiando a cabeça para fora dela, Dar disse que achava possível atravessá-la e caminhar ao longo do parapeito, contornar a esquina e entrar por uma das janelas. Dito e feito. Dar passou primeiro, seguida por mim e Mary. Para nossa alegria, descobrimos que era muito fácil caminhar ao longo do parapeito. Não sei se olhamos para os quatro andares abaixo, mas, mesmo que tenhamos olhado, imagino que não tenhamos nos sentido tontas ou ficado a ponto de cair. Sempre me impressionou a maneira como as crianças conseguem ficar na beira de um penhasco, olhando para baixo com os dedos dos pés já para fora, sem nenhuma sensação de vertigem ou outras queixas de adulto.

Nesse caso, não precisamos ir muito longe. As três primeiras janelas, pelo que me lembro, estavam fechadas, mas a seguinte, que levava a um dos banheiros públicos, estava aberta, e tínhamos acabado de passar por ela quando fomos recebidas, para nossa surpresa, com a exigência:

— Desçam agora para a sala de estar de Mrs. Selwyn.

Ambas as mães estavam excessivamente zangadas. Não conseguíamos entender *por quê*. Fomos todas mandadas para a cama pelo resto do dia. Nossa defesa simplesmente não foi aceita. E ainda assim era a verdade.

— Mas vocês nunca nos disseram — falamos, uma de cada vez. — Vocês nunca mencionaram que *não devíamos* andar no parapeito.

Retiramo-nos para a cama com um forte sentimento de injustiça.

Enquanto isso, minha mãe continuava empenhada em resolver a questão da minha educação. Ela e minha irmã encomendavam vestidos de uma das costureiras da cidade, e lá, um dia, minha mãe foi atraída pela assistente de costura, uma jovem cuja principal tarefa era colocar e tirar o vestido em prova e passar os alfinetes à costureira principal. Esta era uma mulher temperamental de meia-idade, e minha mãe, percebendo o bom humor paciente nos modos da jovem, decidiu descobrir um pouco mais sobre ela. Ela a observou durante a segunda e a terceira prova e finalmente começou uma conversa. Seu nome era Marie Sijé, tinha 22 anos. O pai era proprietário de um pequeno café e a moça tinha uma irmã mais velha, também no negócio de costura, dois irmãos e uma irmã mais nova. Então minha mãe surpreendeu a garota perguntando em voz casual se ela gostaria de ir para a Inglaterra. Marie ofegou com surpresa e encantamento.

— Preciso conversar com sua mãe sobre isso, é claro — disse minha mãe. — Ela pode não querer que a filha vá para tão longe.

Marcou-se um encontro, minha mãe visitou Madame Sijé e elas se aprofundaram no assunto. Só então ela abordou meu pai.

— Mas, Clara, essa moça não é preceptora nem *nada* parecido — protestou meu pai.

Minha mãe respondeu que achava que Marie era a pessoa de que eles precisavam.

— Ela não sabe inglês, nem uma palavra. Agatha *terá* que aprender francês. Ela é uma garota muito doce e bem-humorada, de família respeitável. A menina gostaria de ir para a Inglaterra e pode costurar para nós.

— Mas você tem certeza disso, Clara? — perguntou meu pai, em dúvida.

Minha mãe sempre tinha certeza.

— É a resposta perfeita — disse ela.

Como tantas vezes acontecia com os caprichos aparentemente inexplicáveis da minha mãe, isso provou ser verdade. Se eu fechar meus olhos, consigo ver a querida Marie hoje como a via naquela época. Rosto redondo e rosado, nariz arrebitado, cabelos escuros presos em um coque. Aterrorizada, como me disse mais tarde, ela entrou no meu quarto na primeira manhã, tendo se preparado aprendendo laboriosamente a frase em inglês para me cumprimentar:

— Bom dia, senhorita. Espero que você esteja bem.

Infelizmente, por causa do sotaque de Marie, não entendi uma palavra. Eu a encarei com desconfiança. No primeiro dia, éramos como dois cachorros que acabaram de se conhecer. Falávamos pouco e trocávamos olhares apreensivos. Marie escovou meu cabelo — um cabelo muito claro sempre arrumado em cachinhos — e estava com tanto medo de me machucar que mal passou a escova no cabelo. Eu queria lhe explicar que ela deveria escovar com muito mais força, mas é claro que era impossível, porque eu não sabia as palavras certas.

Como, em menos de uma semana, conseguimos conversar, eu não sei. A língua usada foi o francês. Uma palavra aqui e outra ali, e eu consegui me fazer entender. Além disso, no final da semana já éramos boas amigas. Sair com Marie era divertido. Fazer qualquer coisa com Marie era divertido. Foi o início de uma feliz parceria.

No início do verão, ficou quente em Pau, e partimos, passando uma semana em Argeles e outra em Lourdes, depois nos mudamos para Cauterets, nos Pireneus. Era um lugar encantador, bem no sopé da montanha. (Eu tinha superado meu desapontamento com as montanhas a essa altura, mas embora a posição em Cauterets fosse mais satisfatória, realmente não se podia olhar muito para cima.) Todas as manhãs fazíamos uma caminhada ao longo de um caminho montanhoso que levava às termas, onde todos nós bebíamos copos de uma água nojenta. Depois de cuidar de nossa saúde, comprávamos balas. Minha mãe preferia as que tinham sabor de anis, que eu não suportava. Nos caminhos em zigue-zague perto do hotel, logo descobri um esporte delicioso: escorregar sentada por entre os pinheiros direto na grama. Marie não gostou muito disso, mas lamento dizer que, desde o início, ela nunca foi capaz de exercer autoridade sobre mim. Éramos amigas e companheiras de brincadeira, mas a ideia de fazer o que ela me dizia nunca me ocorreu.

A autoridade é algo extraordinário. Minha mãe a tinha completamente. Ela raramente ficava zangada, quase nunca levantava a voz, e só precisava pronunciar uma ordem gentilmente para vê-la ser imediatamente cumprida. Sempre foi estranho para ela que outras pessoas *não* tivessem esse dom. Um tempo depois, quando ela estava na minha casa depois que me casei e tive um bebê, comecei a reclamar sobre como era cansativo lidar com alguns meninos que moravam na casa ao lado e que viviam entrando no nosso terreno pela cerca viva. Embora eu os mandasse embora, eles não obedeciam.

— Mas que extraordinário — disse minha mãe. — Por que você simplesmente não diz para eles irem embora?

— Bem, tente você — falei.

Naquele momento, os dois meninos chegaram e estavam se preparando, como de costume, para dizer "Ahhhh! Buuuuu! Não vamos embora coisa nenhuma" e jogar pedrinhas na grama. Um começou a atirar em uma árvore, gritando e bufando. Minha mãe virou a cabeça.

— Ronald — disse ela. — É esse o seu nome?

Ronald admitiu que sim.

— Por favor, não brinque tão perto daqui. Não gosto de ser incomodada — disse minha mãe. — Vá um pouco mais longe.

Ronald olhou para ela, assobiou para o irmão e partiu imediatamente.

— Veja, querida — disse minha mãe. — É *bem* simples.

Certamente era simples para ela. Realmente acredito que minha mãe teria sido capaz de administrar uma classe de jovens delinquentes sem a menor dificuldade.

Havia uma menina mais velha no hotel em Cauterets, Sybil Patterson, cuja mãe era amiga dos Selwyn. Sybil era o objeto de minha adoração. Eu a achava linda, e a coisa que mais admirava nela era seu corpo que começava a desabrochar. Seios fartos estavam muito na moda naquela época. Todas as mulheres pareciam ter bustos mais ou menos volumosos. Minha avó e minha Tia-avó tinham bustos enormes e salientes, e era difícil para elas se cumprimentarem com um beijo de irmãs sem que seus peitos se chocassem primeiro. Embora eu considerasse os seios de pessoas adultas algo natural, o fato de Sybil possuí-los despertou os meus instintos mais invejosos. Sybil tinha 14 anos. Quanto tempo eu teria de esperar até que eu também pudesse ter aquele esplêndido desenvolvimento? Oito anos? Oito anos de magreza? Eu ansiava por aqueles sinais de maturidade feminina. Bem, paciência era o único caminho. Eu precisava ser paciente. E em oito anos, ou sete talvez, se eu tivesse sorte, dois grandes globos miraculosamente brotariam do meu corpo magro. Eu só tinha que *esperar*.

Os Selwyn não permaneceram em Cauterets por tanto tempo quanto nós. Eles foram embora e eu podia então escolher entre duas outras amigas: uma garotinha norte-americana, Marguerite Prestley, e outra, Margaret Home, uma garota inglesa. Meu pai e minha mãe eram agora grandes amigos dos pais de Margaret e, naturalmente, esperavam que Margaret e eu passeássemos e fizéssemos coisas juntas. Como é de praxe nesses casos, porém, eu tinha uma enorme preferência pela companhia de Marguerite Prestley, que dizia expressões extraordinárias e palavras estranhas que eu nunca tinha ouvido antes. Contávamos muitas histórias uma à outra, e havia uma história de Marguerite sobre os perigos ao encontrar um *scarrapin* que me empolgava muito.

— Mas o que é um *scarrapin*? — eu ficava perguntando.

Marguerite, que tinha uma babá chamada Fanny, cujo sotaque sulista norte-americano era tal que eu raramente conseguia entender o que ela dizia, deu-me uma breve descrição dessa criatura horrível. Recorri a Marie, mas ela nunca tinha ouvido falar de *scarrapins*. Finalmente abordei meu pai. Ele também teve um pouco de dificuldade no início, mas por fim percebeu e disse:

— Imagino que você queira dizer *um escorpião*.

De alguma forma, a magia então se foi. Um escorpião não parecia tão horrível quanto o *scarrapin* imaginado.

Marguerite e eu tínhamos uma disputa bastante séria sobre um assunto: a forma como os bebês chegavam. Garanti a Marguerite que os bebês eram trazidos pelos anjos. Essa tinha sido a informação da Babá. Marguerite, por outro lado, garantiu-me que eles faziam parte do estoque de um médico e eram trazidos por ele em uma bolsa preta. Quando nossa disputa sobre esse assunto ficou realmente acalorada, a delicada Fanny a resolveu de uma vez por todas.

— Ora, é assim que as coisas são, queridas — disse ela. — Os bebês norte-americanos vêm em uma bolsa preta de médico e os bebês ingleses são trazidos pelos anjos. Simples assim.

Satisfeitas, cessamos as hostilidades.

Meu pai e Madge faziam muitas excursões a cavalo e, em resposta às minhas súplicas, um dia me disseram que no dia seguinte eu teria permissão para acompanhá-los. Fiquei emocionada. Minha mãe teve algumas dúvidas, mas meu pai logo as rejeitou.

— Temos um guia conosco, e ele está bastante acostumado com crianças — disse ele. — Tomará cuidado para que elas não caiam.

Na manhã seguinte, os três cavalos chegaram, e lá fomos nós. Subimos em zigue-zague pelas trilhas íngremes e diverti-me enormemente empoleirada no que me parecia um imenso cavalo. O guia o conduziu e, ocasionalmente pegando pequenos ramos de flores, entregava-me para enfiar na fita do chapéu. Até aí estava tudo bem, mas quando chegamos ao topo e nos preparamos para almoçar, o guia se superou. Ele voltou correndo até onde estávamos, trazendo consigo uma borboleta magnífica que havia capturado.

— *Pour la petite mademoiselle* — anunciou ele. Tirando um alfinete da lapela, ele perfurou a borboleta e enfiou-a no meu chapéu! Ah, o horror daquele momento! A sensação da pobre borboleta esvoaçando, lutando contra o alfinete. A agonia que senti enquanto a borboleta se debatia. E é claro que não pude *dizer* nada. Havia muitas lealdades conflitantes em minha mente. Foi uma gentileza da parte do guia. Ele a trouxera para mim. Era um tipo especial de presente. Como eu poderia ferir seus sentimentos dizendo que não tinha gostado? Como eu queria que ele a tirasse dali! E todo o tempo, havia a borboleta, batendo as asas, morrendo. Aquela horrível batida de asas no meu chapéu. Só há uma coisa que uma criança pode fazer nessas circunstâncias. Eu comecei a chorar.

Quanto mais perguntas me faziam, menos eu conseguia responder.

— Qual é o problema? — exigiu meu pai. — Você está com alguma dor?

— Talvez ela tenha medo de andar a cavalo — disse minha irmã.

Eu dizia não e não. Não estava com medo e não estava com dor.

— Cansada — disse meu pai.

— Não — respondi.

— Bem, então qual é o problema?

Mas eu não podia dizer. Claro que não podia. O guia estava parado ali, olhando para mim com uma expressão atenta e perplexa. Meu pai disse um tanto zangado:

— Ela é uma criança muito nova. Não devíamos tê-la trazido nesta expedição.

Redobrei o choro. Devo ter arruinado o dia tanto para ele quanto para minha irmã, e sabia que estava fazendo isso, mas não conseguia parar. Ali, eu esperava e orava para que naquele momento ele, ou mesmo minha irmã, *adivinhasse* o que estava acontecendo. Certamente eles olhariam para aquela borboleta, eles veriam, eles diriam: "Talvez ela não goste da borboleta no chapéu". Se *eles* dissessem isso, estaria tudo certo. Mas eu não podia *contar* para eles. Foi um dia terrível. Recusei-me a comer qualquer coisa. Fiquei sentada aos prantos, e a borboleta batia as asas. Ela parou de bater, afinal. Isso deveria ter me feito sentir melhor. Mas naquele momento a sensação de tristeza era tão grande que *nada* poderia fazer com que eu me sentisse melhor.

Descemos novamente, meu pai definitivamente irritado, minha irmã aborrecida, o guia ainda doce, gentil e intrigado. Felizmente, ele não pensou em arranjar uma segunda borboleta para me animar. Chegamos do lamentável evento e entramos em nossa sala de estar, onde mamãe estava.

— Puxa vida, qual é o problema? — perguntou ela. — Agatha se machucou?

— Não sei — disse meu pai, irritado. — Não sei o que está acontecendo com a criança. Suponho que ela esteja com dor ou algo assim. Está chorando desde a hora do almoço e não quis comer nada.

— Qual é o problema, Agatha? — perguntou minha mãe.

Eu não consegui lhe dizer. Apenas olhei para ela em silêncio enquanto as lágrimas ainda rolavam pelo meu rosto. Ela me olhou pensativa por alguns minutos, então disse:

— Quem colocou aquela borboleta no chapéu dela?

Minha irmã explicou que tinha sido o guia.

— Entendi — disse minha mãe.

Então ela me perguntou:

— Você não gostou, não foi? Ela estava viva e você achou que ela estava se machucando?

Ah, o alívio glorioso, o alívio maravilhoso quando alguém sabe o que está em sua mente e lhe diz isso para que você seja finalmente liberta daquela longa escravidão do silêncio. Atirei-me sobre ela em uma espécie de frenesi, coloquei meus braços em volta do seu pescoço e disse:

— Sim, sim, sim. Ela estava batendo as asas. Estava *batendo as asas*. Mas ele era tão gentil e tinha tão boas intenções que eu não consegui *dizer nada*.

Ela entendeu tudo e me deu tapinhas gentis. De repente, a coisa toda pareceu se distanciar.

— Compreendo perfeitamente o que você sentiu — disse ela. — Eu sei. Mas agora acabou, então não vamos mais falar sobre isso.

Foi mais ou menos nessa época que percebi que minha irmã tinha um fascínio extraordinário pelos rapazes da vizinhança. Ela era uma jovem muito atraente, bonita sem exageros, herdara do meu pai um raciocínio rápido e era extremamente divertida em uma conversa. Além disso, tinha um grande magnetismo sexual. Os jovens viviam a seus pés. Não demorou muito até que Marie e eu fizéssemos o que, em linguagem de corridas de cavalo, poderia se chamar de um livro de admiradores. Discutíamos as chances deles.

— Acho que Mr. Palmer tem chance. O que você acha, Marie?

— *C'est possible. Mais il est trop jeune.*

Respondi que ele tinha a mesma idade de Madge, mas Marie me garantiu que aquilo era *beaucoup trop jeune*.

— Eu voto em Sir Ambrose.

— Ele é anos e anos mais velho do que ela, Marie — protestei.

Ela disse que talvez fosse, mas que um marido mais velho poderia oferecer estabilidade. Ela também acrescentou que Sir Ambrose seria um "*parti*" muito bom, que qualquer família aprovaria.

— Ontem ela pôs uma flor na lapela do casaco de Bernard — falei.

Mas Marie não gostava muito do jovem Bernard. Ela dizia que ele não era um *garçon sérieux*.

Aprendi muito sobre a família de Marie. Eu conhecia os hábitos do gato deles e como ele era capaz de andar entre os copos do café e se acomodar sonolento entre eles sem nunca quebrá-los. Eu sabia que sua irmã, Berthe, era mais velha que ela e uma menina muito séria, que sua irmã mais nova, Angele, era a queridinha de toda a família. Sabia todos os truques que os dois garotos faziam e como eles se metiam em problemas. Marie também me confidenciou o orgulhoso segredo da família, que o sobrenome deles havia sido Shije em vez de Sijé. Embora eu não conseguisse ver de onde vinha esse orgulho — e na verdade nem mesmo agora consigo —, concordei plenamente com Marie e a parabenizei por ter essa ancestralidade satisfatória.

Marie ocasionalmente lia livros franceses para mim, assim como minha mãe. Mas chegou o dia feliz em que eu mesma peguei *Mémoires d'un Âne* e descobri, ao virar as páginas, que conseguia lê-lo sozinha tão bem como qualquer pessoa poderia lê-lo para mim. Seguiram-se grandes congratulações, principalmente da minha mãe. Enfim, depois de muitas atribulações, eu sabia francês. Eu sabia ler. Às vezes eu precisava de explicações sobre as passagens mais difíceis, mas de maneira geral eu havia chegado lá.

No final de agosto, partimos de Cauterets para Paris. Sempre me lembro daquele verão como um dos mais felizes que já tive. Para uma criança da minha idade, não faltava nada. A emoção da novidade. Árvores — um fator recorrente de prazer em toda a minha vida. (Será possivelmente simbólico que uma de minhas primeiras companheiras imaginárias se chamasse Árvore?) Uma nova e encantadora companheira, minha querida Marie de nariz arrebitado. Expedições em mulas. Exploração por caminhos íngremes. Diversão em família. Minha amiga estadunidense Marguerite. A exótica emoção de estar em um lugar estrangeiro. "Algo raro e estranho..." Como Shakespeare era sábio! Contudo, não são esses fatos, agrupados e reunidos, que permanecem em minha memória. É Cauterets — o lugar, o longo vale, com sua pequena ferrovia, suas encostas arborizadas e as altas colinas.

Nunca voltei lá. Estou feliz por isso. Há um ou dois anos, pensamos em passar as férias de verão lá. Eu disse, sem pensar: "*Eu gostaria de voltar*". Era verdade. Mas então me ocorreu que eu *não podia voltar*. Não se pode, jamais, voltar ao lugar que existe na memória. Você não o veria com os mesmos olhos — mesmo supondo que, por mais improvável que fosse, ele tivesse permanecido da mesma forma. O que você viveu está vivido. *The happy highways where I went, And shall not come again...*

Nunca volte a um lugar onde você foi feliz. Se não voltar, ele permanecerá vivo para você. Caso retorne, ele será destruído.

Há outros lugares aos quais resisti a voltar. Um deles é o santuário do xeque Adi, no norte do Iraque. Estivemos lá na minha primeira visita a Mosul. Havia uma certa dificuldade de acesso; era preciso obter uma licença e parar no posto policial de Ain Sifni, sob as rochas do Jebl Maclub.

Dali, acompanhados por um policial, percorremos um caminho sinuoso. Era uma primavera fresca e verde, com flores silvestres por todo o caminho. Havia um riacho na montanha. Passamos por algumas cabras e crianças. Então chegamos ao santuário iazidi. A tranquilidade dele volta a mim agora — o pátio lajeado, a cobra negra esculpida na parede. Depois, o passo cauteloso *por cima* da soleira, sem pisar nela, que levava até o pequeno santuário escuro. Lá nós nos sentamos no pátio sob uma árvore que sussurrava suavemente. Um dos iazidis nos trouxe café, primeiro estendendo cuidadosamente uma suja toalha de mesa. (Isso foi feito com certo orgulho, como para demonstrar que ali também se conheciam as necessidades dos europeus.) Ficamos sentados ali por muito tempo. Ninguém nos empurrou informações. Eu sabia, vagamente, que os iazidis eram adoradores do diabo, e que o Anjo Pavão, Lúcifer, era o objeto de sua devoção. Sempre me pareceu estranho que os adoradores de Satanás fossem os mais pacíficos de todas as várias seitas religiosas daquela parte do mundo. Quando o sol começou a baixar, partimos. Fora paz absoluta.

Agora, que eu saiba, eles fazem *tours* para o santuário. O "Festival da Primavera" é uma atração turística. Mas eu conheci o santuário em seus dias de inocência. Nunca o esquecerei.

# III

Dos Pireneus fomos para Paris e depois para Dinard. É irritante descobrir que a única coisa da qual me lembro de Paris é meu quarto no hotel, que tinha paredes pintadas de cor de chocolate, nas quais era quase impossível ver mosquitos.

Havia montes de mosquitos. Eles picavam e zumbiam a noite toda, e nossos rostos e braços ficaram cobertos de picadas (algo extremamente humilhante para minha irmã Madge, que se importava muito com a própria aparência naquele período de sua vida). Ficamos em Paris por apenas uma semana, e parecíamos passar todo o nosso tempo tentando matar mosquitos, nos ungindo com vários tipos de óleos de cheiro peculiar, acendendo cones de incenso ao lado da cama, coçando as picadas, jogando graxa de vela quente sobre elas. Finalmente, após veementes reclamações à administração do hotel (que insistia em dizer que na verdade não havia *nenhum* mosquito), a novidade de dormir sob um mosquiteiro foi o acontecimento de maior importância. Era agosto, e o clima estava muito quente, e debaixo de um mosquiteiro devia ficar mais quente ainda.

Suponho que devo ter visto alguns dos pontos turísticos de Paris, mas eles não deixaram marcas em minha mente. Eu me lembro de ter sido levada para a torre Eiffel como um presente, mas imagino que, como minha primeira vista das montanhas, ela não tenha correspondido às minhas expectativas. Na verdade, a única lembrança de nossa estada lá pareceu ser meu novo apelido: "*Moustique*". Com toda razão, sem dúvida.

Não, estou errada. Foi naquela visita a Paris que conheci os precursores da grande era da mecânica. As ruas de Paris estavam cheias desses novos veículos chamados "*automobiles*". Eles corriam loucamente (para os padrões atuais, provavelmente iam bem devagar, mas na época eles só competiam com os cavalos), soltavam cheiro, buzinavam, eram conduzidos por homens com bonés e grandes óculos de aviador, e repletos de ferramentas. Eram muito confusos. Meu pai disse que logo estariam em todos os lugares. Nós não acreditamos nele. Eu os examinava sem interesse, minha própria lealdade firmemente dada a todos os tipos de trens.

— Que pena Monty não estar aqui. Ele os *amaria*. — exclamou minha mãe com tristeza.

Parece estranho para mim, agora, relembrar essa fase da minha existência. Meu irmão parece desaparecer completamente. Nessa época, presumo, ele vinha de Harrow para casa durante as férias; mas ele não parece mais figurar na minha vida. A resposta é, provavelmente, que ele me dava pouca atenção a essa altura. Só mais tarde eu vim a saber que meu pai andava preocupado com ele. Ele fora reprovado em Harrow, não tendo conseguido passar nos exames. Acho que foi primeiro a um estaleiro de construção de navios no rio Dart, e depois ao norte, para

Lincolnshire. Seus relatórios de progresso eram decepcionantes. Meu pai recebeu avisos peremptórios, como: "Ele nunca vai chegar a lugar nenhum. Veja, ele não sabe fazer contas. Se você mostrar a ele qualquer coisa prática, ficará tudo bem; ele é um bom trabalhador braçal. Mas isso é tudo o que ele será na linha de engenharia".

Em toda família, geralmente há um membro que é fonte de problema e preocupação. Meu irmão Monty era o nosso. Até o dia de sua morte, ele sempre causou dor de cabeça em alguém. Muitas vezes me perguntei, olhando para trás, se haveria algum nicho na vida em que Monty teria se encaixado. Ele certamente estaria bem se tivesse nascido Luís II da Baviera. Posso vê-lo sentado em seu teatro vazio, aproveitando uma ópera cantada apenas para ele. Ele era intensamente musical, com uma boa voz de baixo, e tocava vários instrumentos de ouvido, desde pequenas gaitas até flauta e flautim. Ele nunca teria tido o necessário, porém, para se tornar um profissional de qualquer tipo, nem, creio eu, a ideia lhe passou pela cabeça. Ele tinha boas maneiras, grande charme, e durante toda a sua vida esteve rodeado de pessoas ansiosas para poupá-lo de preocupações ou aborrecimentos. Sempre havia alguém pronto para lhe emprestar dinheiro e fazer qualquer serviço para ele. Quando ele tinha 6 anos, e ele e minha irmã recebiam mesada, a mesma coisa acontecia invariavelmente. Monty gastava a sua no primeiro dia. Dias mais tarde, empurrava subitamente minha irmã para dentro de uma loja, pedia rapidamente seus doces preferidos e olhava para Madge, desafiando-a a não pagar. Madge, que tinha um grande respeito pela opinião pública, sempre pagava. Naturalmente ela ficava furiosa com isso e brigava intensamente com ele depois. Monty apenas sorria para ela com serenidade e lhe oferecia um dos doces.

Essa atitude foi uma que ele adotou por toda a vida. Parecia existir uma conspiração secreta para que as pessoas se tornassem submissas a ele. Várias mulheres sempre me disseram:

— Sabe, você não *entende* realmente seu irmão Monty. O que ele precisa é de compaixão.

A verdade era que o entendíamos muito bem. Era impossível, veja bem, não sentir afeto por ele. Ele reconhecia seus próprios defeitos com a maior franqueza e sempre tinha certeza de que tudo seria diferente no futuro. Ele era, creio eu, o único menino em Harrow que tinha permissão para criar ratos brancos. Ao explicar isso, o diretor disse a meu pai:

— Ele realmente parece ter um amor tão profundo por história natural que achei que deveria permitir a ele esse privilégio, entende?

A opinião da família era que Monty não gostava tanto assim de história natural. Ele só queria os ratos!

Eu acho, quando penso nisso hoje, que Monty era uma pessoa muito interessante. Um arranjo de genes ligeiramente diferente e ele poderia ter sido um grande homem. Simplesmente lhe faltava *algo*. Proporção? Equilíbrio? Integração? Eu não sei.

A escolha de uma carreira para ele se estabeleceu por si só. A Guerra dos Bôeres estourou. Quase todos os jovens que conhecíamos se voluntariaram — Monty, naturalmente, entre eles. (Ele ocasionalmente concordava em brincar com alguns dos meus soldados de brinquedo, colocando-os na linha de batalha e batizando seu oficial comandante de Capitão Dashwood. Mais tarde, para variar a rotina, ele cortou a cabeça do Capitão Dashwood por traição enquanto eu chorava.) De certa forma, meu pai deve ter sentido alívio — o Exército poderia ser uma carreira para ele —, especialmente naquele momento em que suas perspectivas na engenharia eram tão duvidosas.

A Guerra dos Bôeres, suponho, foi a última do que se pode descrever como as "velhas guerras", as guerras que realmente não afetaram o próprio país ou a vida. Eram casos heroicos de livros de histórias, travadas por soldados corajosos e jovens galantes. Eles eram mortos, quando o eram, gloriosamente em batalha. Mais frequentemente, voltavam para casa devidamente decorados com medalhas por feitos galantes realizados em campo. Estavam ligados aos postos avançados do império, aos poemas de Kipling e aos pedaços da Inglaterra que estavam em rosa no mapa. Hoje, parece estranho pensar que as pessoas — principalmente as moças — andassem distribuindo penas brancas a jovens que elas julgavam estar em falta com seu dever de morrer pela pátria.

Lembro-me pouco da eclosão da guerra Sul-Africana. Não foi considerada uma guerra importante — consistia em "dar uma lição a Kruger". Com o otimismo inglês usual, "tudo acabaria em algumas semanas". Em 1914, ouvimos a mesma frase. "Tudo terá acabado quando chegar o Natal." Em 1940, "Não faz muito sentido armazenar os tapetes com naftalina" — isso quando o almirantado tomou posse da minha casa —, "não vai durar até o inverno".

Então o que eu me lembro é de uma atmosfera alegre, uma música com boa melodia — *The Absent-Minded Beggar* — e jovens alegres vindo de Plymouth para alguns dias de licença. Lembro-me de uma cena em minha casa poucos dias antes de o Terceiro Batalhão do Regimento Real de Gales zarpar para a África do Sul. Monty trouxera um amigo de Plymouth, onde eles estavam no momento. Esse amigo, Ernest Mackintosh, sempre chamado por nós de Billy por algum motivo, permaneceria um amigo e muito mais um irmão para mim do que meu irmão verdadeiro durante toda a minha vida. Ele era um jovem de contagiante alegria e charme. Como a maioria dos rapazes ao redor, estava mais ou menos apaixonado por minha irmã. Os dois garotos tinham acabado de receber seus uniformes e estavam intensamente intrigados com as perneiras, que nunca tinham visto antes. Atavam-nas à volta do pescoço, enfaixavam a cabeça e faziam toda espécie de brincadeiras. Tenho uma fotografia deles sentados em nossa estufa com as perneiras em volta do pescoço. Transferi minha adoração infantil para Billy Mackintosh, meu herói. Uma fotografia ficava ao lado da minha cama em uma moldura com não-me-esqueças.

De Paris fomos para Dinard, na Bretanha.

A principal coisa de que me lembro sobre Dinard é que aprendi a nadar lá. Consigo me lembrar do meu orgulho e do meu prazer incrédulos quando me vi dando seis braçadas, sozinha, sem submergir.

A outra coisa de que me lembro são as amoras — nunca existiram amoras como aquelas, grandes e suculentas. Marie e eu saíamos para colher cestos cheios delas e comíamos muitas na mesma hora. O motivo dessa profusão era que os nativos do campo acreditavam que tinham um veneno mortal.

— *Ils ne mangent pas des mûres* — disse Marie, pensativa. — Eles me dizem *vous allez vous empoisonner*.

Marie e eu não tínhamos essas inibições e nos envenenávamos felizes todas as tardes.

Foi em Dinard que o teatro entrou na minha vida. O quarto dos meus pais tinha uma enorme janela de sacada envidraçada, praticamente uma alcova, fechada por cortinas. Era um palco natural para representações. Estimulada por uma pantomima vista no Natal anterior, convoquei Marie para o serviço e dávamos espetáculos todas as noites, apresentando vários contos de fadas. Eu escolhia o personagem que queria interpretar e Marie tinha que ser qualquer outro.

Ao refletir sobre isso, fico muito grata pela extraordinária bondade dos meus pais. Não consigo imaginar nada mais enfadonho do que subir todas as noites depois do jantar e sentar-se por meia hora observando e aplaudindo enquanto Marie e eu declamávamos, empertigadas em nossos figurinos improvisados em casa. Passamos pela Bela Adormecida, Cinderela, a Bela e a Fera e assim por diante. Eu gostava mais do papel de garoto principal, marchando e declamando com as meias da minha irmã que eu pegava emprestadas na tentativa de improvisar calças. A apresentação era, é claro, sempre em francês, já que Marie não falava inglês. Que garota de boa índole ela era. Protestou uma única vez, e por uma razão que eu simplesmente não consegui entender. Ela seria a Cinderela e eu insisti que ela soltasse o cabelo. Não dá para imaginar a Cinderela com um coque no topo da cabeça! Mas Marie, que havia representado o papel da Fera sem um pio, que fora a avó da Chapeuzinho Vermelho, que havia interpretado fadas boas, fadas más, bruxas perversas, que representara uma cena de rua na qual cuspiu na sarjeta de forma muito realista, dizendo em gíria *Et bien crache!*, que fez meu pai gargalhar... Marie de repente se recusou, em lágrimas, a representar o papel de Cinderela.

— *Mais, pourquoi, pas,* Marie? — indaguei. — É um papel muito bom. É a heroína. A peça inteira é sobre ela.

Impossível, disse Marie, era impossível que ela representasse aquele papel. Soltar o cabelo, aparecer com o cabelo caído sobre os ombros diante de Monsieur! Esse era o ponto crucial. Aparecer com o cabelo solto diante de Monsieur era para Marie impensável, chocante. Eu cedi, confusa. Fizemos uma espécie de capuz que passava por cima do coque de Cinderela e tudo ficou bem.

Mas como são extraordinários os tabus. Lembro-me da filha de um casal de amigos — uma garotinha agradável e amável de cerca de 4 anos. Uma babá francesa chegou para cuidar dela. Houve a hesitação usual a respeito de quanto a criança se daria bem com ela, mas tudo parecia estar em perfeita felicidade. Elas passearam juntas, conversaram. A menina mostrou seus brinquedos para Madeleine. Tudo parecia estar indo perfeitamente. Porém, na hora de dormir, as lágrimas surgiram quando Joan se recusou firmemente a deixar Madeleine lhe dar banho. A mãe, intrigada, cedeu no primeiro dia, pois percebeu que a criança talvez ainda não se sentisse à vontade com estranhos. Mas a recusa continuou por dois ou três dias. Tudo era paz, felicidade, amizade, até a hora de tomar banho e dormir. Foi só no quarto dia que Joan, chorando amargamente e enterrando a cabeça no pescoço da mãe, disse:

— Você não *entende*, mamãe. Você não parece *entender*. Como posso mostrar meu *corpo* para uma estranha?

Foi assim com Marie. Ela podia representar usando calças, mostrar as pernas em muitos papéis, mas não podia soltar o cabelo na frente de Monsieur.

Imagino que, no início, nossas apresentações teatrais devessem ter sido extremamente engraçadas, e meu pai pelo menos se divertiu muito. Mas como elas devem ter se tornado chatas! Mesmo assim, meus pais eram gentis demais para me dizer francamente que não aguentavam mais aparecer todas as noites. De vez em quando, eles se esquivavam, explicando que alguns amigos estavam jantando em casa e que, portanto, eles não poderiam subir, mas, de modo geral, continuavam comparecendo fielmente — e como eu, pelo menos, adorava atuar diante deles!

Durante o mês de setembro em que ficamos em Dinard, meu pai teve a felicidade de encontrar ali alguns velhos amigos — Martin Pirie, sua esposa e dois filhos, que estavam no fim de suas férias. Martin Pirie e meu pai haviam estudado juntos em Vevey, e eram muito amigos desde então. A esposa de Martin, Lilian Pirie, ainda considero uma das personalidades mais notáveis que conheci. A personagem que Sackville West desenhou tão lindamente em *All Passion Spent* sempre me pareceu um pouco Mrs. Pirie. Havia algo ligeiramente inspirador nela, ligeiramente indiferente. Sua voz era linda e clara, suas feições, delicadas, e os olhos muito azuis. Os movimentos de suas mãos eram sempre lindos. Acho que a vi pela primeira vez em Dinard, mas a partir de então passei a vê-la em intervalos frequentes, até os oitenta e tantos anos, quando morreu. Durante todo aquele tempo, minha admiração e meu respeito por ela aumentaram.

Ela foi uma das poucas pessoas que conheci que tinham uma mente realmente interessante. Cada uma de suas casas era decorada de maneira surpreendente e original. Ela fazia os mais lindos quadros bordados que já vi, lia todos os livros, assistia a todas as peças de teatro e tinha sempre algo interessante a dizer a respeito de tudo. Hoje em dia, suponho que ela teria se dedicado a alguma carreira, mas me pergunto, se o tivesse feito, se o impacto de sua personalidade teria sido tão grande quanto realmente foi.

Os jovens sempre se aglomeravam em sua casa e ficavam felizes em conversar com ela. Passar uma tarde com ela, mesmo quando já tinha mais de 70 anos, era revigorante. Acho que ela sempre teve, mais perfeitamente do que qualquer pessoa que já conheci, a arte do lazer. Você a encontrava sentada em uma cadeira de espaldar alto em seu lindo quarto, geralmente ocupada com algum bordado de sua própria autoria e algum livro interessante ao seu lado. Tinha o ar de alguém com tempo para conversar com você dia e noite, por meses a fio. Suas críticas eram cáusticas e claras. Embora pudesse falar sobre absolutamente qualquer assunto abstrato, raramente gastava tempo falando de pessoas. Mas era sua bela voz o que mais me atraía. Uma coisa tão rara de se encontrar. Sempre fui sensível a vozes. Uma voz feia me afasta como um rosto feio não faria.

Meu pai ficou muito feliz em ver seu amigo Martin novamente. Minha mãe e Mrs. Pirie tinham muito em comum e imediatamente se envolveram, se bem me lembro, numa discussão frenética sobre a arte japonesa. Os dois filhos dela estavam lá — Harold, que estudava em Eton, e Wilfred, que suponho que estudasse em Dartmouth, pela Marinha. Wilfred viria a se tornar um de meus amigos mais queridos, mas tudo de que me lembro dele em Dinard é que se dizia que ele era o menino que sempre ria alto quando via uma banana. Isso me fez prestar mais atenção nele. Naturalmente, nenhum dos meninos dava a mínima para mim. Um aluno de Eton e um cadete naval dificilmente se rebaixariam prestando atenção em uma menina de 7 anos.

De Dinard, seguimos para Guernsey, onde passamos a maior parte do inverno. Como presente de aniversário, recebi de surpresa três passarinhos de plumagem e cores exóticas. Dei a eles os nomes de Kiki, Tou-Tou e Bébé. Pouco depois de chegar a Guernsey, Kiki, que sempre foi uma ave delicada, morreu. Não estivera em minha posse por tempo suficiente para que seu falecimento causasse um luto violento — em todo caso, Bébé, pequeno e encantador, era meu favorito —, mas não posso negar que me deu certo prazer o magnífico enterro que fiz para ele. Ele foi esplendidamente enterrado em uma caixa de papelão com forro de fita de cetim fornecida por minha mãe. Uma expedição foi então feita da cidade de St. Peter Port até uma região de planalto onde um local foi escolhido para a cerimônia fúnebre, e a caixa foi devidamente enterrada com um grande buquê de flores colocado sobre ela.

Tudo isso, claro, foi altamente satisfatório, mas não parou aí. "*Visiter la tombe de Kiki*" tornou-se um dos meus passeios favoritos.

A grande empolgação em St. Peter Port era o mercado de flores. Havia lindas flores muito baratas e de todos os tipos. Segundo Marie, fazia sempre o dia mais frio e com mais vento quando, depois de ela perguntar "E aonde vamos dar um passeio hoje, *senhorrita*?", eu respondia com entusiasmo: "*Nous allons visiter la tombe de Kiki*". Suspiros terríveis de Marie. Uma caminhada de mais de três quilômetros e muito vento frio! Mesmo assim, eu era inflexível. Eu a arrastava até o mercado, onde comprávamos lindas camélias ou outras flores, e então fazíamos a caminhada de mais de três quilômetros açoitadas pelo vento e frequentemente pela chuva, e colocávamos o buquê de flores com a devida cerimônia sobre o túmulo de Kiki. Deve estar no sangue esse gosto por enterros e ritos funerários. O que seria da arqueologia se não fosse por esse traço da natureza humana? Sempre que eu era levada para um passeio em minha juventude por alguém que não fosse uma babá — uma das criadas, por exemplo —, invariavelmente íamos ao cemitério.

Quão felizes eram aquelas cenas em Paris no Père Lachaise, com famílias inteiras frequentando os jazigos familiares e deixando-os lindos para o Dia de Finados. Honrar os mortos é de fato um culto sagrado. Será que existe por trás disso algum meio instintivo de evitar o luto, de se tornar tão interessado nos ritos e nas cerimônias a ponto de quase se esquecer do ente querido que partiu? De uma coisa eu sei, por mais pobre que seja uma família, a primeira coisa para a qual economizam é o funeral. Uma querida e doce senhora que trabalhou para mim certa vez disse:

— Ah, tempos difíceis, querida. Eram tempos difíceis, de fato. Mas uma coisa, não importa quão pobre eu chegue a ficar, e o resto de nós, tenho meu dinheiro guardado para um enterro decente e nunca vou tocar nele. Não, nem mesmo se eu passar vários dias com fome!

# IV

Às vezes penso que em minha última encarnação, se a teoria for verdadeira, devo ter sido um cachorro. Tenho muitos hábitos de cachorro. Se alguém está fazendo alguma coisa ou indo a algum lugar, sempre quero ser levada junto e fazer o mesmo. Da mesma forma, ao voltar para casa após essa longa ausência, eu agi exatamente como um cão. Um cachorro sempre corre pela casa examinando tudo, farejando aqui, farejando ali, descobrindo pelo nariz o que está acontecendo e visitando todos os seus "melhores pontos". Eu fiz exatamente o mesmo. Dei a volta na casa toda, depois passei pelo jardim e visitei meus locais favoritos: o tanque, a árvore, meu pequeno posto secreto com vista para a estrada lá fora em um esconderijo no muro. Encontrei meu bambolê e verifiquei em que condição estava, e levei cerca de uma hora para me certificar de que tudo estava exatamente como antes.

A maior mudança havia ocorrido em meu cachorro, Tony. Ele era um yorkshire terrier pequeno e elegante quando partimos. Agora, por causa do cuidado amoroso de Froudie e das refeições intermináveis, estava gordo como um balão. Ela era completamente escravizada por Tony, e quando minha mãe e eu fomos buscá-lo para levá-lo para casa, Froudie nos deu uma longa dissertação sobre como ele gostava de dormir, com o que exatamente ele tinha que ser coberto em sua cesta, seus gostos para comida e a que horas ele gostava de passear. Às vezes, ela interrompia a conversa conosco para falar com Tony.

— Amor da mamãe — dizia ela. — Lindeza da mamãe.

Tony parecia apreciar essas observações, e, mesmo assim, considerá-las nada mais que obrigação dela.

— E ele não comerá um bocado a menos que você o dê na palma da mão. Ah, não, eu mesma tenho que alimentá-lo com cada pedacinho — concluiu ela com orgulho.

Notei uma expressão no rosto da minha mãe e pude ver que Tony não receberia esse tratamento em nossa casa. Nós o levamos de volta conosco na carruagem que havíamos alugado para a ocasião, junto com seus cobertores e o resto de seus pertences. Tony, é claro, ficou encantado em nos ver e me lambeu toda. Quando o jantar dele foi preparado e servido, a advertência de

Froudie provou ser verdadeira. Tony olhou para a comida, para minha mãe e para mim, afastou-se alguns passos e se sentou, esperando como um *grand seigneur* para receber cada pedaço de comida. Eu lhe dei um pedaço e ele aceitou graciosamente, mas minha mãe interrompeu o gesto.

— Isso não é bom — disse ela. — Ele terá que aprender a comer seu jantar direito, como costumava fazer. Deixe o jantar aí embaixo. Ele vai comer em breve.

Mas Tony não foi comer. Ele permaneceu sentado. E nunca vi um cachorro mais dominado por uma justa indignação. Seus grandes olhos castanhos tristes percorreram a família reunida e voltaram ao prato. Ele estava claramente dizendo: "Eu *quero*. Vocês não estão vendo? Eu quero meu *jantar*. Me deem". Mas minha mãe foi firme.

— Mesmo que ele não coma hoje, comerá amanhã — disse ela.

— Você não acha que ele vai morrer de fome? — perguntei.

Minha mãe olhou pensativa para as costas imensamente largas de Tony.

— Um pouco de fome lhe faria um bem enorme — constatou ela.

Foi só na noite seguinte que Tony se resignou, e ele conservou seu orgulho jantando quando não havia mais ninguém na sala. Depois disso, não houve mais problemas. Os dias sendo tratado como um grão-duque haviam acabado, e Tony obviamente aceitou o fato. Mesmo assim, não se esqueceu de que durante um ano fora o queridinho de outra casa. Qualquer palavra de reprovação, qualquer problema em que ele se metesse, ele imediatamente escapava e corria até a casa de Froudie para contar que não estava sendo devidamente bem tratado. O hábito persistiu por muito tempo.

Marie agora era também a babá de Tony, além de suas outras funções. Era divertido ver Marie chegar quando estávamos brincando no andar de baixo à noite, com um avental amarrado na cintura e dizendo educadamente: "*Monsieur Toni pour le bain*". Na mesma hora, Monsieur Tony tentava se abaixar e deslizar para debaixo do sofá, pois não gostava do banho semanal. Extraído de lá, ele era carregado, com o rabo entre as pernas e as orelhas abaixadas. Mais tarde, Marie contava com orgulho a quantidade de pulgas que flutuavam no balde do desinfetante.

Devo dizer que hoje os cães não parecem nem de longe ter tantas pulgas quanto na minha juventude. Apesar dos banhos, escovações, penteados e grandes quantidades de desinfetante, todos os nossos cães sempre pareciam estar cheios de pulgas. Talvez eles frequentassem estábulos e brincassem mais com outros cães infestados do que agora. Por outro lado, eram menos mimados e não pareciam viver em veterinários tanto quanto os cães de hoje. Não me lembro de Tony jamais ter ficado gravemente doente, seu pelo parecia sempre em bom estado, ele comia suas refeições, que eram sobras de nosso próprio jantar, e havia pouco alarido sobre sua saúde.

Mas hoje em dia, também se faz muito mais alarde sobre as crianças do que naquele tempo. A febre, a menos que fosse alta, não tinha tanta importância. Uma temperatura de 39°C, mantida por 24 horas, provavelmente envolveria uma visita do médico, mas qualquer coisa abaixo disso recebia pouca atenção. Ocasionalmente, após um excesso de maçãs verdes, podia-se ter o que se chamava de um ataque bilioso. Vinte e quatro horas de cama sem comer geralmente curavam isso com bastante facilidade. A comida era boa e variada. Suponho que houvesse uma tendência de manter as crianças pequenas apenas com leite e amido por tempo demais, mas certamente eu, desde muito cedo, provava do bife que era enviado para o jantar da Babá, e carne assada malpassada era uma das minhas refeições favoritas. Também se comia creme de leite Devonshire em grandes quantidades; muito melhor do que óleo de fígado de bacalhau, minha mãe costumava dizer. Às vezes, passava-se no pão e às vezes comia-se de colher. Ai de mim! Hoje não se acha mais o verdadeiro creme Devonshire em Devon — não como costumava ser —, escaldado e retirado do leite às camadas, a parte superior amarela passada para uma tigela de porcelana. Não há dúvidas quanto a isso, minha coisa favorita era, é e provavelmente sempre será *creme de leite*.

Minha mãe, que ansiava por variedade na alimentação, bem como em tudo o mais, costumava ter uma mania diferente de tempos em tempos. Uma vez foi "o ovo nutre mais". Por causa desse slogan, comíamos ovos em praticamente todas as refeições, até que papai se rebelou. Houve também um período de peixes, em que vivíamos de linguado e badejo para melhorar a inteligência. No entanto, depois de testar todo tipo de dieta alimentar, minha mãe geralmente voltava ao normal; assim como, depois de ter arrastado meu pai para a teosofia, para o unitarismo, de quase ter se tornado uma católica romana e ter até flertado com o budismo, ela por fim voltou para a igreja anglicana.

Foi satisfatório voltar para casa e encontrar tudo como de costume. Havia apenas uma mudança, e para melhor. Eu agora tinha minha adorada Marie.

Suponho que, até remexer na minha bolsa de lembranças, eu nunca havia realmente *pensado* sobre Marie — ela era apenas Marie, parte da minha vida. Para uma criança, o mundo é simplesmente o que está acontecendo com ela: e isso inclui as pessoas — de quem elas gostam, de quem não gostam, o que as faz felizes, o que as faz infelizes. Marie, jovem, alegre, sorridente, sempre agradável, era uma integrante muito querida da casa.

O que me pergunto agora é o que isso significou para *ela*. Acho que ela estava muito feliz durante o outono e o inverno que passamos viajando pela França e pelas Ilhas do Canal. Estava visitando lugares, a vida nos hotéis era agradável e, estranhamente, ela gostava de sua jovem pupila. Eu gostaria, é claro, de pensar que ela gostava de mim porque eu era *eu mesma* — mas Marie gostava genuinamente de crianças, e teria gostado de qualquer criança sob seu cuidado, com exceção de um ou dois daqueles monstrinhos infantis com quem sempre esbarramos na vida. Certamente eu não era particularmente obediente a ela; não creio que os franceses tenham a capacidade de impor obediência. De muitas maneiras, eu me comportava de forma vergonhosa. Em particular, odiava ir para a cama e inventei um jogo maravilhoso de pular por toda a mobília, escalando guarda-roupas, pulando do tampo das cômodas, completando o circuito do quarto sem nunca tocar no chão. Marie, parada na porta, gemia:

— *Oh, senhorrita, senhorrita! Madame votre mère ne serait pas contente!*

*Madame ma mère* certamente não sabia o que estava acontecendo. Se tivesse aparecido de repente, ela teria erguido as sobrancelhas e dito:

— Agatha! Por que você não está na cama?

E em três minutos eu *estaria* na cama, teria me enfiado nela às pressas, sem mais nenhuma palavra de reclamação. No entanto, Marie nunca me denunciou à autoridade; ela implorava, suspirava, mas nunca me denunciava. Por outro lado, se não lhe dei obediência, *com certeza* dei-lhe amor. Eu a amava muito.

Em apenas uma ocasião, eu realmente me lembro de tê-la chateado, e foi totalmente sem querer. Aconteceu depois que havíamos voltado para a Inglaterra, no decorrer de uma discussão sobre um ou outro assunto que estava correndo de maneira bastante amigável. Finalmente, exasperada e querendo provar meu ponto de vista, eu disse:

— *Mais, ma pauvre fille, vous ne savez donc pas les chemins de fer sont...*

Nesse ponto, para meu espanto absoluto, Marie de repente começou a chorar. Eu a encarei. Não tinha ideia do que estava acontecendo. Então as palavras saíram entre soluços. Sim — ela era realmente uma *pauvre fille*. Seus pais eram pobres, não ricos como os da *senhorrita*. Eles tinham um café, onde todos os filhos e filhas trabalhavam. Mas não era *gentille*, não era *bien élevée* por parte de sua querida *senhorrita* usar sua pobreza para censurá-la.

— Mas, Marie — protestei. — Marie, eu não quis dizer isso *de jeito nenhum*.

Parecia impossível explicar que nenhuma ideia de pobreza tinha estado em minha mente, que *ma pauvre fille* era uma mera expressão de impaciência. A pobre Marie ficou magoada, e levou pelo menos meia hora de protestos, carícias e afirmações reiteradas de afeto para ela se acalmar. Depois disso, tudo ficou bem entre nós. Passei a ter muito cuidado no futuro para *nunca* usar aquela expressão em particular.

Acho que Marie, estabelecida em nossa residência em Torquay, sentiu-se solitária e com saudades de casa pela primeira vez. Sem dúvida, nos hotéis onde nos hospedamos havia outras empregadas, babás, governantas e assim por diante — cosmopolitas —, e ela não havia sentido a separação de sua família. Mas aqui na Inglaterra ela entrou em contato com garotas de sua idade ou, pelo menos, não muito mais velhas. Naquela época, creio eu, tínhamos uma empregada bastante jovem e uma copeira de uns 30 anos. Mas o ponto de vista delas era tão diferente que devem tê-la feito se sentir uma completa estranha. Criticavam a simplicidade de suas roupas, o fato de ela nunca gastar dinheiro em enfeites, fitas, luvas, e tudo o mais.

Marie estava recebendo o que para ela parecia um salário fantástico. Todos os meses, ela perguntava a Monsieur se ele faria a gentileza de entregar praticamente todo o dinheiro à mãe dela em Pau. Ela mesma guardava uma pequena quantia. Isso para ela era natural e adequado, pois estava economizando para seu *dot*, aquela valiosa quantia que todas as garotas francesas da época (e talvez agora, eu não sei) separavam — uma necessidade para o futuro, pois, sem ela, poderiam não conseguir um casamento. É o equivalente, suponho, ao que chamamos na Inglaterra de "a gaveta de baixo", mas muito mais sério. Era uma ideia boa e sensata, e acho que está em voga hoje em dia na Inglaterra, porque os jovens querem comprar uma casa e, portanto, tanto o homem quanto a mulher economizam para isso. Mas, na época da qual estou falando, as meninas não economizavam para o casamento — essa responsabilidade era do homem. Ele devia fornecer um lar e os recursos para alimentar, vestir e cuidar de sua esposa. Portanto, as "moças em bom serviço" e as vendedoras de classe baixa consideravam que o dinheiro que ganhavam era pessoal, para usar com as coisas frívolas da vida. Elas compravam chapéus novos e blusas coloridas, um colar ou broche ocasional. Pode-se dizer, suponho, que elas usavam seus salários para cortejar — para atrair um homem adequado. Mas lá estava Marie, em seu casaco e saia pretos, seu chapeuzinho e sua blusa simples, nunca acrescentando nada ao seu guarda-roupa, nunca comprando nada desnecessário. Não acho que elas quisessem ser rudes, mas riam dela; desprezavam-na. Isso a deixava muito infeliz.

Na verdade, foram as percepções e a bondade da minha mãe que a ajudaram nos primeiros quatro ou cinco meses. Ela estava com saudades de casa, queria voltar. Minha mãe, porém, falava com Marie, consolava-a, dizia que ela era uma menina sábia e que estava fazendo a coisa certa, que as inglesas não eram tão prudentes e precavidas quanto as francesas. Ela também, eu acho, conversou com as próprias criadas e com Jane, dizendo que estavam deixando a garota francesa infeliz. Ela estava longe de casa e elas deviam pensar como seria se *elas* estivessem em um país estrangeiro. Então, depois de um mês ou dois, Marie se animou.

Sinto que, a esta altura, qualquer um que tenha tido paciência para chegar até aqui vai exclamar: "Mas você não tinha lições para fazer?" A resposta é: "Não, não tinha".

A essa altura, eu já contava 9 anos, e a maioria das crianças de minha idade tinha preceptoras — embora essas preceptoras, segundo imagino, fossem contratadas em grande parte para tomar conta das crianças, cuidando que fizessem exercícios e supervisionando-as. O que elas ensinavam que se pudesse chamar de "lições" dependia exclusivamente dos gostos individuais delas.

Lembro-me vagamente de uma ou duas preceptoras na casa de amigos. Uma delas tinha fé absoluta no *Child's Guide to Knowledge*, de Dr. Brewer — equivalente às trivias modernas. Retenho fragmentos de conhecimento assim adquiridos:

— Quais são as três doenças do trigo?

— Ferrugem, mofo e fuligem.

Eles me acompanharam por toda a vida — embora, infelizmente, nunca tenham sido de uso prático para mim.

— Qual é a principal manufatura na cidade de Redditch?

— Agulhas.

— Qual é a data da Batalha de Hastings?

— 1066.

Outra preceptora, eu me lembro, instruía seus alunos em história natural, e nada mais. Faziam-se grandes colheitas de folhas, de frutinhas e flores silvestres — e uma conveniente dissecação delas. Era incrivelmente chato.

— Odeio ter que despedaçar todas essas plantas — meu amiguinho me confidenciou.

Eu concordava inteiramente, e de fato a palavra "botânica", por toda a minha vida, me deixava tímida feito um cavalo nervoso.

Minha mãe frequentara uma escola em Cheshire na sua juventude. Ela mandou minha irmã Madge para um colégio interno, mas agora estava inteiramente convertida à ideia de que a melhor maneira de criar as meninas era deixá-las brincar livremente o máximo possível; oferecer boa comida, ar fresco, e não forçar suas mentes de forma alguma. (Nada disso, é claro, aplicava-se aos meninos: os meninos precisavam ter uma educação estritamente convencional.)

Como já mencionei, a teoria dela era que nenhuma criança deveria ler antes dos 8 anos. Depois que essa expectativa foi frustrada, pude ler o quanto quisesse e aproveitei todas as oportunidades para fazê-lo. A sala de aula, como era chamada, era um grande cômodo no alto da casa, quase todo forrado de livros. Havia prateleiras de livros infantis — *Alice no País das Maravilhas* e *Alice através do espelho*, os contos vitorianos sentimentais, mais antigos, que já mencionei, como *Our White Violet*, os livros de Charlotte Yonge, incluindo *The Daisy Chain*, acredito que uma coleção completa de Henty, e além disso, uma boa quantidade de livros escolares, romances e outros. Eu lia indiscriminadamente, pegando tudo o que me interessasse, lendo muitas coisas que não compreendia, mas que, no entanto, prendiam a minha atenção.

No decorrer das minhas leituras, encontrei uma peça teatral francesa que meu pai me descobriu lendo.

— Como você conseguiu *isso*? — perguntou ele, pegando o texto, horrorizado. Fazia parte de uma série de romances e peças francesas que ele costumava manter cuidadosamente trancados na sala de fumantes, apenas para leitura dos adultos.

— Estava na sala de aula — respondi.

— Não deveria estar lá — disse meu pai. — Deveria estar no meu armário.

Desisti dele com alegria. Para dizer a verdade, eu tinha achado um pouco difícil de entender. Voltei feliz da vida para a leitura de *Mémoires d'un Âne*, *Sans Famille,* e mais literatura francesa inócua.

Suponho que devo ter tido aulas de *algum* tipo, mas não tive uma preceptora. Continuei a fazer aritmética com meu pai, passando orgulhosamente por frações e chegando a decimais. Por fim, cheguei ao ponto em que não sei quantas vacas comiam tanta grama e tantos tanques enchiam-se de água em tantas horas — achava muito empolgante.

Minha irmã agora estava oficialmente "na sociedade", o que implicava festas, vestidos, visitas a Londres e assim por diante. Isso mantinha minha mãe ocupada, e ela passou a ter menos tempo para mim. Às vezes eu ficava com ciúmes, sentindo que Madge tinha toda a atenção. Minha mãe tivera uma infância monótona. Embora sua tia fosse rica, e Clara viajasse com ela de um lado ao outro do Atlântico, a tia não achara necessário que minha mãe tivesse um *début* social de qualquer tipo. Não acho que minha mãe tivesse uma mentalidade para a vida social, mas ela ansiava, como qualquer jovem, por ter muitas roupas e vestidos melhores. A Tia-avó encomendava roupas muito caras e elegantes nas melhores costureiras de Paris, mas sempre considerava Clara uma criança, e mais ou menos a vestia como tal. As horríveis costureiras de novo! Minha mãe estava determinada a dar para *suas* filhas todas as belezas e frivolidades da vida que ela mesma sentira falta. Daí seu interesse e deleite pelas roupas de Madge, e mais tarde pelas minhas.

Veja bem, roupas eram roupas naquela época! Havia muitas delas, pródigas tanto em material quanto em mão de obra. Franzidos, babados, pregas, rendas, costuras complicadas e gomos: não apenas arrastavam no chão e tinham de ser seguradas elegantemente em uma das mãos quando se caminhava, mas também incluíam capas, casacos ou boás de penas.

Havia também os penteados: penteados também eram realmente penteados naquela época — nada de passar o pente e ponto final. Cacheados, frisados, ondulados, colocados em bobes durante a noite, ondulados com pinças quentes; se uma garota ia ao baile, ela começava a fazer o cabelo pelo menos duas horas antes e o penteado demorava cerca de uma hora e meia para ficar pronto, deixando cerca de meia hora para colocar o vestido, as meias, as sapatilhas e assim por diante.

Esse não era, é claro, o meu mundo. Era o mundo dos adultos, ao qual eu me mantinha indiferente. Mesmo assim, fui influenciada por ele. Marie e eu conversávamos sobre os trajes das mademoiselles e decidíamos quais eram os nossos favoritos.

Acontece que em nossa vizinhança não havia famílias com crianças da minha idade. Então, assim como fizera quando era mais nova, mais uma vez arranjei meu próprio grupo de amigos íntimos — em sucessão a Poodle, Squirrel e Tree e os famosos Gatinhos. Dessa vez, inventei uma escola. Não porque eu tivesse qualquer desejo de ir para a escola. Não, eu acho que A Escola constituía o único cenário no qual eu podia convenientemente encaixar sete garotas de diferentes idades e aparências, dando a elas diferentes experiências em vez de torná-las uma família, o que eu não queria fazer. A Escola não tinha nome — era apenas A Escola.

As primeiras meninas a chegar foram Ethel Smith e Annie Gray. Ethel Smith tinha 11 anos, e Annie, 9. Ethel era morena e tinha o cabelo longo e cheio. Era inteligente, boa em jogos, tinha uma voz grave e devia ter uma aparência bastante masculina. Annie Gray, sua grande amiga, era um contraste completo. Tinha cabelos loiros e finos, olhos azuis e era tímida, nervosa e facilmente caía em lágrimas. Ela se apegou a Ethel, que a protegia em todas as ocasiões. Eu gostava delas, mas minha preferida era a ousada e vigorosa Ethel.

Depois de Ethel e Annie, acrescentei mais duas: Isabella Sullivan, que era rica, de cabelos dourados, olhos castanhos e linda. Tinha 11 anos. Eu não gostava de Isabella — não gostava nada mesmo. Ela era "mundana". ("Mundano" era uma palavra recorrente nos livros de histórias da época: as páginas de *The Daisy Chain* são dedicadas às preocupações da família May por causa do mundanismo de Flora.) Isabel era certamente a quintessência do mundanismo. Ela se exibia, gabava-se de ser rica e tinha roupas caras e grandiosas demais para uma garota de sua idade. Elsie Green era sua prima. Irlandesa, cabelos escuros, olhos azuis, cachos, era alegre e ria muito. Ela se dava muito bem com Isabel, mas às vezes a irritava. Elsie era pobre; usava os vestidos que não serviam mais em Isabel, o que às vezes a magoava, mas não demais, porque ela era uma garota tranquila.

Eu me dava bem com essas quatro por algum tempo. Elas viajavam na ferrovia subterrânea, andavam a cavalo, faziam jardinagem e jogavam bastante croqué. Eu costumava organizar torneios e partidas especiais. Minha grande esperança era que Isabel *não* vencesse. Eu fazia de tudo, exceto trapacear, para garantir que ela não ganhasse — isto é, segurava o taco dela descuidadamente, jogava com pressa, quase sem mirar de verdade —, ainda assim, quanto mais descuidadamente eu jogava, mais afortunada Isabel parecia ser. Ela passava por aros impossíveis, acertava bolas do outro lado do gramado e quase sempre terminava como vencedora ou vice-campeã. Era muito irritante.

Depois de um tempo, pensei que seria bom ter algumas meninas mais novas na escola. Então acrescentei duas de 6 anos de idade, Ella White e Sue de Verte. Ella era meticulosa, diligente e monótona. Tinha cabelos crespos e era boa nas aulas. Ela se saía bem no *Guide to Knowledge* de Dr. Brewer e jogava croqué de forma justa. Sue de Verte era curiosamente sem cor, não só na aparência — ela era clara, com olhos azuis pálidos — mas também no caráter. De alguma forma, eu não conseguia *ver* ou *sentir* Sue. Sue e Ella eram grandes amigas, mas embora eu conhecesse Ella como a palma da minha mão, Sue permanecia fluida. Acho que provavelmente é porque Sue era *eu mesma*. Quando eu conversava com os outros, era sempre Sue conversando com eles, não Agatha; e, portanto, Sue e Agatha tornaram-se duas facetas da mesma pessoa, e Sue era uma observadora, não realmente uma das *dramatis personae*. A sétima garota a ser adicionada à coleção foi a meia-irmã de Sue, Vera de Verte. Vera era bem mais velha — tinha 13 anos. Não era bonita no momento, mas teria uma beleza delirante no futuro. Também havia um mistério sobre suas origens. Eu tinha meio que planejado vários futuros de natureza altamente romântica para Vera. Seus cabelos eram cor de palha e os olhos, azuis de miosótis.

Uma ajuda adicional para "as meninas" eram as cópias encadernadas das fotos da Academia Real que minha avó tinha em sua casa em Ealing. Ela prometeu que um dia me pertenceriam, e eu costumava passar horas encarando-as no tempo chuvoso, não tanto por satisfação artística, mas para encontrar fotos adequadas das "meninas". Um livro que me foi dado como presente de Natal, ilustrado por Walter Crane — *The Feast of Flora* — representava imagens de flores em forma humana. Uma delas eu achava especialmente bonita: um rosto rodeado por miosótis — definitivamente o rosto de Vera de Verte. A margarida de Chaucer era Ella, e a linda coroa-imperial era Ethel.

"As meninas", se assim posso dizer, ficaram comigo por muitos anos, mudando naturalmente suas características à medida que eu amadurecia. Elas participavam da música, atuavam na ópera, recebiam papéis nas peças de teatro e comédias musicais. Mesmo quando adulta, eu pensava nelas de vez em quando e distribuía-lhes os vários vestidos de meu guarda-roupa. Eu também desenhava trajes para elas em minha mente. Ethel, eu me lembro, ficava *muito* bonita em um vestido de tule azul escuro com lírios brancos em um ombro. A pobre Annie nunca teve muito o que vestir. Fui justa com Isabel, porém, e dei a ela alguns vestidos extremamente bonitos — com brocados bordados e cetim. Mesmo agora, às vezes, quando guardo um vestido no armário, digo a mim mesma: "Sim, esse ficaria bem em Elsie, verde sempre foi a cor dela". "Ella ficaria mesmo muito bonita naquele conjunto de jérsei de três peças." Isso me faz rir, mas "as meninas" ainda *estão* aqui, embora, ao contrário de mim, elas não tenham envelhecido. Vinte e três é o máximo de idade que eu já imaginei para elas.

Com o passar do tempo, acrescentei mais quatro personagens: Adelaide, que era a mais velha de todas, alta, bela e com ares de superioridade; Beatrice, uma alegre fadinha que gostava de dançar e era a mais jovem de todas; e duas irmãs, Rose e Iris Reed. Tornei-me bastante romântica em relação às duas. Iris tinha um jovem que escrevia poesia para ela e a chamava de

"Iris dos Pântanos", e Rose era muito travessa, pregava peças em todo mundo e flertava loucamente com todos os rapazes. É claro que, no devido tempo, elas se casaram ou permaneceram solteiras. Ethel nunca se casou, mas morou em um pequeno chalé com a gentil Annie — muito apropriado, acho agora: é exatamente o que elas teriam feito na vida real.

Logo após nosso retorno do exterior, as delícias do mundo da música foram apresentadas a mim por Fräulein Uder, uma alemã baixinha, magra e formidável. Não sei por que ela ensinava música em Torquay, nunca soube de nada sobre sua vida privada. Minha mãe apareceu um dia na sala de aula com Fräulein Uder a reboque, explicando que queria que Agatha começasse a aprender piano.

— *Ach*! — disse Fräulein Uder com carregado sotaque alemão, embora falasse inglês perfeitamente. — Então imediatamente para o piano vamos.

Para o piano nós fomos, o da sala de aula, é claro, não o piano de cauda da sala de estar.

— Fique aí — ordenou Fräulein Uder. Fiquei parada à esquerda do piano. — Isto — disse ela, batendo na nota com tanta força que realmente pensei que algo poderia acontecer com o instrumento — é dó maior. Você entende? Esta é a nota dó. Esta é a escala de dó maior. — Ela tocou. — Agora voltamos e tocamos o acorde de dó, assim. Agora de novo: a escala. As notas são dó, ré, mi, fá, sol, lá, si, dó. Você entendeu?

Eu disse que sim. Na verdade, aquela parte eu já sabia.

— Agora você vai ficar onde não pode ver as notas e eu vou tocar primeiro o dó, depois outra nota, e você me dirá qual é a segunda — disse Fräulein Uder.

Ela tocou o dó e, em seguida, atingiu outra nota com a mesma força.

— Qual é esta? Me responda.

— Mi — falei.

— Muito bem. Agora vamos tentar novamente.

Mais uma vez ela tocou o dó, e então outra nota.

— E esta?

— Lá — arrisquei.

— *Ach*! Você é de primeira classe. Boa. Esta criança é musical. Você tem ouvido, sim. *Ach*, vamos nos dar muito bem.

Certamente comecei bem. Eu não acho, para ser sincera, que tinha a menor ideia de quais eram as outras notas que ela estava tocando. Acho que deve ter sido um chute bem inspirado. Mas, de qualquer forma, tendo começado assim, seguimos em frente com muita boa vontade de ambos os lados. Em pouco tempo, as casas ressoavam com escalas, arpejos e, no devido tempo, as notas de *O alegre camponês*. Eu gostava muito das aulas de música. Meu pai e minha mãe tocavam piano. Minha mãe tocava *Canções sem palavras*, de Mendelssohn, e vários outros trechos que aprendera na juventude. Ela tocava bem, mas não era, eu acho, uma amante da música. Meu pai era naturalmente musical. Ele sabia tocar qualquer coisa de ouvido e tocava deliciosas canções dos Estados Unidos, músicas religiosas compostas por pessoas negras e outras coisas. A *O alegre camponês*, Fräulein Uder e eu acrescentamos *Träumerei* e outras lindas peças de Schumann. Eu praticava com zelo por uma ou duas horas diárias. De Schumann, passei para Greig, que amei apaixonadamente — *Erotique* e *Murmúrios da primavera* eram as minhas favoritas. Quando finalmente progredi a ponto de tocar *Manhã*, de Peer Gynt, fiquei absolutamente encantada. Fräulein Uder, como a maioria dos alemães, era uma excelente professora. As aulas não consistiam apenas em tocar melodias agradáveis; havia muitos exercícios de Czerny, com os quais eu não era tão zelosa, mas Fräulein Uder não deixava passar.

— Você precisa uma boa base ter — dizia ela. — Esses exercícios são a realidade, a necessidade. As melodias, sim, são lindos bordados, são como flores, desabrocham e caem, mas é preciso ter as raízes, as raízes fortes e as folhas.

Portanto, tive uma dose de raízes fortes e folhas e, de vez em quando, uma ou duas flores, e provavelmente fiquei muito mais satisfeita com o resultado do que os outros na casa, que achavam tanta prática um tanto opressiva.

Eu também tinha aula de dança, uma vez por semana, em um lugar grandiosamente chamado de Salões do Ateneu, que ficava acima de uma confeitaria. Devo ter começado a ir para a aula de dança bem cedo — 5 ou 6 anos, acho — porque me lembro de que a Babá ainda estava lá e me levava uma vez por semana. Os mais novos começavam com a polca. A abordagem consistia em bater o pé três vezes: direita, esquerda, direita — esquerda, direita, esquerda — tam, tam, tam — tam, tam, tam. Devia ser muito desagradável para quem tomava chá no andar abaixo. Quando eu chegava em casa, ficava um pouco chateada com Madge, que dizia que polca não se dançava daquele jeito.

— Você desliza um pé, traz o próximo até ele e depois o primeiro — dizia ela. — Assim.

Eu ficava um tanto confusa, mas aparentemente aquela era a ideia de Miss Hickey, a professora de dança, de pegar o ritmo da polca antes de dar os passos.

Miss Hickey era uma personalidade maravilhosa, embora assustadora. Alta e imponente, tinha um topete de cabelos grisalhos lindamente arrumados, usava saias longas e esvoaçantes, e valsar com ela — o que viria a acontecer, é claro, muito mais tarde — era uma experiência aterrorizante. Duas jovens eram suas assistentes, uma moça de aproximadamente 18 ou 19 anos, e uma de cerca de 13 chamada Aileen. Aileen era uma menina doce, que trabalhava duro e de quem todas nós gostávamos muito. A mais velha, Helen, era um pouco assustadora e só notava as dançarinas realmente boas.

O procedimento da aula de dança era o seguinte. Começava com os chamados "expansores", que exercitavam o peito e os braços. Eles eram uma espécie de elástico de fita azul com alças. Precisávamos esticá-los vigorosamente por cerca de meia hora. Havia então a polca, que era dançada por todas depois de nos graduarmos no tam, tam, tam — as meninas mais velhas da classe dançando com as mais novas. 'Você me viu dançar polca? Você viu as abas de minha casaca esvoaçando?' A polca era alegre e sem atrativos. Depois vinha a grande marcha, na qual, em pares, dançávamos até o meio da sala, contornando os lados e fazendo repetidos formatos de oito, as mais avançadas liderando, as juniores seguindo. Era preciso ter uma parceira para a marcha, e isso causava muita dor de cabeça. Naturalmente, todas queriam ter Helen ou Aileen como parceiras, mas Miss Hickey providenciava para que não houvesse monopólios específicos. Depois da marcha, as menores eram levadas à sala das juniores, onde aprendiam os passos da polca ou, mais tarde, da valsa, ou os passos de suas danças extravagantes nas quais eram particularmente desajeitadas. As veteranas faziam suas danças extravagantes sob o olhar de Miss Hickey na sala maior. Isso consistia em uma dança de pandeiros, uma dança de castanholas espanhola ou uma dança de leque.

Por falar nisso: uma vez mencionei a minha filha Rosalind e a sua amiga Susan, quando tinham 18 ou 19 anos, que eu dançara, na minha mocidade, uma dança de leque. Suas risadas irreverentes me intrigaram.

— Você não fazia isso, mesmo, mãe, fazia? Dança de leque! Susan, ela fazia dança de leque!

— Ah, sempre achei os vitorianos tão diferentes — disse Susan.

Logo percebemos, entretanto, que por "dança de leque" não queríamos dizer exatamente a mesma coisa.

Depois disso, as mais avançadas se sentavam e as juniores dançavam a Sailor's Hornpipe ou alguma dança folclórica alegre, não muito difícil. Finalmente, entrávamos nas complicações dos Lanceiros. Também aprendemos as contradanças sueca e Sir Roger de Coverley. Essas últimas eram especialmente úteis porque, quando íamos a festas, não passávamos vergonha por não conhecer tais atividades sociais.

Em Torquay, nossa turma era quase inteiramente composta de moças. Quando fui para a aula de dança em Ealing, havia vários meninos. Acho que isso foi quando eu tinha cerca de 9 anos, era muito tímida e ainda nada boa na dança. Um menino de considerável charme, provavelmente um ou dois anos mais velho do que eu, apareceu e me pediu para ser meu par nos Lanceiros. Chateada e cabisbaixa, eu disse que não sabia dançar aquilo. Parecia-me difícil; e eu nunca tinha visto um rapaz tão atraente. Ele tinha cabelos escuros, olhos alegres, e imediatamente senti que seríamos almas gêmeas. Fiquei sentada, triste, quando a dança começou, mas quase imediatamente Mrs. Wordsworth veio até mim.

— Venha, Agatha, ninguém pode ficar sentado.

— Não sei dançar os Lanceiros, Mrs. Wordsworth.

— Não, querida, mas você aprenderá em breve. Precisamos encontrar um parceiro para você.

Ela agarrou um menino sardento de nariz arrebitado e cabelo ruivo; ele também tinha adenoides.

— Aqui está. Este é o William.

No correr da dança, por ocasião daqueles passos das visitas, encontrei meu primeiro amor e sua parceira.

— Você não queria dançar *comigo*, e aqui está. É muito cruel de sua parte — sussurrou ele para mim, indignado.

Tentei dizer a ele que eu não havia podido evitar, que tinha achado que não sabia dançar os Lanceiros e que havia sido forçada — mas quando você conversa no meio da dança, não há tempo para explicações. Ele continuou a me olhar com ar de censura até o fim da aula. Eu esperava poder vê-lo na semana seguinte, mas, infelizmente, nunca mais o vi: uma das tristes histórias de amor da vida.

A valsa foi a única dança que aprendi que me seria útil ao longo da vida, e nunca gostei muito de valsa. Não gosto do ritmo e sempre costumava ficar extremamente tonta, principalmente quando Miss Hickey fazia as honras. Ela dava um rodopio maravilhoso na valsa, que praticamente nos tirava do chão e nos deixava com a cabeça girando ao final da performance, mal conseguindo ficar em pé. Mas devo admitir que era uma bela visão.

Fräulein Uder desapareceu da minha vida; não sei onde nem quando. Talvez tenha voltado para a Alemanha. Ela foi substituída um pouco depois por um jovem chamado, pelo que me lembro, Mr. Trotter. Ele era o organista de uma das igrejas; um professor bastante deprimente, e tive que adotar um estilo totalmente diferente. Eu tinha de me sentar praticamente no chão, com as mãos estendidas para cima para chegar às teclas do piano, e tudo tinha que ser tocado com o pulso. O método de Fräulein Uder, acredito, era o de se sentar bem alto e fazer com que a força viesse dos cotovelos. Eu ficava sentada bem acima do piano para poder atirar-me às teclas com a máxima força. Muito satisfatório!

# V

Deve ter sido pouco depois de nosso retorno das Ilhas do Canal que a sombra da doença do meu pai começou a ser percebida. Ele tinha se sentido mal no exterior e consultado um médico duas vezes. O segundo profissional apresentara uma visão um tanto alarmista, afirmando que meu pai sofria de uma doença renal. Após nosso retorno à Inglaterra, ele consultou o médico da família, que não concordou com esse diagnóstico e o encaminhou a um especialista. Depois disso, a sombra ficou lá, tênue, sentida apenas por uma criança como uma daquelas perturbações atmosféricas que são para o mundo psíquico o que uma tempestade que se aproxima é para o mundo físico.

A medicina pareceu ter pouca utilidade. Meu pai consultou dois ou três especialistas. O primeiro disse que era definitivamente um problema cardíaco. Não me lembro dos detalhes agora; só me lembro de ouvir minha mãe e minha irmã conversando e as palavras "uma inflamação dos nervos em torno do coração", o que me pareceu muito assustador. Outro médico que foi consultado atribuiu tudo a problemas gástricos.

A intervalos cada vez mais curtos, meu pai tinha ataques de dor e falta de ar durante a noite, e minha mãe sentava-se com ele, mudando sua posição e dando-lhe os medicamentos prescritos pelo último médico.

Como sempre, havia uma crença patética no último médico que consultamos e no último regime ou tratamento adotado. A fé faz muito — a fé, a novidade e a personalidade dinâmica de um médico —, mas no final não consegue lidar com a verdadeira enfermidade.

Na maior parte do tempo, meu pai era ele mesmo, com seu jeito alegre de sempre, mas a atmosfera de nossa casa tinha mudado. Ele ainda ia ao clube, passava os dias de verão no campo de críquete, voltava com histórias divertidas — era a mesma personalidade gentil. Nunca se zangava ou se irritava, mas a sombra da apreensão estava lá — também sentida, é claro, por minha mãe, que fazia valentes tentativas de tranquilizar meu pai e lhe dizer o quanto ele parecia melhor, soava melhor, *estava* melhor.

Ao mesmo tempo, a sombra da preocupação financeira se agravou. O dinheiro do testamento do meu avô fora investido em propriedades urbanas em Nova York, mas a posse dos prédios não incluía o terreno. A essa altura, aparentemente, eles estavam em uma parte da cidade onde o terreno teria sido valioso, mas os prédios não valiam praticamente nada. A proprietária dos terrenos não dava mostras de colaborar — uma velha senhora de mais de 70 anos, que parecia sofrer de algum impulso negativo que a impedia de proceder a qualquer desenvolvimento ou melhoria. A receita que deveria chegar parecia sempre ser consumida por reparos ou impostos.

Pegando retalhos de conversa que me pareceram de importância dramática, corri escada acima e anunciei a Marie, ao melhor modo vitoriano, que estávamos arruinados. Marie não me pareceu tão angustiada como imaginei que deveria ter ficado, mas deve ter prestado alguma condolência para minha mãe, que veio até mim com certo aborrecimento.

— Francamente, Agatha! Você *não* deve repetir as coisas de uma forma exagerada. *Não* estamos arruinados. Estamos só mal, por enquanto, e teremos que economizar.

— *Não* estamos arruinados? — perguntei, profundamente decepcionada.

— Não estamos arruinados — proferiu minha mãe com firmeza.

Devo admitir que fiquei desapontada. Nos muitos livros que havia lido, a ruína acontecia com frequência e era tratada como deveria — seriamente. Ameaças de suicídio, uma heroína aos farrapos abandonando uma mansão, e assim por diante.

— Até esqueci que você estava por perto — disse minha mãe. — Mas você entendeu, não saia repetindo coisas que você ouve por aí.

Prometi que não mais repetiria, mas me senti ferida porque pouco tempo antes tinha sido criticada por *não* ter contado o que ouvira sobre outro incidente.

Tony e eu estávamos sentados diante da mesa da sala de jantar uma noite, pouco antes do jantar. Era um de nossos lugares favoritos, apropriado para brincar de aventuras em cavernas, masmorras e coisas do gênero.

Mal ousávamos respirar, para que os assaltantes que nos haviam aprisionado não nos ouvissem — o que não era exatamente verdade no caso de Tony, que era gordo e ofegava —, quando Barter, a criada que ajudava a copeira no jantar, entrou com uma terrina de sopa, que colocou no aparador. Ela ergueu a tampa e inseriu a grande concha.

Pegando uma concha cheia, ela tomou alguns goles. Lewis, a copeira, entrou e disse:

— Vou agora mesmo tocar o gongo...

Então se interrompeu e exclamou:

— O *que* raios você está fazendo, Louie?

— Só estou beliscando — disse Barter, com uma risada calorosa. — Humm, nada mal. — E tomou outro gole.

— Coloque isso de volta e tampe agora — disse Lewis, em choque. — Sinceramente!

Barter deu sua risada farta e bem-humorada, guardou a concha, recolocou a tampa e foi para a cozinha pegar os pratos de sopa. Foi quando Tony e eu aparecemos.

— A sopa está mesmo boa? — perguntei com interesse, enquanto me preparava para sair.

— Ah, nossa! Miss Agatha, que susto você me deu!

Fiquei um pouco surpresa, mas levei alguns anos para contar o que havia acontecido. Minha mãe, conversando com Madge, mencionou nossa ex-criada, Barter. De repente, me intrometi na conversa, dizendo:

— Eu me lembro da Barter. Ela costumava tomar sopa da terrina na sala de jantar antes de todos chegarem para comer.

Isso despertou um grande interesse por parte de minha mãe e de Madge.

— Mas por que você nunca me *contou*? — perguntou minha mãe. Eu a encarei. Não conseguia entender.

— Bem, parecia...

Hesitei, reunindo toda a minha dignidade, e proclamei:

— É que não gosto de compartilhar informações.

Essa fala se transformou numa eterna piada usada contra mim. *Agatha não gosta de compartilhar informações*. E era verdade. Eu não gostava. A menos que me parecessem apropriados ou interessantes, eu guardava todos os fragmentos de informação que chegavam até mim, trancava-os, por assim dizer, em um arquivo dentro da minha cabeça. Isso era incompreensível para o resto da minha família, formada por conversadores extrovertidos. Se lhes pedissem para guardar um segredo, por acaso nunca se lembrariam de fazê-lo! Isso os tornava muito mais divertidos do que eu.

Se Madge ia a um baile ou a uma festa num jardim, quando voltava tinha muitas coisas divertidas para contar. Na verdade, minha irmã era uma pessoa divertida em todos os sentidos — aonde quer que ela fosse, coisas aconteciam com ela. Mesmo mais tarde na vida, indo ao vilarejo para fazer compras, ela voltava com algo extraordinário que havia acontecido ou que alguém havia dito. Essas coisas tampouco eram inverdades — sempre havia uma boa base de fatos, mas elaborados por Madge para que a história ficasse mais interessante.

Eu, pelo contrário, presumivelmente tendo puxado a meu pai, quando perguntada se algo interessante havia acontecido, diria imediatamente:

— Nada.

— O que a Fulana de Tal estava vestindo na festa?

— Não me lembro.

— Ouvi dizer que a Mrs. S. redecorou a sala. De que cor está agora?

— Não notei.

— Ah, Agatha, você realmente é *um caso perdido*, nunca percebe *nada*.

De modo geral, eu continuava a seguir meu próprio conselho. Não acho que eu pretendia ser misteriosa. Apenas me parecia que a maioria das coisas não importava — então por que continuar falando sobre elas? Ou então eu estava tão ocupada conduzindo as conversas e brigas das "garotas" e inventando aventuras para Tony e para mim que não conseguia prestar atenção nas pequenas coisas que aconteciam ao meu redor. Foi preciso algo como o boato da ruína para me deixar realmente animada. Sem dúvida, eu era uma criança monótona, que tinha tudo para me tornar o tipo de adulta com dificuldades de se integrar adequadamente em uma festa.

Nunca fui boa em festas — e nunca gostei muito delas. Suponho que *houvesse* festas infantis, mas acho que não eram tantas como hoje em dia. Lembro-me de ir tomar chá com amigas e de amigas que vinham tomar chá comigo. Eu gostava disso — e faço hoje em dia. Creio que festas organizadas, na minha juventude, só aconteciam na época do Natal. Parece que me lembro de uma festa à fantasia e de uma outra em que havia um mágico.

Imagino que minha mãe fosse contra festas, sendo da opinião de que as crianças ficavam com muito calor, animadas demais, e comiam além da conta, e frequentemente voltavam para casa adoecidas por todas as três causas. Ela provavelmente estava certa. Em qualquer festa infantil de qualquer tamanho a que eu tenha ido, sempre cheguei à conclusão de que pelo menos um terço das crianças não estava realmente se divertindo.

Uma festa com até vinte pessoas é controlável — se passar disso, devo dizer, ela será dominada por uma confusão quanto aos banheiros! Crianças que querem ir ao banheiro, que não gostam de dizer que querem ir ao banheiro, que deixam para ir ao banheiro no último minuto e assim por diante. Se os banheiros são inadequados para alojar grandes quantidades de crianças que querem usá-los ao mesmo tempo, o caos e alguns incidentes lamentáveis se instalam. Lembro-me de uma menina de apenas 2 anos cuja mãe fora persuadida, contra o conselho de sua babá experiente, a levá-la a uma festa.

— Annette é tão doce, ela precisa vir. Tenho certeza de que ela vai gostar, e todos nós cuidaremos *muito* bem dela.

Assim que chegaram à festa, a mãe, por segurança, levou-a até um penico. Annette, atingida por uma grande empolgação, foi totalmente incapaz de fazer sua pequena performance.

— Ah, bem, talvez ela realmente não esteja com vontade — disse a mãe, esperançosa.

Elas desceram as escadas e, quando um mágico estava tirando coisas de todo tipo de suas orelhas e seu nariz e fazendo as crianças rirem, e elas estavam todas em volta gritando e batendo palmas, o pior aconteceu.

— Minha querida — disse uma tia idosa, contando a história para minha mãe. — Realmente nunca se viu nada igual àquilo... pobre criança. Bem no meio da sala. Era como um *cavalo*!

Marie deve ter partido algum tempo antes da morte do meu pai — possivelmente um ou dois anos. Ela havia sido contratada para ficar dois anos na Inglaterra, mas permaneceu por pelo menos mais um ano. Ela sentia saudades da família e, também, creio eu, sendo sensata e prática, percebeu que era hora de pensar sobre o casamento seriamente à maneira francesa. Ela havia juntado um pequeno *dot* razoável com seu salário, e então, com lágrimas e abraços afetuosos a sua "querida *senhorrita*", Marie se foi e me deixou muito solitária.

Antes de sua partida, porém, havíamos chegado a um acordo sobre o futuro marido da minha irmã. Isso, como já comentei, vinha sendo uma de nossas contínuas fontes de especulação. A escolha de Marie tinha sido firmemente "*le Monsieur blond*".

Minha mãe, quando era menina e morava com a tia em Cheshire, tivera uma amiga da escola que adorava. Quando Annie Browne se casou com James Watts e minha mãe se casou com seu primo postiço, Frederick Miller, as duas concordaram que nunca se esqueceriam e que sempre trocariam cartas e notícias. Embora minha avó tivesse trocado Cheshire por Londres, as duas moças ainda mantiveram contato. Annie Watts teve cinco filhos — quatro meninos e uma menina — minha mãe, é claro, teve três. Elas trocavam fotos de seus filhos em várias idades e enviavam presentes a eles no Natal.

Então, quando minha irmã estava indo visitar a Irlanda para decidir se ficaria noiva de um certo jovem que estava ansioso para se casar com ela, minha mãe mencionou a viagem de Madge para Annie Watts, e Annie implorou a Madge para que ficasse em Abney Hall, em Cheshire, no caminho de volta de Holyhead. Ela gostaria muito de ver um dos filhos de nossa mãe.

Madge, portanto, tendo se divertido na Irlanda e decidido que, afinal, *não* queria se casar com Charlie P., interrompeu a viagem de volta e ficou com a família Watts. O filho mais velho, James, que tinha então 21 ou 22 anos e ainda estava em Oxford, era um jovem loiro e quieto. Tinha uma voz baixa e suave, não falava muito e prestava muito menos atenção à minha irmã do que a maioria dos rapazes. Ela achou isso tão extraordinário que seu interesse foi despertado. Madge dava muita atenção a James, mas não tinha certeza do efeito que produzia nele. De qualquer forma, depois que ela voltou para casa, os dois passaram a se corresponder esporadicamente.

Na verdade, James ficara impressionado desde o primeiro momento em que ela aparecera, mas não era da natureza dele demonstrar tal emoção. Ele era tímido e reservado. Ele veio ficar conosco no verão seguinte. Fiquei muito interessada nele de imediato. Ele foi gentil comigo, sempre me tratando com seriedade, e não fazendo piadas bobas ou falando comigo como se eu fosse uma garotinha. Ele me tratava como uma pessoa, e passei a adorá-lo. Marie também gostava dele. Portanto, "*le Monsieur blond*" era constantemente discutido entre nós na sala de costura.

— Acho que eles não parecem se gostar muito, Marie.

— Ah, *mais oui*, ele pensa muito nela e a observa quando ela não está olhando. Ah, sim, *il est bien épris*. E seria um bom casamento, muito sensato. Ele tem boas perspectivas, ouvi dizer, e é *tout à fait un garçon serieux*. Ele será um marido muito bom. E Mademoiselle é alegre, espirituosa, cheia de diversão e riso. Será conveniente para ela ter um marido calmo e estável, e ele a apreciará por ser tão diferente.

A pessoa que não gostava dele, eu acho, era meu pai, mas acredito que isso seja quase inevitável com pais de filhas charmosas e alegres — eles querem alguém muito melhor do que jamais poderia ter nascido. As mães devem sentir o mesmo com relação às esposas de seus filhos. Como meu irmão nunca se casou, minha mãe não foi afetada dessa forma.

Devo dizer que ela nunca considerou que os maridos das filhas fossem bons o suficiente para elas, mas ela mesma admitiu que isso era mais uma falha da parte dela do que da parte deles.

— É claro que eu não posso achar *nenhum* homem bom o suficiente para nenhuma das minhas duas filhas — dizia ela.

Uma das grandes alegrias da vida era o teatro local. Éramos todos amantes do teatro na minha família. Madge e Monty iam praticamente todas as semanas, e geralmente eu tinha permissão para acompanhá-los. Conforme fui crescendo, tornou-se cada vez mais frequente. Sempre ficávamos nos assentos marcados da arquibancada — a arquibancada em si era considerada pouco elegante. A arquibancada custava um xelim, e os assentos, que eram duas fileiras de poltronas na frente dela, logo atrás das dez primeiras filas de poltronas — o melhor setor —, era onde ficava a família Miller, aproveitando todo tipo de apresentação teatral.

Não sei se foi a primeira peça que vi, mas certamente entre as primeiras estava *Hearts are Trumps*, um melodrama estrondoso do pior tipo. Nele havia uma vilã, uma mulher perversa que se chamava Lady Winifred, e uma linda garota que perdera uma fortuna. Além dos disparos de revólveres, eu me lembro claramente da última cena, quando um jovem pendurado por uma corda nos Alpes a cortava e morria heroicamente para salvar sua amada ou o homem que sua amada amava. Lembro-me de repassar essa história ponto por ponto.

— Suponho que os realmente maus sejam espadas — falei; afinal, como meu pai era um ótimo jogador de uíste, eu sempre ouvia conversas sobre cartas — e os menos maus sejam paus. Acho que talvez Lady Winifred seja de paus, porque ela se arrependeu, assim como o homem que cortou a corda na montanha. E os ouros... — refleti. — Apenas mundanos — completei, em meu tom vitoriano de desaprovação.

Um dos grandes acontecimentos de Torquay era a regata, que ocorria nas últimas segunda e terça-feira de agosto. No início de maio, eu já começava a economizar. Quando digo que me lembro da regata, não quero dizer exatamente que me lembro bem da corrida dos iates, mas da feira que acontecia na ocasião. Madge, é claro, costumava ir com meu pai ao Píer Haldon para assistir à corrida, e habitualmente fazíamos uma festa familiar, antes do Baile da Regata à noite. Meu pai, minha mãe e Madge iam ao chá da tarde no Regatta Yacht Club e a todos os eventos ligados à vela. Madge nunca velejava mais que o mínimo possível, porque sempre foi uma marinheira incuravelmente ruim. No entanto, mostrava interesse apaixonado pelos iates de nossos amigos. Havia piqueniques e festas, mas esse era o lado social da regata, do qual eu era jovem demais para participar.

Toda a minha ansiedade girava em torno da feira. Os carrosséis, onde eu cavalgava em cavalos com crinas, girando e girando e girando, e uma espécie de montanha-russa que subia e descia encostas. Duas máquinas tocavam música e, à medida que se avançava nos cavalos e nos carrinhos da montanha-russa, as melodias se combinavam, formando uma cacofonia horrível. Em seguida, havia todas as atrações — a Mulher Gorda; Madame Arensky, que revelava o futuro; a Aranha Humana, horrível de se olhar; a galeria de tiro, onde Madge e Monty sempre gastavam muito tempo e dinheiro. E havia *coconut shies*, dos quais Monty costumava obter grandes quantidades de cocos e trazê-los para mim. Eu era apaixonada por coco. O homem que tomava conta da barraca, por gentileza, também me deixava jogar e, de vez em quando, eu conseguia derrubar um coco. Nesse tempo, tudo era genuíno. Nos dias atuais ainda existem dessas barracas nas feiras, mas os cocos são colocados de tal modo, numa espécie de pires, que nada no mundo, a não ser a sorte mais mirabolante, aliada a muita força, poderá derrubá-los. Naquele tempo, tínhamos chances reais. De seis arremessos, você normalmente acertava um, e Monty, uma vez, acertou cinco.

Jogos de argola, bonequinhas de brinde e coisas desse gênero ainda não haviam chegado. Havia, porém, várias barracas que vendiam coisas. Minha paixão particular eram os macacos que custavam um *penny*. Custavam realmente um *penny,* e eram pequenas e felpudas reproduções dos macacos verdadeiros, encimando um longo alfinete que se espetava em um casaco. Todos os anos, eu comprava de seis a oito deles e os adicionava à minha coleção — rosa, verde, marrom, vermelho, amarelo. E com o passar dos anos, ia ficando mais difícil encontrar uma cor ou um padrão diferente.

Havia também um famoso *nougat*, que só aparecia na feira. Atrás de uma mesa, um homem cortava pedaços dele de um bloco enorme, branco e rosa. Ele gritava, berrava e oferecia pedaços para leilão.

— Agora, meus amigos, um pedaço maravilhoso por apenas seis *pence*! Tudo bem, querida, corto ao meio. Agora vejam só, que acham deste aqui, por quatro *pence?* — E assim por diante.

Havia alguns pacotes prontos que se podia comprar por dois *pence*, mas a diversão era entrar no leilão.

— Pronto, para a mocinha ali. Sim, para você é só dois *pence* e meio *penny*.

Quando eu já tinha mais ou menos 12 anos de idade, apareceram os peixinhos dourados como novidade na regata. Foi grande a emoção. A barraca inteira estava coberta com tigelas de peixes dourados, um peixe em cada. As pessoas atiravam bolas de pingue-pongue nelas. Quem conseguisse acertar uma bola na boca de uma das tigelas ganhava o peixinho dourado. Isso, como com os cocos, era até que bastante fácil. Na primeira regata em que eles apareceram, conseguimos onze entre nós, e os levamos triunfantes até o tanque do jardim, onde os depositamos. Mas o preço logo havia avançado de um *penny* para seis *pence* por bola.

À noite havia fogos de artifício. Como não dava para vê-los de casa — ou apenas conseguíamos ver os foguetes altíssimos —, costumávamos passar a noite com alguns amigos que moravam bem perto do porto. Às nove horas, esses amigos ofereciam uma pequena recepção, servindo limonada, sorvetes e biscoitos. Era mais um prazer daqueles dias de que sinto muitas saudades, já que não tenho muita vocação alcoólica — as festas no jardim.

As tais festas no jardim de antes de 1914 eram algo a ser lembrado. Todos se vestiam muito bem, com sapatos de salto alto, vestidos de musselina com faixas azuis, grandes chapéus de palha italiana com rosas pendentes. Havia sorvetes deliciosos — morango, baunilha, pistache, laranja e framboesa, normalmente — com todo tipo de bolo de creme, de sanduíche, de éclair e de pêssegos, uvas moscatel e nectarinas. Disso, deduzo que as festas no jardim eram quase sempre realizadas em agosto. Não me lembro de nenhum morango com creme.

Havia uma certa dificuldade para chegar lá, é claro. Quem não tinha carruagem alugava uma, se fosse idoso ou debilitado, mas os jovens caminhavam de dois a três quiômetros, vindos de diferentes partes de Torquay; alguns sortudos moravam perto, mas a maior parte vinha de longe, porque Torquay foi construída sobre sete colinas. Não há dúvida de que subir ladeiras com sapatos de salto alto, segurando a saia comprida com a mão esquerda e a sombrinha com a direita era uma provação. Valia a pena, no entanto, para chegar a uma festa no jardim.

\* \* \*

Meu pai morreu quando eu tinha 11 anos. A saúde dele vinha piorando lentamente, mas a doença parece nunca ter sido diagnosticada com precisão. Não há dúvida de que a preocupação financeira constante enfraqueceu sua resistência a qualquer tipo de doença.

Ele estivera em Ealing com a madrasta por cerca de uma semana, e se encontrando com vários amigos em Londres que poderiam ajudá-lo a encontrar algum tipo de emprego. A tarefa não era uma coisa fácil naquela época específica. Ou você era advogado, ou médico, ou administrava uma propriedade, ou servia ao Exército ou à Marinha, ou era advogado do foro, mas o grande mundo dos negócios não oferecia tantos empregos como hoje. Havia grandes bancos, como o Pierpont Morgan's, e outros em que meu pai tinha alguns conhecidos, mas todos eram, é claro, profissionais — ou você estava em um dos bancos desde menino, ou estava fora. Meu pai, como a maioria de seus contemporâneos, não fora treinado para nada. Ele fez bastante trabalho de caridade e outras coisas que hoje em dia proporcionariam uma posição remunerada, mas era muito diferente naquela época.

Sua situação financeira o deixava perplexo e, de fato, deixou perplexos os testamenteiros após sua morte. Era uma questão de saber onde tinha desaparecido o dinheiro deixado por meu avô. Meu pai vivera bem com sua suposta renda. Estava lá no papel, mas nunca estava lá na vida real, e sempre parecia haver desculpas plausíveis para explicar isso e mostrar que esse padrão seria apenas temporário — apenas uma questão de reparos especiais. A propriedade foi, sem dúvida, mal administrada pelos agentes e seus sucessores, mas era tarde demais para remediar.

Meu pai estava preocupado, fazia frio, ele pegou um resfriado forte, e daí veio uma pneumonia dupla. Minha mãe foi chamada para ir a Ealing, e logo Madge e eu a seguimos até lá. Ele já estava muito doente. Minha mãe nunca o deixava, noite e dia. Tínhamos duas enfermeiras de hospital em casa. Eu vagava pela casa infeliz e assustada, orando fervorosamente para que meu pai pudesse ficar bom de novo.

Uma imagem permanece gravada em minha mente. Era de tarde. Eu estava parada na metade do patamar da escada. De repente, a porta do quarto dos meus pais se abriu. Minha mãe saiu meio apressada, com as mãos na cabeça, sobre os olhos. Ela correu de lá para o quarto ao lado e fechou a porta atrás de si. Uma enfermeira saiu e falou com vovó, que estava subindo as escadas.

— Acabou — disse ela.

Eu soube então que meu pai estava morto.

Eles não levaram uma criança ao funeral, é claro. Eu fiquei andando pela casa em um estranho estado de turbulência. Algo terrível tinha acontecido, algo que eu nunca imaginei que *pudesse* acontecer. As cortinas da casa estavam baixadas, as lâmpadas, acesas. Na sala de jantar, em sua grande poltrona, vovó escrevia inúmeras cartas, em seu estilo peculiar. De vez em quando balançava a cabeça, triste.

Exceto quando se levantou para ir ao funeral, minha mãe permaneceu deitada em seu quarto. Ela não comeu nada por dois dias, pois ouvi Hannah comentar o fato. Lembro-me de Hannah com gratidão. A boa e velha Hannah, com seu rosto enrugado e marcado. Ela me chamou para a cozinha e disse que precisava de alguém para ajudá-la a preparar a massa.

— Eles eram muito dedicados um ao outro — disse Hannah repetidas vezes. — Foi um bom casamento.

Sim, foi realmente um bom casamento. Encontrei, entre várias coisas antigas, uma carta escrita por meu pai para minha mãe, possivelmente apenas três ou quatro dias antes de sua morte. Ele escreveu sobre como desejava voltar para ela em Torquay; não tinha arranjado nada satisfatório em Londres, mas ele sentia que esqueceria tudo quando estivesse de novo com sua querida Clara. Ele continuava dizendo que já havia dito a ela muitas vezes antes, mas queria reforçar o quanto ela significava para ele. "Você fez toda a diferença em minha vida", escrevera ele. "Nenhum homem jamais teve uma esposa como você. A cada ano que sou casado com você, eu te amo mais. Agradeço o seu carinho, amor e simpatia. Deus te abençoe, minha querida, em breve estaremos juntos novamente."

Encontrei essa carta numa pequena carteira bordada. Era a que minha mãe bordara para ele quando jovem e que mandara para ele nos Estados Unidos. Ele sempre a guardou, mantendo nela dois poemas que ela havia escrito para ele. Minha mãe adicionou essa carta à carteira.

A casa em Ealing, nesses dias, assumiu um aspecto um tanto macabro. Ficou cheia de parentes murmurando — Vovó B., tios, as esposas dos tios, tias de consideração, velhas amigas da vovó

— todos sussurravam, suspiravam, balançavam a cabeça. E todo mundo usava preto — até eu. Devo dizer que minhas roupas de luto eram praticamente o único consolo para mim naquela época. Eu me sentia importante, valiosa e pertencente quando vestia minhas roupas pretas.

Então havia mais sussurros de "Realmente, Clara *precisa* reagir".

— Você não gostaria de ler esta carta que recebi de Mr. B. ou de Mrs. C.? — perguntava vovó às vezes. — Que bela carta de condolências, realmente acho que você se sentiria *muito* tocada por ela.

— Não quero ver — dizia minha mãe com veemência.

Ela abria suas próprias cartas, mas as jogava de lado quase imediatamente. Tratou apenas uma de forma diferente.

— Esta é da Cassie? — perguntou a vovó.

— Sim, titia, é da Cassie. — Ela a dobrou e colocou na bolsa. — Ela entende — disse ela, e saiu da sala.

Cassie era minha madrinha norte-americana, Mrs. Sullivan. Eu provavelmente a tinha visto quando criança, mas só me lembro dela quando ela veio para Londres cerca de um ano depois. Era uma pessoa maravilhosa: uma pequena mulher com cabelos brancos e o rosto mais alegre e doce que se possa imaginar, explodindo de vitalidade, com uma estranha alegria — embora ela tivesse tido uma das vidas mais tristes possíveis. O marido, a quem ela era devota, morrera muito jovem. Ela tivera dois filhos adoráveis, e eles também morreram, paralíticos.

— Alguma babá deve tê-los deixado sentar na grama úmida — disse minha avó.

Na verdade, suponho que deva ter sido um caso de poliomielite — não reconhecido na época —, que sempre era chamada de febre reumática, resultado da *umidade*, e que resultava em paralisia. De qualquer forma, seus dois filhos tinham morrido. Um de seus sobrinhos adultos, que estava hospedado na mesma casa, também sofrera de paralisia e permaneceu aleijado para o resto da vida. Mesmo assim, apesar de suas perdas, apesar de tudo, tia Cassie era alegre, inteligente e cheia de mais simpatia humana do que qualquer pessoa que eu já conheci. Ela era a única pessoa que mamãe desejava ver naquela época.

— Ela entende, não adianta ficar dizendo frases consoladoras para as pessoas.

Lembro que fui usada como emissária pela família, que alguém — talvez vovó, ou talvez uma de minhas tias — me chamou de lado e murmurou que eu deveria ser a pequena consoladora de minha mãe, que eu deveria ir até o quarto onde minha mãe estava metida e dizer que o pai estava feliz agora, que ele estava no céu, que ele estava em paz. Eu estava disposta — era nisso que eu acreditava, e creio que todos também. Entrei, um pouco tímida, com a vaga sensação que as crianças têm quando estão fazendo o que alguém lhes *disse* que é o certo, e que elas *sabem* que é certo, mas que sentem que pode, de uma forma ou de outra, por uma razão desconhecida, estar *errado*. Aproximei-me timidamente de minha mãe e a toquei.

— Mamãe, o papai está em paz agora. Ele está feliz. Você não ia querer que ele voltasse, não é?

De repente, minha mãe se levantou na cama, com um gesto violento que me fez pular para trás.

— Sim, eu quero — lamentou ela em voz baixa. — Sim, eu quero. Eu faria qualquer coisa no mundo para tê-lo de volta, qualquer coisa, qualquer coisa mesmo. Eu o forçaria a voltar, se pudesse. Eu o quero, eu o quero de volta *aqui*, agora, neste mundo *comigo*.

Eu me encolhi, bastante assustada.

— Está tudo bem, querida. Está tudo bem — disse minha mãe rapidamente. — É que não estou… não estou muito bem no momento. Obrigada por ter vindo.

Ela me beijou e eu fui embora consolada.

# Parte 3

## *Crescendo*

# I

A vida assumiu um rumo completamente diferente após a morte de meu pai. Saí do mundo da minha infância, um mundo de segurança e imprudência, para entrar no mundo assustador da realidade. Acho que não há dúvida de que a estabilidade do lar vem do homem da família. Todos rimos quando se diz: "Seu pai sabe o que fazer", mas essa frase representa o que foi uma característica muito marcante da vida no fim do período vitoriano. O pai — a rocha sobre a qual a casa está construída. O pai gosta das refeições pontualmente; o pai não deve ser incomodado depois do jantar; o pai pede que você faça duetos com ele. Tudo isso é aceito sem questionar. O pai provê as refeições, governa a casa, oferece aulas de música.

Meu pai sentia muito orgulho e prazer na companhia de Madge enquanto ela crescia. Ele gostava de sua inteligência e atratividade; eles eram excelentes companheiros um para o outro. Ele encontrou nela, eu acho, um pouco da alegria e do humor que minha mãe provavelmente não tinha — mas em seu coração ele nutria um sentimento muito especial por sua caçulinha, pelo "pós-escrito", a pequena Agatha. Tínhamos nosso poema favorito:

> Agatha-Pagatha, minha galinha pretinha,
> Ela bota ovos para a senhorinha,
> Ela botou seis, botou sete também,
> E um dia botou onze como ninguém!

Meu pai e eu gostávamos muito dessa piadinha em particular.

Mas Monty, eu acho, era realmente seu filho favorito. Seu amor pelo filho era maior do que por qualquer filha. Monty era um menino afetuoso e tinha grande carinho pelo pai. Infelizmente, porém, não lhe proporcionava a menor satisfação em suas tentativas de obter êxito na vida, e meu pai vivia incessantemente preocupado a seu respeito. De certa forma, acho que sua época mais feliz, no que dizia respeito a Monty, foi depois da Guerra dos Bôeres. Monty foi prestar serviço em um regimento regular, o East Surreys, e foi direto da África do Sul, com seu regimento, para a Índia. Ele parecia estar indo bem e ter se estabelecido em sua vida militar. Apesar das preocupações financeiras do pai, Monty pelo menos passou a ser momentaneamente um problema a menos.

Madge casou-se com James Watts cerca de nove meses após a morte de meu pai, embora relutasse um pouco em deixar nossa mãe. A própria mamãe fazia questão de que o casamento acontecesse e que eles não tivessem que esperar mais. Ela dizia, e realmente acho, que seria ainda mais difícil para ela se separar de Madge à medida que o tempo passasse e sua companhia as aproximasse. O pai de James estava ansioso para que ele se casasse jovem. Ele estava saindo de Oxford e iria direto para o mundo dos negócios, e disse que seria mais feliz para ele se pudesse se casar com Madge e se estabelecer em sua própria casa. Mr. Watts construiria uma casa para o filho em parte de suas terras, e o jovem casal poderia ficar por lá. Então as coisas foram arranjadas.

O testamenteiro norte-americano de meu pai, Auguste Montant, veio de Nova York e ficou conosco uma semana. Era um homem grande e corpulento, amigável, muito charmoso, e ninguém poderia ter sido mais gentil com minha mãe. Ele foi franco com ela ao dizer que os negócios do meu pai estavam uma bagunça e que ele havia sido mal aconselhado por advogados e outras pessoas que fingiram agir a favor dele. Muito dinheiro bom tinha sido jogado fora na tentativa de melhorar a propriedade de Nova York usando de medidas medíocres. Era melhor, disse ele, que uma boa parte da propriedade fosse totalmente abandonada para economizar impostos. A receita que sobrou seria muito pequena. A grande propriedade que meu avô havia deixado tinha desaparecido no ar. A H. B. Claflin & Co., empresa da qual meu avô fora sócio, ainda forneceria a renda da vovó, como viúva de um sócio, e também uma certa renda para minha mãe, embora não fosse uma renda alta. Nós, os três filhos, sob o testamento de meu avô, receberíamos, em moeda inglesa, cem libras por ano cada. O resto da vasta quantidade de dólares também tinha sido em propriedades, que haviam desvalorizado terrivelmente e sido abandonadas, ou tinham sido vendidas no passado por muito pouco.

A questão que surgiu então era se minha mãe teria condições de viver em Ashfield. Acho que o julgamento dela valia mais que o de qualquer outra pessoa. Ela definitivamente achava que ficar seria ruim. A casa precisaria de reparos no futuro e seria de difícil administração com tão pouca renda — possível, mas difícil. Seria melhor vender a casa e comprar outra menor em algum lugar em Devonshire, talvez perto de Exeter, que custaria menos para administrar e deixaria sobrar uma certa quantia para aumento da renda. Embora minha mãe não tivesse nenhum conhecimento em negócios nem os tivesse estudado, ela tinha muito bom senso.

Mas aqui ela iria contra os filhos. Madge e eu, e meu irmão, escrevendo da Índia, protestamos violentamente contra a venda de Ashfield e imploramos que ela a mantivesse. Dissemos que era nossa casa e não poderíamos suportar nos separar dela. O marido de minha irmã disse que também poderia enviar à minha mãe uma pequena soma para ajudá-la. Se Madge e ele chegassem no verão, poderiam ajudar com as despesas correntes. Finalmente, tocada, acho, por meu furioso amor por Ashfield, minha mãe cedeu. Disse que, de qualquer forma, tentaríamos lidar com a situação.

Agora suspeito que ela nunca tenha realmente pensado em Torquay como um lugar para viver. Ela adorava cidades com catedrais e sempre gostara de Exeter. Ela e meu pai às vezes saíam de férias para visitar várias cidades com catedrais — acho que para agradá-la, não a meu pai —, e acredito que ela gostava da ideia de morar em uma casa muito menor perto de Exeter. No entanto, ela era uma pessoa altruísta, e gostava da casa, então Ashfield continuou a ser nosso lar, e eu continuei a adorá-la.

Mantê-la não foi sábio, sei disso agora. Poderíamos ter vendido a casa e comprado uma muito mais administrável. Mas embora minha mãe reconhecesse isso na época, e na verdade deva ter reconhecido muito melhor mais tarde, ainda assim, acho que ela ficou satisfeita com a forma como as coisas aconteceram. Porque Ashfield significou algo para mim por tantos anos. Sempre esteve lá, meu passado, meu abrigo, o lugar ao qual eu realmente pertenço. Nunca sofri com a ausência de raízes. Embora ter mantido a casa possa ter sido uma tolice, ela me deu algo que valorizo, um tesouro de lembrança. Também me deu muitos problemas, preocupações, despesas e dificuldades — mas certamente é preciso pagar algum preço por tudo que se ama, não é?

Meu pai morreu em novembro, e o casamento de minha irmã ocorreu no setembro seguinte. Foi modesto, sem festa, ainda por causa do luto pela morte de meu pai. Foi um lindo casamento e aconteceu na velha igreja de Tor. Com a importância de ser a primeira dama de honra, adorei tudo imensamente. Todas as daminhas vestiam branco, com coroas de flores brancas na cabeça.

O casamento aconteceu às onze da manhã e tomamos o café da manhã em Ashfield. O casal feliz foi abençoado não apenas com muitos presentes de casamento adoráveis, mas com toda variedade de tortura que poderia ser inventada por meu primo Gerald e por mim. Durante toda a lua de mel, caía arroz de todas as roupas que eles tiravam das malas. Atamos sapatos de cetim à carruagem em que eles foram embora, e escrevemos a giz na parte de trás (*depois* que ela fora cuidadosamente examinada para se certificar de que ninguém tivesse feito isso): "Mrs. Jimmy Watts é um nome digno de primeira classe!" E assim eles partiram para a lua de mel na Itália.

Minha mãe retirou-se para a cama, exausta e chorando, e Mr. e Mrs. Watts foram para o hotel — Mrs. Watts, sem dúvida, também para chorar. Esse parece ser o efeito dos casamentos nas mães. Os jovens da família Watts, meu primo Gerald e eu ficamos olhando uns para os outros como cães que se estranham e tentam decidir se se gostam ou não. Havia um grande antagonismo natural a princípio entre mim e Nan Watts. Infelizmente, mas segundo os costumes da época, havíamos sido alertadas de antemão a respeito uma da outra pelas respectivas famílias. Nan, que era uma moleca alegre e barulhenta, tinha escutado que Agatha sempre se comportava bem, "muito quieta e educada". E enquanto Nan tinha meu decoro e solenidade geral, *eu* tinha sido alertada sobre Nan, pois diziam que ela "nunca era tímida, sempre respondia quando falavam com ela — nunca corava, ou murmurava, ou ficava em silêncio". Nós duas, portanto, olhávamos uma para a outra com desconfiança.

Depois de meia hora, as coisas ficaram mais animadas. No final, organizamos uma espécie de perseguição em torno da sala de aula, dando saltos descontrolados de cadeiras empilhadas e aterrissando sempre no grande e um tanto antigo Chesterfield. Estávamos todos rindo, gritando e nos divertindo muito. Nan repensou sua opinião sobre mim — ali estava alguém que era tudo menos quieta, capaz de gritar a plenos pulmões. Já eu mudei aquela opinião sobre Nan que dizia o quanto ela era arrogante, tagarela e "interessada" nos assuntos dos adultos. Nós nos divertimos muito, todos gostamos uns dos outros e deixamos as molas do sofá permanentemente quebradas. Depois houve um lanche e então fomos ao teatro, para ver *Os piratas de Penzance*. Desde então, a amizade nunca retrocedeu e continuou por toda a nossa vida. Nós a largávamos, pegávamos de volta e as coisas pareciam exatamente iguais quando nos reuníamos novamente. Nan é uma das amigas de que mais sinto falta agora. Com ela, como com poucas outras, eu podia conversar sobre Abney e Ashfield e os velhos tempos, os cachorros e as peças que pregávamos, e nossos rapazes, e as peças teatrais que montávamos e em que atuávamos.

Após a partida de Madge, começou o segundo estágio da minha vida. Eu ainda era criança, mas a primeira fase da infância havia acabado. O brilho da alegria, o desespero da tristeza, a importância momentânea de cada dia da vida: essas coisas são a marca registrada da infância. Com elas vão a segurança e a completa falta de preocupação com o dia seguinte. Não éramos mais os Miller — uma família. Éramos agora apenas duas pessoas morando juntas: uma mulher de meia-idade e uma menina inexperiente e ingênua. As coisas *pareciam* iguais, mas a atmosfera era diferente.

Minha mãe teve ataques cardíacos fortes desde a morte de meu pai. Vinham sem aviso, e nada do que os médicos receitavam ajudava. Pela primeira vez eu soube o que era sentir ansiedade pelos outros, ao mesmo tempo que ainda era uma criança, de modo que a minha ansiedade era naturalmente exagerada. Eu costumava acordar à noite, com o coração disparado, certa de que mamãe estava morta. Os 12 ou 13 anos podem ser um período de ansiedade natural. Acho que sabia que estava sendo tola e cedendo a sentimentos exagerados, mas era isso. Eu me levantava, cruzava o corredor na ponta dos pés, me ajoelhava à porta do quarto da minha mãe com a cabeça na dobradiça, tentando ouvir sua respiração. Muitas vezes eu não demorava para me tranquilizar — um ronco de boas-vindas me recompensava. Mamãe tinha um estilo de ronco específico, começando delicadamente, *pianissimo*, e aumentando até uma explosão terrível, depois da qual ela normalmente se virava e não mais repetia o ronco por pelo menos mais três quartos de hora.

Se eu ouvia um ronco, voltava feliz para a cama e para o sono; mas se não houvesse barulho, eu permanecia lá, agachada em uma apreensão miserável. Teria sido muito mais sensato se eu abrisse a porta e entrasse para me tranquilizar, mas de alguma forma isso não parece ter me ocorrido, ou possivelmente mamãe sempre trancasse a porta à noite.

Eu não contava a ela sobre esses terríveis acessos de ansiedade, e acho que ela nunca os adivinhou. Quando ela saía para a cidade, eu também costumava ter medo de que pudesse ter sido atropelada. Tudo parece bobo agora, tão desnecessário. Acho que o efeito do medo passou aos poucos e durou provavelmente apenas um ou dois anos. Mais tarde, passei a dormir no quarto de vestir do meu pai, ao lado do quarto dela, com a porta entreaberta, para que, se ela tivesse um ataque à noite, eu pudesse entrar, levantar a cabeça e buscar seu conhaque e o antiácido. Logo que passei a dormir perto dela, parei de sofrer com as terríveis pontadas de ansiedade. Suponho que sempre fui sobrecarregada pela imaginação. Isso me serviu bem em minha profissão — e deve, de fato, ser a base do ofício do romancista —, mas também pode resultar em momentos ruins em outros aspectos.

As condições de nossa vida mudaram após a morte de meu pai. As ocasiões sociais praticamente cessaram. Minha mãe via alguns velhos amigos, mas ninguém mais. Estávamos muito mal e tínhamos que economizar em todos os sentidos. Era tudo que podíamos fazer para manter Ashfield. Minha mãe não dava mais almoços ou jantares. Tinha dois criados em vez de três. Tentou dizer a Jane que agora estávamos mal e que ela teria que manter apenas duas empregadas jovens e menos custosas, mas enfatizou que Jane, com sua cozinha magnífica, poderia receber um salário alto, e que tinha o direito de recebê-lo. Mamãe procuraria e encontraria um lugar para Jane onde ela pudesse conseguir um bom pagamento e tivesse uma copeira sob seu comando.

— Você merece — disse minha mãe.

Jane não demonstrou nenhuma emoção; ela estava comendo na hora, como sempre. Balançou a cabeça lentamente, continuou a mastigar. Então disse:

— Muito bem, senhora. Que seja como a senhora diz. A senhora sabe o que faz.

Na manhã seguinte, porém, ela reapareceu.

— Só gostaria de ter uma palavra com a senhora. Tenho pensado bem e prefiro ficar aqui. Compreendo perfeitamente o que disse e estaria disposta a receber um salário menor, estou aqui há muito tempo. De qualquer forma, meu irmão vem me pedindo para que eu vá tomar conta da casa dele e prometi que o farei quando ele se aposentar; isso provavelmente acontecerá dentro de quatro ou cinco anos. Até então, gostaria de ficar aqui.

— Isso é muito, muito bom da sua parte — disse minha mãe, emocionada.

— Será conveniente — disse Jane, que tinha horror à emoção, saindo da sala majestosamente.

Havia apenas uma desvantagem nesse arranjo. Tendo cozinhado de uma maneira específica por tantos anos, Jane não conseguia mudar de nível. Se comíamos uma peça de carne, era sempre um assado enorme. Colossais tortas de carne, enormes tortas doces e pudins gigantescos eram colocados na mesa.

— Só o suficiente para *duas*, lembre-se, Jane — dizia minha mãe. Ou:

— Só o suficiente para quatro.

Mas Jane nunca conseguia entender. A escala de hospitalidade de Jane era terrivelmente cara para a casa; todos os dias da semana, sete ou oito de suas amigas chegavam para o chá e comiam pastéis, pãezinhos, *rock cakes* e doces com geleia. No final, em desespero, vendo as contas da casa aumentarem, minha mãe disse gentilmente que talvez, como as coisas estavam diferentes agora, Jane poderia receber suas amigas uma vez na semana. Isso salvaria um certo desperdício, caso ela cozinhasse muito e não aparecesse gente. Daí em diante, Jane passou a receber as amigas apenas às quartas-feiras.

Nossas próprias refeições agora eram muito diferentes dos banquetes normais de três ou quatro pratos. Os jantares foram cortados completamente, e minha mãe e eu comíamos macarrão com queijo, arroz doce ou algo assim à noite. Acho que isso entristeceu muito Jane. Além disso, aos poucos, mamãe conseguiu gerenciar o cardápio, que antes era formalmente decidido por Jane. Quando os amigos do meu pai ficavam em casa, eles adoravam ouvir Jane pedir ao telefone, com sua profunda voz de contralto e seu sotaque de Devonshire:

— E eu quero seis lagostas, lagostas *fêmeas*, e camarões. Não menos que isso...

Tornou-se uma frase favorita em nossa família. "Não menos que isso" era usada não apenas por Jane, mas também por uma outra cozinheira que tivemos, Mrs. Potter. Que dias esplêndidos para os comerciantes foram aqueles!

— Mas eu sempre encomendei doze filés de linguado, senhora — dizia Jane, parecendo angustiada. O fato de não haver bocas suficientes para devorar doze filés de linguado, incluindo o pessoal da cozinha, nunca parecia entrar na cabeça dela.

Nenhuma dessas mudanças foi particularmente perceptível para mim. Luxo ou economia significam pouco quando você é jovem. Se você compra balinhas em vez de chocolate, a diferença não é perceptível. Sempre preferi cavala a linguado, e considerava pescadinha frita um peixe muito gostoso.

Minha vida pessoal não mudou muito. Eu lia enormes quantidades de livros — trabalhei em tudo que faltava de Henty e fui apresentada a Stanley Weyman (que romances históricos gloriosos; li *The Castle Inn* um dia desses e me lembrei de como era bom).

*The Prisoner of Zenda* foi minha entrada no romance, como foi para muitos outros. Eu o li repetidas vezes. Fiquei apaixonada — não por Rudolf Rassendyll, como era de se esperar, mas pelo verdadeiro rei aprisionado em sua masmorra aos suspiros. Eu ansiava por socorrê-lo, resgatá-lo, assegurar-lhe que eu — Flavia, é claro — o amava, e não a Rudolf Rassendyll. Também li Júlio Verne inteiro em francês — *Le Voyage au Centre de la Terre* foi meu favorito por muitos meses. Adorei o contraste entre o sobrinho prudente e o tio convencido. Qualquer livro de que realmente gostasse, eu lia de novo todo mês; então, depois de cerca de um ano, eu me tornaria inconstante e escolheria outro favorito.

Havia também os livros de L. T. Meade para meninas, dos quais minha mãe não gostava nem um pouco; ela dizia que as garotas neles eram vulgares e só pensavam em ser ricas e ter roupas elegantes. Eu gostava bastante deles em segredo, mas com um sentimento de culpa por ter um gosto vulgar! Minha mãe lia alguns dos livros de Henty para mim, embora ela se exasperasse ligeiramente com as descrições longas demais. Ela também lia um livro chamado *The Last Days of Bruce*, que tanto ela quanto eu aprovamos com entusiasmo. A título de estudo, comecei a ler um livro chamado *Great Events of History*, do qual eu tinha que ler um capítulo e então responder às perguntas sobre ele que vinham em uma nota no final. Esse livro era muito bom. Ensinava muitos dos principais fatos que aconteceram na Europa e em outros lugares, que se poderiam ligar à história dos reis da Inglaterra, desde o pequeno Arthur em diante. É muito satisfatório ouvir com firmeza que Fulano de Tal era um mau rei; tem uma espécie de finalidade bíblica. Eu sabia as datas correspondentes aos reis da Inglaterra e os nomes de todas as esposas — uma informação que nunca foi muito útil para mim.

Todos os dias eu tinha que aprender a soletrar páginas e páginas de palavras. Suponho que o exercício tenha me feito bem, mas ainda assim eu era uma soletradora absurdamente ruim e assim permaneço até os dias de hoje.

Meus principais prazeres eram as atividades musicais e outras de que participei com uma família chamada Huxley. O Dr. Huxley tinha uma esposa distraída, mas inteligente. Havia cinco meninas — Mildred, Sybil, Muriel, Phyllis e Enid. Minha idade ficava entre a de Muriel e a de Phyllis, e Muriel tornou-se minha melhor amiga. Tinha um rosto comprido e covinhas, o que é incomum em um rosto comprido, cabelos loiros claros, e ria muito. Primeiro juntei-me a elas na aula de canto semanal. Cerca de dez meninas cantavam melodias a várias vozes e oratórios, sob a direção de um mestre de canto, Mr. Crow. Havia também "a orquestra"; Muriel e eu tocávamos bandolins, Sybil e uma garota chamada Connie Stevens, o violino, e Mildred, o violoncelo.

Olhando para a época da orquestra, acho que os Huxley eram uma família empreendedora. Os mais enfadonhos dos antigos habitantes de Torquay olhavam ligeiramente de soslaio para "aquelas garotas Huxley", principalmente porque tinham o hábito de caminhar para cima e para baixo no Strand, o centro comercial da cidade, entre meio-dia e uma da tarde, primeiro as três garotas, de braços dados, e logo atrás duas meninas e a governanta; balançavam os braços, andavam para lá e para cá, riam e brincavam e, o que soava como um pecado capital, *não usavam luvas*. Essas coisas eram ofensas sociais naquela época. No entanto, como o Dr. Huxley era de longe o médico mais elegante de Torquay, e Mrs. Huxley era conhecida como "bem-relacionada", as meninas eram consideradas socialmente aceitáveis.

Pensando bem, era um curioso padrão social. Suponho que fosse esnobe; por outro lado, certo tipo de esnobismo era muito menosprezado. Pessoas que mencionavam a aristocracia em suas conversas com muita frequência eram desaprovadas e se fazia delas chacota. Três fases se sucederam ao longo da minha vida. Na primeira, as perguntas costumavam ser:

— Mas quem *é* ela, querida? De *onde* ela vem? Ela é um dos Twiddledos de *Yorkshire*? Claro, hoje em dia estão muito mal, muito mal mesmo, mas *ela* era uma *Wilmot*.

No devido tempo, a frase foi substituída por:

— Ah, sim, claro que eles *são* péssimos, mas são extremamente *ricos*.

Ou:

— As pessoas que tomaram The Larches têm dinheiro? Ah, bem, então é melhor visitá-las.

A terceira fase foi diferente novamente:

— Bem, querida, mas eles são *divertidos*?

— Sim, bem, claro que eles não são ricos, e ninguém sabe de onde vêm, mas são muito, *muito* divertidos.

Depois da digressão em valores sociais, é melhor voltar para a orquestra.

Será que fazíamos um barulho horrível?, eu me pergunto. Provavelmente. De qualquer modo, a orquestra nos trouxe muita diversão e aumentou nosso repertório musical. Isso abriu caminho para algo ainda mais emocionante, que foi o início de uma apresentação de Gilbert e Sullivan.

Os Huxley e seus amigos já haviam representado *Patience* — isso foi antes que eu me juntasse a eles. A próxima apresentação em vista era *The Yeomen of the Guard* — uma tentativa um tanto ambiciosa. Na verdade, estou surpresa que os pais deles não os tenham desencorajado. Mas Mrs. Huxley vivia num mundo alheio a tudo, pelo que, devo dizer, eu a admirava, visto que naquela época os pais não eram alheios às atividades dos filhos. Ela os incentivava a fazer tudo o que queriam, ajudava-os se pedissem ajuda e, se não pedissem, deixava-os agir por conta própria. Os papéis de *The Yeomen of the Guard* foram devidamente distribuídos. Eu tinha uma bela e forte voz de soprano, quase a única soprano que eles tinham, e estava no sétimo céu por ter sido escolhida para interpretar o Coronel Fairfax.

**144**

Tivemos um pouco de dificuldade com minha mãe, que era antiquada em seus pontos de vista sobre o que as meninas podiam ou não usar nas pernas se aparecessem em público. Pernas eram pernas, definitivamente indelicadas. Minha mãe achava que seria muito indecoroso se eu tivesse que me apresentar usando calças medievais masculinas tipo mangueira ou qualquer coisa *desse tipo*. Eu devia ter 13 ou 14 anos na época, e já tinha 1,70 metro de altura. Infelizmente, não havia nenhum sinal dos seios fartos e cheios que eu esperava quando estava em Cauterets. E a farda de *The Yeomen of the Guard* até que foi considerada bastante apropriada para mim, embora tivesse que ser feita com calças de golfe bastante largas; os cavalheiros elisabetanos, porém, apresentaram mais dificuldades. Parece-me bobagem hoje em dia, mas era um problema sério na época. De qualquer forma, a situação foi superada por minha mãe dizendo que tudo ficaria bem, mas que eu deveria usar uma capa de disfarce jogada sobre um dos ombros. Então, uma capa foi feita a partir de um pedaço de veludo azul-turquesa achado entre as "peças" da vovó. (As peças da vovó eram guardadas em vários baús e gavetas, e compreendiam todos os tipos de tecidos ricos e bonitos, sobras que ela comprara em várias vendas nos últimos 25 anos, e de cuja existência ela já havia praticamente se esquecido.) Não é terrivelmente fácil atuar com uma capa pendurada sobre um ombro e jogada sobre o outro de forma que a indelicadeza das pernas fique mais ou menos escondida do público.

Pelo que me lembro, não senti medo do palco. Estranhamente para uma pessoa terrivelmente tímida, que muitas vezes mal consegue entrar em uma loja e trinca os dentes antes de chegar a uma grande festa, havia uma atividade em que eu nunca me sentia nervosa: cantar. Mais tarde, quando estudei piano e canto em Paris, costumava perder completamente a coragem sempre que precisava tocar piano nos concertos da escola, mas se tivesse de cantar não sentia nenhum nervosismo. Talvez isso se deva ao meu condicionamento inicial em "Is life a boon?" e o resto do repertório do Coronel Fairfax. Não há dúvida de que *The Yeomen of the Guard* foi um dos destaques da minha existência. Mas não posso deixar de pensar que foi bom não termos feito mais óperas — uma experiência de que você realmente gostou nunca deve se repetir.

Uma das coisas estranhas em olhar para o passado é que, embora você se lembre de como as coisas começaram ou aconteceram, você nunca sabe como ou por que elas desapareceram ou pararam. Não consigo me lembrar de muitas cenas em que participei com os Huxley depois dessa época, mas tenho certeza de que não houve ruptura na amizade. Em certa época, parecíamos nos encontrar todos os dias e, então, eu me pego escrevendo para Lully na Escócia. Talvez o Dr. Huxley tenha ido trabalhar em outro lugar ou se aposentado? Não me lembro de nenhuma despedida definitiva. Lembro-me de que os termos de amizade de Lully eram claramente definidos.

— Você não pode ser minha *melhor* amiga — explicou ela —, porque há as meninas escocesas, as McCracken. Elas *sempre* foram nossas melhores amigas. Brenda é *minha* melhor amiga e Janet é a melhor amiga *de Phyllis*; mas você pode ser minha segunda melhor amiga.

Então fiquei satisfeita em ser a segunda melhor amiga de Lully, e o arranjo funcionou bem, já que as "melhores amigas", as McCracken, só eram vistas pelos Huxley em intervalos de, devo dizer, cerca de dois anos.

# II

Acho que deve ter sido em algum momento no mês de março que minha mãe comentou que Madge ia ter um filho. Eu a encarei.

— Madge? Ter um *bebê*?

Fiquei pasma. Não consigo imaginar por que não teria pensado em Madge ter uma criança — afinal de contas, era um acontecimento bastante frequente —, mas as coisas sempre surpreendem quando acontecem dentro da nossa própria família. Eu aceitava meu cunhado, James, ou Jimmy, como eu geralmente o chamava, com entusiasmo, e o adorava. Mas isso era algo totalmente diferente.

Como de costume, levei algum tempo para aceitar. Provavelmente fiquei sentada de boca aberta por dois minutos ou mais. Então disse:

— Ah… isso vai ser *emocionante*. Quando ele chega? Semana que vem?

— Não tão cedo assim — disse minha mãe. Ela sugeriu uma data em outubro.

— Outubro?

Fiquei profundamente decepcionada. Imagine ter que esperar tanto tempo. Não consigo me lembrar com clareza do que eu pensava em relação a sexo — eu devia ter entre 12 e 13 anos —, mas acho que não aceitava mais as teorias de médicos sobre bolsas pretas ou visitantes celestiais com asas. A essa altura eu já havia percebido que era um processo físico, mas não tinha muita curiosidade ou, na verdade, interesse. Eu tinha, no entanto, feito uma leve e branda dedução. O bebê estava primeiro *dentro* de você e, no devido tempo, *estava fora*; refleti sobre o mecanismo e me fixei no umbigo como ponto focal. Eu não conseguia ver *para que* servia aquele buraco redondo no meio da minha barriga — não parecia servir para mais nada, então claramente *devia* ter algo a ver com a produção de um bebê.

Minha irmã me disse, anos depois, que tivera ideias muito definidas; que pensava que o umbigo era uma fechadura, que havia uma chave que se encaixava nela, que ficava com a nossa mãe, que a entregava ao esposo, que a destrancaria na noite de núpcias. Parecia tão sensato que não me surpreende que ela tenha se agarrado firmemente à sua teoria.

Levei a ideia para o jardim e fiquei pensando sobre ela. Madge ia ter um bebê. Era um conceito maravilhoso e, quanto mais eu pensava nele, mais eu era a favor. Eu seria tia — parecia algo muito adulto e importante. Eu compraria brinquedos para o bebê, o deixaria brincar com a minha casa de bonecas, e teria que tomar cuidado para que Christopher, meu gatinho, não o arranhasse por engano. Depois de cerca de uma semana, parei de pensar naquilo, que foi sendo absorvido pelos vários acontecimentos diários. Havia muito tempo a esperar até outubro.

Em algum momento de agosto, um telegrama tirou minha mãe de casa. Ela disse que precisava ir ficar com minha irmã em Cheshire. A Tia-avó estava hospedada conosco na época. A partida repentina de mamãe não me surpreendeu muito, e não especulei a respeito, porque tudo o que mamãe fazia, ela fazia de repente, sem previsão ou preparação aparente. Eu lembro que estava no gramado de tênis do jardim, olhando esperançosamente para as pereiras em busca de uma pera madura. Foi onde Alice me encontrou.

— Está quase na hora do almoço e você deve entrar, Miss Agatha. Há uma notícia esperando por você.

— Sério? Que notícia?

— Você tem um sobrinho — disse Alice.

Um sobrinho?

— Mas eu não iria ter um sobrinho antes de outubro! — objetei.

— Ah, mas as coisas nem sempre acontecem como você pensa que vão acontecer — disse Alice. — Entre.

Entrei em casa e encontrei vovó na cozinha com um telegrama na mão. Eu a bombardeei com perguntas. Como era a aparência do bebê? Por que tinha vindo agora em vez de outubro? Vovó respondeu a essas perguntas com aquela perícia em se esquivar bem conhecida dos vitorianos. Acho que ela estava no meio de uma conversa obstétrica com Jane quando eu entrei, porque elas baixaram a voz e murmuraram algo como:

— O outro médico disse, deixe seguir o trabalho de parto; mas o especialista foi firme.

Tudo soava misterioso e interessante. Minha mente estava fixada em meu novo sobrinho. Quando vovó ia trinchar o pernil de carneiro, perguntei:

— Mas como ele é? Qual é a cor do cabelo dele?

— Ele provavelmente é careca. Eles não vêm com cabelo de início.

— *Careca* — falei, desapontada. — O rosto dele é muito vermelho?

— Provavelmente.

— Qual o tamanho dele?

Vovó ponderou, parou de trinchar e mediu uma distância com a faca.

— Assim — disse ela. Ela falava com a certeza absoluta de quem sabia. Pareceu-me bastante pequeno. Mesmo assim, a novidade me impressionou tanto que tenho certeza de que se um psiquiatra me fizesse uma pergunta por associação e me desse a palavra-chave "bebê", eu responderia imediatamente com "faca". Eu me pergunto a que tipo de complexo freudiano ele atribuiria essa resposta.

Fiquei encantada com meu sobrinho. Madge o trouxe para ficar em Ashfield cerca de um mês depois, e quando ele tinha dois meses foi batizado na velha igreja de Tor. Visto que sua madrinha, Norah Hewitt, não poderia estar lá, tive permissão para segurá-lo e a ser madrinha por procuração. Fiquei próxima à pia batismal, toda importante, enquanto minha irmã pairava nervosa perto do meu cotovelo, para o caso de eu deixá-lo cair. Mr. Jacob, nosso padre, que eu conhecia bem por estar me preparando para a crisma, tinha uma habilidade esplêndida com os bebês na pia batismal, entornando a água com muito jeito por cima de suas testas e adotando um movimento levemente embalador que sempre conseguia fazê-los parar de chorar. O bebê foi batizado de James Watts, como seu pai e seu avô. Na família, seria conhecido como Jack. Não pude deixar de ter pressa para que ele chegasse a uma idade em que eu pudesse brincar com ele, já que sua ocupação principal na época parecia ser dormir.

Foi adorável ter Madge em casa para uma longa visita. Eu aproveitei para ouvi-la contar histórias e me proporcionar muito entretenimento. Foi Madge quem me contou minha primeira história de Sherlock Holmes, *O carbúnculo azul*, e depois disso sempre a importunei para ouvir mais. *O carbúnculo azul, A Liga dos Cabeças Vermelhas* e *As cinco sementes de laranja* eram definitivamente minhas favoritas, embora eu gostasse de todas. Madge era uma esplêndida contadora de histórias.

Antes do casamento, ela havia começado a escrever suas próprias histórias. Muitos de seus contos foram aceitos na *Vanity Fair*. Ter um texto publicado na *Vanity Fair* era considerado uma grande conquista literária naquela época, e meu pai ficou extremamente orgulhoso dela. Ela escreveu uma série de histórias, todas relacionadas a esporte — *The Sixth Ball of the Over, A Rub of the Green, Cassie Plays Croqué* e outras. Elas eram divertidas e espirituosas. Eu as reli cerca de vinte anos atrás, e pensei em como ela escrevia bem. Será que ela teria continuado a escrever se não tivesse se casado? Acho que ela nunca se viu seriamente como escritora, provavelmente teria preferido ser pintora. Ela era uma dessas pessoas que podem fazer quase tudo o que quiserem. Pelo que me lembro, ela não escreveu mais contos depois de se casar, mas cerca de dez ou quinze anos depois começou a escrever peças. *The Claimant* foi produzida por Basil Dean do Royal Theatre, com a participação de Leon Quartermayne e Fay Compton. Ela escreveu uma ou duas outras peças, mas elas não foram produzidas em Londres. Também era uma ótima atriz amadora e atuou no Manchester Amateur Dramatic. Não há dúvida de que Madge era a membra talentosa de nossa família.

Já eu não tinha ambições. Sabia que não era muito boa em nada. Gostava de jogar tênis e croqué, mas nunca os joguei bem. Seria muito mais interessante se eu pudesse dizer que sempre desejei ser escritora e estava determinada a ter sucesso um dia, mas, sinceramente, essa ideia nunca me passou pela cabeça.

Por acaso, *apareci* na mídia impressa aos 11 anos. Aconteceu assim: os bondes chegaram a Ealing — e a opinião pública local imediatamente explodiu em fúria. Uma coisa terrível para acontecer a Ealing; um bairro residencial tão bom, de ruas tão largas, tão belas casas — ter *bondes* barulhentos para cima e para baixo! Falou-se em progresso, mas essa palavra foi vaiada. Todo mundo escreveu para a imprensa, para seus representantes no Parlamento, para qualquer pessoa em que pensassem. Os bondes se tornaram comuns, e eles eram barulhentos, logo a saúde de todos seria prejudicada. Havia um serviço excelente de ônibus vermelhos brilhantes, com Ealing escrito neles em letras grandes, que iam de Ealing Broadway a Shepherd's Bush, e outro ônibus extremamente útil, embora de aparência mais humilde, que ia de Hanwell a Acton. E havia a boa e velha Great Western Railway; para não falar da District Railway.

Os bondes simplesmente não eram necessários. Mas eles vieram. Inexoravelmente, eles vieram, e houve choro e ranger de dentes — e Agatha teve seu primeiro trabalho literário publicado, que foi um poema que escrevi no primeiro dia de funcionamento dos bondes. Tinha quatro estrofes, e um dos tais cavalheiros já idosos que frequentavam a casa de vovó, o galante ajudante de campo dos generais, tenentes-coronéis e almirantes, foi persuadido pela vovó a ir à redação do jornal local e sugerir que o poema fosse inserido. Pois foi assim que aconteceu, e ainda me lembro da primeira estrofe:

Quando o primeiro bonde elétrico passou
Em sua esplêndida glória
Foi bom, mas aqui o dia findou
E foi outra história.

Depois eu continuava, zombando da "sapata que apertava". (Houve alguma falha elétrica em uma "sapata", ou fosse lá o que fosse, que levava a eletricidade aos bondes, de modo que, depois de funcionar por algumas horas, eles enguiçaram.) Fiquei exultante ao ver um texto meu impresso, mas não posso dizer que isso me levou a contemplar uma carreira literária.

Na verdade, eu só contemplava uma coisa: um casamento feliz. Sobre isso eu tinha total autoconfiança, como todas as minhas amigas. Tínhamos consciência de toda a felicidade que nos aguardava; esperávamos amar, ser cuidadas, estimadas e admiradas, e pretendíamos seguir nosso próprio caminho nas coisas que importavam para nós, ao mesmo tempo que colocaríamos a vida, a carreira e o sucesso de nossos maridos antes de tudo, como seria nosso orgulhoso dever. Não precisávamos de pílulas estimulantes ou sedativos; tínhamos fé e alegria na vida. Tínhamos nossas próprias decepções pessoais — momentos de infelicidade — mas, no geral, a vida era *divertida*. Talvez seja divertido para as meninas hoje em dia — mas elas certamente não *aparentam* se divertir. No entanto — um pensamento oportuno —, talvez elas gostem da melancolia; algumas pessoas gostam. Talvez elas gostem das crises emocionais que parecem estar sempre as oprimindo. Talvez até gostem da ansiedade. Certamente é isso o que temos hoje: ansiedade. Meus contemporâneos frequentemente estavam mal financeiramente e não podiam ter um quarto das coisas que desejavam. Por que então nos divertíamos tanto? Havia algum tipo de seiva em nosso sangue que se esgotou para essa geração? Será que a abolimos ou a estancamos com a educação atual e, pior, com a ansiedade, mais que a educação; ansiedade em relação ao que a vida nos reserva?

Éramos como flores desordenadas — muitas vezes ervas daninhas, talvez, mas todas crescendo exuberantes — pressionando violentamente através de rachaduras em calçadas e lajes, e nos lugares mais desfavoráveis, determinadas a nos encher de vida e a nos divertir, irrompendo na luz do sol, até que alguém viesse e pisasse em nós com a sola do pé. Mesmo machucadas por um tempo, logo ergueríamos a cabeça novamente. Hoje em dia, infelizmente, a vida parece nos aplicar herbicida (seletivo!), e não temos chance de levantar a cabeça novamente. Diz-se que existem aqueles que "são inadequados para a vida". Ninguém jamais teria dito *a nós* algo assim. Se tivessem, não acreditaríamos. Só um assassino era inadequado para a vida. Hoje, parece que os assassinos são os únicos de quem *não se pode* dizer que são inadequados para a vida.

A real empolgação de ser uma moça — em outras palavras, uma mulher em embrião — consistia no fato de a vida ser um jogo maravilhoso. *Não se sabia o que aconteceria conosco*. Era isso que tornava tão empolgante ser uma mulher. Não havia preocupações quanto ao que deveríamos ser ou fazer — a biologia é que decidiria. Ficávamos à espera do Homem e, quando ele chegasse, mudaria totalmente a nossa vida. Pode-se dizer o que se quiser, essa é uma maneira excitante de encarar a vida em seu limiar. O que acontecerá? "Talvez eu me case com alguém de carreira diplomática… Acho que eu gostaria disso; viajar para o exterior e ver muitos lugares diferentes…" Ou então: "Não gostaria de me casar com um marinheiro; teria que morar por um longo tempo à beira-mar". Ou: "Talvez eu me case com um construtor de pontes ou um explorador". O mundo inteiro estava aberto para nós — não aberto à nossa *escolha*, mas ao que o Destino nos *traria*. Nosso futuro marido poderia ser *qualquer* pessoa; é claro que também podia acontecer de nos casarmos com um bêbado ou sermos muito infelizes, mas essa possibilidade só exacerbava ainda mais nosso sentimento geral de empolgação. E ninguém se casava com a profissão do marido; casávamos com *o homem*. Nas palavras das velhas babás, governantas, cozinheiras e empregadas: "Um dia, o Homem Ideal virá".

Lembro-me de, quando era muito nova, ver uma das amigas mais bonitas da minha mãe sendo ajudada a se vestir para um baile pela velha Hannah, a cozinheira da vovó. Ela estava sendo amarrada em um espartilho apertado.

— Muito bem, Miss Phyllis — disse Hannah —, apoie o pé na cama e se incline para trás. Vou puxar. Prenda a respiração.

— Ah, Hannah, não vou aguentar, de verdade. Eu não consigo *respirar*.

— Não se preocupe, minha querida, você vai conseguir respirar muito bem. Não conseguirá jantar muito, e isso é bom, porque as jovens não devem ser vistas comendo muito, não é delicado. Você precisa se comportar como uma jovem adequada. Você está ótima. Vou apenas pegar a fita métrica. Aí está, dezenove e meio. Eu *poderia* ter chegado a dezenove…

— Dezenove e meio vai servir muito bem — ofegou a vítima.

— Você ficará satisfeita quando chegar lá. Suponha que esta seja a noite em que o Homem Ideal vai aparecer. Você não gostaria de ser vista por ele com uma cintura grossa, gostaria?

O Homem Ideal. Outras vezes, era mencionado mais elegantemente como "Seu Destino".

— Eu não sei se realmente quero ir a esse baile.

— Ah, sim, você quer, querida. Pense! Você pode encontrar Seu Destino.

E é claro que *é* isso que realmente acontece na vida. As garotas vão a alguma coisa que elas queriam ir, ou que não queriam ir, não importa qual — e lá está o Destino delas.

É claro que sempre havia meninas que declaravam que não se casariam, em geral por algum motivo nobre. Possivelmente queriam se tornar freiras ou cuidar de leprosos, fazer algo grande e importante, acima de tudo, de autossacrifício. Acho que era quase uma fase necessária. Um desejo ardente de se tornar freira parece ser muito mais constante nas meninas protestantes do que nas católicas. Nas meninas católicas é, sem dúvida, mais vocacional — é reconhecido como um dos estilos de vida —, enquanto para uma protestante tem algum aroma de mistério religioso que o torna muito desejável. Uma enfermeira de hospital também era considerada de um estilo de vida heroico, com todo o prestígio de Miss Nightingale por trás. Mas o casamento era o tema principal; com quem você iria se casar era a grande questão na vida.

Quando eu tinha 13 ou 14 anos, sentia-me enormemente avançada em idade e experiência. Já não me considerava protegida por outra pessoa. Eu tinha meus próprios sentimentos de proteção. Sentia-me responsável por minha mãe. Também comecei a tentar me conhecer, o tipo de pessoa que era, as coisas que fazia de forma bem-sucedida e as coisas em que eu não era boa e com as quais não deveria perder tempo. Eu sabia que não era perspicaz; precisava tomar um tempo para examinar um problema cuidadosamente antes de decidir como lidaria com ele.

Comecei a apreciar o tempo. Não há nada mais maravilhoso para se ter na vida do que o tempo. Não acredito que as pessoas se cansem disso hoje em dia. Tive muita sorte na minha infância e juventude, só *porque* tinha muito tempo. As pessoas acordam de manhã e, antes mesmo de estarem devidamente acordadas, já estão dizendo a si mesmas:

— Bem, o que devo fazer hoje?

Você tem a escolha, ela está bem na sua frente, e você pode planejar como quiser. Não quero dizer que não houvesse muitas coisas (deveres, nós os chamávamos) que eu precisasse fazer — claro que havia. Havia trabalhos a serem feitos na casa: os dias em que era preciso limpar as molduras de prata, dobrar as meias, estudar um capítulo de *Great Events in History*, ir até a cidade e pagar as contas dos comerciantes. Cartas e notas para escrever, escalas e exercícios, bordados — mas eram todas coisas que estavam sob minha escolha, para que eu organizasse como quisesse. Eu poderia planejar meu dia, poderia dizer: "Acho que vou deixar minhas meias para esta tarde; vou ao centro da cidade de manhã e voltarei pela outra rua para ver se aquela árvore já deu flores".

Sempre que acordava, sentia uma alegria por estar viva — uma sensação que, tenho certeza, deve ser natural para todos nós. Não que sintamos isso conscientemente — não sentimos —, mas aí está você, você está *vivo*, pronto, e você abre os olhos e aí está um novo dia; um novo passo em sua jornada, por assim dizer, para um lugar desconhecido. A jornada muito emocionante que é a sua vida. Não que seja necessariamente emocionante *como uma vida*, mas será emocionante para você porque é a *sua* vida. Esse é um dos grandes segredos da existência, desfrutar o dom da vida que nos foi dado.

Nem todo dia é necessariamente agradável. Após a primeira sensação deliciosa de "Outro dia! Que maravilha!", você se lembra de que precisa ir ao dentista às 10h30, e isso não é nada bom. Mas a *primeira* sensação de despertar estava lá, e isso atua como um útil impulsionador. Claro, muito depende do temperamento. Se você é uma pessoa feliz ou se tem uma disposição melancólica. Não sei se você poderá fazer algo a respeito *disso*. Acho que é como as pessoas nascem — ou são felizes até que algo as deixe infelizes, ou são melancólicas até que algo as distraia da melancolia. Pessoas naturalmente felizes podem ficar infelizes e pessoas melancólicas podem se divertir. Mas se eu fosse levar um presente para uma criança em um batizado, isto é o que eu escolheria: um estado de espírito naturalmente feliz.

Parece-me haver uma estranha suposição de que há mérito em trabalhar. Por quê? Nos tempos antigos, o homem saía para caçar animais para se alimentar e se manter vivo. Mais tarde, ele passou a trabalhar duro na colheita, semear e arar pelo mesmo motivo. Hoje, ele acorda cedo, pega o trem das 8h15 e fica sentado em um escritório o dia todo — ainda pelo mesmo motivo.

Ele faz isso para se alimentar e ter um teto sobre sua cabeça — e, se for habilidoso e sortudo, para ir um pouco mais longe e ter conforto e entretenimento também.

É econômico e necessário. Mas por que é *meritório*? O velho ditado das babás costumava ser "Satanás sempre encontra algo ruim para ser feito por mãos ociosas". Presumivelmente, o pequeno Georgie Stephenson estava aproveitando o ócio quando observou a tampa da chaleira de sua mãe subindo e descendo. Não tendo nada para fazer no momento, ele começou a ter ideias a respeito...

Não creio que a necessidade seja a mãe da invenção — a invenção, na minha opinião, surge diretamente da ociosidade, possivelmente também da preguiça. *Para evitar problemas para si mesmo.* Esse é o grande segredo que nos trouxe ao longo de centenas de milhares de anos, desde lascar pederneiras até ligar a máquina de lavar.

A posição das mulheres, ao longo dos anos, mudou definitivamente para pior. Nós, mulheres, nos comportamos como bobocas. Clamamos por poder trabalhar como os homens trabalham. Os homens, que não são tolos, aceitaram bem a ideia. Por que sustentar uma esposa? O que há de errado em uma esposa *se* sustentar? Ela *quer* fazer isso. Caramba, ela pode continuar fazendo isso!

Parece triste que, tendo nos estabelecido tão habilmente como o "sexo frágil", devêssemos agora estar em pé de igualdade com as mulheres de aldeias que labutavam nos campos o dia todo, caminhavam muitos quilômetros para coletar madeira de acácia para combustível e, na jornada, carregavam todas as panelas, frigideiras e equipamentos domésticos na cabeça, enquanto o lindo e ornamental homem caminha adiante, sem carregar peso algum, exceto por uma arma letal para defender suas mulheres.

É preciso dar crédito às mulheres vitorianas; elas colocaram seus homens onde os queriam. Refugiaram-se em sua fragilidade, delicadeza, sensibilidade, na constante necessidade de serem protegidas e acarinhadas. Será que eram miseráveis, servis, menosprezadas e oprimidas? Não é assim que *eu* me recordo delas. Todas as amigas de minhas avós me parecem, em retrospecto, singularmente resilientes e quase sempre bem-sucedidas em fazer o que queriam. Elas eram duronas, obstinadas e extremamente estudadas e bem-informadas.

Veja bem, elas admiravam seus homens enormemente. Realmente pensavam que os homens eram companheiros maravilhosos — mas ousados, dispostos a trilhar facilmente os piores caminhos, tornando-se maus. Na vida cotidiana, uma mulher conseguia o que queria valorizando a superioridade masculina da boca para fora, para que o marido não perdesse a reputação.

— Seu pai sabe o que fazer, querida — era a fórmula pública. A verdadeira abordagem vinha em particular. — Tenho certeza de que você está certo no que disse, John, mas me pergunto se você considerou...

Em um aspecto o homem era o mais importante. Ele era o chefe de família. Uma mulher, ao se casar, aceitava como destino o lugar *dele* no mundo e o modo de vida *dele*. Isso me parece sensato como a base da felicidade. Se você não consegue encarar o modo de vida de seu homem, não aceite esse emprego — em outras palavras, não se case com esse homem. Imagine, por exemplo, um comerciante de tecidos: ele é católico romano, prefere viver em um subúrbio, joga golfe e gosta de passar as férias à beira-mar. É com *isso* que você vai se casar. Resigne-se a isso e aprenda a gostar. Não será tão difícil.

É impressionante o quanto você pode desfrutar de quase tudo. Existem poucas coisas mais desejáveis do que ser uma aceitadora e uma desfrutadora. Você pode gostar e desfrutar de quase qualquer tipo de comida ou estilo de vida. Você pode aproveitar a vida no campo, com os cães e os passeios cheios de lama; cidades, barulho, pessoas e agitação. Em uma opção há repouso, bem-estar para os nervos, tempo para ler, tricotar, bordar e o prazer de cultivar. Na outra há teatros, galerias de arte, bons concertos e visitas a amigas que você raramente veria. Fico feliz em dizer que posso desfrutar de quase tudo.

Certa vez, em uma viagem de trem para a Síria, estava muito entretida escutando a dissertação de uma das minhas companheiras de viagem acerca do estômago.

— Minha querida — disse ela —, jamais ceda a seu estômago. Se houver algo com que você não se sinta bem, diga a si própria: "Quem é que manda aqui, eu ou meu estômago?"

— Mas o que você realmente faz a esse respeito? — perguntei, curiosa.

— Qualquer estômago pode ser treinado. Primeiro, em doses muito pequenas. Não importa do que se trate. Ovos, por exemplo, costumavam me deixar enjoada, e torradas com queijo derretido me davam cólicas terríveis. Mas fui suportando uma porção ou duas de ovo cozido duas ou três vezes por semana e, passado algum tempo, um pouco mais de ovo mexido, e assim por diante. Agora posso comer qualquer quantidade de ovos. Aconteceu a mesma coisa com o queijo. Lembre-se disto: *seu estômago é um bom serviçal, mas um péssimo senhor.*

Fiquei muito impressionada e prometi seguir o conselho dela, e o fiz — embora não tenha apresentado muita dificuldade, pois meu estômago é definitivamente servil.

# III

Quando minha mãe foi para o exterior com Madge, para o sul da França, após a morte de meu pai, permaneci em Ashfield sob o olhar tranquilo de Jane, sozinha por três semanas. Foi então que descobri um novo esporte e novos amigos.

Patinar no píer era um passatempo que estava muito na moda. A superfície do píer era extremamente acidentável e fazia com que caíssemos bastante, mas era muito divertido. No final do píer, havia uma espécie de salão para concertos que não era utilizado no inverno, claro, e então ficava aberto, como uma espécie de rinque de patinação. Também era possível patinar no que se chamava grandiosamente de Assembly Rooms, ou Bath Saloons, onde aconteciam os grandes bailes. Esse lugar era muito mais chique, mas a maioria de nós preferia patinar no píer. Tínhamos que levar nossos próprios patins, pagávamos dois *pence* pela entrada e, uma vez no píer, era só patinar! Os Huxley não podiam me acompanhar nesse esporte porque ficavam ocupados com a governanta durante a manhã, e o mesmo acontecia com Audrey. As pessoas que eu costumava encontrar lá eram os Lucy. Embora mais velhos, eles eram muito gentis comigo, sabendo que eu estava sozinha em Ashfield porque o médico havia mandado minha mãe para o exterior para que descansasse e respirasse novos ares.

Embora eu me sentisse muito bem sozinha, às vezes me cansava dessa sensação. Eu gostava de pedir as refeições — ou de pensar que as estava pedindo. Na verdade, sempre almoçávamos exatamente o que Jane havia decidido que comeríamos com antecedência, mas ela certamente fingia muito bem considerar minhas sugestões mais loucas.

Eu perguntava:

— Podemos comer pato assado e merengue?

Jane sempre dizia que sim, mas que não estava certa de encontrar pato, e quanto ao merengue — não havia claras de ovo em casa, talvez devêssemos esperar um dia em que tivéssemos usado as gemas para alguma outra coisa; de modo que, por fim, comíamos aquilo de que Jane dispunha na despensa. A querida Jane, porém, tinha muito tato. Chamava-me sempre de Miss Agatha e permitia que eu me sentisse em uma posição de importância.

Foi então que os Lucy sugeriram que eu descesse e patinasse com eles no píer. Eles meio que me ensinaram a me equilibrar sobre os patins, e eu adorei. Acho que eles foram uma das famílias mais legais que já conheci. Eles eram de Warwickshire, e a bela casa da família, Charlecote, pertencera ao tio de Berkeley Lucy. Ele sempre pensara que deveria ter ficado para ele, mas em vez disso, foi para a filha de seu tio, e o marido dela tomara o nome de Fairfax-Lucy. Acho que toda a família ficou muito triste por Charlecote não ser deles, embora nunca tenham falado sobre isso, exceto entre si. A filha mais velha, Blanche, era uma menina extraordinariamente bonita — era um pouco mais velha que minha irmã e havia se casado antes dela. O filho mais velho, Reggie, estava no Exército, mas o segundo filho estava em casa — era mais ou menos da idade do meu irmão —, e as duas filhas seguintes, Marguerite e Muriel, conhecidas por todos como Margie e Noonie, também eram adultas. Elas tinham vozes preguiçosas um tanto arrastadas que eu achava muito atraentes. O tempo não significava nada para elas.

Depois de patinar por algum tempo, Noonie olhava para o relógio e dizia:

— Minha nossa, olhe só que horas são! Já é 1h30.

— Ah, não — respondia. — Vou levar pelo menos vinte minutos de caminhada até em casa.

— Então é melhor você não ir para casa, Aggie. Venha almoçar em nossa casa. Podemos ligar para Ashfield.

Então, eu ia para casa com elas e chegávamos por volta das 14h30; éramos recebidas pelo cachorro Sam — "corpo como um barril, hálito como um cano de esgoto", como Noonie costumava descrevê-lo — e em algum lugar haveria algum tipo de refeição sendo mantida aquecida para nós. Depois, elas diziam que seria uma pena já ir para casa, Aggie, e então íamos para a sala de estudos delas, tocávamos piano e cantávamos. Às vezes, fazíamos expedições à charneca. Combinávamos de nos encontrar na estação Torre e tomar um certo trem. As Lucy sempre se atrasavam e sempre perdíamos o trem. Elas perdiam trens, bondes, tudo, mas nada as abalava.

— Ah, bem, o que importa? — diziam elas. — Haverá outro em breve. Nunca é bom se *preocupar*, não é?

Era uma atmosfera deliciosa.

Os pontos altos da minha vida eram as visitas de Madge. Ela vinha todo mês de agosto. Jimmy vinha com ela e ficava alguns dias, depois tinha que voltar aos negócios, mas Madge permanecia até o final de setembro, e Jack com ela.

Jack, é claro, era uma fonte inesgotável de diversão para mim. Ele era um garotinho de bochechas rosadas e cabelos dourados, parecendo bom o suficiente para morder, e de fato às vezes o chamávamos de "*le petit brioche*". Ele tinha uma natureza desinibida e não sabia o que era o silêncio. Levar Jack para fora de casa e fazê-lo falar nunca foi um problema, a dificuldade era silenciá-lo. Ele tinha um temperamento explosivo e costumava fazer o que chamávamos de "explodir"; primeiro ficava com o rosto muito vermelho, depois roxo, então prendia a respiração, até que você realmente pensava que ele ia explodir, então a tempestade acontecia!

Jack teve uma sucessão de babás, todas com suas próprias peculiaridades. Houve uma particularmente zangada, eu me lembro. Ela era velha e tinha uma grande quantidade de cabelos grisalhos e desgrenhados. Tinha muita experiência e era praticamente a única pessoa que realmente assustava Jack quando ele estava em pé de guerra. Um dia, ele tinha sido muito teimoso, e gritava com todo mundo.

— Seu idiota, seu idiota, seu idiota! — dizia ele, sem motivo algum.

A babá finalmente perdeu a paciência, dizendo-lhe que se ele falasse mais alguma coisa, seria punido.

— Vou te dizer o que vou fazer — disse Jack. — Quando eu morrer, vou chegar no céu e dizer na cara de Deus: "Seu idiota, seu idiota, seu idiota".

Ele fez uma pausa, sem fôlego, para ver o que essa blasfêmia traria. A babá largou seu trabalho, olhou para ele por cima dos óculos e disse sem muito interesse:

— E você acha que o Todo-Poderoso vai sequer notar o que um menininho travesso como você diz?

Jack ficou completamente decepcionado.

Essa babá foi sucedida por uma jovem chamada Isabel. Por algum motivo, ela era muito viciada em jogar coisas pela janela.

— Ah, droga, essas tesouras — murmurava ela, e de repente as jogava na grama.

Jack, em algumas ocasiões, tentava ajudá-la.

— Devo jogar pela janela, Isabel? — perguntava ele, com grande interesse.

Como todas as crianças, ele adorava a minha mãe. Costumava ir para a cama dela no início da manhã e eu os ouvia através da parede do meu quarto. Às vezes, discutiam sobre a vida, e às vezes minha mãe contava uma história para ele — uma espécie de seriado contínuo sobre os polegares dela. Um deles se chamava Betsy Jane e o outro, Sary Anne. Um deles era bom, o outro era travesso, e as coisas que eles faziam e diziam mantinham Jack gargalhando o tempo todo. Ele sempre tentava participar da conversa. Um dia, quando o padre veio almoçar, houve uma pausa momentânea. Jack de repente ergueu a voz:

— Eu conheço uma história muito engraçada sobre um bispo — disse ele. Ele foi rapidamente silenciado por seus parentes, que nunca sabiam *o que* Jack poderia dizer que ele tivesse entreouvido.

Costumávamos passar o Natal em Cheshire, nos Watts. Jimmy geralmente tirava suas férias anuais por volta dessa época, e ele e Madge costumavam ir para St. Moritz por três semanas. Ele era um patinador muito bom, então esse era o tipo de férias de que ele mais gostava. Mamãe e eu íamos a Cheadle, e como a casa recém-construída deles, chamada Manor Lodge, ainda não estava pronta, passávamos o Natal em Abney Hall, com os velhos Watts, seus quatro filhos e Jack. Era uma casa maravilhosa para qualquer criança passar o Natal. Não apenas era uma mansão gótica vitoriana, com muitos quartos, passagens, degraus inesperados, escadas traseiras, escadas frontais, alcovas e nichos — tudo no mundo que uma criança poderia desejar —, como também tinha três pianos diferentes e um órgão. Tudo o que faltava era a luz do dia; era incrivelmente escura, exceto pela grande sala de estar com as paredes de cetim verde e as grandes janelas.

Nan Watts e eu já éramos bastante amigas nessa época. Não apenas amigas, mas também companheiras de bebida — ambas gostávamos do mesmo drinque, *creme de leite*, do tipo comum e puro. Embora eu tivesse consumido uma quantidade enorme de creme Devonshire porque morava em Devonshire, o creme de leite cru era realmente uma delícia. Quando Nan ficava comigo em Torquay, costumávamos visitar uma das fábricas de laticínios da cidade, onde tomávamos um copo com metade de leite e metade de creme. Quando eu ficava com ela em Abney, íamos até a fazenda e bebíamos meio *pint* de creme de leite. Continuamos com essas bebedeiras por toda a vida, e ainda me lembro de comprar caixas de creme em Sunningdale, ir até o campo de golfe e sentar do lado de fora da casa do clube, esperando nossos respectivos maridos terminarem suas partidas de golfe, cada uma entornando um *pint*.

Abney era o paraíso dos glutões. Mrs. Watts tinha o que era chamado de despensa. Não era como o depósito da vovó, uma espécie de tesouro bem trancado de onde as coisas eram retiradas. O acesso era livre e, em todas as paredes, havia prateleiras cobertas com todo tipo de iguaria. Um lado era inteiramente para os chocolates, caixas deles, diferentes tipos, cremes de chocolate em caixas etiquetadas... Havia biscoitos, pão de mel, frutas em conserva, geleias e assim por diante.

O Natal era a festa suprema, algo que jamais esquecerei. Nas nossas camas, encontrávamos as meias com os presentes. No café da manhã, cada um tinha sua cadeira coberta de presentes. Depois, corríamos à igreja e regressávamos apressados, para continuar a abrir nossos presentes. Às duas da tarde, servia-se a refeição de Natal, com as janelas fechadas e as luzes acesas, que faziam rebrilhar os enfeites e as luzinhas. Primeiro, comíamos sopa de ostra (que eu não apreciava muito), rodovalho, peru cozido, peru assado e um grande assado de filé. A isso seguia-se pudim de ameixas, *tortas de carne e frutas* e um bolo delicioso, onde também metiam moedas, pequenos objetos de metal, anéis, escovinhas e várias outras surpresas. Depois, seguiam-se inúmeras sobremesas! Em um livro meu, *A aventura do pudim de Natal*, descrevi um desses banquetes. Era um espetáculo como tenho certeza de que esta geração jamais verá. Duvido que a gente de hoje conseguiria digerir tudo aquilo. Mas *nós* aguentávamos muito bem!

Geralmente eu competia, em proezas alimentares, com Humphrey Watts, o irmão que vinha logo depois de James em idade. Suponho que ele tivesse 21 ou 22 anos, contra meus 12 ou 13. Ele era um jovem muito bonito, além de ser um bom ator e um maravilhoso artista e contador de histórias. Apesar de sempre ter sido boa em me apaixonar pelas pessoas, não acho que tenha me apaixonado por ele, embora tenha sido incrível para mim *não* ter feito isso. Suponho que ainda estivesse na fase em que meus romances precisavam ser impossíveis — envolviam pessoas públicas, como o Bispo de Londres e o Rei Afonso da Espanha, e, claro, vários atores. Sei que me apaixonei profundamente por Henry Ainley quando o vi em *The Bondman*, e devia ser séria candidata a integrar os K.O.W.s (Keen on Wallers), que eram tudo na vida de uma moça apaixonada por Lewis Waller em *Monsieur Beaucaire*.

Humphrey e eu comíamos muito durante a refeição de Natal. Ele me superava na sopa de ostra, mas fora isso empatávamos. Ambos comíamos peru assado, depois peru cozido e, por fim, quatro ou cinco fatias de filé. É possível que os mais velhos se contentassem com um único tipo de peru; mas, pelo que me lembro, o velho Mr. Watts certamente comia filé além de peru. Em seguida, comíamos pudim de ameixa, torta de carne e o bolo — eu comia pouco do bolo, porque não gostava do sabor do vinho. Depois vinham os biscoitos, as uvas, as laranjas, as ameixas de Elvas, as ameixas de Carlsbad e as frutas cristalizadas. Finalmente, durante a tarde, vários punhados de chocolate eram trazidos da despensa para nos agradar. Se eu me lembro de passar mal no dia seguinte? Ficar com o fígado atacado? Não, nunca. A única vez que me lembro de ter ficado com o fígado atacado foi depois de comer maçãs muito verdes em setembro. Eu comia maçãs verdes praticamente todos os dias, mas às vezes devo ter exagerado.

O que eu me lembro é de quando eu tinha cerca de 6 ou 7 anos de idade e tinha comido cogumelos. Acordei com dores por volta das onze horas da noite e desci correndo para a sala de estar, onde mamãe e papai estavam com alguns convidados. Anunciei dramaticamente:

— Vou morrer! Estou envenenada por cogumelos!

Mamãe rapidamente me acalmou, me deu uma dose de vinho de ipecacuanha — sempre guardado no armário de remédios naquela época — e garantiu que eu não morreria daquela vez.

De qualquer forma, nunca me lembro de ter passado mal no Natal. Nan Watts era exatamente como eu; ela tinha um estômago esplêndido. Na verdade, realmente, lembrando-me daqueles dias, todos pareciam ter um estômago muito bom. Suponho que as pessoas tivessem úlceras gástricas e duodenais e precisassem ser cuidadosas, mas não consigo me lembrar de ninguém que vivesse com uma dieta de peixe e leite. Uma época grosseira e glutona? Sim, mas de grande entusiasmo e prazer. Considerando a quantidade que eu comia na juventude (pois estava sempre com fome), não consigo imaginar como conseguia ser tão magra — um frango esquelético mesmo.

Depois da agradável inércia da tarde de Natal — prazerosa para os mais velhos, já que os mais novos liam livros, olhavam seus presentes, comiam mais chocolates e assim por diante —, havia um chá maravilhoso, com um ótimo bolo de Natal com cobertura, além de todo o resto, e, finalmente, um jantar de peru frio e tortas de carne quentes. Por volta das nove horas, lá estava a árvore de Natal com mais presentes pendurados nela. Um dia maravilhoso e feito para ser lembrado até o ano seguinte, quando o Natal voltasse.

Eu ficava em Abney com minha mãe em outras épocas do ano, e sempre adorava. Havia no jardim um pequeno túnel sob a passagem que sempre achei útil para qualquer peça ou romance histórico que eu estivesse encenando. Eu caminhava exibida por ele, falando comigo mesma e gesticulando. Ouso dizer que os jardineiros achavam que eu era maluca, mas eu só estava entrando no espírito do papel. Jamais me ocorreu escrever nada, e eu era bastante indiferente à opinião dos jardineiros. Às vezes, hoje em dia, ainda ando falando sozinha — quando estou à procura de uma solução para algum capítulo que não quer "sair".

Minhas habilidades criativas também foram envolvidas no bordado de almofadas do sofá. As almofadas eram mais comuns naquela época, e capas de almofada bordadas eram sempre bem-vindas. Nos meses de outono, eu bordava aos montes. No começo comprava decalques, passava a ferro nos quadrados de cetim e bordava a seda. Depois, não gostando das imagens dos decalques, por serem todas iguais, comecei a copiar flores das porcelanas. Tínhamos alguns vasos grandes de porcelana de Berlim e Dresden com lindos buquês de flores, e eu costumava traçá-los, desenhá-los e tentar copiar as cores o mais fielmente possível. Vovó B. ficou muito satisfeita quando soube que eu estava fazendo isso; ela havia passado tanto de sua vida bordando que ficava feliz em pensar que uma neta tinha puxado a ela dessa maneira. Eu não alcancei seu nível de bordados finos, entretanto; na verdade, eu nunca bordava paisagens e figuras, como ela. Tenho dois de seus biombos de lareira agora, um com uma pastora, o outro com um pastor e uma pastora escrevendo ou desenhando um coração na casca de uma árvore, primorosamente feitos. Como deve ter sido gratificante para as grandes damas na época da Tapeçaria de Bayeux, nos longos meses de inverno.

Mr. Watts, o pai de Jimmy, sempre me fazia sentir inexplicavelmente tímida. Ele costumava me chamar de "criança sonhadora", o que me fazia me contorcer de vergonha.

— No que nossa criança sonhadora está pensando? — ele costumava dizer.

Eu enrubescia. Ele costumava me fazer tocar e cantar músicas sentimentais para ele. Eu sabia ler música muito bem, então ele sempre me levava ao piano e eu cantava suas canções favoritas. Não gostava muito delas, mas pelo menos era preferível à conversa dele. Era um homem artístico e apreciava pintar quadros com paisagens de charnecas e pôr do sol. Também era um grande colecionador de móveis, especialmente de carvalho antigo. Além disso, ele e seu amigo Fletcher Moss tiravam boas fotos e publicaram vários livros de fotografias de casas famosas. Eu gostaria de não ter sido tão estupidamente tímida, mas é claro que estava na idade em que as pessoas estão sempre constrangidas.

Eu preferia fortemente Mrs. Watts, que era enérgica, alegre e totalmente objetiva. Nan, que era dois anos mais velha do que eu, acabou se tornando uma *enfant terrible* e tinha um prazer especial em gritar, ser rude e usar palavrões. Mrs. Watts se aborrecia quando a filha disparava maldições e explosões. Também não gostava quando Nan se virava para ela e dizia: "Ah, não seja *tola*, mãe!" Era o tipo de coisa que ela jamais imaginara que uma filha diria, mas o mundo estava apenas entrando em uma era de fala franca. Nan se divertia com o papel desempenhado, embora eu realmente acredite no quanto ela gostava da mãe. Bem, a maioria das mães passa por um período em que as filhas as fazem passar maus bocados de uma forma ou de outra.

No Boxing Day, o feriado londrino do primeiro dia útil após o Natal, íamos sempre ver pantomimas em Manchester — e elas eram muito boas. Voltávamos no trem cantando todas as canções, os Watts interpretando as canções do comediante na ampla Lancashire. Lembro-me de todos nós gritando: "*Eu nasci em uma sexta-feira, eu nasci em uma sexta-feira, eu nasci em uma sexta-feira quando* (crescendo!) *minha mãe não estava em casa!*" E também: "*Assistindo aos trens chegarem, assistindo aos trens partirem, quando tínhamos visto todos os trens chegando, víamos todos os trens PARTINDO*". Humprey cantava a favorita suprema em um solo melancólico: "*A janela, a janela, empurrei-a pela janela. Não sinto dor, querida mãe, empurrei-a pela janela*".

A pantomima de Manchester não foi minha primeira. A primeira vez que assisti a uma foi em Drury Lane, levada pela vovó. Dan Leno era a Mamãe Ganso. Ainda me lembro daquela pantomima. Sonhei com Dan Leno por semanas depois — eu achava que ele era a pessoa mais maravilhosa que já tinha visto. E houve um incidente emocionante naquela noite. Os dois pequenos príncipes reais estavam no camarote real. O Príncipe Eddy, como alguém falava dele coloquialmente, deixou cair sua programação e seus binóculos de teatro pela borda do camarote. Eles caíram nas baias bem perto de onde estávamos sentadas e, ah, que prazer, não o camareiro, mas *o próprio* Príncipe Eddy desceu para recuperá-los, desculpando-se educadamente, dizendo que esperava que não tivessem machucado ninguém.

Fui dormir naquela noite me entregando à fantasia de que um dia me casaria com o Príncipe Eddy. Possivelmente, eu poderia primeiro salvar sua vida de um afogamento… Uma agradecida Rainha daria seu Consentimento Real. Ou talvez houvesse um acidente — ele estaria sangrando até a morte e eu faria uma transfusão de sangue. Eu seria eleita Condessa — como a Condessa Torby — e haveria um Casamento Morganático. Mesmo aos 6 anos, no entanto, um sonho como esse era fantástico demais para durar…

Meu sobrinho Jack também imaginou, uma vez, quando tinha 4 anos, uma aliança real muito boa para si mesmo.

— Suponhamos, mamãe — disse ele —, que você se casasse com o Rei Edward. Eu seria da realeza.

Minha irmã disse que era preciso se lembrar da rainha, e também do pai de Jack. Jack, porém, não se abalou!

— Mas se a rainha morresse, e papai... — aqui, fez uma pausa para colocar o assunto com tato — e papai... não estivesse aqui e o Rei Edward *visse* você, mamãe... — Parou de novo, deixando que imaginássemos a sequência. Obviamente o Rei Edward seria tomado de amor à primeira vista e Jack viria a ser o enteado do rei...

Cerca de um ano depois, Jack me disse:

— Eu estava olhando no livro de orações durante o sermão. Tenho pensado em me casar com você quando eu crescer, Ange, mas existe no meio do livro uma lista de coisas proibidas, e estou vendo que Deus não vai deixar. — Ele suspirou. Eu disse a ele que ficava lisonjeada que ele tivesse pensado naquilo.

É surpreendente como você nunca muda realmente suas predileções. Meu sobrinho Jack, desde os dias em que começou a sair acompanhado por uma babá, sempre foi obcecado por coisas eclesiásticas. Se ele desaparecesse de vista, você normalmente poderia encontrá-lo em uma igreja, olhando com admiração para o altar. Se ele ganhasse massa de modelar colorida, as coisas que fazia eram sempre trípticos, crucifixos ou algum tipo de adorno eclesiástico. As igrejas católicas romanas em particular o fascinavam. Seus gostos nunca mudaram, e ele leu mais história eclesiástica do que qualquer pessoa que eu já conheci. Quando ele tinha cerca de 30 anos, finalmente entrou na Igreja Católica Romana — um grande golpe para meu cunhado, que era o que só posso descrever como o exemplo perfeito de um "protestante fanático". Ele dizia, com sua voz gentil:

— Não sou preconceituoso, realmente *não* sou. É que não posso deixar de notar que todos os católicos romanos são os mais terríveis mentirosos. Não é preconceito, é apenas isso.

Vovó também era um bom exemplo de protestante fanática, e se divertia muito com a maldade dos papistas. Ela abaixava a voz e dizia:

— Ali aquelas lindas garotas desaparecendo em conventos... *nunca mais vistas*.

Tenho certeza de que ela estava convencida de que todos os padres selecionavam suas amantes em conventos especiais de belas moças.

Os Watts dissidiam da igreja anglicana, acho que eram metodistas, o que talvez tenha levado a essa tendência de considerar os católicos romanos representantes da "Mulher Escarlate de Babilônia". De onde Jack tirou sua paixão pela igreja católica romana eu não consigo imaginar. Ele não parece tê-la herdado de ninguém da família, mas estava lá, sempre presente desde os primeiros anos. Todos se interessavam muito por religião na minha juventude. As disputas sobre isso eram intensas e vibrantes, e às vezes acaloradas. Um dos amigos de meu sobrinho disse a ele mais tarde na vida:

— Eu realmente não consigo imaginar, Jack, por que você não pode ser um herege alegre como todo mundo, seria muito mais pacífico.

A última coisa que Jack poderia imaginar ser era pacífico. Como disse sua babá em certa ocasião, após passar algum tempo procurando por ele: "Não consigo imaginar por que mestre Jack quer ir a igrejas. Parece uma coisa tão engraçada para uma criança querer fazer". Pessoalmente, acho que ele deve ter sido a reencarnação de um homem da igreja medieval. Ele tinha, à medida que envelheceu, o que eu poderia chamar de rosto de um homem da igreja — não o rosto de um monge, certamente não o de um visionário —, mas o tipo de homem da igreja versado em práticas eclesiásticas e capaz de se sair bem no Concílio de Trento, bastante certo quanto ao número de anjos que podem dançar na ponta de uma agulha.

# *IV*

Os banhos eram uma das alegrias da minha vida, e assim permaneceram quase até minha idade atual; na verdade, eu continuaria gostando hoje tanto quanto sempre, não fosse pelas dificuldades que acompanham uma pessoa reumática para entrar na água e, mais difícil ainda, para sair.

Uma grande mudança social aconteceu quando eu tinha cerca de 13 anos. Os banhos, pelo que me lembro, eram estritamente segregados. Havia uma enseada especial para as mulheres, uma pequena praia pedregosa, à esquerda dos salões de banho. A praia era muito íngreme, e nela havia oito cabines a cargo de um homem idoso, de temperamento um tanto irascível, cuja tarefa incessante era fazer a máquina subir e descer na água. Cada um entrava na cabine — pintada com alegres faixas coloridas —, assegurava-se de que as portas estavam trancadas com segurança e começavam a se despir com certo cuidado, pois a qualquer momento o homem idoso poderia decidir que já era hora de a pessoa entrar na água. Nesse momento, sentia-se um balançar frenético, e a cabine, rangendo, deslocava-se pelo solo coberto de pedras roliças, sacudindo quem estivesse dentro de um lado para o outro. Na realidade, seu funcionamento era muito semelhante ao de um Jeep ou uma Land Rover dos nossos dias, quando atravessa as partes mais pedregosas de um deserto.

A cabine móvel parava tão subitamente quanto começara sua marcha. Então, você continuava se despindo e se enfiava no traje de banho. Era uma vestimenta antiestética, geralmente feita de alpaca azul escura ou preta, com várias saias, babados e rendas, chegando bem abaixo dos joelhos e até o cotovelo. Depois de totalmente vestida, você destrancava a porta do lado da água. Se o velho tivesse sido gentil com você, o degrau do topo estaria praticamente no nível da água. Descia-se então de onde se estivesse e entrava-se na água decorosamente, até a cintura. A partir daí, começava-se a nadar. Havia uma jangada não muito longe, até onde se podia nadar, subir e se sentar. Com a maré baixa, ficava bastante perto da praia. Com a maré alta, nadava-se um bocado, e quem ia até lá não encontrava muita companhia. Depois de se banhar pelo tempo que quisesse, o que, de minha parte, era um tempo bem mais longo do que qualquer adulto que me acompanhasse, você era avisada para voltar para a costa — mas como eles tinham dificuldade em me alcançar uma vez que eu estava a salvo na jangada e, de qualquer maneira, eu começava a nadar na direção contrária, eu geralmente conseguia prolongar meu banho pelo tempo que quisesse.

É claro que não havia banhos de sol na praia. Depois de sair da água, entrávamos na cabine e o homem a erguia tão repentinamente quanto a havia baixado, e então finalmente emergíamos, com o rosto azulado, tremendo de frio, com as mãos e bochechas em um estado de dormência. Posso dizer que isso nunca me fez mal, e eu estava quente como uma torrada novamente em cerca de 45 minutos. Então, sentava-me na praia e comia um pãozinho enquanto ouvia as exortações sobre minha má conduta por não ter voltado antes. Vovó, que sempre tinha uma bela série de contos de advertência, me explicaria como o filhinho de Mrs. Fox ("uma criatura tão adorável") morrera de pneumonia inteiramente por desobedecer aos mais velhos e ficar muito tempo no mar. Comendo meu pãozinho de frutas ou qualquer outro lanche, eu respondia obedientemente:

— Certo, vovó. Não vou ficar tanto tempo da próxima vez. Mas, na verdade, vovó, a água estava bem *quente*.

— Bem quente, não é? Então por que você está tremendo da cabeça aos pés? Por que seus dedos estão tão azuis?

A vantagem de estar acompanhada por uma pessoa adulta, principalmente a vovó, era que íamos para casa de carruagem vindo do Strand, em vez de caminhar por 2,5 quilômetros. O Torbay Yacht Club ficava em Beacon Terrace, logo acima da enseada do banho das damas. Embora a praia fosse devidamente invisível das janelas do Clube, o mar ao redor da jangada não era, e, de acordo com meu pai, muitos dos cavalheiros passavam o tempo com binóculos apreciando a visão de figuras femininas exibidas no que esperançosamente pensavam quase como um estado de nudez! Não acho que possamos ter sido sexualmente muito atraentes com aquelas roupas sem forma.

A enseada de banho dos cavalheiros ficava mais adiante ao longo da costa. Lá os homens, em seus parcos trajes triangulares, podiam divertir-se o quanto quisessem, sem olhos femininos capazes de observá-los de qualquer ponto. No entanto, os tempos estavam mudando: os banhos mistos estavam sendo introduzidos em toda a Inglaterra.

A primeira coisa que um banho misto implicava era vestir muito mais roupas que antes. Até mesmo as francesas sempre se banhavam de meias, de modo que não se pudessem ver suas pecaminosas pernas nuas. Não tenho dúvida de que, com a natural elegância francesa, elas conseguiam cobrir-se do pescoço até os pulsos, e, com belas meias de seda em suas lindas pernas, ficavam mais tentadoras do que se usassem um bom maiô inglês de alpaca, com saia curta e babados. Realmente não sei por que as pernas eram consideradas tão escandalosas: em passagens dos romances de Dickens, há damas que gritam quando imaginam que seus tornozelos foram observados. A própria palavra era considerada ousada. Um dos primeiros axiomas da infância sempre era pronunciado se você mencionasse essas partes de sua anatomia:

— Lembre-se, a rainha da Espanha não tem pernas.

— O que ela tem em vez disso, Babá?

— *Membros*, querida, é assim que os chamamos; braços e pernas são membros.

De todo modo, acho que soaria estranho dizer: "Tenho uma mancha em um dos meus membros, logo abaixo do joelho".

O que me lembra de uma amiga do meu sobrinho, que descreveu uma experiência própria quando era menina. Disseram-lhe que seu padrinho viria vê-la. Não tendo ouvido falar de tal pessoa antes, ela ficou emocionada com a ideia. Naquela noite, por volta de uma da manhã, depois de acordar e refletir sobre o assunto por algum tempo, ela falou na escuridão:

— Babá, tenho um padrinho.

— *Urmrp* — respondeu com algum som indescritível.

— Babá — disse ela um pouco mais alto —, eu tenho um *padrinho*.

— Sim, querida, sim, muito bom.

— Mas, Babá, eu tenho um — então ela gritou — PADRINHO.

— Sim, sim, vire-se, querida, e vá dormir.

— Mas, Babá — então ela berrou — EU *TENHO* UM PADRINHO!

— Bem, esfregue-o, querida, esfregue-o!

As roupas de banho continuaram castas praticamente até a época em que me casei. Embora o banho misto já fosse aceito na época, ainda era considerado duvidoso pelas senhoras mais velhas e pelas famílias mais conservadoras. Mas o progresso foi muito forte, mesmo para minha mãe. Muitas vezes íamos para o mar em praias dedicadas à mistura dos sexos. Foi permitido primeiro em Tor Abbey Sands e Corbin's Head Beach, que eram mais ou menos as principais praias da cidade. De todo modo, não tomávamos banho lá — dizia-se que as praias eram muito lotadas. Depois, os banhos mistos foram permitidos na Meadfoot Beach, mais aristocrática. Era a uns bons vinte minutos de distância e, portanto, tornava a caminhada um tanto longa, quase três quilômetros. Mas Meadfoot Beach era muito mais atraente que a enseada de banho para mulheres: maior, mais larga, com uma rocha acessível até onde quem sabia nadar bem conseguia ir. A enseada de banho das senhoras permaneceu sagrada para a segregação, e os homens foram deixados em paz com seus trajes triangulares.

Pelo que me lembro, os homens não estavam particularmente ansiosos para aproveitar as alegrias do banho misto; eles eram rigidamente apegados à sua reserva particular. Os que iam a Meadfoot geralmente ficavam constrangidos ao ver as amigas de suas irmãs no que ainda consideravam um estado de quase nudez.

A princípio, a regra era que eu deveria usar meias quando me banhava. Não sei como as francesas as mantinham: eu não conseguia usar aquilo. Três ou quatro vigorosas batidas de pé ao nadar e minhas meias já estavam penduradas bem longe dos meus dedos do pé; ou elas eram sugadas para fora completamente ou então se enrolavam em volta dos meus tornozelos como grilhões quando eu emergia. Acho que as garotas francesas que víamos nos banhos em plena moda deviam sua aparência ao fato de nunca realmente nadarem, apenas caminharem suavemente para dentro do mar e saírem para desfilar na praia.

Certa vez, ouvi uma história patética sobre uma Reunião do Conselho em que a questão do banho misto fora submetida à aprovação final. Um conselheiro muito idoso, que se opunha veementemente, finalmente derrotado, fez com voz trêmula seu último apelo:

— Tudo o que peço, senhor prefeito, é que, se permitirem os banhos de mar mistos, construam divisórias decentes nas cabines móveis, *por mais baixas que sejam.*

Com Madge trazendo Jack todo verão para Torquay, íamos aos banhos praticamente todos os dias. Mesmo que chovesse ou soprasse um vendaval, ainda tomávamos banho de mar. Na verdade, em dias agitados, eu aproveitava ainda mais o mar.

A grande inovação dos bondes surgiu logo depois. Podia-se pegar um bonde no final da Burton Road e descer até o porto, de onde eram apenas cerca de vinte minutos a pé até Meadfoot. Quando Jack tinha cerca de 5 anos, ele começou a reclamar.

— Que tal pegar uma carruagem do bonde até a praia?

— É claro que não — dizia minha irmã, horrorizada. — Descemos todo esse caminho de bonde, não foi? Agora vamos caminhar para a praia.

Meu sobrinho suspirava e dizia baixinho:

— Minha mãe sendo mão de vaca outra vez!

Em retaliação, enquanto subíamos a colina, que era, de cada lado, margeada por mansões italianas, meu sobrinho, que naquela idade nunca parava de falar, prosseguia com uma espécie de canto gregoriano próprio, que consistia em repetir os nomes de todas as casas por que passávamos: "Lanka, Pentreave, The Elms, Villa Marguerita, Hartly St. George". Com o passar do tempo, ele acrescentou os nomes dos moradores que conhecia, começando com "Lanka, Dr. G. Wreford; Pentreave, Dr. Quick; Villa Marguerita, Madame Cavallen; The Laurels, eu não sei", e assim por diante. Finalmente, furiosas, Madge ou eu o mandávamos calar a boca.

— Por quê?

— Porque queremos conversar, e não podemos conversar se você estiver falando o tempo todo e nos interrompendo.

— Ah, muito bem.

Jack ficava em silêncio. Porém, os lábios dele se moviam e podia-se ouvir uma leve respiração: "Lanka, Pentreave, The Priory, Torbay Hall..." Madge e eu nos olhávamos e tentávamos pensar em algo para dizer.

Houve um verão em que Jack e eu quase nos afogamos. O tempo estava ruim; não tínhamos ido até Meadfoot, porque ficava muito longe, mas paramos na enseada de banho das senhoras, onde Jack, ainda muito criança, não causava qualquer palpitação em seios femininos. Ele não sabia nadar naquela época, ou dava apenas algumas braçadas, então eu costumava levá-lo nas minhas costas para a jangada. Nessa manhã, começamos como de hábito, mas o mar estava diferente — havia uma ondulação desencontrada e variável —, e, com o peso adicional sobre meus ombros, comecei a achar impossível manter minha boca e meu nariz fora da água. Continuei nadando, mas não conseguia respirar. A maré estava bastante baixa, de modo que a jangada estava perto, mas eu não conseguia progredir muito, e só conseguia respirar quase que de três em três braçadas.

De repente, percebi que não iria conseguir chegar. A qualquer momento eu iria me engasgar. — Jack, saia e nade até a jangada — falei, ofegante. — Você está mais perto dela do que da costa.

— Por quê? — perguntou Jack. — Eu não quero.

— Por favor, vá... — borbulhei. Minha cabeça afundou. Felizmente, embora Jack tenha se agarrado a mim no início, ele se assustou e foi capaz de prosseguir por conta própria. Já estávamos bem perto da jangada e ele a alcançou sem dificuldade. Naquela hora, eu já não conseguia perceber o que acontecia ao meu redor. O único sentimento em minha mente era uma grande sensação de indignação. Sempre me haviam dito que quando você está se afogando, toda a sua vida passa à sua frente, e também que se ouvia uma bela música na hora da morte. Não havia música bonita e eu não conseguia pensar em nada da minha vida passada; na verdade, eu não conseguia pensar em nada além de como colocaria um pouco mais de ar nos pulmões. Tudo ficou escuro e... a próxima coisa que eu percebi foram os violentos hematomas e dores quando fui arremessada bruscamente para dentro de um barco. O velho Cavalo-Marinho, que sempre havíamos achado rabugento e inútil, tivera o bom senso de perceber que alguém estava se afogando e fora prestar socorro com o barco destinado a isso. Depois de me jogar no barco, ele deu mais algumas braçadas até a jangada e agarrou Jack, que resistia em alto e bom som, dizendo:

— Eu ainda não quero entrar. *Acabei* de chegar aqui. Eu quero brincar na jangada. Não vou entrar!

Quando chegamos à costa, minha irmã desceu a faixa de areia rindo muito e dizendo:

— O que vocês *estavam fazendo*? O que é toda essa confusão?

— Sua irmã quase se afogou — disse o velho, irritado. — Vá em frente, leve este seu filho. Vamos deitá-la no chão e ver se ela precisa de ajuda para respirar.

Suponho que tenham me dado alguns empurrões no peito, embora não ache que eu tivesse perdido totalmente a consciência.

— Não entendo como você soube que ela estava se afogando. Por que ela não gritou por socorro?

— Eu fico de olho. Depois que você afunda, não dá para gritar; a água está entrando.

Depois disso, tivemos muito mais consideração pelo velho Cavalo-Marinho.

O mundo exterior nos afetava muito menos do que no tempo de meu pai. Eu tinha as minhas amigas, e minha mãe tinha apenas uma ou duas amigas próximas que costumava ver, mas nossa vida social era restrita. Por um lado, não tínhamos muito dinheiro; não era suficiente para reuniões sociais ou para alugar uma carruagem para ir a almoços e jantares. Minha mãe nunca caminhara muito, e naquele momento, com os ataques do coração, saía pouco, porque em Torquay era impossível ir a qualquer lugar sem subir ou descer ladeiras. Eu tomava banhos de mar no verão e, no inverno, andava de patins e lia quantidades imensas de livros. Nessa área, não parava de fazer novas descobertas. Mamãe lia Dickens para mim e ambas gostávamos muito.

As leituras em voz alta haviam começado com Sir Walter Scott. Uma das minhas favoritas era *The Talisman*. Também li *Marmion* e *The Lady of the Lake*, mas acho que mamãe e eu ficamos muito contentes quando passamos de Sir Walter Scott para Dickens. Mamãe, impaciente como sempre, não hesitava em pular passagens quando lhé convinha.

— Todas essas descrições... — dizia ela em vários momentos quando lia Sir Walter Scott. — Claro que são muito boas e literárias, mas talvez sejam demais.

Acho que ela também trapaceou deixando de lado alguns trechos mais tristes de Dickens, especialmente as partes sobre a pequena Nell.

Nosso primeiro Dickens foi *Nicholas Nickleby*, e meu personagem favorito era o velho cavalheiro que cortejava Mrs. Nickleby jogando abobrinhas por cima do muro. Será que essa poderia ser uma das razões pelas quais fiz Hercule Poirot se aposentar para cultivar abobrinhas? Quem pode dizer? Meu Dickens favorito era *Bleak House*, e ainda é.

Às vezes, tentávamos ler Thackeray, para variar. Lemos assim *Vanity Fair*, mas emperramos em *The Newcombes*.

— Deveríamos gostar deste livro — disse minha mãe —, todo mundo diz que é o melhor livro dele.

O preferido de minha irmã era *Esmond*, mas esse nós também achávamos difuso e difícil; na realidade, jamais fui capaz de apreciar Thackeray como deveria.

Quanto à minha própria leitura, as obras de Alexandre Dumas em francês me fascinavam. *Os três mosqueteiros*, *Vinte anos depois*, e o melhor de todos, *O Conde de Monte Cristo*. Meu favorito era o primeiro volume, *O Castelo de If*, mas embora os outros cinco ocasionalmente me deixassem um pouco confusa, todo o vibrante desfile da história era fascinante. Eu também tinha uma ligação romântica com Maurice Hewlett: *The Forest Lovers*, *The Queen's Quair* e *Richard Yea-and-Nay*. Também são romances históricos muito bons.

De vez em quando, minha mãe tinha umas ideias repentinas. Lembro-me de um dia em que eu escolhia maçãs dentre as que haviam sido derrubadas pelo vento, quando ela veio da casa como um furacão.

— Anda logo — disse ela —, vamos para Exeter.

— Para Exeter? — indaguei, surpresa. — Por quê?

— Porque Sir Henry Irving vai se apresentar lá, em *Becket*. Ele pode não viver muito mais, e você *precisa* conhecê-lo. Um ótimo ator. Dá tempo de pegar o trem. Reservei um quarto de hotel.

Fomos a Exeter, e foi de fato uma apresentação maravilhosa de *Becket*, que eu nunca esqueci.

O teatro nunca deixou de fazer parte da minha vida. Quando ficava em Ealing, vovó costumava me levar ao teatro pelo menos uma vez por semana, às vezes duas. Íamos a todas as comédias musicais, e ao final ela costumava comprar para mim as trilhas sonoras. Como eu gostava de tocar aquelas partituras! Em Ealing, o piano ficava na sala de estar e, felizmente, eu não incomodava ninguém tocando por horas a fio.

A sala de estar em Ealing era um aposento maravilhoso. Praticamente não havia espaço para se mover. No chão havia um tapete turco espesso e esplêndido, além de todo tipo de cadeira de brocado, todas desconfortáveis. Havia dois, senão três, armários com marchetaria para as porcelanas, um grande candelabro central, lâmpadas a óleo, pequenos enfeites, mesas e móveis do Império Francês. A luz da janela era filtrada por um jardim de inverno, um símbolo de prestígio obrigatório, como em todas as casas vitorianas de respeito. Era um cômodo muito frio; só acendíamos a lareira em caso de festas; e ninguém, geralmente, entrava ali, exceto eu mesma. Eu posicionava os suportes no piano, ajustava o banco, soprava com força em meus dedos e começava com *The Country Girl* ou *Our Miss Gibbs*. Às vezes eu atribuía papéis às "meninas", às vezes eu mesma cantava, como uma estrela nova e desconhecida.

Levei minhas partituras para Ashfield e costumava tocá-las à noite na sala de estudos (que também era gelada no inverno). Eu tocava e cantava. Mamãe costumava ir para a cama cedo, depois de uma ceia leve, por volta das oito horas. Depois de passar cerca de duas horas e meia me aguentando tocar piano alto e cantar nas alturas, ela não aguentava mais. Costumava pegar uma vara longa, que servia para empurrar as janelas para cima e para baixo, e usá-la para bater freneticamente no teto. A contragosto, eu abandonava meu piano.

Também inventei uma opereta própria chamada *Marjorie*. Eu não a compus exatamente, mas cantava trechos experimentais no jardim. Tive uma vaga ideia de que poderia realmente ser capaz de escrever e compor música um dia. Cheguei mesmo a escrever um *libretto* para essa opereta, mas parei por aí. Não consigo me lembrar de toda a história agora, mas era um pouco trágica, eu acho. Um jovem bonito, com uma gloriosa voz de tenor, era louco de amor por uma garota chamada Marjorie, que, naturalmente, não o amava. Ele acabou se casando com outra garota, mas no dia seguinte ao casamento chegou uma carta de Marjorie, de um país distante, dizendo que ela estava morrendo e finalmente percebera que o amava. Ele deixou sua noiva e correu para ela imediatamente. Ela ainda não estava morta quando ele chegou, mas viva o suficiente pelo menos para se erguer sobre um cotovelo e cantar uma linda canção de amor agonizante. O pai da noiva chegou para vingar sua filha abandonada, mas ficou tão afetado pela dor dos amantes que juntou seu barítono às vozes deles, e um dos trios mais famosos já escritos concluía a ópera.

Eu também tinha a sensação de que gostaria de escrever um romance chamado *Agnes*. Desse lembro-me ainda menos. Nela havia quatro irmãs: Queenie, a mais velha, linda e loira, e depois duas gêmeas, morenas e bonitas, e por fim Agnes, que era simples, tímida e (é claro) com a saúde debilitada, sempre deitada pacientemente em um sofá. Deve ter havido mais histórias perdidas, mas já não me lembro delas. Consigo me lembrar de que o verdadeiro valor de Agnes foi finalmente reconhecido por um maravilhoso homem de bigode preto que ela amara secretamente por muitos anos.

Outra das ideias súbitas de minha mãe foi a decisão de que eu já estava bem-educada e talvez fosse melhor para mim passar uma temporada num colégio. Em Torquay havia um colégio para moças, dirigido por uma tal Miss Guyer; minha mãe fez um acerto com ela para que eu frequentasse esse colégio dois dias por semana, para estudar certas matérias. Uma delas era Aritmética, creio; e também havia Gramática e Redação. Eu gostei de Aritmética, como sempre, e talvez tenha começado a aprender Álgebra lá. Mas Gramática era uma disciplina que eu não conseguia assimilar: não conseguia entender *por que* certas coisas eram chamadas de preposições ou para que *serviam* os verbos, e tudo aquilo, para mim, era uma língua estrangeira. Costumava mergulhar alegremente em redação, mas não com grande êxito. As críticas eram sempre as mesmas: meus textos eram fantasiosos demais. Eu era severamente criticada por não me ater ao tema. Lembro-me especialmente de "Outono". Comecei bem, com folhas amareladas e tudo o mais, mas de repente, não sei como, entrou um *porco* na redação; acho que ele devia estar procurando nozes na floresta. De qualquer modo, fiquei muito interessada no porco, esqueci tudo a respeito do outono e terminei a redação com as aventuras desenfreadas de Curlytail, o Porquinho, e um terrível jantar de nozes de faia que ele ofereceu a seus amigos.

Consigo me lembrar bem de uma das professoras — embora não recorde seu nome. Era baixa e magra, com um queixo saliente e pontudo. Inesperadamente, um dia (acho que no meio de uma aula de Aritmética), ela começou um discurso sobre vida e religião.

— Todos vocês — disse ela —, *cada um* de vocês passará por um momento em que enfrentará o desespero. Se você nunca enfrentar o desespero, nunca verá ou se tornará um cristão ou conhecerá uma vida cristã. Para ser cristão, você deve enfrentar e aceitar a vida que Cristo enfrentou e viveu; deve desfrutar das coisas como ele desfrutava; ser tão feliz como ele foi no casamento em Caná, conhecer a paz e a felicidade que significa estar em harmonia com Deus e com a vontade de Deus. Mas você também precisa saber, como ele sabia, o que significa estar sozinho no Jardim do Getsêmani, sentir que todos os seus amigos o abandonaram, que aqueles que você ama e em quem confia se afastaram de você e que *o próprio Deus* o abandonou. Acreditem que ainda *não* é o fim. Se você amar, você sofrerá, e se não amar, não conhecerá o significado de uma vida cristã.

Ela então voltou aos problemas dos juros compostos com seu vigor habitual, mas é estranho que aquelas poucas palavras, mais do que qualquer sermão que eu já tenha ouvido, tenham permanecido comigo e, anos depois, me dado esperança numa época em que o desespero me dominava. Ela era uma figura dinâmica, e também, creio eu, uma *excelente* professora; eu gostaria de poder ter sido ensinada por ela por mais tempo.

Às vezes me pergunto o que teria acontecido se eu tivesse continuado meus estudos. Acho que eu teria progredido, e acho que teria me envolvido inteiramente na matemática — uma matéria que sempre me fascinou. Se fosse assim, minha vida certamente teria sido muito diferente. Eu teria sido uma matemática de terceira ou quarta categoria e teria vivido uma vida muito feliz. Provavelmente não teria escrito nenhum livro. A matemática e a música teriam bastado para me satisfazer. Elas teriam prendido minha atenção e excluído o mundo da imaginação.

Pensando bem, porém, acho que você é o que vai ser. Você se entrega às fantasias de "Se isso ou aquilo tivesse acontecido, eu teria feito isso ou aquilo outro" ou "Se eu tivesse me casado com fulano de tal, suponho que teria tido uma vida totalmente diferente". De uma forma ou de outra, porém, você sempre encontrará seu próprio padrão, porque tenho certeza de que está seguindo um: o padrão de sua vida. Você pode embelezar seu padrão ou modificá-lo, mas é o *seu* padrão, e enquanto o seguir, você terá harmonia e sua mente estará em paz.

Não creio que tenha permanecido no colégio de Miss Guyer por mais de um ano e meio; depois disso, minha mãe teve outra ideia. Com sua habitual imprevisibilidade, explicou-me que eu agora iria para Paris. Mamãe pretendia alugar Ashfield durante o inverno, e iríamos ambas para Paris. Talvez eu pudesse começar na mesma *pension* onde estivera minha irmã, para ver se me agradava.

Tudo correu conforme o planejado; os arranjos de minha mãe sempre davam certo. Ela os executava com a maior eficiência e submetia todos à sua vontade. Obtivemos para Ashfield um ótimo aluguel; mamãe e eu fizemos nossas malas (não sei se carregamos conosco tantos daqueles monstros de tampas abauladas como quando viajamos para o sul da França, mas ainda havia um grande número deles) e logo estávamos acomodadas no Hôtel d'Iéna, na Avenue d'Iéna, em Paris.

Mamãe estava carregada de cartas de apresentação e endereços de vários *pensionnats* e escolas, professores e conselheiros de todos os tipos. Não demorou para ela ter tudo resolvido. Ela ficara sabendo que o *pensionnat* onde Madge estivera decaíra com o passar do tempo — a própria Mademoiselle T. havia desistido ou estava prestes a desistir dele —, então minha mãe apenas disse que poderíamos experimentar um pouco para ver. Essa atitude em relação aos estudos dificilmente seria aprovada hoje em dia, mas, para minha mãe, experimentar uma escola era exatamente como experimentar um novo restaurante. Uma olhada superficial não poderia dizer tanto; era necessário experimentar e, caso não gostasse, quanto mais cedo você saísse, melhor. É claro, nesse tempo ninguém se incomodava com diplomas e certificados, e ninguém se preocupava seriamente acerca do futuro.

Comecei com Mademoiselle T. e fiquei lá por cerca de dois meses, até o final do semestre. Eu tinha 15 anos. Minha irmã tinha se destacado ao chegar nesse colégio, quando fora desafiada por outra moça a pular de uma janela. Ela o fizera imediatamente, aterrissando em cima de uma mesa de chá em torno da qual Mademoiselle T. e pais ilustres estavam sentados.

— Como essas garotas inglesas são turbulentas! — exclamara Mademoiselle T. com grande desagrado. As meninas que a haviam provocado ficaram maliciosamente satisfeitas, mas a admiraram por sua façanha.

Minha entrada não foi nada sensacional. Eu era apenas como um rato silencioso. No terceiro dia, estava arrasada de saudades de casa. Nos últimos quatro ou cinco anos, estivera tão intimamente ligada à minha mãe, quase nunca a deixando, que não seria surpresa que, na primeira vez em que realmente saísse de casa, sentisse tanta saudade. O curioso é que eu não sabia o que estava acontecendo comigo. Só não queria comer. Cada vez que eu pensava em minha mãe, lágrimas enchiam meus olhos e corriam pelo meu rosto. Lembro-me de olhar para uma blusa que minha mãe tinha feito — extremamente mal — com as próprias mãos, e o fato de que era malfeita, de que não cabia, de que as dobras eram desiguais, me fez chorar ainda mais. Consegui esconder esses sentimentos do mundo exterior e só chorar à noite no meu travesseiro. Quando minha mãe veio me buscar no domingo seguinte, cumprimentei-a como de costume, mas, quando voltamos para o hotel, comecei a chorar e passei os braços em volta do pescoço dela. Fico feliz em dizer que pelo menos não pedi a ela para me levar embora; eu sabia muito bem que tinha que parar por ali. Além disso, depois de ver minha mãe, senti que não ia mais ter saudades de casa; eu entendera o que estava acontecendo comigo.

Não senti mais saudade. Na verdade, passei a gostar muito de meus dias na escola de Mademoiselle. Havia moças francesas, americanas e muitas espanholas e italianas — não muitas inglesas. Eu gostava principalmente da companhia das garotas americanas. Eles tinham um jeito interessante de falar e me lembravam de minha amiga de Cauterets, Marguerite Prestley.

Não me lembro muito bem em que consistiam as atividades — acho que não eram muito interessantes. Em história, acredito que estivéssemos estudando o período da Fronda, que eu conhecia muito bem da leitura de romances históricos; em geografia, fiquei extremamente confusa por aprender as províncias da França como elas eram no tempo da Fronda em vez de como são hoje. Também aprendíamos os nomes dos meses como eles eram durante a Revolução Francesa. Meus erros de ortografia nos ditados em francês horrorizavam tanto minha professora que ela mal podia acreditar.

— *Vraiment, c'est impossible* — dizia ela. — *Vous, qui parlez si bien le français, vous avez fait vingt-cinq fautes en dictée, vingt-cinq!*

Ninguém tinha cometido mais que cinco erros. Meu fracasso me transformou em um fenômeno interessante. Suponho que fosse bastante natural dadas as circunstâncias, já que eu sabia francês apenas por falar a língua. Falava coloquialmente, mas, é claro, inteiramente de ouvido, e as palavras *été* e *était* soavam exatamente iguais para mim: eu as escrevia de uma forma ou de outra puramente ao acaso, na esperança de acertar. Em algumas disciplinas de francês, como literatura, recitação, entre outras, fiquei na classe mais alta; no que dizia respeito à gramática e à ortografia, fiquei praticamente na classe mais baixa. Isso tornava as coisas difíceis para meus pobres professores — e suponho que fosse uma vergonha para mim —, mas não consigo sentir que eu realmente me *importava*.

Aprendi piano com uma senhora idosa chamada Madame Legrand. Ela estava naquele colégio havia muitos anos. Seu método favorito de ensinar piano era tocar *à quatre mains* com as alunas. Ela insistia que as pupilas aprendessem a ler música. Eu não era ruim em ler partitura, mas tocar com Madame Legrand era uma provação. Nós duas nos sentávamos na banqueta e, como Madame Legrand era extremamente nutrida, ela ocupava a maior parte e me afastava do meio do piano com o cotovelo. Ela tocava com grande vigor, usando os cotovelos, que se projetavam levemente para fora do corpo, obrigando a infeliz que estivesse tocando as outras duas mãos a manter um dos cotovelos bem preso ao lado do corpo.

Com uma certa astúcia natural, quase sempre consegui tocar os tons mais baixos. Madame Legrand tocava a parte dela com mais facilidade porque gostava de sua própria apresentação e, naturalmente, os agudos lhe davam uma chance muito melhor de derramar a alma na música. Às vezes, por um longo tempo, por seu vigor ao tocar e por quanto ficava absorta na atividade, ela não percebia que eu havia me perdido na base. Mais cedo ou mais tarde, eu hesitava em um compasso, corria atrás da música, tentava alcançá-la sem ter certeza de onde estava, e então arriscava as notas que pudessem estar de acordo com o que Madame Legrand tocava. Como, no entanto, estávamos lendo a partitura, nem sempre eu conseguia acertar. Uma vez, ao perceber a horrível cacofonia que estávamos fazendo, ela parou de súbito, ergueu as mãos para o alto e exclamou:

— *Mais qu'est-ce que vous jouez là, petite? Que c'est horrible!*

Eu não poderia ter concordado mais — estava mesmo horrível. Então, recomeçávamos. Claro, se eu estivesse tocando as notas mais altas, minha falta de coordenação era notada imediatamente. No entanto, no geral, nos dávamos bem. Madame Legrand bufava e fungava o tempo todo enquanto tocava. Seu peito subia e descia, às vezes ela até soltava resmungos; era alarmante, mas fascinante. Ela também tinha um cheiro muito forte, o que não era lá muito fascinante.

Haveria um concerto no final do período escolar e eu faria duas apresentações, uma o terceiro movimento da *Sonata Pathétique*, de Beethoven, e a outra uma peça chamada *Serenade d'Aragona* ou algo assim. Impliquei de imediato com a *Serenade d'Aragona*. Achava de uma dificuldade extraordinária — não sei por quê; com certeza era muito mais fácil do que Beethoven. Embora minha apresentação de Beethoven estivesse avançando bem, a *Serenade d'Aragona* continuava muito ruim. Eu praticava intensamente, mas isso parecia me deixar ainda mais nervosa. Acordava à noite pensando que estava tocando e todo tipo de coisa acontecia. As teclas do piano grudavam, ou eu descobria que estava tocando órgão em vez de piano, ou chegava atrasada, ou o concerto tinha ocorrido na noite anterior... Tudo parece tão bobo quando nos recordamos.

Dois dias antes da apresentação, tive uma febre tão alta que mandaram chamar minha mãe. O médico não encontrou motivo para tanto. No entanto, deu sua opinião de que seria muito melhor se eu não tocasse no concerto e fosse afastada da escola por dois ou três dias, até o concerto terminar. Não consigo nem expressar quão grata fiquei, embora na mesma época eu tivesse a sensação de alguém que havia falhado em algo que estava determinado a realizar.

Isso me faz lembrar de uma prova de Aritmética na escola de Miss Guyer, em que eu havia tirado uma nota baixa, embora tivesse sido a melhor da classe na semana anterior. De alguma forma, quando li as perguntas da prova, minha mente travou e eu não conseguia pensar. Há pessoas que conseguem passar nas provas com notas altas mesmo após serem classificadas como as piores da classe; há quem tenha um desempenho muito melhor em público do que em privado; e há pessoas que são exatamente o oposto. Eu era desse segundo tipo. É óbvio que escolhi a carreira certa. A melhor coisa de ser escritora é poder trabalhar em particular e *em seu próprio tempo*. Isso pode trazer preocupação, incômodo, dor de cabeça; você pode beirar a insanidade tentando encontrar a forma de fazer seu roteiro funcionar; *mas* pelo menos você não precisa ficar de pé e fazer papel de boba em público.

Voltei para o *pensionnat* com grande alívio e de bom humor. Imediatamente tentei checar se agora poderia tocar a *Serenade d'Aragona*. Decerto eu conseguia tocá-la melhor do que antes, mas o desempenho ainda era ruim. Continuei aprendendo o resto da sonata de Beethoven com Madame Legrand, que, embora desapontada comigo como uma aluna que poderia ter lhe trazido elogios, ainda foi gentil e encorajadora, dizendo que eu tinha um bom senso musical.

Os dois invernos e um verão que passei em Paris foram alguns dos dias mais felizes que vivi. Todos os tipos de coisas maravilhosas aconteciam o tempo todo. Amigos norte-americanos de meu avô cuja filha cantava na Grand Opera moravam lá. Fui ouvi-la como Marguerite em *Fausto*. No *pensionnat*, eles não levavam meninas a *Fausto* — supunham que a temática não era "*conveniente*" para "*les jeunes filles*". Acho que as pessoas tendiam a ser bastante otimistas em relação à corrupção fácil de *les jeunes filles*; seria preciso ter muito mais conhecimento do que *jeunes filles* tinham naquela época para saber que algo impróprio estava acontecendo na janela de Marguerite. Nunca entendi em Paris por que Marguerite estava repentinamente na prisão. Será que ela, eu me perguntava, tinha roubado uma joalheria? Com certeza a gravidez e a morte da criança nunca sequer me ocorreram.

Éramos levadas principalmente à Opéra Comique. *Thäis, Werther, Carmen, La Vie Bohème, Manon. Werther* era meu favorito. Na Grand Opera House, ouvi *Tannhäuser* e *Fausto.*

Minha mãe me levou a costureiras e comecei a apreciar roupas pela primeira vez. Mandamos fazer um vestido esporte-fino, de *crêpe de Chine*, cinza-claro, que me encheu de alegria — eu nunca tivera algo tão adulto antes. Era triste que meus seios ainda não cooperassem, de modo que eu precisava de muitos babados enfiados de qualquer jeito no corpete, mas eu ainda tinha esperança de que um dia teria seios verdadeiramente femininos, firmes, redondos e grandes. Ainda bem que somos poupados de enxergar o futuro. Caso contrário, eu deveria ter me visto aos 35 anos, com um busto redondo, feminino, bem desenvolvido, mas todas as outras mulheres, infelizmente, andando por aí com o peitoral achatado feito uma tábua (e quem fosse *infeliz* a ponto de ter seios enormes, apertando-os até que sumissem).

Por meio das cartas de apresentação que minha mãe trouxera, começamos a frequentar a sociedade francesa. As garotas dos Estados Unidos eram sempre bem-vindas no Faubourg St. Germain e era aceitável que os filhos da aristocracia francesa se casassem com americanas ricas. Embora eu estivesse longe de ser rica, sabia-se que meu pai era americano, e todos os americanos deviam ter algum dinheiro. Era uma sociedade curiosa, decorosa e antiquada. Os franceses que conheci eram educados, muito *comme il faut* — e nada poderia ser mais enfadonho do ponto de vista de uma garota. No entanto, aprendi a fraseologia francesa do tipo mais educado. Também aprendi a dançar e a me comportar com alguém chamado, eu acho (embora pareça improvável), Mr. Washington Lob. Mr. Washington Lob era a coisa mais parecida com Mr. Turveydrop que posso imaginar. Aprendi a ler o *Washington Post*, o *Boston* e algumas outras coisas, e também aprendi os vários usos da sociedade cosmopolita.

— Suponha agora que você estivesse prestes a sentar-se ao lado de uma senhora idosa casada. Como você se sentaria?

Lancei um olhar vazio para Mr. Washington Lob.

— Eu deveria... er... apenas me sentar — respondi intrigada.

— Mostre-me.

Sentei-me em uma das cadeiras douradas ao redor, tentando esconder minhas pernas o máximo possível debaixo dela.

— Não, não, isso é impossível. Nunca vai dar certo — disse Mr. Washington Lob. — Vire-se ligeiramente para o lado e já é o suficiente, nada além disso. E quando for se sentar, incline-se para a direita de leve, então dobre um pouco o joelho esquerdo, quase formando um pequeno arco.

Tive que praticar um bocado.

As únicas coisas que eu realmente odiava eram minhas aulas de desenho e pintura. Mamãe era inflexível quanto ao assunto e *não* me deixava escapar:

— Meninas devem saber pintar aquarelas.

Então, com muita rebeldia, duas vezes por semana, eu era acompanhada por uma jovem moça (já que as meninas não andavam sozinhas em Paris) e levada de metrô ou ônibus a um *atelier* em algum lugar perto do mercado de flores. Lá eu me juntava a uma classe de jovens damas, pintando violetas em um copo d'água, lírios em uma jarra, narcisos-dos-prados em um vaso preto. Suspiros terríveis surgiam quando a professora se aproximava.

— *Mais vous ne voyez rien* — dizia ela para mim. — Você deve começar pelas *sombras*, não está vendo? Aqui, aqui e *aqui* estão os sombreados.

Mas eu nunca via os sombreados; tudo o que via eram algumas violetas em um copo d'água. Violetas eram malvas — eu escolhia a tonalidade de roxo em minha paleta e então pintava as violetas de um roxo puro. Até concordo que o resultado não se parecia com um ramo de violetas num copo d'água, mas eu não enxergava, e creio que nunca enxerguei, como os sombreados se tornavam autênticas violetas na água. Alguns dias, para aliviar minha depressão, eu desenhava as pernas da mesa ou uma cadeira qualquer em perspectiva, o que me animava, mas não alegrava minha instrutora.

Embora tenha conhecido muitos franceses charmosos, estranhamente não me apaixonei por nenhum deles. Em vez disso, concebi uma paixão pelo recepcionista do hotel, Monsieur Strie. Ele era alto e magro como uma lombriga, com cabelos loiros claros e visível tendência a espinhas. De fato não consigo entender o que vi nele. Nunca tive coragem de falar com ele, embora ele alguma vezes dissesse *Bonjour, Mademoiselle* quando eu passava pelo salão. Era difícil fantasiar com Monsieur Strie. Às vezes eu me imaginava cuidando dele durante a peste na Indochina Francesa, mas me custava muito manter viva essa fantasia. Conforme ele exalava seu último suspiro, murmurava: "Mademoiselle, eu sempre te amei desde aqueles dias no hotel". Até aí tudo bem, mas quando, no dia seguinte, eu notava Monsieur Strie escrevendo diligentemente atrás de sua escrivaninha, parecia-me muito improvável que algum dia ele viesse a dizer algo semelhante, mesmo em seu leito de morte.

Passamos as férias da Páscoa fazendo expedições a Versalhes, Fontainebleau e vários outros lugares, e então, com seu repente habitual, minha mãe anunciou que eu não voltaria mais para a escola de Mademoiselle T.

— Não gosto muito desse lugar — disse ela. — O ensino não é interessante. Não é como na época de Madge. Vou voltar para a Inglaterra e providenciei para que você estude na escola de Miss Hogg em Auteuil, Les Marroniers.

Não me lembro de ter sentido nada além de uma leve surpresa. Eu tinha me divertido na escola de Mademoiselle T., mas não queria especialmente voltar para lá. Na verdade, parecia mais interessante ir para um lugar novo. Não sei se era estupidez da minha parte ou amabilidade — gosto de pensar, claro, que foi a segunda opção —, mas eu estava sempre preparada para gostar do que viesse em seguida.

Então fui para Les Marroniers, uma boa escola, mas extremamente inglesa. Gostava de estudar lá, embora a achasse maçante. Tinha ótimas aulas de músicas, mas não tão divertidas quanto na época de Madame Legrand. Como todo mundo falava inglês o tempo todo, mesmo sendo estritamente proibido, ninguém aprendia muito francês.

Atividades externas não eram incentivadas, nem talvez mesmo permitidas, em Les Marroniers, então por fim pude me libertar das detestáveis aulas de pintura e desenho. A única coisa de que eu sentia falta era o passeio pelo mercado de flores, que era de fato paradisíaco. No final das férias de verão, não foi nenhuma surpresa para mim quando minha mãe de repente me disse em Ashfield que eu não voltaria para Les Marroniers. Ela tivera uma nova ideia para minha educação.

# V

O médico da vovó, Dr. Burwood, tinha uma cunhada que dirigia uma pequena escola para "aperfeiçoar" a educação das moças em Paris. Recebia apenas de doze a quinze garotas, e todas estavam estudando música ou fazendo cursos no Conservatoire ou na Sorbonne. Minha mãe perguntou o que eu achava da ideia. Como já disse, eu acolhia de bom grado novas ideias; na verdade, meu lema àquela altura poderia ter sido algo como: "Experimente tudo uma vez". Então, no outono, fui matriculada na escola de Miss Dryden, perto do Arco do Triunfo, na Avenue du Bois.

Estar na escola de Miss Dryden era perfeito para mim. Pela primeira vez, senti que o que estávamos fazendo era de fato interessante. Éramos doze. A própria Miss Dryden era alta e selvagem, com cabelos brancos lindamente penteados, corpo excelente e um nariz vermelho, que ela costumava esfregar com violência quando estava com raiva. Ela era seca e irônica ao conversar, o que era alarmante e ao mesmo tempo estimulante. Sua assistente era a francesa Madame Petit. Madame Petit era muito francesa, temperamental, altamente emotiva, notavelmente injusta, e todas nós lhe éramos devotadas, e não a temíamos tanto quanto temíamos Miss Dryden.

Era muito mais como viver em família, mas nossos estudos eram levados a sério. Havia uma ênfase na música, mas tínhamos muitas aulas interessantes de todo tipo. Pessoas da Comédie Française nos davam palestras sobre Molière, Racine e Corneille, e cantores do Conservatoire interpretavam árias de Lully e Glück. Tínhamos uma aula de Teatro onde todas recitávamos. Felizmente não havia muitos *dictées* lá, então meus erros de ortografia não eram tão perceptíveis, e como meu francês falado era melhor do que o das outras moças, eu me divertia muito recitando os versos de *Andromaque*, sentindo-me aquela heroína trágica quando me levantava e declamava:

— *Seigneur, toutes ces grandeurs ne me touchent plus guère.*

Acho que todas nós gostávamos bastante da aula de Teatro. Éramos levadas à Comédie Française para assistir aos dramas clássicos e várias peças modernas. Assisti a Sarah Bernhardt no que deve ter sido um dos últimos papéis de sua carreira, representando um faisão dourado em *Chantecler*, de Rostand. Estava velha, manca, fraca e sua voz dourada estava rachada, mas ela certamente era uma grande atriz, capaz de segurar a plateia com sua emoção apaixonada. Réjane era ainda mais emocionante que Sarah Bernhardt. Eu a vi em uma peça moderna, *La Course aux Flambeaux*. Tinha um dom maravilhoso de fazer você sentir que havia, por trás de sua atuação contida, uma maré de sentimentos e emoções que ela parecia reprimir. Se eu ficar quieta por um ou dois minutos, de olhos fechados, ainda consigo ouvir a voz dela e ver a expressão nas últimas palavras da peça: *Pour sauver ma fille, j'ai tué ma mère* e a forte emoção que se espalhava enquanto as cortinas desciam.

Parece-me que o ensino só pode ser satisfatório se despertar alguma resposta no aluno. Meras informações não são boas, não fornecem nada mais do que se tinha antes. Mas ouvir sobre peças de teatro das *atrizes*, repetir as palavras e os discursos delas, estar diante de cantores de verdade cantando *Bois Epais* ou uma ária do *Orfeu* de Glück fazia surgir em nós uma paixão pela arte que estávamos ouvindo. Aquilo revelou um novo mundo para mim, um mundo no qual sou capaz de viver desde então.

Eu levava a sério o estudo da Música, claro, tanto canto quanto piano. Estudei piano com um austríaco, Charles Fürster. Ele ocasionalmente vinha a Londres e dava recitais. Era um professor bom, porém assustador. Seu método consistia em vagar pela sala enquanto o aluno tocava. Ele parecia não estar ouvindo, olhava pela janela, cheirava uma flor, mas, de repente, quando você tocava uma nota falsa ou fraseava mal algum trecho, ele girava tão rápido quanto um tigre ao ataque e gritava:

— *Hein, qu'est-ce que vous jouez là, petite, hein? C'est atroce.*

No início era devastador, mas era possível se acostumar. Ele era um apaixonado por Chopin, então acabei aprendendo principalmente seus estudos e valsas, a *Fantaisie Impromptu* e uma das Baladas. Eu sabia que estava me dando bem com os ensinamentos dele, e isso me deixava feliz. Também aprendi as Sonatas de Beethoven, assim como outras peças leves a que ele chamava de "peças de salão", um Romance de Fauré, a *Barcarolle* de Tchaikóvski e outras coisas. Eu praticava com verdadeira assiduidade, cerca de sete horas por dia. Acho que uma esperança selvagem surgia dentro de mim — não sei se alguma vez deixei isso vir à minha consciência, mas estava lá no fundo — de que talvez eu pudesse ser uma pianista e até tocar em concertos. Precisaria de trabalho árduo por muito tempo, mas eu sabia que estava melhorando a passos largos.

Minhas aulas de canto começaram antes desse período. Meu professor era um certo Monsieur Boué. Ele e Jean de Reszke eram considerados, na época, os dois principais professores de canto de Paris. Jean de Reszke fora um tenor famoso, e Boué, um barítono operístico. Ele morava em um apartamento no quinto andar de um prédio sem elevador. Eu chegava ao quinto andar completamente sem fôlego, o que era natural. Os apartamentos eram todos tão parecidos que você perdia a conta de quantos andares já tinha subido, mas sempre sabia que havia chegado à casa de Monsieur Boué por causa do papel de parede na escada. Na última curva, havia uma enorme mancha de gordura que aparentava uma vaga semelhança com a cabeça de um cairn terrier.

Quando eu chegava, era imediatamente saudada com reprovação. O que estava implícito em minha respiração esbaforida? Por que eu precisava estar sem fôlego? Pessoas da minha idade deveriam disparar pelas escadas sem ofegar. Respirar era tudo.

— Respirar é praticamente tudo no canto, você já deveria saber disso — dizia ele antes de esticar a fita métrica, sempre à mão, e contornar a região do meu diafragma, me incentivando a inspirar, prender o ar e então expirar o máximo possível.

Ele calculava a diferença entre as duas medidas, assentindo com a cabeça ocasionalmente e dizendo:

— *C'est bien*, *c'est bien*, está melhorando. Você tem um peitoral bom, um peitoral excelente. Uma expansão esplêndida e, se quer saber o que mais, vou lhe dizer uma coisa: você jamais ficará tuberculosa. Essa doença atinge alguns cantores. Mas você, jamais. Enquanto exercitar sua respiração, tudo estará bem. Você gosta de carne?

Eu disse que sim, eu adorava carne.

— Isso também é bom; é a melhor comida para um cantor. Não se pode fazer refeições fartas nem comer com frequência, mas digo a meus cantores de ópera, você vai comer às três da tarde uma grande fatia de bife com um copo de cerveja preta. Depois disso, *nada* até você cantar às nove horas.

Em seguida, passávamos para a aula de canto propriamente dita. A *voix de tête*, disse ele, era muito boa, era perfeita, bem-produzida e natural, e minhas notas de peito não eram ruins; mas o *médium*, o *médium* era muito fraco. Então, para começar, eu deveria cantar canções mezzosoprano para desenvolver *le médium*. De vez em quando, ele ficava exasperado com o que chamava de meu rosto inglês.

— Rostos ingleses não têm expressão! — dizia ele. — Não se articulam. A pele ao redor da boca não se move; e a voz, as palavras, tudo, vêm do fundo da garganta. Isso é péssimo. A língua francesa tem que vir do *palate*, do céu da boca. O céu da boca, o dorso do nariz, é *daí* que vem a voz do *médium*. Você fala francês muito bem, fluentemente, embora seja uma pena que não tenha o sotaque inglês, mas sim o sotaque do Midi. Por que esse sotaque?

Pensei um pouco e então respondi que talvez fosse porque eu tinha aprendido francês com uma empregada francesa que viera de Pau.

— Ah, isso explica tudo — disse ele. — Sim, é isso. Você tem o sotaque *méridional*. Como eu disse, você fala francês fluentemente, mas pronuncia como se fosse inglês porque vem do fundo da garganta. Você deve mover seus lábios. Mantenha os dentes unidos, mas mova os *lábios*. Ah, já sei o que vamos fazer.

Ele então me disse para prender um lápis no canto da boca e articular da melhor forma possível enquanto cantava sem deixá-lo cair. Foi extraordinariamente difícil no início, mas no final consegui. Meus dentes prendiam o lápis e meus lábios tinham que se mover com grande esforço para fazer as palavras saírem direito.

A fúria de Boué foi grande no dia em que levei uma ária de *Samson et Delilah*, *Mon coeur s'ouvre à ta voix*, e perguntei se poderia aprender, já que tinha gostado tanto da ópera.

— Mas o que é isso que você tem aqui? — perguntou ele, olhando para a peça musical. — O que é isso? Em que *tom* está? Está numa clave transposta.

Respondi que havia comprado a versão para a voz de soprano.

Ele gritou com raiva:

— Mas Dalila não é soprano. Ela é mezzo. Você não sabe que toda ópera deve sempre ser cantada no tom em que foi escrita? Você não pode transpor para uma voz soprano o que foi escrito para uma voz mezzo, senão a ênfase fica toda errada. Suma com isso daqui. Quando trouxer no tom mezzo adequado, aí sim, ensinarei.

Nunca mais ousei cantar uma canção transposta.

Aprendi muitas canções francesas e uma adorável *Ave Maria* de Cherubini. Debatemos por algum tempo como eu deveria pronunciar o latim.

— Os ingleses pronunciam o latim da maneira italiana, os franceses têm sua própria maneira de pronunciar o latim. Acho que, como você é inglesa, é melhor cantá-lo na pronúncia italiana.

Também cantei muitas canções de Schubert em alemão. Apesar de não saber a língua, não foi muito difícil; e cantei músicas em italiano, é claro. No geral, não me era permitido ser muito ambiciosa, mas depois de cerca de seis meses de estudo, pude cantar a famosa ária de *La Boheme* "*Te Gelida Manina*" e também a ária de *Tosca*, "*Vissi d'arte*".

Foi realmente uma época feliz. Às vezes, depois de uma visita ao Louvre, éramos levadas para tomar chá no Rumpelmayer's. Não poderia haver prazer maior na vida para uma garota gananciosa que uma tarde de chá no Rumpelmayer's. Meus favoritos eram aqueles bolos gloriosos com creme e enfeites de castanhas, incomparavelmente enjoativos.

Éramos levadas, é claro, para passeios no Bois — um lugar muito fascinante. Certo dia, lembro-me bem, quando caminhávamos aos pares por um atalho muito arborizado, surgiu um homem de trás de umas árvores — um caso clássico de exposição indecente. Acho que todas nós o vimos, mas nos comportamos de maneira decorosa, como se não tivéssemos notado nada de incomum — talvez não tivéssemos muita certeza do *que* tínhamos visto. A própria Miss Dryden, que estava responsável por nós naquele dia, continuou em frente caminhando tão beligerante quanto um navio de guerra. Nós a seguimos. Suponho que o homem, cuja metade superior era bem correta, com cabelos pretos, barba pontuda e uma gravata muito elegante, deva ter passado o dia vagando pelos lugares mais escuros do Bois para surpreender decorosas moças de *pensionnats*, caminhando duas a duas, talvez desejando aumentar seu conhecimento da vida em Paris. Devo acrescentar que, até onde sei, nenhuma de nós mencionou o incidente a nenhuma das outras garotas; não houve nem uma risadinha. Éramos todas esplendidamente modestas naquela época.

De vez em quando, tínhamos festas na casa de Miss Dryden, e em certa ocasião uma ex-aluna dela, uma americana agora casada com um visconde francês, chegou com seu filho, Rudy. Rudy até podia ser um barão francês, mas a aparência era de um universitário americano. Rudy deve ter empalidecido um pouco ao ver doze garotas núbeis olhando para ele com interesse, aprovação e possível romance nos olhos.

— Estou vendo muitas mãos para apertar — declarou ele com voz alegre. Todas nós encontramos Rudy novamente no dia seguinte no Palais de Glace, onde algumas de nós patinávamos e outras aprendiam a patinar. Ele estava determinado e galante de novo, ansioso para não decepcionar a mãe. Deu várias voltas no rinque patinando com aquelas, dentre nós, que conseguiam ficar de pé. Eu, como tantas vezes nessas questões, não tive sorte. Estava apenas começando a aprender, e na minha primeira tarde havia conseguido derrubar o instrutor de patinação. Isso, devo dizer, deixou-o extremamente zangado. Ele fora ridicularizado perante seus colegas. Ele se orgulhava de ser capaz de segurar *qualquer um*, até mesmo a mais robusta dama americana, e ser jogado ao chão por uma garota alta e magra deve tê-lo enfurecido. A partir de então, vinha buscar-me para uma volta no rinque tão raramente quanto possível. Por isso mesmo, achei que não me arriscaria a dar uma volta com Rudy; provavelmente eu o derrubaria também, e *ele* ficaria zangado.

Algo acontecia comigo ao ver Rudy. Só o vimos nessas poucas ocasiões, mas elas marcaram um ponto de transição. Daquele momento em diante, dei um passo além da paixão pelo herói. Todo o amor romântico que eu sentia pelas pessoas reais e irreais — pessoas nos livros, pessoas sob os olhos do público, pessoas reais que frequentavam a casa — acabou naquele momento. Eu não tinha mais a capacidade de um amor altruísta ou o desejo de me sacrificar por alguém. A partir daquele dia, comecei a pensar em rapazes apenas como rapazes — criaturas empolgantes que eu gostaria de encontrar e entre os quais, algum dia, encontraria meu marido (o Homem Ideal, na verdade). Não me apaixonei por Rudy — talvez tivesse, se o encontrasse com frequência —, mas de repente me senti *diferente*. Tornara-me parte daquele mundo de fêmeas em busca de suas presas! A partir daquele momento, a imagem do bispo de Londres, que fora meu último objeto de paixão platônica, desapareceu da minha mente. Eu queria conhecer rapazes *de verdade*, *vários* deles — na verdade, não poderia haver rapazes o suficiente.

Estou confusa agora quanto ao tempo que permaneci na escola de Miss Dryden — um ano, talvez dezoito meses, não acho que mais de dois anos. Minha volátil mãe não propôs nenhuma mudança adicional no plano educacional; talvez ela não tenha ouvido falar de nada que a entusiasmasse. Mas eu realmente acho que ela intuiu que eu havia descoberto algo que me satisfazia. Eu estava aprendendo coisas importantes, que cresciam em mim como parte de um interesse maior pela vida.

Um sonho meu se desvaneceu antes que eu deixasse Paris. Miss Dryden esperava uma velha aluna sua, a Condessa de Limerick, uma excelente pianista, aluna de Charles Fürster. Normalmente, as duas ou três meninas que estudavam piano davam um concerto informal nessas ocasiões. Eu era uma delas. O resultado foi catastrófico. Eu estava nervosa antes, mas não demais, não mais do que seria natural. No entanto, assim que me sentei ao piano, a ineficiência me dominou como uma maré. Toquei notas erradas, perdi o ritmo, meu fraseado foi amador e desajeitado — um desastre completo.

Ninguém poderia ter sido mais gentil do que Lady Limerick. Ela conversou comigo depois e disse que tinha percebido como eu estava nervosa, e que esse tipo de reação costuma representar o medo do palco. Talvez eu o superasse mais tarde, quando me tornasse mais experiente em tocar para uma plateia. Fiquei grata pelas palavras gentis, mas eu sabia que havia mais do que isso.

Continuei a estudar, mas antes de finalmente voltar para casa perguntei a Charles Fürster com sinceridade se ele achava que, com muito trabalho e dedicação, eu poderia um dia ser pianista profissional. Ele também foi gentil, mas não mentiu. Disse que achava que eu não tinha temperamento para tocar em público, e eu sabia que ele estava certo. Fiquei grata a ele por me dizer a verdade. Fiquei arrasada por um tempo, mas tentei não pensar tanto a respeito.

Se você não pode conseguir aquilo que mais almeja, é muito melhor reconhecer e seguir em frente, em vez de ficar pensando nos próprios arrependimentos e esperanças. O fato de essa rejeição ter vindo cedo me ajudou no futuro; ensinou-me que eu não tinha temperamento para qualquer tipo de exibição. Posso descrever o que parecia dizendo que eu simplesmente não conseguia controlar minhas reações *físicas*.

# Parte 4

# *Namoro, corte, proibição, casamento (jogo popular vitoriano)*

# I

Logo depois que voltei de Paris, minha mãe teve uma doença grave. Segundo os costumes dos médicos, o diagnóstico foi dado como apendicite, paratifoide, pedras na vesícula, entre outras coisas. Muitas vezes ela esteve prestes a ser levada para a mesa de cirurgia. O tratamento não melhorou sua condição — ela constantemente tinha recaídas e diversas operações foram debatidas. Minha mãe era ela própria uma médica amadora. Quando seu irmão Ernest trabalhava como estudante de Medicina, ela o ajudara com crescente entusiasmo. Ela teria sido uma médica muito melhor do que ele. No fim, ele teve de desistir da ideia porque não suportava ver sangue. Àquela altura, minha mãe estava praticamente tão treinada quanto ele — e não se importaria com sangue, feridas ou quaisquer outras ofensas físicas aos olhos. Percebi que, sempre que íamos ao dentista juntas, minha mãe ignorava o *Queen* ou o *Tatler* e de imediato pegava o *Lancet* ou o *British Medical Journal*, se estivesse sobre a mesa.

Por fim, perdendo a paciência com seus médicos, ela disse:

— Não acredito que eles *saibam* o que tenho; *eu mesma* não sei. Acho que o melhor a fazer é me livrar deles.

Ela conseguiu encontrar outro médico que era o que se poderia chamar do tipo dócil, e logo contou que ele a havia aconselhado a tomar sol e aproveitar um clima quente e seco.

— Iremos para o Egito no inverno — informou ela.

Mais uma vez procedemos ao aluguel da casa. Tínhamos a sorte de que as despesas de viagem eram bem baixas naqueles dias, e que o custo de vida no exterior podia ser facilmente coberto pelo alto aluguel pedido por Ashfield. Torquay, é claro, naquela época ainda era uma estância *de inverno*. Ninguém ia lá durante o verão, e as pessoas que moravam lá sempre iam embora para evitar "o calor terrível". (Não consigo imaginar o que poderia ser esse calor terrível: hoje em dia eu sempre acho South Devon muito frio no verão). Normalmente, elas procuravam casas no interior, na charneca. Meus pais fizeram isso uma vez, mas acharam o local tão quente que meu pai contratou um docar e voltou para Torquay para se sentar em seu próprio jardim praticamente todas as tardes. De qualquer forma, Torquay era então a Riviera da Inglaterra, e as pessoas pagavam altos aluguéis por casarões mobiliados lá, durante uma temporada de inverno bastante alegre, com shows à tarde, palestras, bailes ocasionais e uma grande quantidade de outras atividades sociais.

Eu estava na época de "debutar". Meu cabelo era penteado para o alto, o que naquela época significava feito no estilo grego, com grandes nós de cachos no alto da cabeça e uma faixa estreita em volta. Era de fato um estilo da moda, apropriado em especial para vestidos de noite. Meu cabelo era muito comprido — eu podia me sentar nele com facilidade. Isso, por algum motivo, era considerado algo de que se orgulhar para uma mulher, embora o que *realmente significasse* era que seu cabelo era indomável e ficava sempre caindo. Para neutralizar esse efeito, os cabeleireiros criaram o que chamaram de *postiche* — um grande nó falso de cachos, com seu próprio cabelo preso o mais apertado possível na cabeça, e o *postiche* preso a ele.

"Debutar" era muito importante na vida de uma moça. Se a família tivesse dinheiro, a mãe dava um baile para a filha. Era preciso passar uma temporada em Londres. Claro que a temporada não era, de forma alguma, como a exploração comercial e altamente organizada que impera nos últimos vinte ou trinta anos. As pessoas convidadas para o baile naquela época, e as pessoas a cujos bailes você ia, eram seus amigos pessoais. Havia sempre uma ligeira dificuldade em conseguir homens suficientes; mas os bailes eram, em geral, informais, ou então havia os bailes beneficentes, para os quais se convidavam muitas pessoas.

É claro que eu não poderia viver algo parecido. Madge tinha debutado em Nova York e ido a festas e bailes lá, mas meu pai não tivera condições de pagar uma temporada em Londres para ela, e certamente *eu* também não teria uma. Mas minha mãe estava ansiosa para que eu tivesse o que era considerado o direito de nascença de uma jovem, isto é, emergir como uma borboleta de uma crisálida, de uma colegial para uma jovem debutante, conhecendo outras meninas e muitos rapazes, claramente em vista de encontrar um companheiro adequado.

Todo mundo fazia questão de ser gentil com as moças. Convidavam-nas para festas em casa e organizavam agradáveis noites de teatro. Todas as damas se divertiam entre amigas. Não havia nada que se aproximasse do sistema francês de proteger as filhas e permitir que elas se encontrassem apenas com alguns *partis*, que supostamente dariam maridos convenientes, que já houvessem cometido as loucuras selvagens da idade e que tivessem dinheiro ou propriedades suficientes para manter uma esposa. Acredito que esse sistema fosse bom; com certeza resultava em uma alta porcentagem de casamentos felizes. A crença inglesa de que as jovens francesas eram forçadas a se casar com velhos ricos era totalmente falsa. Uma garota francesa podia fazer sua escolha, mas definitivamente era uma escolha limitada. O jovem farrista, turbulento, o charmoso *mauvais sujet* que ela sem dúvida teria preferido nunca era autorizado a entrar em sua órbita.

Na Inglaterra não era assim. As meninas saíam para dançar e conheciam todo tipo de rapaz. As mães também iam, sentadas como acompanhantes, mas mães eram um tanto indefesas. É claro que as pessoas eram razoavelmente cuidadosas com os rapazes com quem permitiam que suas filhas se associassem, mas ainda assim havia um amplo campo de escolha, e as moças costumavam preferir rapazes indesejáveis, e até mesmo ir tão longe a ponto de ficarem noivas deles ou ter o que era chamado de "acordo". "Entrar em um acordo" era um termo realmente útil; por meio dele, os pais evitavam as situações difíceis que poderiam resultar de uma oposição à escolha da filha.

— Você ainda é muito jovem, querida, e tenho certeza de que Hugh é muito charmoso, mas ele também é jovem e ainda não se estabeleceu. Não vejo razão para que vocês não tenham *um acordo* e se encontrem ocasionalmente, mas sem cartas e *sem* compromisso formal.

Eles então trabalhavam nos bastidores para tentar encontrar um jovem mais adequado e capaz de distrair a mente da garota do primeiro. Isso acontecia com frequência. A oposição direta, é claro, teria feito a garota se agarrar freneticamente à sua primeira escolha, mas a liberdade de encontros autorizados tirava parte da magia, e como a maioria das moças é capaz de ser sensata, elas muitas vezes mudavam de ideia.

Por estarmos mal financeiramente, minha mãe achou que seria difícil, para mim, adentrar na sociedade nos termos usuais. Penso que a escolha dela pelo Cairo como centro de convalescença para si mesma foi feita em grande parte por minha conta, e foi uma boa escolha. Eu era uma garota tímida, não muito brilhante socialmente; se eu pudesse me familiarizar com a dança, conversar com rapazes e tudo o mais como uma coisa cotidiana, seria a melhor maneira de me proporcionar uma experiência valiosa.

Cairo, do ponto de vista de uma menina, era um sonho prazeroso. Passamos três meses lá, e eu ia a cinco bailes por semana. Eles eram dados em cada um dos grandes hotéis. No Cairo estavam três ou quatro regimentos; todos os dias, havia partidas de polo; e, vivendo em um hotel não tão caro, já tínhamos tudo isso à nossa disposição. Muita gente ia para o Cairo passar o inverno, e muitas dessas pessoas eram mães com suas filhas. Eu era tímida no começo, e continuei tímida de muitas maneiras, mas gostava muito de dançar e dançava bem. Também gostava de jovens rapazes, e logo descobri que eles gostavam de mim, então tudo correu bem. Eu tinha apenas 17 anos — o Cairo em si não significava nada para mim. Garotas entre 18 e 21 anos raramente pensavam em outro assunto além dos jovens da mesma idade, coisa, aliás, muito certa!

Hoje em dia, a arte do flerte se perdeu, mas naquela época estava em plena moda. Acho que era uma aproximação ao que os antigos trovadores chamavam de *le pays du tendre*. É uma boa introdução à vida: o apego meio sentimental, meio romântico que cresce entre o que eu chamo agora em minha idade avançada de "meninas e meninos". Ensina-lhes algo da vida e um do outro sem terem que pagar um preço muito violento ou desiludido. Certamente não me lembro de nenhum bebê ilegítimo entre meus amigos ou suas famílias. Não, estou errada. Não foi uma história bonita: uma garota que conhecíamos foi passar as férias com uma colega de escola e foi seduzida pelo pai dela, um homem idoso de má reputação.

Era difícil estabelecer vínculos sexuais, porque os rapazes tinham uma opinião muito boa sobre as moças, e a opinião pública adversa os afetaria tanto quanto as moças. Os homens se divertiam sexualmente, *por sua vez*, com mulheres casadas, em geral bem mais velhas que eles, ou então com "amiguinhas" em Londres, sobre as quais ninguém deveria saber. Lembro-me de um incidente quando estava em uma festa em uma casa privada na Irlanda um tempo depois. Havia duas ou três outras meninas, além dos rapazes, na maioria militares. Certa manhã, um dos soldados saiu de jeito abrupto, dizendo que recebera um telegrama da Inglaterra. Era mentira. Ninguém sabia o motivo, mas ele fizera confidências a uma moça bem mais velha, que ele conhecia bem e que considerava capaz de avaliar seu problema. Aparentemente, ele fora convidado a acompanhar uma das garotas a um baile a uma pequena distância, para o qual as outras não haviam sido convidadas. Ele a levou até lá, mas no caminho a garota sugeriu que eles parassem em um hotel e ficassem em um quarto.

— Chegaremos ao baile um pouco tarde — disse ela —, mas acho que ninguém percebe... Já fiz isso muitas vezes.

O jovem ficara tão horrorizado que, tendo recusado a sugestão, achou impossível encontrá-la novamente no dia seguinte. Daí sua saída abrupta.

— Eu mal podia acreditar nos meus ouvidos. Ela parecia uma moça tão bem-educada, bem jovem, bons pais e tudo o mais. Exatamente o tipo de moça com quem qualquer um gostaria de se casar.

Aqueles ainda eram bons tempos para a pureza das jovens. Acho que não nos sentíamos minimamente reprimidas por causa disso. Amizades românticas, tingidas de sexo ou da possibilidade de sexo, satisfaziam-nos por completo. Afinal, a corte é uma etapa reconhecida em todos os animais. O macho se pavoneia e corteja, a fêmea finge não notar nada, mas fica secretamente gratificada. Você sabe que ainda não é a relação de verdade, mas uma espécie de aprendizado. Os trovadores estavam bem certos quando fizeram suas canções sobre o *pays du tendre*. Sempre releio *Aucassin and Nicolette* por seu charme, sua naturalidade e sua sinceridade. Depois que a juventude passa, nunca mais se tem aquele sentimento em particular: a excitação da amizade com um homem; aquela sensação de afinidade, de gostar das mesmas coisas, do outro dizendo o que *você* acabou de pensar. Muito disso é ilusão, é claro, mas é uma ilusão maravilhosa, e acho que deveria ter seu papel na vida de todas as mulheres. Você pode sorrir para si mesma depois, dizendo: "Eu era realmente uma jovem tola".

No entanto, no Cairo eu nem cheguei a me apaixonar um pouquinho que fosse. Tinha muito o que fazer. Havia tanta coisa acontecendo, e tantos jovens atraentes e bem-apessoados. Os que mexiam com meu coração eram homens de cerca de quarenta anos, que faziam a gentileza de dançar comigo de vez em quando e que me provocavam por eu ser uma coisinha jovem e bonita, mas não passava disso. A sociedade decretava que não se deveria dançar mais do que duas danças com o mesmo homem em uma noite. Era possível, ocasionalmente, esticar até três danças, mas olhares vigilantes não se retiravam das moças.

O primeiro vestido de noite de uma moça, é claro, era uma grande alegria. Eu tinha um de *chiffon* verde-claro com pequenos babados de renda, um de seda branca bem simples e um lindo de tafetá azul-turquesa, cujo material vovó desenterrara de um de seus baús secretos. Era um tecido magnífico, mas, infelizmente, estando guardado havia tantos anos, não suportou o clima egípcio, e uma noite, durante uma dança, rasgou-se na saia, nas mangas e na gola, e eu tive que me retirar às pressas para o toalete das damas.

No dia seguinte fomos a uma das costureiras levantinas do Cairo. Eram muito careiras, e meus vestidos comprados na Inglaterra haviam sido baratos. Ainda assim, consegui um lindo vestido feito de cetim rosa-claro com um ramalhete de botões de rosa em um ombro. O que *eu* queria, claro, era um vestido preto de noite; todas as meninas queriam um vestido desses para parecerem maduras. Todas as mães se recusavam a dá-los de presente.

Um jovem da Cornualha, chamado Trelawny, e um amigo dele, ambos do 60º Rifles, eram meus principais parceiros. Um dos homens mais velhos, um Capitão Craik, que estava noivo de uma boa moça americana, entregou-me de volta a minha mãe depois de uma dança em uma noite e disse:

— Aqui está a sua filha. Ela aprendeu a dançar. Na verdade, ela dança lindamente. É melhor você tentar ensiná-la a falar agora.

Foi uma repreensão justificada. Infelizmente, eu ainda não conseguia conversar com ninguém.

Eu era bonita. Minha família, é claro, ri bem alto sempre que digo que fui uma garota adorável. Minha filha e suas amigas, em geral, dizem:

— Mas, mãe, você *não pode* ter sido. Olhe para aquelas fotos horríveis!

É verdade que algumas fotografias daquele tempo são realmente terríveis, mas isso se deve, acho, às roupas, que ainda não são antigas o bastante para serem consideradas *clássicas*. Com certeza naquela época usávamos chapéus monstruosos, de praticamente uma jarda de largura, de palha, fitas, flores e grandes véus. Retratos feitos por profissionais eram com frequência feitos com chapéus como esse, às vezes amarrados com uma fita sob o queixo. Outras vezes, ficávamos sem chapéu, exibindo nossas cabeças com cabelos super frisados, segurando um enorme ramo de rosas como se fosse um telefone junto à orelha. Olhando para minhas primeiras fotos, há uma, tirada antes de eu "debutar", que é bastante atraente: eu exibia duas longas tranças e estava sentada, Deus sabe por quê, junto a uma roda de fiar. Como certa vez um rapaz me disse: "Gosto muito dessa sua fotografia de Gretchen". Acho que eu me parecia mesmo um pouco com Margarida de *Fausto*. Havia também uma bela fotografia minha no Cairo, com um dos meus chapéus mais simples, um enorme chapéu de palha azul-escuro com uma rosa cor-de-rosa. O chapéu emoldurava bem o rosto e não era sobrecarregado com fitas, como a maioria. Os vestidos eram, em geral, extravagantes e cheios de babados.

Não demorei para me apaixonar por polo, e costumava assistir todas as tardes. Mamãe tentava ampliar minha mente levando-me de vez em quando ao Museu, e também sugeriu que subíssemos o Nilo e víssemos as glórias de Luxor.

— Ah, não, mamãe, ah, não, não, vamos embora *agora* — protestava, com lágrimas nos olhos. — Na segunda-feira haverá o baile à fantasia, e eu prometi ir a um piquenique em Sakkara na terça... — E assim por diante.

As maravilhas da antiguidade eram a última coisa que eu queria ver, e fico feliz que ela não tenha me levado. Luxor, Karnak, as belezas do Egito, viriam a mim com um impacto maravilhoso cerca de vinte anos depois. Como as teria estragado para mim se eu as tivesse visto com olhos despreparados...

Não há erro maior na vida do que ver as coisas ou ouvi-las *na hora errada*. Shakespeare está arruinado para a maioria das pessoas por ter sido leitura obrigatória na escola; as pessoas deveriam ver Shakespeare como foi escrito para ser visto, encenado no palco. Lá se pode apreciá-lo bem jovem, muito antes de absorver a beleza das palavras e da poesia. Levei meu neto, Mathew, para ver *Macbeth* e *As alegres comadres de Windsor* em Stratford quando ele tinha 11 ou 12 anos. Ele ficou muito agradecido por ambos, embora seu comentário tenha sido inesperado. Ele se virou para mim quando saímos e disse, com uma voz chocada:

— Sabe, se eu não soubesse de antemão que era *Shakespeare*, *nunca* teria acreditado.

Isso era, claramente, um testemunho a favor de Shakespeare, e foi assim que o entendi.

Depois do sucesso que *Macbeth* fez com Mathew, seguimos para *As alegres comadres de Windsor*. Naqueles dias, a peça era feita, como tenho certeza de que deveria ser, como o bom e velho pastelão inglês — sem sutileza. A última representação de *As alegres comadres* que vi — em 1965 — tinha tanta produção artística que você sentia como se tivesse viajado para bem distante do sol de inverno no Windsor Old Park. Até o cesto de roupa suja não era mais um cesto de roupa suja: era um mero símbolo feito de ráfia! Não se pode apreciar devidamente uma comédia desse gênero quando nela tudo é "simbólico". O bom e velho truque do creme de pantomima nunca deixará de provocar uma gargalhada, desde que o creme de fato pareça aplicado a um rosto! Pegar uma pequena embalagem onde se lê "Bird's Custard Powder" e aplicá-lo com delicadeza sobre a bochecha — bem, o *simbolismo* pode estar lá, mas a farsa, não. *As alegres comadres de Windsor* também agradou a Mathew, fico feliz em dizer, e ele gostou especialmente do professor galês.

Acho que não há nada mais gratificante do que apresentar os jovens às coisas que nós mesmos já tínhamos como certas há tempos, e de uma maneira específica. Max e eu fizemos uma viagem de automóvel pelos castelos do Loire, certa vez, com minha filha Rosalind e uma de suas amigas. A amiga avaliou todos os castelos que vimos por apenas um critério. Ela olhava em volta com olhos experientes e dizia:

— Eles realmente podiam se *divertir* aqui, não podiam?

Eu jamais pensara nos castelos do Loire em termos de divertimento, mas achei que a observação denotava certa agudeza de espírito. Os antigos reis e nobres da França, de fato, usavam os castelos para as suas farras. A moral da história (visto que fui educada para procurar sempre a moral da história) é que nunca é tarde para aprender. Há sempre um ponto de vista novo que nos pode ser inesperadamente revelado.

Toda essa conversa parece ter me levado para muito longe do Egito. Uma coisa leva a outra; mas por que não deveria? Aquele inverno no Egito, vejo agora, resolveu muitos problemas em nossa vida. Minha mãe, diante da dificuldade de ter que prover uma vida social para uma filha jovem e quase sem dinheiro para fazer isso, descobriu uma solução, e eu superei minha estranheza. Na linguagem do meu tempo, "eu sabia como me comportar". Nosso modo de vida agora é tão diferente que parece quase impossível de explicar.

O problema é que as garotas de hoje não sabem nada sobre a arte do flerte. O flerte, como já mencionei, era uma arte cultivada com muito cuidado pelas moças da minha geração. Sabíamos as regras de trás para a frente. Era verdade que na França nenhuma jovem ficava sozinha com um rapaz, mas na Inglaterra certamente não era assim. Passeava-se com homens, cavalgava-se com homens — mas não se podia ir a um baile sozinha com um jovem rapaz: ou sua mãe ficava lá sentada, ou então qualquer outra matrona aborrecida, ou as aparências eram satisfeitas pela presença, no grupo, de uma jovem casada. Mas tendo cumprido as regras e dançado com um rapaz, você então podia passear ao luar ou perambular pela estufa, e encantadores *tête à têtes* podiam acontecer sem que, aos olhos do mundo, o decoro fosse abandonado.

Gerenciar a noite era uma arte difícil e na qual eu não era particularmente boa. Digamos que você comece em uma festa: A, B, C são três garotas, D, E, F são três rapazes. Você deve pelo menos dançar com cada um desses jovens duas vezes — provavelmente, jantará com um deles, a menos que ele ou você não deseje mesmo fazê-lo. O resto da noite está aberto para você planejar como quiser. Há vários rapazes alinhados, e alguns deles imediatamente — aqueles que você em especial não quer ver — aproximam-se de você. Então começa a parte complicada. Você tenta impedir que eles percebam que sua noite ainda não está preenchida por completo, e diz, sem muita convicção, que talvez esteja livre para a décima quarta dança. A dificuldade é encontrar o equilíbrio. Os rapazes com quem você quer dançar estão em algum lugar ao redor, mas se eles chegarem atrasados, sua noite poderá já estar cheia. Por outro lado, se você contar mentiras suficientes aos primeiros rapazes, ficará com lacunas em seu programa, e elas podem não ser preenchidas pelos rapazes certos. Então você terá que ficar sentada durante algumas danças, como uma dama invisível. Ah, e a agonia que você sentirá quando o jovem aguardado em segredo de repente aparecer, tendo procurado loucamente por você em todos os lugares errados! Você terá que dizer a ele com tristeza:

— Só estou livre para a segunda dança extra e para a décima.

— Ah, tem certeza de que consegue algo melhor? — Ele implorará..

Você olha o seu programa e considera. Cancelar danças não é legal. É desaprovado, não apenas por anfitriãs e mães, mas também pelos próprios jovens. Eles às vezes se vingam cancelando danças em troca. Talvez, ao olhar para o seu programa, você veja o nome de algum jovem que se comportou mal com você, que chegou tarde, que falou mais com outra garota no jantar do que com você. Se assim for, você fará bem ao sacrificá-lo. Apenas ocasionalmente, em desespero, sacrifica-se um jovem porque ele dança tão mal que é realmente uma agonia para os pés. Mas isso eu quase nunca gostava de fazer, porque tinha um coração terno, e parecia indelicado tratar tão mal um pobre jovem que com toda certeza seria maltratado por todas as outras. A coisa toda era tão intrincada quanto os passos de uma dança. Em alguns aspectos era muito divertido, mas em outros, bastante estressante. De qualquer forma, nossas maneiras melhoravam com a prática.

Ir para o Egito foi de grande ajuda para mim. Eu não acho que qualquer outra coisa teria removido minha *gaucherie* natural tão cedo. Com certeza foram três meses maravilhosos para uma garota. Conheci pelo menos vinte ou trinta rapazes razoavelmente bem. Suponho ter comparecido a algo entre cinquenta e sessenta bailes; mas eu era muito jovem e estava me divertindo demais para me apaixonar por alguém, o que foi uma sorte. Eu até lançava olhares lânguidos para um punhado de coronéis bronzeados de meia-idade, mas a maioria deles já estava ligada a atraentes mulheres casadas — as esposas de outros homens — e não tinha interesse em meninas jovens e insípidas. Fui um pouco atormentada por um jovem conde austríaco de excessiva solenidade, que me dava muita atenção. Por mais que eu o evitasse, ele sempre me procurava e me chamava para dançar uma valsa. A valsa, como já mencionei, é a única dança de que não gosto, e a do conde era das mais elaboradas — isto é, consistia em grande parte em andar para trás em alta velocidade, o que me deixava tão tonta que eu sempre temia cair. Andar para trás não era considerado muito bom nas aulas de dança de Miss Hickey, então eu não tinha prática suficiente.

O conde disse que gostaria de ter o prazer de conversar com minha mãe. Suponho que essa fosse a maneira dele de mostrar que suas atenções eram honrosas. Tive que levá-lo até minha mãe, é claro, que estava sentada contra a parede, suportando a penitência da noite — pois para ela certamente era uma penitência. O conde sentou-se ao lado dela e a entreteve muito solenemente por pelo menos uns vinte minutos, parece-me. Depois, quando chegamos em casa, minha mãe me disse, zangada:

— O que diabos a induziu a levar aquele pequeno austríaco para falar comigo? Eu não conseguia mais me livrar dele.

Assegurei a ela que eu não havia conseguido evitar, que ele tinha insistido.

— Bem, você precisa se empenhar melhor, Agatha — disse minha mãe. — Não pode ficar levando rapazes tão novos para conversar comigo. Eles só fazem isso por educação e para causar uma boa impressão.

Eu disse que ele era um homem terrível.

— Ele é bonito, bem-educado e um bom dançarino — disse minha mãe. — Mas devo dizer que o achei um completo chato.

A maioria dos meus amigos era de jovens subalternos, e nossas amizades eram absorventes, mas pouco sérias. Eu os assistia jogando polo, vaiava-os se não jogavam bem ou aplaudia-os se faziam boa figura, e eles se exibiam diante de mim da melhor maneira possível. Falar com homens um pouco mais velhos era mais difícil. Já me esqueci de muitos nomes dessa época, mas me lembro que havia um tal Capitão Hibberd que costumava dançar comigo com bastante frequência. Quando voltávamos do Cairo para Veneza em um barco, fiquei muito surpresa ao ouvir minha mãe dizer, sem qualquer preocupação:

— Suponho que você saiba que o Capitão Hibberd queria se casar com você, certo?

— O quê? — retruquei, assustada. — Ele nunca me pediu em casamento nem disse *nada* a respeito.

— Não, ele disse para mim — respondeu mamãe.

— Para você? — rebati com espanto.

— Sim. Disse que estava perdidamente apaixonado por você e perguntou se eu a achava jovem demais. Talvez ele não devesse ainda falar com você, foi o que ele disse.

— E o que você respondeu? — exigi saber.

— Eu disse que tinha certeza de que você não estava apaixonada por ele e que não adiantava continuar com a ideia — respondeu ela.

— Ah, mamãe! — exclamei indignada. — Você disse isso?

Mamãe olhou para mim com grande surpresa.

— Está querendo dizer que gostou dele? — perguntou ela. — Você consideraria se casar com ele?

— Não, claro que não — expliquei. — Não quero me casar com ele *de jeito nenhum*, e não estou apaixonada por ele, mas realmente acho que você precisa deixar que eu mesma cuide das minhas propostas.

Mamãe pareceu bastante surpresa. Depois, admitiu o erro de forma elegante.

— Como você pode ver, já faz um bom tempo que eu mesma fui uma garota — disse ela. — Mas entendo seu ponto de vista. Sim, gostamos de cuidar de nossas próprias propostas.

Fiquei chateada com esse incidente por algum tempo. Eu queria saber como era ser pedida em casamento. O Capitão Hibberd era bonito, não era chato, dançava bem, era rico — era uma pena que eu nem considerasse me casar com ele. Suponho, como tantas vezes acontece, que se você não se sente atraída por um rapaz, mas ele se sente atraído por você, ele é imediatamente posto fora de questão pelo fato de que os homens, quando estão apaixonados, invariavelmente conseguem se parecer com uma ovelha doente. Se uma garota se sente atraída por um homem assim, ela se sente lisonjeada por essa aparência e não o censura; se ela não tem interesse, descarta-o de sua mente. Essa é uma das grandes injustiças da vida. As mulheres, quando se apaixonam, ficam dez vezes mais bonitas que o normal: seus olhos brilham, suas bochechas se iluminam, seus cabelos ganham uma cor mais viva; as conversas se tornam muito mais espirituosas e brilhantes. Outros homens, que nunca as notaram antes, começam a reparar melhor nelas.

Essa foi minha primeira proposta de casamento, bastante insatisfatória. A segunda veio de um jovem de 1,95 metro de altura. Eu gostava muito dele e éramos bons amigos. Ele não pensou em usar minha mãe para se aproximar de mim, fico feliz em dizer. Ele tinha mais bom senso que isso. Conseguiu chegar em casa no mesmo barco que eu, navegando de Alexandria a Veneza. Senti muito não gostar mais dele. Continuamos a escrever cartas um para o outro por um curto período; mas acho que ele foi enviado para a Índia. Se eu o tivesse conhecido um pouco mais velha, talvez tivesse gostado dele.

Enquanto me debruço sobre essa temática, pergunto-me se os homens eram especialmente dados a propor casamento durante a minha juventude. Não posso deixar de sentir que algumas das propostas que eu e minhas amigas recebíamos eram muito irreais. Suspeito que, se eu tivesse aceitado as ofertas, eles teriam ficado consternados. Certa vez, abordei um jovem tenente naval sobre esse ponto. Estávamos caminhando para casa depois de uma festa em Torquay quando ele de repente deixou escapar sua proposta de casamento. Agradeci, neguei e acrescentei:

— E eu também não acredito que você realmente queira.

— Ah, sim, quero. Eu quero.

— Não acredito — disse. — Nós nos conhecemos há apenas dez dias, e, de todo modo, não vejo por que você gostaria de se casar tão jovem. Você sabe que seria muito ruim para sua carreira.

— Sim, bem, claro, de certa forma isso é verdade.

— Então é realmente uma coisa terrivelmente tola propor casamento a uma garota desse jeito. Você mesmo deve admitir. O que te fez fazer uma coisa dessas?

— Só me ocorreu — disse o jovem. — Olhei para você e a ideia simplesmente me ocorreu.

— Bem, acho melhor você não repetir isso com ninguém — afirmei. — Seja mais cuidadoso.

Nós nos separamos em termos prosaicos.

## II

Ao descrever minha vida, fico impressionada ao notar como parece que eu e todas as pessoas éramos extremamente ricas. Hoje em dia você teria que ser rico para fazer as mesmas coisas, mas na verdade quase todos os meus amigos vinham de casas de renda moderada. A maioria dos nossos pais não tinha carruagem nem cavalos, e também não compraram o novo automóvel ou veículo motorizado. Para isso, *sim*, era preciso ser rico.

As garotas em geral não tinham mais que três vestidos de noite, e eles precisavam durar alguns anos. Os chapéus eram pintados com uma tinta específica a cada temporada. Íamos a pé para as festas comuns, festas de tênis e festas no jardim, embora contratássemos uma carruagem para nos levar aos bailes noturnos no interior. Em Torquay não havia muitos bailes particulares, exceto no Natal ou na Páscoa. Era mais comum que as pessoas fossem convidadas a passar uns dias na casa de alguém e fizessem então um grupo para ir ao baile da regata, em agosto, ou a outro baile local em uma das casas mais importantes. Até fui a alguns bailes em Londres em junho e julho — não muitos, porque não conhecíamos muitas pessoas em Londres. De vez em quando íamos a bailes beneficentes, como eram chamados, em um grupo de seis. Nada disso exigia muitos gastos.

Havia também as festas em casas de campo. Fui, nervosa na primeira vez, a alguns amigos em Warwickshire. Eles eram grandes caçadores. Constance Ralston Patrick, a esposa, não caçava: ela ia em uma carruagem de pônei a todos os encontros, e eu ia com ela. Minha mãe me proibira estritamente de aceitar montaria ou cavalgar.

— Você de fato não sabe muito sobre equitação — apontava ela. — Se você machucasse o valioso cavalo de alguém, seria fatal.

No entanto, ninguém me oferecia montaria — talvez fosse melhor assim.

Minha experiência com cavalos e caçadas ficara confinada a Devonshire, o que significava transpor com dificuldade altas barreiras, um pouco como nas caçadas irlandesas, no meu caso, montada em um cavalo pertencente às cavalariças dos empregados, que já estava acostumado a ter sobre seu dorso cavaleiros não muito competentes. O cavalo certamente sabia mais do que eu, e eu ficava bastante satisfeita em deixá-lo e ficar com Crowdy, minha montaria de sempre, um ruão avermelhado bastante desanimado, que conseguia passar com sucesso pelos montes de Devon. Naturalmente, eu montava à amazona, de lado — quase nenhuma mulher cavalgava escarranchada naquela época. Montando de lado, nos sentíamos maravilhosamente seguras, com as pernas entrelaçadas na sela. A primeira vez que tentei montar a cavalo com as pernas abertas me senti mais insegura do que eu poderia imaginar.

Os Ralston Patrick foram muito gentis comigo. Eles me chamavam de "Rosinha" por algum motivo — acho que porque eu costumava usar vestidos noturnos cor-de-rosa. Robin costumava provocar muito Rosinha, e Constance costumava me dar conselhos maternais com um leve brilho nos olhos. Eles tinham uma filhinha encantadora, de uns 3 ou 4 anos, e eu costumava passar muito tempo brincando com ela. Constance era uma casamenteira nata, e agora percebo o quanto ela produzia encontros com homens bons e qualificados durante as minhas visitas. De vez em quando eu montava a cavalo extraoficialmente. Lembro-me de um dia em que galopei pelos campos com alguns amigos de Robin. Como isso aconteceu de uma hora para a outra, e eu não havia colocado um traje de montaria, mas usava um vestido estampado comum, meu cabelo não estava preparado para aquele esforço. Eu ainda usava, como todas as garotas, o *postiche*. Voltando pela rua da vila, o penteado desmoronou completamente, e os bobes foram despencando ao longo do caminho. Tive de voltar a pé para pegá-los. Inesperadamente, isso produziu uma reação bastante agradável a meu favor. Robin me contou depois que uma das figuras proeminentes da Caçada de Warwickshire dissera a ele em aprovação:

— Que boa garota essa que estava com você. Gosto do jeito que ela se comportou quando todo aquele cabelo falso caiu; não se importou nem um pouco. Voltou, catou tudo e caiu na gargalhada. Uma reação muito esportiva!

As coisas que causavam uma boa impressão nas pessoas eram realmente muito estranhas.

Outro benefício maravilhoso de ficar com os Ralston Patrick era que eles tinham um automóvel. Mal posso expressar a empolgação que isso produzia em 1909. Era o animalzinho de estimação de Robin, o tesouro dele, e o fato de o automóvel ser temperamental e enguiçar constantemente tornava ainda maior a sua paixão por ele. Lembro-me de um dia em que fizemos uma excursão a Banbury. O preparo foi como se estivéssemos nos equipando para uma expedição ao polo Norte. Grandes tapetes peludos, lenços extras para enrolar na cabeça, cestos de provisões e assim por diante. O irmão de Constance, Bill, Robin e eu fizemos a expedição. Despedimo-nos com ternura de Constance; ela beijou todos nós, pediu que tomássemos cuidado e disse que teria sopa quente e muito conforto caseiro esperando por nós *se* voltássemos. Banbury, devo dizer, ficava a cerca de quarenta quilômetros de onde eles moravam, mas era tratado como se fosse o fim do mundo.

Prosseguimos onze quilômetros com bastante alegria, cautelosamente a cerca de quarenta quilômetros por hora, mas sem problemas. No entanto, isso foi apenas o começo. Acabamos chegando a Banbury, depois de trocar uma roda e tentar encontrar uma oficina em algum lugar, mas as oficinas eram poucas e distantes entre si naqueles dias. Finalmente chegamos em casa, por volta das sete horas da noite, exaustos, congelados até os ossos e morrendo de fome, uma vez que as provisões haviam terminado havia muito tempo. Ainda penso nesse dia como uma das maiores aventuras da minha vida! Eu havia passado muito tempo sentada na terra à beira da estrada, em um vento gelado, incentivando Robin e Bill enquanto eles, com o manual de instruções aberto, lutavam com pneus, roda sobressalente, macacos e várias outras peças do mecanismo que eles, até então, desconheciam.

Certo dia, minha mãe e eu fomos a Sussex e almoçamos com os Barttelot. O irmão de Lady Barttelot, Mr. Ankatell, também estava almoçando, e ele tinha um automóvel enorme e imponente do tipo que, em minha memória, parece ter cerca de cem pés de comprimento e é cheio de enormes tubos por todo o lado de fora. Ele era um motorista hábil e se ofereceu para nos levar de volta a Londres.

— Não há necessidade de ir de trem, eles são coisas bestiais. Vou levá-las de volta.

Fui ao sétimo céu. Lady Barttelot me emprestou um dos novos bonés de automobilismo — uma espécie de coisa achatada a meio caminho entre um boné de iate e aquele usado por um oficial alemão do Estado-maior imperial — que era amarrado por um véu. Entramos no monstro, em volta de nós foram empilhadas mantas sobressalentes, e lá fomos nós como o vento. Todos os carros eram abertos naquele tempo. Para apreciá-los, era preciso ser bastante resistente. Mas é claro que *éramos* resistentes naqueles dias — praticar piano em salas sem lareira no meio do inverno protegia contra o vento gelado.

Mr. Ankatell não se ateve aos trinta quilômetros por hora que era a velocidade habitual "segura" — creio que andamos a sessenta ou oitenta por hora — pelas ruas de Sussex. Em determinado momento ele se agitou no banco do motorista, exclamando:

— Olhem para trás! Olhem para trás! Olhem para trás daquela cerca viva! Estão vendo aquele sujeito escondido ali? Ah, o desgraçado! O canalha! É uma armadilha da polícia. Sim, os canalhas, é isso que eles fazem: escondem-se atrás das cercas vivas e depois saem para medir a velocidade.

De oitenta, passamos a rastejar a quinze quilômetros por hora. Mr. Ankatell gargalhou.

— Agora acabei com eles!

Eu achava Mr. Ankatell um homem um tanto alarmante, mas adorava seu automóvel. Era vermelho brilhante — um monstro assustador e empolgante.

Mais tarde, fui ficar com os Barttelot para as Goodwood Races. Acho que foi a única visita a uma casa de campo de que não gostei. Só havia gente interessada nas corridas, e a linguagem e os termos de corrida eram incompreensíveis para mim. Para mim, as corridas significavam ficar horas em pé usando um chapéu florido incontrolável, ajustando seis alfinetes de chapéu a cada rajada de vento, usando sapatos de verniz apertados com saltos altos, nos quais meus pés e tornozelos inchavam horrivelmente no calor do dia. De vez em quando eu tinha que fingir um enorme entusiasmo enquanto todos gritavam "Partiram" e ficar na ponta dos pés para tentar ver os quadrúpedes já fora de vista.

Um dos homens me perguntou gentilmente se ele deveria apostar por mim. Eu pareci aterrorizada. A irmã de Mr. Ankatell, que atuava como anfitriã, o repreendeu de imediato.

— Não seja bobo — disse ela. — A garota *não* deve apostar.

Então ela falou de forma gentil:

— Vou lhe dizer uma coisa. Você fica com cinco xelins em qualquer aposta que *eu* ganhar. Não dê atenção a esses caras.

Quando descobri que eles colocavam em jogo vinte ou 25 libras a cada aposta, meu cabelo ficou praticamente em pé! Mas as anfitriãs sempre foram gentis com as garotas em questões financeiras. Elas sabiam que poucas garotas tinham dinheiro para gastar. Mesmo as ricas, ou as que vinham de lares ricos, tinham apenas subsídios moderados para se vestir — cinquenta ou cem libras por ano. Então as anfitriãs cuidavam das meninas com atenção. Às vezes, elas eram encorajadas a jogar bridge, mas, nesse caso, alguém sempre as "carregava" e ficava responsável por suas dívidas se perdessem. Isso as impedia de se sentirem excluídas e, ao mesmo tempo, garantia que não perdessem quantias com as quais não podiam arcar.

Meu primeiro contato com as corridas não me cativou. Quando cheguei em casa, disse para minha mãe que esperava nunca mais ouvir a palavra "Partiram!" de novo. Um ano depois, no entanto, eu havia me tornado uma grande fã de corridas e acompanhava algumas notícias sobre os corredores. Mais tarde, a família de Constance Ralston Patrick me hospedou na Escócia, onde o pai dela mantinha um pequeno estábulo de corridas, e lá fui mais plenamente iniciada no esporte, além de levada a vários encontrozinhos do esporte, que logo percebi que eram divertidos.

Goodwood, é claro, parecia mais uma festa no jardim — na verdade, durava muito mais que uma tradicional festa no jardim. Além disso, sempre havia muita confusão; as pessoas pregavam peças umas nas outras com as quais eu não estava acostumada. Bagunçavam os quartos umas das outras, jogavam coisas pelas janelas e gargalhavam alto. Não havia outras meninas lá; eram em sua maioria jovens mulheres casadas. Um velho coronel de cerca de 60 anos entrou invadindo meu quarto e gritando:

— Agora, vamos nos divertir um pouco com a Bebê!

Ele arrancou um dos meus vestidos de noite do armário — era *mesmo* bem infantil, cor-de-rosa com fitas, e o atirou pela janela, dizendo:

— Peguem, peguem, aí vai o troféu da membra mais jovem do grupo!

Fiquei bastante chateada. Vestidos de noite eram grandes itens na minha vida; cuidadosamente preservados, lavados, remendados — e agora um estava sendo arremessado como uma bola de futebol. A irmã de Mr. Ankatell e uma das outras mulheres vieram em meu socorro e lhe disseram para não provocar a pobre criança. Fiquei muito agradecida por deixar aquela festa. Ainda assim, sem dúvida, me fez bem.

Entre outras festas em casa, lembro-me de uma enorme em uma casa de campo alugada por Mr. e Mrs. Park-Lyle — Mr. Park-Lyle costumava ser chamado de "O Rei do Açúcar". Havíamos conhecido Mrs. Park-Lyle no Cairo. Ela devia ter 50 ou 60 anos na época, mas de uma curta distância parecia ser uma bela jovem de 25. Eu nunca tinha visto muita maquiagem sendo usada na vida privada antes. Mrs. Park-Lyle certamente marcava presença com seu cabelo escuro e lindamente arrumado, rosto pintado (quase comparável ao da Rainha Alexandra) e vestimentas em tons rosa e azul pastel. Toda a aparência dela era um triunfo da arte sobre a natureza. Ela era uma mulher de grande bondade, que gostava de ter muitos jovens em casa.

Eu me senti bastante atraída por um dos jovens de lá — que depois teria sido morto na guerra de 1914-18. Embora ele pouco reparasse em mim, eu mantinha esperanças de conseguir um melhor relacionamento com ele. Nisso, porém, fui frustrada por outro militar, um artilheiro, que parecia estar o tempo todo ao meu lado, insistindo em ser meu parceiro no tênis, no jogo de croqué e em tudo o mais. Dia após dia, minha exasperação crescia. Às vezes eu era extremamente rude com ele; ele nem parecia notar. Ficava me perguntando se eu tinha lido este ou aquele livro, oferecendo-se para enviá-los a mim. Eu estaria em Londres? Gostaria de sair para assistir a um pouco de polo? Minhas respostas negativas não tinham nenhum efeito sobre ele. Quando chegou o dia da minha partida, precisei pegar um trem bem cedo porque tinha que ir primeiro para Londres e de lá pegar outro trem para Devon. Mrs. Park-Lyle me disse depois do café da manhã:

— Mr. S. — não consigo lembrar o nome dele agora — vai levá-la até a estação.

Ainda bem que não era muito longe. Eu preferia ter ido em um dos carros dos Park-Lyle — naturalmente os Park-Lyle tinham uma frota de carros —, mas presumo que Mr. S. tenha sugerido a nossa anfitriã que poderia me levar, e ela provavelmente pensou que *eu* gostaria disso. Mal sabia ela! No entanto, chegamos à estação, o trem chegou, um expresso para Londres, e Mr. S. me acomodou no assento do canto em um vagão de segunda classe vazio. Despedi-me dele, em tom amigável, aliviada por vê-lo pela última vez. Então, assim que o trem se deslocou, ele de repente agarrou a maçaneta, abriu a porta e pulou para dentro, fechando-a atrás de si.

— Vou para Londres também — disse ele.

Eu o encarei boquiaberta.

— Você não tem nem bagagem.

— Eu sei, eu sei... não importa — respondeu ele. Sentou-se à minha frente, inclinou-se para a frente, com as mãos nos joelhos, e fitou-me com uma espécie de olhar feroz. — Eu pretendia adiar tudo isso até encontrar você de novo em Londres. Não posso mais esperar. Tenho que te contar agora. Estou perdidamente apaixonado por você. Case-se comigo. Desde o primeiro momento em que a vi, descendo para jantar, soube que você era a única mulher no mundo para mim.

Demorou algum tempo até que eu conseguisse interromper o fluxo de palavras e dizer com frieza:

— É muita gentileza sua, Mr. S., tenho certeza, e agradeço muito, mas temo que a resposta seja não.

Ele protestou por cerca de cinco minutos e acabou pedindo para que pelo menos pudéssemos ser amigos e nos encontrar novamente. Respondi que achava muito melhor não nos encontrarmos novamente e que eu não mudaria de ideia. Disse isso com tanta firmeza que ele foi forçado a aceitar. Ele se recostou no assento e se entregou à escuridão. Você pode imaginar um momento pior para propor casamento a uma garota? Lá estávamos nós, trancados em uma cabine vazia — sem corredores na época — indo para Londres, duas horas pelo menos, e tendo chegado a tal impasse na conversa que não havia nada a dizer. Nenhum de nós tinha nada para ler. Ainda desgosto de Mr. S. quando me lembro dele, e não tenho nenhum sentimento de gratidão, como sempre se ensinou que deveria ser sentido pelo amor de um bom homem (a máxima da vovó). Tenho certeza de que ele era um bom homem — talvez fosse isso que o tornasse tão chato.

Outra visita que fiz a uma casa do interior foi também por ocasião de corridas de cavalo, para ficar com alguns velhos amigos da minha madrinha em Yorkshire, os Matthews. Mrs. Matthews falava sem parar e era bastante alarmante. O convite era para uma festa da St. Leger. Quando estive lá, já estava mais acostumada com as corridas e estava até começando a gostar. Além disso — uma coisa boba de se lembrar, mas o tipo de coisa de que lembramos —, comprei um casaco e uma saia novos para essa ocasião em particular, que me deixaram muito satisfeita. Eram de tweed marrom-esverdeado, de boa qualidade, de uma boa alfaiataria. Era o tipo de coisa em que minha mãe dizia que valia a pena gastar dinheiro, porque um bom casaco e uma boa saia serviriam por anos. Esse conjunto certamente serviu: usei-o por pelo menos seis anos. O casaco era comprido e tinha gola aveludada. Com ele, eu usava uma touca elegante em veludo marrom-esverdeado e uma asa de pássaro. Não tenho fotos minhas com essas roupas; se eu as tivesse, sem dúvida me acharia muito ridícula agora, mas em minhas lembranças pareço elegante, esportiva e bem-vestida!

O auge da minha alegria foi alcançado na estação onde eu fazia a baldeação (acho que eu estava vindo de Cheshire, onde estivera com minha irmã). Soprava um vento frio e o chefe da estação se aproximou de mim e perguntou se eu gostaria de esperar em seu escritório.

— Talvez a sua criada queira trazer sua caixa de joias ou utensílios valiosos — disse ele.

É claro que eu nunca tinha viajado com uma criada, e nunca faria isso — nem tinha uma caixa de joias —, mas fiquei satisfeita com o tratamento, atribuindo-o à elegância do meu gorro de veludo. Comentei que minha criada não estava comigo daquela vez — não pude evitar dizer "daquela vez", receando cair no conceito dele —, mas aceitei a oferta com agradecimento e sentei-me diante de uma boa lareira dizendo banalidades agradáveis sobre o clima. O trem não demorou para chegar e fui acompanhada com muita cerimônia. Estou convencida de que devo esse tratamento preferencial ao meu casaco, à saia e ao chapéu. Como eu estava viajando na segunda classe, não na primeira, dificilmente poderiam suspeitar que eu possuísse riqueza ou fosse influente.

Os Matthews moravam numa casa chamada Thorpe Arch Hall. Mr. Matthews era muito mais velho que a esposa — devia andar pelos 70 anos — e era encantador, com cabelos brancos que mais pareciam um telhado de palha; ele amava corridas de cavalo e, quando jovem, também caçadas. Apesar de extremamente dedicado à esposa, ficava muito incomodado com ela. Na verdade, minha principal lembrança dele era ouvi-lo dizer com irritação:

— Droga, querida, não me apresse. Droga, não me apresse, não me apresse, Addie!

Mrs. Matthews era uma chantagista nata. Falava e protestava da manhã à noite. Era gentil, mas às vezes eu a achava quase insuportável. Ela pressionou tanto o pobre Tommy que ele por fim convidou um amigo para morar permanentemente com eles — o Coronel Wallenstein —, conhecido pelo condado ao redor como "o segundo marido de Mrs. Matthews". Estou convencida de que não se tratava de um triângulo amoroso ou de ele ser amante dela. O Coronel Wallenstein era muito dedicado a Addie Matthews — acho que ela foi uma paixão de toda a vida dele —, mas ela sempre o manteve onde o queria, como um amigo conveniente, platônico, com uma devoção romântica. De qualquer forma, Addie Matthews vivia uma vida muito feliz com seus dois homens. Eles a favoreciam, a bajulavam e sempre faziam o possível para que ela tivesse tudo o que quisesse.

Foi durante minha estada lá que conheci Evelyn Cochran, esposa de Charles Cochran. Ela era uma criaturinha adorável, como uma pastora de Dresden, com grandes olhos azuis e cabelos claros. Usava sapatos elegantíssimos, embora totalmente impróprios para o campo, o que Addie nunca a deixava esquecer, censurando-a por causa deles a todo momento:

— Realmente, Evelyn, querida, por que você não traz sapatos adequados? Olhe para isso que você está usando, sapatos com solas de papelão, que só servem para as ruas de Londres.

Evelyn olhava tristemente para ela com seus grandes olhos azuis. Sua vida se passara quase toda em Londres, e estava envolvida por completo na profissão teatral. Ela me disse que havia saltado de uma janela para fugir com Charles Cochran, que era bem desaprovado pela família dela. Ela o amava com o tipo de devoção que raramente se encontra. Escrevia para ele todos os dias se estivesse longe de casa. Acho também que, apesar de viver muitas outras aventuras, ele sempre a amou. Ela sofreu muito durante sua vida com ele, pois com um amor como o que ela sentia, o ciúme deve ter sido difícil de suportar. Mas acho que ela considerava que valia a pena. Ser apaixonada daquele jeito por uma pessoa por toda a vida é um privilégio, não importa o quanto custe.

O Coronel Wallenstein era tio de Evelyn, que aliás não gostava nada dele. Ela também não gostava de Addie Matthews, mas tinha muito carinho pelo velho Tom Matthews.

— Nunca gostei do meu tio — disse-me. — Ele é um homem muito cansativo. E quanto a Addie, é a mulher mais irritante e tola que já conheci. Não consegue deixar as pessoas em paz, está sempre as repreendendo ou controlando, ou fazendo *alguma coisa*. Não consegue ficar quieta.

# *III*

Depois de nossa estadia em Thorpe Arch, Evelyn Cochran me pediu para ir vê-los em Londres. Aceitei com timidez, e fiquei empolgada por ouvir tantas fofocas sobre o teatro. Além disso, pela primeira vez, comecei a achar algum interesse em quadros. Charles Cochran tinha um grande amor pela pintura. Quando vi pela primeira vez seu quadro de Degas com as bailarinas, algo desconhecido despertou dentro de mim. O hábito de fazer marcharem as moças, jovens demais, para galerias de pintura, quer quisessem ou não, é muito reprovável. Não produz o resultado desejado, a menos que elas sejam naturalmente artísticas. Além disso, para o olho inexperiente ou não artístico, a semelhança de grandes mestres entre si é muito deprimente. Eles têm uma espécie de brilho obscuro cor de mostarda. A arte foi imposta a mim, primeiro por eu ser obrigada a aprender a desenhar e pintar quando eu não gostava, e depois pela obrigação moral de ter que apreciá-la.

Uma amiga americana, uma grande devota da pintura, da música e de todo tipo de cultura, costumava vir a Londres em visitas periódicas — ela era sobrinha de minha madrinha, Mrs. Sullivan, e também de Pierpont Morgan. May era uma pessoa querida com uma aflição terrível — tinha um bócio muito feio. Na juventude dela — devia ter uns 40 anos quando a conheci — não havia solução para o bócio: supunha-se que a cirurgia fosse muito perigosa. Um dia, quando May chegou a Londres, ela disse à minha mãe que viajaria até uma clínica na Suíça para ser operada.

Ela já tinha organizado tudo. Um famoso cirurgião especialista no caso dissera a ela:

— *Mademoiselle*, eu não aconselharia esta operação a nenhum homem. Ela só pode ser feita com anestesia local, porque durante a cirurgia a pessoa tem que falar o tempo todo. Os nervos dos homens não são fortes o suficiente para suportar isso, mas as mulheres podem alcançar a coragem necessária. É uma operação que levará algum tempo, talvez mais de uma hora, e durante esse tempo você terá que conversar. A senhorita tem coragem?

May disse que olhou para ele, pensou por um minuto ou dois, e então, com firmeza, disse que *sim*, tinha coragem.

— Acho que você está certa em tentar, May — disse minha mãe. — Será uma grande provação para você, mas se for bem-sucedida, fará tanta diferença em sua vida que todo o sofrimento terá valido a pena.

No devido tempo, May mandou notícias da Suíça: a operação havia sido bem-sucedida. Ela já havia saído da clínica e estava na Itália, em uma *pension* em Fiesole, perto de Florença. Ela deveria permanecer lá por cerca de um mês, e depois voltar para a Suíça para fazer um novo exame. Perguntou se minha mãe me permitiria ir ficar com ela para ver Florença, sua arte e arquitetura. Mamãe concordou, e organizou o necessário para que eu fosse. Eu estava muito animada, é claro; devia ter uns 16 anos.

Soubemos que uma senhora conhecida iria com sua filha no mesmo trem. Fui entregue a elas, sendo apresentada pelo agente da Cook na estação de Victoria, e parti. Tive sorte numa coisa: tanto a mãe como a filha ficavam nauseadas em trens se não fossem de frente para a locomotiva. Como para mim não fazia a menor diferença, fiquei com todo o outro lado da cabine só para mim, podendo deitar-me nos bancos. Nenhuma de nós se lembrou do fato de haver uma hora de diferença entre os dois países, de modo que, quando chegou o momento, nas primeiras horas da manhã, de trocar de trem na fronteira, eu ainda estava dormindo. Fui enxotada pelo condutor para a plataforma, e a mãe e a filha gritaram-me adeus. Reunindo meus pertences, entrei no outro trem, que imediatamente iniciou sua viagem para a Itália através das montanhas.

Stengel, a empregada de May, me encontrou em Florença e pegamos juntas o bonde para Fiesole. O dia estava indescritivelmente lindo. Todas as primeiras flores de amendoeiras e pessegueiros estavam desabrochando, o branco e o rosa delicados nos galhos nus das árvores. May, que estava em um casarão na região, veio ao meu encontro com um rosto radiante. Nunca vi uma mulher tão feliz. Era estranho vê-la sem aquela terrível bolsa de carne que antes se projetava sob o queixo. Ela deve ter precisado de muita coragem, como o médico havia avisado. Ela me contou que ficou deitada em uma cadeira por uma hora e vinte minutos, com os pés presos em uma chave acima da cabeça, enquanto os cirurgiões cavavam em sua garganta e ela falava com eles, respondendo perguntas, falando e fazendo caretas quando pediam. Depois o médico a tinha parabenizado, dizendo que ela era uma das mulheres mais corajosas que ele já conhecera.

— Mas devo lhe dizer, *Monsieur le docteur* — disse ela. — Pouco antes do fim, achei que fosse gritar, ficar histérica, berrar e dizer que não aguentava mais.

— Ah, mas *não* foi o que você fez — disse o doutor Roux. — Estou dizendo, você é uma mulher corajosa.

Assim, May ficou incrivelmente feliz e fez o possível para tornar agradável minha estadia na Itália. Eu ia passear em Florença todos os dias. Às vezes Stengel ia comigo, e com mais constância uma jovem italiana contratada por May vinha a Fiesole e me acompanhava até a cidade. As moças tinham de ser acompanhadas ainda mais cuidadosamente na Itália do que na França, e de fato eu sofria todos os desconfortos de ser beliscada em bondes por jovens ardentes — o que era muito doloroso. Foi então que fui submetida a uma enorme dose de galerias de fotos e museus. Comilona como sempre, o que *eu* aguardava ansiosamente era a deliciosa refeição em uma *patisserie* antes de pegar o bonde de volta para Fiesole.

Em várias ocasiões, nos últimos dias em que estive lá, May também me acompanhou em minha peregrinação artística, e lembro-me bem de que no último dia, quando eu deveria retornar à Inglaterra, ela estava decidida a ver a maravilhosa Santa Catarina de Siena, que acabara de ser restaurada. Não sei se estava na Galeria Uffizi ou em qual outra, mas May e eu a caçamos por todas as salas em vão. Eu não poderia me importar menos com Santa Catarina. Estava farta de Santas Catarinas, revoltada com aqueles inumeráveis São Sebastiões atingidos por flechas em toda parte — sinceramente cansada de todos os santos e seus emblemas e seus métodos desagradáveis de morte. Eu também estava farta das Madonnas que pareciam satisfeitas consigo mesmas, particularmente as de Rafael. De fato me envergonho, escrevendo hoje, de pensar no quanto eu era selvagem nesse aspecto, mas, bem, é isso: é preciso aprender a apreciar os velhos mestres. Enquanto corríamos à procura de Santa Catarina de Siena, minha ansiedade aumentava. Teríamos tempo para ir à *patisserie* e comer uma deliciosa sobremesa de chocolate e chantilly, e os *gateaux* suntuosos?

— *Eu* não me importo, May, realmente não me importo — dizia. — Não se incomode mais. Já vi tantas fotos de Santa Catarina.

— Ah, mas esta, Agatha querida, é tão maravilhosa. Você vai perceber quando vir o quão triste seria se você perdesse.

Eu sabia que não perceberia, mas tinha vergonha de confessar! Todavia, o Destino estava ao meu lado — ficamos sabendo que essa Santa Catarina em particular ainda ficaria fora do museu por mais algumas semanas. Sobrou o tempo justo para me regalar com chocolate e bolos antes de pegar o trem — May divagava demoradamente acerca de todas aquelas gloriosas pinturas, e eu concordava com fervor enquanto engolia minha cobertura de creme e meu café. Eu deveria parecer uma porquinha àquela altura, com carne protuberante e olhos minúsculos; em vez disso, tinha uma aparência mais etérea, frágil e magra, com grandes olhos sonhadores. Quem me visse poderia profetizar minha morte em plena juventude, em estado de êxtase espiritual, como as crianças dos livros de histórias vitorianos. De qualquer modo, eu tinha pelo menos a decência de me sentir envergonhada por não apreciar a educação artística de May. Eu *realmente* gostara de Fiesole (mas principalmente das amendoeiras em flor), e me divertira muito com Doodoo, um lulu-da-pomerânia minúsculo que acompanhava May e Stengel por toda parte. Doodoo era pequeno e muito esperto. May o trazia muitas vezes em suas visitas à Inglaterra. Nessas ocasiões, enfiava-se num grande regalo de peles que May usava e passava despercebido aos oficiais da alfândega.

May veio para Londres no caminho de volta para Nova York e exibiu seu elegante novo pescoço. Mamãe e vovó choraram e a beijaram repetidamente, e May chorou também, porque era como se um sonho impossível tivesse se tornado realidade. Só depois que ela partiu para Nova York, minha mãe disse à vovó:

— Mas que triste, que terrivelmente triste, pensar que ela poderia ter feito essa operação quinze anos atrás. Ela deve ter sido muito mal aconselhada pelos médicos em Nova York.

— E agora, suponho que seja tarde demais — disse minha avó, pensativa. — Ela nunca vai se casar agora.

Mas nesse ponto, tenho a alegria de dizer, vovó se enganou. Creio que May lamentava muito não ter se casado, e penso que nem por um momento acreditou ser isso possível tão tardiamente. Contudo, alguns anos depois veio à Inglaterra acompanhando um clérigo, prior de uma das mais importantes igrejas episcopais de Nova York, homem de grande sinceridade e personalidade. Os médicos lhe haviam dado apenas mais um ano de vida, mas May, que sempre fora uma de suas mais zelosas paroquianas, insistira em fazer uma cotização entre os outros membros da paróquia e trazê-lo a Londres para consultar alguns médicos.

— Sabe, estou convencida de que ele *vai* se recuperar — disse May a vovó. — Ele é necessário, extremamente necessário. Faz um trabalho maravilhoso em Nova York. Converteu jogadores e gângsteres, entrou nos bordéis e nos lugares mais terríveis, não teve medo da opinião pública ou de ser espancado, e muitas personalidades extraordinárias foram convertidas por ele.

May o levou para almoçar em Ealing. Depois, em sua visita seguinte, quando veio se despedir, vovó lhe disse:

— May, aquele homem está apaixonado por você.

— Ora, titia — exclamou May —, como pode dizer uma coisa tão terrível? Ele jamais pensa em se casar. É um celibatário convicto.

— Ele pode ter sido algum dia, mas não acho que seja agora — disse vovó. — E, afinal, o que quer dizer isso? Celibatário convicto? Ele não pertence à Igreja Católica. Ele está de olho em *você*, May.

May pareceu muito chocada.

No entanto, um ano depois, ela escreveu e nos contou que a saúde de Andrew fora restaurada e que eles iam se casar. Foi um casamento muito feliz. Ninguém poderia ter sido mais gentil, simpático e compreensivo do que Andrew era para May.

— Ela precisa muito ser feliz — disse ele uma vez para vovó. — Ela foi privada da felicidade durante a maior parte de sua vida, e passou a ter tanto medo dela que quase se transformou em uma puritana.

Andrew sempre seria uma espécie de inválido, mas isso não impediu seu trabalho. Querida May, fico muito feliz que a felicidade tenha chegado a ela como chegou.

## *IV*

No ano de 1911, aconteceu algo que considerei fantástico. *Andei em um avião*. Aviões, é claro, eram um dos principais objetos de suposição, descrença, discussão e tudo o mais. Quando eu estava na escola em Paris, fomos levadas um dia para ver Santos Dumont tentar se erguer do chão no Bois de Boulogne. Pelo que me lembro, o avião se ergueu, voou alguns metros e caiu. Ainda assim, ficamos impressionadas. Depois, houve os irmãos Wright. Líamos tudo sobre eles ansiosamente.

Quando os táxis começaram a ser usados em Londres, foi introduzido o sistema de assobiar para chamar a condução. Você ficava parada na porta de casa: um assobio providenciaria um "resmungão" (carruagem de quatro rodas); dois assobios, um cabriolé de duas rodas, com a boleia atrás, essa gôndola das ruas;

três assobios (se você tivesse muita sorte) fariam aparecer um desses novos veículos, o táxi. Um desenho na revista de humor *Punch* certa semana mostrava um garotinho dizendo a um mordomo nos degraus de uma porta, de apito na mão:

— Tente apitar quatro vezes, chefe; *quem sabe* não chega um avião!

Agora, de repente, parecia que aquela imagem não era tão engraçada ou impossível quanto antes. Em breve poderia até ser *verdade*.

Na ocasião de que estou falando, mamãe e eu nos hospedávamos em algum lugar no interior, e fomos um dia ver uma exibição de voo — um empreendimento comercial. Vimos aeroplanos voando no ar, fazendo círculos e planando até pousarem novamente. Em seguida, foi colocado um aviso: "Voe por cinco libras". Olhei para mamãe. Meus olhos se arregalaram em súplica.

— Posso? Ah, mamãe, eu posso, *não posso*? Seria tão maravilhoso!

Acho que minha mãe é que foi maravilhosa. Ficar ali e ver sua filha amada subindo nas alturas em um *avião*! Naquela época, eles caíam o tempo todo.

— Se você realmente quer ir, Agatha, vá — disse ela.

O valor de cinco libras era muito dinheiro para nós, mas foi bem gasto. Caminhamos até a barricada. O piloto olhou para mim e disse:

— Esse chapéu está bem justo? Tudo bem, entre.

O voo durou apenas cinco minutos. Subimos, demos várias voltas pelo ar — ah!, que maravilha! Depois começamos a descer e planamos até pousar de novo. Cinco minutos de êxtase — e mais meia coroa para a fotografia: uma fotografia velha e desbotada que ainda guardo, mostrando um pequeno ponto no céu, que sou *eu,* num aeroplano, no dia 10 de maio de 1911!

Os amigos da vida de alguém se dividem em duas categorias. Primeiro, há aqueles que nascem do seu ambiente, das atividades em comum. Eles são como a dança da fita à moda antiga. Entram e saem da sua vida, e você entra e sai da deles. Você se lembra de alguns, se esquece de outros. Depois, há aqueles que eu descreveria como amigos *eleitos* — não muitos em número — reunidos por um interesse real de ambos os lados, e que em geral permanecem, se as circunstâncias permitirem, por toda a vida. Devo dizer que tive cerca de sete ou oito desses amigos, a maioria homens. Minhas amigas foram quase todas apenas ambientais.

Não sei exatamente o que origina uma amizade entre um homem e uma mulher — os homens, por natureza, nunca *querem* uma mulher como amiga. Acontece por acaso — muitas vezes porque o homem já está sexualmente atraído por alguma outra mulher e quer muito falar sobre ela. As mulheres muitas vezes *anseiam* pela amizade com os homens — e estão dispostas a alcançá-la interessando-se pelo caso de amor de outra pessoa. Então surge um relacionamento muito estável e duradouro — eles se interessam um pelo outro como *pessoas*. Há um sabor de sexo, é claro, o toque de sal como condimento.

De acordo com um médico idoso, amigo meu, um homem olha para todas as mulheres que conhece e imagina como seria dormir com elas — possivelmente avançando para se elas dormissem com *ele* caso ele quisesse.

— Direto e grosseiro, é assim que um homem é — dizia ele.

Eles não consideram uma mulher como uma possível esposa.

Já as mulheres acho que simplesmente experimentam, por assim dizer, todo homem que conhecem como um possível marido. Não acredito que *uma única mulher* já tenha se apaixonado à primeira vista por um homem. Isso, porém, acontece com muitos homens.

Tínhamos um jogo de família, inventado por minha irmã e uma amiga dela — chamava-se "Maridos de Agatha". A ideia era que elas escolhessem dois ou no máximo três dos homens desconhecidos de aspecto mais desagradável que estivessem na sala e viessem me dizer que eu *tinha* que escolher um deles para marido, sob pena de morte ou de lenta tortura chinesa.

— Vamos, Agatha, qual você quer? O jovem gordo com espinhas e caspa ou aquele de olhos esbugalhados?

— Ah, não consigo... eles são *tão* horríveis.

— Você tem de escolher um. Ou então agulhas incandescentes e tortura de água.

— Ah, meu Deus! O de olhos esbugalhados, então.

Por fim, adquirimos o hábito de rotular qualquer indivíduo fisicamente hediondo como "um marido de Agatha": "Olhe ali! Aquele homem é *realmente* feio — um genuíno marido de Agatha".

Minha única amiga importante era Eileen Morris. Ela era amiga da nossa família. De certa forma, eu a conhecera por toda a vida, mas só cheguei a conhecê-la direito quando tinha cerca de 19 anos e a "alcancei", já que ela era alguns anos mais velha que eu. Ela morava com cinco tias solteiras em uma grande casa com vista para o mar, e o irmão era diretor de escola. Os dois eram muito parecidos, e a mente dela tinha a clareza da de um homem, não de uma mulher. O pai dela era um homem bom, quieto e sem graça — sua esposa tinha sido, minha mãe me contara, uma das mulheres mais alegres e bonitas que ela já vira. Eileen era bastante simples, mas tinha uma mente notável. Conseguia falar sobre tantos assuntos. Foi a primeira pessoa que encontrei com quem pude discutir ideias, uma das pessoas mais neutras que já conheci. Jamais se ouvia algo sobre os sentimentos dela. Eu a conhecia havia muitos anos, e até hoje me pergunto em que consistia sua vida privada. Nunca confidenciamos nada pessoal uma à outra, mas sempre que nos encontrávamos tínhamos algo para discutir e muito o que conversar. Ela era uma poetisa muito boa, e conhecedora de música. Recordo-me de que havia uma música de que eu gostava, porque apreciava muito a melodia, mas infelizmente tinha palavras bem tolas. Quando comentei isso com Eileen, ela disse que gostaria de tentar reescrever algumas palavras. E fez isso, melhorando bastante a música, do meu ponto de vista.

Eu também escrevia poesia — talvez todo mundo fizesse isso na minha idade. Alguns dos meus primeiros rascunhos são incrivelmente horríveis. Lembro-me de um poema que escrevi quando tinha 11 anos:

Conheci uma pequena primavera, e era uma linda flor,
Mas seu sonho era ser uma campânula azul e ter um vestido
da mesma cor.

Pode-se imaginar como continuava! A primavera transformou-se numa campânula azul e ganhou seu vestido cerúleo, e não gostou. Poderia haver menos talento literário que isso? Quando atingi os 17 ou 18 anos, contudo, consegui melhorar. Escrevi uma série de poemas acerca da lenda de Arlequim: a canção de Arlequim, de Colombina, Pierrô, Pierrette etc. Mandei um ou dois desses poemas para a *Poetry Review*. Fiquei muito feliz quando ganhei um prêmio de um guinéu. Depois, ganhei vários outros prêmios, e a revista publicou alguns poemas meus. Eu sentia muito orgulho quando era bem-sucedida. Às vezes, escrevia muitos poemas. Uma excitação repentina tomava conta de mim e eu corria para escrever o que borbulhava em minha mente. Não tinha grandes ambições. Um prêmio ocasional na *Poetry Review* era tudo o que eu queria. Um poema meu que reli recentemente não achei ruim; pelo menos contém algo do que eu queria expressar. Reproduzo-o aqui por esse motivo:

## No Bosque

Escuros ramos nus contra um céu azul
(E o Silêncio dentro do bosque),
Folhas que, apáticas, repousam sob meus pés,
Troncos ousados esperando sua hora
(E o Silêncio dentro do bosque).
A primavera foi justa à maneira da juventude,
O verão com sua lânguida generosidade de amor,
O outono com paixão que passa à dor,
Folha, flor e chama — caíram e falharam

E a Beleza — a Beleza crua é deixada no bosque!

Escuros ramos nus contra uma lua louca
(E Algo que se move no bosque),
Folhagem que farfalha e ressuscita dos mortos,
Ramos que acenam lubricamente na claridade
(E Algo que caminha pelo bosque).
Rangendo e rodopiando, a folhagem viva está!
Conduzida pela Morte em uma dança diabólica!
Os gemidos e o balanço das árvores apavoradas!
Um vento que perpassa soluçando e estremecendo...

E o Medo — o Medo nu sai do bosque!

De vez em quando, eu tentava musicar um dos meus poemas. Minha composição não era de alto nível — uma balada bastante simples eu conseguia fazer relativamente bem. Também escrevi uma valsa com um tom vulgar e um título bastante extraordinário — não sei de onde o tirei —, "Uma hora contigo".

Foi só depois que vários de meus parceiros comentaram que uma hora era tempo demais para uma valsa que percebi que o título era um pouco ambíguo. Fiquei orgulhosa porque uma das principais bandas, Joyce's Band, que tocava na maioria dos bailes, incluía minha obra ocasionalmente em seu repertório. No entanto, vejo agora que essa valsa é música extremamente ruim. Considerando meus próprios sentimentos sobre valsas, não consigo imaginar por que tentei escrever uma.

O tango era outra história. Um representante de Mrs. Wordsworth começou uma noite de dança para adultos no Newton Abbot, e eu e outras moças costumávamos frequentar algumas aulas. Lá encontrei o que chamei de "meu amigo do tango" — um jovem cujo primeiro nome era Ronald e de cujo sobrenome não me lembro. Raramente conversávamos ou tínhamos o mínimo interesse um pelo outro — toda a nossa mente estava focada no movimento dos pés. Fomos colocados como parceiros bem cedo, tínhamos o mesmo entusiasmo e formávamos um bom par de dança. Tornamo-nos os principais expoentes da arte do tango. Em todos os bailes onde nos encontrávamos, reservávamos o tango um para o outro sem pensar duas vezes.

Outro entusiasmo coreográfico era a famosa dança de Lily Elsie em *A viúva alegre* ou *O Conde de Luxemburgo*, não consigo lembrar qual delas, quando a protagonista e seu parceiro sobem e descem uma escadaria dançando a valsa. Eu praticava isso com um vizinho, Max Mellor, que estava em Eton na época e era três anos mais jovem que eu. O pai estava muito doente, tuberculoso, e vivia praticamente no jardim, numa espécie de cabana ao ar livre, onde dormia. Max era filho único. Apaixonou-se profundamente por mim, em parte porque eu era mais velha do que ele, e, a seus olhos, já era adulta; usava, para me conquistar — ou pelo menos era o que me dizia a mãe dele —, uma jaqueta e botas de caçar, com as quais se exibia e atirava nos pardais com uma espingarda de ar comprimido. Também começou a se lavar (uma grande novidade de sua parte, já que a mãe teve que perturbá-lo por vários anos com o estado de suas mãos, pescoço etc.), comprou várias gravatas lilás e lavanda, e, na realidade, dava todos os sinais de estar amadurecendo. Foi a dança que nos aproximou, e eu acorria à casa dos Mellor para praticar com ele na escada, que era mais adequada que a nossa, por ser mais rasa e mais larga. Não sei se fazíamos grande sucesso. Tivemos muitas quedas extremamente dolorosas, mas perseveramos. Ele tinha um bom tutor, um jovem chamado Mr. Shaw, se bem me lembro, sobre o qual Marguerite Lucy comentou:

— Uma bela natureza; é uma pena que suas pernas sejam tão comuns.

Devo dizer que desde então não consigo deixar de aplicar esse critério a qualquer homem desconhecido. Bonito, talvez — mas suas pernas são comuns?

# V

Num desagradável dia de inverno, eu estava deitada na cama, recuperando-me de uma gripe. Estava entediada. Já lera vários livros, tentara jogar cartas treze vezes, tive êxito jogando paciência, e via-me agora fadada a jogar bridge sozinha, dando as cartas a mim mesma. Minha mãe apareceu no quarto.

— Por que você não escreve uma história? — sugeriu ela.

— Escrever uma história? — repeti, bastante assustada.

— Sim — confirmou minha mãe. — Como Madge.

— Ah, não acho que conseguiria.

— Por que não? — perguntou ela.

Não parecia haver nenhuma razão, exceto que...

— Você não sabe se não consegue — apontou minha mãe —, porque nunca tentou.

Ela estava certa. Desapareceu com a rapidez de sempre e reapareceu cinco minutos depois com um caderno de exercícios na mão.

— Neste caderno só há algumas anotações de lavanderia, logo no começo — disse ela. — O resto está em branco. Você pode começar sua história agora mesmo.

Quando minha mãe sugeria que fizéssemos qualquer coisa, era praticamente certo que o faríamos. Sentei-me na cama e comecei a pensar em escrever uma história. De qualquer jeito, era melhor que jogar paciência mais uma vez.

Já não lembro mais quanto tempo levei — não muito. Na verdade, acho que terminei na noite do dia seguinte. Comecei hesitante em vários temas diferentes, depois os abandonei, e por fim fiquei completamente interessada e trabalhando em grande velocidade. Foi exaustivo e não ajudou na minha convalescença, mas também foi emocionante.

— Vou procurar a velha máquina de escrever de Madge — disse minha mãe. Assim você pode datilografar a história.

Essa minha primeira história chamava-se *A casa da beleza*. Não é uma obra-prima, mas no geral a acho boa; foi a primeira coisa promissora que escrevi. Escrito de forma amadora, é claro, e mostrando a influência de tudo o que eu havia lido na semana anterior. Aí está algo que você dificilmente consegue evitar quando começa a escrever. Naquele momento eu estava lendo D. H. Lawrence. Lembro-me de que *A serpente emplumada*, *Filhos e amantes*, *O pavão branco* etc. eram meus grandes favoritos naquela época. Eu também tinha lido alguns livros de uma pessoa chamada Mrs. Everard Cotes, cujo estilo eu admirava muito. A primeira história era bastante preciosa, e escrita de modo que era difícil saber exatamente o que a autora queria dizer, mas embora o estilo fosse muito frágil, a história em si era bastante imaginativa.

Depois dessa, escrevi outras: *O chamado das asas* (não era ruim), *O deus solitário* (que resultou da leitura de *The City of Beautiful Nonsense* e era lamentavelmente sentimental), um curto diálogo entre uma senhora surda e um homem nervoso numa festa, e uma história medonha a respeito de uma sessão de espiritismo (que reescrevi muitos anos depois). Datilografei todas essas histórias na máquina de Madge — uma máquina de escrever Empire — e as enviei, esperançosa, para várias revistas, escolhendo diferentes pseudônimos de tempos em tempos, conforme preferisse. Madge havia se dado o nome de Mostyn Miller; eu escolhi para mim Mack Miller, depois mudei para Nathaniel Miller (o nome do meu avô). Não tinha muita esperança de sucesso, e não o obtive. Todas as histórias voltavam de pronto com o bilhete de sempre: "O editor lamenta…" Então eu as embalava novamente e enviava para alguma outra revista.

Também decidi que tentaria escrever um romance. Embarquei sem ansiedade. Seria ambientado no Cairo. Pensei em dois enredos separados e, a princípio, não conseguia escolher entre eles. Por fim, ainda hesitante, tomei uma decisão e comecei a escrever um deles. O tema me viera à mente por conta de três pessoas que costumávamos observar na sala de jantar do hotel no Cairo. Uma garota atraente — dificilmente uma garota aos meus olhos, porque devia estar perto dos 30 — que jantava com dois homens todas as noites após o baile. Um era corpulento e largo, com cabelos escuros — um capitão da 60ª Rifles —, o outro um jovem alto e loiro da Guarda Coldstream, possivelmente um ou dois anos mais novo do que ela. Eles se sentavam um de cada lado da moça; ela os mantinha em um jogo de flerte. Sabíamos seus nomes, mas nunca descobrimos muito mais sobre eles, embora alguém tenha feito a seguinte observação uma vez:

— Algum dia ela terá de decidir entre eles.

Isso foi o suficiente para minha imaginação: se eu soubesse mais sobre eles, não acho que teria me interessado em escrever sua história. Do jeito que estava, consegui criar uma história excelente, provavelmente muito diferente de seus personagens reais, suas ações ou qualquer outra coisa. Após percorrer certa distância com o texto, fiquei insatisfeita e voltei-me para o enredo alternativo. Este era mais leve, tratava de personagens divertidos. Cometi, no entanto, o erro fatal de me embaraçar com uma heroína surda — realmente não consigo imaginar *por quê*: qualquer um pode lidar de maneira interessante com uma heroína cega, mas uma heroína surda não é tão fácil, porque, como logo percebi, assim que você descreve o que ela está matutando e o que as pessoas estão pensando e dizendo sobre ela, ela fica sem possibilidade de conversar, e toda a história se interrompe. A pobre Melancy ia ficando cada vez mais insípida e chata.

Voltei à minha primeira tentativa e percebi que não teria fôlego o suficiente para ser um romance. Por fim, decidi incorporar os dois enredos. Já que o cenário era o mesmo, por que não ter dois enredos em um? Prosseguindo nessa linha, levei meu romance ao tamanho necessário. Sobrecarregada pela quantidade de acontecimentos, eu transitava loucamente entre os personagens, ocasionalmente forçando-os a se misturar de uma maneira que eles não pareciam querer fazer. Batizei o romance — não consigo imaginar por quê — de *Neve no deserto*.

Minha mãe então sugeriu, um tanto hesitante, que eu perguntasse a Eden Philpotts se ele poderia me oferecer ajuda ou conselhos. Eden Philpotts estava então no auge da fama. Suas novelas de Dartmoor eram elogiadas. Por sorte, ele era um vizinho nosso e um amigo da família. Fiquei tímida de início, mas depois concordei. Eden Philpotts era um homem de aparência estranha, com um rosto mais parecido com o de um fauno que com o de um ser humano comum: um rosto interessante, de olhos grandes com os cantos um pouco repuxados. Sofria terrivelmente de gota e, com frequência, quando íamos visitá-lo, estava sentado com uma das pernas coberta de ataduras repousando sobre um banquinho. Odiava reuniões sociais e quase não saía de casa; na realidade, detestava ver gente. Sua mulher, pelo contrário, era bastante sociável — uma mulher bonita e encantadora, com um grande círculo de amigos. Eden Philpotts fora muito amigo de meu pai e gostava de minha mãe, que pouco o incomodava com convites sociais, mas admirava seu jardim e suas muitas plantas raras e arbustos. Ele concordou imediatamente em ler a tentativa literária de Agatha.

Mal posso expressar a gratidão que sinto por ele. Ele poderia ter pronunciado algumas palavras relaxadas de crítica razoável com facilidade e possivelmente me desencorajado para o resto da vida. Mas ele quis me ajudar. Percebeu como eu era tímida e como tinha dificuldade de falar sobre as coisas. A carta que ele escreveu continha conselhos muito bons.

Algumas dessas coisas que você escreveu são capitais. Você tem um ótimo senso de diálogo. Mantenha diálogos naturais, alegres. Tente eliminar todas as moralizações de seus romances; você abusa delas, e não há nada mais entediante para o leitor. Tente deixar seus personagens *livres* para que *eles* falem por *si mesmos*, em vez de sempre dizer-lhes o que devem falar ou explicar ao leitor o que eles querem dizer com suas palavras. Deixe que o próprio leitor julgue. Você tem aqui dois enredos, em vez de um, mas esse é um erro de iniciante; logo você não vai mais querer desperdiçar enredos de forma tão esbanjadora. Estou enviando uma carta para meu próprio agente literário, Hughes Massie. Ele fará a crítica de seu texto e lhe dirá quais são as chances de ser aceito. Receio que não seja fácil ter um primeiro romance aceito, então você não deve se decepcionar. Eu gostaria de recomendar-lhe uma rota de leitura que considero que você vai achar útil. Leia *Confissões de um comedor de ópio*, de De Quincey — isso aumentará enormemente seu vocabulário. Ele usava palavras muito interessantes. Leia *The Story of my Life,* de Jefferys, por causa das descrições e do sentimento da natureza que ele transmite.

Não me lembro agora de quais os outros livros recomendados: sei que havia uma coleção de contos, e um deles era chamado *The Pirrie Pride*. O tema girava em torno de um bule de chá. E também um volume de Ruskin, pelo qual tive violenta aversão, e mais um ou dois livros. Se me fizeram bem, não sei. Mas gostei muito de De Quincey e dos contos.

Depois compareci a uma entrevista em Londres com a agência Hughes Massie. O próprio Hughes Massie ainda estava vivo naquela época, e foi ele mesmo que eu encontrei. Era um homem grande e moreno, e me aterrorizava.

— Ah — disse ele, olhando para a capa do manuscrito. — *Neve no deserto*. Humm, um título muito sugestivo, sugere fogo interior.

Eu parecia ainda mais nervosa, sentindo o quanto essas palavras estavam longe de descrever o que eu havia escrito. Não sei bem por que tinha escolhido esse título, exceto pelo fato de provavelmente ter lido, pouco antes, Omar Khayyam. Acho que eu quis dizer que, como a neve sobre a face empoeirada do deserto, todos os acontecimentos da vida são em si superficiais e passam sem deixar lembranças. Na verdade, não acho que o livro fosse isso quando terminado, mas essa havia sido a minha ideia do que se tornaria.

Hughes Massie guardou o manuscrito para ler, mas o devolveu alguns meses depois, dizendo que achava improvável que pudesse trabalhá-lo. A melhor coisa que eu poderia fazer, disse ele, seria parar de pensar nele e começar a escrever outro livro.

Nunca fui uma pessoa ambiciosa por natureza e me resignei a não me esforçar mais. Ainda escrevi alguns poemas e gostei deles, e acho que escrevi mais um ou dois contos. Enviei-os para as revistas, mas esperava que voltassem, e era o que acontecia normalmente.

Eu já não estava mais estudando música com seriedade. Praticava piano algumas horas por dia, e mantive minha habilidade o máximo possível no mesmo padrão, embora não tivesse mais aulas. Ainda estudava canto quando íamos a Londres por algum tempo. Francis Korbay, o compositor húngaro, deu-me aulas de canto e me ensinou algumas encantadoras canções húngaras de sua própria composição. Ele era um bom professor e um homem interessante. Também aprendi a cantar baladas inglesas com outra professora, uma mulher que morava perto daquela parte do Regent Canal que chamam de Little Venice e que sempre me fascina. Eu cantava com bastante frequência em concertos locais e, como era a moda na época, levava "minhas partituras" quando me convidavam para jantar. É claro que não havia música "enlatada" naqueles dias: não havia emissoras de rádio nem gravadores cassete, nem gramofones estereofônicos. Para escutar música, recorria-se a um músico particular, e podia acontecer que fosse bom, sofrível ou simplesmente horroroso. Eu era uma boa acompanhante e lia música com facilidade, de modo que não poucas vezes acompanhava outros cantores ao piano.

Tive uma experiência maravilhosa quando houve em Londres uma série de concertos de Wagner, sob a regência de Richter. Minha irmã Madge havia de repente se interessado muito pela música wagneriana. Ela organizou um grupo de quatro pessoas para ir ao *Ring* e pagou para mim. Serei sempre grata a ela e me lembrarei dessa experiência. Van Rooy cantou Wotan. Gertrude Kappel cantou os principais papéis de soprano de Wagner. Ela era uma mulher grande e pesada com um nariz arrebitado — não era atriz, mas tinha uma voz poderosa, de ouro. Uma americana chamada Saltzman Stevens cantou Sieglinde, Isolda e Elizabeth. É difícil esquecer Saltzman Stevens. Era uma atriz muito bonita, com gestos e movimentos lindos, e tinha braços longos e graciosos que saíam das disformes vestes brancas que as heroínas wagnerianas sempre usavam. Era uma Isolda maravilhosa. Suponho que sua voz não se comparasse à de Gertrude Kappel, mas sua atuação era tão soberba que nos empolgava. Sua fúria e seu desespero no primeiro ato de *Tristão,* a beleza lírica de sua voz no segundo ato, e depois — o mais inesquecível para mim — o grande momento do terceiro ato: a longa melodia de Kurwenal, a angústia e a espera, com Tristão e Kurwenal juntos, a busca pelo navio no mar. Finalmente, o grande grito da soprano que vem de fora do palco: *Tristão!*

Saltzman Stevens *era* Isolda. Precipitava-se — sim, dava para sentir — penhasco e palco acima, correndo com aqueles braços brancos estendidos na direção de Tristão. E então, o lamento triste, quase como o de um pássaro.

Ela cantava a "Liebestod" inteiramente como mulher, não como deusa; cantava ajoelhada ao lado do corpo de Tristão, olhando para o rosto dele, vendo-o ganhar vida com a força de sua vontade e de sua imaginação; e finalmente, curvando-se cada vez mais para baixo, as três últimas palavras da ópera, "com um beijo", vinham quando ela se inclinava para tocar os lábios dele com os dela, e então cair de repente sobre o corpo dele.

Do jeito que eu era, ficava imaginando, todas as noites antes de dormir, que talvez um dia pudesse cantar a parte de Isolda num palco de verdade. Não fazia mal algum, dizia eu a mim mesma, viver aquilo em fantasia. Será que eu *algum dia* seria capaz de cantar numa ópera? A resposta, é claro, era não. Uma amiga americana de May Sturges que estava em Londres e tinha uma ligação com a Metropolitan Opera House de Nova York, muito gentilmente, foi me ouvir cantar um dia. Cantei várias árias para ela, que me conduziu por uma série de escalas, arpejos e exercícios. Então ela me disse:

— As músicas que você cantou não me disseram nada, mas os exercícios, sim. Você será uma boa cantora de concertos e poderá se sair bem e fazer seu nome neles. Sua voz *não* é forte o suficiente para a ópera, e nunca será.

Foi a partir desse momento que minha acalentada fantasia secreta de fazer algo na música acabou. Eu não tinha ambição de ser uma cantora de concertos, o que não era uma coisa fácil de fazer, de qualquer maneira. Carreiras musicais para mulheres não eram encorajadas. Se houvesse alguma chance de cantar em uma ópera, eu teria lutado pela oportunidade, mas isso era para as poucas privilegiadas que tinham as cordas vocais apropriadas. Tenho certeza de que nada destrói mais a alma de alguém que a persistência em tentar fazer algo que se quer desesperadamente fazer bem e saber que você nunca será a melhor. Por isso, deixei de lado o pensamento positivo. Avisei a minha mãe que a partir de então ela poderia economizar as despesas com aulas de música. Eu poderia cantar o quanto quisesse, mas não adiantava continuar estudando canto. Eu nunca acreditara realmente que meu sonho pudesse se tornar realidade — mas é bom *ter tido* um sonho e se sentido feliz com ele, contanto que você não se agarre demais.

Deve ter sido por volta dessa época que comecei a ler os romances de May Sinclair, com os quais fiquei muito impressionada — e, de fato, ainda hoje quando os releio me impressionam. Minha opinião é que ela foi uma das nossas melhores e mais originais romancistas, e não posso evitar considerar que, um dia, voltará o interesse do público por ela, e suas obras serão reeditadas. Ainda considero *A Combined Maze,* história clássica de um amanuense e de sua namorada, um dos melhores romances já escritos. Também gostava muito de *The Divine Fire*; quanto a *Tasker Jevons*, considero-o uma obra-prima. Um conto da autora, *The Flaw in the Crystal*, me impressionou tanto, provavelmente porque eu era viciada em escrever histórias psíquicas na época, que me inspirou a escrever uma história minha mais ou menos no mesmo caminho. Eu a chamei de *Visão* (foi publicada com algumas outras histórias minhas em um volume muito mais tarde), e ainda gosto dela quando a encontro.

Eu havia criado o hábito de escrever contos. Foi se tornando meu passatempo, em vez de, digamos, bordar almofadas ou desenhos copiados das flores da porcelana de Dresden. Se alguém pensar que isso é colocar a profissão de ficcionista em nível demasiado baixo, não concordarei. O ímpeto criativo pode se expressar de qualquer forma: bordando, cozinhando pratos interessantes, pintando, desenhando, esculpindo, compondo música, assim como escrevendo livros ou contos. A única diferença é que você pode se destacar mais em algumas dessas coisas do que em outras. Concordo que bordar capas de almofadas vitorianas não é como participar da tapeçaria de Bayeux, mas a vontade é a mesma em ambos os casos. As damas da primeira corte de Williams estavam produzindo um trabalho original que exigia reflexão, inspiração e incansável aplicação; algumas partes, sem dúvida, exigiam um trabalho maçante, e outras eram altamente empolgantes. Embora se possa dizer que um quadrado de brocado com duas clematites e uma borboleta seja uma comparação ridícula, a satisfação interna do artista provavelmente foi muito parecida.

A valsa que compus não era motivo de orgulho; um ou dois dos meus bordados, no entanto, *eram* bons e me deixavam satisfeita. Acho que não cheguei a ficar feliz com minhas histórias — mas é sempre necessário deixar passar algum tempo após a realização de um trabalho criativo até que se possa avaliá-lo de alguma forma.

Você começa, inflamado por uma ideia, cheio de esperança, cheio, na verdade, de confiança (acho que foram os *únicos* momentos de minha vida em que me senti cheia de confiança). Se você for modesto de verdade, nunca escreverá. Por isso, seria preciso haver um momento delicioso em que você pensa em algo, sabe exatamente como escrevê-lo, corre atrás de um lápis e começa a rabiscar com muita empolgação. Depois, encontra as dificuldades, não vê a saída e, por fim, consegue realizar mais ou menos o que pretendia no início, embora perdendo a confiança o tempo todo. Depois de terminar, você sabe que o texto está absolutamente podre. Alguns meses depois, pergunta-se se talvez não estivesse bom, afinal.

# VI

Naquela época escapei por um triz, duas vezes, do casamento. Digo que escapei porque, olhando para trás, percebo com bastante clareza que qualquer um desses casamentos teria sido um desastre.

O primeiro era o que se poderia chamar de "o grande romance de uma mocinha". Eu estava hospedada com os Ralston Patrick. Constance e eu fomos de carro para um encontro frio e ventoso, e um homem montado em um belo cavalo castanho foi falar com Constance e foi apresentado a mim. Suponho que Charles tivesse cerca de 35 anos, um major no 17° Lancers, e caçava todos os anos em Warwickshire. Encontrei-o novamente naquela noite, quando houve um baile à fantasia, ao qual fui vestida de Elaine. Uma fantasia bonita: ainda a tenho (e me pergunto como eu conseguia entrar nela); está no baú do hall que está cheio de "apetrechos". Era um dos meus favoritos — de brocado branco, com uma touca de pérola. Encontrei-me com Charles várias vezes durante minha visita, e quando retornei para casa, ambos expressamos votos educados de que nos encontrássemos novamente algum dia. Ele mencionou que talvez estivesse em Devonshire mais tarde.

Três ou quatro dias depois de chegar em casa, recebi um embrulho. Dentro havia uma pequena caixa prata e dourada. Dentro da tampa estava escrito: "The Asps", uma data, e "Para Elaine" abaixo. The Asps era onde o encontro acontecera, e a data, o dia em que nos conhecemos. Também recebi uma carta dele dizendo que esperava vir nos ver na semana seguinte, quando estaria em Devon.

Esse foi o início de um cortejo relâmpago. Chegaram caixas de flores; livros, às vezes; enormes caixas de chocolates exóticos. Nada foi dito que não pudesse ser dito propriamente a uma mocinha, mas fiquei emocionada. Ele nos fez mais duas visitas, e na terceira me pediu em casamento. Disse que se apaixonara por mim no momento em que me viu pela primeira vez. Se alguém estivesse organizando as propostas por ordem de mérito, essa facilmente iria para o topo da minha lista. Fiquei fascinada e em parte arrebatada pela técnica dele. Era um homem com uma boa experiência com mulheres e capaz de produzir a maioria das reações que desejava. Eu estava pronta pela primeira vez para considerar que ali estava meu Destino, meu Homem Ideal. E ainda assim — sim, lá estava —, e *ainda assim*… Quando Charles estava lá, me dizendo como eu era maravilhosa, o quanto ele me amava, que Elaine perfeita, que criatura requintada eu era, como ele passaria a vida inteira me fazendo feliz, e assim por diante, suas mãos e sua voz trêmulas — ah, sim, eu estava encantada como um passarinho. E ainda assim — ainda assim, quando ele ia embora, quando eu pensava nele durante sua ausência, não havia nada. Eu não ansiava por vê-lo novamente. Apenas sentia que ele era… muito gentil. A alteração entre os dois humores me intrigava. Como você pode saber se está apaixonada por uma pessoa? Se ela não significa nada para você quando ausente, mas te arrebata quando presente, qual é sua *verdadeira* reação?

Minha pobre e querida mãe deve ter sofrido muito naquela época. Mais tarde, ela me contou que tinha orado muito para que em breve um marido fosse providenciado para mim; bom, gentil e bem provido com os bens deste mundo. Charles havia aparecido como uma resposta à oração dela, mas de alguma forma ela não estava satisfeita. Sempre sabia o que as pessoas estavam pensando e sentindo, e devia saber muito bem o quanto eu mesma estava *confusa*. Enquanto mantinha sua visão materna habitual de que nenhum homem neste mundo poderia ser bom o suficiente para sua Agatha, tinha a sensação de que, mesmo que decidisse permitir uma aproximação, aquele não era o homem certo. Escreveu para os Ralston Patrick para descobrir o máximo possível sobre ele. Ela foi prejudicada por meu pai não estar vivo e por eu não ter um irmão que pudesse fazer o que eram naqueles dias as perguntas usuais sobre o histórico de um homem com mulheres, sua posição financeira exata, sua família, e assim por diante… Parece muito antiquado hoje em dia, mas ouso dizer que isso evitou um bom tanto de infelicidade.

Charles cumpria o padrão. Ele tivera muitos casos com mulheres, mas minha mãe não se importava muito: era um princípio aceito que os homens ciscassem para lá e para cá antes do casamento. Ele era cerca de quinze anos mais velho que eu, mas o próprio marido dela fora dez anos mais velho que ela, e ela acreditava nesse tipo de diferença de idade. Ela disse a Charles que Agatha ainda era muito jovem e que não deveria tomar decisões precipitadas. Sugeriu que nos encontrássemos algumas vezes durante o mês seguinte, sem que eu fosse pressionada a tomar uma decisão.

Isso não funcionou bem, porque Charles e eu não tínhamos absolutamente nada sobre o que conversar, exceto o fato de que ele estava apaixonado por mim. Como ele estava evitando falar o tempo todo sobre esse assunto, pairavam grandes e embaraçosos silêncios entre nós. Depois, ele ia embora e eu ficava cogitando. *O que* eu queria fazer? Queria me casar com ele? Aí, recebia uma carta de Charles. Não há dúvida de que ele escrevia as cartas de amor mais maravilhosas que uma mulher poderia desejar receber. Eu pensava a respeito delas, relia-as, guardava-as, convencida de que era aquilo o amor. Depois, Charles voltava e eu me entusiasmava de novo, ficava de novo fascinada — e, no entanto, ao mesmo tempo, em meu íntimo, uma espécie de intuição me segredava que estava tudo errado. Por fim, minha mãe sugeriu que ficássemos sem nos ver por seis meses, e que então eu decidiria de fato. Aderimos à sugestão, e durante esse período não houve cartas — o que provavelmente foi bom, porque eu acabaria me apaixonado pelas cartas no final das contas.

Terminados os seis meses, recebi um telegrama.

"Não aguento mais essa indecisão. Quer se casar comigo, sim ou não?"

Eu estava de cama, com um pouco de febre, na época. Minha mãe me trouxe o telegrama. Olhei para ele e depois para o formulário de resposta paga. Peguei um lápis e escrevi a palavra "Não". Imediatamente senti um enorme alívio: tinha decidido algo. A sensação desconfortável de altos e baixos acabaria de uma vez por todas.

— Tem certeza? — perguntou mamãe.

— Sim — respondi. Virei-me no travesseiro e dormi imediatamente. E assim essa história terminou.

A vida ficou bastante sombria durante os quatro ou cinco meses seguintes. Pela primeira vez, tudo o que eu fazia me entediava. Comecei a sentir que havia cometido um grande erro. Então Wilfred Pirie voltou à minha vida.

Já mencionei Martin e Lilian Pirie, grandes amigos de meu pai, que encontramos novamente no exterior, em Dinard. Continuamos a nos ver desde então, embora eu não houvesse mais encontrado os rapazes. Harold estivera em Eton, e Wilfred fora aspirante na Marinha — agora, era tenente da Marinha Real. Na época, acho que estava servindo em um submarino e vinha muitas vezes nos visitar, sempre que a esquadra aportava em Torquay. Ele se tornou um grande amigo, uma das pessoas de quem mais gostei em toda a minha vida. Em poucos meses ficamos noivos, embora não oficialmente.

Wilfred foi um alívio depois de Charles. Com ele não havia aquela excitação, não havia dúvida nem sofrimento. Era apenas um amigo querido, alguém que eu conhecia bem. Líamos livros, discutíamos o que líamos, sempre tínhamos algo sobre o que conversar. Eu me sentia completamente à vontade com ele. O fato de que eu o tratava como um irmão não me ocorreu. Minha mãe ficou encantada, e Mrs. Pirie também. Martin Pirie tinha morrido alguns anos antes. Parecia um casamento perfeito do ponto de vista de todos. Wilfred tinha uma boa carreira pela frente na Marinha; nossos pais tinham sido os amigos mais próximos e nossas mães gostavam uma da outra; mamãe gostava de Wilfred, Mrs. Pirie gostava de mim. Ainda sinto que fui um monstro de ingratidão por não ter me casado com ele.

Minha vida agora estava resolvida. Em um ou dois anos, nós nos casaríamos no momento certo (jovens subalternos e jovens subtenentes não eram encorajados a se casar cedo demais). Eu gostava da ideia de me casar com um marinheiro. Assim, moraria em acomodações em Southsea, Plymouth, ou em algum lugar do tipo, e quando Wilfred estivesse fora a trabalho, eu poderia voltar para casa em Ashfield e passar algum tempo com mamãe. Realmente, nada no mundo poderia estar tão certo.

Suponho que exista em nosso temperamento uma horrível mania de revoltar-se contra o que parece certo demais ou perfeito demais. Eu não admitiria por muito tempo, mas a perspectiva de me casar com Wilfred induziu em mim uma sensação deprimente de tédio. Eu gostava dele, teria sido feliz dividindo uma casa com ele, mas de alguma forma não havia nenhuma emoção nisso. Nenhuma empolgação!

Uma das primeiras coisas que acontecem quando você se sente atraída por um homem, e ele por você, é essa extraordinária ilusão de que vocês pensam do mesmo modo sobre todas as coisas, de que um diz sempre exatamente o que o outro estava pensando. Que maravilhoso é gostarmos dos mesmos livros, das mesmas músicas. O fato de que um de vocês quase nunca vai a um show ou ouve música não importa naquele momento. Ele sempre gostara *muito* de música, mas não sabia que gostava! Da mesma forma, você nunca desejara ler os livros preferidos dele, mas agora sente que realmente quer lê-los. Aí está; uma das grandes ilusões da natureza. Ambos gostamos de cachorros e detestamos gatos. Que maravilha! Ambos gostamos de gatos e odiamos cães. Também é maravilhoso!

Assim, a vida continuou, sossegada. A cada duas ou três semanas, Wilfred vinha para o fim de semana. Ele tinha um carro e costumava me levar para passear. Também tinha um cachorro, e ambos amávamos o cachorro. Ele se interessou por espiritualidade, então eu também. Até aí, tudo bem. Mas então Wilfred começou a aparecer com livros que estava ansioso para que eu lesse e conversasse com ele a respeito. Eram livros muito grandes — a maioria teosófica. A ilusão de que você gostava de tudo de que seu homem gostasse não funcionou; é claro que não funcionou — eu não estava apaixonada por ele. Achei os livros de teosofia tediosos; não apenas tediosos, mas completamente falsos; pior ainda, achei muitos deles completamente sem sentido! Também tinha me cansado das descrições de Wilfred sobre os médiuns que ele conhecia. Havia duas garotas em Portsmouth, e não dava para acreditar nas coisas que essas garotas viam. Dificilmente elas entravam em uma casa sem ofegar, sem se empertigar, sem colocar as mãos no peito e se incomodar porque havia um terrível espírito parado atrás de alguém.

— Outro dia, Mary, a mais velha, entrou em uma casa e foi até o banheiro para lavar as mãos — disse Wilfred. — E você acredita que ela não conseguia passar da porta? Não, ela de fato não conseguia. Havia duas figuras lá. Uma estava segurando uma navalha na garganta da outra. Acredita nisso?

Eu quase disse "Não, não acredito", mas me controlei a tempo.

— Isso é muito interessante. Alguém *já havia segurado* uma navalha na garganta de alguém antes nesse lugar?

— É provável — respondeu Wilfred. — A casa já havia sido alugada para várias pessoas antes, então um incidente desse tipo deve ter ocorrido. Você não acha? Bem, você consegue perceber sozinha, não é?

Mas eu não conseguia. No entanto, sempre fui de uma natureza agradável, e por isso disse alegremente que, é claro, devia ter sido assim.

Um dia Wilfred ligou de Portsmouth e disse que uma oportunidade maravilhosa havia surgido em seu caminho. Um grupo estava sendo organizado para iniciar uma caça ao tesouro na América do Sul. Ele ia dispor de uma licença e, portanto, teria a possibilidade de se juntar a essa expedição. Será que eu acharia reprovável da parte dele se ele fosse? Era aquele tipo de oportunidade empolgante que poderia não acontecer nunca mais. Imaginei que os médiuns haviam expressado sua concordância. Disseram que, sem dúvida, ele regressaria tendo descoberto uma cidade desaparecida desde o tempo dos incas. Claro que não se podia tomar isso como prova de nada, mas mesmo assim era extraordinário, não era? Será que eu acharia aquilo horrível da parte dele, quando ele poderia passar boa parte da licença comigo?

Não hesitei nem por um momento. Comportei-me com esplêndido altruísmo. Disse a ele que achava que era uma oportunidade maravilhosa, que é claro que ele deveria ir, e que torceria de todo o coração para que ele encontrasse os tesouros dos incas. Wilfred disse que eu era maravilhosa; absolutamente maravilhosa; nem uma garota em mil se comportaria assim. Ele desligou, me mandou uma carta carinhosa e partiu.

Mas eu não era uma garota em mil; era apenas uma garota que havia descoberto a verdade sobre si mesma e estava bastante envergonhada por isso. No dia seguinte à partida dele, acordei com a sensação de que uma carga enorme havia sumido da minha mente. Fiquei encantada com a ideia de Wilfred ir atrás de tesouros, porque eu o amava como um irmão e queria que ele fizesse o que desejasse. Achei a ideia da caça ao tesouro um tanto tola e com certeza falsa. Isso aconteceu de novo porque eu não estava apaixonada por ele. Se estivesse, teria sido capaz de ver pelos olhos dele. Em terceiro lugar, que alegria, que alegria! Eu não teria mais que ler teosofia.

— Por que você está tão contente? — perguntou minha mãe, desconfiada.

— Escute, mamãe — comecei. — Sei que é horrível, mas estou muito feliz porque Wilfred foi embora.

A pobre coitada. O rosto dela desmoronou. Nunca me senti tão má, tão ingrata quanto naquele dia. Ela estava tão feliz por Wilfred e eu estarmos juntos. Por um momento equivocado, quase senti que deveria seguir em frente, apenas para fazê-la feliz. Por sorte, eu não estava tão afundada no sentimentalismo assim.

Não escrevi para contar a Wilfred o que havia decidido porque pensei que poderia ter um efeito ruim sobre ele no meio da caça ao tesouro inca nas selvas fumegantes. Ele poderia ter febre, ou algum animal desagradável poderia pular sobre ele enquanto sua mente estivesse distraída — e, de qualquer maneira, estragaria sua diversão. Mas eu escrevi uma carta para quando ele retornasse. Eu disse o quanto sentia, o quanto gostava dele, mas não achava que entre nós houvesse o tipo de sentimento que uniria nossas vidas para todo o sempre. Ele não concordou comigo, é claro, mas levou a decisão a sério. Disse que achava que não suportaria me ver com frequência, mas que sempre seríamos amigos. Agora me pergunto se ele ficou aliviado também. Acho que não, mas por outro lado não penso que isso o tenha ferido no coração. Acho que ele teve sorte. Ele teria sido um bom marido para mim, e teria gostado de mim em todos os momentos, e acho que eu o teria feito bastante feliz de uma maneira tranquila, mas ele poderia fazer algo melhor por si mesmo — e cerca de três meses depois, ele o fez. Apaixonou-se perdidamente por outra garota, e ela se apaixonou perdidamente por ele. Casaram-se no devido tempo e tiveram seis filhos. Nada poderia ter sido mais satisfatório.

Quanto a Charles, cerca de três anos depois, casou-se com uma linda moça de 18 anos.

De fato, que benfeitora eu fui para aqueles dois homens.

A próxima coisa que aconteceu foi que Reggie Lucy voltou de licença de Hong Kong. Embora conhecesse os Lucy havia muitos anos, eu nunca conhecera o irmão mais velho, Reggie. Ele era um major nos Artilheiros, e tinha feito seu serviço quase sempre no exterior. Era uma pessoa tímida e reservada, que raramente saía. Gostava de jogar golfe, mas nunca gostou de bailes ou festas. Não era loiro e de olhos azuis como os outros; tinha cabelos escuros e olhos castanhos. Eles eram uma família muito unida e gostavam da companhia um do outro. Fomos juntos a Dartmoor no estilo Lucy de sempre — perdendo o bonde, procurando por trens que não existiam, perdendo-os de todo modo, fazendo baldeação em Newton Abbot e perdendo a conexão, decidindo que afinal iríamos para outro local da charneca, e assim por diante.

Então Reggie se ofereceu para melhorar meu jogo de golfe. Pode-se dizer que meu golfe naquela fase era praticamente inexistente. Vários jovens haviam dado o seu melhor por mim em matéria de golfe, mas, para o meu pesar, eu não era boa em jogos. O que irritava era que eu sempre era uma iniciante promissora. No arco e flecha, no bilhar, no golfe, no tênis e no croqué eu era muito promissora; a promessa, contudo, jamais se concretizava: mais uma fonte de humilhação. A verdade, acho, é que, se você não tem um bom olho para as bolas, não tem e pronto. Eu participava de torneios de croqué com Madge em que eu jogava com o maior número permitido de pontos de vantagem.

— Com todos esses seus pontos de vantagem, deveríamos ganhar *facilmente* — dizia Madge, que jogava bem.

Meus pontos ajudavam, mas não vencíamos. Eu era boa na teoria do jogo, mas sempre errava jogadas ridiculamente fáceis. No tênis, desenvolvi um bom *forehand* que às vezes impressionava meus parceiros, mas meu *backhand* era um desastre. E não se pode jogar tênis apenas com a mão dominante. No golfe, eu tinha *drives* selvagens, tacadas horríveis com o taco de ferro, belas tacadas de aproximação e *putts* nada confiáveis.

Mas Reggie era extremamente paciente, o tipo de professor que não se importa se o aluno melhora ou não. Serpenteávamos devagar ao redor dos elos; parávamos sempre que tínhamos vontade. Os golfistas sérios iam de trem para o campo de golfe de Churston. A pista de Torquay também servia como pista de corrida três vezes por ano, e não era muito frequentada ou bem conservada. Reggie e eu caminhávamos ao redor, depois voltávamos para o chá com os Lucy e lá cantávamos canções depois de fazer torradas frescas em vez de comer as que já haviam esfriado. E assim por diante. Era uma vida feliz e preguiçosa. Ninguém nunca se apressava e o tempo não importava. Nunca havia qualquer preocupação, tampouco reboliços. Posso estar totalmente errada, mas tenho certeza de que nenhum dos Lucy jamais teve úlcera duodenal, trombose coronária ou pressão alta.

Um dia, Reggie e eu havíamos jogado quatro buracos de golfe, e então, como o dia estava bastante quente, ele sugeriu que realmente seria muito mais agradável nos sentarmos sob a cerca viva. Ele tirou do bolso o cachimbo, fumou, tranquilo, e conversamos do nosso jeito habitual, nunca sobre assuntos seguidos, mas apenas uma ou outra palavra acerca de qualquer coisa ou de qualquer pessoa, tudo cortado por pausas repousantes. É a maneira que mais gosto de conversar. Nunca me sentia lenta ou estúpida ou sem ter o que dizer quando estava com Reggie.

Dali a pouco, depois de várias baforadas no cachimbo, ele disse, pensativo:

— Você tem muitos troféus, não tem, Agatha? Pois pode colocar os meus junto com eles quando quiser.

Olhei para ele com certa dúvida, sem muita certeza do que ele queria dizer.

— Não sei se você já percebeu que quero me casar com você — disse ele. — Provavelmente sim. Mas posso muito bem dizer. Veja bem, não estou querendo te pressionar de forma alguma. Quero dizer, não há pressa. — A famosa frase dos Lucy saiu dos lábios de Reggie com facilidade. — Você ainda é muito jovem, e seria muito errado da minha parte segurá-la agora.

Respondi prontamente que eu não era tão jovem assim.

— Ah, sim, você é, Aggie, comparada a mim. — Embora Reggie tivesse sido aconselhado a não me chamar de Aggie, ele com frequência se esquecia disso, porque era muito natural para os Lucy se chamarem por nomes como Margie, Noonie, Eddie e Aggie.

— Bem, pense nisso — continuou Reggie. — Apenas tenha em mente, e se ninguém mais aparecer, estarei aqui, você sabe.

Eu disse que não precisava pensar; que gostaria de me casar com ele.

— Acho que você não pensou direito, Aggie.

— Claro que pensei direito. Não preciso de muito tempo para decidir uma coisa dessas.

— Sim, mas não adianta se apressar, não é? Veja, uma garota como você... bem, você poderia se casar com qualquer pessoa.

— Acho que não quero me casar com qualquer pessoa. Acho que prefiro me casar com você.

— Sim, mas você tem que ser prática, sabe. Você tem que ser prática neste mundo. Você deve querer se casar com um homem com muito dinheiro, um bom rapaz, de quem você goste, que possa lhe dedicar um bom tempo e cuidar de você adequadamente, dar-lhe todas as coisas a que você tem direito.

— Só quero me casar com alguém com quem eu queira me casar. Não me importo com muitas *coisas*.

— Sim, mas elas são importantes, garota. São importantes no mundo em que vivemos. Não adianta ser jovem e romântica — continuou ele. — Minha licença termina em mais dez dias. Achei melhor falar antes de ir. Antes disso eu achava que não... Achava que iria esperar. Mas acho que você... bem, acho que só gostaria que você soubesse que estou aqui. Quando eu voltar, daqui a dois anos, se não houver ninguém...

— Não haverá ninguém — disse. Eu tinha bastante certeza.

E assim Reggie e eu ficamos noivos. Não era bem um noivado: era o tal sistema do "acordo". Nossas famílias sabiam que estávamos noivos, mas o noivado não seria anunciado nos jornais, nem contaríamos aos amigos, embora eu suspeitasse que a maioria já soubesse.

— Não consigo pensar em por que não podemos nos casar — disse a Reggie. — Por que não me contou antes? Assim teríamos tempo para fazer os preparativos.

— Sim, claro, você tem que ter damas de honra e um casamento sensacional e todo o resto. Mas, de qualquer forma, eu não deveria sonhar em deixar você se casar comigo agora. Você precisa ter sua chance.

Eu costumava ficar brava com isso, e nós quase brigávamos. Eu dizia não achar lisonjeiro que ele repudiasse tão prontamente meu oferecimento para me casar logo com ele. Mas Reggie tinha ideias fixas sobre o que se devia à pessoa amada, e enfiara em sua cabeça dura que a coisa certa a fazer era eu me casar com um homem com uma casa, dinheiro e todo o resto. Apesar de nossas disputas, porém, estávamos muito felizes. Todos os Lucy pareciam satisfeitos, dizendo:

— Achamos que Reggie estava de olho em você, Aggie, há algum tempo. Ele geralmente não olha para nenhuma de nossas amigas. Ainda assim, não há pressa. É melhor dar-se bastante tempo.

Houve um ou dois momentos em que o que eu tanto apreciava nos Lucy — a insistência deles em dar tempo às coisas — despertou em mim um certo antagonismo. De forma romântica, eu gostaria que Reggie dissesse que não aguentaria esperar dois anos, que deveríamos nos casar logo. Infelizmente, essa era a última coisa que Reggie sonharia em dizer. Ele era um homem muito altruísta e tímido sobre si mesmo e suas perspectivas.

Acho que minha mãe ficou feliz com nosso noivado.

— Sempre gostei dele — disse ela. Acho que é uma das pessoas mais legais que já conheci. Ele vai te fazer feliz. É bom, gentil e nunca vai apressar ou incomodar você. Você não terá muito dinheiro, mas terá o suficiente agora que ele atingiu a patente de major — vocês vão se virar bem. Você não é o tipo de pessoa que só pensa em dinheiro, festas e diversão. Acredito que será um casamento feliz.

Ela fez uma pequena pausa, então continuou:

— Gostaria que ele a tivesse contado um pouco antes, para que você pudesse se casar imediatamente.

Então ela também se sentia como eu. Dez dias depois, Reggie voltou ao seu regimento e eu me conformei em esperar por ele.

Deixe-me acrescentar aqui uma espécie de pós-escrito ao relato dos meus dias de cortejo.

Descrevi meus pretendentes, mas fui injusta ao não comentar o fato de que eu também me apaixonei. O primeiro foi um jovem soldado muito alto, que conheci quando estava em Yorkshire. Se ele tivesse me pedido em casamento, eu provavelmente teria dito sim antes que as palavras saíssem de sua boca! Do seu ponto de vista um tanto sábio, ele não o fez. Era um subalterno sem um tostão e prestes a ir para a Índia com seu regimento. Acho que estava mais ou menos apaixonado por mim, no entanto. Ele tinha aquele olhar de ovelha. Tive que me contentar com isso. Ele viajou para a Índia, e eu ansiei por ele por pelo menos seis meses.

Mais ou menos um ano depois, eu me apaixonei novamente, ao atuar em uma peça musical montada por amigos em Torquay — uma versão do *Barba Azul*, com o diálogo contemporâneo escrito por eles mesmos. Eu era a Irmã Anne, e o objeto de minhas afeições mais tarde se tornaria um vice-marechal do ar. Ele era jovem na época — no início da carreira. Eu tinha o revoltante costume de cantar para um ursinho de pelúcia a música do momento:

Eu queria ter um ursinho
Para ficar no meu colo assim;
Eu o levaria sempre juntinho,
Para se aninhar a mim.

Tudo o que posso oferecer como desculpa é que todas as garotas faziam esse tipo de coisa na época — e dava muito certo.

Várias vezes na vida, depois, quase o encontrei de novo — pois ele era primo de amigos nossos —, mas sempre consegui evitá-lo. Também tenho minha vaidade.

Sempre acreditei que ele se lembrava de mim como uma garota adorável em um piquenique ao luar em Anstey's Cove no último dia de sua licença. Nós nos sentamos separados das outras pessoas em uma rocha que se projetava para o mar. Nada falamos, apenas ficamos sentados de mãos dadas.

Depois que ele partiu, mandou-me um broche de ouro de ursinho de pelúcia.

Eu me importava o bastante para querer que ele ainda se recordasse de mim desse jeito — e para procurar evitar-lhe o penoso choque de se encontrar frente a frente com treze *stones* de carne sólida e o que só poderia ser descrito como "um rosto gentil".

— Amyas sempre pergunta por você — diziam os meus amigos. — Ele gostaria muito de encontrá-la novamente.

Encontrar-me de novo, aos meus maduros 60 anos? De jeito nenhum! Prefiro continuar sendo uma bela ilusão para alguém.

# *VII*

Pessoas felizes não têm história, não é esse o ditado? Bem, eu era uma pessoa feliz durante esse período. Fazia basicamente as mesmas coisas de sempre: encontrava meus amigos, às vezes viajava — mas havia ansiedade sobre a visão de minha mãe, que piorava cada vez mais. Ela passou a ter grande dificuldade para ler e para enxergar as coisas quando havia muita claridade. Os óculos não ajudavam. Minha avó em Ealing também estava bem cega e tinha que tatear em busca das coisas. Como acontece com as pessoas idosas, ela também ia ficando cada vez mais desconfiada de todos: de seus empregados, de homens que apareciam para consertar os canos, do afinador do piano e assim por diante. Eu sempre me lembro de vovó se inclinando sobre a mesa de jantar e dizendo para mim ou para minha irmã:

— Shiii. Fale baixo, *onde está a sua bolsa?*

— No meu quarto, vovó.

— Você a *deixou* lá? Não deveria fazer isso. Acabei de *ouvi-la*, lá em cima, agora mesmo.

— Bem, mas não há problema, não é?

— Nunca se sabe, querida, nunca se sabe. Suba e pegue-a.

Deve ter sido nessa época que a mãe da minha mãe, Vovó B., caiu de um ônibus. Ela era viciada em andar na parte de cima do ônibus, e suponho que àquela altura tivesse 80 anos. De qualquer forma, o ônibus partiu de repente, quando ela estava descendo as escadas, e ela caiu; quebrou, eu acho, uma costela, e possivelmente um braço também. Ela processou a empresa de ônibus sem pensar duas vezes e recebeu uma bela indenização — e foi severamente proibida por seu médico de andar na parte de cima do ônibus outra vez. Naturalmente, sendo Vovó B., ela sempre o desobedecia. Até o fim, ela não deixou de ser como um velho soldado. Também por essa época teve que ser operada, suponho que de um câncer no útero, mas a operação foi bem-sucedida e a doença não voltou. O único desapontamento que houve foi o dela própria. Sempre imaginara que, depois de removido esse "tumor", ou fosse lá o que fosse, ela voltaria a ficar esbelta. Nesse tempo vovó já estava enorme, mais volumosa do que minha outra avó. A piada da mulher gorda que ficara entalada na porta do ônibus, enquanto o condutor gritava: "Tente de lado, senhora, tente de lado", e que replicava "Meu Deus, meu jovem, eu não *tenho* lado!" poderia ter se aplicado perfeitamente a ela.

Embora estritamente proibida de sair da cama pelas enfermeiras depois de sair da anestesia e deixada para dormir à noite, ela se levantou da cama e foi na ponta dos pés até o espelho. Que desilusão. Ela parecia estar tão grande como antes da operação.

— Nunca vou superar a decepção, Clara — disse ela à minha mãe. — Nunca. Eu contava com isso! Foi o que me deu coragem para essa anestesia e tudo o mais! E olhe para mim: estou a mesma coisa.

Deve ter sido por essa época que minha irmã Madge e eu tivemos uma discussão que daria frutos mais tarde. Estávamos lendo uma história de detetive ou outra; acho que (só posso dizer "acho", porque nossas lembranças nem sempre são bastante exatas: temos a tendência de as recompor em nossas mentes e trocar datas e lugares), acho, portanto, que era O *mistério do quarto amarelo*, que acabara de ser publicado, livro de um autor então recente, Gaston Leroux, e que tinha como detetive um atraente e jovem repórter, cujo nome era Rouletabille. Era um mistério um tanto desconcertante, bem elaborado e planejado, do tipo que alguns chamam de injusto e outros têm de admitir que é quase injusto, mas não exatamente: alguém *poderia* ter visto uma pequena pista inteligentemente escondida.

Conversamos muito sobre ele, contamos nossos pontos de vista e concordamos que era um dos melhores. Éramos conhecedoras de histórias de detetives: Madge havia me iniciado muito jovem em Sherlock Holmes, e eu seguira seu rastro a passos largos, começando com *The Leavenworth Case*, que me fascinou quando Madge leu para mim aos meus 8 anos de idade. Depois foi Arsène Lupin — mas nunca o considerei uma história de detetive propriamente dita, embora as histórias fossem emocionantes e muito divertidas. Havia também as histórias de Paul Beck, superaprovadas, *The Chronicles of Mark Hewitt* — e agora *O mistério do quarto amarelo*. Inflamada com tudo isso, eu disse que gostaria de tentar a sorte escrevendo em uma história de detetive.

— Acho que você não conseguiria — disse Madge. — Elas são muito difíceis de construir. Já pensei nisso.

— Eu gostaria de tentar.

— Bem, aposto que não vai dar certo — disse Madge.

E o assunto ficou por isso mesmo. Nunca foi uma aposta definida; nunca estabelecemos os termos — mas as palavras foram ditas. A partir daquele momento, fui inflamada pela determinação de escrever uma história de detetive. Não passou muito disso. Não comecei a escrevê-la naquele momento, nem a planejei; a semente havia sido plantada. No fundo da minha mente, onde as histórias dos livros que vou escrever se instalam muito antes de a semente germinar, a ideia havia sido plantada: *algum dia eu escreveria uma história de detetive*.

# VIII

Reggie e eu escrevíamos um para o outro regularmente. Eu lhe dava as notícias locais e tentava escrever as melhores cartas possíveis — escrever cartas nunca foi um dos meus pontos fortes. Minha irmã Madge, no entanto, era o que só posso descrever como um prodígio artístico! Ela criava as histórias mais esplêndidas do nada. Eu realmente invejo esse dom.

As cartas do meu querido Reggie eram exatamente como se ele estivesse falando, o que era bom e reconfortante. Ele sempre me incentivava muito a sair e passear.

— Não fique em casa deprimida, Aggie. Não pense que é isso que *eu* quero, porque não é; você precisa sair, ver pessoas, ir a bailes e festas, essas coisas. Quero que você tenha todas as oportunidades antes que nos acertemos.

Olhando para trás agora, eu me pergunto se no fundo da minha mente eu não me ressenti de leve desse ponto de vista. Acho que não reconheci o sentimento na época; mas a verdade é que gostamos *mesmo* de ser impelidas a sair, a ver outras pessoas, a "fazer mais por nós mesmas" (essa frase extraordinária). Não seria mais sincero dizer que toda mulher preferiria que suas cartas de amor exibissem uma demonstração de ciúme?

"Quem é esse sujeito fulano de tal sobre quem você escreveu? Você não está gostando muito dele, está?"

Não é isso que realmente queremos, enquanto mulheres? Podemos aceitar tanto altruísmo? Ou lê-se na mente coisas que talvez não estejam lá?

Os bailes habituais aconteciam na vizinhança. Eu não os frequentava porque, como não tínhamos automóvel, não seria possível aceitar convites a mais de dois a três quilômetros de distância. Alugar uma carruagem ou um carro seria muito caro, então só era uma opção em ocasiões especiais. Mas havia momentos em que acontecia uma caça às moças, e então você era convidada a ficar, ou alguém ia te buscar e depois levar de volta.

Os Clifford em Chudleigh estavam dando um baile para o qual convidaram membros da Guarnição de Exeter, e perguntaram a alguns de seus amigos se poderiam levar uma ou duas moças. Meu velho inimigo, o Comandante Travers, que agora estava aposentado e morava com a esposa em Chudleigh, sugeriu que me levassem. Tendo sido minha abominação de estimação quando criança, ele se transformara em um velho amigo da família. Sua esposa me telefonou e perguntou se eu poderia ficar com eles e ir ao baile dos Clifford. Fiquei feliz em ir, é claro.

Também recebi uma carta de um amigo chamado Arthur Griffiths, que eu havia conhecido quando estava com os Matthews em Thorpe Arch Hall, em Yorkshire. Ele era filho do vigário local e militar — um oficial de artilharia. Nós nos tornamos grandes amigos. Arthur escreveu para dizer que agora estava servindo em Exeter, mas que infelizmente não era um dos oficiais que ia ao baile, e que estava muito triste com isso, porque gostaria de dançar comigo de novo.

— No entanto — disse ele —, há um sujeito daqui que vai a esse baile. O nome dele é Christie. Procure-o, sim? Ele é um bom dançarino.

Christie logo veio em minha direção na hora da dança. Era um jovem alto e loiro, com cabelos encaracolados, um nariz bastante interessante, que apontava para cima, e um grande ar de confiança com certa rebeldia. Ele se apresentou, pediu algumas danças e disse que seu amigo Griffiths lhe dissera para cuidar de mim. Nós nos demos muito bem; ele dançava esplendidamente e eu dancei com ele mais algumas vezes. Gostei muito da noite. No dia seguinte, depois de agradecer aos Travers, fui levada para casa por eles até Newton Abbot, onde peguei o trem de volta.

Imagino que tenha sido uma semana ou dez dias depois. Eu estava tomando chá com os Mellor na casa deles, em frente à nossa. Max Mellor e eu ainda praticávamos nossa dança de salão, embora valsar escada acima estivesse já fora de moda. Estávamos, eu acho, dançando tango, quando fui chamada ao telefone. Era minha mãe.

— Venha para casa imediatamente, Agatha? — disse ela. — Um de seus rapazes está aqui. Não o conheço, nunca o vi antes. Servi chá, mas parece que ele vai ficar esperando aqui até conseguir vê-la.

Minha mãe sempre ficava muito irritada se tivesse que cuidar de um de meus rapazes sozinha; ela considerava esse entretenimento estritamente da minha conta.

Retornei zangada, pois estava me divertindo. Além disso, pensei já saber quem era — um jovem tenente da Marinha bastante lúgubre, aquele que costumava me pedir para ler seus poemas. Então fui a contragosto, com uma expressão mal-humorada no rosto.

Entrei na sala de visitas e um jovem levantou-se bastante aliviado. Tinha o rosto bem vermelho e parecia envergonhado, pois tivera que se explicar. Também não pareceu muito animado ao me ver — acho que estava com medo de que eu não me lembrasse dele. Mas eu me lembrava, embora tenha ficado intensamente surpresa. Não me havia ocorrido que eu poderia ver o amigo de Griffiths, o jovem Christie, novamente. Ele deu algumas explicações um tanto hesitantes — tivera de vir a Torquay de motocicleta, e achou que poderia me procurar. Evitou mencionar o fato de que deve ter passado por alguns problemas e constrangimento para descobrir meu endereço por Arthur Griffiths. No entanto, as coisas melhoraram depois de um minuto ou dois. Minha mãe ficou muito aliviada com a minha chegada. Archie Christie parecia mais alegre depois de terminar suas explicações, e me senti muito lisonjeada.

A tarde foi passando enquanto conversávamos. No sagrado código dos sinais, comum entre mulheres, levantou-se entre mamãe e eu a questão de se convidaríamos esse visitante inesperado para jantar e, em caso positivo, o que haveria em casa para lhe oferecer. Deve ter sido pouco depois do Natal, pois me lembro de que tínhamos peru frio na despensa. Fiz um sinal de que sim para minha mãe e ela perguntou a Archie se ele gostaria de ficar e de partilhar conosco uma refeição informal. Ele aceitou prontamente. Comemos peru frio e salada e qualquer outra coisa de que não me lembro, acho que foi queijo, e passamos uma noite agradável. Depois Archie subiu em sua motocicleta e partiu para Exeter, com uma série de explosões do motor.

Nos dez dias seguintes, ele fez aparições frequentes e inesperadas. Naquela primeira noite, ele me perguntara se eu gostaria de ir a um concerto em Exeter — eu havia mencionado no baile que gostava de música — e que depois ele me levaria ao Redcliffe Hotel para tomar chá. Respondi que gostaria muito de ir. Então houve um momento um tanto constrangedor quando minha mãe deixou claro que sua filha não aceitava convites para ir a Exeter sozinha. Isso o abalou um pouco, mas ele rapidamente estendeu o convite a ela. Mamãe cedeu, decidiu que o aprovava e disse que não havia problema que eu fosse ao *concerto*, mas que infelizmente eu não poderia tomar chá com ele em um *hotel*. (Devo dizer, observando esse fato hoje em dia, que acho que tínhamos regras peculiares. Podia-se ir jogar golfe, andar a cavalo ou andar de patins sozinha com um rapaz, mas tomar chá em um hotel transparecia um tom *risque* do qual boas mães não gostavam.) No final, acordamos que ele me ofereceria um chá no salão da estação de Exeter. Não é um local muito romântico. Mais tarde, perguntei-lhe se ele gostaria de ir a um concerto wagneriano que aconteceria em Torquay dentro de quatro ou cinco dias. Ele disse que gostaria muito.

Archie me contou tudo sobre si mesmo, como estava esperando impacientemente para entrar no recém-formado regimento do Real Corpo Aéreo. Fiquei empolgada com a fala dele. Todo mundo vibrava com a ideia de voar. Mas Archie era inteiramente prático. Disse que estaria a serviço do futuro: se houvesse uma guerra, os aviões seriam a primeira coisa necessária. Não que ele fosse apaixonado por voar, mas achava que era uma boa chance de avançar na carreira. Não havia futuro no Exército. Como artilheiro, a promoção era muito lenta. Ele fez o seu melhor para tirar de mim a sensação romântica sobre voar, mas não teve muito sucesso. Mesmo assim, foi a primeira vez que meu romantismo se deparou com uma mente prática e lógica. Em 1912, o mundo ainda era bastante sentimental. As pessoas *se diziam* duronas, mas não tinham ideia real do que o termo significava. As moças tinham ideias românticas sobre os rapazes, e os rapazes tinham visões idealistas sobre as moças. No entanto, já havíamos avançado um bocado desde os dias da minha avó.

— Sabe, eu gosto de Ambrose — dizia ela, referindo-se a um dos pretendentes de minha irmã. — Outro dia, depois de Madge ter caminhado pelo terraço, vi Ambrose se levantar e segui-la, e ele se abaixou e pegou um punhado de areia, onde os pés dela haviam tocado, e guardou no bolso. Achei muito bonito, muito bonito. Eu podia imaginar isso acontecendo comigo quando *eu* era jovem.

Pobre vovó querida. Tivemos que desiludi-la. Descobriu-se que Ambrose tinha um profundo interesse por geologia, e aquela areia era de um tipo particular que o interessava.

Archie e eu éramos polos opostos em nossas reações às coisas. Acho que desde o começo isso nos fascinou. É a velha empolgação pelo "novo". Eu o convidei para o baile de Ano-Novo. Ele estava com um humor peculiar na noite do baile: mal falou comigo. Acho que éramos um grupo de quatro ou seis, e toda vez que eu dançava com ele e nos sentávamos logo em seguida, ele ficava completamente em silêncio. Quando eu falava com ele, ele respondia quase ao acaso, de uma maneira que não fazia sentido. Eu ficava confusa, olhando para ele uma ou duas vezes, imaginando qual seria o problema ou no que estava pensando. Ele não parecia mais interessado em mim.

Fui bastante burra, realmente. Eu já deveria saber àquela altura que quando um homem se parece com uma ovelha doente, completamente confuso, estúpido e incapaz de ouvir o que você diz, é porque está caidinho, como se diz informalmente.

Mas o que *eu* sabia? Será que eu sabia o que estava acontecendo comigo? Eu me lembro de ter apanhado uma das cartas de Reggie, quando chegou, dizendo a mim mesma: "Vou lê-la mais tarde", e de tê-la enfiado rapidamente numa gaveta no hall. Encontrei-a lá alguns meses depois. Suponho que, no íntimo, eu já soubesse.

O concerto wagneriano aconteceu dois dias depois do baile. Fomos até lá e depois voltamos para Ashfield. Enquanto subíamos para a sala de aula para tocar piano, como era nosso costume, Archie falou comigo quase desesperadamente. Ele partiria dentro de dois dias: iria para Salisbury Plain, a fim de começar o treinamento do Real Corpo Aéreo. Então me disse, intensamente:

— Você tem que se casar comigo, você *tem* que se casar comigo.

Ele disse que soube na primeira noite em que dançou comigo.

— Tive muita dificuldade para conseguir seu endereço e encontrá-la. Nada poderia ter sido mais difícil. Nunca haverá alguém além de você. Você tem que se casar comigo.

Eu disse a ele que era impossível, que eu já estava noiva de alguém. Ele ignorava os compromissos fortemente.

— O que diabos *isso* importa? — indagou ele. — Você só precisará terminá-lo, só isso.

— Mas não posso. Não *posso* fazer isso.

— Claro que pode. Eu não estou noivo de mais ninguém, mas se estivesse, terminaria em um minuto sem nem pensar.

— Eu não poderia fazer *uma coisa dessas* com ele.

— Não faz sentido. Você *tem* que fazer as coisas com as pessoas. Se vocês se gostavam tanto, por que não se casaram antes de ele ir para o exterior?

— Achamos que... — hesitei. — Que seria melhor esperar.

— Eu não teria esperado. Como também não vou esperar.

— Teríamos que esperar anos antes de nos casarmos — respondi. — Você é apenas um subalterno. E seria o mesmo no Real Corpo Aéreo.

— Eu não poderia esperar anos. Gostaria de me casar no próximo mês ou no mês seguinte.

— Você está maluco — afirmei. — Não sabe do que está falando.

E eu não acho que ele soubesse. Afinal, Archie colocou os pés no chão. Foi um choque terrível para minha pobre mãe. Acho que ela estivera ansiosa, embora somente ansiosa, e ficou aliviada ao saber que Archie iria para Salisbury Plain — mas ser tão repentinamente confrontada com um *fait accompli* a abalou.

— Sinto muito, mamãe — falei. — Tenho que te contar. Archie Christie me pediu em casamento, e eu quero me casar com ele, quero muito.

Mas tivemos que encarar os fatos... Archie, a contragosto, mas minha mãe foi muito firme com ele.

— O que você tem para se casar? — perguntou ela. — O que vocês dois têm?

Nossa situação financeira dificilmente poderia ser pior. Archie era um jovem subalterno, apenas um ano mais velho que eu. Ele não tinha muito dinheiro, apenas seu salário e uma pequena mesada, que era tudo o que sua mãe podia pagar. Eu tinha apenas os únicos cem por ano que herdara do testamento de meu avô. Seriam anos, na melhor das hipóteses, antes que Archie estivesse em posição de se casar.

— Sua mãe colocou meus pés no chão — disse-me ele, um tanto amargamente, antes de partir. — Eu achava que nada importaria! Nós nos casaríamos de uma forma ou de outra, e as coisas ficariam bem. Ela me fez ver que não podemos, não no momento. Teremos que esperar, mas não vamos esperar nem um dia além do necessário. Farei tudo, tudo que for possível. Esse negócio de voar vai ajudar... só que, é claro, eles também não gostam, nem no Exército *nem* no Real Corpo Aéreo, que os oficiais se casem cedo demais.

Nós nos entreolhamos. Éramos jovens, desesperados... e apaixonados.

Nosso noivado durou um ano e meio. Foi uma época tempestuosa, cheia de altos e baixos e profunda infelicidade, porque tínhamos a sensação de que estávamos buscando algo inalcançável.

Adiei a escrita para Reggie por quase um mês, principalmente, suponho, por culpa, e em parte porque eu não conseguia acreditar que o que havia acontecido de repente comigo poderia ser *real* — logo eu acordaria daquilo e voltaria para onde estivera antes.

Mas acabei tendo que escrever — culpada, miserável e sem uma única desculpa. O modo gentil e compreensivo com que Reggie encarou a situação só piorou as coisas, na minha opinião. Ele me disse para eu não me afligir; tinha certeza de que não era culpa minha; eu não poderia ter evitado; essas coisas acontecem.

"É claro que foi um golpe para mim, Agatha" — escreveu ele —, "você se casar com um sujeito que é ainda menos capaz de sustentá-la do que eu. Se você estivesse se casando com alguém bem de vida, um bom partido e tudo o mais, eu sentiria que isso não importava tanto, porque seria mais perto do que você *deveria* ter, mas agora não posso deixar de desejar que eu tivesse acreditado em sua palavra e que tivéssemos nos casado e que eu tivesse trazido você para ficar aqui comigo imediatamente."

Será que eu gostaria que ele tivesse feito isso? Suponho que não — não naquela época — e, no entanto, talvez sempre houvesse a sensação de querer voltar, de querer ter mais uma vez um pé seguro em terra. De não nadar em águas profundas. Eu estivera tão feliz, tão em paz com Reggie, nós nos entendíamos tão bem; gostávamos das mesmas coisas e queríamos as mesmas coisas.

O que havia acontecido comigo agora era o oposto. Eu amava um estranho; principalmente porque ele *era* um estranho, porque eu nunca sabia como ele reagiria a uma palavra ou frase e tudo o que ele dizia era fascinante e novo. Ele sentia o mesmo. Certa vez, me disse:

— Sinto que não consigo *alcançar* você. Não sei *como* você é.

De vez em quando éramos dominados por ondas de desespero, e um ou o outro escrevia uma carta terminando tudo. Ambos concordávamos que era a única coisa a fazer. Então, cerca de uma semana depois, nós nos víamos incapazes de suportar e voltávamos aos velhos termos.

Tudo o que poderia dar errado deu errado. Estávamos sem dinheiro e a nossa família ainda sofreu um novo revés financeiro. A Companhia H. B. Chaflin, de Nova York, a firma de que meu avô fora sócio, de repente foi à falência. Não era uma companhia limitada, e até onde sei foi um caso muito sério. De qualquer forma, o resultado foi que a renda que minha mãe recebia de lá, a única que tinha, cessaria totalmente. Minha avó, por sorte, não estava exatamente na mesma situação. O dinheiro dela também fora deixado em ações da H. B. Chaflin, mas Mr. Bailey, o sócio da firma que se ocupava dos assuntos de vovó, já estava preocupado havia algum tempo. Encarregado de cuidar dos negócios da viúva de Nathaniel Miller, sentia-se responsável por ela. Quando vovó precisava de dinheiro, escrevia para ele, e Mr. Bailey, eu acho, mandava-lhe dinheiro vivo — antiquado assim. Vovó ficou perturbada e aflita quando ele um dia sugeriu que ela o autorizasse a reinvestir o dinheiro dela.

— Está querendo dizer tirar meu dinheiro da Chaflin?

Ele foi evasivo. Disse que era preciso vigiar os investimentos, que era estranho para ela ser inglesa e morar na Inglaterra como viúva de um americano. Falou mais uma porção de coisas que não eram a verdadeira explicação, é claro, mas vovó as aceitou. Como todas as mulheres da época, aceitava-se completamente qualquer conselho de negócios que lhe fosse dado por alguém em quem você confiasse. Mr. Bailey aconselhou-a a deixar o dinheiro com ele, prometendo reinvesti-lo de uma forma que lhe daria uma renda quase equivalente à que ela recebia então. Relutantemente, vovó concordou; e, portanto, quando veio a crise, sua renda estava a salvo. Mr. Bailey já havia falecido a essa altura, mas cumprira seu dever pela viúva do sócio sem deixar transparecer seus temores quanto à falência da companhia. Acredito que os membros mais jovens da firma haviam se lançado em grande estilo e pareciam bem-sucedidos, mas na verdade haviam expandido demais, aberto filiais demais pelo país e gastado muito dinheiro com vendedores. Fosse qual fosse a causa, a crise foi completa.

Era como uma repetição da experiência da minha infância, quando eu ouvira mamãe e papai conversando sobre dificuldades financeiras e descera as escadas alegremente para anunciar a todos que estávamos arruinados. "A ruína" parecera-me, na época, algo maravilhoso e empolgante. Agora, porém, não parecia tão empolgante; significava o desastre final para Archie e eu. As cem libras anuais que me pertenciam teriam que ir, inteirinhas, para o sustento de minha mãe. Sem dúvida Madge também ajudaria. Se vendesse Ashfield, ela poderia sobreviver.

As coisas acabaram não sendo tão ruins quanto pensávamos, porque Mr. John Chaflin escreveu dos Estados Unidos para minha mãe e disse como estava profundamente entristecido. Ela poderia contar com uma quantia de trezentas libras por ano, enviada a ela não da firma, que estava falida, mas de sua própria fortuna particular, e isso duraria até a morte dela. O gesto nos aliviou da primeira ansiedade. Mas quando ela morresse o dinheiro pararia de chegar. Cem libras por ano e Ashfield era tudo com que eu poderia contar para o futuro. Escrevi para Archie dizendo que eu nunca poderia me casar com ele, que precisaríamos esquecer um do outro. Archie se recusou a levar a sério. De uma forma ou de outra, ele ganharia algum dinheiro. Nós nos casaríamos, e ele poderia até ajudar a sustentar minha mãe. Ele me deixou confiante e esperançosa. Noivamos mais uma vez.

A visão de minha mãe piorou muito, e ela precisou consultar um especialista. Ele lhe disse que ela tinha catarata nos dois olhos e que, por vários motivos, seria impossível operar. Elas poderiam demorar para evoluir, mas com o tempo certamente levariam à cegueira. Novamente escrevi para Archie, rompendo o noivado, dizendo que obviamente não teria como acontecer, e que eu nunca poderia abandonar minha mãe se ela ficasse cega. Mais uma vez ele se recusou a concordar. Eu deveria esperar e ver como a visão de minha mãe progrediria — poderia haver uma cura, uma operação poderia ser possível, e de qualquer forma ela não estava cega *naquele momento*, então poderíamos muito bem continuar noivos. E continuamos. Então *eu* recebi uma carta de Archie, dizendo:

"Não adianta, nunca poderei me casar com você. Sou pobre demais. Com o pouco que eu tinha, tentei alguns pequenos investimentos, mas eles não deram resultado. Perdi. Você terá que desistir de mim."

Escrevi de volta dizendo que nunca desistiria dele. Archie respondeu me dizendo que eu precisava. Assim, concordamos que iríamos, *sim*, desistir um do outro.

Quatro dias depois, Archie conseguiu uma licença e chegou de repente em sua motocicleta, vindo de Salisbury Plain. Não havia o que fazer, precisávamos reatar nosso noivado, tínhamos que ter esperança e paciência — algo acabaria por suceder, mesmo que tivéssemos que esperar quatro ou cinco anos. Atravessamos assim várias tempestades emocionais, mas, no final, mais uma vez, continuamos com nosso noivado, apesar de, a cada mês que passava, as possibilidades de nos casarmos parecerem cada vez mais distantes. Não havia esperança, eu sentia no meu coração, mas não admitia. Archie achava o mesmo, mas ainda nos apegávamos desesperadamente à crença de que não poderíamos viver um sem o outro, de modo que poderíamos continuar noivos e rezar por algum súbito golpe de sorte.

A essa altura eu já conhecia a família de Archie. O pai dele tinha sido juiz do Serviço Civil indiano e tivera uma grave queda de cavalo. Ficara doente logo depois disso — tinha afetado seu cérebro — e por fim morrera no hospital na Inglaterra. Após alguns anos de viuvez, a mãe de Archie se casara novamente, com William Hemsley. Ninguém poderia ser mais gentil conosco ou mais paternal que ele. A mãe de Archie, Peg, nascera na Irlanda, perto de Cork, e era uma entre doze filhos. Morava com seu irmão mais velho, que estava no Corpo Médico indiano, quando conhecera o primeiro marido. Ela teve dois meninos, Archie e Campbell. Archie tinha sido o primeiro na escola em Clifton, e passara em quarto lugar em Woolwich: ele tinha inteligência, recursos, audácia. Ambos os meninos estavam no Exército.

Archie anunciou a ela nosso noivado e me elogiou daquele jeito habitual com que rapazes descrevem a jovem que escolheram. Peg olhou para ele com um ar de dúvida e disse, com sua profunda voz irlandesa:

— Ela é uma dessas moças que andam por aí com essas golas à Peter Pan?

Um tanto inquieto, Archie teve que admitir que eu usava golas à Peter Pan. Era a moda do momento. Nós, moças, havíamos finalmente abandonado as golas altas em nossas blusas, que eram endurecidas por pequenas barbatanas de baleia cosidas em zigue-zague, uma de cada lado e outra atrás, de modo a deixar marcas vermelhas e desconfortáveis no pescoço. Chegou um dia em que as pessoas decidiram ousar e preferir o conforto. A gola à Peter Pan fora projetada, presumivelmente, a partir da gola virada para baixo usada por Peter Pan na peça de Barrie. Ela se encaixava na parte inferior do pescoço, era de material macio, não tinha nada parecido com aquelas barbatanas e era confortável como o paraíso. Dificilmente poderia ser chamada de ousada. Quando penso na reputação de levianas que nós, garotas, recebemos, apenas por mostrar os dez centímetros do pescoço abaixo do queixo, parece incrível. Olhar em volta e ver garotas de biquíni na praia agora nos faz perceber o quão longe se foi em cinquenta anos.

De qualquer forma, eu era uma dessas garotas avançadas que, em 1912, usavam uma gola à Peter Pan.

— E ela fica linda assim — disse o leal Archie.

— Ah, sem dúvida — disse Peg.

Apesar das dúvidas que poderia ter a meu respeito por causa disso, ela me recebeu com extrema bondade e, na realidade, ouso dizer, com alvoroço. Afirmou gostar tanto de mim, estar tão encantada comigo — eu era exatamente o gênero de moça que sempre ambicionara para seu filho etc., etc. —, que não acreditei em uma só palavra. A verdade era que ela achava o filho muito jovem para se casar. Ela não tinha nada específico contra mim — eu sem dúvida poderia ter sido muito pior. Poderia ser a filha de um vendedor de cigarros (sempre considerada um símbolo de desastre) ou uma jovem divorciada — já havia algumas na época — ou até mesmo uma corista. De qualquer forma, ela certamente decidiu que, com nossas perspectivas, o noivado não daria em nada. Então foi muito doce comigo e até me deixou um pouco envergonhada. Archie, fiel ao seu temperamento, não estava particularmente interessado no que ela pensava de mim ou no que eu pensava dela. Ele tinha a feliz característica de passar a vida sem o menor interesse no que as pessoas pensavam dele ou de seus pertences: sua mente estava sempre inteiramente voltada para o que *ele* mesmo queria.

Então lá estávamos nós, ainda noivos, mas não mais perto de nos casar — na verdade, bem longe. A promoção não parecia ser mais rápida no Real Corpo Aéreo do que em qualquer outro lugar. Archie ficou consternado ao descobrir que sofria bastante de problemas de sinusite ao pilotar um avião. Continuou mesmo sentindo bastante dor. Suas cartas passaram a vir cheias de relatos técnicos sobre os bimotores Farman e Avros: opiniões acerca dos aviões que, segundo ele, representavam mais ou menos morte certa para os pilotos e acerca de outros, que ele julgava muito mais seguros e que iriam se desenvolver bem. Os nomes de seu esquadrão tornaram-se familiares para mim: Joubert de la Ferté, Brooke-Popham, John Salmon. Havia também um primo irlandês de Archie, um selvagem que já caíra com tantos aviões que estava agora mais ou menos permanentemente em terra.

Parece estranho que eu não me lembre de me preocupar com a segurança de Archie. Voar era perigoso — mas caçar também era, e eu estava acostumada com pessoas quebrando o pescoço no campo de caça. Era apenas um dos perigos da vida. Não havia grande insistência em segurança na época; o slogan "segurança em primeiro lugar" teria sido considerado bastante ridículo. Preocupar-se com essa nova forma de locomoção, o voo, era glamoroso. Archie foi um dos primeiros pilotos a voar — seu número de piloto era, se bem me lembro, cento e alguma coisa: 105 ou 106. Eu tinha muito orgulho dele.

Acho que nada me decepcionou mais na vida do que o avião se tornar um método regular de viagem. Na época, sonhávamos com os aviões por serem semelhantes a pássaros — a exaltação de nos precipitarmos pelos ares. Agora, quando penso em quão maçante é pegarmos um avião e voarmos de Londres à Pérsia, de Londres às Bermudas, de Londres ao Japão — pode haver algo mais prosaico? Uma caixa apertada com assentos estreitos, onde a vista da janela é, na maioria das vezes, asas e fuselagem, e nuvens de algodão abaixo. Quando você vê a terra, ela é plana como em um mapa. Ah, sim, uma grande desilusão. Navios ainda podem ser românticos. Quanto aos trens — o que pode vencer um trem? Especialmente antes da comercialização do diesel e seu cheiro. Um grande monstro bufante carregando você por desfiladeiros e vales, por cachoeiras, montanhas de neve, ao longo de estradas rurais com estranhos camponeses em carroças. Os trens são maravilhosos; eu ainda os adoro. Viajar de trem é ver natureza, seres humanos, cidades, igrejas e rios — na verdade, ver a vida.

Não quero dizer que não seja fascinada pela conquista do ar pelo homem, por suas aventuras no espaço, pela posse desse dom que não existe em outras formas de vida, o senso de aventura, o ânimo inquebrantável e a coragem — não meramente a coragem da defesa pessoal, que todos os animais possuem, mas a coragem de arriscar a vida para descobrir o desconhecido. Fico orgulhosa e animada por sentir que tudo isso aconteceu durante meu tempo de vida, e gostaria de poder olhar para o futuro para ver os próximos passos: parece que eles seguirão cada vez mais rapidamente, com um efeito de bola de neve.

Onde tudo isso vai acabar? Mais triunfos? Ou possivelmente a destruição humana por sua própria ambição? Acho que não. O ser humano sobreviverá, embora possivelmente apenas em "bolsões" aqui e ali. Pode ser que haja alguma grande catástrofe — mas nem toda a humanidade perecerá. Alguma comunidade primitiva, enraizada na simplicidade, conhecendo os feitos passados apenas por boatos, construirá lentamente uma nova civilização.

# IX

Não me lembro de viver qualquer expectativa de guerra em 1913. Oficiais navais ocasionalmente balançavam a cabeça e murmuravam *Der Tag*, mas ouvíamos isso havia anos e não prestávamos atenção. Aquilo servia como um ponto de partida bastante adequado para histórias de espionagem — não parecia real. Nenhuma nação seria louca a ponto de combater outra nação, exceto na Província da Fronteira Noroeste ou em algum lugar remoto.

Ainda assim, as aulas de Primeiros Socorros e Enfermagem Domiciliar eram populares em 1913 e no início de 1914. Todas nós as frequentávamos, enfaixávamos as pernas e os braços uma das outras e até tentamos fazer belos curativos na cabeça, o que era muito mais difícil. Passávamos nos exames e ganhávamos um pequeno cartão impresso que comprovava nosso sucesso. O entusiasmo feminino era tão grande nessa época que, se qualquer homem sofresse um acidente, ficava com um terror mortal de que as mulheres em serviço se aproximassem dele.

— Não deixe aquelas socorristas chegarem perto de mim! — gritavam. — Não encostem em mim, meninas. Não *encostem*!

Havia um velho extremamente mal-humorado entre os examinadores. Com um sorriso diabólico, ele preparava armadilhas para nós.

— Aqui está o paciente de vocês — dizia ele, apontando para um escoteiro prostrado no chão. — Braço quebrado, tornozelo fraturado, cuidem dele, rápido!

Um par ansioso, eu e outra moça, por exemplo, precipitava-se para o escoteiro e sacava rapidamente as ataduras. Éramos boas em fazer curativos — havíamos praticado muito e fazíamos lindamente esse trabalho — de maneira perfeita, em espiral reversa subindo a perna, de modo que, no fim, parecia magnificamente esticada, com voltas em oito, para melhor ajustamento. Nesse caso, no entanto, ficamos surpresas — não haveria beleza alguma: o material já estava volumosamente enrolado no membro do paciente.

— Curativos de campo — disse o velho. — Ponham suas bandagens por cima. Vocês não têm mais nada para substituí-las, lembrem-se.

Nós enfaixamos. Era muito mais difícil enfaixar dessa maneira, fazendo curvas e voltas perfeitas.

— Mais rápido — dizia o velho. — Usem o formato de oito: isso é o que vocês precisam fazer. Não adianta tentar seguir os manuais e fazer uma espiral de cima para baixo. Mantenham o curativo *preso*, garotas, esse é o objetivo. Pronto, o leito fica depois dessas portas aqui.

Depois de termos fixado a atadura devidamente, ou ao menos esperávamos tê-lo feito, as talas onde elas deveriam ficar, carregamos nosso paciente para a cama.

Então paramos, um pouco surpresas — nenhuma de nós havia pensado em estender a roupa de cama antes de chegar com o paciente.

O velho gargalhou com alegria.

— Rá, rá! Não pensaram em tudo, pensaram, mocinhas? Rá, rá! Sempre confiram se o leito está pronto para receber o paciente antes de começar a carregá-lo para lá.

Devo dizer que, mesmo nos humilhando daquele jeito, o velhote nos ensinou muito mais do que havíamos aprendido em seis palestras.

Além de nossos livros didáticos, precisávamos fazer aulas práticas. Duas manhãs por semana tínhamos permissão para ir ao hospital local, na ala dos pacientes que não ficavam internados. Isso era intimidante, porque as enfermeiras regulares, que estavam com pressa e tinham muito o que fazer, desprezavam-nos completamente. Meu primeiro trabalho foi remover o curativo de um dedo, preparar para ele água boricada e deixar o dedo de molho pelo tempo necessário. Essa foi fácil. O trabalho seguinte era lavar um ouvido com uma seringa, e rapidamente fui proibida de tocar. Seringar um ouvido era uma coisa altamente técnica, disse a Irmã. Ninguém inexperiente deveria tentar.

— Lembre-se disso. Não pense que está sendo útil fazendo o que não aprendeu a fazer. Você pode causar muitos danos.

Minha tarefa seguinte consistia em remover as ataduras da perna de uma criança pequena que havia derrubado em si mesma uma chaleira fervente. Esse foi o momento em que quase desisti de vez da enfermagem. As bandagens tinham, como eu sabia, que ser embebidas suavemente em água morna, e de qualquer maneira que você fizesse isso ou tocasse na criança, a dor seria agonizante. Pobrezinha, tinha apenas 3 anos de idade. Gritou de um modo horrível. Fiquei tão chateada que achei que fosse passar mal ali mesmo. A única coisa que me salvou foi o brilho mal-humorado no olhar de uma enfermeira próxima a mim. "Essas jovens idiotas arrogantes", diziam os olhos, "pensam que podem entrar aqui e saber tudo sobre todas as coisas — e não conseguem nem fazer a primeira coisa que lhes é pedida". Imediatamente, decidi que aguentaria firme, *sim*. Afinal, era *necessário* molhar as ataduras para poder tirá-las — portanto, não apenas a criança tinha que suportar as dores, *eu* tinha que suportar a dor da criança. Ainda um pouco nauseada, com os dentes travados, continuei meu trabalho tão suavemente quanto possível. Fiquei surpresa quando a enfermeira em serviço me disse de repente:

— Nada mal o que você fez aí. Te deixou alarmada no começo, não foi? Já aconteceu comigo também.

Outra parte de nossa educação era um dia com a enfermeira distrital. Íamos duas de nós, uma vez por semana. Percorríamos um monte de casebres, todas com as janelas bem fechadas, algumas com cheiro de sabão, outros de algo bem diferente — a vontade de abrir uma janela às vezes era quase irresistível. As doenças pareciam bastante monótonas. Praticamente todos tinham o que se chamava de "pernas ruins". Eu fiquei um pouco confusa sobre o que seria isso.

— A septicemia é muito comum — disse a enfermeira distrital. — Às vezes resulta de doenças venéreas, é claro, de úlceras. É tudo infecção.

De qualquer forma, esse era o nome genérico para aquilo entre as pessoas, e eu entendi muito melhor nos anos seguintes quando minha diarista sempre dizia:

— Minha mãe está doente de novo.

— Ah, o que ela tem?

— Pernas ruins. Ela sempre teve pernas ruins.

Um dia, em nossas rondas, descobrimos que um dos pacientes havia morrido. A enfermeira distrital e eu preparamos o corpo. Outra experiência. Não tão comovente quanto crianças escaldadas, mas bastante inesperada para quem nunca havia feito algo do tipo antes.

Quando, na longínqua Sérvia, um arquiduque foi assassinado, pareceu um incidente tão distante — nada que nos preocupasse. Afinal, nos Bálcãs as pessoas sempre eram assassinadas. Parecia bastante incrível que isso nos tocasse aqui na Inglaterra — e falo não apenas por mim, mas por quase todos os outros. Rapidamente, após aquele assassinato, o que parecia nuvens carregadas de tempestade apareceu no horizonte. Rumores extraordinários surgiram, rumores daquela coisa fantástica — *Guerra*! Mas é claro que não passava de coisa dos jornais. Nenhuma nação civilizada começaria uma guerra. Não havia guerras fazia anos; e provavelmente nunca mais haveria.

Ninguém, suponho, exceto alguns ministros e os círculos internos do Ministério das Relações Exteriores, poderia conceber que algo como uma guerra poderia acontecer.

Não passavam de rumores, pessoas se preocupando e dizendo que a situação parecia "bastante séria", discursos políticos. E então, de repente, certa manhã, *aconteceu*.

A Inglaterra estava em guerra.

# Parte 5

# *Guerra*

# *I*

A Inglaterra estava em guerra. O momento chegara.

Mal posso expressar a diferença entre nossos sentimentos de então e de agora. Agora podemos ficar horrorizados, talvez surpresos, mas não realmente impressionados que uma guerra se inicie, porque estamos todos conscientes de que a guerra *pode acontecer*, que aconteceu no passado e que, a qualquer momento, pode recomeçar. Mas em 1914 não havia guerra fazia... quanto tempo? Cinquenta anos... mais? É verdade que houve a Guerra dos Bôeres, escaramuças na Província da Fronteira Noroeste, mas não foram guerras envolvendo o próprio país — não passaram de exercícios do Exército, por assim dizer; a manutenção do poder em lugares distantes. Isso era diferente: estávamos em guerra com a Alemanha.

Recebi um telegrama de Archie: "Venha a Salisbury se puder espero vê-la". O Real Corpo Aéreo seria um dos primeiros a ser mobilizado.

— *Precisamos* ir — falei para mamãe. — Precisamos.

Sem mais delongas, partimos para a estação ferroviária. Tínhamos pouco dinheiro. Os bancos estavam fechados, havia uma moratória. Não havia meios de conseguir dinheiro na cidade. Entramos no trem, eu me lembro, mas sempre que chegavam os cobradores, embora lhes mostrássemos que trazíamos conosco três ou quatro notas de cinco libras, recusavam-se a aceitá-las: ninguém aceitava notas de cinco libras. Por todo o sul da Inglaterra, nossos nomes e endereços foram anotados por um número infinito de cobradores de passagens. Os trens estavam atrasados e tivemos que fazer baldeação em várias estações, mas acabamos por chegar a Salisbury naquela noite. Lá, nos dirigimos para o County Hotel. Meia hora depois da nossa chegada, Archie chegou. Tivemos pouco tempo juntos: ele nem podia ficar para jantar. Tínhamos meia hora, não mais. Então ele se despediu e foi embora.

Ele tinha certeza, como de fato todo o Real Corpo Aéreo, de que seria morto e de que nunca mais me veria. Estava calmo e alegre, como sempre, mas todos aqueles primeiros garotos do Real Corpo Aéreo eram da opinião de que uma guerra seria o fim rápido da primeira onda de pilotos. A Força Aérea Alemã era conhecida por ser poderosa.

Eu não sabia tanto, mas tive a mesma certeza de que estava me despedindo dele para sempre, de que nunca mais o veria, embora também tentasse parecer alegre e confiante. Lembro-me de ir para a cama naquela noite e chorar copiosamente até achar que nunca mais pararia, e então, de repente, sem aviso, cair exausta em um sono tão profundo que só acordei na manhã seguinte.

Voltamos para casa, dando mais nomes e endereços aos cobradores dos trens. Três dias depois, o primeiro cartão-postal de guerra chegou da França. Era um tipo de cartão com frases já impressas, de modo que o remetente só precisava riscar o que não quisesse dizer e manter o que quisesse, coisas como ESTOU BEM, ESTOU NO HOSPITAL, e assim por diante. Apesar da escassez de informações, quando o recebi, senti que era um bom presságio.

Corri para o destacamento das voluntárias para ver o que se passava. Preparamos grandes quantidades de bandagens e as enrolamos; enchemos cestos com algodão para os hospitais. Algumas das coisas que fazíamos eram úteis, muitas outras eram inúteis, porém ajudavam a passar o tempo, até que os primeiros feridos começaram a chegar. Organizou-se um movimento para servir refeições aos homens que chegavam à estação. Essa, devo dizer, foi uma das ideias mais tolas que qualquer comandante poderia ter tido. Esses homens haviam sido muito bem alimentados ao longo da linha de Southampton e, quando finalmente chegavam à estação de Torquay, o principal era tirá-los do trem, nas macas, e levá-los em ambulâncias para o hospital.

A competição para trabalhar no setor de enfermagem do hospital (a Prefeitura que havia sido transformada) fora grande. Para funções estritamente de enfermagem, as mulheres de meia-idade haviam sido escolhidas em primeiro lugar, bem como as consideradas experientes em cuidar de homens doentes. As moças não se encaixavam. Então, foram aprovadas as conhecidas como camareiras, que faziam o trabalho doméstico e a limpeza: areavam metais, pisos e coisas assim; e finalmente havia o pessoal da cozinha. Muitas mulheres que não queriam ser enfermeiras se candidatavam ao trabalho na cozinha; as camareiras, por outro lado, eram realmente uma força de reserva, esperando ansiosamente para se tornarem enfermeiras assim que surgisse uma vaga. Havia uma equipe de cerca de oito enfermeiras hospitalares treinadas. Todas as demais eram voluntárias.

Mrs. Acton, uma senhora enérgica, atuava como enfermeira-chefe, já que era oficial sênior entre as voluntárias. Como uma boa disciplinadora, ela organizou toda a situação notavelmente bem. O hospital tinha capacidade para receber mais de duzentos pacientes; quando chegou o primeiro contingente de feridos, todos estavam a postos, enfileirados, cada um em seu lugar. Apesar da solenidade do momento, houve cenas engraçadas. Mrs. Spragge, mulher do General Spragge, que era prefeito, deu um passo à frente para receber os feridos e caiu, simbolicamente, de joelhos, diante do primeiro a entrar, um ferido que conseguia caminhar. Fez sinal para que ele se sentasse na cama e, cerimonialmente, tirou as botas dele. O homem, devo dizer, pareceu extremamente surpreso, especialmente porque logo descobrimos que ele era epilético e não sofria de nenhum tipo de ferimento de guerra. Por que razão aquela digna senhora de repente tirava-lhe as botas no meio da tarde era mais do que ele conseguia entender.

Fui trabalhar no hospital, mas apenas como ajudante de enfermaria. Comecei zelosamente a arear os metais e, cinco dias depois, fui promovida a enfermeira. Muitas das senhoras de meia-idade praticamente não tinham trabalhado como enfermeiras, e, embora cheias de compaixão e boas intenções, não haviam entendido que a enfermagem consiste em todo um apanhado de tarefas como como limpar urinóis, esfregar os oleados, limpar vômito e suportar o odor de feridas supuradas. A ideia delas sobre enfermagem antes era, eu acho, a de alisar travesseiros e murmurar gentilmente palavras tranquilizadoras para os nossos bravos soldados. Assim, as idealistas desistiram de suas tarefas com prontidão: nunca haviam pensado que teriam que fazer algo *assim*, diziam. E moças jovens eram trazidas para ocupar os lugares delas.

No início foi desconcertante. As pobres enfermeiras do hospital iam à loucura com o número de voluntárias dispostas, mas completamente destreinadas, sob suas ordens. Elas não tinham nem mesmo algumas enfermeiras residentes razoavelmente bem treinadas para ajudá-las. Com outra garota, eu tinha duas fileiras de doze camas; tínhamos uma enérgica irmã — Irmã Bond — que, embora fosse uma enfermeira de primeira classe, estava longe de ter paciência com sua infeliz equipe. Não éramos realmente pouco inteligentes, mas éramos ignorantes. Quase nada nos fora ensinado sobre o que era necessário para o trabalho no hospital; na verdade, tudo o que sabíamos era como fazer curativos e as teorias gerais de enfermagem. As únicas coisas que nos ajudaram foram as poucas instruções que havíamos recebido da enfermeira distrital.

Eram os mistérios da esterilização que nos intrigavam mais — especialmente porque a Irmã Bond estava sempre ocupada demais até para nos explicar. Chegavam tambores repletos de gaze, prontos para serem utilizados nos tratamentos de feridas, e ficávamos responsáveis por eles. Nem sequer nos haviam explicado que os pratinhos em forma de rim serviam para receber curativos sujos, e as tigelas redondas, para receber objetos esterilizados. Além disso, como todos os curativos nos pareciam extremamente sujos, embora, na verdade, estivessem cirurgicamente limpos (haviam sido esterilizados no andar de baixo), tudo aquilo nos deixava muito confusas. Após a primeira semana, as coisas foram ficando mais claras. Descobrimos o que queriam de nós e fomos capazes de fazê-lo. A essa altura, porém, a Irmã Bond já havia desistido e ido embora. Alegara que seus nervos não aguentariam.

Uma nova irmã, Irmã Anderson, veio para substituí-la. Irmã Bond havia sido uma ótima enfermeira cirúrgica, de primeira classe, na minha opinião. Irmã Anderson também era uma enfermeira cirúrgica de primeira classe, mas também uma mulher de bom senso e com uma razoável dose de paciência. Aos olhos dela, não éramos burras, mas mal treinadas. Havia quatro enfermeiras sob o comando dela em duas fileiras cirúrgicas, e ela começou a deixá-las em forma. Irmã Anderson costumava avaliar suas enfermeiras depois de um ou dois dias e dividi-las entre aquelas que se daria ao trabalho de treinar e as que serviam, como ela dizia, "apenas para checar se a panela está fervendo". O ponto dessa última observação era que no final da enfermaria havia uns quatro enormes recipientes com água fervente. De lá se levava água fervente para fazer as fomentações. Praticamente todas as feridas eram tratadas naquela época com fomentos torcidos, então verificar se a água estava fervendo era o primeiro passo essencial no teste. Se a pobre moça que fora enviada para "ver se a panela estava fervendo" desse sinal positivo, mas estivesse errada, com enorme desprezo Irmã Anderson perguntaria:

— Você nem é capaz de saber quando a água está fervendo, enfermeira?

— Está saindo fumaça — dizia a enfermeira.

— *Aquilo* não é fumaça — rebatia a Irmã Anderson. — Você não consegue escutar direito o som? Primeiro há o som de um canto, depois ele abranda e não sai fumaça, e só *então* é que começa a sair o verdadeiro vapor d'água — explicava ela, murmurando para si mesma enquanto se afastava. — Se me mandarem mais idiotas assim, não sei o que vou fazer!

Tive a sorte de estar sob o comando da Irmã Anderson. Ela era severa, mas justa. Nas duas fileiras seguintes estava a Irmã Stubbs, pequena, alegre e simpática com as meninas, que muitas vezes as chamava de "queridas" e, após atraí-las para uma falsa segurança, perdia a calma veementemente se algo desse errado. Era como ter um gatinho mal-humorado cuidando de você: ele pode brincar com você, mas também arranhá-la.

Desde o início gostei da enfermagem. Eu não tinha dificuldades para exercê-la e a via como uma das profissões mais compensadoras que uma pessoa poderia ter. Penso até que, se não tivesse me casado, uma vez terminada a guerra, treinaria para ser enfermeira de hospital. Nisso talvez entre a hereditariedade. A primeira mulher de meu avô, minha avó americana, era enfermeira de hospital.

Ao entrar no mundo da enfermagem, tínhamos que rever nossas opiniões sobre nosso status na vida e nossa posição na hierarquia do mundo hospitalar. Os médicos sempre foram tidos como garantidos. Você mandava chamá-los quando estava doente, e fazia mais ou menos o que eles mandavam — exceto minha mãe: ela sempre sabia muito mais do que o médico, ou era o que costumávamos dizer a ela. O médico geralmente era um amigo da família. Nada havia me preparado para a necessidade de me ajoelhar e venerá-los.

— Enfermeira, toalhas para as mãos do médico!

Logo aprendi a ficar atenta e a postos, um verdadeiro toalheiro humano, esperando docilmente enquanto o médico lavava as mãos, enxugava-as com a toalha e, sem se preocupar em devolvê-la para mim, atirava-a no chão com desdém. Mesmo os médicos que eram, pela opinião secreta da enfermagem, desprezados como abaixo do padrão se destacavam na enfermaria e recebiam uma veneração mais apropriada para seres superiores.

Na verdade, falar com um médico, mostrar a ele algum tipo de reconhecimento, era terrivelmente presunçoso. Mesmo que ele fosse um amigo próximo, não se podia demonstrar nada. Essa etiqueta estrita foi dominada por mim a certa altura, mas uma ou duas vezes errei. Em certa ocasião, um médico, irritável como eles sempre ficam durante o trabalho hospitalar — não porque estejam mesmo irritados, mas porque é esse o comportamento que as enfermeiras esperam deles —, exclamou impacientemente:

— Não, não, Irmã. Não quero esse tipo de fórceps. Dê-me...

Esqueci o nome do que era agora, mas, quando isso aconteceu, eu tinha um desses instrumentos em minha bandeja e fiz um gesto para oferecê-lo. Por 24 horas não ouvi falar de outra coisa.

— Realmente, enfermeira, tentando se destacar dessa maneira? Entregando o fórceps ao médico *você mesma*?!

— Sinto muito, Irmã — murmurei, submissa. — O que eu deveria ter feito?

— Sinceramente, enfermeira, acho que você já deveria saber disso. Se o doutor precisar de alguma coisa que você possa fornecer, você naturalmente me entrega, e *eu* entrego para ele.

Assegurei-lhe que não voltaria a transgredir.

A evasão das aprendizes de enfermagem menos jovens se acelerou porque nossos primeiros pacientes chegavam diretamente das trincheiras, ainda com ataduras feitas em campo, e infestados de piolhos. Muitas das senhoras de Torquay jamais haviam visto piolhos — eu mesma nunca os tinha visto —, e o choque de encontrar esses terríveis vermes foi demais para as mais velhas. As mais jovens e fortes, contudo, continuaram firmes. Quando havia troca de turno, era costume uma enfermeira balançar o pente fino para a outra em um gesto triunfante, dizendo:

— Tratei de todas as cabeças!

Tivemos um caso de tétano em nosso primeiro grupo de pacientes. Foi nossa primeira morte. Um choque para todas nós. Mas em cerca de três semanas eu já sentia como se tivesse cuidado de soldados toda a minha vida, e em um mês mais ou menos eu já era bastante hábil em identificar seus vários truques.

— Johnson, o que esteve escrevendo em sua tabuleta?

As tabuletas com os gráficos de febre ficavam penduradas na parte de baixo da cama.

— Escrevendo na minha tabuleta, enfermeira? — perguntou ele, com um ar de inocência ferida. — Nada. O que eu estaria escrevendo?

— Alguém parece ter escrito uma dieta muito peculiar. Não acho que foi a irmã nem o doutor. Muito improvável que lhe receitassem vinho do Porto.

Outra vez, encontrei um homem gemendo e queixando-se:

— Acho que estou muito doente, enfermeira. Tenho certeza de que sim... estou febril.

Olhei para seu rosto saudável, embora rubicundo, e depois para o termômetro que ele me estendia e que marcava quarenta graus de febre.

— Esses aquecedores são muito úteis, não são? — falei. — Mas tome cuidado: se você colocar o termômetro em um aquecedor quente *demais*, o mercúrio sumirá completamente.

Ele sorriu.

— Ah, enfermeira, você não cai nessa, não é? Vocês, jovens, são muito mais duras do que as velhas. Elas costumavam entrar em desespero quando tínhamos febres altas, corriam atrás da irmã imediatamente.

— Você deveria ter vergonha de si mesmo.

— Ah, enfermeira, é só um pouco de diversão.

De vez em quando, os pacientes iam ao departamento de radiografia ou fazer fisioterapia do outro lado da cidade. Então, geralmente, formávamos um comboio de seis pacientes por enfermeira, e tínhamos que prestar muita atenção se surgia um súbito pedido para atravessar a rua "porque preciso comprar cadarços para as botas, enfermeira". Você olharia para o outro lado da rua e veria que a sapataria estava convenientemente localizada ao lado do pub *The George and Dragon*. Apesar de tudo, sempre consegui levar de volta meus seis sem que um deles escapasse e aparecesse mais tarde em estado de euforia. Eles eram muito gentis, todos eles.

Eu costumava escrever cartas a pedido de um escocês. Parecia surpreendente que ele não soubesse ler ou escrever, já que era praticamente o homem mais inteligente da enfermaria. Mas ele não sabia mesmo, e eu escrevi várias cartas para o pai dele. De início, ele se recostava e esperava que eu começasse.

— Vamos escrever para o meu pai agora, enfermeira — ordenava ele.

— Sim — concordava eu. — "Querido Pai..." O que eu escrevo a seguir?

— Ah, qualquer coisa que você ache que ele gostaria de ouvir.

— Bem... acho melhor você me dizer exatamente.

— Tenho certeza de que você sabe.

Mas eu insistia que deveria receber pelo menos alguma indicação. Vários detalhes eram então revelados: sobre o hospital em que ele estava, a comida que comia, e assim por diante. Em certo momento, ele fazia uma pausa e dizia:

— Acho que é isso...

— "Com amor, de seu filho querido"? — sugeria.

Ele parecia profundamente chocado.

— É claro que não, enfermeira. Você consegue fazer melhor do que *isso*, espero.

— O que fiz de errado?

— Você deve dizer "De seu respeitoso filho". Não vamos mencionar *amor*, *querido* ou palavras assim, não para meu pai.

Tive que me corrigir.

A primeira vez que tive que prestar assistência numa operação representou um desprestígio para mim. De repente, as paredes da sala começaram a rodopiar em torno de mim, e somente o firme apoio de outra enfermeira, que segurou meus ombros e fez com que eu saísse da sala rapidamente, salvou-me de um desastre. Jamais me ocorrera que a visão de sangue ou ferimentos me faria desmaiar. Mal ousei encarar a Irmã Anderson quando ela apareceu depois. Mas ela, inesperadamente amável, falou:

— Não se preocupe com isso, enfermeira. Aconteceu o mesmo com muitas de nós na primeira vez. Por um lado, você não está preparada para o calor e o éter juntos; te dá um pouco de enjoo... e essa foi uma operação abdominal terrível, elas são as mais desagradáveis de se olhar.

— Ah, Irmã, você acha que eu vou ficar bem da próxima vez?

— Você vai ter que ficar bem na próxima. E, se não ficar, terá que continuar até que consiga. Certo?

— Sim — confirmei. — Certo.

A próxima operação para a qual ela me enviou foi bem curta, e sobrevivi. Depois disso, nunca mais tive problemas, embora às vezes desviasse os olhos da primeira incisão com o bisturi.

Era o movimento que sempre me baqueava — uma vez terminado, eu conseguia observar tudo com bastante calma e interesse. A verdade é que é possível se acostumar com qualquer coisa.

# *II*

— Acho tão errado, querida Agatha, que você precise trabalhar no hospital aos *domingos* — disse uma das amigas idosas de minha mãe. — Domingo é dia de descanso. Você deveria ter seus domingos de folga.

— Como você acha que os homens teriam curativos nas feridas, seriam lavados, receberiam penicos, teriam a cama feita e tomariam chá se ninguém trabalhasse no domingo? — indaguei eu. — Afinal, eles não poderiam ficar sem todas essas coisas por 24 horas, poderiam?

— Minha nossa, nunca pensei nisso. Mas deve haver *alguma* forma de manejar isso.

Três dias antes do Natal, Archie, de repente, conseguiu uma licença. Fui com minha mãe a Londres para me encontrar com ele. Eu acho que eu tinha em mente que poderíamos nos casar. Muita gente estava fazendo desses casamentos rápidos.

— Não vejo como podemos continuar sendo cuidadosos e pensando no futuro com todo mundo sendo morto assim — falei.

Minha mãe concordou comigo.

— Pois é — disse ela. — Eu me sinto assim como *você*. Não se pode pensar em riscos e coisas do tipo.

Não falávamos nisso, mas as probabilidades de Archie ser morto eram relativamente altas. As baixas já haviam assustado e surpreendido pessoas. Muitos dos meus amigos tinham sido soldados e foram convocados imediatamente. Todos os dias, ao que parecia, lia-se no jornal que alguém conhecido havia sido morto.

Archie e eu nos víramos pela última vez havia apenas três meses; esses três meses, porém, representaram algo que poderíamos chamar de uma dimensão diferente de tempo. Nesse curto período, eu tinha vivido uma experiência inteiramente nova: a morte de meus amigos, a incerteza, a alteração dos alicerces da minha vida. Archie, por seu turno, tivera uma quantidade igual de experiências novas, embora em um setor diferente. Ele enfrentara a morte, a derrota, o recuo, o medo. Ambos tínhamos vivido muito daquilo sozinhos. O resultado foi que, quando nos encontramos, sentimo-nos quase como dois desconhecidos.

Foi como aprender de novo a nos conhecer mutuamente. As diferenças entre nós apareceram logo de cara. A pretensa despreocupação e a frivolidade dele — quase alegria — me incomodaram. Eu era jovem demais para perceber que, para ele, aquela era a melhor maneira de encarar seu novo estilo de vida. Eu, por outro lado, tornara-me muito mais séria, emotiva, apartando por inteiro a frivolidade dos dias felizes de minha juventude. Era como se estivéssemos tentando alcançar um ao outro e descobríssemos, quase com susto, que havíamos esquecido como fazê-lo.

Archie estava determinado em uma coisa — ele deixou isso claro desde o início: não haveria casamento.

— Seria totalmente errado — disse ele. — Todos os meus amigos pensam assim. Apressamos tudo, e então o que acontece? De repente você é deixada uma jovem viúva talvez com um filho a caminho. É egoísta e errado.

Eu discordava. Argumentava fortemente em contrário. Mas uma das características de Archie era a certeza. Ele sempre tinha certeza do que deveria fazer e do que ia fazer. Não quero dizer que ele nunca mudava de ideia — ele podia, e mudava, de repente, e muito rapidamente às vezes. Na verdade, ele podia mudar imediatamente, vendo preto como branco e branco como preto. Mas quando o fazia, já tinha certeza outra vez. Assim, aceitei sua decisão e começamos a aproveitar aqueles poucos dias preciosos que teríamos juntos.

O plano era que, depois de alguns dias em Londres, eu fosse com ele para Clifton e passasse os dias de Natal com ele na casa de seu padrasto e sua mãe. Esse parecia um arranjo muito certo e apropriado. Antes de partir para Clifton, no entanto, tivemos o que foi, para todos os efeitos, uma briga. Uma briga ridícula, mas bastante acalorada.

Archie chegou ao hotel na manhã de nossa partida para Clifton com um presente para mim. Era uma magnífica frasqueira, completamente guarnecida, um objeto que qualquer milionária poderia ostentar confiante no Ritz. Se ele me tivesse oferecido um anel, ou uma pulseira, por mais caros que fossem, eu não teria objetado — teria aceitado com orgulho e prazer —, mas, não sei bem por quê, revoltei-me violentamente contra a frasqueira. Achei que era de uma extravagância absurda, e que era algo que eu jamais usaria. Qual era a vantagem de voltar para casa para continuar como enfermeira no hospital com uma frasqueira maravilhosa, própria para férias no exterior em tempos pacíficos? Eu disse que não a queria, que ele levasse de volta. Ele ficou com raiva; eu fiquei com raiva. Eu o fiz levar a frasqueira de volta. Uma hora depois ele voltou e nós fizemos as pazes. Perguntamo-nos o que tinha dado em nós. Como pudemos ser tão tolos? Ele admitiu que era um presente bobo. Eu admiti que tinha sido indelicada ao dizer isso. Como resultado da briga e da reconciliação subsequente, de alguma forma nos sentimos mais próximos do que antes.

Minha mãe voltou para Devon, e Archie e eu viajamos para Clifton. Minha futura sogra continuava charmosa em um estilo irlandês um tanto exagerado. O outro filho dela, Campbell, me disse uma vez:

— Mamãe é uma mulher muito perigosa.

Não entendi na época, mas acho que agora sei o que ele quis dizer. A afeição dela era daquele tipo espalhafatoso capaz de se transformar no oposto com incrível rapidez. Em um instante ela desejava amar sua futura nora, e assim o fazia; em outro, nada seria pior para ela do que eu.

Fizemos uma viagem cansativa para Bristol: os trens ainda estavam em um estado de caos, e geralmente tinham horas de atraso. Por fim, porém, chegamos e tivemos uma recepção muito afetuosa. Fui para a cama, exausta pelas emoções do dia e da viagem, e também lutando contra minha timidez natural, para poder dizer e fazer o que fosse certo com meus futuros sogros.

Deve ter sido meia hora depois; talvez uma hora. Eu tinha ido para a cama, mas ainda não estava dormindo, quando bateram na porta. Abri. Era Archie. Ele entrou, fechou a porta e disse abruptamente:

— Mudei de ideia. Temos que nos casar. Imediatamente. Vamos nos casar amanhã.

— Mas você disse que...

— Ah, não importa o que eu disse. Você estava certa e eu estava errado. Claro que é a única coisa sensata a se fazer. Teremos dois dias juntos antes de eu voltar.

Sentei-me na cama, sentindo minhas pernas um tanto fracas.

— Mas... mas você tinha tanta *certeza*.

— O que *importa*? Mudei de ideia.

— Sim, mas… — Havia tanta coisa que eu não conseguia trazer à tona. Eu sempre sofri com a língua presa quando mais queria dizer as coisas com clareza. — Vai ser tudo tão difícil — soltei com a voz fraca.

Eu sempre conseguia ver o que Archie não conseguia: as 101 desvantagens em qualquer possível ação. Archie só via o essencial. A princípio, parecera-lhe uma loucura absoluta casar-se em plena guerra; agora, um dia depois, ele estava igualmente determinado que era a única coisa certa a fazer. Nem as dificuldades do processo, nem os sentimentos de aborrecimento vindos de todos os nossos parentes mais próximos causavam nenhum impacto nele. Discutimos. Discutimos como havíamos feito 24 horas antes, mas dessa vez em posições inversas. Nem é necessário dizer que, mais uma vez, ele ganhou.

— Mas não acredito que possamos nos casar tão de repente — argumentei, em dúvida. — É tão difícil.

— Ah, sim, podemos — disse Archie alegremente. — Podemos obter uma licença especial ou algo assim… o Arcebispo de Canterbury.

— Isso não é muito caro?

— Sim, acredito que sim. Mas acredito que consigamos. De qualquer forma, precisamos. Não há tempo para mais nada. Amanhã é véspera de Natal. Estamos combinados?

Respondi fracamente que sim. Ele me deixou, e eu passei a noite em claro, preocupada. O que minha mãe diria? O que Madge diria? O que a mãe de Archie diria? Por que Archie não podia concordar com nosso casamento em Londres, onde tudo seria fácil e simples? Bem, estava feito. Demorei, mas finalmente adormeci, exausta.

Muitas das coisas que eu havia previsto se tornaram realidade na manhã seguinte. Antes de mais nada, nossos planos tiveram que ser comunicados a Peg. Ela imediatamente explodiu em lágrimas histéricas e se retirou para a cama.

— Meu próprio filho fazendo uma coisa dessas comigo — falou com a voz falhando enquanto subia as escadas.

— Archie, é melhor não — falei. — Sua mãe está chateadíssima.

— O que me importa se está chateada ou não? — rebateu Archie. — Estamos noivos há dois anos, ela deveria estar acostumada com a ideia.

**278** · AGATHA CHRISTIE ·

— Ela parece sentir-se péssima agora.

— Apressando-me dessa maneira... — Peg soluçava, deitada em um quarto escuro com um lenço embebido em água de colônia na testa.

Archie e eu nos entreolhamos, como dois cães culpados. O padrasto de Archie veio em socorro. Ele nos tirou do quarto de Peg e falou:

— Acho que vocês dois estão fazendo a coisa certa. Não se preocupem com Peg. Ela sempre fica chateada quando é pega de surpresa. Ela gosta muito de você, Agatha, e ficará muito satisfeita com isso depois. Só não espere satisfação *hoje*. Agora vocês dois vão dar continuidade aos seus planos. Ouso dizer que vocês não têm muito tempo. Lembrem-se, tenho certeza, bastante certeza, de que estão fazendo a coisa certa.

Embora eu tivesse começado o dia levemente chorosa e apreensiva, em mais duas horas eu estava embevecida com o espírito de luta. Os empecilhos no caminho do nosso casamento eram intensos, e quanto mais parecia impossível que pudéssemos nos casar naquele dia, mais eu, assim como Archie, estava determinada a *conseguir*.

Primeiro, Archie consultou um antigo professor seu, um clérigo. Ele lhe disse que seria possível obter uma licença especial da Doctors' Commons, que custaria 25 libras. Nem Archie nem eu tínhamos 25 libras, mas pusemos essa dificuldade de lado, pensando que com certeza as conseguiríamos emprestadas. O que era mais difícil era que essa licença precisava ser obtida pessoalmente. Não se podia conseguir aquilo no dia de Natal, então o casamento no mesmo dia parecia bastante impossível. A repartição das licenças especiais estava fechada. Então fomos ao registro civil. Lá também fomos repelidos: antes de celebrar a cerimônia, era necessário avisar sobre o casamento com catorze dias de antecedência. O tempo corria. Finalmente, um empregado bondoso do registro, com quem ainda não havíamos falado, ao retornar de seu chá das onze, veio com a seguinte resposta:

— Meu caro amigo, você *mora* aqui, não é? — disse ele a Archie. — Quero dizer, sua mãe e seu padrasto moram aqui?

— Sim — respondeu Archie.

— Bem, nesse caso você tem alguma mala aqui, algumas roupas, alguns pertences seus, não?

— Sim.

— Então você não *precisa* de catorze dias de antecedência. Pode comprar uma licença comum e se casar na sua igreja paroquial esta tarde.

A licença custava oito libras. E podíamos gastar oito libras. Depois disso, foi uma correria selvagem.

Procuramos o padre na igreja no fim da rua. Ele não estava lá. Nós o encontramos na casa de um amigo. Sobressaltado, ele concordou em realizar a cerimônia. Corremos para casa a fim de comunicar Peg e comer alguma coisa.

— Não falem comigo — lamentou ela. — Não falem comigo. — E trancou a porta.

Não havia tempo a perder. Corremos para a igreja, acho que se chamava Emmanuel. Aí soubemos que precisávamos de uma segunda testemunha. Quando íamos sair correndo da igreja e pegar o primeiro desconhecido que aparecesse, por acaso, encontrei uma moça conhecida. Eu estivera com ela em Clifton alguns anos antes. Yvonne Bush, embora sobressaltada, estava pronta o suficiente para ser uma dama de honra improvisada e nossa testemunha. Corremos de volta para a igreja. O organista estava ensaiando e se ofereceu para tocar a "Marcha nupcial".

Assim que a cerimônia estava prestes a começar, pensei por um triste momento que noiva alguma teria se preocupado menos com sua aparência. Sem vestido branco, sem véu, nem mesmo um vestido elegante. Eu estava com um casaco e uma saia comum e um pequeno chapéu de veludo roxo, e não tivera tempo nem de lavar as mãos ou o rosto. Isso fez nós dois rirmos.

A cerimônia foi devidamente realizada — e enfrentamos o obstáculo seguinte. Como Peg se mantinha prostrada, decidimos que iríamos para Torquay, ficaríamos no Grand Hotel lá e passaríamos o Natal com minha mãe. Mas é claro que eu precisava, antes, telefonar para ela e anunciar a novidade. Foi bem difícil conseguir completar a ligação, e o resultado não foi particularmente feliz. Minha irmã estava hospedada com ela e recebeu meu anúncio com um grande aborrecimento.

— Você pretende que eu comunique essa notícia assim a mamãe? Sabe como o coração dela é fraco! Você é muito insensível!

Pegamos um trem lotado, e por fim chegamos a Torquay à meia-noite, depois de reservar um quarto no hotel por telefone. Eu ainda carregava um leve sentimento de culpa: havíamos causado tantos problemas e inconveniências. Todos de quem mais gostávamos estavam irritados conosco. Eu sentia isso, mas não acho que Archie sentisse o mesmo. Acho que nem por um momento isso ocorreu a ele; e, se ocorreu, não acho que ele tenha se importado. Que pena todo mundo ficar assim tão incomodado, ele teria dito, mas por que ficariam? De qualquer forma, tínhamos feito a coisa certa — ele tinha certeza disso. Mas havia *uma* coisa que o deixava nervoso. O momento havia chegado. Subimos no trem e ele de repente mostrou, como um mágico, uma mala extra.

— Espero — disse ele nervosamente à sua jovem esposa —, espero muito que você não fique zangada com isso.

— Archie! É a *frasqueira*!

— Sim. Não devolvi. Você não se importa, não é?

— Claro que não me importo. É linda.

Lá estávamos nós, com a frasqueira em uma viagem — e nossa viagem de núpcias. Então superamos aquilo com tranquilidade, e Archie ficou enormemente aliviado: acho que ele pensou que eu ficaria brava.

Se o dia do nosso casamento foi uma longa luta contra as probabilidades e uma série de crises, o dia de Natal foi benigno e pacífico. Todos tiveram tempo de superar o choque. Madge foi afetuosa e tinha esquecido toda a censura; minha mãe havia se recuperado de seu problema cardíaco e estava imensamente feliz com a nossa felicidade. Peg, eu esperava, havia se recuperado também. (Archie me garantiu que ela teria.) E assim aproveitamos muito o dia de Natal.

No dia seguinte, viajei com Archie para Londres e me despedi quando ele partiu para a França novamente. Eu não o veria por mais seis meses de guerra.

Retomei o trabalho no hospital, aonde as notícias do meu estado atual haviam chegado antes de mim.

— Enferrrmeira! — Chamou o Escocês, com seus erres carregados, batendo nos pés da cama com sua bengala. — Enferrrmeira, venha cá, imediatamente!

Obedeci e ele continuou:

— É verdade o que me contaram? A enfermeira se casou?

— Sim, eu me casei.

— Ouviram isso? — O Escocês apelou para toda a fileira de camas. — A enfermeira Miller se casou. Qual é o seu nome agora, enfermeira?

— Christie.

— Ah, um bom nome escocês, Christie. Enfermeira Christie. Você ouviu isso, irmã? Esta é a enfermeira Christie agora.

— Ouvi — disse a Irmã Anderson. — E desejo-lhe toda a felicidade — acrescentou ela formalmente. — Só se fala disso na enfermaria.

— Se deu bem, hein, enfermeira — disse outro paciente. — Ouvi dizer que se casou com um oficial. — Admiti que tinha chegado a tal altura. — Sim, você se saiu muito bem. Não que eu esteja surpreso, você é uma linda moça.

Os meses foram passando. A guerra se estabeleceu em um impasse terrível. Metade dos nossos pacientes sofria do que se chamava de "pé de trincheira". Fazia muito frio naquele inverno, e eu tinha geladuras terríveis nas mãos e nos pés. O esfregar de casacos à prova d'água não ajuda em nada com a geladura. Recebi mais responsabilidades com o passar do tempo, e gostava do meu trabalho. Nós nos acostumávamos à rotina de médicos e enfermeiras. Sabíamos quais cirurgiões eram respeitados; sabíamos quais médicos eram secretamente desprezados pelas irmãs. Não apareciam mais cabeças infestadas de piolhos nem curativos improvisados; na França, haviam sido instalados hospitais de campanha. Mas ainda assim estávamos quase sempre lotados. Nosso pequeno escocês que estivera lá com uma perna fraturada deixou-nos, convalescente. Na verdade, ele caiu na plataforma da estação durante a viagem, mas estava tão ansioso para chegar à sua cidade natal na Escócia que escondeu o fato de que sua perna havia se fraturado novamente. Sofreu dores agoniantes, mas finalmente conseguiu chegar ao seu destino, e sua perna teve que ser tratada de novo.

Parece tudo meio nebuloso agora, mas consigo me lembrar dos casos mais estranhos, que se destacaram na memória. Lembro-me de uma jovem em liberdade condicional que estava ajudando na enfermaria e foi deixada para trás para fazer a limpeza, e eu a ajudei a levar uma perna amputada para jogar na fornalha. Foi quase demais para ela. Então limpamos toda a bagunça e o sangue juntas. Acho que ela era muito jovem e muito nova no trabalho para já ter recebido aquela tarefa para realizar sozinha.

Lembro-me de um sargento de rosto sério cujas cartas de amor eu tinha que escrever. Ele não sabia ler nem escrever. Então me dizia mais ou menos o que queria que eu dissesse.

— Isso vai servir muito bem, enfermeira — acenava ele com a cabeça, quando eu lia a carta. — Escreva três dessas, sim?

— Três?

— Sim — confirmou ele. — Uma para Nellie, outra para Jessie e outra para Margaret.

— Não seria melhor variar um pouco? — perguntei.

Ele considerou por um tempo e disse:

— Acho que não. Já contei a elas o essencial.

Assim, todas começavam da mesma forma: "Espero que esta carta a encontre como me deixa, mas com uma vida mais cor-de-rosa". E todas terminavam dizendo: "Seu até que o Inferno congele".

— Elas não vão descobrir uma sobre a outra? — indaguei com curiosidade.

— Ah, acho que não — disse ele. — Estão em cidades diferentes, sabe? E não se conhecem.

Perguntei se ele estava pensando em se casar com alguma delas.

— Talvez sim, talvez não — disse ele. — Nellie, ela é bonita de se olhar, uma moça adorável. Mas Jessie é mais séria, e ela me venera... pensa muito bem de mim, a Jessie.

— E Margaret?

— Margaret? Bem, Margaret me diverte — disse ele. — É uma moça alegre. Mas vamos ver.

Muitas vezes me perguntei se ele se casou com alguma dessas três, ou se encontrou uma quarta que combinasse boa aparência, ser boa ouvinte e ser divertida também.

Em casa, as coisas continuavam muito parecidas. Lucy chegara como substituta de Jane, e sempre se referia a ela com admiração como "Mrs. Rowe".

— Espero ser capaz de ocupar o lugar de Mrs. Rowe. Assumir depois dela é uma responsabilidade muito grande.

Ela se dedicava ao futuro de vir cozinhar para mim e Archie depois da guerra.

Um dia, ela se aproximou de minha mãe, parecendo muito nervosa, e disse:

— Espero que não se importe, senhora, mas eu realmente sinto que *devo* me juntar às voluntárias de guerra. Espero que não pense mal de mim.

— Pelo contrário, Lucy — disse minha mãe. — Acho que você tem toda razão. Você é uma garota jovem e forte: exatamente o que eles querem.

Então Lucy partiu, em lágrimas, esperando que ficássemos bem sem ela e dizendo que não sabia *o que* Mrs. Rowe pensaria. Com ela, também, foi-se a criada da casa, a bela Emma. Ela foi se casar. Foram substituídas por duas empregadas idosas, que se ressentiam profundamente das agruras do tempo de guerra.

— Sinto muito, senhora — disse a idosa Mary, tremendo de raiva, depois de alguns dias. — Mas isso não está certo, a comida que nos dão. Comemos peixe dois dias esta semana, e miúdos de animais. Sempre comi uma boa refeição de carne pelo menos uma vez por dia.

Minha mãe tentou explicar que a comida agora era racionada e que era preciso comer peixe e o que era lindamente chamado de "miúdos" em pelo menos dois ou três dias da semana.

— Não está *certo* — protestou Mary, balançando a cabeça. — Isso não é tratar uma pessoa *direito*.

Ela também disse que nunca lhe haviam pedido que comesse margarina antes. Minha mãe então tentou o truque que muitas pessoas haviam tentado durante a guerra, de embrulhar a margarina no papel-manteiga e a manteiga no papel-margarina.

— Agora, se vocês provarem essas duas, não acredito que consigam distinguir a margarina da manteiga.

As duas velhas pareciam desdenhosas, então experimentaram e testaram. Elas não tiveram dúvidas:

— É absolutamente evidente qual é qual, senhora. Não há dúvida sobre isso.

— Vocês realmente acham que há tanta diferença?

— Sim. Não suporto o gosto da margarina, nenhuma de nós suporta. Passamos muito mal.

Elas a devolveram para minha mãe com nojo.

— Então vocês preferem essa outra?

— Sim, senhora. Manteiga muito boa. Nenhum problema com *ela*.

— Bem, acho melhor, então, contar a vocês — disse minha mãe — que *ela* é a margarina. Vocês me entregaram a manteiga.

A princípio, elas não acreditaram. Então, quando se convenceram, ficaram aborrecidas.

Minha avó agora estava morando conosco. Costumava se preocupar muito porque eu voltava sozinha do hospital à noite.

— É tão perigoso, querida, voltar para casa sozinha. Qualquer coisa pode acontecer. Você precisa tomar outras providências.

— Não vejo outro arranjo possível, vovó. E, de qualquer forma, nada aconteceu comigo. Tenho feito isso por vários meses.

— Não está certo. Alguém precisa falar com você.

Eu a tranquilizei o melhor que pude. Meu horário de trabalho era das duas às dez, e habitualmente eram já 22h30 quando eu saía do hospital, depois de iniciado o turno da noite. Demorava três quartos de hora para caminhar para casa, devo reconhecer, por ruas bem desertas. Contudo, jamais tive qualquer problema. Certa vez, encontrei um sargento muito bêbado, mas ele só queria mostrar-se galante.

— Está fazendo um bom trabalho — disse, cambaleando um pouco. — Bom trabalho lá no hospital. Vou acompanhá-la até sua casa, enfermeira, porque não gostaria que acontecesse alguma coisa com você.

Eu disse a ele que não havia necessidade disso, mas que era muito gentil da parte dele. Ele me acompanhou, porém, até minha casa, despedindo-se ao portão da maneira mais respeitosa.

Não lembro bem quando minha avó veio morar conosco. Imagino que tenha sido logo após a eclosão da guerra. Ela ficara muito cega por causa da catarata e, claro, estava velha demais para ser operada. Era uma mulher sensata, por isso, embora sentisse uma terrível dor por ter de deixar sua casa em Ealing e seus amigos e todo o resto, ela entendeu que não conseguiria viver lá sozinha e que os criados dificilmente ficariam. Assim, esse grande movimento foi feito. Minha irmã retornou para ajudar minha mãe, eu cheguei de Devon, e todas nós ficamos ocupadas. Acho que não percebi na época o que a pobre vovó sofreu, mas agora tenho uma imagem clara dela sentada indefesa e meio cega no meio de suas posses e de tudo o que ela valorizava, enquanto ao redor dela havia três vândalas, vasculhando coisas, despejando coisas, decidindo o que jogar fora.

— Ah, você *não* vai jogar fora esse vestido — gritava ela com tristeza. — Madame Poncereau, meu lindo veludo.

Foi difícil explicar a ela que o veludo estava comido pelas traças e que a seda tinha se desintegrado. Havia baús e gavetas cheios de coisas comidas pelas traças, sem qualquer utilidade. Por causa da preocupação dela, muitas coisas que deveriam ter sido destruídas foram mantidas. Baú após baú, cheios de papéis, estojos de agulhas, tiras de estampas para vestidos para as criadas, tiras de seda e veludo compradas em liquidações, sobras:

tantas coisas que uma vez poderiam ter sido úteis se tivessem sido usadas, mas que simplesmente se empilharam. A pobre vovó sentou-se em sua grande cadeira e chorou.

Então, depois das roupas, sua despensa foi atacada. Geleias mofadas, ameixas fermentadas, até pacotes de manteiga e açúcar que haviam escorregado para trás das coisas e acabado sendo mordiscados por ratos: todas as coisas de sua vida parcimoniosa e previdente, todas as coisas que haviam sido compradas e armazenadas e guardadas para o futuro; e agora, lá estavam elas, vastos monumentos de *desperdício*! Acho que foi isso que a machucou tanto: o *desperdício*. Os licores caseiros também estavam lá e, devido à característica conservante do álcool, estavam em boas condições. Trinta e seis garrafões de aguardente de cereja, gim de cereja, gim de ameixa, aguardente de ameixa e o resto foram levados na van de mudança. Na chegada, havia apenas 31.

— E pensar que aqueles homens garantiram ser abstêmios! — disse a vovó.

Talvez os homens da mudança estivessem revidando: minha avó não fora muito simpática com eles enquanto trabalhavam. Quando quiseram tirar as gavetas das imensas cômodas de mogno, vovó zombou deles:

— *Tirar* as gavetas? Por quê? Por causa do *peso*? Vocês são homens fortes, não são? Outros homens já carregaram essas cômodas escada acima com as gavetas, e todas bem cheias! Ninguém tirou nada de dentro. Que ideia! Os homens de hoje não valem nada.

Os homens insistiram que não conseguiriam carregar a cômoda. Vovó, finalmente, cedeu.

— Frouxos, é o que eles são. Completamente frouxos. Hoje não há homens que mereçam o sal que comem.

Caixas enormes continham comestíveis comprados para evitar que vovó passasse fome. A única coisa que a animou quando chegamos a Ashfield foi a procura de bons esconderijos para eles. Duas dúzias de latas de sardinhas em conserva foram colocadas no topo de uma escrivaninha Chippendale. Ali permaneceram, algumas totalmente esquecidas — de tal modo que, depois da guerra, quando minha mãe vendeu algumas peças do mobiliário, o homem que veio buscá-las disse, com um pigarro em tom constrangido:

— Acho que há uma boa quantidade de sardinhas aqui em cima.

— Ah, é verdade — disse minha mãe. — Sim, suponho que *possa* haver.

Ela não explicou. O homem não perguntou. As sardinhas foram retiradas.

— Acho melhor darmos uma olhada em alguns dos outros móveis — disse ela.

Coisas como sardinhas e sacos de farinha pareciam surgir nos lugares mais inesperados por muitos anos. Um cesto de roupas em desuso no quarto de hóspedes estava cheio de farinha, infestada de gorgulhos. Os presuntos, pelo menos, tinham sido comidos em boas condições. Frascos de mel, garrafas de ameixas francesas e alguns, mas não muitos, produtos enlatados podiam ser encontrados — embora vovó desaprovasse esse tipo de produto e suspeitasse de que fossem uma fonte de envenenamento por ptomaína. Considerava apenas a preservação em garrafas e potes feita por ela mesma como uma conserva devidamente segura.

De fato, a comida enlatada era vista com desaprovação por todos nos dias de minha juventude. As moças costumavam ser avisadas quando iam aos bailes:

— Tome cuidado para não comer lagosta no jantar. Nunca se sabe, *pode ser enlatada*!

A palavra "enlatada" era sempre pronunciada com horror. Caranguejos enlatados eram uma mercadoria tão terrível que nem careciam de advertência. Se alguém pudesse imaginar que no futuro os principais alimentos seriam comida congelada e vegetais enlatados, com que apreensão e quão sombriamente isso teria sido encarado!

Apesar de meu afeto e da minha vontade de ajudar, eu me compadecia pouco dos sofrimentos de minha pobre avó. Mesmo quando objetivamente não somos egoístas, ainda somos tão egocêntricos. Deve ter sido, posso avaliar agora, uma coisa terrível para minha pobre avó, que àquela época tinha mais de 80 anos, arrancar as raízes de uma casa onde vivera por trinta ou quarenta anos, pois mudara-se para lá pouco depois de enviuvar. Não tanto, talvez, por ter que deixar a casa — isso deve ter sido ruim o suficiente, embora sua mobília pessoal a tenha acompanhado: a larga cama com dossel, as duas grandes poltronas em que ela gostava de se sentar. Mas o pior de tudo foi perder todos os amigos. Muitos já haviam morrido, mas ainda assim restavam vários: vizinhos que apareciam com frequência, pessoas com quem ela fofocava sobre os velhos tempos ou discutia as notícias nos jornais diários — todos os horrores do infanticídio, estupro, vícios secretos e todas as coisas que alegram a vida dos velhos. É verdade que líamos os jornais para vovó todos os dias, mas não estávamos realmente interessadas no destino horrível de uma babá, no bebê abandonado no carrinho, na jovem agredida em um trem. Assuntos do mundo, política, bem-estar moral, educação, os tópicos do dia, nada disso realmente interessava minimamente à minha avó. Não porque fosse uma mulher burra, nem porque se deleitasse com o desastre; mas ela precisava de algo que contradissesse o teor uniforme da vida cotidiana: uma pitada de drama e alguns acontecimentos terríveis dos quais, embora ela própria estivesse protegida, talvez estivessem ocorrendo não muito longe.

Agora minha pobre avó não tinha nada de empolgante na vida, exceto os desastres que líamos para ela nos jornais diários. Não aparecia mais um amigo com tristes notícias acerca do péssimo comportamento do Coronel Fulano de Tal em relação à esposa, ou a interessante doença de que sofria uma prima e para a qual nenhum médico encontrara cura. Agora posso avaliar como deve ter sido triste para ela, como deve ter se sentido só e entediada. Gostaria de ter sido mais compreensiva.

Ela se levantava lentamente de manhã depois do café na cama. Descia por volta das onze e procurava esperançosamente por alguém que tivesse tempo de ler os jornais para ela. Como ela não descia sempre na mesma hora, isso nem sempre era possível. Mas ela era paciente, sentada em sua cadeira. Por um ano ou dois ela ainda era capaz de tricotar, porque não precisava enxergar bem para isso; mas, conforme sua visão piorava, seu tricô se tornava cada vez mais grosseiro, e às vezes ela perdia um ponto e não percebia. Às vezes, alguém a encontrava chorando baixinho em sua poltrona, porque havia perdido um ponto várias fileiras antes e teria que desmanchar tudo. Eu costumava ajudá-la, pegando o ponto e refazendo a peça para que ela continuasse de onde tinha parado; mas aquilo não curava realmente a mágoa que ela sentia por não poder mais ser útil.

Raramente conseguíamos convencê-la a dar um passeio no terraço, ou algo assim. Ela considerava o ar externo definitivamente nocivo. Sentava-se na sala de jantar o dia todo, porque era assim que costumava ficar em sua própria casa. Só se juntava a nós para o chá da tarde, e depois voltava para o mesmo lugar. No entanto, às vezes, especialmente se tivéssemos um grupo de jovens para o jantar, depois que subíamos para a sala de aula, vovó surgia de repente, subindo as escadas devagar e com dificuldade. Nessas ocasiões, ela não queria, como sempre, ir para a cama cedo: queria estar *presente*, ouvir o que estava acontecendo, compartilhar de nossa alegria e nossas risadas. Suponho que eu não a desejasse por perto. Embora ela não estivesse realmente surda, muitas coisas tinham de ser repetidas para ela, e isso trazia certo constrangimento. Contudo, fico feliz de lembrar que nunca desencorajamos a presença dela. Era triste para a pobre vovó, mas inevitável. O pior para ela, assim como para tanta gente idosa, era a perda de sua independência. Creio que seja a sensação de ser uma pessoa superada e rejeitada que faz com que tanta gente idosa tenha a ilusão de que está sendo envenenada ou de que estão roubando seus pertences. Não acredito que seja apenas um enfraquecimento das faculdades mentais — precisam de alguma empolgação, de algo estimulante: a vida seria mais interessante se alguém *realmente* estivesse tentando envenenar você. Pouco a pouco, vovó começou a entregar-se a essas fantasias. Insistia com minha mãe que as empregadas andavam "colocando coisas na minha comida".

— Elas querem se livrar de mim!

— Mas, titia querida, por que elas iriam querer se livrar de você? Elas te adoram.

— Ah, isso é o que você pensa, Clara. Mas... chegue um pouco mais perto: elas estão sempre escutando atrás das portas, eu *sei*. Ontem, meu ovo, ovo mexido, tinha um gosto muito peculiar... *metálico*. Eu sei! — Ela assentiu com a cabeça. — Sabe, a velha Mrs. Wyatt, *ela* foi envenenada pelo mordomo e a esposa dele.

— Sim, querida, mas isso foi porque ela deixou muito dinheiro para eles. Você não deixou dinheiro para nenhum dos criados.

— Não mesmo — respondeu vovó. — De qualquer maneira, Clara, a partir de agora vou querer apenas um ovo cozido para o meu café da manhã. Um ovo cozido elas não poderão alterar.

Assim, vovó passou a comer ovos cozidos.

A questão seguinte foi o triste desaparecimento de suas joias. Ela anunciou o caso mandando me chamar.

— Agatha? É você? Entre e *feche a porta*, querida.

Fui até a cama dela.

— Sim, vovó, qual é o problema?

Ela estava sentada na cama, chorando, secando os olhos com o lenço.

— Sumiu — disse ela. — Tudo sumiu. Minhas esmeraldas, meus dois anéis, meus lindos brincos… Tudo *sumiu*! Oh, céus!

— Não, vovó. Escute, tenho certeza de que não sumiram realmente. Vamos ver, onde eles estavam?

— Estavam naquela gaveta, a de cima à esquerda, embrulhados em um par de luvas. É onde sempre os guardo.

— Bem, vamos ver, então?

Fui até a penteadeira e examinei a gaveta em questão. Havia dois pares de luvas enrolados, mas nada dentro deles. Transferi minha atenção para a gaveta abaixo. Nela havia um par de luvas, duras e satisfatórias ao toque. Levei-as até o pé da cama e assegurei a vovó que ali estavam eles: os brincos, o broche de esmeralda e os dois anéis.

— Estavam na terceira gaveta, não na segunda — expliquei.

— Elas devem ter colocado tudo lá de novo.

— Acho que elas não teriam conseguido fazer isso.

— Bem, tome cuidado, querida Agatha. Muito cuidado. Não deixe sua bolsa por aí. Agora vá na ponta dos pés até a porta, por favor, e veja se elas estão ouvindo.

Obedeci e assegurei a vovó que ninguém estava ouvindo.

“Como é terrível ser velho!”, pensei. É claro que aconteceria comigo, mas não parecia real. Em nossa mente, é sempre bem forte a convicção: “*Eu* não vou ficar velha. *Eu* não vou morrer!” Sabemos que vamos, mas ao mesmo tempo, temos certeza de que não. Pois bem, agora *sou* velha. Ainda não comecei a suspeitar de que roubam minhas joias ou de que alguém está tentando me envenenar. Mas preciso me preparar e saber que também isso, a seu tempo, provavelmente virá. Talvez, estando prevenida, eu perceba que estou sendo ridícula antes que comece a acontecer.

Certo dia, vovó pensou ter ouvido um gato em algum lugar perto da escada dos fundos. Mesmo que *fosse* um gato, teria sido mais sensato deixá-lo ali ou mencionar o fato a uma das criadas, ou a mim, ou a mamãe. Mas ela decidiu investigar por conta própria, e o resultado foi que caiu da escada e fraturou o braço. O médico, quando a observou, pareceu em dúvida. Ele esperava que os ossos se unissem de novo sem problemas, mas na idade dela, mais de 80 anos… No entanto, vovó correspondeu triunfantemente ao desafio. No devido tempo, ela podia novamente usar o braço muito bem, embora não pudesse erguê-lo acima da cabeça. Não há dúvida de que era uma velha durona! Tenho certeza de que as histórias que ela sempre me contava de sua extrema delicadeza na juventude e das várias ocasiões em que os médicos duvidaram que ela sobrevivesse, entre os 15 e os 35 anos de idade, eram totalmente falsas. Eram apenas a mania vitoriana de inventar doenças interessantes.

Cuidando da vovó e trabalhando até tarde no hospital, a vida era bastante entediante.

No verão, Archie teve três dias de licença, e eu o encontrei em Londres. Não foi uma licença muito feliz. Ele estava no limite da tensão, com os nervos à flor da pele, ciente das condições da guerra que deviam estar causando ansiedade a todos. As grandes baixas começavam a chegar, embora ainda não tivéssemos percebido na Inglaterra que, longe de terminar no Natal, a guerra provavelmente duraria quatro anos. De fato, quando surgiu a demanda por alistamento — os três anos de Lorde Derby ou o tempo que durasse a guerra —, pareceu-nos ridículo imaginar que fosse durar três anos.

Archie não mencionou a guerra ou sua participação nela: seu único propósito naqueles dias era esquecer essas coisas. Fizemos as refeições mais agradáveis que conseguimos — o sistema de racionamento foi muito mais justo na Primeira Guerra do que na Segunda. Então, quando jantávamos em um restaurante ou em nossa própria casa, tínhamos que apresentar cupons para a carne se quiséssemos comer carne etc. Na Segunda Guerra, a posição era muito mais antiética: se você tivesse dinheiro e vontade, poderia comer uma refeição com carne todos os dias da semana indo a um restaurante, onde nenhum cupom era necessário.

Nossos três dias se passaram em um flash inquieto. Nós dois desejávamos fazer planos para o futuro, mas ambos achávamos que era melhor não. O único ponto positivo para mim foi que, pouco depois dessa licença, Archie deixou de voar. Sua condição sinusal não permitia tal trabalho, então ele foi encarregado de um depósito. Ele sempre foi um excelente organizador e administrador. Fora louvado várias vezes em ordem de serviço e, finalmente, foi agraciado com a Ordem de São Miguel e São Jorge, e também com a Ordem de Serviços Distintos. Mas o prêmio que lhe deu mais orgulho foi o primeiro que recebeu: ser louvado pelo General French, bem no começo. Isso sim, disse ele, tinha realmente algum valor. Ele também foi premiado com uma condecoração russa — a Ordem de Santo Estanislau —, que era tão bonita que eu gostaria de tê-la usado como adereço em festas.

Mais tarde naquele ano, tive uma gripe forte e, depois disso, uma congestão dos pulmões que me impediu de voltar ao hospital por três semanas ou um mês. Quando voltei, um novo departamento havia sido aberto — o dispensário —, e foi sugerido que eu fosse trabalhar lá. Passou a ser minha casa fora de casa pelos dois anos seguintes.

O novo departamento estava a cargo de Mrs. Ellis, esposa do Dr. Ellis, que havia trabalhado para o marido por muitos anos, e minha amiga Eileen Morris. Eu deveria assisti-los e estudar para o exame de farmacologia, que me habilitaria a preparar os remédios para os médicos militares ou os farmacêuticos. Parecia interessante, e as horas de trabalho eram muito melhores — o dispensário fechava às seis horas, e eu trabalharia em turnos alternados de manhã e à tarde —, então combinavam muito mais com meus deveres domésticos.

Não posso dizer que eu gostava tanto desse trabalho quanto gostava da enfermagem. Acredito que tinha verdadeira vocação para a enfermagem, e teria sido feliz como enfermeira de hospital. O dispensário foi interessante por certo tempo, mas acabou se tornando monótono — eu nunca iria querer trabalhar ali em caráter permanente. Por outro lado, era divertido estar entre amigos. Eu sentia grande afeto e enorme respeito por Mrs. Ellis. Era uma das mulheres mais calmas e tranquilas que conheci, com uma voz suave e meio sonolenta, e dona de um senso de humor que surgia em diversas ocasiões. Ela também era uma professora muito boa, pois compreendia as dificuldades de cada um — e o fato de ela mesma, como confessou, geralmente fazer suas somas em longos cálculos fazia com que eu me sentisse confortável com ela. Eileen era minha professora de química e, francamente, um pouco inteligente demais para mim. Ela partia não do lado prático, mas da teoria. Ser introduzida repentinamente na Tabela Periódica, na massa atômica e nas ramificações dos derivados do alcatrão de hulha causava grande perplexidade. No entanto, coloquei os pés no chão, dominei os fatos mais simples e, depois que explodimos nossa cafeteira Cona ao praticar o teste de Marsh para o arsênico, nosso progresso entrou nos eixos.

Éramos amadoras, mas talvez isso nos tornasse mais cuidadosas e conscientes. O trabalho era desigual em qualidade, é claro. Toda vez que recebíamos um novo comboio de pacientes, trabalhávamos duro. Medicamentos, pomadas, potes e potes de loção para encher, reabastecer e despejar todos os dias. Depois de trabalhar em um hospital com vários médicos, percebe-se como a Medicina, como tudo neste mundo, é uma questão de moda: isso e as idiossincrasias de cada médico ali em exercício.

— O que há para fazer esta manhã?

— Ah, temos cinco do Dr. Whittick, quatro do Dr. James e dois especiais do Dr. Vyner.

A pessoa leiga, como acredito que pudesse chamar a mim mesma, acredita que o médico estude seu caso individualmente, considere quais medicamentos seriam melhores e prescreva uma receita para isso. Logo descobri que o tônico prescrito pelo Dr. Whittick, o tônico prescrito pelo Dr. James e o tônico prescrito pelo Dr. Vyner eram todos muito diferentes e particulares, não para o paciente, mas para cada médico. Pensando bem, não deixa de ser razoável, embora talvez não faça com que o paciente se sinta tão importante como antes. Os farmacêuticos e distribuidores têm uma visão bastante superior no que diz respeito aos médicos: eles também têm suas opiniões. Podem achar que a prescrição do Dr. James é boa, e que a do Dr. Whittick é insatisfatória — mas têm que fazê-las da mesma maneira. Somente quando se trata de pomadas é que os médicos realmente experimentam. Isso ocorre principalmente porque as aflições de pele são enigmas para a classe médica e para todos os outros. Um tipo de aplicação de calamina cura Mrs. D. de maneira sensacional; Mrs. C., no entanto, que tem a mesma reclamação, não responde de modo algum à calamina — a pomada apenas produz irritação extra —, mas talvez uma preparação de alcatrão de hulha, elemento que só agravou o problema com Mrs. D., tenha sucesso inesperado com Mrs. C.; então o médico deve continuar tentando até encontrar a opção mais adequada. Em Londres, os pacientes com problemas de pele também têm seus hospitais preferidos.

— Já tentou o Hospital Middlesex? Eu tentei, e as medicações que eles me deram não serviram para nada. Agora aqui, no University College Hospital, já estou quase curada.

Uma amiga então se intromete:

— Bem, estou começando a pensar que há algo no Middlesex. Minha irmã foi tratada aqui e não adiantou nada, então ela foi para o Middlesex e estava ótima em dois dias.

Ainda guardo rancor de um certo dermatologista, um pesquisador otimista e persistente, certamente membro da escola do "experimente qualquer coisa pelo menos uma vez", que concebeu um preparado de óleo de fígado de bacalhau para ser besuntado no corpo de um bebê de poucos meses. A mãe e os outros membros da família devem ter achado muito difícil suportar a proximidade com o pobre bebê. A indicação não adiantou nada e foi descontinuada após os primeiros dez dias. Meu encargo de preparar esse unguento também me tornou uma pária em casa, pois não é possível lidar com grandes quantidades de óleo de fígado de bacalhau sem voltar para casa cheirando a peixe puro.

Em 1916, várias vezes me senti como uma pária — mais de uma vez por conta da moda da pasta Bip, aplicada a todo e qualquer ferimento. Consistia numa pomada de bismuto, iodofórmio e parafina líquida. O cheiro do iodofórmio aderia a mim no dispensário e não me largava, nem no bonde, nem em casa, nem à mesa do jantar, nem na cama. Era um odor penetrante, que exalava de meus dedos, pulsos, braços, até acima dos cotovelos, e era impossível me livrar do cheiro, por mais que me lavasse. Para poupar minha família, eu costumava fazer minhas refeições numa bandeja na copa. Perto do fim da guerra, a pasta Bip saiu de moda — foi substituída por outros preparados mais inócuos, e, finalmente, por enormes garrafões de solução de hipoclorina. Esta era feita com hipoclorito de cálcio, soda e outros ingredientes, e mais uma vez exalava um cheiro penetrante, que se infiltrava nas roupas. Muitos dos desinfetantes de pia hoje contêm essa base. Ainda hoje, apenas uma baforada desse odor é o bastante para me deixar nauseada. Certa vez, ataquei furiosamente um criado muito obstinado:

— O que você andou colocando na pia da copa? O cheiro é horrível!

Ele exibiu uma garrafa com orgulho.

— Desinfetante de primeira classe, senhora — disse ele.

— Isto não é um hospital — gritei. — Hoje é isso, e amanhã você usará ácido fênico! Basta enxaguar a pia com água quente e um pouco de bicarbonato ocasionalmente, se necessário. Jogue fora esse desinfetante nojento!

Dei-lhe uma palestra sobre a natureza dos desinfetantes e o fato de que qualquer coisa que seja prejudicial a um germe geralmente é igualmente prejudicial ao tecido humano; de modo que o objetivo ali fosse a limpeza impecável e não a desinfecção.

— Os germes são resistentes — expliquei a ele. — Desinfetantes fracos não lhes causarão dano. Germes fortes podem multiplicar numa solução de ácido fênico na proporção de um para sessenta.

Ele não ficou convencido, e continuou a utilizar sua nauseante mistura sempre que tivesse certeza de que eu não estava em casa.

Como parte da minha preparação para o exame de farmácia, foi combinado que eu receberia nova instrução por parte de um verdadeiro farmacêutico. Um dos principais profissionais de Torquay teve a amabilidade de permitir que eu o visitasse alguns domingos para que me desse aulas. Cheguei mansa e assustada, ansiosa por aprender.

A primeira vez que você visita os bastidores de uma farmácia é reveladora. Sendo amadoras em nosso trabalho hospitalar, medíamos cada frasco de medicamento com a máxima precisão. Quando o médico prescrevia vinte grãos de bismuto para qualquer dose, o paciente recebia a medida exata. Visto que éramos amadoras, acho que isso era bom, mas imagino que qualquer farmacêutico que tenha estudado por cinco anos e obtido seu diploma conhece seus modos profissionais da mesma maneira que uma boa cozinheira conhece os dela. Ele mistura porções dos vários frascos estocados com a máxima confiança, sem se preocupar em medir ou pesar. Mede seus venenos ou drogas perigosas com cuidado, é claro, mas as coisas inofensivas vão aproximadamente. Corantes e aromatizantes são adicionados da mesma maneira. Isso às vezes resulta em pacientes voltando e reclamando que seu remédio está de uma cor diferente da última vez.

— O meu deveria ser rosa-escuro, não este rosa pálido.

Ou:

— O sabor não está certo; meu remédio lembra hortelã, uma boa mistura de hortelã, e não esse sabor enjoado, doce e horrível.

Isso significava que fora adicionada água de clorofórmio em vez de água de hortelã.

A maioria dos pacientes no ambulatório do University College Hospital, onde trabalhei em 1948, eram exigentes quanto à cor e ao sabor exatos de suas preparações. Lembro-me de uma velha irlandesa que se inclinou à janela do dispensário, pressionou meia coroa na palma da minha mão e murmurou:

— Faça-o duplamente forte, querida, pode ser? Bastante hortelã, duplamente forte.

Devolvi-lhe a meia-coroa, dizendo arrogantemente que não aceitávamos esse tipo de coisa, e acrescentei que ela precisava tomar o remédio exatamente como o médico havia receitado. No entanto, dei-lhe uma dose extra de água de hortelã, já que não poderia fazer mal algum e ela gostava tanto.

Naturalmente, quando se é um novato nesse tipo de trabalho, há um terrível medo de cometer erros. A adição de veneno a um medicamento é sempre verificada por um dos outros dispensadores, mas ainda assim pode haver momentos assustadores. Lembro-me de um dos meus. Naquela tarde, eu preparava pomadas e, para uma delas, coloquei um pouco de ácido carbólico puro em uma tampa; depois, cuidadosamente, com um conta-gotas, adicionei-o à pomada que estava misturando numa lâmina de vidro. Após colocá-lo em um frasco etiquetado, continuei com meus outros trabalhos. Por volta das três da manhã, despertei, perguntando a mim mesma: *O que fiz com aquela tampa com ácido carbólico?* Quanto mais pensava, menos me lembrava de tê-la recolhido e lavado. Será que eu a teria usado para tampar alguma outra pomada, sem perceber que havia algo nela? Mais uma vez, quanto mais pensava, mais tinha certeza de que era isso que eu tinha feito. Eu a havia colocado na prateleira da enfermaria com as outras para serem recolhidas na manhã seguinte pelo distribuidor em sua cesta, e uma pomada para um paciente teria uma camada de ácido carbólico forte no topo. Morta de preocupação, não consegui mais suportar. Levantei-me da cama e me vesti, caminhei até o hospital, entrei — felizmente não precisei passar pela enfermaria, pois a escada para o dispensário ficava do lado de fora —, subi, examinei as pomadas que havia preparado, abri as tampas e cheirei tudo cautelosamente. Até hoje não sei se imaginei ou não, mas detectei em uma delas um leve odor de ácido carbólico que não deveria existir. Tirei a camada superior da pomada, e assim me certifiquei de que tudo estava bem. Então me esgueirei para fora novamente, caminhei para casa e voltei para a cama.

Em geral, não são os novatos que cometem erros nas farmácias. Eles estão sempre nervosos e pedindo conselhos. Os piores casos de envenenamento por erros vêm dos farmacêuticos confiáveis que já trabalham há muitos anos. Estão tão familiarizados com o que estão fazendo, são tão capazes de fazê-lo sem pensar, que chega um dia em que, talvez preocupados com algum problema pessoal, cometem um deslize. Isso aconteceu no caso do neto de uma amiga minha. A criança estava doente, e o médico passou-lhe uma receita, que foi levada ao farmacêutico para que a preparasse. A dose foi administrada no tempo certo. Naquela tarde, a avó estranhou a aparência da criança.

— Será que tem alguma coisa errada com esse remédio? — perguntou ela à babá.

Depois da segunda dose, ficou ainda mais preocupada.

— Acho que há algo errado.

Mandou chamar o médico; ele olhou a criança, examinou o remédio — e tomou providências imediatas. As crianças, geralmente, têm pouca tolerância ao ópio e aos preparados derivados dele. O farmacêutico havia errado: incluíra uma dose de ópio grande demais. Ficou terrivelmente aflito, o pobre homem; trabalhava para aquela farmácia havia mais de catorze anos, e era um dos mais cuidadosos e responsáveis manipuladores farmacêuticos. Pode acontecer com qualquer um.

Durante minhas aulas de farmácia nas tardes de domingo, deparei com um problema. Cabia aos candidatos do exame usar tanto o sistema habitual quanto o sistema métrico de medidas. Meu farmacêutico tinha me ensinado a fazer preparações pela fórmula métrica. Nem médicos nem farmacêuticos gostam do sistema métrico em operação. Um de nossos médicos no hospital nunca aprendeu o que "contém 0,1" realmente significava, e dizia:

— Agora, deixe-me ver, esta solução é um em cem ou um em mil?

O grande perigo do sistema métrico é que, se você errar, errará multiplicado por dez.

Naquela tarde em particular, eu estava tendo uma aula sobre a confecção de supositórios, que não eram usados com frequência no hospital, mas que eu deveria saber fazer para o exame. São coisinhas complicadas, principalmente devido ao ponto de fusão da manteiga de cacau, que é a base deles. Se você esquentar muito, não endurece; se não esquentar o suficiente, sai do molde no formato errado. Nesse caso, Mr. P., o farmacêutico, estava me dando uma demonstração pessoal quanto ao procedimento exato com a manteiga de cacau, depois acrescentou um medicamento calculado metricamente. Ele me mostrou como tirar os supositórios no momento certo, depois me disse como colocá-los em uma caixa e etiquetá-los profissionalmente, coisa e tal, *um em cem*. Então ele foi embora para cumprir outras tarefas, mas eu fiquei preocupada, porque estava convencida de que o que havia naqueles supositórios era 10%, o que significaria uma dose de *um em dez* em cada, não um em cem. Repassei os cálculos dele e eles *estavam* errados. Ao usar o sistema métrico, ele havia errado a posição do ponto. Mas o que a jovem estudante deveria fazer? Eu era a novata, ele era o farmacêutico mais conhecido da cidade. Eu não podia dizer a ele: "Mr. P., o senhor cometeu um erro". Mr. P. era o tipo de pessoa que *não* cometia erros, especialmente na frente de um aluno. Enquanto eu pensava sobre isso, ele passou por mim novamente e disse:

— Pode colocar no estoque, nós precisamos deles às vezes.

Pior ainda! Eu não podia deixar aqueles supositórios entrarem no estoque. Não poderia permitir o uso de uma droga tão perigosa. As pessoas são capazes de suportar medicamentos muito mais perigosos se forem administrados pelo reto, mas mesmo assim... Eu não estava gostando daquilo, e o que eu poderia fazer a respeito? Mesmo se sugerisse que a dose estava errada, ele acreditaria em mim? Eu tinha bastante certeza da resposta para isso:

— Está tudo certo. Acha que não sei o que estou fazendo? — diria ele.

Só havia uma solução para o caso. Antes que os supositórios esfriassem, tropecei, perdi o equilíbrio, derrubei o tabuleiro sobre o qual eles repousavam e *pisei em tudo* com firmeza.

— Mr. P., sinto muitíssimo — falei. — Derrubei esses supositórios e pisei neles.

— Ai, ai, ai — disse ele, irritado. — Este parece bom. — Ele pegou um que havia escapado do peso dos meus sapatos.

— Está sujo — ressaltei, firme. E sem mais delongas, joguei tudo na lixeira. — Sinto muito — repeti.

— Tudo bem, mocinha — disse ele. — Não se preocupe tanto. — Ele me deu tapinhas carinhosos nos ombros. Ele era muito inclinado a esse tipo de coisa: tapinhas nos ombros, cutucadas e tentativas ocasionais de acariciar minha bochecha. Eu tinha que aguentar porque estava sendo instruída por ele, mas me mantinha o mais distante possível, e geralmente conseguia puxar conversa com o outro dispensador para não ficar sozinha com ele.

Mr. P. era um homem estranho. Um dia, procurando talvez me impressionar, tirou do bolso um caroço de cor escura e me mostrou.

— Sabe o que é isso? — perguntou ele.

— Não — respondi.

— Curare — disse ele. — Sabe o que é curare?

— Já li a respeito.

— É interessante. Muito interessante. Tomado pela boca, não faz mal nenhum. Mas, se entrar na corrente sanguínea, paralisa e mata. É o que eles usam para veneno de flecha. Você sabe por que o carrego no bolso?

— Não — respondi. — Não faço a menor ideia.

Parecia-me uma coisa extremamente tola de se fazer, mas não acrescentei isso.

— Bem, sabe... — disse ele, pensativo. — Faz com que eu me sinta poderoso, entende?

Parei para observá-lo. Ele era um homenzinho de aparência bastante engraçada, muito rotundo e com uma cara de passarinho de bochechas rosadas. Havia nele um ar geral de satisfação infantil.

Pouco depois disso, terminei o curso, mas muitas vezes me perguntei sobre Mr. P. Ele me parecia um homem perigoso, apesar de sua aparência angelical. A recordação dele perdurou por tanto tempo que ainda estava em minha memória quando primeiro concebi a ideia de escrever meu livro *O cavalo amarelo* — e isso deve ter sido quase cinquenta anos depois.

# III

Foi enquanto trabalhava no dispensário que concebi pela primeira vez a ideia de escrever uma história de detetive. A ideia permanecera em minha mente desde o desafio de Madge quando éramos mais novas — e meu trabalho atual parecia oferecer uma oportunidade favorável. Ao contrário da enfermagem, onde sempre havia algo a fazer, o serviço no dispensário consistia em períodos de folga ou ocupados. Às vezes, eu ficava de plantão sozinha à tarde, sem quase nada para fazer além de ficar sentada. Tendo assegurado que os frascos de estoque estivessem cheios e preparados, a pessoa tinha a liberdade de fazer qualquer coisa que quisesse, exceto sair do dispensário.

Comecei a pensar em que tipo de história de detetive eu poderia escrever. Como estava cercada de venenos, talvez fosse natural que a morte por envenenamento fosse o método escolhido. Decidi por um fato que me parecia ter diversas possibilidades. Brinquei com a ideia, gostei e finalmente a aceitei. Depois passei para as *dramatis personae*. Quem seria envenenado? Quem iria envená-lo? Quando? Onde? Como? Por quê? E todo o resto. Teria que ser um assassinato privado, devido ao modo particular como seria feito; teria que ser tudo familiar, por assim dizer. Naturalmente teria que haver um detetive. Naquela época eu estava bem imersa na tradição de Sherlock Holmes. Então considerei detetives. Não como Sherlock Holmes, é claro: eu precisava inventar um para mim, e ele também teria um amigo próximo, como um coadjuvante — isso não seria muito difícil. Voltei a pensar nos outros personagens. Quem deveria ser assassinado? Um marido poderia matar sua esposa — esse parecia ser o tipo mais comum de assassinato. Eu poderia, é claro, ter um tipo de assassinato muito *incomum* por um motivo muito *incomum*, mas isso não me atraía artisticamente. O ponto principal de uma *boa* história policial é a presença de um assassino óbvio, mas que, ao mesmo tempo, por certas razões, descobrimos *não ser óbvio*, e que de maneira alguma ele poderia cometer o crime. Mas na verdade, é claro, ele *havia cometido*. Nesse ponto fiquei confusa e fui tratar de preparar dois frascos extras de hipoclorina, de modo a estar livre no dia seguinte.

Continuei brincando com minha ideia por algum tempo. Pedaços dela começaram a crescer. Eu já conseguia enxergar o assassino. Ele precisaria de uma aparência bastante sinistra. Ele teria uma barba preta — algo que me parecia naquela época muito sinistro. Alguns conhecidos haviam chegado recentemente para morar nas redondezas — o marido tinha barba preta e a esposa era mais velha do que ele, além de muito rica. Sim, pensei, aquilo poderia servir de base. Considerei a ideia por algum tempo. Podia ser um caminho, mas ainda não me satisfazia por completo. Eu estava certa de que o homem em questão nunca mataria ninguém. Portanto, afastei meus pensamentos deles e decidi de uma vez por todas que não é bom pensar em pessoas reais. Você precisa criar seus personagens por si. Alguém que você vê em um bonde, trem ou restaurante pode ser um ponto de partida, porque você pode apenas inventar algo sobre eles.

Dito e feito, no dia seguinte, sentada num bonde, vi justamente o que queria — *um homem de barba preta, sentado ao lado de uma senhora de certa idade, que tagarelava como um papagaio.* Não pensei em aproveitar *a mulher*, mas achei que *ele* serviria admiravelmente bem. Sentada um pouco afastada deles estava uma mulher grande, vigorosa, falando alto sobre bulbos de primavera. Gostei do aspecto dela também. Será que poderia incluí-la? Trouxe comigo os três quando deixei o bonde, para trabalhar neles — e caminhei pela Burton Road murmurando comigo mesma, exatamente como no tempo dos Gatinhos...

Muito em breve eu tinha rascunho de alguns dos meus personagens. Lá estava a mulher vigorosa — eu até sabia o nome dela: Evelyn. Ela poderia ser uma parente pobre, uma jardineira ou uma companheira — talvez uma governanta? De qualquer forma, eu a manteria. Depois, havia o homem de barba preta de quem eu ainda pensava não saber muito, exceto pela barba, o que não era realmente suficiente — ou *era*? Sim, talvez fosse; porque veríamos esse homem de *fora* — então só poderíamos ver o que ele quisesse mostrar, não como realmente era: isso em si deveria ser uma pista. A esposa idosa seria assassinada mais por seu dinheiro do que pelo caráter, então ela não importava muito. Assim, comecei rapidamente a adicionar mais personagens. Um filho? Uma filha? Talvez um sobrinho? Era preciso ter muitos suspeitos. A família nascia muito bem.

Deixei a família e voltei minha atenção para o detetive. Quem eu poderia ter como detetive? Repassei em mente os detetives que conhecia e admirava nos livros. Havia Sherlock Holmes, o primeiro e único — eu nunca seria capaz de *imitá-lo*. Havia Arsène Lupin — criminoso ou detetive? De qualquer forma, não fazia meu tipo. Havia o jovem jornalista Rouletabille em *O mistério do quarto amarelo* — esse era o *tipo* de pessoa que eu gostaria de inventar: alguém que não tivesse sido usado antes. Quem eu poderia ter? Um estudante? Bastante difícil. Um cientista? O que eu sabia sobre os cientistas? Então me lembrei de nossos refugiados belgas. Tínhamos uma grande colônia de refugiados belgas que viviam na paróquia de Tor. Todo mundo transbordara de bondade e compaixão quando chegaram. Houve gente que mobiliou casas para eles morarem e fez todo o possível para que se sentissem à vontade. Depois, houve a reação usual, quando os refugiados não pareciam suficientemente gratos pelo que havia sido feito por eles, e reclamaram disso e daquilo. O fato de que os pobres coitados estavam desnorteados e em um país estranho não foi suficientemente reconhecido. Muitos eram camponeses desconfiados, e a última coisa que queriam era ser convidados para tomar chá ou receber visitas; eles queriam ser deixados em paz, ser capazes de se manter reservados; queriam economizar dinheiro, cuidar do jardim e adubá-lo à sua maneira particular e íntima.

"Por que não fazer do meu detetive um belga?", pensei. Havia todos os tipos de refugiados. Que tal um policial refugiado? Um policial aposentado. Não muito jovem. Que falha a minha. O resultado é que meu detetive fictício deve ter bem mais de 100 anos agora.

De todo modo, optei por um detetive belga. Permiti que ele fosse crescendo aos poucos. Devia ter sido inspetor, para ter um certo conhecimento do crime. Seria meticuloso, muito organizado, pensei comigo mesma enquanto limpava uma boa quantidade de coisas desarrumadas no meu próprio quarto. Um homenzinho organizado. Eu podia vê-lo como um homenzinho organizado, sempre arrumando as coisas, gostando das coisas em pares, gostando das coisas quadradas em vez de redondas. E seria muito inteligente — teria pequenas células cinzentas —, essa era uma boa frase, eu precisava recordá-la: sim, ele teria pequenas células cinzentas. Ele teria um nome grandioso — um daqueles nomes que Sherlock Holmes e sua família tinham. Quem era mesmo seu irmão? Mycroft Holmes.

Que tal chamar meu homenzinho de Hércules? Ele seria um homem baixo — Hércules: um bom nome. O sobrenome seria mais difícil. Não sei por que escolhi Poirot, se me veio à cabeça ou se o vi em algum jornal ou escrito em alguma coisa — de qualquer forma, foi o que veio. Não combinava com Hércules, mas com Hercule... Hercule Poirot. Estava tudo certo — resolvido, graças a Deus.

Agora eu precisava de nomes para os outros — mas isso era menos importante. Alfred Inglethorpe — isso poderia servir: ficaria bem para o de barba preta. Adicionei mais alguns personagens. Um marido e uma esposa — atraente —, separados um do outro. Então todas as ramificações — as pistas falsas. Como todos os escritores jovens, eu tentava esboçar um enredo complicado demais para um livro só. Tinha muitas pistas falsas — tanta coisa para desvendar que poderia tornar tudo não só mais difícil de resolver, mas mais difícil de ler.

Nos momentos de lazer, pedaços da minha história de detetive chacoalhavam em minha cabeça. Eu tinha o começo todo resolvido e o fim arranjado, mas havia lacunas difíceis no meio. Envolvi Hercule Poirot de maneira natural e plausível. Mas tinha que haver mais razões para justificar o envolvimento dos outros. Ainda era um emaranhado.

A história começou a me deixar distraída em casa. Minha mãe perguntava continuamente por que eu não respondia às perguntas ou não as respondia adequadamente. Tricotei para a vovó de modo errado mais de uma vez. Esquecia-me de fazer muitas coisas que precisava fazer, e mandei várias cartas para endereços errados. No entanto, chegou o momento em que senti que poderia finalmente começar a escrever. Contei à mamãe o que faria. Ela tinha a costumeira e completa fé de que suas filhas poderiam fazer qualquer coisa.

— Ah, uma história de detetive? — disse ela. — Será uma boa mudança para você, não é mesmo? É melhor começar logo.

Não era fácil encontrar tempo, mas consegui. Eu ainda tinha a velha máquina de escrever — a que pertencera a Madge —, e fui batendo nela minha história, depois de ter escrito à mão um primeiro rascunho. Batia cada capítulo à medida que o terminava. Minha letra, nesse tempo, era melhor, e bem legível. Eu andava animada com minha nova realização. Até certo ponto, eu me divertia. Mas também ficava cansada e de mau humor. Escrever produz esse efeito, acho. Além disso, no meio do livro, as complicações do enredo me abateram, em vez de serem dominadas por mim. Então, minha mãe fez uma boa sugestão:

— Até onde você chegou? — perguntou ela.

— Ah, acho que até a metade.

— Bem, acho que se você realmente quer terminá-lo, terá que fazê-lo quando sair de férias.

— Bem, era o que eu já pretendia mesmo.

— Sim, mas acho que você deveria passar as férias viajando, para escrever sem qualquer tipo de incômodo.

Refleti a respeito. Duas semanas sem perturbações. Seria *mesmo* maravilhoso.

— Para onde você gostaria de ir? — Quis saber minha mãe.

— Dartmoor?

— Sim — confirmei, em transe. — Dartmoor... É exatamente isso.

Então fui para Dartmoor. Reservei um quarto no Moorland Hotel em Hay Tor. Era um hotel grande e sombrio, com muitos quartos. Havia poucas pessoas hospedadas lá. Acho que não falei com nenhuma delas — isso teria tirado minha mente do que eu estava fazendo. Eu costumava escrever laboriosamente por toda a manhã até que minha mão doesse. Depois almoçava, lendo um livro. Então saía para dar uma boa caminhada na charneca, talvez por algumas horas. Acho que aprendi a amar a charneca naqueles dias. Eu adorava as colinas rochosas, as urzes e toda a parte selvagem longe das estradas. Todo mundo que ia para lá — e é claro que não eram muitos em tempo de guerra — se aglomerava em torno do próprio Hay Tor, mas eu saía de lá severamente sozinha e iniciava meu solitário passeio pelos campos. Enquanto caminhava, falava sozinha, encenando o capítulo que escreveria em seguida; falando como John para Mary, e como Mary para John; como Evelyn para seu empregador, e assim por diante. Eu ficava bastante animada com isso. Chegava em casa, jantava, caía na cama e dormia por cerca de doze horas. Então me levantava e escrevia apaixonadamente por toda a manhã.

Terminei a segunda metade do livro, ou quase isso, durante as minhas férias de duas semanas. Claro que aquilo não era o fim. Tive que reescrever uma grande parte — principalmente o meio, que era complicado demais. Mas, por fim, concluí e fiquei razoavelmente satisfeita. Ou seja, ficou mais ou menos como eu pretendia. Poderia ficar muito melhor, eu sabia, mas não via como *eu* poderia melhorar o trabalho, então tive que deixar como estava. Reescrevi alguns capítulos muito empolados entre Mary e seu marido John, que haviam se separado por algum motivo tolo, mas que eu estava determinada a juntar novamente no final, criando uma espécie de interesse amoroso. Eu mesma sempre achei o interesse romântico um tédio terrível em histórias policiais. O amor, eu sentia, pertencia às histórias românticas. Forçar um romance no que deveria ser um processo científico parecia ir contra a corrente. No entanto, naquela época, as histórias policiais sempre tinham um toque de romance — então ali estava. Eu fiz o que pude por John e Mary, mas eram pobres criaturas. Depois, mandei o livro para ser batido à máquina direito por alguém e, finalmente decidindo que não havia mais nada que eu pudesse fazer, enviei-o a uma editora — Hodder and Stoughton —, que o devolveu. Foi uma recusa simples, sem delongas. Não fiquei surpresa — não esperava ter sucesso —, mas o enviei a outra editora.

# *IV*

Archie voltou para casa para cumprir sua segunda licença. Devia fazer quase dois anos que não nos víamos. Desta vez, passamos um tempo feliz juntos. Tínhamos uma semana inteira, então fomos para New Forest. Era outono e as folhas carregavam uma linda tonalidade. Archie estava menos nervoso desta vez, e nós dois estávamos menos temerosos pelo futuro. Caminhamos juntos pela floresta e dividimos uma espécie de companheirismo que não conhecíamos antes. Ele me confidenciou haver um lugar lá aonde sempre quis ir, seguindo uma placa de sinalização que dizia "Para a Terra de Ninguém". Então pegamos o caminho para a Terra de Ninguém, e caminhamos por ele até chegarmos a um pomar repleto de macieiras. Havia uma mulher lá e perguntamos se podíamos comprar algumas de suas maçãs.

— Vocês não precisam comprar de mim, meus queridos — disse ela. — Podem pegar quantas maçãs quiserem. Vejo que seu esposo é da Força Aérea, assim como um filho meu que foi morto. Sim, sirvam-se de todas as maçãs que puderem comer e todas que puderem levar com vocês.

Assim, vagamos felizes pelo pomar comendo maçãs, e depois voltamos pela floresta novamente, e nos sentamos em uma árvore caída. Chovia de leve — mas estávamos muito felizes. Não falei nada sobre o hospital ou sobre meu trabalho, e Archie não falou muito sobre a França, mas deu a entender que, talvez, em pouco tempo, poderíamos estar juntos novamente.

Contei a ele sobre meu livro e ele o leu. Apreciou a leitura e elogiou-o. Archie me disse que tinha um amigo na Força Aérea que era diretor da Methuen Books; se o livro fosse rejeitado novamente, ele me mandaria uma carta desse seu amigo para que eu a anexasse ao livro e o mandasse para a Methuen.

Essa foi, portanto, a parada seguinte para *O misterioso caso de Styles*. Sem dúvida por deferência para com seu diretor, a Methuen respondeu amavelmente. Guardaram-no por mais tempo, também, calculo que uns seis meses. Por fim, disseram que o achavam interessante e com passagens muito boas, mas concluíram que não era apropriado para a sua linha editorial. Imagino que o tenham achado terrível.

Esqueci para onde o mandei em seguida, mas ele foi rejeitado mais uma vez. Eu já tinha perdido a esperança. A editora The Bodley Head, antiga John Lane, havia publicado recentemente uma ou duas histórias policiais — uma nova investida para eles —, então pensei em tentar com eles. Enviei o livro e tentei pensar em outro assunto.

O que aconteceu em seguida foi repentino e inesperado. Archie voltou para ficar, pois fora nomeado para um posto no Ministério da Aeronáutica, em Londres. A guerra já durava tanto tempo — quase quatro anos — e eu estava tão acostumada a trabalhar no hospital e morar na casa de minha mãe que era quase um choque pensar que poderia viver uma vida diferente.

Fomos para um quarto de hotel em Londres e comecei a procurar algum tipo de apartamento mobiliado para morarmos. Em nossa ignorância, começamos com ideias bastante grandiosas — mas logo fomos chamados à realidade. Ainda estávamos em tempo de guerra.

Por fim, encontramos duas possibilidades. Uma era em West Hampstead e pertencia a uma Miss Tunks: o nome ficou guardado em minha mente. Ela duvidou muito de nós, perguntando-se se seríamos cuidadosos o suficiente — os jovens costumavam ser desleixados —, pois ela tinha muito apreço por suas coisas. Era um bom apartamento — por três guinéus e meio por semana. O outro que vimos foi em St. John's Wood, em Northwick Terrace, perto de Maida Vale (agora demolido). Consistia em apenas dois quartos, em vez de três, no segundo andar, mobiliados de maneira bastante pobre, embora agradável, com estofados de chita desbotada e um jardim do lado de fora. Ficava numa daquelas casas grandes e antiquadas, e os cômodos eram espaçosos. Além disso, custava apenas dois guinéus e meio, diferentemente dos três e meio por semana da outra opção. Nós nos conformamos com ele. Fui para casa e arrumei minhas coisas. Vovó chorou, mamãe também queria chorar, mas se controlou.

— Você vai morar com o seu esposo agora, querida — disse ela. — Está começando sua vida de casada, de fato. Espero que tudo corra bem.

— E se as camas forem de madeira, certifique-se de que não haja percevejos — completou a vovó.

Desse modo, voltei para Londres e para Archie, e nos mudamos para o número 5 de Northwick Terrace. O apartamento tinha uma cozinha e um banheiro microscópicos. Eu planejara cozinhar. Para começar, contudo, contaríamos com a presença de Bartlett, ordenança de Archie, que era impecável — uma perfeição! Em seus bons tempos, fora empregado de duques. Somente a guerra o trouxera para o serviço de Archie, mas ele era dedicadíssimo ao "coronel", e me contava longas histórias acerca de sua bravura, sua importância, sua inteligência e a impressão que causara. O serviço de Bartlett era, na realidade, perfeito. Havia inúmeros defeitos no apartamento. As camas eram o pior: colchões cobertos de bolotas de ferro — nem posso imaginar como uma cama chega a tal estado! Mas fomos felizes lá, e eu planejava frequentar um curso de taquigrafia e contabilidade, que ocuparia meus dias. Foi esse meu adeus a Ashfield e o início de uma nova vida, minha vida de casada.

Uma das grandes alegrias de morar no número 5 de Northwick Terrace era Mrs. Woods. Na verdade, acho que foi em parte Mrs. Woods que nos ajudou a decidir por Northwick Terrace em vez do apartamento em West Hampstead. Ela morava no primeiro andar — uma mulher gorda, alegre e aconchegante. Tinha uma filha esperta que trabalhava no comércio, e um marido que ninguém via. Atuava como a zeladora e, se estivesse disposta, fazia faxina para os moradores. Concordou em fazer faxina para nós, e era extremamente forte. Dela, aprendi especificidades das compras que até então nunca haviam me passado pela cabeça.

— O peixeiro enganou você de novo, amor — dizia ela. — Esse peixe não está fresco. Você não espetou o dedo nele como eu aconselhei. Você tem que cutucar e olhar no olho do peixe, espetar o olho dele.

Olhei para o peixe em dúvida; cutucá-lo nos olhos parecia um atrevimento.

— Segure-o na vertical, também, apoiado na cauda. Veja se está molengo ou rígido. E essas laranjas? Sei que você gosta de laranja de vez em quando, como sobremesa, apesar do custo delas; porém, essas aí foram mergulhadas em água fervente para parecer frescas. Você não vai conseguir tirar nenhum suco dessa laranja.

Não consegui mesmo.

A grande emoção da minha vida e de Mrs. Woods foi quando Archie usou seus primeiros talões de racionamento. Conseguimos uma enorme peça de carne, a maior que eu vira desde o começo da guerra. Não sabia que carne era, porque não havia sido cortada como a carne dos açougues: não sabia se era alcatra, costela ou contrafilé; aparentemente, havia sido fatiada por um açougueiro da Força Aérea de acordo com o peso a que tínhamos direito. De todo modo, era a coisa mais bonita que tínhamos visto em séculos. Foi colocada sobre a mesa e Mrs. Woods e eu andamos em volta da peça com admiração. Não havia possibilidade de enfiá-la em meu pequeno forno. Então Mrs. Woods concordou gentilmente em cozinhá-la para mim.

— E como é muita carne, pode ficar com um bom pedaço também — falei.

— Isso é muito gentil de sua parte, tenho certeza de que vamos desfrutar de uma boa carne. Alguns mantimentos, veja bem, são fáceis de obter. Tenho um primo, Bob, que trabalha numa mercearia; temos o açúcar e a manteiga que queremos, e margarina também. Coisas assim. A família é atendida primeiro.

Foi uma de minhas primeiras experiências com a antiga tradição que se mantém através dos séculos: o que importa é *quem* você conhece. Do nepotismo aberto do Oriente ao nepotismo um pouco mais oculto e aos "clubinhos" das democracias ocidentais, tudo depende disso no final. Não é, veja bem, uma receita para o sucesso completo. Freddy Fulano de Tal consegue um emprego bem-pago porque seu tio conhece um dos diretores da empresa. Então Freddy começa a trabalhar. Porém, se Freddy não prestar, uma vez cumpridas as exigências da amizade ou das boas maneiras, Freddy será gentilmente posto para fora, possivelmente passado para a frente para algum outro primo ou amigo, e no final encontrará seu próprio nível.

No caso da carne e dos luxos gerais da guerra, havia algumas vantagens para os ricos, mas no geral, acho, havia infinitamente mais vantagens para a classe trabalhadora, porque quase todos tinham um primo ou um amigo, ou o marido de uma filha, ou alguém útil que trabalhasse em uma fábrica de laticínios, uma mercearia ou algo desse tipo. Isso não se aplicava aos açougueiros, pelo que pude ver, mas as mercearias certamente eram um grande patrimônio da família. Nenhuma das pessoas que eu conhecia nesse tempo vivia apenas com as rações. Recebiam-nas, mas depois retiravam uma libra a mais de manteiga, e um pote extra de geleia, e assim por diante, sem qualquer sensação de comportamento desonesto. Era um privilégio da família. Naturalmente, Bob cuidaria primeiro de sua família, e da família de sua família. Então Mrs. Woods sempre nos oferecia petiscos extras disso e daquilo.

A refeição em que se serviu essa primeira peça de carne constituiu uma grande ocasião. Não lembro se era uma carne particularmente boa ou tenra, mas eu era jovem, meus dentes eram fortes e parecia a coisa mais deliciosa que havia comido em muito tempo. Archie, é claro, ficou surpreso com minha gula.

— O sabor nem é tão interessante assim — disse ele.

— Interessante? — perguntei. — É a coisa mais interessante que vi em três anos.

Mrs. Woods fazia para nós aquilo a que posso chamar de cozinha séria. Já as refeições mais leves, pratos de ceia, eram preparados por mim. Eu tinha frequentado aulas de culinária, como a maioria das moças, mas, na prática, elas não foram particularmente úteis. O treino diário é o que conta. Eu tinha preparado centenas de tortas de geleia, suflês e pratos de várias qualidades, mas ninguém realmente precisava disso no momento. Existiam cozinhas oficiais na maior parte dos bairros de Londres, e eram muito úteis. Bastava encomendar os pratos, que já vinham preparados nos recipientes. Tudo muito bem-feito — os ingredientes não eram muito interessantes, mas dava pro gasto. Havia também as sopas de caixinha, com as quais iniciávamos nossas refeições. Archie as descrevia como "sopa de areia e cascalho", lembrando a piada de Stephen Leacock em um conto russo: "Yog pegou areia e pedras, e bateu um bolo". Essas sopas eram bem assim. De vez em quando, eu cozinhava uma das minhas especialidades, tais como um elaborado suflê. A princípio, não me dei conta de que Archie sofria de dispepsia nervosa. Havia muitas noites em que ele voltava para casa e não conseguia comer nada, o que me desencorajava se eu tivesse preparado um suflê de queijo, ou algo de que eu mesma gostasse.

Todo mundo tem suas próprias ideias do que gosta de comer quando se sente mal, e as de Archie, na minha opinião, eram extraordinárias. Depois de ficar deitado gemendo em sua cama por algum tempo, ele de repente dizia:

— Acho que gostaria de um pouco de melaço ou xarope de milho. Você poderia me fazer algo do tipo?

Eu o servia da melhor forma possível.

Comecei um curso de contabilidade e taquigrafia para ocupar meus dias. Como todos já sabem, graças a esses intermináveis artigos nos jornais de domingo, as esposas recém-casadas costumam ser solitárias. O que me surpreende é que esposas recém-casadas esperem o contrário. Os maridos trabalham; ficam fora o dia todo; e uma mulher, quando se casa, geralmente se transfere para um ambiente totalmente diferente. Ela tem que recomeçar a vida, fazer novos contatos e novos amigos, encontrar novas ocupações. Eu tinha amigos em Londres antes da guerra, mas agora todos estavam dispersos. Nan Watts (agora Pollock) estava morando em Londres, mas eu me sentia um pouco tímida em abordá-la. Isso parece bobo, e de fato *era*, mas não se pode fingir que diferenças de classe social não separem as pessoas. Não é uma questão de esnobismo ou status, simplesmente não dispomos de meios financeiros para acompanhar tais amigos. Se eles têm uma grande renda e a sua é curta, as coisas se tornam embaraçosas.

Eu *estava* um pouco solitária. Sentia falta do hospital, dos meus amigos de lá, das coisas do dia a dia, e do ambiente de casa, mas percebi que isso era inevitável. Companheirismo não é uma coisa de que alguém precisa todos os dias, mas sim algo que cresce em nós, e às vezes se torna avassalador como uma hera maligna. Eu gostava de aprender taquigrafia e contabilidade. Sentia-me humilhada com a facilidade com que as meninas de 14 e 15 anos progrediam na taquigrafia; na contabilidade, no entanto, eu me saía bem, e me divertia.

Certo dia, na escola de negócios onde eu fazia meus cursos, o professor interrompeu a aula, saiu da sala e voltou, dizendo:

— Fim da aula. A guerra acabou!

Parecia inacreditável. Não havia nenhum sinal real de que isso pudesse acontecer — nada que nos levasse a acreditar que acabaria antes de seis meses ou um ano. A posição na França parecia nunca mudar. Uma disputa lenta por território, com tantas vitórias quanto derrotas.

Atordoada, saí para a rua e me deparei com uma das visões mais curiosas que já vi — ainda me lembro dela, quase que com uma sensação de medo. Mulheres dançavam por todos os cantos. As mulheres inglesas não são dadas a dançar em público: é uma reação mais adequada a Paris e aos franceses. Mas lá estavam elas, rindo, gritando, arrastando os pés, até mesmo pulando, numa espécie de orgia selvagem de prazer: um gozo quase brutal. Foi assustador. Sentia-se que, se houvesse alemães ao redor, as mulheres teriam avançado sobre eles e os despedaçado. Suponho que algumas estivessem bêbadas, mas na verdade todas pareciam. Giravam, cambaleavam e gritavam. Ao chegar em casa, encontrei Archie já de volta do Ministério da Aeronáutica.

— Bem, é isso — disse ele, em seu jeito de sempre, calmo e sem emoção.

— Você achou que aconteceria tão cedo? — perguntei.

— Bem, os rumores estavam circulando. Nos disseram para não contarmos — respondeu ele. — E agora teremos que decidir o que fazer a seguir.

— O que você quer dizer com fazer a seguir?

— Acho que a melhor coisa a fazer será deixar a Força Aérea.

— Você realmente pretende deixar a Força Aérea? — indaguei, pasma.

— Não há futuro nisso. Você deve enxergar isso tão bem quanto eu. Não pode existir futuro para mim na Força Aérea. Uma promoção levará anos.

— E o que você vai fazer?

— Eu gostaria de apostar no mundo dos negócios. É algo que sempre quis. Há uma ou duas oportunidades em andamento.

Sempre tive uma enorme admiração pela visão prática de Archie. Ele aceitava tudo sem surpresa, e calmamente se colocava a trabalhar no problema seguinte.

No momento, com ou sem armistício, a vida continuava. Archie ia todos os dias ao ministério. O maravilhoso Bartlett, infelizmente, foi logo desmobilizado. Suponho que os duques e os condes estivessem mexendo seus pauzinhos para poder retomar seus serviços. No lugar dele, havia agora uma criatura bastante horrorosa, chamada Verrall. Acho que fazia o melhor que sabia, mas era ineficiente, não estava treinado e a quantidade de sujeira, gordura e manchas na prataria, nos pratos e nos talheres era algo além do que eu jamais havia visto. Fiquei agradecida quando ele também recebeu seus papéis de desmobilização.

Archie conseguiu uma licença e fomos para Torquay. Enquanto eu estava lá, sofri o que a princípio pensei ser um terrível acesso de alguma doença intestinal e depressão. No entanto, era algo bem diferente. Foi o primeiro sinal de que eu teria um bebê.

Fiquei emocionada. Encarava o nascimento de um bebê como algo praticamente automático, depois do casamento. A cada uma das licenças de Archie, eu ficava profundamente desapontada ao descobrir que não havia sinais da chegada de um bebê. Desta vez, eu nem esperava. Fui consultar um médico — nosso velho Dr. Powell havia se aposentado, então tive que escolher um novo. Não gostava da ideia de ter que escolher um dos médicos com quem havia trabalhado no hospital — eu sabia demais sobre eles e seus métodos. Em vez disso, fui a um médico jovial chamado Stabb, um nome um tanto sinistro.

Ele tinha uma esposa muito bonita, por quem meu irmão Monty era profundamente apaixonado desde os 9 anos de idade.

— Batizei meu coelho de Gertrude Huntly, porque acho que ela é a dama mais bonita que já vi — disse ele para minha mãe.

Gertrude Huntly, mais tarde Stabb, teve a gentileza de mostrar-se profundamente impressionada e agradecer-lhe pela honra concedida.

Dr. Stabb me disse que eu parecia uma garota saudável, e nada deveria dar errado. Não houve alarido. Não posso deixar de ficar bastante satisfeita que na minha época não houvesse aquelas clínicas pré-natais nas quais você é examinada dos pés à cabeça a cada mês ou dois. Pessoalmente, acho que estávamos muito melhor sem elas. Tudo o que Dr. Stabb sugeriu foi que eu deveria visitá-lo, ou a um médico em Londres, cerca de dois meses antes do nascimento do bebê, só para ver se tudo estava no caminho certo. Disse que eu poderia continuar me sentindo mal pela manhã, mas que depois de três meses isso desapareceria. Sobre isso, lamento dizer, ele estava errado. Minhas náuseas matinais não desapareceram. E não me acometiam apenas de manhã, mas quatro ou cinco vezes por dia, coisa que tornou minha vida em Londres muito embaraçosa. Ter que saltar repentinamente de um ônibus em que acabara de entrar para vomitar violentamente num bueiro é humilhante para uma mulher jovem. Ainda assim, não havia nada que eu pudesse fazer. Felizmente, nesse tempo, ninguém pensava em nos dar algo como Talidomida. Simplesmente aceitavam o fato de que algumas mulheres enjoavam mais do que outras durante a gestação. Mrs. Woods, como sempre onisciente em todos os assuntos relacionados ao nascimento e à morte, disse:

— Bem, querida, eu mesma diria que você vai ter uma menina. Enjoo significa meninas. Rapazes provocam tontura e desmaio. Náusea é melhor.

Claro que eu discordava. Desmaiar seria mais interessante. Archie, que nunca gostara de doenças — e sempre se esquivava de pessoas doentes, dizendo: "Acho que você ficará melhor sem que eu o incomode" — revelou-se inesperadamente gentil nessa ocasião. Pensava em todos os tipos de coisas para me animar. Lembro-me que ele comprou uma lagosta, na época um luxo excessivamente caro, e a colocou na minha cama para me surpreender. Ainda me lembro de entrar e ver a lagosta, com sua cabeça e seus bigodes deitados no meu travesseiro. Explodi em risadas. Tivemos uma refeição esplêndida com ela. Vomitei-a logo depois, mas de qualquer forma tive o prazer de comê-la. Archie também era nobre o suficiente para me fazer Benger's Food, um preparado com leite e enzimas digestivas, recomendado por Mrs. Woods como a melhor opção "conservável". Lembro-me do rosto magoado de Archie quando ele fez um para mim e o esperou esfriar, porque eu não podia beber nada quente. Tomei e o elogiei.

— Sem caroços desta vez, estava muito bem-feito — falei, mas então, meia hora depois, houve a tragédia de sempre.

— Bem, escute aqui — disse Archie, de maneira magoada. — De que *adianta* eu fazer essas coisas para você? Quero dizer, talvez seja melhor você simplesmente não comer nada.

Em minha ignorância, parecia-me que vomitar tanto teria efeito nocivo na criança que eu estava esperando — que ela morreria de fome. Não foi esse o caso, porém. Continuei nauseada até o dia do nascimento, mas minha filha veio à luz robusta, pesando 8,5 libras, e eu, a despeito de não reter alimento algum, engordara em vez de emagrecer. Foi como se eu tivesse estado viajando por nove meses num oceano ao qual não me tivesse adaptado. Quando Rosalind nasceu, o médico e a enfermeira se inclinaram sobre mim.

— Muito bem, é uma menina — disse o médico.

— Ah, que filhinha adorável você tem! — exclamou a enfermeira, mais animada.

— Não sinto mais náuseas! Que maravilha. — Foi a primeira coisa que eu falei.

Archie e eu tivemos grandes discussões no mês anterior sobre nome e sexo. Archie tinha certeza de que seria uma menina.

— Não quero ter um menino porque sei que sentiria ciúmes dele — confessou. — Eu ficaria com ciúmes da atenção que você daria a ele.

— Mas eu daria a mesma atenção a uma garota.

— Não, não seria a mesma coisa.

Discutimos sobre um nome. Archie queria Enid. Eu queria Martha. Ele mudou para Elaine — eu tentei Harriet. Só depois que ela nasceu é que nos comprometemos com Rosalind.

Sei que todas as mães elogiam seus bebês, mas devo dizer que, embora eu pessoalmente considere os bebês recém-nascidos definitivamente horríveis, Rosalind na verdade era um *lindo bebê*. Tinha cabelo escuro aos montes e parecia uma índigena de pele vermelha; não tinha a aparência rosada e careca, tão deprimente em bebês. Além disso, ela parecia, desde cedo, alegre e determinada.

Tive uma enfermeira extremamente simpática, mas que discordava gravemente dos costumes de nossa casa. Rosalind nasceu, é claro, em Ashfield. As mães não iam para clínicas naquela época; todo o parto, com atendimento, custava quinze libras, o que, pensando bem, me parece razoável. Mantive a enfermeira, a conselho de minha mãe, por mais duas semanas, para que eu pudesse receber instruções completas sobre como cuidar de Rosalind, e também ir para Londres atrás de outro lugar para morar.

Na noite em que soubemos que Rosalind nasceria, tivemos um momento curioso. Minha mãe e a enfermeira Pemberton pareciam duas fêmeas entregues aos ritos da natividade: felizes, atarefadas, cheias de si, correndo a trazer lençóis, pondo tudo em ordem. Archie e eu vagávamos, um pouco intimidados, bastante nervosos, como duas crianças que não sabem se estão sendo intrusas. Ambos estávamos assustados e aflitos. Archie, como me disse depois, estava convencido de que, se eu morresse, seria tudo culpa dele. Eu mesma pensei que possivelmente *poderia* morrer, e que, se isso acontecesse, eu ficaria extremamente triste, porque estava me divertindo tanto. Mas era realmente apenas o medo do desconhecido. Também foi emocionante. A primeira vez que você faz uma coisa é sempre emocionante.

Agora teríamos que fazer planos para o futuro. Deixei Rosalind em Ashfield com a enfermeira Pemberton ainda no comando e fui a Londres procurar: a) um lugar para morar; b) uma babá para Rosalind; e c) uma empregada para cuidar de nossa futura casa ou apartamento. Esse último problema foi facilmente resolvido, porque, um mês antes do nascimento de Rosalind, apareceu sem prévio aviso minha querida Lucy, de Devonshire, que acabara de sair do voluntariado, sem fôlego, comunicativa, plena e exuberante, a mesma pessoa esplêndida de sempre.

— Já ouvi as notícias — disse ela. — Ouvi dizer que você vai ter um bebê, e eu estou pronta. Posso me mudar no momento em que você quiser.

Depois de consultar minha mãe, decidi que Lucy deveria receber um salário que nem mamãe, com toda a sua experiência, nem eu, jamais soubéramos que houvesse sido pago a qualquer cozinheira ou empregada. Eram 36 libras por ano — uma quantia enorme naqueles dias, e merecida, pois Lucy valia muito a pena e eu estava encantada com a presença dela.

A essa altura, quase um ano após o armistício, encontrar um lugar para morar era a coisa mais difícil do mundo. Centenas de jovens casais vasculhavam Londres para encontrar qualquer coisa que lhes agradasse a um preço razoável. Luvas também estavam sendo solicitadas. Tudo muito difícil. Decidimos alugar um apartamento mobiliado enquanto procurávamos algo que realmente nos servisse. Os planos de Archie estavam dando certo. Assim que conseguisse a desmobilização, iria para uma firma no centro da cidade. Já que esqueci o nome do chefe dele, para facilitar, vou chamá-lo de Mr. Goldstein. Era um homem grande e amarelo. Quando perguntei a Archie sobre ele, essa foi a primeira coisa que ele disse:

— Bem, ele é muito amarelo. Gordo também, mas muito amarelo.

Naquela época, as firmas do centro estavam oferecendo vagas para jovens oficiais desmobilizados. O salário de Archie seria de quinhentas libras por ano. Graças ao testamento do meu avô, eu ainda recebia cem libras por ano. E Archie tinha sua gorjeta e economias suficientes para arrecadar mais cem. Não era uma fortuna, mesmo naqueles dias; na realidade, estávamos longe de sermos ricos porque os aluguéis haviam aumentado muito, e também o preço dos alimentos. Os ovos custavam oito *pence* cada, o que não era nenhuma brincadeira para um jovem casal. No entanto, nunca tivemos a pretensão de sermos ricos, e não ficamos aflitos.

Olhando para o passado, parece extraordinário que tivéssemos pensado em ter uma babá e uma criada, mas elas eram consideradas essenciais à vida naqueles dias e eram as últimas coisas que teríamos pensado em dispensar. A extravagância de comprar um carro, por exemplo, jamais passaria pela nossa cabeça. Só os ricos tinham carros. Às vezes, nos últimos dias de gravidez, quando esperava nas filas dos ônibus, acotovelada por causa dos meus movimentos desajeitados — os homens não eram particularmente galantes naquela época —, eu olhava os carros ao redor, pensando: "Como seria maravilhoso se eu pudesse ter um desses".

Lembro-me de um amigo de Archie ter dito amargamente:

— Ninguém deveria ter permissão para ter um carro, a menos por questões específicas de trabalho.

Nunca concordei. Acho sempre emocionante ver *alguém* que teve sorte na vida, alguém que é rico, alguém que tem *joias*. Não é verdade que as crianças na rua encostam o rosto nas janelas para espiar as festas, só para ver as pessoas com tiaras de diamante? Alguém tem que ganhar o grande prêmio da loteria. Se os prêmios fossem de apenas trinta libras, não haveria emoção. As corridas de cavalos, os bilhetes de loteria, as apostas esportivas de hoje em dia, são todas coisas românticas. Também é por isso que há grandes multidões nas calçadas assistindo às estrelas de cinema que chegam para as *premières*. Para os observadores, são heroínas em maravilhosos vestidos de noite, maquiadas até os dentes de trás: figuras de puro glamour. Quem quer um mundo monótono onde ninguém seja rico, importante, bonito ou talentoso? Antigamente, as pessoas ficavam de pé horas e horas apenas para olhar reis e rainhas; hoje em dia, as pessoas estão mais inclinadas a ofegar com celebridades, mas o princípio é o mesmo.

Como vinha dizendo, estávamos dispostos a ter uma enfermeira e uma babá como uma extravagância necessária, mas nunca teríamos sonhado em adquirir um carro. Quando íamos ao teatro, sentávamo-nos na arquibancada. Eu provavelmente tinha apenas um vestido de noite, preto para não mostrar a sujeira, e sapatos pretos pelo mesmo motivo, muito úteis em noites enlameadas. Nunca pegávamos táxi para lugar algum. Também existem costumes na maneira de gastar dinheiro, como para tudo na vida. Não sei dizer agora se o nosso jeito foi pior ou melhor. Trouxe menos luxo, comida e roupas mais simples, etc. Por outro lado, naqueles dias, tinha-se mais lazer — tínhamos tempo para meditar, para ler e para nos dedicar a nossos passatempos prediletos. Acho que sou feliz por ter sido jovem naquela época. A vida era livre, com muito menos pressa e preocupação.

Por sorte, não demoramos para encontrar um apartamento. Ficava no andar térreo de Addison Mansions, dois grandes blocos de prédios situados atrás do Olympia, o centro de exposições. Era grande, com quatro quartos e duas salas de estar. Alugamos esse apartamento mobiliado por cinco guinéus semanais. A mulher que o alugou para nós era uma loira terrivelmente oxigenada de 45 anos, com um busto imenso e proeminente. Ela foi muito simpática e insistiu em me contar sobre as doenças internas da filha. O apartamento estava cheio de móveis particularmente horríveis, e tinha algumas das pinturas mais sentimentais que já vi. Fiz uma anotação mental de que a primeira coisa que Archie e eu faríamos seria tirá-las das paredes e guardá-las cuidadosamente até o regresso da proprietária. Havia muitas peças de porcelana, vidro e todo esse tipo de coisa, incluindo um jogo de chá de porcelana chinesa que me dava medo, porque eu o achava tão frágil que tinha certeza de que quebraria na minha mão. Com a ajuda de Lucy, nós o guardamos em um dos armários assim que chegamos.

Depois, visitei o escritório de Mrs. Boucher, local onde se costumava ir quando se estava em busca de uma babá — acho que está em funcionamento até hoje. Mrs. Boucher conseguiu colocar meus pés no chão em segundos. Contestou os salários que eu pretendia pagar, inquiriu sobre as acomodações de trabalho em minha casa e quantas empregadas eu tinha, e, por fim, enviou-me para um pequeno aposento, onde possíveis candidatas eram entrevistadas. Uma mulher grande, que parecia competente, foi a primeira a entrar. Só de olhar para ela, fiquei alarmada. Ela não sentiu o mesmo em relação a mim.

— Sim, madame? Quantas crianças seriam?

Expliquei-lhe que seria apenas uma bebê.

— De um mês, espero? Nunca aceito trabalhar com bebês, a menos que seja desde o primeiro mês de vida. Gosto de lhes ensinar boas maneiras o mais cedo possível.

Confirmei que ela tinha justamente um mês.

— E quantas funcionárias a senhora tem?

Em tom de desculpas, informei ter apenas uma empregada. Ela torceu de novo o nariz.

— Receio, madame, que não sirva para mim. Veja bem, estou acostumada a lidar com berçários bem cuidados e atendidos, em casas totalmente equipadas e agradáveis.

Concordei que minha casa não era do gênero que ela procurava, e me livrei dela com algum alívio. Conversei com outras três, mas todas me desprezaram.

No entanto, retomei as entrevistas no dia seguinte. Desta vez tive sorte. Encontrei Jessie Swannell, de 35 anos, língua afiada e coração generoso. Ela vivera a maior parte de seu tempo como babá para uma família na Nigéria. Compartilhei com ela, uma a uma, as condições vergonhosas do emprego oferecido. Apenas uma empregada, um único berçário; ela não teria de tratar da lareira, mas teria de fazer todo o restante em relação à bebê; e, finalmente, o salário.

— Ah, bem, não parece tão ruim — disse ela. — Estou acostumada a trabalhar duro, e isso não me incomoda. É uma garotinha, não é? Adoro trabalhar com meninas.

Então Jessie Swannell e eu chegamos a um acordo. Ela ficou comigo por dois anos, e eu gostava muito dela, embora ela apresentasse suas desvantagens. Era uma daquelas que, por natureza, não gosta dos pais da criança que estão cuidando. Para Rosalind, ela era a própria bondade e teria morrido por ela, eu acho. Ela me considerava uma intrusa, embora a contragosto fizesse o que eu queria, mesmo que nem sempre concordasse. Por outro lado, se ocorresse algum desastre, ela era esplêndida; gentil, pronta para ajudar e alegre. Sim, respeito Jessie Swannell, e espero que ela tenha tido uma vida boa e feito o tipo de coisa que queria fazer.

Com tudo resolvido, Rosalind, eu, Jessie Swannell e Lucy chegamos a Addison Mansions e começamos a vida familiar. Não que minha busca tivesse terminado. Agora eu tinha que procurar um apartamento sem mobília para ser nosso lar permanente. Claro que isso não foi tão fácil: na verdade, foi terrivelmente difícil. Assim que ouvíamos falar de algum, corríamos, telefonávamos, mandávamos cartas, mas realmente parecia não haver nada possível. Algumas vezes eram sujos, velhos, em estado tão ruim que era difícil imaginar como poderíamos morar lá dentro. Quase sempre havia alguém que chegara primeiro. Demos a volta completa a Londres: Hampstead, Chiswick, Pimlico, Kensington, St. John's Wood — meus dias pareciam um longo passeio de ônibus. Visitamos todos os agentes imobiliários; depois de algum tempo, começamos a ficar ansiosos. Havíamos alugado o mobiliado por apenas dois meses. Quando a oxigenada Mrs.

N. e sua filha casada e netos voltassem, provavelmente não nos deixariam ficar por mais tempo. *Tínhamos* que encontrar algo.

Por fim, a sorte apareceu. Conseguimos, ou quase, um apartamento perto de Battersea Park. O aluguel era razoável. A proprietária, Miss Llewellyn, se mudaria em cerca de um mês, mas na verdade se contentaria em partir um pouco mais cedo. Ela estava indo para um apartamento em uma parte diferente de Londres. Tudo parecia solucionado, mas nos precipitamos, porque, no fim das contas, fomos atingidos por um golpe terrível. Cerca de duas semanas antes da data da mudança, soubemos de Miss Llewellyn que ela não poderia se mudar para seu novo apartamento porque as pessoas que estavam lá, por sua vez, não tinham ainda disponível o apartamento para onde também se mudariam! Foi uma reação em cadeia.

Foi um baque. A cada dois ou três dias, telefonávamos para Miss Llewellyn para obter notícias, que eram cada vez piores. Ao que parecia, as outras pessoas estavam tendo cada vez mais dificuldade em se mudar para seu novo apartamento, então Llewellyn estava igualmente cheia de dúvidas sobre sair do seu. Parecia-nos que poderiam se passar ainda três ou quatro meses antes que conseguíssemos entrar na posse desse ambicionado apartamento, e até essa data era incerta. Febrilmente, começamos mais uma vez a estudar os anúncios, ligando para corretores e tudo o mais. O tempo passou, e estávamos desesperados. Então um corretor de imóveis nos telefonou e nos ofereceu não um apartamento, mas uma casa. Uma pequena casa em Scarsdale Villas. Estava à venda, porém, não para alugar. Archie e eu fomos vê-la. Era uma casinha encantadora. Comprá-la significaria vender praticamente todo o pequeno patrimônio que tínhamos — um risco terrível. No entanto, sentimos que *tínhamos* que arriscar em algo, então concordamos em comprá-la, assinamos em uma linha pontilhada e voltamos para casa para decidir quais títulos deveríamos vender.

Dois dias depois, à hora do café da manhã, passando os olhos pelo jornal e espiando, por força do hábito, a coluna dos anúncios de apartamentos, vi um anúncio: "Aluga-se apartamento sem mobília, número 56 de Addison Mansions, 90 libras por ano". Soltei um grito rouco, larguei minha xícara de café e li o anúncio para Archie.

— Não podemos perder tempo!

Larguei a mesa do café às pressas, atravessei correndo o pátio gramado entre os dois blocos e subi as escadas do prédio oposto, quatro lances de escada, como uma louca. Eram 8h15 da manhã quando toquei a campainha do número 96. Foi aberta por uma jovem de roupão de expressão assustada.

— Vim por causa do apartamento — informei com toda a coerência que consegui em meio a falta de ar.

— Por causa *deste* apartamento? Mas *já*? Coloquei o anúncio ontem. Não esperava ninguém tão cedo.

— Posso vê-lo?

— Bem... Bem, é um pouco cedo.

— Acho que vai servir para nós — falei. — Acho que vou ficar com ele.

— Ah, bem, suponho que você possa dar uma olhada. Não está muito arrumado.

Ela recuou. Independentemente de suas hesitações, avancei apartamento adentro, dando uma rápida olhada ao redor. Eu não estava disposta a correr o risco de perdê-lo.

— São noventa libras por ano? — perguntei.

— Sim, esse é o aluguel. Mas devo avisá-la que o pagamento é trimestral.

Considerei a informação por um momento, mas nada disso me deteve. Queria um lugar para morar, e *logo*.

— E quando posso me mudar?

— Ah, bem, a qualquer momento... Em uma semana ou duas. Meu marido terá que ir para o exterior de súbito. Queremos um adicional pelo piso de linóleo e pelas cortinas.

O linóleo não me agradava muito, mas que importância isso tinha? Quatro quartos, duas salas de estar, uma bela vista verde — apesar dos quatro lances de escada para subir e descer, havia muita luz e ar. Precisava de alguns pequenos consertos, mas nós mesmos poderíamos fazê-los. Ah, era maravilhoso — uma dádiva de Deus.

— Vou ficar com ele — afirmei. — Está feito.

— Tem certeza? Você não me disse seu nome.

Disse-lhe, e eu expliquei que estava morando em um apartamento mobiliado logo em frente, e tudo foi acordado. Telefonei para os agentes dali mesmo do apartamento. Havia sido já muitas vezes vencida nessa corrida: quando descia as escadas, encontrei três casais que vinham subindo; todos eles, pude ver

**320**

num relance, estavam indo para o número 96. Desta vez, *nós* tínhamos vencido. Voltei e contei a Archie em triunfo.

— Esplêndido — disse ele.

Nesse momento, o telefone tocou. Era Miss Llewellyn.

— Acho que poderão ocupar o apartamento com certeza daqui a um mês — disse ela.

— Ah, sim, entendo — respondi e desliguei.

— Meu Senhor! — exclamou Archie. — Você parou pra pensar no que fizemos? Alugamos *dois* apartamentos e compramos uma casa!

Parecia um problema. Eu estava prestes a ligar para Miss Llewellyn e dizer a ela que não queríamos o apartamento, mas então me ocorreu uma ideia melhor.

— Vamos tentar desistir da casa de Scarsdale Villas — falei. — Mas *vamos alugar o apartamento de Battersea e cobrar quando o alugarmos a qualquer outra pessoa.* Com esse dinheiro, pagamos o adicional deste.

Archie aprovou a ideia, e eu mesma acho que foi um momento de grande inteligência financeira de minha parte, porque mal podíamos pagar as cem libras do adicional. Então fomos ver os agentes sobre a casa que havíamos comprado em Scarsdale Villas. Eles foram realmente muito amáveis. Disseram que seria muito fácil vendê-la para outra pessoa — de fato, várias outras pessoas estavam amargamente decepcionadas porque a casa fora vendida. Desse modo, tivemos de pagar apenas uma pequena gratificação aos agentes.

Tínhamos um apartamento e em duas semanas nos mudamos para ele. Jessie Swannell parecia de ferro. Ela não se incomodou em ter que subir e descer quatro lances de escada, o que não acho que seria o caso com qualquer outra babá de Mrs. Boucher.

— Tudo bem. Estou acostumada a carregar coisas — dizia ela. — Mas é claro, não me importaria de ter a ajuda de dois ou três homens negros. Essa é a melhor coisa sobre a Nigéria, há muitos homens negros.

Adorávamos nosso apartamento e nos atiramos de coração aos cuidados com a decoração. Gastamos boa parte da gratificação de Archie em móveis: bons móveis modernos para o quarto de Rosalind, da Heal's, boas camas, também da Heal's, para nós — e muitas coisas vieram de Ashfield, que estava lotada de mesas, cadeiras e armários, louça e roupas de cama. Também fomos a leilões e compramos cômodas e guarda-roupas antiquados por uma barganha.

Quando nos mudamos para o novo apartamento, escolhemos os papéis de parede e a tinta. Fizemos parte do trabalho nós mesmos e contratamos um modesto pintor para o restante. As duas salas — uma sala de visitas bastante grande e uma sala de jantar bem menor — davam para o pátio, mas eram voltadas para o norte. Preferi os dois quartos que ficavam no fim de um longo corredor, nos fundos. Não eram tão espaçosos, mas eram cheios de sol e alegres, de modo que decidimos fazer ali nossa sala de estar e o quarto de Rosalind. O banheiro ficava em frente, e havia ainda um pequeno quarto de empregada. Quanto aos dois quartos maiores, fizemos do maior nosso dormitório e, do menor, uma pequena sala de jantar e um quarto para possíveis hóspedes. Archie escolheu a decoração do banheiro: foi pintado de um vermelho escarlate e forrado com um papel que imitava azulejo branco. Nosso pintor, que fixou o papel, foi extremamente gentil comigo. Ele me mostrou não só como cortar e dobrar o papel de parede da maneira correta, como também como prepará-lo para ser colado, como ele mesmo disse, "sem medo".

— Bata nele, está vendo? Não faz mal nenhum. Se rasgar, você cola por cima. Corte tudo primeiro, e meça tudo, e escreva o número no verso. Isso mesmo. Dê um tapinha. Uma escova de cabelo é ótima para ajudar a remover as bolhas.

Tornei-me bastante eficiente no final. Mas deixei que ele fizesse os tetos. Não me sentia ainda capaz de enfrentá-los.

O quarto de Rosalind tinha tinta amarela pálida nas paredes, e nele também aprendi um pouco sobre decoração. Uma coisa que nosso mentor não me avisou foi que, se você não tirasse os pingos de tinta do chão rapidamente, eles endureciam e só poderiam ser removidos com um formão. No entanto, aprende-se pela experiência. Decoramos o quarto de Rosalind com um caríssimo friso de papel da Heal's com estampa de animais, aplicado no topo das paredes. Na sala de estar, resolvi pintar as paredes de cor-de-rosa bem claro e brilhante, e forrar o teto com papel, um papel preto, lustroso, estampado de pilriteiro. Pensava que me faria sentir como se estivesse no campo. Também achava que a sala pareceria mais baixa, do jeito que eu gosto. Em cômodos pequenos, os tetos baixos dão a impressão de que estamos em um pequeno chalé. O papel do teto deveria ser colocado pelo profissional, é claro, mas ele se mostrou inesperadamente avesso a fazê-lo.

— Agora, escute bem, senhora. Você está enganada — disse ele. — O que você quer é o teto pintado de rosa pálido e o papel preto nas paredes.

— Não, não é isso — respondi. — Quero o papel preto no teto e as paredes rosa.

— Mas não é *assim* que se faz, entende? Você quer ir do claro ao escuro. Está errado. O certo é ir do escuro para o claro.

— Ninguém é obrigado a ir do escuro para o claro se *prefere* ir do claro para o escuro — argumentei.

— Bem, só posso lhe dizer que este caminho está errado e que ninguém faz desse jeito.

Respondi que *eu* ia fazer assim.

— Vai trazer o teto para cima de sua cabeça, vai ver só! Fará com que o teto baixe até o chão! Fará com que sua sala pareça muito baixa!

— *Quero* que pareça baixa.

Ele desistiu de mim então, e deu de ombros. Quando terminou, perguntei-lhe se não gostava.

— Bem, é estranho. Não, não posso dizer que *gosto*, mas... bem, é estranho, mas é bem bonito se você se sentar em uma cadeira e olhar para cima.

— Essa é a ideia.

— Mas se eu fosse a senhora e quisesse fazer esse tipo de coisa, usaria um daqueles papéis azuis brilhantes com estrelas.

— Não quero pensar que estou ao ar livre à noite — expliquei. — Gosto de pensar que estou em um pomar de cerejeiras ou debaixo de um pilriteiro em flor.

Ele balançou a cabeça tristemente.

Mandamos fazer a maior parte das cortinas. Eu decidira que as colchas seriam feitas por mim. Minha irmã Madge — agora apelidada de Punkie, nome que o filho lhe dava — garantiu-me, com sua habitual tendência positiva, que eram muito simples de fazer.

— Coloque os alfinetes e corte pelo avesso — disse ela. — Depois disso, costure e vire-as para o lado certo. É bem simples; qualquer um poderia fazê-lo.

Tentei. Não tinham um aspecto profissional, e não ousei acrescentar uma barra, mas eram alegres e vibrantes. Todos os nossos amigos admiravam nosso apartamento, e nunca tivemos um momento tão feliz como quando nos instalamos lá. Lucy achou maravilhoso e aproveitou cada minuto. Jessie Swannell resmungou o tempo todo, mas foi surpreendentemente prestativa. Eu estava bastante conformada por ela nos odiar, ou melhor, *a mim* — eu não acho que desgostava de Archie.

— Afinal de contas — como expliquei a ela um dia —, um bebê *precisa* ter pais, não é mesmo? Caso contrário, você não teria um para cuidar.

— Ah, bem, acho que você tem razão — disse Jessie, e deu um sorriso relutante.

Archie havia começado a trabalhar no centro da cidade. Ele disse que estava gostando e parecia bastante animado. Estava encantado por ter deixado a Força Aérea, o que, ele continuou repetindo, não tinha futuro algum. Ele estava determinado a ganhar muito dinheiro. O fato de estarmos passando por um momento difícil não nos preocupava. De vez em quando, Archie e eu íamos ao Palais de Danse em Hammersmith, mas, no geral, não nos ocupávamos com diversões, já que realmente não podíamos gastar. Éramos um jovem casal muito comum, porém felizes. A vida nos parecia bem encaminhada para o futuro. Não tínhamos piano, o que era uma pena, mas eu compensava tocando loucamente sempre que estava em Ashfield.

Eu havia me casado com o homem que amava, tínhamos uma filha, tínhamos um lugar para morar e, até onde eu podia ver, não havia razão para não vivermos felizes para sempre.

Um dia, recebi uma carta. Abri-a com bastante naturalidade e fiz uma leitura sem absorvê-la. Era da editora The Bodley Head, e perguntava se eu poderia telefonar para o escritório deles em relação ao manuscrito que eu havia enviado, intitulado *O misterioso caso de Styles*.

Para falar a verdade, eu não me lembrava de mais nada a respeito de *O misterioso caso de Styles*. Àquela altura, já havia dois anos que o manuscrito estava com a diretoria da The Bodley Head, mas, com a excitação do fim da guerra, do regresso de Archie e do início da nossa vida juntos, coisas como escrever e manuscritos passavam longe de meus pensamentos.

Compareci à reunião, cheia de esperança. Afinal, se não tivessem gostado pelo menos um pouco, não teriam me convidado para ir até lá. Fui conduzida ao escritório de John Lane, e ele se levantou para me cumprimentar; um homenzinho de barba branca, parecendo, de alguma forma, um tanto elisabetano. Quadros preenchiam o cômodo — sobre as cadeiras, encostados às mesas — todos de velhos mestres, fortemente envernizados e amarelados pelo tempo. Depois, imaginei que ele próprio teria ficado muito bem numa daquelas molduras, com uma gola de babados em volta do pescoço. Tinha um jeito benigno e bondoso, mas olhos azuis astutos, o que talvez pudesse ter me alertado que ele era o tipo de homem que sabia negociar. Ele me cumprimentou e me disse gentilmente para me sentar. Olhei em volta — era impossível: todas as cadeiras estavam ocupadas por quadros. Ele, de repente, percebeu isso e riu.

— Deus meu! — disse ele. — Não há muito espaço para sentar, não é mesmo?

Então ele removeu um retrato bastante sujo de uma delas, e eu me sentei.

O homem começou a falar comigo sobre meu manuscrito. Alguns de seus leitores, disse ele, o acharam promissor; podia dar em algo. Mas mudanças consideráveis deveriam ser feitas. O último capítulo, por exemplo; eu descrevia uma cena curta passada num tribunal; mas, tal como a fizera, era quase ridícula. Seria possível alterá-la para que o desfecho fosse diferente? Ou alguém teria de me ajudar com os pormenores das leis, embora isso fosse difícil, ou então eu teria de modificar a cena por completo. Respondi imediatamente que achava que poderia fazer alguma coisa. Pensaria a esse respeito — talvez eu pudesse ambientá-la em outro lugar. De qualquer forma, eu tentaria. Ele fez vários outros comentários, nenhum deles realmente sério a não ser em relação ao capítulo final.

Então ele passou para o aspecto comercial, apontando o risco que um editor corria se publicasse um romance de uma autora nova e desconhecida, e quão pouco dinheiro ele provavelmente ganharia com isso. Por fim, tirou da gaveta da escrivaninha um contrato para que eu assinasse. Eu não estava em condições de analisar contratos ou sequer pensar sobre eles. Ele publicaria meu livro! Tendo perdido a esperança há alguns anos de ver algo meu publicado, exceto um conto ou poema ocasional, a ideia de ter um livro impresso me deixou muito empolgada. Eu teria assinado qualquer coisa. Esse contrato em particular implicava que eu não receberia nenhum direito autoral até que as primeiras 2 mil cópias fossem vendidas — depois disso, uma pequena porcentagem seria paga. Metade de quaisquer direitos periódicos ou dramáticos iria para o editor. Nada disso significava muito para mim — o principal ponto era que *o livro seria publicado*.

Nem percebi que havia uma cláusula me obrigando a oferecer a ele meus próximos cinco romances, apenas com ligeiro aumento de direitos autorais. Para mim era um sucesso, e tudo parecia uma louca surpresa. Assinei com entusiasmo. Então, retomei o manuscrito para lidar com as anomalias do último capítulo, algo que consegui fazer com muita facilidade.

E foi assim que comecei minha longa carreira; não que eu suspeitasse na época que seria longa. A despeito da cláusula sobre meus próximos cinco romances, pensava que essa seria para mim uma experiência única e isolada. Eu havia sido ousada ao escrever uma história policial. Eu tinha escrito um romance policial. Ele havia sido aceito, e seria impresso. O assunto, para mim, ficaria encerrado aí. Certamente, nesse momento, nem sequer considerava a hipótese de escrever outros livros. Penso que, se me tivessem feito essa pergunta, responderia que seria provável, de tempos em tempos, escrever contos. Eu era completamente amadora — não havia nenhum traço profissional em mim. Para mim, escrever era divertido.

Fui para casa, exultante, e contei a Archie. Naquela noite, fomos comemorar o fato no Palais de Danse, em Hammersmith.

Havia conosco uma terceira pessoa, embora eu ainda não soubesse. Hercule Poirot, minha invenção belga, estava pendurado firmemente em volta de meu pescoço.

# V

Depois de reescrever satisfatoriamente o último capítulo de *O misterioso caso de Styles*, devolvi-o a John Lane, e então, depois de ter respondido a mais algumas perguntas e concordado com mais algumas alterações, a empolgação recuou para segundo plano, e a vida continuou como faria com qualquer outro jovem casal que é feliz e apaixonado, apesar das dificuldades financeiras. Aproveitávamos nossas folgas nos fins de semana indo de trem até o campo e caminhando em algum lugar. Às vezes, íamos e voltávamos no mesmo dia.

O único golpe sério que nos aconteceu foi perder minha querida Lucy. Preocupada e infeliz há algum tempo, um dia ela veio até mim um tanto triste e disse:

— Lamento muito desapontá-la, Miss Agatha, quero dizer, madame, e não sei o que Mrs. Rowe pensaria de mim, mas... bem, aí está, vou me casar.

— Casar? Com quem?

— Alguém que conheci antes da guerra. Sempre gostei dele.

Recebi depois mais esclarecimentos da minha mãe. Assim que contei a ela, ela exclamou:

— Não é aquele Jack de novo, é?

Parecia que minha mãe não havia aprovado muito "aquele Jack". Ele tinha sido um pretendente insatisfatório de Lucy, e a família dela decidiu que havia sido uma coisa boa quando o casal brigou e se separou. No entanto, eles haviam se reunido novamente agora. Lucy tinha sido fiel ao insatisfatório Jack e aí estava: ela ia se casar e teríamos que procurar outra empregada.

Na época, esse tipo de coisa era ainda mais difícil de resolver. Não existiam empregadas em parte alguma. Finalmente, por meio de uma amiga ou de uma agência — não me recordo mais —, encontrei uma, chamada Rose. Rose era maravilhosa. Suas referências eram excelentes. Seu rosto era redondo e rosado, seu sorriso, agradável, e ela parecia preparada, de antemão, para gostar de nós. O único ponto difícil a resolver é que ela não queria ir para uma casa onde houvesse crianças e uma babá. Achei que ela necessitava de persuasão. Estivera trabalhando para gente do Real Corpo Aéreo e, quando soube que meu marido pertencera a esse corpo também, suavizou-se, obviamente, em relação a mim. Disse-me que talvez meu marido conhecesse seu patrão anterior, o Líder de esquadrão G. Corri para casa e perguntei a Archie:

— Você já conheceu um tal Líder de esquadrão G.?

— Não que eu me lembre — disse Archie.

— Pois terá que se lembrar — falei. — Você dirá que o conheceu, ou que eram amigos, ou algo assim... precisamos de Rose. Ela é maravilhosa, de verdade. Se você conhecesse as criaturas horríveis que eu vi.

Assim, no devido tempo, Rose passou a nos ver com bons olhos. Ela foi apresentada a Archie, que disse algumas coisas elogiosas sobre o Líder de esquadrão G., e finalmente foi persuadida a aceitar o cargo.

— Mas não gosto de babás — disse ela em advertência. — Não me importo muito com crianças, mas babás sempre causam problemas.

— Ah, tenho certeza de que Swannell não causará — afirmei.

Eu não tinha tanta certeza assim, mas no geral achava que tudo ficaria bem. A única pessoa para quem Jessie Swannell criaria problemas seria eu mesma, e isso eu seria capaz de suportar. Por acaso, Rose e Jessie se deram bem. Jessie contou a ela tudo sobre sua vida na Nigéria, e a alegria que tinha sido ter infindáveis negros sob seu controle, e Rose contou a ela tudo o que havia sofrido em suas várias situações.

— Passava fome — disse Rose para mim um dia. — Fome. Sabe o que me davam no café da manhã?

Disse que não sabia.

— Arenque defumado — disse Rose melancolicamente. — Nada além de chá e um arenque defumado, e torradas e manteiga e geleia. Bem, quero dizer, fiquei tão magra que estava a ponto de definhar.

Não havia nenhum sinal de que Rose estivesse a ponto de definhar agora — ela estava bem roliça. No entanto, certifiquei-me de que, quando comêssemos arenque defumado no café da manhã, Rose pudesse contar com duas porções, ou até três, e também ovos e toucinho defumado em quantidades pródigas. Ela estava, eu acho, feliz conosco, e apaixonada por Rosalind.

Minha avó morreu logo após o nascimento de Rosalind. Ela foi muito firme até o fim, mas seu coração não foi forte o suficiente para se recuperar após a grave crise de bronquite que a acometeu. Ela tinha 92 anos, ainda capaz de aproveitar a vida, não muito surda, embora já bem cega. Sua renda, como a de minha mãe, fora reduzida por conta da falência de Chaflin em Nova York, mas os conselhos de Mr. Bailey salvaram-na de perder tudo. A renda que cabia a ela passou para minha mãe. Não era muito, porque algumas das ações haviam se desvalorizado com a guerra, mas lhe rendia até quatrocentas libras por ano, o que, com a parte vinda de Mr. Chaflin, tornava as coisas possíveis para ela. Claro que tudo ficou muito mais caro nos anos após a guerra. Ainda assim, ela foi capaz de manter Ashfield. Fiquei bastante infeliz por não poder contribuir com minha pequena renda para a manutenção de Ashfield, como minha irmã fazia. Era realmente impossível no nosso caso — precisávamos de cada centavo que tínhamos para viver.

Certo dia, quando estava falando com uma voz preocupada sobre as dificuldades de manter Ashfield, Archie disse, muito sensato:

— Sabe, realmente seria muito melhor para sua mãe vender a propriedade e morar em outro lugar.

— Vender Ashfield? — perguntei, horrorizada.

— Não vejo qual a vantagem para você. Nem sequer pode ir lá com frequência.

— Não posso *suportar* a ideia de vender Ashfield; amo aquela casa! É... é... ela é tudo pra mim!

— Então por que você não tenta *fazer algo* a respeito? — disse Archie.

— O que você quer dizer com fazer algo?

— Bem, você poderia escrever outro livro.

Olhei para ele, surpresa.

— Suponho que *possa* escrever outro livro um dia desses, mas não seria de grande utilidade para Ashfield, não é mesmo?

— Pode render muito dinheiro — insistiu Archie.

Eu não achava que isso fosse provável. *O misterioso caso de Styles* vendera perto de 2 mil exemplares, o que não era mau, nesse tempo, para uma história policial de autor desconhecido. Rendera a soma de 25 libras, não em direitos autorais, mas como metade dos direitos para a publicação em periódicos, que foram concedidos, bastante inesperadamente, ao *Weekly Times* por cinquenta libras. Muito bom para meu prestígio, dissera John Lane. Era muito bom para uma autora jovem ter um livro aceito pelo *Weekly Times*. Sem dúvida! Mas obter 25 libras pelo meu livro não me encorajava a pensar na possibilidade de ganhar dinheiro com a carreira literária.

— Se um livro foi bom o suficiente para ser aceito, e o editor ganhou *algum* dinheiro com ele, como acho que ganhou, presumo que ele vá querer outro. Você deveria receber um pouco mais a cada vez.

Ouvi o conselho e concordei. Admirava muito o conhecimento financeiro de Archie. Considerei a ideia de escrever outro livro. Supondo que fosse escrevê-lo — qual seria o assunto?

Essa questão se resolveu para mim num dia em que estava numa casa de chá. Duas pessoas conversavam a uma mesa próxima, falando sobre alguém cujo nome era Jane Fish. Achei-o muito divertido. Fui embora com o nome gravado em minha mente: Jane Fish. Isso, cogitei, poderia ser um bom começo para uma história — um nome ouvido numa casa de chá, um nome pouco comum, que qualquer pessoa, ao ouvir, guardaria na memória. Um nome como Jane Fish — talvez Jane Finn fosse ainda melhor. Decidi-me por Jane Finn, e logo comecei a escrever. Primeiro intitulei-o *A alegre aventura*; depois, *Os jovens aventureiros*; por fim, tornou-se *O inimigo secreto*.

Archie fez bem em se estabelecer em um emprego antes de se demitir do Real Corpo Aéreo. Os jovens estavam desesperados. Eles haviam saído do serviço e não tinham empregos para onde ir. Os rapazes estavam sempre tocando nossa campainha, tentando vender meias ou oferecendo algum utensílio doméstico. Era uma visão patética. Sentíamos tanta pena deles que muitas vezes comprávamos um par de meias bem feias, só para animá-los. Eles tinham sido tenentes, navais e militares, e agora estavam reduzidos a isso. Às vezes até escreviam poemas e tentavam vendê-los.

Concebi a ideia de inserir no meu livro um par de jovens como esses — uma moça que servira como voluntária e um rapaz que estivera no Exército. Ambos estariam desesperados, procurando emprego, e então se encontrariam — talvez até já tivessem se encontrado, um dia, no passado. E então? Então, pensei, eles se envolveriam em — sim, espionagem: este seria um livro de espionagem, um suspense, não uma história meramente policial. Gostei da ideia — representava uma mudança depois do trabalho de detetive envolvido em *O misterioso caso de Styles*. Então comecei a escrever, de uma forma meio superficial. Foi divertido, no geral, e muito mais fácil do que uma história policial, como sempre são os suspenses.

Quando terminei, o que demorou bastante, levei-o para John Lane, que não gostou muito: não era do mesmo tipo do meu primeiro livro — não venderia tão bem. Na verdade, eles ficaram indecisos sobre publicá-lo. No entanto, por fim, eles decidiram fazê-lo. Não precisei fazer tantas mudanças neste.

Pelo que me lembro, vendeu muito bem. Ganhei algum dinheiro com os direitos autorais, o que já não era mau, e novamente vendi os direitos de publicação periódica para o *Weekly Times,* recebendo dessa vez cinquenta libras. Foi encorajador — embora não o suficiente para me fazer pensar que eu já havia adotado algo tão grandioso como uma profissão.

Meu terceiro livro foi *Assassinato no campo de golfe*. Este, penso eu, deve ter sido escrito não muito depois de uma *cause célèbre* ocorrida na França. Não consigo lembrar o nome de nenhum dos envolvidos até agora. Foi um caso de homens mascarados que invadiram uma casa, mataram o dono, amarraram e amordaçaram a esposa — a sogra também morrera, mas apenas aparentemente engasgada com a dentadura. De qualquer forma, a história da esposa foi refutada, e surgiram suspeitas de que ela tivesse matado o marido, sendo depois amarrada por um cúmplice. Pareceu-me uma boa trama sobre a qual tecer minha própria história, começando com a vida da esposa depois que ela fosse absolvida do assassinato. Uma mulher misteriosa apareceria em algum lugar, tendo sido a heroína de um caso de assassinato anos antes. Desta vez, o romance se passaria na França.

Hercule Poirot fizera sucesso em *O misterioso caso de Styles*. Assim, foi sugerido que eu continuasse a usar o personagem. Uma das pessoas que gostavam de Poirot era Bruce Ingram, na época diretor da revista *Sketch*. Ele entrou em contato comigo, sugerindo que escrevesse uma série de histórias de Poirot para a *Sketch*. Isso, sim, me entusiasmou muito. Finalmente, estava fazendo sucesso! Aparecer na *Sketch* — que coisa maravilhosa! Ele mandou fazer, também, um retrato imaginário de Hercule Poirot, que não era muito diferente da minha ideia dele, embora o detetive fosse retratado como um pouco mais elegante e mais aristocrático do que eu o imaginara. Bruce Ingram queria uma série de doze histórias. Produzi oito em pouco tempo, e a princípio pensou-se que isso seria suficiente, mas no final foi decidido aumentá-las para doze, e tive que escrever outras quatro um pouco mais apressadamente do que gostaria.

Não havia percebido que agora eu não só estava comprometida às histórias policiais, como também estava ligada a duas pessoas: Hercule Poirot e seu Watson, Capitão Hastings. Eu gostava bastante de Capitão Hastings. Ele era uma criação estereotipada, mas ele e Poirot representavam minha ideia de uma equipe de detetives. Eu ainda escrevia conforme a tradição de Sherlock Holmes — com um detetive excêntrico, um ajudante que contracenava com ele e um detetive da Scotland Yard do tipo de Lestrade, Inspetor Japp. Agora eu acrescentaria um "cão de caça humano", Inspetor Giraud, da polícia francesa. Giraud desprezaria Poirot como sendo velho e ultrapassado.

Percebi, então, o terrível erro que cometera ao começar com Hercule Poirot tão *velho* — deveria tê-lo abandonado após os primeiros três ou quatro livros e recomeçado com alguém muito mais jovem.

*Assassinato no campo de golfe* fugia um pouco à tradição de Sherlock Holmes, influenciado, talvez, pelo *Mistério do quarto amarelo.* Tinha um estilo de escrita extravagante e fantasioso. Quem começa a escrever um romance é muito influenciado pelo último autor que leu ou de que gostou.

Acho que *Assassinato no campo de golfe* foi um exemplar moderadamente bom de seu gênero — embora bastante melodramático. Desta vez, forneci um caso de amor para Hastings. Se era preciso haver romance no livro, que fosse com ele. Verdade seja dita, acho que estava ficando um pouco cansada de Hastings. Poderia estar presa a Poirot, mas não precisava ficar presa a Hastings também.

O diretor da The Bodley Head ficou satisfeito com *Assassinato no campo de golfe,* mas tive uma ligeira briga com ele acerca da capa do livro. Além das cores feias, estava mal desenhada e representava, pelo que pude perceber, um homem de pijama em um campo de golfe, morrendo de ataque epiléptico. Como o homem que havia sido assassinado estava completamente vestido e fora esfaqueado com um punhal, eu me opus. A capa de um livro *pode* não ter nada a ver com o enredo, mas se tiver, pelo menos não deve representar um enredo falso. Foi uma situação desagradável, mas eu estava bastante furiosa. Foi acordado que no futuro eu deveria ver as capas antecipadamente, e aprová-las. Já havia tido uma pequena divergência com o diretor da The Bodley Head anteriormente, por causa da ortografia da *palavra* "cacau" em inglês. Por qualquer estranho motivo, a maneira deles escreverem "*cocoa*" — querendo referir-se a uma xícara de chocolate quente — era "*coco*", o que, como diria Euclides, não passava de um absurdo. Encontrei uma oposição feroz da parte de Miss Howse, o dragão da ortografia nos livros editados pela The Bodley Head. Nas publicações da casa sempre fora escrito "*coco*", que, ela dizia, era a ortografia correta e a norma da empresa. Providenciei latas de cacau e até dicionários — nada conseguia fazer a cabeça de Miss Howse.

— *Coco* é a ortografia certa — afirmava ela.

Muitos anos depois, em conversa com Allen Lane, sobrinho de John Lane, fundador das edições Penguin, disse-lhe:

— Sabe que tive brigas terríveis com Miss Howse a respeito da maneira certa de se escrever 'cacau'?

Ele sorriu.

— Eu sei, tivemos grandes problemas com ela. Depois que envelheceu, se tornou opinativa demais sobre certas coisas. Discutia com os autores e nunca cedia.

Inúmeras pessoas me escreveram com o seguinte: "Não consigo entender, Agatha, por que você escreve '*coco*' em seu livro, em vez de '*cocoa*'. É claro, você nunca foi lá muito competente em soletrar!" Que injusto. Eu não era boa em soletrar, ainda não sou boa nisso, mas, de todo modo, eu sabia soletrar cacau da maneira correta. O que eu era, porém, era influenciável. Era meu primeiro livro, e eu achei que *eles* deviam saber melhor do que eu.

Recebi algumas críticas favoráveis a *O misterioso caso de Styles,* e a que me deu maior prazer apareceu no *Pharmaceutical Journal*. Exaltavam a história policial por "tratar de venenos de maneira competente, e não com disparates acerca de substâncias que não deixam vestígios", como tantas vezes sucedia. "Miss Agatha Christie sabe do que está falando", foi como concluíram.

Tive vontade de assinar com um nome falso — Martin West ou Mostyn Crey —, mas John Lane insistira que eu mantivesse meu próprio nome, Agatha Christie.

— Agatha é um nome pouco comum, que fica na cabeça das pessoas.

De modo que abandonei a ideia de Martin West e intitulei-me, daí em diante, Agatha Christie. Acreditava que um nome de mulher fosse criar preconceitos nas pessoas contra a minha obra, especialmente por se tratar de histórias policiais; achava que Martin West seria mais másculo e direto. Contudo, como já disse, quando se publica um primeiro livro, cede-se facilmente a qualquer sugestão feita, e, nesse caso, acho que John Lane tinha razão.

Eu já havia escrito três livros, estava bem-casada e o desejo do meu coração era viver no campo. Addison Mansions ficava muito longe do parque. Empurrar o carrinho para lá e para cá não era brincadeira, nem para Jessie Swannell nem para mim. Também havia um problema permanente: aqueles apartamentos estavam programados para demolição. Pertenciam a Lyons, que pretendia construir novas instalações no local. Por isso, a concessão era apenas trimestral. A qualquer momento poderíamos receber aviso de que o bloco seria demolido. Na verdade, trinta anos depois, nosso bloco particular de Addison Mansions ainda estava de pé — embora agora tenha desaparecido. Cadby Hall reina em seu lugar.

Entre nossas outras atividades no fim de semana, Archie e eu às vezes íamos de trem para East Croydon e lá jogávamos golfe. Eu nunca tinha sido uma grande jogadora de golfe, e Archie tinha jogado pouco, mas ele ficava contente. Depois de um tempo, parecíamos ir todo fim de semana para East Croydon. Eu realmente não me importava, mas sentia falta da variedade de lugares para explorar e de fazer longas caminhadas. No final, essa seleção recreativa faria uma grande diferença em nossas vidas.

Tanto Archie quanto Patrick Spence — um amigo nosso que também trabalhava na Goldstein's — estavam ficando bastante pessimistas sobre seus empregos: as perspectivas prometidas ou sugeridas não pareciam se materializar. Eles receberam certas diretorias, mas estas sempre foram de empresas arriscadas — às vezes à beira da falência.

— Acho que essas pessoas são um monte de bandidos vigaristas — disse Spence uma vez. — Está tudo legalizado, você sabe, mas não estou gostando nem um pouco. E você?

Archie disse que achava que alguns deles não eram muito respeitáveis.

— Gostaria de poder mudar de emprego — disse ele, pensativo.

Ele gostava da vida no centro da cidade e tinha aptidão para os negócios, mas com o passar do tempo foi ficando cada vez menos interessado em seus patrões.

E então surgiu algo completamente imprevisto.

Archie tinha um amigo que havia sido professor em Clifton, Major Belcher. Um homem com grandes poderes de blefe. Ele havia, segundo ele mesmo, blefado para conseguir a posição de Controlador de Batatas durante a guerra. Quantas das histórias de Belcher eram inventadas e quantas eram verdadeiras, nunca soubemos. Contudo, esta que contou era ótima. Tinha entre 40 e 50 anos de idade quando a guerra começou e, embora lhe tivessem oferecido um posto no Ministério da Guerra que lhe permitiria ficar na Inglaterra, não aceitou. Todavia, certa noite, quando jantava com alguém importante, a conversa recaiu sobre o problema das batatas, que foi, realmente, muito grave na guerra de 1914-18. Pelo que me lembro, as batatas desapareceram rapidamente. No hospital, sei que nunca tivemos. Não sei se a razão dessa escassez tinha a ver com o controle de Major Belcher, mas eu não me surpreenderia se tivesse.

— Aquele velho tolo pomposo que estava falando comigo disse que a situação da batata ia ser séria, muito séria mesmo — disse Belcher. — Eu disse a ele que algo tinha que ser feito a esse respeito e que existiam pessoas complicando demais o problema. Alguém tinha que assumir o controle, um homem. Bem, ele concordou comigo. "Mas veja, essa pessoa teria que ser muito bem paga", eu disse a ele. "Não adianta dar um salário mesquinho a um homem e esperar que ele seja competente. Para ocupar uma função dessas, deveria ser alguém superior. Você deveria dar a ele pelo menos…"

E aqui ele mencionou uma soma de vários milhares de libras.

— Isso é muito dinheiro — disse o homem importante.

— Você precisa conseguir um homem capaz — insistiu Belcher. — Se você me oferecesse esse emprego, eu mesmo não o aceitaria por esse preço.

Essa foi a sentença que lhe abrira as portas. Alguns dias depois, Belcher foi convidado a aceitar a quantia cuja avaliação ele mesmo tinha feito, e o controle das batatas.

— O que você sabia sobre batatas? — perguntei a ele.

— Eu não sabia nada — disse Belcher. — Mas não ia deixar transparecer. Quero dizer, todo mundo pode fazer qualquer coisa, é só arranjar um subordinado que saiba um pouco sobre a coisa, e ler um pouco. Pronto, aí está!

Era um homem com uma capacidade maravilhosa de impressionar as pessoas. Tinha uma forte crença em seus próprios poderes de organização — e às vezes levava muito tempo até que alguém descobrisse o estrago que ele estava causando. A verdade é que nunca houve homem menos capaz de colocar ordem em algo. Sua ideia, como a de muitos políticos, era primeiro desestruturar toda a indústria, ou seja lá o que fosse, e depois de lançá-la ao caos, remontá-la, como Omar Khayyam poderia ter dito, "segundo os desejos de seu coração". O problema era que, quando se tratava de reorganizar, Belcher não prestava. Mas as pessoas raramente descobriam isso antes que fosse tarde demais.

Em um certo período de sua carreira, ele foi para a Nova Zelândia, onde impressionou tanto os diretores de uma escola com seus planos de reorganização que eles correram para contratá-lo como diretor. Cerca de um ano depois, ofereceram-lhe uma enorme soma de dinheiro para que desistisse do emprego — não por qualquer conduta vergonhosa, mas apenas por causa da confusão que ele havia introduzido, do ódio que despertava nos outros e de seu próprio prazer no que ele chamava de "uma administração progressista, voltada para o futuro". Como disse, ele era um personagem. Às vezes você o odiava, às vezes você gostava muito dele.

Belcher veio jantar conosco uma noite, quando já deixara o negócio das batatas, e explicou o que estava prestes a fazer em seguida.

— Já ouviu falar dessa Exposição do Império Britânico que acontecerá daqui a dezoito meses? Bem, essa coisa tem que ser devidamente organizada. Os Domínios precisam ser alertados, para que colaborem. Vou partir numa missão, a Missão da Exposição do Império Britânico, que dará a volta ao mundo, devendo sair no mês de janeiro.

Ele passou a detalhar seus planos.

— Busco alguém que venha comigo como consultor financeiro. Será você, Archie? Você sempre teve juízo. Foi o melhor aluno da escola em Clifton. Você teve toda essa experiência na cidade. Você é exatamente o homem que eu procuro.

— Eu não poderia abandonar meu emprego — disse Archie.

— Por que não? Explique tudo para o seu chefe corretamente, diga que isso ampliará sua experiência e tudo mais. Ele vai manter as portas abertas para você, imagino.

Archie disse que duvidava que Goldstein fizesse algo do tipo.

— Bem, pense bem, meu rapaz. Eu gostaria de contar com você. Agatha poderia vir também, é claro. Ela gosta de viajar, não é?

— Sim — respondi, monossilábica.

— Vou lhe dizer qual é o itinerário. Vamos primeiro para a África do Sul. Você e eu, e um secretário, é claro. Conosco irão também os Hyam. Não sei se você conhece Hyam — é o rei da batata de East Anglia. Ótimo rapaz. Grande amigo meu. Estará com a mulher e a filha. Só irão até a África do Sul. Hyam não poderá continuar a viagem porque está tratando de muitos negócios aqui. Depois, iremos à Austrália, e então, à Nova Zelândia.

Na Nova Zelândia ficarei por algum tempo — lá tenho muitos amigos, gosto do lugar. Teríamos então, vamos dizer, um mês de férias. Poderemos ir até o Havaí, se quisermos, a Honolulu.

— Honolulu — suspirei. Parecia o tipo de fantasia que se tinha em sonhos.

— Depois para o Canadá, e então para casa. Levaria cerca de nove a dez meses. Que tal?

Percebemos finalmente que ele estava falando sério. Entramos naquilo com bastante cuidado. As despesas de Archie seriam, é claro, todas pagas e, fora isso, ele receberia um salário de mil libras. Se eu os acompanhasse, praticamente todas as minhas despesas de viagem seriam pagas, já que eu iria com Archie como sua esposa, e transporte gratuito seria dado nos navios e nas ferrovias nacionais dos vários países.

Trabalhamos furiosamente para apurar a situação das nossas finanças. Parecia, no geral, que poderia ser feito. O salário de Archie de mil libras deveria cobrir minhas despesas em hotéis e um mês de férias para nós dois em Honolulu. Seria apertado, mas possível.

Archie e eu havíamos viajado duas vezes para o exterior para férias curtas: uma para o sul da França, para os Pireneus, e outra para a Suíça. Gostávamos de viajar — eu certamente me habituara, com aquela precoce experiência aos 7 anos de idade. De qualquer forma, eu ansiava por ver o mundo, e parecia-me altamente provável que esse sonho nunca se realizaria. Estávamos agora comprometidos com a vida de negócios, e um homem de negócios, até onde eu podia ver, nunca tirava mais do que duas semanas de férias por ano. Duas semanas não nos levariam longe. Eu ansiava por ver a China, o Japão, a Índia e o Havaí, e muitos outros lugares, mas meu sonho não passava, e provavelmente nunca passaria, de uma ilusão.

— A questão é saber se o velho Rosto Amarelo verá esse esquema com bons olhos — disse Archie.

Disse esperançosamente a Archie que ele certamente lhe era valioso. Archie, porém, achava que provavelmente poderia ser substituído por alguém tão bom quanto ele — a procura por emprego era alta.

Seja como for, o Rosto Amarelo não concordou. Disse que *poderia* empregar novamente Archie quando regressasse — isso dependeria das circunstâncias —, mas certamente não podia garantir que manteria o emprego em aberto. Seria pedir demais. Ele teria que correr o risco de encontrar seu lugar ocupado. Então conversamos a respeito.

— É um risco — ressaltei. — Um risco terrível.

— Sim, é um risco. Sei que provavelmente desembarcaremos na Inglaterra sem um centavo, com a renda de pouco mais de cem libras por ano, para os dois. Será difícil conseguir emprego, provavelmente ainda mais do que agora. Por outro lado, bem... se você não se arriscar, nunca chega a lugar algum, não é? — disse Archie. — Depende de você. O que vamos fazer com Teddy?

Teddy era o nosso apelido para Rosalind naquela época, porque uma vez a chamamos de Tadpole, girino em inglês, de brincadeira.

Punkie — o nome que todo mundo dava agora a Madge — tomaria conta de Teddy. Ou então minha mãe, qualquer delas ficaria encantada. E Rosalind tinha uma babá. Sim, sim, quanto a isso, tudo bem.

— Jamais teremos uma oportunidade única como essa — falei, ansiosa.

Refletimos bastante sobre o assunto.

— É claro, *você* também pode ir sozinho — comentei, lutando para não ser egoísta. — Eu posso ficar para trás.

Olhei para ele. Ele me olhou de volta.

— Não vou deixar você para trás — disse ele. — Não vou me divertir sem você. Não, ou você arrisca e vem também, ou não, mas depende de você, porque *você* arriscará mais do que eu, na verdade.

Então, novamente nos sentamos e pensamos, e eu adotei o ponto de vista de Archie.

— Acho que você tem razão — falei. — É a nossa chance. Se não o fizermos, nunca nos perdoaremos. Não, como você diz, se você não pode correr o risco de fazer o que quer quando a chance chega, a vida não vale a pena ser vivida.

Nunca fomos pessoas de optar pela opção mais cômoda. Tínhamos persistido em nos casar contra toda a oposição, e agora estávamos determinados a ver o mundo e arriscar o que aconteceria em nosso retorno.

Os arranjos domésticos não foram difíceis. O apartamento em Addison Mansions poderia ser alugado com certa vantagem, e isso pagaria o salário de Jessie. Minha mãe e minha irmã ficaram encantadas em receber Rosalind e a babá. A única oposição de qualquer tipo veio no último momento, quando soubemos que meu irmão Monty estava voltando para casa de licença da África. Minha irmã ficou indignada por eu não ficar na Inglaterra para sua visita.

— Seu único irmão, voltando depois de ter sido ferido na guerra, e estando ausente por *anos*, e você escolhe dar a volta ao mundo nesse momento. Acho vergonhoso. Você deveria colocar seu irmão em primeiro lugar.

— Bem, discordo — falei. — Eu deveria colocar meu marido em primeiro lugar. Ele vai nessa viagem e eu vou com ele. As esposas *devem* acompanhar seus maridos.

— Monty é seu único irmão e esta é sua única chance de vê-lo, talvez por muitos *anos* mais.

Madge conseguiu me aborrecer bastante, mas minha mãe se manteve fortemente do meu lado.

— O dever de uma esposa é acompanhar o marido — disse ela. — Um marido deve vir em primeiro lugar, antes mesmo de seus filhos, e um irmão está ainda mais longe. Lembre-se, se você não estiver com seu marido, se você deixá-lo solto demais, *você o perderá*. Isso vale especialmente para um homem como Archie.

— Também não é assim — respondi, indignada. — Archie é a pessoa mais fiel do mundo.

— Mas é um homem, nunca se sabe — disse minha mãe, falando com um verdadeiro espírito vitoriano. — A esposa *deve* estar com o marido… e se não estiver, então ele sente que tem o direito de esquecê-la.

# Parte 6

# *Volta ao mundo*

# I

Dar a volta ao mundo foi uma das coisas mais emocionantes que já me aconteceram. Foi tão emocionante que eu não podia acreditar que era verdade. Eu ficava repetindo para mim mesma: "Estou dando a volta ao mundo". O apogeu de toda a viagem, é claro, seriam as nossas férias em Honolulu. Ir para uma ilha dos mares do sul estava além dos meus sonhos mais loucos. Com as facilidades que existem para viajar, é difícil avaliar hoje o que eu sentia naquele momento. Cruzeiros e excursões ao estrangeiro tornaram-se tão normais, nos tempos atuais! São razoavelmente baratas, e parece que todo mundo consegue, finalmente, viajar.

Quando Archie e eu fomos aos Pireneus, viajamos de segunda classe, sentados a noite toda. (A terceira classe nas ferrovias estrangeiras era considerada muito parecida com os alojamentos da terceira classe em um navio. De fato, mesmo na Inglaterra, as senhoras que viajassem sozinhas nunca optariam pela terceira classe. De acordo com a minha avó, na terceira classe só havia percevejos, piolhos e bêbados. Mesmo as empregadas das senhoras viajavam sempre na segunda classe.)

Nos Pireneus, andávamos bastante e dormíamos em hotéis baratos. Mesmo assim, passamos a duvidar que nos fosse possível fazer o mesmo no ano seguinte.

Agora, cintilava diante de nós a possibilidade de fazer um passeio de luxo de fato. Belcher, naturalmente, havia providenciado tudo em estilo de primeira classe. Nada além do melhor era bom o suficiente para a Missão de Exibição do Império Britânico. Éramos o que hoje se chamaria de VIP.

Mr. Bates, secretário de Belcher, era um jovem sério e crédulo. Era também um excelente secretário, mas tinha a aparência de um vilão de melodrama, com cabelos pretos, olhos brilhantes e um aspecto totalmente sinistro.

— Parece um autêntico bandido, não é? — dizia Belcher. — Dá a impressão de que poderia cortar sua garganta a qualquer momento. Quando, na verdade, ele é o sujeito mais respeitável que existe.

Antes de chegarmos à Cidade do Cabo, nos perguntávamos como Bates aguentava ser o secretário de Belcher. Ele sofria ameaças incessantes, além de ser obrigado a trabalhar a qualquer hora do dia ou da noite. Revelava filmes, escrevia e reescrevia as cartas que Belcher alterava o tempo todo. Presumo que ele recebesse um bom salário — nada mais teria valido a pena, tenho certeza, especialmente porque ele não tinha nenhum amor especial por viagens. Na verdade, ele ficava muito nervoso em lugares estrangeiros — principalmente pelo medo das cobras, que ele estava convencido de que encontraríamos em grandes quantidades em todos os países para onde fôssemos. Elas estariam esperando especialmente para *atacá-lo*.

Apesar de termos embarcado na melhor das disposições, meu encantamento foi imediatamente interrompido. O tempo estava atroz. A bordo do *Kildonan Castle* tudo parecia perfeito, até que o oceano se fez sentir no navio. O golfo de Biscaia estava em condições terríveis. Em minha cabine, eu gemia cheia de náuseas. Por quatro dias mantive-me prostrada, incapaz de conseguir conservar o que quer que fosse no estômago. Finalmente, Archie pediu ao médico de bordo que desse uma olhada em mim. Acho que o doutor não levava a sério as náuseas provocadas pelo mar. Deu-me um remédio que me ajudaria, como ele mesmo disse, "a manter alguma coisa no estômago"; mas, como o remédio saía tão logo entrava, não serviu de nada. Continuei a gemer e pensar que morreria; de fato, *parecia* morta; uma mulher de uma cabine próxima, tendo me visto de relance algumas vezes pela porta entreaberta, perguntou à camareira de bordo, com grande interesse:

— A senhora da cabine aqui em frente já morreu?

Uma noite, falei a Archie seriamente:

— Quando chegarmos à Ilha da Madeira, se ainda estiver viva, vou sair deste navio.

— Ah, eu imagino que você vá se sentir melhor em breve.

— Não, nunca me sentirei melhor. Tenho de sair deste navio. Preciso pisar em terra firme.

— Você ainda vai ter que voltar para a Inglaterra — apontou ele. — Mesmo se desembarcar na Ilha da Madeira.

— Não preciso voltar — falei. — Eu poderia ficar lá. Poderia trabalhar lá.

— Trabalhar com o quê? — perguntou Archie, incrédulo.

Era verdade que naqueles dias o emprego para as mulheres era escasso. As mulheres eram filhas a serem sustentadas, ou esposas a serem sustentadas, ou viúvas que viveriam com a herança de seus maridos ou com o que seus parentes poderiam fornecer. Podiam trabalhar como companheiras de velhinhas, ou cuidar de crianças. No entanto, eu tinha uma resposta a essa objeção.

— Posso ser empregada doméstica — respondi. — Até que eu *gostaria*.

Empregadas domésticas eram sempre necessárias, especialmente as altas. Se fossem altas, nunca tinham qualquer dificuldade em encontrar um emprego — leia-se o encantador livro de Margery Sharp, *Cluny Brown*. Eu tinha certeza de que era suficientemente qualificada. Sabia quais taças de vinho colocar na mesa. Sabia abrir e fechar a porta da frente. Sabia limpar a prataria — éramos sempre nós que limpávamos nossa prataria, os porta-retratos e os outros objetos de prata em nossa casa —, e sabia servir à mesa razoavelmente bem.

— Sim, eu poderia ser uma empregada doméstica — disse com a voz mais fraca ainda.

— Bem, veremos quando chegarmos à Ilha da Madeira — disse Archie.

No entanto, quando chegamos, eu estava tão debilitada que não conseguia nem pensar em sair da cama. Na verdade, agora eu sentia que a única solução era permanecer no barco e morrer dentro de um ou dois dias. No entanto, após uma parada de cinco ou seis horas, de repente melhorei muito. A manhã seguinte nasceu ensolarada e brilhante, e o mar estava calmo. "Por qual motivo eu fiz tanto rebuliço?", perguntava a mim mesma — como acontece frequentemente com quem enjoa. Afinal, realmente não sentia mais nada. Apenas estivera nauseada.

Não existe, no mundo, diferença tão complexa como essa entre alguém que sofre de enjoo e alguém que não sofre. Um não é capaz de entender o estado do outro. E eu nunca fui, realmente, boa marinheira. Todo mundo me garantia que, depois dos primeiros dias, o enjoo passava. Comigo, porém, não funcionava assim. Se o mar se agitasse, eu sempre ficava indisposta, especialmente se o navio jogasse da popa à proa. Como, porém, durante nosso cruzeiro o tempo se manteve majoritariamente aberto, pude aproveitar.

Minhas lembranças da Cidade do Cabo são mais vívidas do que de outros lugares. Acho que porque foi o primeiro porto de verdade a que chegamos, e era tudo tão novo e estranho. Os cafres, a Montanha da Mesa, com sua curiosa forma achatada, o brilho do sol, os deliciosos pêssegos, os banhos de mar — tudo foi maravilhoso. Nunca mais retornei — realmente não consigo dizer o porquê. Amei tanto. Ficamos em um dos melhores hotéis, onde Belcher se fez logo notar. Ficou furioso com a fruta servida no café da manhã, que estava dura e verde.

— Você chama isso de quê? — rugia ele. — Pêssegos? Podem atirá-los no chão que não fará diferença. — Ele adequou sua ação à palavra e jogou cerca de cinco pêssegos verdes. — Está vendo? Eles não amassam porque não estão maduros.

Foi então que tive a impressão de que viajar com Belcher poderia não ser tão agradável quanto havia parecido à nossa mesa de jantar no apartamento um mês antes.

Este não é um guia de viagens — apenas uma lembrança daquelas memórias que se destacam em minha mente; momentos que me importaram, lugares e incidentes que me encantaram. A África do Sul significou muito para mim. A partir da Cidade do Cabo, o grupo dividiu-se: Archie, Mrs. Hyam e Sylvia foram a Porto Elizabeth, e se reuniriam a nós na Rodésia. Belcher, Mr. Hyam e eu fomos às minas de diamantes em Kimberley, continuando por Matopos e seguindo para Salisbury. Minha memória me leva de volta àqueles dias quentes e áridos no trem que rumava para o norte através de Karoo, à sede constante, às limonadas geladas. Lembro-me de uma longa linha reta de ferrovia em Bechuanaland. Tenho lembranças vagas de Belcher intimidando Bates e discutindo com Hyam. Achei os Matopos empolgantes, com seus grandes pedregulhos empilhados como se um gigante os tivesse jogado ali.

Em Salisbury, passamos momentos agradáveis entre ingleses simpáticos e felizes e, de lá, Archie e eu fizemos uma rápida viagem às Cataratas de Vitória. Estou feliz por nunca ter voltado, de modo que minha primeira lembrança delas permanece inalterada. Grandes árvores, uma neblina de chuva fina e macia nas cores do arco-íris; vagueava pela floresta com Archie, e de vez em quando a névoa de arco-íris se desfazia para mostrar, por um segundo tentador, as cataratas jorrando em toda a sua glória. Sim, incluo aquele lugar nas *minhas* sete maravilhas do mundo.

346

Fomos a Livingstone e vimos os crocodilos nadando e os hipopótamos. Dessa viagem de trem, trouxe animais de madeira esculpida, oferecidos em várias estações por meninos nativos que pediam três ou seis *pence* por cada. Eram estatuetas encantadoras. Ainda tenho várias delas, esculpidas em madeira macia e marcadas, suponho, com um ferro em brasa: antílopes africanos, girafas, hipopótamos, zebras — simples, primitivas e com um charme muito peculiar.

Fomos a Johanesburgo, de onde não tenho nenhuma lembrança; a Pretória, de onde me recordo da pedra dourada dos Union Buildings; depois a Durban, que foi uma decepção, porque tínhamos que tomar banho de mar num tipo de cercado de rede. A coisa de que mais gostei, suponho, na Província do Cabo, foram os banhos de mar. Sempre que podíamos tirar uma folga — ou melhor, quando Archie podia — pegávamos o trem e íamos surfar em Muizenberg.

As pranchas de surfe na África do Sul eram feitas de madeira leve, finas, fáceis de transportar, e logo se pegava o jeito de entrar nas ondas. Às vezes era doloroso quando você mergulhava de nariz na areia, mas no geral era um esporte fácil e muito divertido. Fizemos piqueniques lá, sentados nas dunas. Lembro-me das belas flores, sobretudo, penso eu, na casa ou no Palácio do Bispo, onde devemos ter ido a alguma festa. Havia um jardim vermelho, e também um jardim azul, com altas flores da mesma cor. O jardim azul era particularmente lindo com várias touceiras de dentelárias.

Os negócios foram bons na África do Sul, o que nos animou. Éramos convidados do governo em praticamente todos os hotéis e tínhamos viagens gratuitas nos trens — portanto, apenas nossa viagem pessoal às cataratas nos envolveu em despesas sérias.

Da África do Sul partimos para a Austrália. Foi uma viagem longa e bastante cinzenta. Era um mistério para mim por que, como explicou o capitão, o caminho mais curto para a Austrália era descer em direção ao Polo e então subir novamente. Ele desenhou diagramas que acabaram me convencendo, mas é difícil lembrar que a Terra é redonda, mas tem polos planos. Embora seja um fato geográfico, não é fácil para nós aceitá-lo. Não havia muito sol, mas foi uma jornada bastante calma e agradável.

Sempre me pareceu curioso que os países jamais sejam descritos de modo que os reconheçamos quando, por acaso, os visitamos. Minhas próprias ideias esboçadas da Austrália incluíam cangurus em grandes quantidades e um deserto sem fim. O que mais me surpreendeu quando chegamos a Melbourne foi o aspecto extraordinário das árvores e a diferença que os eucaliptos australianos faziam na paisagem. As árvores são sempre as primeiras coisas que noto nos lugares, ou então a forma das colinas. Na Inglaterra, somos acostumados com árvores de troncos escuros e galhos de folhas claras; dar de cara com o inverso na Austrália foi bastante surpreendente. Troncos brancos prateados por toda parte, e folhas mais escuras, causavam a impressão de estarmos vendo fotografias no negativo. Invertia todo o aspecto da paisagem. Outra coisa excitante eram as araras: azuis, vermelhas e verdes, voando em grandes grupos. Sua coloração era maravilhosa, como joias voadoras.

Ficamos em Melbourne por um curto período e fizemos várias viagens a partir de lá. Lembro-me de uma viagem especialmente por causa das gigantescas samambaias. Esse tipo de folhagem de selva tropical era a última coisa que eu esperava ver na Austrália. Foi adorável, e muito emocionante. A comida não era tão agradável. Exceto pelo hotel em Melbourne, onde era boa e variada, parecíamos estar sempre comendo carne de boi e peru incrivelmente duros. Os arranjos sanitários também eram um pouco embaraçosos para alguém com educação vitoriana. As damas do grupo eram educadamente conduzidas a uma sala onde dois penicos, apenas, ficavam no centro do cômodo, prontos para serem usados conforme desejado. Não havia privacidade, e era bem complicado...

Cometi uma gafe social na Austrália, e mais uma vez na Nova Zelândia, ao tomar meu lugar à mesa. A Missão era geralmente recebida pelo prefeito ou pela Câmara de Comércio nos vários lugares que visitávamos, e na primeira vez que isso aconteceu, fui, com toda a inocência, sentar-me ao lado do prefeito ou de algum outro dignitário.

— Acho, Mrs. Christie, que preferirá sentar-se ao lado do *seu* marido — disse uma senhora de aparência ácida.

Com o rosto envergonhado, corri para tomar meu lugar ao lado de Archie. Os arranjos apropriados nesses almoços eram que todas as esposas se sentassem ao lado de seus maridos. Depois de me esquecer ainda mais uma vez desse fator na Nova Zelândia, aprendi qual deveria ser o meu lugar.

Ficamos em Nova Gales do Sul em um posto de residência para oficiais chamado, acho, Yanga, onde me lembro de ver cisnes negros navegando em um grande lago. Era uma bela imagem. Enquanto Belcher e Archie estavam ocupados apresentando as reivindicações do Império Britânico, a migração dentro do Império, a importância do comércio dentro do Império, e assim por diante, tive permissão para passar um dia feliz sentada nos laranjais. O sol estava delicioso. Consegui uma bela espreguiçadeira e comi 23 laranjas — selecionando cuidadosamente as melhores das árvores ao meu redor. Laranjas maduras colhidas diretamente das árvores são as coisas mais deliciosas que se pode imaginar. Fiz muitas descobertas sobre frutas. Abacaxis, por exemplo, sempre pensei que ficassem pendurados graciosamente em árvores. Fiquei tão espantada ao descobrir abacaxis em um enorme campo que eu havia imaginado estar cheio de repolhos. De certa forma, foi uma decepção. Parecia uma maneira prosaica demais para o cultivo de uma fruta tão gostosa.

Parte de nossa viagem foi feita de trem, mas um bom trecho dela foi percorrido de carro. Conforme dirigíamos por aqueles enormes trechos de pastagens planas, sem nada para romper o horizonte exceto alguns moinhos de vento, me dei conta de como tudo aquilo poderia ser assustador: como era fácil se perder no mato. O sol estava tão alto sobre nossa cabeça que perdíamos a noção do norte, sul, leste ou oeste. Não havia pontos de referência para nos guiar. Jamais pudera conceber que existisse um deserto verde e gramado — sempre pensei neles como terrenos arenosos — mas, mesmo nestes, parece-me que há mais marcos, ou pelo menos protuberâncias pelas quais nos guiarmos, coisa que absolutamente não havia nas planícies de capim da Austrália.

Fomos para Sydney, onde passamos um momento alegre, mas, tendo ouvido falar de Sydney e do Rio de Janeiro como os lugares com os portos mais bonitos do mundo, fiquei decepcionada. Esperava muito da cidade, suponho. Felizmente, nunca estive no Rio, então ainda posso imaginá-lo muito belo.

Foi em Sydney que entramos em contato pela primeira vez com a família Bell. Sempre que penso na Austrália, penso nos Bell. Uma jovem, um pouco mais velha do que eu, abordou-me uma noite no hotel, apresentou-se como Una Bell e convidou nosso grupo para passar alguns dias em sua fazenda em Queensland. Como Archie e Belcher teriam de viajar para algumas cidades a trabalho, ficou combinado que eu a acompanharia à fazenda, em Coochin Coochin, e lá esperaria pela chegada deles.

Fizemos uma longa viagem de trem — lembro-me que foram várias horas — e eu quase morri de cansaço. Depois disso, seguimos de carro até finalmente chegarmos a Coochin Coochin, perto de Boona, em Queensland. Eu ainda estava meio adormecida quando de repente me deparei com uma cena exuberante. Os quartos, iluminados por lamparinas, estavam cheios de belas moças, sentadas e me oferecendo bebidas — chocolate, café, qualquer coisa que eu pudesse querer. Todas falavam ao mesmo tempo, tagarelavam e riam. Tive aquela sensação atordoada em que você não vê o dobro, mas o quádruplo de tudo. Pareceu-me que a família Bell tinha cerca de 26 pessoas. No dia seguinte, vi que eram apenas quatro moças e o mesmo número de rapazes. Todas as garotas se pareciam um pouco, exceto Una, que tinha cabelos escuros. As outras eram loiras, altas, com rostos bastante compridos; todas graciosas em movimento, maravilhosas amazonas, garotas irrequietas e enérgicas.

Foi uma semana gloriosa. A energia das garotas Bell era tanta que eu mal conseguia acompanhar o ritmo delas, mas me apaixonei por cada um dos irmãos: Victor, que era alegre e flertava maravilhosamente; Bert, que cavalgava de modo esplêndido e era mais sério; Frick, que era quieto e gostava de música. Acho que foi por Frick que eu realmente caí de amores. Anos mais tarde, seu filho Guilford se juntaria a Max e a mim em nossas expedições arqueológicas ao Iraque e à Síria, e ainda o considero quase um filho.

A figura dominante na casa dos Bell era a mãe, Mrs. Bell, uma viúva havia muitos anos. Carregava alguns traços da Rainha Victoria: baixa, com cabelos grisalhos, quieta, mas de maneiras autoritárias, governava com absoluta autocracia e sempre era tratada como se pertencesse à realeza.

Entre os vários domésticos, empregados da fazenda e outros ajudantes, a maioria era mestiça, e só havia um ou dois aborígines nativos, originais.

— Você tem que ver Susan — disse Aileen Bell, a caçula das irmãs Bell, logo na primeira manhã.

— Quem é Susan?

— Ah, uma das *pretas*.

Os aborígines eram sempre chamados de "pretos".

— Susan é uma das *pretas*, mas é genuína, puro-sangue autêntica, e é capaz de fazer as imitações mais maravilhosas.

Então, uma nativa, idosa e curvada, veio até nós. Reinava tanto no seu meio quanto Mrs. Bell entre os seus familiares. Fez para mim imitações de todas as moças e de muitos dos irmãos, das crianças e até mesmo dos cavalos: imitava com naturalidade e divertia-se dando seu espetáculo. Ela também cantou, canções estranhas e desafinadas.

— Agora, Susan — disse Aileen. — Imite minha mãe saindo para olhar as galinhas.

Mas Susan balançou a cabeça.

— Ela nunca imita minha mãe — disse ela. — Diz que não seria respeitoso e que ela não poderia fazer uma coisa dessas.

Aileen tinha vários cangurus de estimação, assim como muitos cachorros e, naturalmente, cavalos. Os Bell insistiram para que eu montasse, mas eu não achava que minhas experiências com caçadas em Devonshire me garantiam o título de amazona. Além disso, ficava sempre nervosa quando montava cavalos de outras pessoas, com medo de machucá-los. Eles cederam, e fomos passear de carro. É uma experiência interessante assistir à reunião do gado e a todos os outros aspectos da vida de uma grande fazenda. Parece que os Bell tinham posse de grandes terrenos em Queensland, e, se tivéssemos tido tempo, Aileen disse que me levaria para visitar a fazenda do norte, que era muito mais selvagem e primitiva. Nenhuma das moças da família Bell parava de falar. Adoravam seus irmãos e consideravam-nos verdadeiros heróis, de um modo inteiramente novo para mim. Andavam sempre de um lado para outro, de fazenda para fazenda, visitando amigos, indo a Sydney, a corridas de cavalos e flertando com vários jovens, a quem se referiam sempre como "cupons" — uma reminiscência da guerra, suponho.

Archie e Belcher chegaram cansados de seus esforços. Tivemos um fim de semana alegre e despreocupado com vários passatempos inusitados, incluindo uma expedição em um trem de pequeno calibre, do qual me foi permitido, por alguns quilômetros, dirigir a locomotiva. Havia também um grupo de membros do Parlamento do Partido Trabalhista Australiano, que, depois de um almoço divertido, estavam um pouco alterados; quando eles se alternavam para conduzir o trem, corríamos perigo mortal, porque o colocavam numa velocidade altíssima.

Infelizmente nos despedimos de nossos amigos — ou da maior parte deles, pois uma parte nos acompanharia até Sydney. Tivemos um breve vislumbre das Montanhas Azuis, e lá novamente fiquei encantada, por nunca antes ter visto uma paisagem tão colorida. Ao longe, as colinas *eram* realmente azuis — um azul cobalto, não o tipo de azul acinzentado que eu associava às colinas. Pareciam recém-pintadas em um pedaço de papel, saídas de um estojo de tintas.

A Austrália fora bastante extenuante para a Missão Britânica. Todos os dias eram ocupados com discursos, jantares, almoços, recepções, longas viagens entre lugares diferentes. Eu já sabia de cor todos os discursos de Belcher. Ele era bom nisso, cumprindo seu serviço com total espontaneidade e entusiasmo, como se tudo tivesse acabado de passar pela sua cabeça. Archie fazia um bom contraste com ele por seu ar de prudência e sagacidade financeira. Archie, logo no começo — na África do Sul, acho — foi referido nos jornais como o governador do Banco da Inglaterra. Nenhum dos desmentidos que fez foi publicado; portanto, continuou governador do Banco da Inglaterra.

Da Austrália fomos para a Tasmânia, viajando de Launceston a Hobart — incrivelmente bela, com seu mar e porto de um azul profundo, além de todas as suas flores, árvores e arbustos. Pretendia retornar e morar lá algum dia.

De Hobart fomos para a Nova Zelândia. Lembro-me bem dessa viagem, pois caímos nas garras de um homem conhecido por todos nós como "O Desidratador". Foi na época em que a ideia de desidratar os alimentos estava na moda. Este homem nunca olhava para nenhum item na fila de comida sem pensar em como poderia desidratá-lo, e a cada refeição, pratos cheios eram enviados de sua mesa para a nossa, implorando-nos para experimentá-los. Cenouras desidratadas, ameixas, tudo — todos, sem exceção, tinham gosto de *nada*.

— Se eu tiver que continuar fingindo comer mais alguma dessas comidas desidratadas, vou enlouquecer — disse Belcher.

Mas, como o Desidratador era rico e poderoso, e poderia ser de grande utilidade para a Exposição do Império Britânico, Belcher teve que controlar seus sentimentos e continuar a "brincar" com cenouras e batatas desidratadas.

Por essa altura, as primeiras delícias da viagem em grupo estavam se acabando. Belcher não era mais nosso amigo e agradável companheiro de jantar. Ele era rude, arrogante, intimidador, imprudente e mesquinho em assuntos curiosamente simples. Por exemplo, ele sempre me mandava comprar meias brancas de algodão ou outras roupas íntimas, e nunca por acaso me pagava pelo que eu comprava.

Se alguma coisa o deixasse de mau humor, ele era tão impossível de se lidar que passávamos a detestá-lo com um ódio virulento. Ele se comportava como uma criança mimada e travessa. O mais desconcertante era que, quando ele recuperava a paciência, podia exibir tanta *bonomia* e charme que, de alguma forma, esquecíamos nosso ódio e voltávamos a nos tratar como agradáveis amigos. Quando estava prestes a ficar enfezado, sempre se sabia, já que ele inchava lentamente e seu rosto se tingia de vermelho, como o de um peru. Então, mais cedo ou mais tarde, ele esbravejava com todos. Quando estava de bom humor, contava histórias de leões, das quais tinha um grande estoque.

Ainda acho a Nova Zelândia o país mais bonito que já vi. Suas paisagens são extraordinárias. Estivemos em Wellington em um dia perfeito; algo que, a julgar pelo que disseram seus habitantes, raramente sucedia. Fomos para Nelson e depois descemos a Ilha Sul, passando pelo Buller Gorge e pelo Kawarau Gorge. Em todos os lugares a beleza do campo era surpreendente. Jurei então que voltaria um dia, na primavera — a primavera deles, quero dizer, não a nossa — e veria a *rata* em flor, toda dourada e vermelha. Nunca retornei. Durante a maior parte da minha vida, a Nova Zelândia esteve tão longe. Agora, com a chegada das viagens aéreas, são apenas dois ou três dias de viagem. Meu tempo de viajar, porém, já passou.

Belcher estava feliz por retornar à Nova Zelândia. Ele tinha muitos amigos lá e estava animado como um menino em férias. Quando Archie e eu partimos para Honolulu, ele nos deu sua bênção e nos incentivou à diversão. Para Archie, foi um paraíso não ter mais trabalho e, portanto, não mais brigar com um colega rabugento e mal-humorado. Fizemos uma viagem lenta, parando em Fiji e outras ilhas, e finalmente chegamos a Honolulu. Era muito mais sofisticado do que imaginávamos, com uma massa de hotéis, estradas e automóveis. Chegamos de manhã cedo, entramos em nossos quartos no hotel e logo, vendo pela janela as pessoas surfando na praia, descemos correndo, alugamos nossas pranchas e caímos no mar. É claro que éramos completos inocentes. Era um dia ruim para surfar — um dos dias em que só entram os profissionais —, mas nós, que havíamos surfado na África do Sul, achávamos que sabíamos tudo. É muito diferente em Honolulu. A prancha, por exemplo, é uma grande placa de madeira, pesada demais para ser levantada. As pessoas se deitavam na prancha e remavam lentamente em direção ao recife, que ficava — ou assim me pareceu — a cerca de 1,5 quilômetro de distância. Então, quando finalmente chegavam lá, era preciso se posicionar e esperar que o tipo apropriado de onda viesse para atirá-las por cima do mar até a praia. Não é tão fácil quanto parece. Primeiro é preciso reconhecer a onda certa, e em segundo lugar, algo ainda mais importante, saber qual é a onda *errada*, porque se *essa* pega e empurra você para o fundo, é um Deus nos acuda.

Eu não era uma nadadora tão boa quanto Archie, então demorei mais para chegar aos recifes. A essa altura, já perdera Archie de vista; presumi que estivesse se lançando negligentemente em direção à praia, como os outros estavam fazendo. Então subi em minha prancha e esperei pela onda. Ela veio. Era do tipo impróprio. Num abrir e fechar de olhos eu e minha prancha fomos separadas. Primeiro, a onda, depois de me arrastar violentamente para o fundo do mar, sacolejou meu corpo inteiro. Quando atingi novamente a superfície, sem fôlego e tendo engolido enormes quantidades de água salgada, avistei minha prancha, flutuando a quase 1,5 quilômetro de mim, em direção à praia. Nadei com muito esforço atrás dela. Então um jovem dos Estados Unidos recuperou-a para mim, dizendo:

— Escute, moça, se eu fosse você, não surfaria hoje. É um risco tremendo. Pegue a prancha e nade de volta à praia.

Segui imediatamente o conselho.

Em pouco tempo, Archie se juntou a mim. Ele também havia sido separado de sua prancha. Sendo um nadador mais forte, porém, ele a havia recuperado mais rapidamente. Ele fez mais uma ou duas tentativas, e conseguiu sucesso. A essa altura estávamos machucados, arranhados e completamente exaustos. Devolvemos nossas pranchas de surfe, rastejamos pela praia, subimos para nossos quartos e caímos exaustos em nossas camas. Dormimos cerca de quatro horas, mas ainda estávamos exaustos quando acordamos.

— Imagino que existam pessoas que vejam prazer em surfar — disse a Archie, duvidosamente. Em seguida, suspirando, acrescentei: — Queria estar em Muizenberg de novo.

Da segunda vez em que entrei na água, ocorreu uma catástrofe. Meu lindo maiô de seda, que me cobria dos ombros aos tornozelos, foi-me mais ou menos arrancado pela força das ondas. Quase nua, recorri à minha saída de praia e voltei da loja do hotel com um maravilhoso e reduzido maiô de lã, verde-esmeralda, que fez a alegria da minha vida e no qual achei que ficava bem bonita. Archie achou o mesmo.

Passamos quatro dias luxuosos nesse hotel; depois, tivemos que procurar algo mais barato. Por fim, alugamos um pequeno chalé, do outro lado da rua, em frente ao hotel. Custava a metade do preço. Passávamos os dias na praia surfando e, pouco a pouco, fomos também ficando peritos, pelo menos do ponto de vista europeu. Nossos pés foram bastante cortados pelos corais, até que compramos umas botas macias de couro especial que se amarravam nos tornozelos.

Não posso dizer que gostamos dos nossos primeiros quatro ou cinco dias de surfe — foi penoso demais; tivemos, entretanto, de vez em quando, momentos de intensa alegria. Logo aprendemos, também, a surfar da maneira mais fácil. Pelo menos eu aprendi; Archie geralmente ia até os recifes por seus próprios meios. A maior parte das pessoas contratava os serviços de um rapaz havaiano que as rebocava deitadas até lá, segurando a prancha com o dedão do pé e nadando vigorosamente. Depois, as pessoas esperavam as instruções dele:

— Não, esta agora não, senhora. Não, não, espere… *agora!*

Quando ele dizia a palavra "agora", lá íamos na onda, e era divino! Não existe nada igual! Nada como correr sobre a água a uma velocidade que nos parece de trezentos quilômetros por hora, e que abranda suavemente na praia quando nos afundamos na maciez das ondas. É um dos prazeres físicos mais perfeitos que já experimentei.

Passados dez dias, comecei a ousar. Depois de me lançar na onda, eu me levantava cuidadosamente de joelhos na prancha e então me esforçava para ficar de pé. Sofri nas primeiras seis vezes, mas nada muito doloroso — simplesmente perdia o equilíbrio e caía da prancha. É claro que perder a prancha resultava em mergulhos adicionais e cansativos, mas com sorte, o garoto havaiano estava logo atrás e recuperava a prancha. Então ele me rebocava novamente e eu tentava mais uma vez. Recordo do momento de triunfo completo no dia em que mantive meu equilíbrio e cheguei à praia de pé na minha prancha!

Mas não deixáramos de ser principiantes: subestimamos completamente a força do sol. Por estarmos sempre molhados e dentro d'água, não percebíamos o que o sol poderia nos causar. Normalmente, o melhor horário para surfar era no início da manhã ou no final da tarde, mas íamos surfar ao meio-dia com muita alegria — ao meio-dia, como bons simplórios que éramos — e o resultado logo ficou aparente. Dores agonizantes, costas e ombros queimando a noite toda, e, finalmente, bolhas enormes na pele. Morria de vergonha de descer para jantar em um vestido de noite. Precisava cobrir meus ombros com uma echarpe. Archie enfrentou os olhares estranhos na praia e foi de pijama. Eu vesti uma espécie de camisa branca, que me cobria os ombros e os braços. Assim, ficamos sentados ao sol, evitando seus raios ardentes, e só despimos essas roupas quando fomos nadar. Mas o dano já estava feito e demorou muito para que meus ombros se recuperassem. Há algo bastante humilhante em arrancar uma enorme tira de pele morta do seu próprio corpo.

Nosso pequeno chalé tinha bananeiras ao redor — mas as bananas, assim como os abacaxis, foram uma ligeira decepção. Imaginei estender a mão, arrancar uma banana do pé e comê-la. Mas as bananas não são tratadas assim em Honolulu. Elas são uma séria fonte de lucro e são sempre cortadas ainda verdes. No entanto, embora não pudéssemos comê-las direto do pé, ainda podíamos desfrutar de uma enorme variedade como jamais imagináramos. Lembro-me de ouvir a Babá, quando eu tinha 3 ou 4 anos de idade, descrever como eram as bananas na Índia, e a diferença entre as bananas-da-terra, que eram grandes e intragáveis, e as nanicas, que eram pequenas e deliciosas — ou era o contrário? Honolulu oferecia cerca de dez variedades. Havia bananas vermelhas, grandes, pequenas, brancas, macias por dentro, bananas de cozinhar e assim por diante. Banana-maçã era de outro sabor, eu acho. Tornávamo-nos muito seletivos na hora de escolher qual banana comer.

Os próprios havaianos também foram um pouco decepcionantes. Eu os tinha imaginado como criaturas requintadas de beleza. Para começar, o cheiro forte de óleo de coco com o qual todas as garotas se lambuzavam já me decepcionou logo de cara, além do que, muitas delas não eram nada bonitas. As enormes refeições de ensopados de carne quente também não eram como se imaginava. Sempre pensei que os polinésios vivessem principalmente de frutas deliciosas de todos os tipos. A paixão deles por carne ensopada me surpreendeu muito.

Nossas férias terminaram, e suspiramos bastante ao pensar que retomaríamos à servidão. Também estávamos ficando um pouco apreensivos financeiramente. Honolulu se provou excessivamente cara. Tudo o que se comia ou bebia custava cerca de três vezes mais do que o imaginado. Alugar uma prancha de surfe, pagar os serviços dos rapazes, tudo custava caro. Até ali tínhamos nos saído bem, mas agora chegara o momento em que uma leve ansiedade pelo futuro alcançou nossas mentes. Ainda tínhamos que enfrentar o Canadá, e as mil libras de Archie se esvaíam rapidamente. Nossas tarifas marítimas já estavam pagas, então não havia preocupação a respeito disso. Eu conseguiria chegar até o Canadá e voltar para a Inglaterra. Mas havia minhas despesas de estadia durante a turnê pelo Canadá. Como manejaria isso? No entanto, tiramos essa preocupação de nossas mentes e continuamos a surfar desesperadamente enquanto podíamos. Até demais, como se provou.

Havia algum tempo eu sentia uma forte dor no pescoço e no ombro. De repente, comecei a ser acordada todas as manhãs por volta das cinco horas com uma dor quase insuportável no ombro e no braço direito. Estava sofrendo de bursite, embora ainda não a chamasse por esse nome. Se eu tivesse algum bom senso, teria parado de usar aquele braço e desistido de surfar, mas nunca pensei em tal coisa. Restavam apenas três dias e eu não podia perder um momento sequer. Surfei, subi na prancha, mostrei minha destreza até o fim. Depois, não consegui dormir à noite por causa da dor. No entanto, eu ainda tinha uma sensação otimista de que ela iria embora assim que eu deixasse Honolulu e parasse de surfar. Como eu estava errada. Sofreria de bursite e de uma dor quase insuportável pelas próximas três semanas.

Quando nos encontramos outra vez, Belcher estava longe de ser beneficente. Parecia guardar algum ressentimento por causa de nossas férias.

— É hora de fazermos algum trabalho — disse ele. — Ociosos todo esse tempo, sem fazer nada, Deus do céu! É extraordinário como isso foi acontecer, pagar as pessoas para não fazerem nada o tempo todo!

Ele ignorou o fato de que ele próprio havia se divertido na Nova Zelândia e estava arrependido de ter deixado seus amigos.

Como minha dor não passava, fui ver um médico. O doutor foi pouco útil, oferecendo-me uma pomada para esfregar na cavidade do meu cotovelo quando a dor piorasse. Deve ter sido algo à base de cápsico, presumo; praticamente fez um buraco na minha pele e não aliviou a dor. Eu estava completamente infeliz. Dor constante derruba qualquer um. Começava todas as manhãs bem cedo. Eu costumava sair da cama e caminhar, já que isso parecia tornar a dor mais suportável. Ela durava uma ou duas horas, e depois voltava com vigor redobrado.

Pelo menos a dor tirou minha mente de nossas crescentes preocupações financeiras. Chegara, porém, a hora de as enfrentarmos. As mil libras de Archie haviam praticamente acabado. Ainda restavam três semanas à frente. Chegamos à conclusão de que a única coisa a fazer seria eu não acompanhá-los à Nova Escócia e a Labrador, partindo em vez disso para Nova York tão logo o dinheiro findasse. Poderia ficar com Tia Cassie ou com May, enquanto Archie e Belcher estivessem pesquisando a indústria de peles de raposas prateadas.

Mesmo assim, as coisas não seriam fáceis. Eu podia até me dar ao luxo de ficar nos hotéis, as *refeições* é que ficavam dispendiosas. No entanto, cheguei a um plano muito bom: faria do café da manhã minha refeição. O café da manhã custava um dólar — na época, cerca de quatro xelins em dinheiro inglês. Então, eu tomava café da manhã no restaurante e comia tudo o que estava no cardápio. Isso, posso dizer, foi um bom negócio. Comia toranja, mamão, bolinhos de trigo, panquecas com xarope de bordo, ovos e presunto. Quando terminava, sentia-me como uma jiboia estufada, mas conseguia ficar sem comer até a noite.

Recebemos vários presentes durante nossa estadia nos Domínios: um lindo tapete azul para Rosalind com animais, que eu estava ansiosa para colocar em seu berçário, e várias outras coisas — echarpes, um outro tapete e assim por diante. Entre esses presentes estava um enorme pote de extrato de carne da Nova Zelândia. Tínhamos trazido isso conosco, e agora eu estava agradecida por tê-lo feito, pois percebi que ia depender dele para me sustentar. Como lamentava, agora, não ter lisonjeado o Desidratador o bastante para que ele me tivesse presenteado com grandes quantidades de cenouras, carne, tomates e outras deliciosas iguarias desidratadas!

Quando Belcher e Archie partiam para seus jantares na Câmara de Comércio, ou onde quer que estivessem jantando oficialmente, eu me retirava para a cama, tocava a campainha, dizia que não estava me sentindo bem e pedia uma enorme jarra de água fervente como remédio para minha dor: indigestão. Quando ela chegava, eu acrescentava um pouco de extrato de carne, e me nutria com aquilo até a manhã. Era um pote imenso que durou cerca de dez dias. Às vezes, é claro, também me convidavam para almoços ou jantares. Eram dias de glória. Fui particularmente afortunada em Winnipeg, onde a filha de um dos altos funcionários civis me visitou no hotel e me levou para almoçar num hotel de luxo. Foi uma refeição gloriosa. Aceitei todas as iguarias mais substanciais que me foram oferecidas. Ela comeu delicadamente. Não sei o que achou do meu apetite.

Acho que foi em Winnipeg que Archie acompanhou Belcher na visita a uns silos de cereais. É claro que deveríamos saber que qualquer pessoa com sinusite nunca deveria se aproximar de cereais armazenados, mas suponho que isso não tenha ocorrido a ele ou a mim. Quando retornou naquele dia, seus olhos lacrimejavam, e ele parecia tão doente que eu fiquei completamente alarmada. No dia seguinte, conseguiu viajar até Toronto, mas, uma vez lá, desmaiou completamente. Então, sua continuação na turnê ficou fora de questão.

Belcher, é claro, se enfureceu. Não expressou solidariedade. Dizia que Archie o estava decepcionando. Archie era jovem e forte, era uma tolice se entregar daquele jeito. Sim, claro, ele sabia que Archie estava com febre. Se tinha uma saúde tão debilitada, nunca deveria ter ido, pensava ele. Agora, restava a Belcher lidar com toda a responsabilidade. Bates era inútil, como todos sabiam. Servia apenas para fazer as malas, e mesmo assim as fazia de forma errada. Aquele tolo não conseguia nem dobrar as calças do jeito certo.

Chamei o médico recomendado pelo hotel, e ele informou que Archie estava com congestão pulmonar, não deveria viajar e não estava apto para qualquer tipo de atividade por pelo menos uma semana. Furioso, Belcher partiu, e eu fiquei, quase sem dinheiro, sozinha em um hotel grande, com um paciente que, a essa altura, delirava. Sua temperatura estava acima de 39° graus. Além disso, apareceu-lhe urticária: estava coberto dela da cabeça aos pés, e sofria horrores com a irritação e com a coceira.

Foram dias terríveis, e fico feliz por ter me esquecido de todo aquele desespero e solidão. A comida do hotel não era boa para Archie, mas eu saí para comprar o necessário para sua dieta: água de cevada e um mingau bem ralo, de que ele gostava bastante. Pobre Archie, nunca vi ninguém tão desesperado como ele, com aquela medonha urticária! Sete ou oito vezes por dia tinha de passar pelo corpo dele uma esponja embebida numa solução de bicarbonato de sódio, o que lhe dava certo alívio. Ao terceiro dia, o médico sugeriu que pedíssemos a opinião de outro profissional da saúde. Dois homens, que mais pareciam dois mochos, instalaram-se dos lados da cama de Archie, muito sérios, balançando gravemente a cabeça e dizendo que o caso era grave. Bem, essas coisas se enfrentam. Certa manhã, a temperatura de Archie desceu, sua urticária mostrou sinais de regressão, e tornou-se evidente que ele estava a caminho da recuperação; eu é que, nessa altura, me sentia mais fraca do que um gato recém-nascido, principalmente, creio, por causa da ansiedade daqueles longos dias.

Em mais quatro ou cinco dias, Archie recuperou a saúde, embora ainda estivesse um pouco fraco, e nos reunimos ao detestável Belcher. Agora não lembro para onde fomos em seguida; possivelmente Ottawa, que eu adorei. Era outono, e os bosques de bordo estavam lindos. Ficamos em uma casa particular com um almirante de meia-idade, um homem encantador que tinha um adorável cão-lobo da Alsácia. O cachorro costumava puxar um carrinho, no qual eu passeava por entre as árvores do jardim.

Depois de Ottawa fomos para Rockies, a Lake Louise e a Banff. Lake Louise foi, por muito tempo, minha resposta quando me perguntavam qual era o lugar mais bonito que eu já tinha visto: um grande, longo lago azul, montanhas baixas de ambos os lados, tudo de uma forma gloriosa, com montanhas nevadas ao fundo. Em Banff tive muita sorte. Minha bursite ainda estava me causando muita dor e resolvi experimentar as águas quentes com enxofre que muitas pessoas garantiam que me fariam bem. Todas as manhãs eu me submergia nelas. Era uma espécie de piscina na qual, se eu fosse até uma das extremidades, conseguiria pegar a água quente saindo da nascente, ainda com um forte cheiro de enxofre. Banhei toda a parte de trás do meu pescoço e ombros. Para minha alegria, ao fim de quatro dias, minha bursite me deixou para sempre. Estar livre da dor mais uma vez era um prazer inacreditável.

Então lá estávamos nós, Archie e eu, em Montreal. Nossas estradas se separariam: Archie iria com Belcher inspecionar as fazendas de raposas prateadas, e eu pegaria um trem para o sul até Nova York. Meu dinheiro já tinha acabado completamente.

Fui recebida pela querida Tia Cassie em Nova York. Ela era boa, doce e carinhosa comigo. Fiquei com ela no apartamento que ela tinha em Riverside Drive. Ela devia ter uma boa idade naquela época — quase 80 anos, acho. Mesmo assim, me levou para ver sua cunhada, Mrs. Pierpont Morgan, e alguns dos Morgan mais jovens da família. Também me levou a restaurantes esplêndidos e me ofereceu as comidas mais deliciosas. Falou muito sobre meu pai e seus primeiros dias em Nova York. Sim, fui feliz ali. No último dia da estadia, Tia Cassie me perguntou o que eu gostaria de fazer como presente. Respondi-lhe que gostaria de comer uma refeição em uma cafeteria. As cafeterias ainda eram desconhecidas na Inglaterra, mas eu sabia da sua existência através das minhas leituras, e estava curiosa para ver como eram. Tia Cassie achou meu pedido extraordinário. Não podia conceber que *alguém* desejasse comer numa cafeteria; porém, como só queria me agradar, foi até uma comigo. Disse que foi sua primeira visita também. Peguei a bandeja e fui escolhendo no balcão o que me apetecia. Achei a experiência nova e divertida.

Então chegou o dia em que Archie e Belcher deveriam reaparecer em Nova York. Estava feliz em saber que eles estavam a caminho, porque, apesar de toda a gentileza de Tia Cassie, eu começava a me sentir como um pássaro em uma gaiola dourada. Tia Cassie nunca sonhou em me permitir sair sozinha para lugar algum. Isso era tão extraordinário para mim, depois de me movimentar livremente em Londres, que me deixou inquieta.

— Mas por quê, Tia Cassie?

— Ah, você nunca sabe o que pode acontecer com alguém jovem e bonita como você, que não conhece Nova York.

Assegurei-lhe que estava tudo bem, mas ela insistia em me mandar de carro com um motorista ou me acompanhar por conta própria. Às vezes, eu me sentia inclinada a escapulir por três ou quatro horas, mas sabia que isso a deixaria preocupada, então me continha. Comecei a ansiar, porém, por estar logo em Londres e poder sair pela porta da frente a qualquer momento que quisesse.

Archie e Belcher passaram uma noite em Nova York e no dia seguinte embarcamos no *Berengaria* para nossa viagem de volta à Inglaterra. Não posso dizer que gostei de estar no mar novamente, mas daquela vez fiquei apenas moderadamente enjoada. Mau tempo, todavia, chegou em má ocasião, pois acabáramos de iniciar um torneio de bridge, e Belcher havia insistido que eu fosse sua parceira. Eu não queria; Belcher era bom jogador de bridge, mas detestava de tal modo perder que, sempre que isso acontecia, ficava extremamente carrancudo. No entanto, pensei que em breve ficaria livre dele, e por isso aceitei entrar no torneio. Inesperadamente, chegamos à final. Foi nesse dia que se levantou vento, e o navio começou a jogar, da popa à proa. Eu não ousava sequer pensar em me retirar, e minha esperança era que não me sucedesse nenhuma desgraça à mesa do jogo. Foram dadas as cartas da última partida e, quase imediatamente, Belcher, com uma terrível carranca, jogou as suas na mesa.

— Não tenho a menor condição de jogar com essas cartas — disse ele. — Não vale a pena.

Belcher ficou carrancudo e furioso, e estou certa de que pouco faltou para ele abandonar as cartas e entregar o jogo aos adversários, uma vitória fácil para os oponentes. No entanto, eu mesma parecia ter ficado com todos os ás e reis do baralho. Joguei atrozmente, mas felizmente as cartas se jogaram sozinhas. Eu não tinha como perder. Na aflição do enjoo, tirei a carta errada, esqueci o que eram os trunfos, fiz todas as tolices possíveis — mas minha mão era boa demais. Fomos vencedores triunfantes do torneio. Então me retirei para minha cabine, para gemer miseravelmente até ancorarmos na Inglaterra.

Acrescento, como pós-escrito às aventuras do ano, que não cumprimos nossa promessa de nunca mais falar com Belcher. Tenho certeza de que todos que lerem isto vão entender. As fúrias que tantas vezes sentimos quando estamos presos com outra pessoa evaporam-se rapidamente quando o tempo de estresse passa. Para nossa enorme surpresa, descobrimos que *gostávamos* de Belcher, gostávamos de sua companhia. Em muitas ocasiões, ele jantou conosco, e nós com ele. Relembramos juntos em perfeita amizade os vários acontecimentos da volta ao mundo, dizendo ocasionalmente a ele:

— Você sabe que se comportou de forma atroz.

— Ouso dizer que sim, ouso dizer que sim — disse Belcher.

— Eu sou assim, vocês sabem. — Ele acenava com a mão. — E não se esqueçam de que eu tinha muitas preocupações, e vocês dois não. Não me aborreceram nem um pouco, exceto quando Archie bancou o idiota a ponto de ficar doente. Fiquei absolutamente perdido naquela quinzena em que tive que me virar sem ele. Você não pode dar um jeito nesse seu nariz e nessa sinusite? Qual é a vantagem de passar a vida com uma sinusite assim? Eu não conseguiria.

Belcher voltara de sua turnê, inesperadamente, noivo. Uma moça bonita, filha de um dos funcionários da Austrália, trabalhara com ele como secretária. Belcher tinha pelo menos 50 anos, e ela, devo dizer, 18 ou 19. De qualquer forma, ele nos anunciou de repente:

— Tenho uma notícia para vocês. Vou me casar com Gladys!

E se casou mesmo. Ela chegou de navio logo após nosso retorno. Curiosamente, acho que foi um casamento bastante feliz, pelo menos por alguns anos. Gladys era bem-humorada, gostava de viver na Inglaterra e lidava bem o rabugento Belcher. Deve ter sido, acho, oito ou dez anos depois, quando ouvimos a notícia de que um divórcio estava em andamento.

— Ela encontrou outro sujeito de quem gostou — anunciou Belcher. — Não posso culpá-la, na verdade. Ela é muito jovem, e é claro que eu sou um velho rabugento para ela. Continuamos bons amigos, e estou arrumando uma boa quantia para ela. É uma boa moça.

— Você sabe que ainda me deve duas libras, dezoito xelins e oito *pence* das meias brancas que comprei para você? — comentei com Belcher em uma das primeiras ocasiões em que jantamos juntos depois de nossa volta.

— Minha doce querida — disse ele. — Realmente devo? Está esperando receber essa quantia de volta?

— Não — confessei.

— Está certa — disse Belcher. — Porque você não vai.

E nós dois rimos.

· UMA AUTOBIOGRAFIA ·

# II

A vida é realmente como um navio — o interior de um navio, quero dizer. Tem compartimentos estanques. Você sai de um, sela e tranca as portas, e se encontra em outro. Minha vida desde o dia em que saímos de Southampton até o dia em que voltamos para a Inglaterra foi um desses compartimentos. Desde então, sinto sempre a mesma coisa em relação a viagens. Adentramos uma outra vida. Você é você mesmo, mas um *eu* diferente. O novo *eu* está livre de todas as centenas de teias e filamentos que o envolvem no casulo da vida doméstica cotidiana: cartas a escrever e contas a pagar, tarefas a fazer, amigos a ver, fotografias a revelar, roupas para consertar, enfermeiras e empregados para apaziguar, comerciantes e lavanderias para repreender. A vida em viagem tem a essência do sonho. É algo fora do normal e, no entanto, faz parte da nossa vida. Está povoada de pessoas que jamais havíamos visto e que jamais veremos de novo. Pode acontecer, eventualmente, algo aborrecido, tal como o enjoo e a solidão, a saudade de pessoas muito amadas — Rosalind, minha mãe, Madge. Mas nos sentimos como os *vikings* ou os mestres marinheiros da era elisabetana, que entraram no mundo da aventura, e o lar não é o lar até que você retorne.

Foi emocionante ir embora; foi maravilhoso voltar. Rosalind nos tratou, como sem dúvida merecíamos, como estranhos desconhecidos.

— Onde está minha Tia Punkie? — perguntou ela após nos lançar um olhar frio.

Minha própria irmã se vingou de mim me instruindo exatamente sobre o que Rosalind podia comer, o que ela deveria vestir, como deveria ser criada, e assim por diante.

Após as primeiras alegrias do reencontro, os obstáculos se desenrolaram. Jessie Swannell tinha partido, sendo incapaz de continuar com minha mãe. Ela havia sido substituída por uma babá idosa, que sempre foi conhecida entre nós como Cuco. Acho que ela adquiriu esse nome pelo fato de que, quando a mudança ocorreu, e Jessie Swannell foi embora chorando amargamente, a nova babá tentou cair nas graças de Rosalind, fechando e abrindo a porta do berçário, entrando e saindo, e exclamando alegremente:

— Cuco, cuco!

Rosalind não gostava, e berrava toda vez que acontecia. Ela se tornou, no entanto, extremamente afeiçoada à sua nova companheira. Cuco era uma pessoa estabanada, incompetente de nascença. Era cheia de amor e bondade, mas perdia tudo, quebrava tudo e fazia comentários de tal idiotice que às vezes mal se podia acreditar neles. Rosalind gostava disso. Ela gentilmente assumiu os assuntos de Cuco.

— Puxa vida! — escutava-se no berçário. — Onde será que eu coloquei a escova da minha querida? Onde poderá ter sido? Será que a botei no cesto da roupa?

— Vou achar a escova para você — dizia a voz de Rosalind para a babá. — Aqui está, na sua cama.

— Puxa vida! Como é que fui deixá-la aí?

Rosalind achava as coisas que Cuco perdia, arrumava as coisas de Cuco e até lhe dava instruções sobre o carrinho, quando saíam juntas:

— Não cruze agora a rua, Babá. Não está na hora, vem vindo um ônibus... Está indo pelo caminho errado, Babá... Pensei que iríamos à loja de lãs; este não é o caminho certo para a loja de lãs!

Essas instruções eram pontuadas pelas exclamações de Cuco: "Puxa vida! Ora, mas por que... Em que é que eu estava pensando?", etc.

As únicas pessoas que acharam Cuco difícil de suportar foram Archie e eu. Ela não parava de falar. A melhor maneira de lidar com isso era fechar os ouvidos e não ouvir, mas de vez em quando, enlouquecida, eu a interrompia. No caminho de táxi para Paddington, Cuco mantinha um fluxo contínuo de observações.

— Olhe, querida. Olhe pela janela agora. Está vendo aquele lugar grande? É Selfridges. Um lugar adorável, Selfridges. Dá para comprar qualquer coisa lá.

— É Harrods, babá — falava, friamente.

— Puxa vida, é verdade! Era Harrods o tempo todo, não era? Você não acha isso engraçado? Porque conhecemos muito bem a Harrods, não é, querida?

— Eu sabia que era Harrods — dizia Rosalind.

Acho possível agora que a inaptidão e a ineficiência geral de Cuco tenham sido responsáveis por fazer de Rosalind uma criança eficiente. Ela não tinha escolha. Alguém tinha que manter o berçário em uma vaga aparência de ordem.

# III

A chegada em casa pode ter começado com alegres reencontros, mas a realidade logo deu as caras. Estávamos sem dinheiro algum. O trabalho de Archie com Mr. Goldstein era coisa do passado e outro jovem estava agora instalado em seu lugar. Eu ainda tinha, é claro, o pé-de-meia do meu avô, então podíamos contar com cem libras ao ano, mas Archie odiava a ideia de tocar em qualquer parte do patrimônio. Ele *tinha* que conseguir algum tipo de emprego, e imediatamente, antes que as demandas de aluguel, o salário de Cuco e as contas semanais de comida começassem a chegar. Não estava fácil encontrar emprego — na verdade, estava ainda mais difícil do que logo depois da guerra. Minhas lembranças da crise que atravessamos são agora, felizmente, bem vagas. Sei, porém, que foi uma época triste, porque Archie andava infeliz, e ele era dessas pessoas que não combinam com a infelicidade. Ele próprio sabia disso. Lembro-me de que uma vez me avisara dessa particularidade, nos primeiros tempos de nossa vida de casados.

— Eu não presto, lembre-se sempre disso, quando a vida não está correndo bem. Não sou bem-humorado na doença, não suporto pessoas doentes e não posso suportar também, junto de mim, gente infeliz ou aflita.

Tínhamos assumido nosso risco de olhos abertos, contentes ao arriscar. Tudo o que podíamos fazer agora era aceitar que a diversão havia acabado e que as consequências como o pagamento, as preocupações e a frustração haviam começado. Eu também me sentia muito inadequada, porque parecia ser de tão pouca ajuda para Archie. Enfrentaríamos tudo isso juntos, disse a mim mesma. Eu tive que aceitar quase desde o início que ele estaria todos os dias em estado de irritação, ou então completamente silencioso e afundado em melancolia. Se tentasse ser alegre, me diziam que eu não tinha noção da gravidade da situação; se estivesse triste, diziam-me:

— Não adianta fazer careta. Você sabia no que estava se metendo!

Na verdade, nada que eu pudesse fazer parecia estar certo.

— Escute, o que eu realmente quero que você faça é que vá embora imediatamente — disse Archie finalmente com firmeza.

— É a única coisa que ajudaria.

— Ir imediatamente? Para onde?

— Não sei. Vá ficar com Punkie; ela ficaria feliz em receber você e Rosalind. Ou vá para casa de sua mãe.

— Mas, Archie, eu quero estar com você. Quero partilhar tudo isso com você, não podemos? Não podemos passar por isso juntos? Não há algo que *eu* possa fazer?

Hoje em dia, suponho que poderia ter dito: "Vou conseguir um emprego", mas não era uma coisa que se pensasse em dizer em 1923. Durante a guerra existiram a Força Aérea Auxiliar Feminina, a Força Aérea Real Feminina e o Corpo Auxiliar Feminino do Exército, ou empregos em fábricas de munições e hospitais. Mas estes eram temporários. Não havia empregos para mulheres em escritórios ou ministérios. Não havia vagas nas lojas. Ainda assim, bati os pés e me recusei a ir embora. Eu poderia pelo menos cozinhar e limpar. Agora não tínhamos empregada. Fiquei quieta e fora do caminho de Archie, o que parecia ser a única atitude que o ajudava.

Ele vagou pelos escritórios do centro e falou com várias pessoas a procura de emprego. Por fim, conseguiu um. Não era um de que ele gostasse — na verdade, ele ficou um pouco apreensivo com a firma que o contratou: eles eram, disse ele, bem conhecidos por serem vigaristas. Ocupavam o lado certo da lei na maior parte do tempo, mas nunca se sabia.

— A questão é que eu tenho que tomar muito cuidado para que eles nunca deixem a batata quente no meu colo — disse Archie.

De todo modo, era um emprego, dava algum dinheiro e o humor de Archie melhorou. Ele foi até capaz de achar algumas de suas experiências diárias engraçadas.

Tentei me acomodar para escrever um pouco, pois achava que era a única coisa que eu podia fazer para conseguir algum dinheiro. Ainda não tinha a ideia de escrever como profissão. As histórias publicadas na *Sketch* me encorajaram: era dinheiro de verdade sendo pago a mim. Essas histórias, no entanto, haviam sido compradas, pagas, e o dinheiro já fora gasto. Comecei a escrever outro livro.

Antes de nossa viagem, Belcher havia me incentivado, quando jantamos com ele em sua casa, Mill House, em Domey, a escrever uma história policial sobre o lugar.

— *O mistério de Mill House* — disse ele. — Ótimo título, não concorda?

Concordei. Achava que *O mistério de Mill House* ou *Assassinato em Mill House* seriam títulos muito bons, e disse que pensaria no assunto. Quando iniciamos nossa volta ao mundo, ele se referiu muitas vezes a esse livro.

— Faço questão de entrar na história, caso escreva *O mistério de Mill House* — disse ele.

— Acho que não poderia incluir você — revelei. — Não posso fazer nada com pessoas reais. Tenho que imaginá-las.

— Que bobagem! — exclamou Belcher. — Não me importo se não for particularmente como eu, mas sempre quis estar em uma história de detetive.

De vez em quando ele perguntava:

— Você já começou esse seu livro? Estou nele?

Em um momento, quando nos sentíamos exasperados com ele, eu disse:

— Sim. Você é a vítima.

— O quê? Você quer dizer que eu sou o sujeito que é assassinado?

— Sim — confirmei com algum prazer.

— Não quero ser a vítima — protestou Belcher. — Na verdade, não serei a vítima. Insisto em ser o assassino.

— Por que você quer ser o assassino?

— Porque o assassino é sempre o personagem mais interessante do livro. Então você tem que fazer de mim o assassino, Agatha, você entende?

— Entendo que você *queira* ser o assassino — disse, escolhendo minhas palavras com cuidado. No final, num momento de fraqueza, prometi que ele o seria.

Eu havia esboçado o enredo deste livro quando estava na África do Sul. Seria novamente, decidi, mais na natureza de um suspense do que de uma história policial, abrangendo boa parte da cena sul-africana. Houve algum tipo de crise revolucionária enquanto estávamos lá, e anotei alguns fatos úteis. Imaginei minha heroína como uma jovem alegre, aventureira, órfã, em busca de aventura. Tentando escrever um capítulo ou dois, achei terrivelmente difícil dar vida à história baseada em Belcher. Eu não poderia escrever sobre ele objetivamente e torná-lo algo além de um completo manequim. Então, de repente, uma ideia me ocorreu. O livro deveria ser escrito em primeira pessoa, alternadamente pela heroína, Ann, e pelo vilão, Belcher.

— Não acredito que ele prefira ser o vilão — disse a Archie em dúvida.

— Dê a ele um título. Acho que ele gostará disso — sugeriu Archie.

Então ele foi batizado de Sir Eustace Pedler, e descobri que se eu fizesse Sir Eustace Pedler escrever seu próprio roteiro, a personagem se tornaria bem mais viva. Não era exatamente Belcher, é claro, mas usava muitas das frases de Belcher, e contava também algumas das suas histórias. Tal como Belcher, Sir Eustace era um mestre na arte do blefe, não tinha muitos escrúpulos, mas, no conjunto, constituía uma figura interessante. Em breve, eu esquecera Belcher e fizera Sir Eustace assumir o controle. Creio que foi a única vez que experimentei colocar num dos meus livros uma pessoa autêntica, que eu conhecera bem, e não me parece que tenha tido êxito. Belcher não chegou a ser verossímil, como personagem; Sir Eustace, porém, sim. De súbito, descobri que estava sendo divertido escrever o livro. Esperava ardentemente que a The Bodley Head o aprovasse.

Minha principal desvantagem ao escrever este livro foi Cuco. Seguindo o hábito das babás daquela época, é claro que ela não fazia nenhum tipo de serviço doméstico; não cozinhava e nem limpava a casa. Era babá de uma criança; portanto, cabia a ela limpar o berçário e lavar a roupa da sua "queridinha", mas isso era tudo. Por minha vez, não esperava dela mais do que isso, e organizara-me bastante bem. Archie só chegava em casa de noite, e o almoço de Rosalind e de Cuco era muito simples. Eu tinha duas ou três horas nas manhãs e tardes para trabalhar no livro. Cuco e Rosalind iam, então, até o parque ou fazer alguma compra. Nos dias de chuva, porém, tinham que ficar em casa e, embora eu tivesse estabelecido que "mamãe estava trabalhando", não era fácil evitar Cuco. Ficava junto da porta do quarto onde me fechara para escrever, mantendo uma espécie de solilóquio ostensivamente endereçado a Rosalind:

— Agora, queridinha, não devemos fazer barulho porque mamãe está trabalhando. Não devemos incomodar a mamãe quando ela está trabalhando, devemos? Embora eu *gostaria* de perguntar a ela se devo mandar esse seu vestido para a lavanderia. Você sabe que eu não posso administrar esse tipo de coisa sozinha. Bem, devemos nos lembrar de perguntar a ela na hora do chá, não devemos, querida? Quero dizer, não devemos entrar *agora* e perguntar a ela, devemos? Ah, não, ela não gostaria disso, não é? Então eu queria perguntar sobre o carrinho também. Você sabe que outro parafuso se soltou ontem. Bem, talvez, querida, pudéssemos dar uma batidinha na porta. O que você acha, queridinha?

Normalmente, Rosalind dava uma resposta breve que não tinha relação com o que estava sendo discutido, confirmando minha crença de que ela nunca ouvia Cuco.

— Ursinho Azul vai jantar agora — declarava ela.

Rosalind tinha bonecas, uma casinha de bonecas e vários outros brinquedos, mas só se importava de fato com os bichos. Ela tinha um bichinho de seda chamado Ursinho Azul e outro chamada Ursinho Vermelho, e a eles se juntou mais tarde um ursinho de pelúcia muito maior, em um tom esquisito de lilás, chamado Edward.

Destes três, Ursinho Azul era o que Rosalind amava com uma paixão completa e absoluta. Era um animal flácido, feito de seda de malha azul, com olhos negros fixos em seu rosto achatado. Ele a acompanhava em todos os lugares, e eu tinha que contar histórias sobre ele todas as noites. As histórias diziam respeito tanto ao Ursinho Azul quanto ao Ursinho Vermelho. Todas as noites eles tinham uma nova aventura. Ursinho Azul era bonzinho e Ursinho Vermelho era muito, muito travesso. Ursinho Vermelho fazia algumas coisas esplêndidas, como colocar cola na cadeira da professora para que quando ela se sentasse não pudesse se levantar novamente. Certo dia, ele colocou um sapo no bolso da professora, e ela gritou e ficou histérica. Essas histórias eram muito bem recebidas e muitas vezes tinha de repeti-las. Ursinho Azul era de uma virtude nauseante e arrogante. Ele era o melhor de sua classe na escola e nunca fizera um ato impertinente de qualquer tipo. Todos os dias, quando os meninos saíam para a escola, Ursinho Vermelho prometia à mãe que ficaria tudo bem. Na volta, a mãe perguntava:

— Você foi um bom menino, Ursinho Azul?

— Sim, mamãe, muito bom.

— Esse é meu querido menino. Você foi bom, Ursinho Vermelho?

— Não, mamãe, tenho sido muito travesso.

Em uma ocasião, Ursinho Vermelho tinha ido brigar com alguns garotos e voltou para casa com um enorme olho roxo. Sua mãe colocou em cima do olho um pedaço de carne crua e o mandou para a cama. Mais tarde, Ursinho Vermelho fez ainda outra travessura: comeu o pedaço de bife que havia sido colocado sobre o olho machucado.

Ninguém poderia ouvir histórias de um jeito mais encantador do que Rosalind. Ela ria, gargalhava e apreciava cada detalhe.

— Sim, queridinha — falava Cuco, demonstrando que não estava disposta a ajudar Rosalind a dar de jantar ao Ursinho Azul, e continuando a grasnar: — Talvez antes de sairmos possamos *perguntar* a mamãe, se isso não a incomodar, porque, você sabe, gostaria de falar a respeito do carrinho.

Nessa altura dos acontecimentos, eu me levantava da cadeira e logo desaparecia de minha mente tudo o que imaginara sobre Ann, em perigo de morte nas florestas da Rodésia; abria a porta de súbito e exclamava:

— O que é, babá? O que você quer de mim?

— Ah, sinto muito, senhora. Eu sinto muito mesmo. Não queria incomodá-la.

— Bom, agora já incomodou. O que houve?

— Ah! Mas não bati na porta!

— Mas não parou de falar aí junto da porta; posso ouvir tudo o que você está dizendo. O que há com o carrinho?

— Acho, senhora, que realmente *deveríamos* comprar um novo. Sabe, fico envergonhada, quando vamos para o parque e vejo todos aqueles lindos carrinhos que as outras crianças possuem. Ah, sim, acho que Rosalind deveria ter um carrinho tão bom quanto qualquer uma delas.

A babá e eu travamos uma batalha permanente sobre o carrinho de bebê de Rosalind. Tínhamos comprado originalmente de segunda mão. Era um carrinho bom e forte, perfeitamente confortável; mas não o que se poderia chamar de moderno. Aprendi que há uma moda nos carrinhos de bebê e a cada um ou dois anos os fabricantes lhes dão um formato diferente, um novo *design*, por assim dizer — muito parecido com os carros de hoje em dia. Jessie Swannell não se queixara, mas tinha vindo da Nigéria, e é possível que não acompanhasse as tendências entre os carrinhos de bebê por lá.

Só então entendi que Cuco era integrante da "irmandade" de babás que se encontravam em Kensington Gardens com as crianças de que cuidavam e não paravam de comparar entre si os méritos das respectivas situações e a beleza ou inteligência das crianças das quais estavam encarregadas. Os bebês deveriam andar bem-vestidos, de acordo com as tendências do momento; caso contrário, a babá se sentiria envergonhada. Quanto às roupas, estava tudo certo: as de Rosalind satisfaziam a todos os requisitos. As que lhe comprara no Canadá eram o *dernier cri* em roupas de crianças — os galos, galinhas e vasos de flores estampados em tecido preto causavam admiração e inveja. A respeito do carrinho, porém, o da pobre Cuco ficava lamentavelmente abaixo do padrão mais modesto, e ela nunca deixava de me contar quando alguém aparecia com um do último modelo:

— Qualquer babá se sentiria orgulhosa com um carrinho daqueles!

Todavia, meu coração permanecia inflexível. Estávamos em dificuldades financeiras e eu *não* ia comprar um carrinho moderno e caríssimo só para aplacar a vaidade de Cuco.

— Eu nem acho que esse carrinho seja seguro — disse Cuco, fazendo uma última tentativa. — Sempre há parafusos soltando.

— É porque você está sempre subindo e descendo as calçadas — comentei de volta. — Assegure-se de que tudo esteja bem parafusado antes de sair. Seja como for, não comprarei nada agora. — E entrei novamente em meu quarto, batendo a porta.

— Puxa vida — disse Cuco. — Mamãe não parece nada satisfeita, não é? Bem, minha pobre querida, não parece que vamos ter uma bela carruagem nova, não é?

— Ursinho Azul quer o jantar dele — disse Rosalind. — Venha logo, Babá.

# IV

Por fim, nem sei bem como, terminei *O mistério de Mill House*, a despeito das dificuldades criadas pelos *obbligati* de Cuco do outro lado da porta. Pobre Cuco! Pouco depois, consultou um médico e internou-se num hospital para ser operada de câncer de mama. Era muito mais velha do que dissera, e não teve mais possibilidade de trabalhar como babá. Ela foi morar, creio eu, com uma irmã.

Eu havia decidido que a próxima babá não seria escolhida na agência de Mrs. Boucher, ou em qualquer outra do tipo. Eu precisava era de uma ajudante; por isso, pus um anúncio no jornal pedindo uma auxiliar para trabalhos domésticos e para ajudar a cuidar de uma criança.

A partir do momento em que trouxe Site para nossa família, nossa sorte pareceu mudar para melhor. Entrevistei Site em Devonshire. Era uma garota robusta, com um busto grande, quadris largos, rosto corado e cabelos escuros. Tinha uma voz profunda de contralto, com um sotaque particularmente feminino e refinado, tanto que era impossível não sentir que ela estava interpretando um personagem no palco. Já havia trabalhado como empregada doméstica em dois ou três estabelecimentos diferentes ao longo de alguns anos, e irradiava competência na maneira de falar sobre o mundo infantil. Parecia bem-humorada, contente e cheia de entusiasmo. Pedia um salário baixo e parecia bastante disposta a fazer qualquer coisa, ir a qualquer lugar — como dizem nos anúncios. Então Site voltou conosco para Londres e se tornou o conforto da minha vida.

O nome dela não era Site — era Miss White —, mas depois de alguns meses conosco, Miss White tornou-se "Swite" na pronúncia rápida de Rosalind. Por um tempo nós a chamamos de Swite; então Rosalind fez outra contração, e daí em diante ela ficou conhecida como Site. Rosalind gostava muito dela, e Site adorava Rosalind. Ela gostava de todas as crianças pequenas, mas sabia como manter sua dignidade e ser uma disciplinadora rígida à sua maneira. Ela não suportaria qualquer desobediência ou grosseria.

Rosalind sentiu falta de seu papel como controladora e diretora de Cuco. Suspeito agora que ela tenha transferido essas atividades para mim — levando-me em sua mesma responsabilidade beneficente, encontrando coisas que eu havia perdido, apontando para mim que eu havia esquecido de selar um envelope e assim por diante. Certamente, quando ela contava 5 anos, eu já tinha consciência de que ela era muito mais eficiente do que eu. Por outro lado, ela não tinha imaginação. Se estivéssemos brincando uma com a outra de algo que precisasse de dois personagens — por exemplo, um homem levando um cachorro para passear (posso dizer que eu seria o cachorro e ela seria o homem) — e surgisse um momento em que o cão tivesse que usar coleira, Rosalind diria:

— Mas não temos uma coleira. Vamos ter que mudar essa parte.

— Você pode fingir que tem uma — sugeria.

— *Como* posso fingir que tenho uma coleira quando não tenho nada na mão?

— Bem, pegue o cinto do meu vestido e finja que é uma coleira.

— Mas não é uma coleira de cachorro, é o cinto de um vestido.

As coisas tinham que ser reais para Rosalind. Ao contrário de mim, ela nunca leu contos de fadas quando criança.

— Mas eles não são *reais* — protestava ela. — Essas histórias são sobre pessoas que não existem. Nunca aconteceram. Conte sobre Ursinho Vermelho no piquenique.

O curioso é que, aos 14 anos, ela não só adorava contos de fadas, como os lia repetidas vezes.

Site se inseriu em nossa casa extremamente bem. Por mais digna e competente que parecesse, ela realmente não sabia muito mais sobre culinária do que eu. Sempre fora uma ajudante. Tínhamos que ser ajudantes uma da outra, em nossa maneira de viver. Embora cada uma tivesse suas especialidades de cozinha, pratos que sabíamos preparar bem — eu sabia fazer suflê de queijo, molho *béarnaise* e o tradicional *syllabub*, espumoso, preparado com vinho e canela; Site fazia tortas de geleia e peixes em escabeche — nenhuma de nós estava apta a produzir o que, acredito, se chame "uma refeição equilibrada". Para preparar um assado de carne, legumes, tais como cenouras ou couve-de-bruxelas, batatas e depois uma sobremesa, sofríamos com o fato de não sabermos exatamente quanto tempo cada ingrediente levaria para cozinhar. A couve-de-bruxelas ficava reduzida a uma bagunça encharcada, enquanto as cenouras ainda estavam duras. No entanto, fomos aprendendo com o tempo.

Dividíamos as tarefas. Uma manhã, eu saía com Rosalind e partíamos no carrinho de bebê, funcional, mas não na moda, para o parque — embora agora usássemos um carrinho maior com mais frequência — enquanto Site preparava o almoço e arrumava as camas. Na manhã seguinte, eu ficava em casa e fazia as tarefas domésticas, e Site partia para o parque. No geral, achava a primeira atividade mais cansativa do que a segunda. Era um longo caminho até o parque, e quando chegávamos lá, eu não conseguia ficar quieta, descansar e deixar a mente vaguear. Precisava conversar e brincar com Rosalind, ou ver se ela estava devidamente ocupada brincando com outra pessoa e que ninguém estava pegando seus brinquedos ou batendo nela. Durante as tarefas domésticas, eu podia relaxar a mente. Robert Graves uma vez me disse que lavar a louça era uma grande ajuda para o pensamento criativo. Acho que ele está bem certo. Há uma monotonia nos deveres domésticos que liberta o cérebro, permitindo-lhe voar pelo espaço, cogitar e inventar. Isso não se aplica à cozinha, é claro. Cozinhar exige todas as suas habilidades criativas e atenção total.

Site foi um alívio bem-vindo depois de Cuco. Ela e Rosalind ocupavam-se muito felizes sem que eu ouvisse um pio delas. Ficavam no quarto, no gramado abaixo, ou fazendo compras.

Foi um choque para mim quando, depois de estar conosco por cerca de seis meses, descobri a idade de Site. Eu não tinha perguntado a ela. Ela parecia obviamente ter entre 24 e 28 anos, que era mais ou menos a idade que eu queria. Fiquei surpresa quando soube que, na época em que havia começado a trabalhar, ela tinha 17 anos e agora tinha apenas 18. Parecia incrível; ela tinha um ar de maturidade... Trabalhava como ajudante desde os 13 anos. Tinha um gosto natural por seu trabalho e total proficiência nele; e seu ar de experiência vinha da *própria* experiência, da mesma forma que o filho mais velho de uma grande família tem grande experiência em lidar com irmãos e irmãs menores.

Por mais jovem que Site fosse, eu nunca hesitava em sair por longos períodos e deixar Rosalind a seu cargo. Ela era eminentemente sensata. Chamava o médico certo, levava a criança ao hospital, descobria se alguma coisa a estava preocupando, enfim, era capaz de enfrentar qualquer emergência. Sua mente se achava sempre entregue ao trabalho. Falando nos bons velhos termos de outros tempos, Site tinha uma *vocação*.

Soltei um enorme suspiro de alívio ao terminar *O mistério de Mill House*. Não foi um livro fácil de escrever, e o considerei bastante irregular quando o finalizei. Mas lá estava, já terminado, com o Tio Tom Cobley, o velho Sir Eustace Pedler e todas as outras personagens. A The Bodley Head resmungou que não era propriamente uma história policial, como *Assassinato no campo de golfe*. No entanto, gentilmente, aceitou o livro.

Foi então que notei uma ligeira mudança na atitude deles. Embora eu tivesse sido ignorante e tola quando enviei um livro para publicação pela primeira vez, havia aprendido algumas coisas desde então. Eu não era mais tão estúpida como devo ter parecido para muitas pessoas. Tinha descoberto um bom negócio na escrita e publicação. Sabia da existência da Author's Society, e lia seu boletim. Sabia que tinha de ser extremamente cautelosa ao fazer contratos com os editores de uma maneira geral, e especialmente com certos editores. Havia aprendido as muitas maneiras pelas quais os editores tiravam vantagem injusta dos autores. Agora que eu sabia dessas coisas, fiz meus planos.

Pouco antes de publicar *O mistério de Mill House,* a The Bodley Head me fez várias propostas. Sugeriram que poderiam desfazer o antigo contrato e fazer outro comigo, também para cinco livros. Os termos seriam muito mais favoráveis. Agradeci educadamente, disse que pensaria a respeito e depois recusei, sem dar nenhuma razão definida. Eles não haviam tratado uma jovem autora de forma justa, pensei. Tiraram proveito de minha falta de conhecimento e de minha ânsia de publicar um livro. Não me propus a brigar com eles neste ponto — eu tinha sido uma tola. Qualquer um que não procure saber a remuneração adequada para o seu trabalho é um tolo. Por outro lado, apesar de minha sabedoria adquirida, poderia ter recusado a oportunidade de publicar *O misterioso caso de Styles?* Acho que não. Eu ainda teria publicado com eles nos termos sugeridos, embora nunca concordasse com um contrato tão longo para tantos livros. Se alguma vez somos enganados por pessoas em quem confiamos, jamais conseguimos confiar nelas novamente. É apenas uma questão de bom senso, eu estava disposta a terminar meu contrato, mas depois disso certamente encontraria uma nova editora. Além disso, pensei em ter um agente literário.

Por essa ocasião, recebi uma notificação do imposto de renda. Queriam saber pormenores sobre meus ganhos literários. Fiquei surpresa, pois nunca considerara meus ganhos literários como renda. Toda a renda que eu tinha eram cem libras por ano, de um investimento de 2 mil num empréstimo de guerra. Sim, eles disseram que sabiam disso, mas se referiam aos meus ganhos com os livros publicados. Expliquei que isso não era algo que acontecia todos os anos — eu tinha apenas escrito três livros, assim como eu tinha escrito contos antes, ou poemas. Eu não era uma autora. Não ia escrever durante toda a minha vida. Considerava, expliquei, citando uma frase recolhida não sei onde, essa espécie de lucro uma "receita eventual". Eles responderam dizendo que achavam que agora eu era realmente uma autora estabelecida, embora ainda não tivesse tirado muito proveito da minha escrita. Queriam detalhes. Infelizmente, não pude dar detalhes — não havia guardado nenhuma das declarações de direitos autorais enviadas para mim (se é que elas me foram enviadas, o que eu não conseguia lembrar). Ocasionalmente, recebia um cheque aleatório, mas geralmente o descontava imediatamente e o gastava. No entanto, desvendei as coisas com o melhor de minha capacidade. Na repartição, pareceram achar graça com tudo isso; sugeriram-me, porém, que, de futuro, fosse mais cuidadosa com minhas contas. Foi então que decidi contratar um agente literário.

Como eu não sabia muito sobre o assunto, achei melhor voltar à recomendação original de Eden Philpotts: Hughes Massie. E assim fiz. Hughes Massie agora havia morrido, e fui recebida por um jovem com uma leve gagueira, cujo nome era Edmund Cork. Ele não era tão alarmante quanto Hughes Massie tinha sido — na verdade, consegui falar com ele com bastante facilidade. Ele parecia horrorizado com minha ignorância e estava disposto a guiar meus passos no futuro. Informou o valor exato de sua comissão, da possibilidade de direitos periódicos e publicação nos Estados Unidos, de direitos para o teatro e todo tipo de coisas improváveis (ou assim me pareceram). Foi uma palestra impressionante. Coloquei-me em suas mãos, sem reservas, e deixei seu escritório com um respiro de alívio. Senti como se um peso enorme tivesse sido tirado dos meus ombros.

Esse foi o início de uma amizade que já dura mais de quarenta anos.

Uma coisa quase inacreditável então ocorreu. O *Evening News* me ofereceu quinhentas libras pelos direitos de publicação em folhetins de *O mistério de Mill House*. Só que esse não era mais o título do livro: eu o rebatizara de *O homem do terno marrom,* porque o outro título se assemelhava demais a *Assassinato no campo de golfe*. O *Evening News* propôs ainda um outro título: *Anna, a aventureira* — o título mais bobo que eu já tinha ouvido, pensei; embora tivesse ficado de boca fechada, afinal, eles estavam dispostos a me pagar quinhentas libras, e mesmo que eu tivesse certos sentimentos sobre o título de um livro, ninguém se importava tanto com o título de um folhetim de jornal. Parecia uma sorte inacreditável. Eu mal podia acreditar, Archie mal podia acreditar, Punkie mal podia acreditar. Minha mãe, é claro, podia acreditar facilmente: qualquer de suas filhas poderia, com a maior facilidade, ganhar quinhentas libras por um folhetim publicado no *Evening News,* não era nada surpreendente para ela.

Sempre parece ser o padrão de vida que todas as coisas ruins e todas as coisas boas surjam juntas. Tive meu golpe de sorte com o *Evening News*, agora Archie teria o dele. Ele recebeu uma carta de um amigo australiano, Oive Baillieu, que muito antes havia sugerido seu ingresso em sua empresa. Archie foi vê-lo e recebeu a proposta de emprego pela qual ansiava havia tantos anos. Saiu de seu emprego presente e passou a trabalhar com Oive Baillieu. Ficou de imediato maravilhado e completamente feliz. Esse era um empreendimento sólido e interessante, sem desonestidades e que lhe garantia a entrada adequada no mundo das finanças. Estávamos no sétimo céu.

Imediatamente, comecei a pressionar Archie acerca do projeto que eu tinha acalentado por tanto tempo, e sobre o qual ele até então tinha sido indiferente. Tentaríamos encontrar um pequeno chalé no campo, de onde Archie pudesse ir para a cidade todos os dias, e em cujo jardim Rosalind pudesse brincar à vontade, em vez de ter de ser levada para o parque, ou ficar confinada nas estreitas faixas de gramado entre os prédios. Eu ansiava por viver no campo. Se pudéssemos encontrar um chalé barato o suficiente, abriríamos mão da cidade.

A pronta concordância de Archie com o meu plano foi principalmente, eu acho, porque o golfe estava agora ocupando cada vez mais sua atenção. Ele havia sido eleito recentemente para o Sunningdale Golf Club, e nossos fins de semana juntos, viajando de trem e fazendo expedições a pé, haviam se interrompido. Não pensava em nada além de golfe. Jogava com vários amigos em Sunningdale, e agora os campos menores e mais fáceis eram tratados por ele com desprezo. Não conseguia se divertir jogando comigo, então pouco a pouco, embora ainda sem saber, eu estava me tornando aquela figura conhecida: uma viúva de golfe.

— Não me importo de viver no campo — disse Archie. — Na verdade, acho que gostaria bastante, e é claro que seria bom para Rosalind. Site gosta do campo, e eu sei que você também. Nesse caso, há realmente apenas um lugar possível onde podemos viver, e esse lugar é Sunningdale.

— Sunningdale — repeti com um leve desânimo, pois Sunningdale não era bem o que eu queria dizer com campo. — Mas lá é terrivelmente caro, não é? Só as pessoas ricas moram lá.

— Ah, acho que podemos encontrar alguma coisa — disse Archie, otimista.

Um ou dois dias depois, ele me perguntou como eu pensava gastar minhas quinhentas libras do *The Evening News*.

— É muito dinheiro — respondi. — Acho que... Suponho que *deveríamos* guardá-lo para alguma emergência.

Admito que falei de má vontade, sem convicção.

— Ah, acho que não precisamos nos preocupar muito com isso agora. Com os Baillieu, terei boas perspectivas, e você parece estar indo bem na escrita.

— Sim — respondi. — Talvez eu possa gastar... ou pelo menos um pouco.

Ideias vagas de um novo vestido de noite, talvez sapatos de noite dourados ou prateados em vez de pretos, e algo bastante ambicioso como uma bicicleta para Rosalind.

A voz de Archie interrompeu essas reflexões.

— Por que você não compra um carro? — perguntou ele.

— Comprar um carro?

Olhei para ele com espanto. A última coisa com que sonhava era um carro. Ninguém que eu conhecia em nosso círculo de amigos tinha carro. Eu ainda estava imbuída da noção de que carros eram para os ricos. Eles passavam correndo por você a trinta, cinquenta, cem quilômetros por hora, transportando pessoas cujos chapéus estavam atados com véus de musselina, correndo para lugares impossíveis.

— Um carro? — repeti, parecendo mais um zumbi do que nunca.

— Por que não?

Realmente, por que não? Era possível! Eu, Agatha, podia ter um carro, um automóvel meu. Confesso, aqui e agora, que, das duas coisas que mais me empolgaram em toda a minha vida, a primeira foi meu automóvel: meu Morris Cowley cinza.

A segunda foi jantar com a rainha no Palácio de Buckingham cerca de quarenta anos depois.

Em ambos os acontecimentos, como você pode ver, havia algo de conto de fadas. Eram coisas que eu achava que nunca poderiam acontecer *comigo*: ter um carro próprio e jantar com a rainha da Inglaterra!

"Gatinha, Gatinha, onde você esteve?
Estive em Londres para visitar a rainha."

Era quase tão bom quanto ter nascido Lady Agatha!

"Gatinha, Gatinha, o que você fez com ela?
Assustei um ratinho debaixo da cadeira dela."

Não tive a sorte de assustar ratinho algum que estivesse debaixo da cadeira da Rainha Elizabeth II, mas gostei muito dessa noite. Tão pequena e esguia, em seu vestido simples de veludo vermelho, com uma única e linda joia — e sua gentileza e simplicidade no falar! Recordo que nos contou a história de uma noite em que estavam conversando em uma sala de estar e tiveram de sair correndo, porque, de repente, uma enorme crosta de fuligem desceu pela chaminé. É reconfortante saber que os desastres domésticos também ocorrem nos mais altos círculos sociais.

# Parte 7

# *A terra da alegria perdida*

# I

Enquanto procurávamos nossa casa de campo, recebemos más notícias da África a respeito de irmão Monty. Ele não aparecia muito na vida de nenhum de nós desde antes da guerra, quando teve o plano de dirigir barcos de carga no lago Vitória. Monty enviou a Madge cartas de várias pessoas de lá, todas entusiasmadas com a ideia; se ela pudesse ajudar com algum dinheiro... Minha irmã acreditou que seria um bom negócio e que Monty poderia obter algum sucesso nisso. Monty era bom em qualquer assunto ligado a barcos. Então ela pagou sua passagem para a Inglaterra. O plano era construir um pequeno barco em Essex. Era verdade que havia um nicho de mercado para esse tipo de trabalho. Não havia, naquela época, navios de carga pequenos operando no lago Vitória. A parte fraca do esquema, no entanto, era que Monty seria o capitão, e ninguém tinha confiança de que o barco sairia na hora marcada ou que o serviço seria confiável.

— É uma ideia esplêndida. Dá pra fazer muito dinheiro. Mas o bom e velho Miller... Suponha que, certa manhã, ele decida não sair da cama. Ou que não vá com a cara de alguém. Quero dizer, ele é alguém que se vê acima da lei.

Mas minha irmã, de natureza otimista, concordou em investir a maior parte de seu capital na construção do barco.

— James me dá uma boa mesada, e eu posso usar um pouco dela para ajudar com Ashfield, de modo que a renda não me fará falta.

Meu cunhado ficou lívido. Ele e Monty se detestavam intensamente. Ele tinha certeza de que Madge perderia seu dinheiro.

O navio começou a ser construído. Madge foi várias vezes a Essex. Tudo parecia estar caminhando bem. A única coisa que a preocupava era o fato de Monty constantemente ir a Londres, onde se hospedava num dispendioso hotel em Jermyn Street, e comprar não poucos pijamas luxuosos, de seda pura, além de uniformes de capitão, desenhados especialmente para ele; ela preocupava-se igualmente com os presentes que Monty lhe oferecera: um bracelete de safiras e uma bolsa de trabalhoso *petit point,* entre outros, todos lindos, porém charmosos e caros.

— Mas, Monty, o dinheiro é para o *barco*, não para me dar presentes.

— Mas quero que você tenha belos presentes. Você nunca compra nada para si mesma.

— E o que é aquela coisa no parapeito da janela?

— Aquilo? É uma árvore bonsai.

— Mas são terrivelmente caras, não são?

— Custou-me 75 libras. Sempre quis uma dessas árvores. Olhe para a forma dela! Não é adorável?

— Monty, eu preferiria se você não fizesse isso…

— Seu problema é que de tanto viver com o velho James, você esqueceu como se divertir.

A árvore havia desaparecido quando ela o visitou novamente.

— Você a levou de volta para a loja? — perguntou ela, esperançosa.

— De volta para a loja? — repetiu Monty, horrorizado. — Claro que não. Na verdade, eu a dei para a recepcionista daqui. Uma moça muito gentil. Ela admirava muito a bonsai, e andava tão preocupada com a saúde da mãe…

Madge ficou sem palavras.

— Vamos almoçar juntos — convidou Monty.

— Está bem, mas iremos ao Lyons.

— Muito bem.

Foram para a rua. Monty pediu um táxi ao porteiro, que chamou um que passava no momento. Monty deu-lhe uma boa gratificação e mandou o motorista seguir para o Berkeley. Madge desatou a chorar.

— A verdade é que James é um sujeito tão miseravelmente mesquinho que quebrou o espírito da pobre Madge — disse-me Monty mais tarde. — Ela parece não pensar em nada além de economizar.

— Não seria melhor se *você* começasse a pensar em economizar? Suponha que o dinheiro acabe antes do barco ser construído.

Monty sorriu maliciosamente.

— Não importa. O velho James teria que pagar.

Monty ficou com eles por cinco dias difíceis e bebeu enormes quantidades de uísque. Madge saiu às escondidas, comprou várias outras garrafas e as colocou no quarto dele, o que divertiu muito a Monty.

Ele se sentiu atraído por Nan Watts e a levou ao teatro e a restaurantes caros.

— Esse barco nunca chegará em Uganda — dizia Madge às vezes, em desespero.

De fato, poderia ter chegado. Foi só por culpa de Monty que não foi. Ele amava o *Batenga,* como o chamava. Queria que fosse melhor do que um simples barco de carga.

Encomendou decorações de ébano e marfim, e uma cabine para ele, com painéis de teca; a louça foi feita especialmente, em porcelana à prova de fogo, marrom, com o nome do navio impresso. E tudo isso atrasava a entrega.

Enquanto isso, a guerra estourou. O *Batenga* não poderia partir rumo à África. Em vez disso, ele teve de ser vendido ao governo por um preço baixo. Monty voltou para o Exército — desta vez para o Real Regimento Africano de Fuzileiros.

Assim terminou a saga do *Batenga*. Ainda tenho duas das xícaras de café.

Chegara uma carta de um médico. Monty, como sabíamos, fora ferido no braço em combate. Parecia que, durante seu tratamento no hospital, a ferida havia infeccionado por descuido de um enfermeiro nativo. A infecção persistiu e reapareceu mesmo depois que ele recebeu alta. Monty continuou com sua vida como caçador, mas no final foi levado, gravemente doente, para um hospital francês dirigido por freiras.

A princípio, ele não desejara se comunicar com nenhum de seus parentes, mas agora era quase certo que estava morrendo — seis meses era o máximo que poderia viver — e tinha um grande desejo de morrer em casa. Também era possível que o clima na Inglaterra prolongasse um pouco sua vida.

Os arranjos foram feitos rapidamente para a vinda de Monty, de Mombassa, por mar. Minha mãe começou a fazer os preparativos em Ashfield. Estava exultante de alegria — ela cuidaria dele com devoção, seu filho querido. Passou a imaginar um relacionamento de mãe e filho que eu tinha certeza de que era totalmente irreal. Mamãe e Monty nunca se deram muito bem. Em muitos aspectos, eles eram muito parecidos. Ambos queriam que as coisas fossem feitas do seu jeito. E Monty era uma das pessoas mais difíceis de se conviver no mundo.

— Vai ser diferente agora — disse minha mãe. — Você esquece como o pobre menino está doente.

Eu achava que Monty doente seria tão difícil quanto Monty sadio. A natureza das pessoas não muda. No entanto, esperava que tudo se passasse da melhor forma possível.

Mamãe teve alguma dificuldade em conciliar as duas empregadas, já não muito jovens, com a ideia de receberem em casa o empregado de Monty, que era africano.

— Acho que não, senhora... acho que não poderíamos dormir na mesma casa que um homem *negro*. Não é algo a que eu e minha irmã estejamos acostumadas.

Minha mãe entrou em ação. Era uma mulher contra quem era difícil manter resistência. Ela as convenceu a ficar. A barganha oferecida foi a possibilidade de que elas pudessem converter o africano do islamismo ao cristianismo. Eram mulheres muito religiosas.

— Poderíamos ler a Bíblia para ele — disseram elas com os olhos se iluminando.

Minha mãe, enquanto isso, preparou uma suíte independente de três quartos e um banheiro novo.

Archie muito gentilmente disse que esperaria Monty em Tilbury, onde o navio aportaria. Também alugara para ele e seu empregado um pequeno apartamento em Bayswater.

Quando Archie partiu de Tilbury, alertei-o:

— Não deixe que Monty o convença a levá-lo ao Ritz.

— O que você disse?

— Eu disse: Não deixe que Monty o convença a levá-lo ao Ritz. Verei se o apartamento está pronto, se a senhoria está esperando por ele, e se tem víveres suficientes.

— Bem, tudo certo então.

— Espero que sim. Mas ele pode preferir o Ritz.

— Não se preocupe. Vou instalá-lo antes do almoço.

O dia passou. Às 18h30, Archie voltou. Parecia exausto.

— Está tudo bem. Já o instalei. Foi um pouco trabalhoso tirá-lo do navio. Ele não tinha feito as malas nem nada, ficava dizendo que havia muito tempo para isso, que não era preciso ter pressa. Todo mundo já havia desembarcado, e ele continuava se atrasando, sem se importar. Aquele Shebani é um bom sujeito, muito útil. Ele conseguiu fazer as coisas andarem no final.

Ele fez uma pausa e limpou a garganta.

— Na verdade, não o levei para Powell Square. Ele parecia determinado a ir para algum hotel em Jermyn Street. Ele disse que seria muito menos incômodo para todos.

— Então é lá que ele está.

— Bem, *sim*.

Olhei para Archie.

— De alguma forma, pareceu tão razoável do jeito que ele colocou — disse Archie.

— Esse é o ponto forte de Monty — informei a ele.

Monty foi levado a um especialista em doenças tropicais que lhe havia sido recomendado. O especialista deu orientações completas para minha mãe. Havia a possibilidade de uma recuperação parcial, mediante bom ar, banhos quentes frequentes — uma vida tranquila. O que poderia tornar-se difícil é que, quando fora considerado moribundo, os médicos na África lhe aplicaram muitas drogas, e ele talvez tivesse dificuldade em dispensar esses remédios.

Conseguimos transferir Monty e Shebani para Powell Square, passados um ou dois dias. Instalaram-se bem, embora Shebani tenha provocado certo tumulto ao entrar nas lojas próximas, pegar um maço de cinquenta cigarros e sair, dizendo apenas:

— É para o meu patrão.

O sistema de crédito do Quênia não foi apreciado em Bayswater.

Então, depois que os tratamentos de Londres terminaram, Monty e Shebani se mudaram para Ashfield — e o conceito de mãe e filho "findando em paz os seus dias" foi testado. Quase matou minha mãe! Monty tinha seu modo de vida africano. Pedia suas refeições quando sentia vontade de comer, mesmo que fossem quatro horas da manhã. Este era um de seus momentos favoritos. Tocava sinos, chamava as empregadas e pedia costeletas e bifes.

— Não entendo o que você quer dizer, mãe, com "ter consideração com as empregadas". Você as paga para cozinhar para você, não é?

— Sim... mas não no meio da noite.

— Faltava apenas uma hora para o nascer do sol. Eu costumava sempre levantar-me a essa hora. É a melhor hora para começar o dia.

Foi Shebani quem realmente conseguiu fazer as coisas funcionarem. As empregadas idosas o adoravam. Liam a Bíblia para ele, e ele ouvia com o maior interesse. Ele lhes contou histórias da vida em Uganda e da destreza de seu mestre em atirar em elefantes.

Gentilmente repreendeu Monty por seu tratamento de sua mãe.

— Ela é sua mãe, *Bwana*. Você deve falar com ela com reverência.

Depois de um ano, Shebani teve que voltar para a África para sua esposa e família, e as coisas ficaram difíceis. Ajudantes do sexo masculino não foram um sucesso, nem com Monty nem com minha mãe. Madge e eu íamos até Ashfield alternadamente para tentar acalmá-los.

A saúde de Monty estava melhorando e, como resultado disso, ele tornava-se muito mais difícil de controlar. Cheio de tédio, passou a atirar da janela com um revólver para relaxar. Os comerciantes e as visitas de minha mãe reclamavam. Monty não se arrependia.

— Alguma solteirona vinha descendo o caminho balançando o traseiro. Não pude resistir. Dei um tiro ou dois à direita e à esquerda dela. Se visse como ela correu!

Da outra vez, Monty atirou no pneu do carro de Madge, que ficou francamente aterrorizada.

— Não consigo imaginar por quê! — disse Monty. — Eu nunca a machucaria. Será que ela acha que eu não tenho boa mira?

Alguém se queixou e recebemos a visita da polícia. Monty apresentou sua licença de arma de fogo e falou muito razoavelmente sobre sua vida como caçador no Quênia, e seu desejo de continuar a treinar pontaria.

— Foi alguma mulher tola que imaginou que eu estava atirando *nela*, certamente, e fugiu como um coelho.

Sendo Monty, ele se safou. A polícia aceitou sua explicação como bastante natural para um homem que levava a vida que Capitão Miller levara na África.

— A verdade é que não suporto ficar enfiado aqui, nesse tipo de existência domesticada — disse meu irmão. — Se eu pudesse ter um pequeno chalé em Dartmoor... É disso que eu gostaria. Ar e espaço para respirar.

— É isso que você realmente gostaria? — averiguei.

— Claro que sim. Minha pobre mãe me deixa louco. É tão complicada, com essa mania das refeições em horas certas! Tudo direitinho! Não estou acostumado.

Encontrei para Monty um pequeno chalé de granito em Dartmoor. Também encontramos, por uma espécie de milagre, a governanta certa para cuidar dele. Era uma mulher de 65 anos. Quando a vimos pela primeira vez, ela pareceu totalmente inadequada.

Seus cabelos eram oxigenados de um loiro vivo, cacheados, ela usava muito ruge no rosto, e estava com um vestido de seda preta. Era a viúva de um médico que tinha sido viciado em morfina. Vivera a maior parte de sua vida na França e tivera treze filhos.

Ela foi a resposta a uma oração — conseguia lidar com Monty como ninguém mais havia sido capaz de fazer. Se ele quisesse, ela se levantava e cozinhava suas costeletas no meio da noite. No entanto, passado algum tempo, Monty disse-me:

— Quer saber? Parei com isso. É duro para Mrs. Taylor, você não acha? Ela tem boa vontade, mas já não é muito jovem.

Sem que ninguém lhe mandasse, nem sequer lhe pedisse, ela replantou a pequena horta e produziu ervilhas, batatas e vagens. Ouvia quando Monty queria conversar e não se incomodava quando ele decidia ficar em silêncio. Era maravilhoso.

Minha mãe recuperou a saúde. Madge parou de se preocupar. Monty gostava das visitas de sua família, e sempre se comportava lindamente nessas ocasiões, muito orgulhoso das deliciosas refeições produzidas por Mrs. Taylor.

Oitocentas libras anuais por um chalé em Dartmoor era um preço barato para Madge e para mim, que evidentemente o pagávamos.

## II

Archie e eu encontramos nosso chalé no campo — embora não fosse propriamente um chalé. Sunningdale, como eu temia, era um lugar bastante caro para se viver. Estava cheio de luxuosas casas modernas construídas ao redor do campo de golfe, não havia nenhum chalé. Mas encontramos uma grande casa vitoriana, Scotswood, situada em um grande jardim, que estava sendo dividida em quatro apartamentos. Dois deles já estavam ocupados — os dois no térreo —, mas havia dois apartamentos no andar de cima em fase de adaptação, e nós os examinamos. Cada um continha três quartos no primeiro andar e dois no andar de cima, e uma cozinha e banheiro, é claro. Um apartamento era mais atraente que o outro — com quartos com melhor formato e uma vista mais bonita —, mas o outro deles tinha um pequeno quarto extra e também era mais barato, então decidimos por este. Os inquilinos tinham direito ao uso do jardim e de água quente. O aluguel era mais do que o do nosso apartamento em Addison Road, mas não muito: acho que era 120 libras. Assim, assinamos o contrato de aluguel e nos preparamos para a mudança.

Íamos até lá constantemente para vigiar o andamento da pintura e de pequenas reformas — muito mais lentas do que nos haviam prometido. Todas as vezes que íamos, verificávamos que algo estava errado. O papel de parede era ainda o que menos decepções nos causava; é difícil errar com papéis de parede, a menos que se aplique o papel errado. A pintura, porém, pode ser feita nas tonalidades mais equivocadas, e nós não estávamos ali permanentemente para supervisionar o que acontecia. Contudo, ficou pronto a tempo. Tínhamos uma grande sala com cortinas novas de cretone lilás — feitas por mim. Na pequena sala de jantar, colocamos cortinas bastante caras, porque nos apaixonamos por elas: tulipas em fundo branco. Atrás dela, o quarto maior, de Rosalind e Site, também ganhou cortinas floridas, com botões de ouro e margaridas. No andar de cima, Archie tinha um quarto de vestir e havia um outro quarto livre, para algum imprevisto, com cores muito fortes — papoulas escarlates e centúrias azuis. Para nosso quarto, escolhi cortinas com campânulas azuis, o que, realmente, não foi uma decisão acertada, pois, como o quarto era virado para o norte e o sol raramente entrava, elas só pareciam bonitas quando ficávamos na cama até o meio-dia e víamos a luz brilhando através delas, ou então à noite, quando o azul se esbatia um pouco. De fato, era como as campânulas de verdade: assim que você as traz para dentro de casa, elas ficam cinza e murcham, recusando-se a levantar a cabeça. As campânulas azuis são flores que se recusam a ser capturadas e só são felizes quando estão na floresta. Consolei-me escrevendo uma balada sobre elas:

### Balada de maio

O Rei, ele foi passear, numa bela manhã de maio.
O Rei se deitou para descansar, e dizem que adormeceu.
E quando ele acordou, era de noite
(A hora da magia)
E a Campânula Azul, a bravia Campânula Azul, bailava pelos
   bosques.
O Rei deu um banquete a todas as flores (exceto uma),

Com olhos famintos, ele as observava, buscando uma única
A Rosa estava lá em cetim,
O Lírio com seu capuz verde,
Mas a Campânula Azul, a bravia Campânula Azul, bailaria
 somente nos bosques.
O Rei franziu a testa com raiva, sua mão sobre sua espada.
Enviou seus homens para capturá-la e trazê-la ao seu
 senhor.
Com cordas de seda a amarraram,
Diante do Rei ela estava,
A Campânula Azul, a bravia Campânula Azul, que baila
 pelos bosques.
O Rei se levantou para cumprimentá-la, a donzela com
 quem jurara se casar.
O Rei ergueu sua coroa de ouro e a colocou sobre a cabeça
 dela.
E então empalideceu e estremeceu,
Os cortesãos olhavam com temor,
Para a Campânula Azul, cor de cinza, tão pálida e
 fantasmagórica.
'Ó Rei, vossa coroa é pesada, faria curvar minha cabeça.
As paredes do vosso palácio me trancafiariam, e sou tão
 livre quanto o ar.
O vento é meu amante,
O sol também o é,
E a Campânula Azul, a bravia Campânula Azul, jamais será
 vossa Rainha.'
O Rei proclamou luto por doze meses, e nada aplacava sua
 dor.
O Rei, ele foi caminhar pela alameda dos amantes.
Abandonou sua coroa de ouro,
E no bosque entrou,
Onde a Campânula Azul, a bravia Campânula Azul, para
 sempre bailava selvagem e livre.

*O homem do terno marrom* foi muito bem-sucedido. A The Bodley
Head me pressionou novamente para fazer um esplêndido novo
contrato com eles. Recusei. O próximo livro que enviei a eles foi
redigido a partir de um longo conto que eu havia escrito muitos
anos antes. Gostava bastante dele: tratava de vários aconteci-

mentos sobrenaturais. Elaborei um pouco, acrescentei mais alguns personagens e o enviei para eles. Não aceitaram. Eu tinha certeza de que eles não iriam. Não havia cláusula no contrato que determinasse que qualquer livro que eu lhes oferecesse deveria ser um romance policial ou um suspense. Dizia apenas "o próximo romance". Eu havia produzido um romance completo, e eles deveriam decidir se o aceitariam ou não. Recusaram, de modo que teria que escrever para eles apenas mais um livro. Depois disso, a liberdade. Liberdade e o conselho de Hughes Massie — e, a partir de então, eu receberia conselhos de primeira classe sobre o que fazer e, ainda mais importante, o que não fazer.

O próximo livro que escrevi foi completamente despreocupado, bem no estilo de *O inimigo secreto*. Era mais divertido e mais rápido de escrever, e meu trabalho refletia a leveza que eu sentia nesse período em particular, quando tudo estava indo tão bem. Minha vida em Sunningdale, a diversão de ver Rosalind se desenvolver a cada dia, ficando mais engraçada e interessante. Nunca entendi as pessoas que querem manter seus filhos como bebês e lamentam cada ano que envelhecem. Eu mesma às vezes sentia que mal podia esperar: queria ver como Rosalind estaria dali a um ano, um ano depois, e assim por diante. Não há nada mais emocionante neste mundo, acho, do que ter um filho que é seu, e ainda é misteriosamente um estranho. Você é a porta por meio da qual ele veio ao mundo, e você terá permissão para tomar conta dele por um período: depois disso, ele te deixará e desabrochará para a liberdade de sua própria vida — e lá estará você para observá-lo, vivendo esta vida. É como uma planta estranha que você trouxe para casa, plantou e mal pode esperar para ver como ficará.

Rosalind adorou Sunningdale. Divertia-se, deslumbrada, com sua bicicleta, em que pedalava com ardor ao redor do jardim, caindo de vez em quando, mas sem se importar. Site e eu a avisáramos para que não saísse do jardim, mas não acredito que a tenhamos realmente proibido. Seja como for, certa manhã ensolarada, ela saiu pelos portões, enquanto estávamos ocupadas no apartamento. Pedalou a todo vapor colina abaixo, em direção à estrada principal e, felizmente, caiu antes de lá chegar. A queda fez com que seus dois dentes da frente se enterrassem nas gengivas, e receei que a próxima dentição, quando nascesse, estaria prejudicada. Levei-a ao dentista. Rosalind, apesar de não reclamar, sentou-se na cadeira do doutor com a boca firmemente fechada, recusando-se a abri-la, não importava para quem fosse. Tudo que Site, eu ou o dentista dissemos foi recebido sem uma palavra de resposta, e seus lábios permaneceram cerrados. Tive que levá-la embora. Eu estava furiosa. Rosalind recebeu todas as minhas recriminações em silêncio. No fim de meus discursos e de alguns de Site, dois dias depois, Rosalind anunciou-me que *iria* ao dentista.

— Você realmente está falando a verdade desta vez, Rosalind, ou vai fazer a mesma coisa quando chegar lá?

— Não, desta vez vou abrir a boca.

— Suponho que você estava com medo?

— Nunca se sabe o *que* vão fazer com você — disse Rosalind.

Concordei, mas assegurei a ela que todas as pessoas que ela e eu conhecíamos na Inglaterra iam ao dentista, abriam a boca e faziam coisas nos dentes que resultavam em benefícios. Rosalind tomou coragem e se comportou lindamente dessa vez. O dentista removeu os dentes bambos e disse que ela poderia precisar usar uma placa mais tarde, mas ainda era cedo para saber.

Não pude deixar de notar que os dentistas não eram mais feitos da mesma severa e ríspida fibra da minha infância. Nosso dentista chamava-se Hearn, era um homem baixinho, excessivamente dinâmico e com uma personalidade capaz de dominar imediatamente os pacientes. Minha irmã foi a esse dentista aos 3 anos de idade. Madge, enfiada na cadeira, começou a chorar de imediato.

— Agora, não posso permitir isso — disse Mr. Hearn. — Nunca permito que meus pacientes chorem.

— Não permite? — disse Madge, tão surpresa que parou na hora.

— Não — respondeu Mr. Hearn. — É uma coisa ruim, então não permito.

Ele não teve mais problemas com ela.

Estávamos todos muito satisfeitos por chegar a Scotswood: foi tão emocionante estar no campo novamente: Archie ficou encantado, porque agora estava próximo ao campo de golfe de Sunningdale. Site ficou satisfeita porque fora salva das longas caminhadas até o parque, e Rosalind porque tinha o jardim para andar em sua bicicleta. Todos estavam felizes. Isso apesar do fato de que quando chegamos com a mudança, nada estava pronto para nós. Os eletricistas ainda estavam trabalhando no apartamento, e havia a maior dificuldade em mover qualquer mobília para dentro. Os problemas com banheiras, torneiras e luz elétrica eram incessantes, e o nível geral de ineficiência era inacreditável.

*Anna, a aventureira* acabara de ser publicado no *Evening News* e eu comprara meu Morris Cowley — que carro bom! Muito mais seguro e melhor do que os que se fabricam hoje. Agora teria que aprender a dirigi-lo.

Quase imediatamente, porém, instalou-se uma greve geral. Eu mal recebera três lições de Archie, quando este informou-me que eu teria que o levar de automóvel a Londres.

— Mas não posso. Eu não sei dirigir!

— Ah, sabe sim. Você está indo muito bem.

Archie era um bom professor, mas naqueles dias não havia o medo de ter que passar em uma prova. Nem existia carteira de motorista. A partir do momento em que você assumia os controles do carro, tornava-se responsável pelo que faria atrás do volante.

— Acho que não consigo dar marcha a ré de jeito nenhum — falei, em dúvida. — Parece que o carro nunca vai para onde eu acho que vai.

— Você não precisará dar a marcha a ré — explicou Archie com segurança. — Você já dirige muito bem e isso é tudo que importa. Se conseguir manter um ritmo razoável, tudo ficará bem. Frear você já sabe.

— Foi a primeira coisa que você me ensinou — ressaltei.

— Sim, claro que sim. Não vejo por que você deveria se preocupar.

— O problema é o trânsito... — expliquei, hesitante.

— Ah, não, você não terá que dirigir no meio do tráfego.

Ele tinha ouvido falar que havia trens elétricos saindo da Estação Hounslow, e assim minha tarefa seria ir de carro até Hounslow com Archie ao volante; depois ele daria meia-volta com o carro, colocaria em posição de retorno e me deixaria seguir por conta própria enquanto ele ia para a cidade.

Na primeira vez, passei por uma das piores provações da vida. Tremia de medo, mas mesmo assim consegui me sair razoavelmente bem. Deixei o carro morrer duas vezes porque freei mais forte do que o necessário, e me mantive o tempo inteiro cautelosa com tudo o que acontecia ao redor, o que creio ter sido bom. Mas é claro que o tráfego nas estradas não era nada parecido com o que é hoje, e não exigia nenhuma habilidade especial. Desde que você soubesse dirigir razoavelmente, e não tivesse que estacionar, ou fazer uma curva acentuada, ou dar ré, tudo fluía bem. O pior momento foi quando tive que virar em Scotswood e entrar em uma garagem extremamente estreita, ao lado do carro do nosso vizinho. Essas pessoas moravam no apartamento abaixo de nós — um jovem casal, os Rawncliffe.

— Eu vi a moça do primeiro andar dirigindo para casa esta manhã — disse a esposa ao marido. — Acho que ela nunca dirigiu um carro antes. Tremia igual uma vara verde ao entrar na garagem, mais pálida do que um lençol branco. Achei que ela fosse bater no muro, mas conseguiu não colidir por pouco.

Acho que só Archie poderia ter me dado confiança num caso desses. Ele estava sempre convencido de que eu podia fazer coisas sobre as quais eu própria concebia as maiores dúvidas.

— É claro que você consegue — dizia ele. — Por que não conseguiria? Se pensar que não pode fazer, não fará nunca.

Ganhei confiança em mim mesma e, três ou quatro dias depois, estava apta a enfrentar Londres e seu perigoso trânsito. Que fonte de alegrias foi para mim esse automóvel! Talvez hoje ninguém possa avaliar a diferença que um carro fazia em nossas vidas. Poder ir aonde queríamos, a locais fora do alcance de nossas pernas — como isso ampliava os horizontes! Um dos grandes prazeres que esse carro me deu foi o de poder ir a Ashfield buscar minha mãe para levá-la a passear. Ela adorava esses passeios tanto quanto eu. Fomos a todos os lugares possíveis — a Dartmoor, a casas de amigos que ela nunca podia visitar por causa das dificuldades de transporte —, e a alegria de dirigir já era o suficiente para nós duas. Nada me deu maior prazer, maior sensação de realização do que meu querido Morris Cowley cinza.

Embora me ajudasse muito com a maioria das coisas práticas da minha vida, Archie era inútil para minha escrita. De vez em quando eu sentia a necessidade de esboçar para ele alguma ideia para uma nova história, ou o enredo de um novo livro. Quando o descrevia hesitantemente, soava, mesmo aos meus ouvidos, extraordinariamente banal, fútil e muitos outros adjetivos que não vou detalhar. Archie ouvia com a benevolência que demonstrava quando decidia dar atenção a outras pessoas.

— O que você acha? — perguntava, por fim, timidamente. — Acha que vai ficar bom?

— Bem, pode ser — dizia Archie, de uma maneira completamente amortecida. — Não parece ter muita história, não é? Nem muita emoção.

— Realmente não acha que vai dar certo, então?

— Acho que você pode fazer muito melhor.

O enredo então morria, assassinado para sempre. Por vezes, entretanto, eu o ressuscitava, ou ele ressuscitava sozinho, cinco ou seis anos mais tarde. Dessa vez, sem crítica prévia, florescia satisfatoriamente e terminava, geralmente, por ser um de meus melhores livros. É muito difícil para um escritor expor suas ideias no curso de uma conversa. É possível fazê-lo com um lápis na mão, ou sentado em frente a uma máquina de escrever — então sai tudo já formado, como deve ser —, mas não temos como descrever certas coisas que *ainda* vamos escrever. Pelo menos, eu não consigo. Aprendi, assim, a não compartilhar mais uma sequer palavra acerca de um livro antes de ele estar escrito. A crítica é útil *depois* que o livro foi escrito. Podemos discutir certos pontos e até ceder em alguns deles, mas, pelo menos, sabemos como o livro afetou o leitor. A descrição do que iremos escrever, porém, soa tão frágil que, se nos disserem gentilmente que não presta, prontamente concordaremos.

Nunca vou concordar com as centenas de pedidos que me chegam para ler o manuscrito de alguém. Por um lado, é claro, se eu decidisse lê-los, nunca conseguiria fazer outra coisa da vida! Mas a questão real é que não acho que um autor seja competente para tecer críticas. Sua crítica sempre será que ele mesmo o teria escrito de tal e tal maneira, mas isso não significa que o mesmo seria correto para outro autor. Todos nós temos nossas próprias maneiras de nos expressar.

Além disso, há o pensamento assustador de que você pode estar desencorajando alguém que não deveria ser desencorajado. Uma antiga história escrita por mim foi mostrada a uma autora conhecida por um amigo gentil. Ela forneceu um relatório triste, porém adverso, dizendo que quem a tivesse escrito nunca seria um autor de fato. O que ela realmente *queria* dizer, embora ela própria não tivesse consciência disso, porque era uma autora e não uma crítica, era que a pessoa que escrevia ainda era uma escritora imatura e inadequada, que ainda não conseguia produzir algo *publicável*. Um crítico ou um editor poderia ter sido mais perspicaz, porque a profissão deles é distinguir o germe do que poderá desabrochar. Por isso, não gosto de fazer críticas — acho que elas podem facilmente ser nocivas. A única coisa que costumo adiantar como crítica é o fato de que o futuro escritor tenha em conta o mercado editorial. Não vale a pena escrever um romance com 30 mil palavras — não é fácil publicar, presentemente, um livro desse tamanho.

— Mas este livro tem que ser desse tamanho — insiste a pessoa que escreve.

Bem, isso provavelmente é verdade se o autor em questão é um gênio, porém, é mais provável que seja apenas um escritor normal cujo produto será posto à venda, um escritor que encontrou um assunto que sente que poderá desenvolver bem, que o interessa e que quer vender. Em caso afirmativo, você deve dar-lhe as dimensões e a aparência desejada. Se você fosse um carpinteiro, não adiantaria fazer uma cadeira cujo assento ficasse a cinco pés do chão. Ninguém poderia sentar nela. Não adianta dizer que você acha a cadeira bonita assim. Se você quer escrever um livro, estude quais são os tamanhos dos livros e escreva dentro dos limites desse tamanho. Se você quer escrever um conto para uma revista específica, terá que escrevê-lo do tamanho requerido e no gênero das histórias publicadas por esse periódico. Se você quer escrever apenas para si mesmo, estará diante de uma questão diferente; você pode fazer seu texto em qualquer tamanho e escrevê-lo da maneira que desejar; mas então você provavelmente terá que se contentar apenas com o prazer de tê-lo escrito. Nunca é bom partir do princípio de que se é um gênio das palavras — algumas pessoas são, mas muito poucas. Não, nós somos vendedores, comerciantes — comerciantes de um bom e honesto comércio. É preciso aprender as habilidades técnicas, e então, dentro desse ofício, podem-se aplicar as próprias ideias criativas, submetendo-se sempre à disciplina da forma necessária.

Estava apenas começando a me dar conta de que talvez eu pudesse ser uma escritora profissional. Não tinha certeza disso ainda. Eu ainda tinha a ideia de que escrever livros era apenas o sucessor natural de bordar almofadas.

Antes de sairmos de Londres para o campo, tive aulas de escultura. Era uma grande admiradora dessa arte — muito mais do que de quadros — e tinha um desejo real de ser escultora. Desiludi-me desde cedo nessa esperança: vi que não estava ao meu alcance porque não tinha olho para a forma visual. Eu não sabia desenhar, então não conseguia esculpir. Pensei que poderia ser diferente com a escultura, que sentir e manusear a argila ajudaria na forma. Mas percebi que não conseguia realmente *ver* as formas. Era como ser surdo na música.

Compus algumas canções, por mera vaidade, musicando alguns dos meus poemas. Dei uma olhada na valsa que compusera havia anos e achei que nunca ouvira nada mais banal. Algumas das canções não eram tão ruins. Uma delas, da série de versos *Pierrô e Arlequim*, agradou-me. Gostaria de ter aprendido harmonia e de saber algo de composição. Contudo, escrever parecia ser a melhor ocupação para mim e aquilo em que melhor poderia me expressar.

Escrevi uma peça sombria, sobre incesto. Foi recusada firmemente por todos os empresários a quem enviei. "Um assunto desagradável." O curioso é que, hoje em dia, esse talvez seja o tipo de peça que poderia atrair um produtor.

Também escrevi uma peça histórica sobre Akhenaton. Gostava imensamente dela. Mais tarde, John Gielgud teve a gentileza de me escrever uma carta. Ele disse que tinha pontos interessantes, mas era muito cara para produzir, e não tinha humor suficiente. Eu não tinha ligado o humor a Akhenaton, mas percebi que estava errada. O Egito era tão cheio de humor quanto qualquer outro lugar — assim como a vida em qualquer época ou localidade — e a tragédia também deveria ter um espaço para o humor.

# *III*

Tínhamos passado por tanta preocupação desde que voltamos de nossa turnê mundial que parecia maravilhoso entrar neste período tranquilo. Talvez por conta disso eu deveria ter desconfiado. As coisas corriam bem demais. Archie tinha um emprego de que gostava, com um patrão que era seu amigo; gostava das pessoas com quem trabalhava; havia conseguido o que sempre quis, pertencer a um clube de golfe de primeira classe e jogar todo fim de semana. Minha escrita estava indo bem, e comecei a considerar que talvez eu devesse continuar escrevendo livros e ganhando dinheiro com isso.

Será que percebi que poderia haver algo de errado no equilíbrio de nossos dias? Acho que não. E, no entanto, havia algo faltando, embora eu ache que nunca o tenha colocado em termos definidos para mim mesma. Sentia falta do companheirismo inicial de nosso tempo juntos, Archie e eu. Sentia falta dos fins de semana em que explorávamos lugares de ônibus ou de trem.

Nossos fins de semana agora eram o momento mais monótono para mim. Muitas vezes eu queria convidar as pessoas para passar o fim de semana conosco, ver alguns de nossos amigos de Londres novamente. Archie desencorajava isso, porque disse que *estragaria* seus fins de semana. Se tivéssemos pessoas hospedadas, ele teria que estar mais em casa e talvez perder sua segunda partida de golfe. Sugeri que ele jogasse tênis às vezes em vez de golfe, porque tínhamos vários amigos com quem ele costumava jogar tênis em quadras públicas de Londres. Ele ficou horrorizado. O tênis, disse ele, estragaria completamente seu olho para o golfe. Ele estava levando o jogo tão a sério agora que era como se fosse uma religião.

— Escute, convide qualquer dos seus amigos, mas não um casal, porque nesse caso *eu* terei também que lhes fazer companhia.

Isso não era tão fácil de fazer, porque a maioria de nossos amigos eram casados, e eu não poderia chamar a esposa sem o marido. Eu estava fazendo amigos em Sunningdale, mas a sociedade de Sunningdale se dividia, principalmente, em dois tipos: os de meia-idade, que eram apaixonados por jardins e não falavam de praticamente nada mais; ou os alegres, ricos e esportivos, que bebiam muito, davam festas e não eram realmente meu tipo, ou mesmo, aliás, o de Archie.

Um casal que veio algumas vezes passar o fim de semana conosco foi Nan Watts e seu segundo marido. Ela havia sido casada com um homem chamado Hugo Pollock durante a guerra, e tido uma filha, Judy; o casamento, porém, não fora feliz, e ela acabou por se divorciar. Casara-se novamente com um homem chamado George Kon, também, como Archie, apaixonado por golfe, de modo que isso resolvia o problema dos fins de semana. George e Archie jogavam juntos; Nan e eu fofocávamos, conversávamos e jogávamos golfe despretensiosamente nos campos para senhoras. Depois, encontrávamo-nos com nossos maridos na sede do clube para um drinque. Nan e eu levávamos nossa própria bebida: creme diluído em leite, igualzinho ao da fazenda em Abney, na nossa infância.

Foi um grande golpe quando Site nos deixou, mas ela levava a carreira a sério e há algum tempo queria assumir um cargo no exterior. Rosalind, ela apontou, iria para a escola no ano seguinte e, portanto, precisaria menos dela. Site tinha ouvido falar de um bom cargo na embaixada em Bruxelas e gostaria de aceitá-lo. Odiava nos deixar, disse ela, mas queria seguir em frente para poder ir como preceptora a lugares de todo o mundo e ver um pouco da vida. Não pude deixar de me solidarizar com esse ponto de vista e, infelizmente, concordamos que ela deveria ir para a Bélgica.

Então, pensei, recordando o quanto fora feliz com Marie e como fora agradável aprender a falar francês sem ser forçada, que poderia conseguir uma preceptora francesa para Rosalind. Punkie escreveu-me, entusiasmada, dizendo conhecer a pessoa ideal para o trabalho, só que não era francesa, mas suíça.

— Ela é uma menina doce, Marcelle. Muito gentil.

Madge achava que Marcelle era a pessoa certa para Rosalind, e que seria bondosa com a menina, tão tímida e nervosa. Não sei se Punkie e eu concordávamos exatamente em nossa estimativa quanto ao caráter de Rosalind!

Marcelle Vignou chegou. Tive ligeiras dúvidas desde o primeiro momento. O relato de Punkie sobre ela fora de uma mocinha gentil e encantadora. Ela me causou uma impressão diferente. Parecia letárgica, embora bem-humorada, preguiçosa e desinteressante. Era o tipo de pessoa incapaz de lidar com crianças. Rosalind, que era razoavelmente bem-comportada e educada, e em geral bastante satisfatória na vida cotidiana, tornou-se, quase da noite para o dia, o que só posso descrever como possuída por um demônio.

Era inacreditável. Aprendi então o que sem dúvida a maioria dos treinadores de crianças sabe instintivamente, que uma criança reage como um cachorro ou qualquer outro animal: ela conhece a autoridade. Marcelle não tinha autoridade. Ela balançava a cabeça suavemente de vez em quando e dizia:

— Rosalind! *Non, non,* Rosalind! — Sem produzir o menor efeito.

Vê-las sair para passear juntas era lamentável. Marcelle, como descobri em pouco tempo, tinha os dois pés cobertos de calos e joanetes. Só conseguia mancar em um ritmo fúnebre. Quando descobri isso, mandei-a para um podólogo, mas mesmo isso não fez muita diferença em seu ritmo. Rosalind, uma criança enérgica, andava a passos largos, parecendo extremamente britânica, com o queixo erguido, Marcelle arrastando-se miseravelmente atrás.

— Espere por mim! *Attendez-moi!* — murmurava.

— Estamos indo dar um passeio, não é? — dizia Rosalind por cima do ombro.

Marcelle, de uma maneira extremamente tola, então comprava ofertas de paz de chocolate para Rosalind em Sunningdale — a pior coisa que ela poderia fazer. Rosalind aceitava o chocolate, murmurando "obrigada" com toda a polidez possível, e depois se comportava mal como sempre. Em casa, ela era impossível. Tirava os sapatos e os jogava em Marcelle, fazia caretas para ela e se recusava a comer seu jantar.

— O que eu devo fazer? — perguntei a Archie. — Rosalind está sendo *terrível*. Eu a puno, mas isso não parece fazer diferença. Está começando a gostar de torturar a pobre moça.

— Acho que a moça não se importa muito — disse Archie. — Nunca vi ninguém mais apático.

— Talvez as coisas melhorem — proferi.

Mas as coisas não melhoraram, e sim pioraram. Eu estava realmente preocupada, porque não queria ver minha filha se transformar em um demônio furioso. Afinal, se Rosalind podia se comportar bem com duas babás e uma preceptora, devia haver alguma falha do outro lado que a levara a se comportar tão mal com essa moça em particular.

— Você não sente pena de Marcelle, que veio para um país estranho como este, onde ninguém fala a língua dela? — quis saber.

— Ela quis vir — respondeu Rosalind. — Não teria vindo se não quisesse. Ela fala inglês muito bem. Ela realmente é muito, muito estúpida.

Nada, é claro, poderia ter sido mais verdadeiro do que isso.

Rosalind estava aprendendo um pouco de francês, mas não muito. Às vezes, em dias chuvosos, eu sugeria que jogassem cartas juntas, mas Rosalind me garantia que era impossível até mesmo ensinar a Marcelle o jogo mais simples.

— Ela simplesmente não consegue se lembrar que um ás vale quatro e um rei vale três — disse ela com desdém.

Contei a Punkie que sua tutelada não estava obtendo êxito.

— Ah, querida, eu pensei que ela simplesmente amaria Marcelle.

— Longe disso — confessei. — Ela inventa maneiras de atormentar a pobre moça e joga coisas na cabeça dela.

— Rosalind *joga* coisas na cabeça dela?

— Sim — repeti. — E ela está piorando.

Finalmente cheguei à conclusão de que não poderia aguentar aquela situação por mais tempo. Por que deixaria que nossas vidas se arruinassem daquele jeito? Falei com Marcelle, disse-lhe que achava que não estava se dando bem com Rosalind, e que talvez fosse contente em outro lugar; tentaria encontrar para ela outro emprego, e lhe daria cartas de recomendação, a não ser que preferisse regressar à Suíça. Inabalável, Marcelle respondeu que havia gostado de morar na Inglaterra, mas que talvez fosse mais sensato voltar para Berna. Ela se despediu, recebeu um mês de salário, e me pus a procurar outra pessoa.

Considerei então alguém que combinasse o lugar de secretária e, ao mesmo tempo, o de preceptora de Rosalind. Esta, logo que chegasse aos 5 anos, iria para o colégio todas as manhãs, e eu poderia ter uma secretária estenógrafa, por algumas horas, à minha disposição. Quem sabe pudesse lhe ditar meus trabalhos literários. Uma ótima ideia, achei. Então publiquei um anúncio no jornal pedindo alguém que pudesse cuidar de uma criança de 5 anos de idade, que em breve estaria na escola, e aceitasse acumular o trabalho de secretária estenógrafa e datilógrafa. "De preferência, escocesa", acrescentei. Agora que prestava mais atenção às outras crianças e a suas acompanhantes, notara que as escocesas pareciam especialmente competentes com as crianças. As francesas eram péssimas disciplinadoras, e quase sempre se deixavam oprimir pelas crianças de que estavam encarregadas; as alemãs pareciam metódicas, mas eu não queria que Rosalind aprendesse alemão. As irlandesas transbordavam alegria, porém perturbavam a vida doméstica; as inglesas, essas havia-as de várias espécies. Sendo assim, eu ambicionava uma escocesa.

Selecionei várias respostas para o meu anúncio e, no devido tempo, fui a Londres e fiquei em um pequeno hotel particular perto de Lancaster Gate para entrevistar Miss Charlotte Fisher. Gostei dela assim que a vi. Era alta, de cabelos castanhos, cerca de 23 anos, imaginei; tinha experiência com crianças, parecia extremamente capaz e tinha um brilho bonito nos olhos por trás do decoro geral. Seu pai era um dos capelães do rei em Edimburgo, e prior em St. Columba. Ela sabia taquigrafia e datilografia, mas não tinha muita experiência recente em taquigrafia. Gostou da ideia de um posto onde pudesse fazer trabalho de secretária, além de cuidar de uma criança.

— Há mais uma coisa — falei, um tanto duvidosa. — Você... bem... você acha que pode... quero dizer... acha que se entenderia bem com senhoras de idade?

Miss Fisher me lançou um olhar meio estranho. De repente, notei que estávamos sentadas em uma sala contendo cerca de vinte senhoras, tricotando, fazendo crochê e lendo jornais ilustrados. Seus olhos giraram lentamente para mim enquanto eu fazia essa pergunta. Miss Fisher mordeu o lábio para parar de rir. Eu estava alheia ao meu entorno porque estava me perguntando como formular minha pergunta. Minha mãe agora era definitivamente uma pessoa com quem era difícil se relacionar, como a maioria das pessoas à medida que envelhecem — só que ela, que sempre foi mais independente e que se cansava e se entediava facilmente com os outros, era mais difícil do que a maioria. Jessie Swannell, particularmente, não conseguira suportá-la.

— Acho que sim — respondeu Charlotte Fisher com uma voz natural. — Nunca encontrei nenhuma dificuldade.

Expliquei então que minha mãe era idosa, excêntrica, e achava sempre que sua opinião era a única certa — para resumir, não seria fácil. Visto que Charlotte pareceu encarar tudo isso sem alarme, combinamos que viria para minha casa tão logo ficasse livre de seu atual emprego, que era, penso, cuidar dos filhos de um milionário residente em Park Lane. Charlotte tinha uma irmã um pouco mais velha que morava em Londres, e pediu licença para que a irmã, de vez em quando, a visitasse. Concordei imediatamente.

Então Charlotte Fisher veio trabalhar como minha secretária e Mary Fisher vinha ajudar sempre que necessário, e permaneceram comigo como amigas, secretárias e governantas, e também como verdadeiros cães de guarda e tudo o mais por muitos anos. Charlotte ainda é uma das minhas melhores amigas.

A chegada de Charlotte, ou Carlo, como Rosalind começou a chamá-la depois de um mês, foi como um milagre. Ela mal entrou pela porta de Scotswood e Rosalind misteriosamente assumiu sua personalidade normal, dos dias de Site. Parecia ter sido benzida com água benta! Passou a manter os sapatos nos pés, parou de arremessá-los nas pessoas, respondia de forma educada e parecia sentir muito prazer na companhia de Carlo. O demônio furioso havia desaparecido.

— Embora eu deva dizer que ela se parecesse um pouco com um animal selvagem quando cheguei, porque ninguém parecia ter cortado sua franja por muito tempo: estava cobrindo seus olhos, e ela precisava espiar através do próprio cabelo — disse Charlotte para mim mais tarde.

Assim começou o período dos dias tranquilos. Assim que Rosalind entrou na escola, comecei a me preparar para começar a ditar uma história. Eu estava tão nervosa com isso que adiava de um dia para o outro. Finalmente chegou a hora: Charlotte e eu nos sentamos frente a frente, ela com seu caderno e lápis.

Olhei tristemente para a lareira e comecei a proferir algumas frases provisórias. Soaram terríveis. Eu não conseguia dizer mais do que uma palavra sem hesitar e parar. Nada do que eu dizia soava natural. Persistimos por uma hora. Muito tempo depois, Carlo me contou que ela mesma vinha temendo o momento em que a obra literária deveria começar. Embora tivesse feito um curso de taquigrafia, nunca tivera muita prática e, de fato, tentara atualizar suas habilidades anotando sermões. Estava apavorada com a possibilidade de eu me apressar em um ritmo terrível — mas ninguém poderia ter encontrado qualquer dificuldade em anotar o que eu estava dizendo. Poderia ter sido escrito à mão.

Depois desse início desastroso, as coisas foram melhorando, mas para o trabalho criativo geralmente me sinto mais feliz escrevendo coisas à mão ou digitando-as eu mesma. É estranho como ouvir sua própria voz o torna autoconsciente e incapaz de se expressar. Foi apenas cerca de cinco ou seis anos atrás, depois de quebrar o punho e não conseguir usar a mão direita, que comecei a usar um gravador, e aos poucos me acostumei ao som da minha própria voz. A desvantagem de um gravador, no entanto, é que ele o encoraja a ser muito prolixo.

Não há dúvida de que o esforço envolvido em datilografar ou escrever me ajuda a ir direto ao ponto. A economia de palavras, penso eu, é particularmente necessária em histórias policiais. Você não quer ouvir a mesma coisa repetida três ou quatro vezes. Mas é tentador, quando se está falando em um ditafone, dizer a mesma coisa repetidas vezes com palavras ligeiramente diferentes. Claro, pode-se cortá-las mais tarde, mas é irritante e destrói o fluxo suave que se obtém de outra forma. É importante se aproveitar do fato de que um ser humano é naturalmente preguiçoso e, portanto, não escreve mais do que o absolutamente necessário para transmitir seu significado.

Claro, há um comprimento certo para tudo. Eu acho que o tamanho *certo* para uma história policial são 50 mil palavras. Eu sei que isso é considerado pelos editores como muito curto. É possível que os leitores também se sintam enganados se gastarem seu dinheiro e receberem apenas 50 mil palavras — então 60 mil ou 70 mil são mais aceitáveis. Se o seu livro tiver mais do que isso, acho que você geralmente acabará pensando que teria sido melhor se fosse mais curto. Vinte mil palavras é um tamanho excelente para um conto de suspense. Infelizmente, há cada vez menos mercado para histórias desse tamanho, e seus autores tendem a não ser particularmente bem pagos. Sente-se, portanto, que seria melhor continuar o conto e expandi-lo para um romance completo. A técnica do conto, eu acho, não é realmente adequada para histórias policiais. Um suspense, talvez — mas uma história policial, não. As histórias de Mr. Fortune, de H. C. Bailey, eram ótimas, nessa linha, pois não eram mais longas do que o normal para uma revista.

A essa altura, Hughes Massie havia me transferido para um novo editor, William Collins, com quem ainda permaneço enquanto escrevo este livro.

Meu primeiro livro para eles, *O assassinato de Roger Ackroyd,* foi, de longe, o que obteve mais sucesso; na realidade, ainda hoje é lembrado e citado. Tive a sorte de descobrir uma boa fórmula — e devo-a em parte a meu cunhado James, que, muito tempo antes, me dissera, um pouco impaciente, ao terminar a leitura de uma história policial:

— Hoje em dia, nas histórias policiais, quase todo mundo vira criminoso, até mesmo o detetive. Gostaria de ver um Watson que virasse criminoso.

Era uma ideia notavelmente original, e pensei muito a respeito. Por acaso, uma ideia muito parecida também me foi sugerida por Lorde Louis Mountbatten, que me escreveu sugerindo que a história fosse narrada na primeira pessoa por alguém que, no final, fosse o criminoso. A carta chegou quando me encontrava gravemente doente, e até hoje não tenho certeza se o respondi.

Gostei da ideia e refleti sobre ela por muito tempo. Implicava enormes dificuldades, claro. Minha mente vacilava ao pensar em

Hastings assassinando alguém e, de qualquer modo, seria difícil escrevê-la sem fazer uso do ludíbrio. É claro que muita gente diz que há ludíbrio em *O assassinato de Roger Ackroyd*; se lerem com atenção, porém, verão que estão enganados. Pequenas elipses temporais necessárias estão habilmente escondidas numa frase ambígua, e Dr. Sheppard, ao escrever a história, adorou contar a verdade, mesmo que pela metade.

Além do sucesso de *O assassinato de Roger Ackroyd,* tudo corria bem para nós em todas as áreas. Rosalind foi para sua primeira escola e gostou muito. Ela tinha amigos agradáveis; tínhamos um belo apartamento com jardim; eu tinha meu adorável Morris Cowley; eu tinha Carlo Fisher e paz doméstica. Archie pensava, falava, sonhava, dormia e vivia para o golfe; sua digestão melhorou, de modo que ele sofria menos de dispepsia nervosa. Tudo havia mudado para melhor, no melhor dos mundos possíveis, como diz Dr. Pangloss tão alegremente.

Havia, entretanto, uma lacuna em nossas vidas: um cachorro. O querido Joey havia morrido enquanto estávamos no exterior, então agora compramos um filhote de terrier de pelo duro, a quem demos o nome de Peter. Nem preciso dizer que ele se tornou a vida e a alma da família. Dormia na cama de Carlo e comia uma variedade de chinelos e as chamadas bolas indestrutíveis para terriers.

A despreocupação quanto às finanças era algo agradável, depois do que havíamos passado — e, possivelmente, subiu-nos levemente à cabeça. Imaginamos coisas em que, de outro modo, jamais pensaríamos. Archie, um dia, disse que gostaria de possuir um automóvel realmente veloz. Ficara entusiasmado, penso, com um Strachan's Bentley.

— Mas já temos um carro — respondi, chocada.

— Estou falando de algo realmente especial.

— Por que não pensamos em ter outro bebê agora? — apontei. Eu vinha contemplando essa ideia havia algum tempo, com prazer.

Archie, com um gesto, pôs o bebê de lado.

— Não quero ninguém além de Rosalind — disse ele. — Rosalind é absolutamente o bastante.

Archie era louco por Rosalind. Gostava de brincar com ela, e ela até limpava seus tacos de golfe. Eles se entendiam, eu acho, melhor do que Rosalind e eu. Tinham o mesmo senso de humor e viam o ponto de vista um do outro. Ele gostava de sua dureza e de sua atitude desconfiada: o jeito com que ela nunca tomava nada como garantido. Ele havia se preocupado com a chegada de Rosalind de antemão, temendo, como disse, que ninguém mais prestasse atenção *nele*. "É por isso que espero que tenhamos uma filha. Um menino seria muito pior. Eu poderia ter uma filha. Seria muito difícil ter um filho", dizia ele. Mas agora, acrescentava novas justificativas:

— Se nascesse outra criança e fosse um menino, seria tão ruim como antes. De todo modo, temos muito tempo.

Concordei que havia muito tempo e, com certa relutância, cedi ao desejo dele pelo Delage de segunda mão, que ele já havia visto e negociado. O Delage deu a nós dois um grande prazer. Eu adorava pilotá-lo, e Archie naturalmente o amava, embora houvesse tanto golfe em sua vida que ele tinha pouco tempo para isso.

— Sunningdale é um lugar perfeito para se viver — dizia Archie. — Tem tudo o que queremos. É a distância certa de Londres, e agora estão abrindo o campo de golfe de Wentworth também, e também se vai construir muito nesse local. Acho que poderemos ter nossa própria casa de verdade.

A ideia me empolgou. Morávamos confortavelmente em Scotswood, mas havia pequenas desvantagens. A administração do prédio não era confiável. A instalação elétrica apresentava problemas, a prometida água quente permanente não era nem constante nem quente, e o lugar sofria de uma geral falta de assistência. Começamos a namorar a ideia de termos nossa própria casa.

A princípio cogitamos ter uma casa nova em Wentworth, em terrenos recentemente vendidos a uma construtora. Haveria uns dois campos de golfe — e, mais tarde, provavelmente, um terceiro —, e o resto da propriedade, que era muito grande, se apinharia de casas de todos os tamanhos e feitios. Archie e eu passamos algumas tardes de verão perambulando por Wentworth, à procura do local que nos conviria. Finalmente, decidimo-nos por três terrenos, sujeitos a uma escolha final. Entramos em contato com a construtora. Procurávamos um terreno de mais ou menos seis mil metros quadrados. Preferíamos uma área arborizada, de modo a não termos muito trabalho com jardinagem. O construtor pareceu-nos amável e desejoso de cooperar. Explicamos que queríamos uma casa relativamente pequena — não sabíamos quanto nos custaria. Algo em torno de duas mil libras? Ele exibiu então o projeto de uma casinha medonha, repleta de desagradáveis ornamentos modernos, pela qual pediu o que nos pareceu um preço colossal: cinco mil e trezentas libras. Ficamos boquiabertos. Parecia não haver possibilidade de construir nada mais barato — esse era o valor mínimo. Tristes, desistimos. Todavia, decidimos que eu compraria um título de acionista de Wentworth por cem libras, o que me permitiria jogar nos campos de golfe de lá aos sábados e domingos — um tipo de aposta no futuro. Afinal de contas, como haveria dois campos de golfe ali, deveria ser-me possível, pelo menos, jogar num deles sem me sentir um verme...

Por acaso, minhas ambições de golfe tiveram um impulso repentino neste momento — na verdade, ganhei uma competição. Tal coisa nunca tinha acontecido comigo antes, e nunca aconteceu novamente. Meu *handicap* de golfe era de 35 (pontuação máxima), mesmo assim não parecia possível conseguir ganhar coisa alguma. No entanto, enfrentei Mrs. Burberry na final — uma mulher gentil alguns anos mais velha que eu —, que também tinha um *handicap* de 35 e estava tão nervosa e receosa quanto eu.

Enfrentamos uma a outra felizes, satisfeitas por termos chegado ao ponto em que chegamos. Fizemos ambas o primeiro buraco. A partir de então, Mrs. Burberry, surpreendendo a si própria e desalentando-me, conseguiu fazer não só o buraco seguinte, mas também o buraco posterior, e outro mais distante, e assim por diante, até que, no nono buraco, tinha oito pontos. Quaisquer tênues esperanças de, pelo menos, fazer uma boa exibição me abandonaram e, tendo chegado a esse ponto, fiquei muito mais feliz. Agora eu poderia continuar a rodada sem me incomodar tanto, até o momento, certamente não muito distante, em que Mrs. Burberry venceria a partida. Mas Mrs. Burberry começou a desmoronar. A ansiedade tomou conta. Ela perdeu buraco após buraco. Eu, ainda sem me importar, ganhava buraco após buraco. O inacreditável aconteceu. Ganhei os próximos nove buracos e, portanto, venci-a com um ponto a mais no último campo. Acho que ainda guardo, em algum lugar, meu troféu de prata.

Depois de um ano ou dois, depois de visitar inúmeras casas — sempre um dos meus passatempos favoritos —, restringimos nossa escolha a duas. Uma era bem isolada, não muito grande, e tinha um belo jardim. A outra ficava perto da estação; uma espécie de suíte milionária do Savoy transferida para o campo e decorada por alguém que não se preocupava com as despesas. As paredes eram apaineladas, e havia muitos banheiros, lavabos nos quartos de dormir e toda espécie de luxo. Passara por diversas mãos nos últimos anos e diziam ser uma casa de azar — todo mundo que morava lá sempre sofria de alguma forma. O primeiro homem perdeu seu dinheiro; o segundo, perdera a esposa. Não sei o que aconteceu com os terceiros donos da casa — eles simplesmente se separaram, eu acho, e partiram. De qualquer forma, ofereciam-na por um preço bastante barato, visto estar, havia muito tempo, à venda. Tinha um jardim agradável — comprido e estreito, compreendendo primeiro um gramado, depois um riacho com muitas plantas aquáticas, depois um jardim selvagem com azáleas e rododendros, e assim por diante até o fim, onde havia uma boa e sólida horta, e além dela um emaranhado de arbustos de tojo. Se podíamos pagar ou não era outra questão. Embora ambos tivéssemos uma renda razoável — a minha talvez um pouco incerta e inconstante, a de Archie bem assegurada — estávamos lamentavelmente sem capital. No entanto, conseguimos uma hipoteca e, no devido tempo, nos mudamos.

Compramos cortinas e tapetes adicionais, conforme necessário, e embarcamos em um estilo de vida que estava sem dúvida acima de nossas posses, embora nossos cálculos parecessem todos corretos no papel. Tínhamos dois automóveis para manter, o Delage e o Morris. Também contratáramos mais empregados: um casal e uma copeira. A mulher desse casal fora ajudante de cozinha numa casa ducal e parecia — embora isso jamais tenha sido comprovado — que o marido fora mordomo na mesma casa. A verdade é que ele não tinha expertise como mordomo; a mulher, porém, era excelente cozinheira. Descobrimos no final que ele havia sido carregador de bagagens. Era um homem de preguiça colossal. Passava a maior parte do dia deitado na cama, além de servir mal à mesa — isso era praticamente tudo o que ele fazia. Nos intervalos de seu repouso, ia ao pub. Tínhamos que tomar uma decisão: ou nos livrávamos deles, ou não. No geral, a cozinha parecia mais importante, no entanto, e nós os mantivemos.

Continuamos com nossa vida de luxo — e aconteceu exatamente o que poderíamos esperar. Ao fim de um ano, começamos a nos preocupar. Nossa conta bancária parecia estar derretendo de maneira extraordinária. No entanto, com algumas economias, dizíamos um ao outro, tudo daria certo.

Por sugestão de Archie, batizamos nossa casa de Styles, já que o primeiro livro que me amparara financeiramente fora *O misterioso caso de Styles*. Na parede penduramos o quadro feito com a capa do livro — um presente da The Bodley Head.

Mas Styles provou ser para nós o que fora, no passado, para outros. Era uma casa azarada. Eu senti isso assim que pisei nela pela primeira vez. Atribuí minha fantasia ao fato de que as decorações eram tão chamativas e pouco naturais para uma casa no campo. Pensei que sem todos aqueles painéis, pinturas e coisas douradas, *então* me sentiria de maneira diferente.

# IV

Odeio me lembrar do ano seguinte. Como tantas vezes na vida, quando uma coisa dá errado, tudo dá errado. Cerca de um mês depois de voltar de curtas férias na Córsega, minha mãe teve uma bronquite grave. Ela estava em Ashfield na época. Fui até ela, e depois Punkie me substituiu. Logo depois, ela me mandou um telegrama dizendo que estava transferindo minha mãe para Abney, onde ela achava que poderia ser mais bem cuidada. Minha mãe pareceu melhorar, mas nunca mais voltou a ser a mesma. Ela quase não saía do quarto. Suponho que seus pulmões tenham sido afetados, ela contava 72 anos naquela época. Não achei que fosse tão sério quanto acabou sendo — também não acredito que Punkie tenha achado —, mas uma ou duas semanas depois me telegrafaram, Archie estava na Espanha a negócios.

Foi quando estava no trem para Manchester que soube, subitamente, que mamãe morrera. Senti um *calafrio,* como se tivesse sido invadida, dos pés à cabeça, por uma frialdade mortal, e então pensei: "Mamãe morreu".

Era verdade. Contemplei-a, deitada na cama, e pensei sobre como, quando morremos, é só a *casca* que resta. Toda a personalidade viva, ardente e impulsiva de minha mãe estava bem distante.

— Às vezes nos sentimos ansiosos por deixar este corpo tão gasto, tão envelhecido, tão *inútil*. Ansiamos por sermos libertados desta prisão — dissera-me ela várias vezes, nos últimos anos.

Era o que eu sentia, agora, acerca dela. Estava liberta de sua prisão. Para nós, ficava a tristeza de sua morte.

Archie não pôde ir ao funeral, porque ainda estava na Espanha. Eu estava de volta a Styles quando ele retornou uma semana depois. Sempre percebi que ele tinha uma aversão violenta a doenças, morte e problemas de qualquer tipo. Conhecemos essas coisas, mas dificilmente as percebemos ou prestamos muita atenção a elas, até que surge uma emergência. Ele entrou na sala, eu me lembro, extremamente embaraçado, e isso o fez parecer alegre — uma espécie de "Olá, aqui estamos. Todos nós devemos tentar nos animar". É muito difícil suportar quando você perde uma das três pessoas que mais ama no mundo.

— Tive uma ideia muito boa — disse Archie. — Terei que retornar à Espanha na semana que vem. O que acha de vir comigo? Poderíamos nos divertir bastante, e estou certo de que seria uma boa distração para você.

Eu não queria me distrair. Queria abraçar minha tristeza e aprender a me acostumar com ela. Então agradeci e disse que preferia ficar em casa. Vejo agora que estava errada. Minha vida com Archie estava à minha frente. Estávamos felizes juntos, seguros um do outro, e nenhum de nós teria sonhado que poderíamos nos separar. Mas ele odiava o sentimento de tristeza na casa, e isso o deixaria aberto a outras influências.

Depois, havia o problema de Ashfield. Nos últimos quatro ou cinco anos, todos os tipos de lixo se acumularam lá; os pertences da minha avó; todas as coisas com as quais minha mãe foi incapaz de lidar e trancafiou. Não havia dinheiro para reparos; o telhado estava caindo; e alguns dos quartos tinham goteiras. No final da vida, minha mãe morava em apenas dois quartos. *Alguém* tinha que ir até lá e lidar com tudo isso e essa pessoa tinha que ser eu. Minha irmã estava muito envolvida em suas próprias preocupações, embora tivesse prometido aparecer por duas ou três semanas em agosto. Archie achou que seria melhor alugarmos Styles durante o verão, o que nos daria uma boa renda e nos tiraria do vermelho novamente. Ele ficaria em seu clube em Londres, e eu iria a Torquay para pôr Ashfield em ordem. Ele se juntaria a mim em agosto — e quando Punkie chegasse, deixaríamos Rosalind com ela e iríamos para o exterior. Pensamos na Itália — um lugar aonde nunca tínhamos ido antes, chamado Alassio.

Então deixei Archie em Londres e fui para Ashfield.

Suponho que já estava esgotada e um pouco doente, no entanto, arrumar aquela casa, com as lembranças, o trabalho duro, as noites sem dormir, me deixou tão nervosa que mal sabia o que estava fazendo. Trabalhava dez ou onze horas por dia, limpando todos os cômodos e carregando coisas. Era assustador: as roupas roídas pelas traças, os velhos baús da vovó cheios de seus vestidos velhos — todas as coisas que ninguém queria jogar fora, mas que agora precisavam ser descartadas. Tínhamos que pagar um adicional ao lixeiro toda semana para que se encarregasse de tudo. Havia itens difíceis, por exemplo, a enorme coroa de flores de cera, feita em memória de meu avô, quando ele morreu. Ficava sob uma redoma de vidro. Eu não queria carregar pela vida afora aquela enorme relíquia, mas o que podemos fazer com um objeto desse gênero? Não se pode jogá-lo no lixo. Finalmente, encontrei uma solução. Mrs. Potter — mãe da cozinheira — sempre admirara a coroa. Ofereci-a a ela, que a aceitou, encantada.

Ashfield fora a primeira casa em que meus pais moraram depois de se casarem. Mudaram-se para lá mais ou menos seis meses depois do nascimento de Madge, e ali ficaram para sempre, acrescentando novos armários para depósito. Pouco a pouco, todos os cômodos da casa se transformaram em quartos de despejo. A sala de estudos, cenário de tantos dias felizes na minha infância, era agora um vasto galpão: todos os baús e caixas que vovó não pudera acumular em seu quarto foram guardados ali.

O destino golpeou-me outra vez quando perdi minha querida Carlo. Seu pai e sua madrasta estavam viajando na África e ela soube, repentinamente, que o pai se encontrava muito doente, no Quênia, e que o médico diagnosticara câncer. Embora ele ainda não soubesse de que mal sofria, a madrasta sabia que ele não poderia viver mais do que seis meses. Tão logo o pai regressou, Carlo precisou voltar para Edimburgo para ficar junto dele os últimos meses. Despedi-me dela aos prantos. Ela também estava desolada por ter de nos deixar, principalmente em tal confusão e infelicidade, mas era um motivo prioritário, que não podia ser discutido. Eu pensava que em aproximadamente seis semanas teria tudo pronto. Depois, viveria novamente.

Trabalhei como uma diaba, estava tão ansiosa para ver tudo pronto! Todos os baús e malas tinham de ser examinados com cuidado: não se podia simplesmente jogar as coisas fora. Entre as coisas da vovó você nunca tinha certeza do que iria encontrar. Ela havia insistido em fazer um bom trabalho de arrumação quando deixou Ealing, considerando que certamente jogaríamos fora seus tesouros mais queridos. Cartas antigas abundavam; eu estava prestes a jogá-las fora, quando descobri um velho envelope com uma dúzia de notas de cinco libras! Vovó tinha sido como um esquilo, escondendo suas nozes aqui e ali para que pudesse escapar dos rigores da guerra. Em uma ocasião, havia um broche de diamante embrulhado em uma meia velha.

Comecei a ficar confusa demais sobre as coisas. Nunca sentia fome e comia cada vez menos. Às vezes eu me sentava, colocava as mãos na cabeça e tentava lembrar o que estava fazendo. Se Carlo estivesse lá, eu poderia ir a Londres por um fim de semana ocasional e ver Archie, mas não podia deixar Rosalind sozinha em casa e não tinha outro lugar para ficar.

Sugeri a Archie que ele viesse passar um fim de semana comigo de vez em quando: faria toda a diferença. Ele escreveu de volta apontando que seria uma coisa bastante tola de se fazer. Afinal, era uma viagem cara e, como não poderia desembarcar antes de sábado e teria que voltar no domingo à noite, dificilmente valeria a pena. Suspeitei que ele odiaria perder o golfe de domingo — mas deixei isso de lado como um pensamento indigno. Não faltava muito para que pudéssemos estar juntos de novo, acrescentava ele alegremente.

Uma terrível sensação de solidão passou a se apoderar de mim. Acho que não entendi que, pela primeira vez na vida, estava seriamente doente. Fora sempre muito saudável, e não tinha experiência de como a infelicidade, os desgostos e a estafa podem afetar a saúde física. Fiquei, porém, aflita, um dia, quando, ao assinar um cheque, não conseguia me lembrar com que nome deveria assiná-lo. Senti-me como Alice no País das Maravilhas, quando toca a árvore.

— Mas é claro que sei meu nome *perfeitamente* bem — falei. — Mas qual é mesmo?

Fiquei ali sentada com a caneta na mão sentindo uma frustração absurda. Com que inicial começava meu nome? Seria talvez Blanche Amory? Parecia familiar. Então lembrei que era uma personagem sem muita importância em *Pendennis*, um livro que eu não lia havia anos.

Tive outro aviso um ou dois dias depois. Fui ligar o carro, que geralmente tinha que ser iniciado com uma alavanca de partida

— na verdade, acho que todos os carros tinham de ser ligados assim naqueles dias. Girei a manivela várias vezes e nada aconteceu. Finalmente comecei a chorar, entrei em casa e me deitei no sofá, soluçando. Isso me preocupou. Chorava apenas porque um carro não deu partida; eu devia estar louca.

Muitos anos depois, alguém passando por um período de infelicidade me disse:

— Não sei o que está acontecendo comigo. Choro por nada. Um dia desses, a roupa não chegou da lavanderia e eu chorei. No dia seguinte, o carro não pegava...

Algo mexeu comigo então, e eu disse:

— Acho que é melhor você ter muito cuidado; é provavelmente o início de um colapso nervoso. Você deveria consultar um médico a respeito.

Eu não tinha esse conhecimento naqueles dias. Sabia que estava muito cansada e que a tristeza de perder minha mãe ainda estava lá no fundo, embora eu tentasse tirá-la da cabeça. Se por acaso Archie viesse, ou Punkie, ou *alguém*, para ficar comigo.

Eu tinha Rosalind, mas é claro que não podia dizer nada para aborrecê-la, ou falar com ela sobre estar infeliz, preocupada ou doente. Ela estava feliz, gostando muito de Ashfield, como sempre — e bastante prestativa com as tarefas. Adorava carregar coisas escada abaixo e enfiá-las na lata de lixo e, ocasionalmente, catar algo para si mesma.

— Acho que ninguém vai querer isso... e pode ser bem divertido.

O tempo passou, quase tudo ficou pronto e, por fim, eu podia avistar o termo de minha escravidão. Chegou o mês de agosto — o aniversário de Rosalind era dia 5 de agosto. Punkie chegou dois ou três dias antes, e Archie, no dia 3. Rosalind estava animada com a perspectiva de ficar com sua Tia Punkie durante as duas semanas em que Archie e eu viajaríamos para a Itália.

# V

"Que deverei fazer para afastar essas recordações de meus olhos?", escreveu Keats. Mas deve-se afastá-las? Se alguém escolhe relembrar a jornada que foi sua vida, tem o direito de ignorar as memórias que não gosta? Ou isso é covardia?

Acho que talvez devamos dar uma breve olhada e dizer: "Sim, isso faz parte da minha vida; mas acabou. É um fio na tapeçaria da minha existência. Devo reconhecê-lo porque é parte de mim. Mas não há necessidade de insistir nisso".

Quando Punkie chegou a Ashfield, senti-me maravilhosamente feliz. Então Archie chegou também.

Acho que o mais próximo que posso chegar de descrever o que senti naquele momento é relembrar aquele meu velho pesadelo — o horror de estar sentada à mesa de chá, olhando para o meu melhor amigo e de repente perceber que a pessoa sentada ali era um *estranho*. Isso, acho, descreve a sensação que me sobreveio quando Archie chegou.

Seus atos eram os mesmos, mas, simplesmente, não era mais Archie. Eu não conseguia saber o que se passava com ele.

— Archie parece muito esquisito — disse Punkie, quando notou-o melhor. — Ele está doente ou algo assim?

Respondi dizendo que talvez sim. Archie, no entanto, disse que estava bem. Mas falou pouco conosco e foi embora sozinho. Perguntei a ele sobre nossas passagens para Alassio e ele disse:

— Ah, sim, bem. Está tudo resolvido. Falarei sobre isso mais tarde.

Ele ainda parecia um estranho. Eu quebrava a cabeça para imaginar o que poderia ter acontecido. Tive um medo momentâneo de que algo estivesse errado na firma. Seria possível que Archie tivesse desviado dinheiro? Não, não acreditava em semelhante possibilidade. Será que havia embarcado, porém, em alguma transação para a qual não possuía suficiente competência? Dificuldades financeiras? Algo de que não me quisesse falar? Mas eu teria que saber, afinal!

— Qual é o problema, Archie?

— Ah, nada de especial.

— Mas deve haver alguma coisa.

— Bem, acho melhor lhe dizer uma coisa. Nós... eu... não temos passagens para Alassio. Não tenho vontade de ir para o exterior.

— Não vamos para o exterior?

— Não. Estou dizendo, não tenho vontade.

— Então você prefere ficar aqui, brincando com Rosalind, é isso? Bem, acho quase tão agradável quanto viajar.

— Você não entende — disse ele, irritado.

Passaram-se ainda outras 24 horas antes que ele, afinal, me dissesse sem vacilar:

— Lamento muito que isso tenha acontecido. Sabe aquela moça de cabelos escuros que costumava ser a secretária de Belcher? Aquela que esteve em nossa casa com Belcher para passar um fim de semana e, no ano passado, vimos em Londres duas ou três vezes?

Eu não conseguia lembrar o nome dela, mas sabia a quem ele se referia.

— Sim — respondi.

— Bem, tenho me encontrado com ela, de vez em quando, desde que fiquei sozinho em Londres. Temos saído juntos, várias vezes...

— E por que você não deveria?

— Você ainda não entendeu — disse ele, impaciente. — Eu me apaixonei por ela e gostaria que você me desse o divórcio assim que possível.

Suponho que, com essas palavras, essa parte da minha vida — minha feliz e bem-sucedida vida confiante — terminou. Não foi tão rápido assim, é claro — porque eu não podia acreditar. Achei que passaria. Nunca houve qualquer suspeita de algo desse tipo em nossas vidas. Tínhamos sido felizes e harmônicos juntos. Ele nunca tinha sido do tipo que olhava muito para outras mulheres. Talvez esse gesto tenha sido consequência da falta que ele sentiu de sua companheira alegre habitual nos últimos meses.

— Eu lhe disse uma vez, há muito tempo, que odeio quando as pessoas estão doentes ou infelizes... Isso estraga tudo para mim.

Sim, pensei, eu deveria saber disso. Se eu tivesse sido mais esperta, se soubesse mais sobre meu marido, se tivesse me preocupado em saber mais sobre ele, em vez de me contentar em idealizá-lo e considerá-lo mais ou menos perfeito, então talvez tivesse evitado isso. Se tivesse uma segunda chance, poderia ter evitado o que aconteceu? Se não tivesse ido para Ashfield e o deixado em Londres, ele provavelmente nunca teria se interessado por essa moça. Não essa em particular. Mas poderia acontecer com outra, porque eu devo, de alguma forma, ter sido inadequada para preencher a vida de Archie. Ele certamente estava pronto a apaixonar-se por outra mulher, embora talvez nem sequer o soubesse. Ou essa moça seria especial? Fora o destino que o fizera apaixonar-se por ela tão subitamente? Decerto, isso não acontecera nas poucas ocasiões em que nos encontráramos anteriormente. Ele até protestara porque eu a convidara a ficar conosco, dizendo que isso prejudicaria suas partidas de golfe. Todavia, quando se apaixonou por ela, aconteceu da mesma forma súbita com que se apaixonara por mim. Talvez se tratasse de uma fatalidade.

Amigos e parentes são de pouca utilidade em um momento como este. O ponto de vista deles era: "Mas isso é um absurdo. Vocês sempre foram tão felizes juntos. Ele vai superar isso. Acontece com muitos maridos. Eles superam".

Também achei que sim. Achei que ele fosse superar. Mas não o fez. Ele deixou Sunningdale. Carlo já havia voltado para mim — os especialistas ingleses haviam declarado que seu pai não tinha câncer, afinal — e foi um conforto tremendo tê-la ali. Mas ela tinha uma visão mais clara do que eu. Disse que Archie não superaria o fato. Quando ele finalmente fez as malas e foi embora, tive uma sensação quase de alívio — ele havia se decidido.

No entanto, voltou depois de duas semanas. Talvez, ele falou, estivesse errado. Talvez fosse a coisa errada a fazer. Eu disse que tinha certeza de que era, no que dizia respeito a Rosalind. Afinal, ele era louco por ela, não era? Sim, ele admitiu, realmente amava Rosalind.

— E ela gosta de você. Ela te ama mais do que me ama. Ela gosta que eu esteja por perto quando está doente, mas você é o pai que ela *realmente* ama e de quem depende. Vocês têm o mesmo senso de humor e são melhores companheiros do que ela e eu. Você deve tentar superar essa paixão. Sei que isso é possível.

Mas acho que sua volta foi um erro, porque isso lhe mostrou o quão aguçado era seu sentimento. Ele me dizia o tempo todo:

— Não suporto não ter o que quero e não suporto não ser feliz. Nem todo mundo pode ser feliz, no entanto. Alguém tem que ser infeliz.

Consegui evitar perguntar: "E por que eu terei de ser infeliz, e não você?" Esse tipo de questão não ajudaria em nada.

O que eu não conseguia entender era sua indelicadeza contínua para comigo durante esse período. Archie mal falava comigo, nem me respondia quando falava com ele. Entendo muito melhor agora, porque vi outros maridos e esposas e aprendi mais sobre a vida. Acho que ele estava infeliz porque no fundo gostava de mim, e ele realmente odiava me machucar — então ele tinha que se assegurar de que não estava me machucando, que seria muito melhor para mim no final que eu tivesse uma vida feliz, viajasse e vivesse da escrita, como um consolo. Sua consciência o incomodava, então ele não podia deixar de se comportar com uma certa crueldade de sua parte. Minha mãe sempre havia dito que ele era implacável. Eu sempre tinha visto tão claramente seus muitos atos de bondade, sua boa índole, sua ajuda quando Monty voltou do Quênia, o trabalho a que se dava pelas pessoas. Agora era impiedoso porque lutava por sua felicidade. Eu admirara algumas vezes sua frieza. Dessa vez, porém, sofria com ela.

Então, depois da doença, veio a tristeza, o desespero e o desgosto. Não há necessidade de insistir nisso. Durante um ano esperei que Archie reconsiderasse sua atitude. Mas ele não fez.

Assim terminou meu primeiro casamento.

# VI

Em fevereiro do ano seguinte, Carlo, Rosalind e eu fomos para as Ilhas Canárias. Tive alguma dificuldade para convencê-las, mas sabia que a única esperança de começar de novo era me afastar de todas as coisas que haviam destruído minha vida. Não poderia haver paz para mim na Inglaterra agora, depois de tudo pelo que havia passado. O ponto brilhante da minha vida era Rosalind. Se eu pudesse ficar sozinha com ela e minha amiga Carlo, as coisas se curariam novamente, e eu poderia encarar o futuro. Mas a vida na Inglaterra era insuportável. Dessa época, suponho, data minha repulsa à imprensa, minha antipatia pelos jornalistas e pelas multidões. Era injusto, sem dúvidas, mas acho que também era natural, dadas as circunstâncias. Sentia-me como uma raposa com minhas terras desenterradas, cercada por cães latindo e correndo atrás de mim como em uma caça, por toda parte. Sempre odiei notoriedade de qualquer tipo, e agora eu tinha uma dose tão grande disso que em alguns momentos senti que mal podia suportar continuar vivendo.

— Mas você poderia viver tranquilamente em Ashfield — sugeriu minha irmã.

— Não — neguei. — Não poderia. Se eu ficar quieta e sozinha por lá, não farei nada além de me lembrar... lembrar de todos os dias felizes que tive lá e de todas as coisas felizes que fiz.

Quando se está ferido, o importante é não lembrar os tempos *felizes*. Pode-se recordar os tempos tristes — isso não faz mal —, mas algo que recorde um dia *feliz* ou uma coisa *feliz* é de partir o coração.

Archie continuou morando em Styles por um tempo, mas estava tentando vendê-la — com meu consentimento, é claro, já que eu possuía metade dela. Eu precisava muito do dinheiro agora, porque estava com sérios problemas financeiros de novo.

Desde a morte de minha mãe, não conseguia escrever uma palavra. Um livro estava para sair naquele ano, e tendo gastado tanto em Styles, estava sem dinheiro em mãos. Meu pouco capital tinha ido na compra da casa. Eu não recebia renda alguma, exceto a que eu pudesse fazer ou tivesse feito por conta própria. Era vital que eu escrevesse outro livro o mais rápido possível e conseguisse um adiantamento.

Meu cunhado, o irmão de Archie, Campbell Christie, que sempre foi um grande amigo e uma pessoa amável, decidiu me ajudar. Sugeriu que eu publicasse numa coletânea as últimas doze histórias publicadas na *Sketch*, reproduzindo a aparência de um livro. Isso seria um tapa-buraco. Ele me ajudou com o trabalho — eu ainda não conseguia lidar com nada do tipo. Finalmente, foi editada a coletânea, *Os quatro grandes,* que acabou por se tornar muito popular. Achava que, quando pudesse sair da Inglaterra e me acalmar, talvez conseguisse, com a ajuda de Carlo, escrever outro livro.

A única pessoa que se mantinha inteiramente do meu lado e me tranquilizava em tudo o que eu estava fazendo era meu cunhado, James.

— Você está indo muito bem, Agatha — dizia ele em sua voz calma. — Você sabe o que é melhor para você, e eu faria o mesmo no seu lugar. Você precisa de uma fuga. É possível que Archie mude de ideia e volte. Espero que sim, mas acho que não. Acredito que ele não seja esse tipo de pessoa. Quando ele se decide, é definitivo. Então não conte com essa possibilidade.

Afirmei que não contava, mas achava justo que Rosalind esperasse pelo menos um ano para ter certeza de que ele sabia o que estava fazendo.

Fui educada, é claro, como todos na minha época. Tinha e tenho horror ao divórcio. Ainda hoje tenho um sentimento de culpa porque acedi à sua exigência persistente e concordei em divorciar-me dele. Sempre que olho para minha filha, ainda sinto que *deveria* ter aguentado firme, que talvez pudesse ter recusado. Mas ficamos tão tolhidos quando não somos nós a desejar esse gênero de coisas! *Eu* não queria me divorciar de Archie — odiava a ideia. Romper um casamento é errado, tenho certeza, e já vi muitos casamentos desfeitos e ouvi o suficiente de suas histórias internas para saber que, se não é tão grave o rompimento quando não há filhos, quando há é justamente o contrário.

Quando regressei à Inglaterra, estava de novo como sempre fora — um pouco mais endurecida, mais desconfiada do mundo, mas mais bem preparada para lidar com ele. Aluguei um pequeno apartamento em Chelsea, onde me instalei com Rosalind e Carlo. Com minha amiga Eileen Morris, cujo irmão era diretor da escola Morris Hill, fui visitar várias escolas preparatórias para meninas. Achava que, como Rosalind havia sido desenraizada de seu lar e seus amigos, e em Torquay eu conhecia poucas crianças da idade dela, seria melhor que fosse para algum tipo de internato. Aliás, era o que Rosalind desejava. Eileen e eu vimos cerca de dez colégios diferentes. Quando terminamos, sentia minha cabeça vazia, embora alguns deles nos tivessem feito rir. Ninguém, é claro, sabia menos acerca de colégios do que eu, já que, quando menina, nem sequer chegara perto de um deles. Não fazia a menor ideia se um era melhor do que o outro. E, na verdade, isso jamais me fizera falta. "Mas não fizera mesmo?", pensava com meus botões. Talvez me tivesse feito falta, quem sabe? Talvez fosse melhor dar essa oportunidade a minha filha.

Como Rosalind era muito sensata, consultei-a a esse respeito. Ficou empolgada. Gostava do colégio de Londres a que ia diariamente, mas achava que seria bom ir para um colégio de classe mais adiantada no outono seguinte. Depois disso, confessou, gostaria de ir para um enorme — o maior que houvesse! Combinamos que eu tentaria encontrar um instituto agradável e concordamos que seria Cheltenham — o maior que eu conhecia — a escola que ela frequentaria no futuro.

O primeiro colégio de que gostei foi em Bexhill: o Caledonia, dirigido por Miss Wynne e sua parceira, Miss Barker. Era um colégio convencional, obviamente bem dirigido, e eu gostei de Miss Wynne. Era uma pessoa de autoridade e personalidade. Todas as regras da escola pareciam rigorosas, mas sensatas, e Eileen tinha ouvido por meio dos amigos que a comida era excepcionalmente boa. Gostei da aparência das crianças também.

O outro colégio de que gostei era de um tipo oposto. As meninas podiam ter seus próprios pôneis e animais de estimação, se quisessem, além de mais ou menos escolherem quais assuntos estudar. Havia uma grande margem de manobra no que faziam, e se não quisessem fazer algo, não eram pressionadas a fazê-lo, porque, como dizia a diretora, passavam a querer fazer tudo por vontade própria. Havia bom incentivo ao desenvolvimento artístico e, novamente, gostei da diretora. Ela era uma pessoa de mente original, calorosa, entusiasmada e cheia de ideias.

Fui para casa, refleti e finalmente decidi levar Rosalind comigo e visitar cada um deles mais uma vez. Fizemos isso. Deixei Rosalind pensando por alguns dias, então disse:

— E então, qual você prefere?

Rosalind, graças a Deus, sempre fora decidida.

— Caledonia — respondeu ela. — Não gostei do outro. Seria muito parecido com estar em uma festa. Nós não vamos para um colégio como quem vai para uma festa, não é mesmo?

Então decidimos por Caledonia, e foi um grande sucesso. O ensino era extremamente bom e as crianças se interessavam pelo que aprendiam. Era muito organizado, e Rosalind era uma criança que gostava disso. Lembro-me de que me disse com orgulho, certa vez que veio de férias:

— Nunca ficamos sem ter o que fazer.

No lugar dela, eu teria detestado.

Às vezes, as respostas que eu obtinha às perguntas pareciam bastante extraordinárias:

— A que horas vocês se levantam de manhã, Rosalind?

— Não sei, de verdade. Quando toca o sinal.

— Não te interessa saber a que horas o sinal toca?

— E por que eu deveria? — disse Rosalind. — Serve para nos levantarmos, só isso. E então tomamos café da manhã cerca de meia hora depois, suponho.

Miss Wynne mantinha os pais em seus devidos lugares. Perguntei-lhe uma vez se Rosalind poderia sair conosco no domingo vestida com suas roupas cotidianas em vez de seu vestido de seda de domingo, porque íamos fazer um piquenique e um passeio pelas colinas.

— Minhas alunas saem aos domingos com suas roupas de domingo — respondeu Miss Wynne.

E foi isso. Contudo, Carlo e eu levamos uma pequena mala com roupas mais práticas para Rosalind, e num bosque convenientemente denso ela trocou o vestido de seda Liberty, o chapéu de palha e os sofisticados sapatos por algo mais apropriado. Ninguém jamais descobriu.

Ela era uma mulher de personalidade notável. Uma vez perguntei a ela o que ela faria no Dia dos Esportes se chovesse.

— Chuva? — repetiu Miss Wynne em um tom de surpresa. — Nunca choveu no Dia dos Esportes, não que eu me lembre.

Parecia poder comandar os elementos. Ou então, como dizia uma das amigas de Rosalind, "Deus *estava* sempre do lado dela".

Enquanto estivemos nas Ilhas Canárias, consegui redigir a maior parte de um novo romance, *O mistério do trem azul*. Não foi fácil e, certamente, Rosalind dificultou esse trabalho. Diferente de sua mãe, não era criança que pudesse distrair-se pela imaginação: requeria algo concreto. Se lhe déssemos uma bicicleta, desaparecia por uma boa meia hora. Se, quando estava chovendo, lhe dávamos um quebra-cabeça, entretinha-se com ele. No jardim do hotel de Orotava, em Tenerife, não havia, porém, nada com que entreter Rosalind, a não ser caminhar em torno dos canteiros ou, de vez em quando, correr com seu bambolê — e este não fazia as delícias de Rosalind, como fizera as de sua mãe. Para ela, não passava de um bambolê.

— Olhe aqui, Rosalind — falei. — Você *não* deve me interromper. Tenho trabalho a fazer. Tenho que escrever outro livro. Carlo e eu vamos estar ocupadas pela próxima hora com isso. Não nos interrompa.

— Tudo bem — concordou Rosalind, melancólica, e foi embora.

Olhei para Carlo, sentada ali com o lápis na mão, e pensei, e pensei, e quebrei a cabeça. Finalmente, hesitante, comecei. Depois de alguns minutos, notei que Rosalind estava do outro lado do caminho, parada ali olhando para nós.

— O que é, Rosalind? — perguntei. — O que você quer?

— Será que já passou meia hora? — perguntou ela.

— Não. Passaram-se exatamente nove minutos. Vá embora.

— Ah, tudo bem. — E ela partiu.

Retomei meu ditado, hesitante.

Logo Rosalind chegava de novo.

— Chamarei você quando o tempo tiver passado — avisei.

— Ainda não passou.

— Mas eu posso ficar aqui, não posso? Não vou interromper.

— Se ficar aí parada, sim — respondi a contragosto.

E comecei de novo. Mas o olhar de Rosalind sobre mim tinha o efeito de uma Medusa. Senti mais do que nunca que tudo o que eu estava dizendo era idiota! (A maior parte era mesmo.) Eu errava, gaguejava, hesitava e me repetia. Realmente não sei como esse livro miserável chegou a ser escrito.

Para começar, não tinha prazer em escrever, o menor élan. Eu havia elaborado o enredo — um enredo convencional, parcialmente adaptado de uma de minhas outras histórias. Sabia, como se poderia dizer, para onde estava indo, mas não conseguia ver a cena em minha mente, e as pessoas não ganhavam vida. Fui impelida desesperadamente pelo desejo, na verdade pela necessidade, de escrever outro livro e ganhar algum dinheiro.

Foi nesse momento que eu mudei de amadora para profissional. Assumi o ônus de uma profissão, que é escrever mesmo quando você não quer, não gosta muito do que está escrevendo e não está escrevendo particularmente bem. Sempre detestei *O mistério do trem azul,* mas consegui escrevê-lo e enviei-o aos editores. Vendeu tão bem quanto o livro anterior. Portanto, teria que me contentar com essa ideia — embora não me tenha sentido orgulhosa com isso.

La Orotava era adorável. A grande montanha se erguia pela paisagem; havia flores gloriosas nos jardins do hotel, mas duas coisas estavam erradas. Depois de um lindo amanhecer, névoas e neblina desciam da montanha ao meio-dia, e o resto do dia era cinza. Às vezes até chovia. E o banho de mar, até mesmo para banhistas experientes, era terrível. Tínhamos de nos deitar de barriga para baixo na areia dessas praias vulcânicas, enterrar os dedos no chão e deixar que as ondas nos viessem cobrir. Mesmo assim, porém, tínhamos que nos acautelar para que não nos arrastassem. Muitas pessoas se afogavam lá. Era impossível entrar no mar e nadar; isso só poderia ser feito por um ou dois dos nadadores mais fortes, e até mesmo um deles havia se afogado no ano anterior. Então, depois de uma semana, mudamos para Las Palmas, em Grã Canária.

Las Palmas ainda é meu ideal de lugar para ir nos meses de inverno. Acredito que hoje em dia seja uma estância turística e que tenha perdido o seu encanto inicial. Naquele tempo, era quieto e tranquilo. Pouquíssimas pessoas iam para lá, exceto aquelas que ficavam um ou dois meses no inverno e a preferiam à Ilha da Madeira. Tinha duas praias perfeitas. A temperatura também beirava a perfeição: a média era de cerca de 28 graus, que é, a meu ver, uma boa temperatura de verão. Havia uma brisa agradável a maior parte do dia, e as noites eram quentes o suficiente para sentar-se ao ar livre depois do jantar.

Foi naquelas noites com Carlo que fiz dois amigos próximos, Dr. Lucas e sua irmã, Mrs. Meek. Ela era bem mais velha que o irmão e tinha três filhos. Ele era especialista em tuberculose, casado com uma australiana, e tinha um sanatório na costa leste. Ele próprio fora doente na juventude — se por tuberculose ou poliomielite, não sei —, mas era um pouco corcunda e tinha uma constituição delicada. Contudo, era por natureza um curandeiro nato, e foi extraordinariamente bem-sucedido com seus pacientes. Ele disse uma vez:

— Você sabe, meu sócio é um médico melhor do que eu, tem melhores qualificações, sabe mais do que eu, mas não consegue fazer por seus pacientes o que faço. Quando os deixo, ficam abatidos e sofrem recaídas. Eu *faço* com que eles fiquem bem.

Ele sempre foi conhecido como "Pai" por toda a sua família. Logo, Carlo e eu o estávamos chamando de "Pai" também. Quando cheguei, estava com dores de garganta. Ele veio me ver e disse:

— Você tem andado muito infeliz. O que está acontecendo? Brigas com o marido?

Respondi que sim, e contei a ele um pouco do que havia acontecido.

— Ele vai voltar se você quiser — disse ele em tom encorajador. — Dê-lhe tempo. Dê-lhe bastante tempo. E quando ele voltar, não o censure.

Eu disse que não achava que ele voltaria, que ele não era do tipo.

— Alguns não são desse gênero — concordou ele. Então sorriu e disse: — Mas a maioria de nós somos, posso te afirmar. Já estive fora e retornei. De qualquer forma, aconteça o que acontecer, aceite e *siga em frente*. Você tem muita força e coragem. Ainda vai fazer da vida uma coisa boa.

Querido "Pai". Devo muito a ele. Ele tinha enorme compaixão por todas as doenças e falhas humanas. Quando morreu, cinco ou seis anos depois, senti que havia perdido um dos meus melhores amigos.

O único medo de Rosalind na vida era que a arrumadeira espanhola falasse com ela!

— Mas por que ela não deveria? — questionei. — Você também pode falar com ela.

— Não posso... ela é *espanhola*. Ela diz *señorita* e depois diz um monte de coisas que não consigo entender.

— Não seja boba, Rosalind.

— Ah, está bem. Pode ir jantar. Não me importo de ser deixada sozinha enquanto estiver na cama. Assim posso fechar os olhos e fingir que estou dormindo quando a arrumadeira entrar.

É estranho como certas coisas impressionam as crianças, as coisas de que gostam e as de que não gostam. Quando estávamos pegando o navio para retornar, o mar estava agitado. Então um marinheiro espanhol grande e horrivelmente feio pegou Rosalind nos braços e pulou com ela para a passarela. Achei que ela fosse rugir em desaprovação, mas não... de jeito nenhum. Ela sorriu para ele com a maior doçura.

— Ele é estrangeiro, e você não se importou — revelei.

— Bem, ele não *falou* comigo. E, de qualquer forma, gostei do rosto dele... um belo rosto feio.

Apenas um incidente digno de nota aconteceu quando partimos de Las Palmas para a Inglaterra. Quando chegamos a Puerto de La Cruz para pegar o navio da Union Castle, percebemos que Ursinho Azul havia ficado para trás. O rosto de Rosalind empalideceu na hora.

— Não vou embora sem ele — disse ela.

Aproximou-se então o motorista do ônibus que nos trouxera. Prometemos gratificá-lo largamente se fosse buscar o ursinho, embora ele não desse mostras de ligar para a gorjeta. É claro que buscaria o macaquinho da menina, é claro que viria dirigindo na velocidade do próprio vento. Entretanto, assegurou-se de que os marinheiros não deixariam o navio partir sem que chegasse o brinquedo favorito de uma criança. Era um navio inglês *en route* desde a África do Sul. Se fosse um navio espanhol, não tenho a menor dúvida de que esperaria mais um par de horas, se necessário. Contudo, no fim, deu tudo certo. Quando as sirenes começaram a soar e todos os visitantes do navio foram mandados para terra, vimos o ônibus se aproximar envolto numa nuvem de poeira. O motorista pulou de dentro: o Ursinho Azul passou para as mãos de Rosalind no tombadilho e ela agarrou-o de encontro ao coração. Um fim feliz para nossa estada em Las Palmas.

# VII

Meu plano de vida a partir de então estava mais ou menos estabelecido, mas eu precisava tomar uma última decisão.

Archie e eu nos encontramos com hora marcada. Ele parecia doente e cansado. Conversamos sobre coisas comuns e pessoas que conhecíamos. Então perguntei o que ele sentia agora; se ele tinha certeza de que não poderia voltar a morar comigo e com Rosalind. Eu disse mais uma vez que ele sabia o quanto ela gostava dele, e o quanto ela estava intrigada com sua ausência.

Ela havia dito uma vez, com a devastadora veracidade da infância:

— *Sei* que papai gosta de mim e gostaria de estar comigo. É de você que ele não parece gostar.

— Isso mostra que ela precisa de você — concluí para ele. — Você não consegue fazer isso?

— Não, não, temo que não posso — respondeu ele. — Só há uma coisa que eu realmente quero. Quero loucamente ser feliz, e não posso ser feliz a menos que me case com Nancy. Ela está dando a volta ao mundo há dez meses, porque a família dela tem esperança de que essa viagem a faça desistir de mim, mas não vão conseguir. Essa é a única coisa que quero ou posso fazer.

Finalmente, tudo estava dito. Escrevi aos meus advogados e fui vê-los. As cartas foram postas na mesa. Não havia mais nada a fazer, exceto decidir o que fazer comigo mesma. Rosalind estava na escola, e tinha Carlo e Punkie para visitá-la. Eu estava livre até as férias de Natal — e decidi que iria para algum lugar ensolarado. Iria às Índias Ocidentais e à Jamaica. Fui à agência e reservei as passagens. Estava tudo arranjado.

Aqui entra de novo o destino. Dois dias antes da data marcada para minha partida, fui jantar na casa de uns amigos em Londres. Não eram dos mais íntimos, mas formavam um casal encantador. Havia um jovem casal lá, um oficial da Marinha, Comandante Howe, e sua esposa. Sentei-me ao lado do comandante no jantar, e ele me falou de Bagdá. Ele tinha acabado de voltar daquela parte do mundo, depois de ter ficado estacionado no golfo Pérsico. Depois do jantar, sua esposa sentou-se ao meu lado, e conversamos. Ela disse que as pessoas sempre disseram que Bagdá era uma cidade horrível, no entanto, ela e o marido haviam ficado fascinados pelo lugar. Falaram mais a respeito e eu fiquei cada vez mais entusiasmada. Perguntei se só se podia chegar até lá por mar.

— Dá para chegar de trem, pelo Expresso do Oriente.

— O Expresso do Oriente?

Durante toda a minha vida eu quis viajar no Expresso do Oriente. Quando viajava para a França, Espanha ou Itália, o Expresso do Oriente muitas vezes ficava em Calais, e eu ansiava por entrar nele. "*Simplon-Orient Express* — Milão, Belgrado, Istambul..."

Fiquei empolgada. Comandante Howe começou a recomendar lugares que eu deveria visitar em Bagdá.

— Não fique presa demais em Alwiyah e Mem-sahibs. Você deve ir a Mosul, e precisa visitar Basra; e certamente não deve deixar de ir a Ur.

— Ur? — perguntei. Acabara de ler na *Illustrated London News* algo sobre as maravilhosas descobertas de Leonard Woolley em Ur. Sempre me sentira vagamente atraída pela arqueologia, embora não soubesse nada a esse respeito.

Na manhã seguinte, corri para a Cook, cancelei minhas passagens para as Índias Ocidentais e, em vez disso, consegui passagens e reservas para uma viagem no Expresso do Oriente para Istambul; de Istambul para Damasco; de Damasco para Bagdá, cruzando o deserto. Estava bem entusiasmada. Mais quatro ou cinco dias para conseguir os vistos e eu partiria.

— Vai sozinha? — indagou Carlo, um pouco duvidosa. — Sozinha para o Oriente Médio? Você não conhece nada por lá.

— Vai ficar tudo bem — tranquilizei-a. — Afinal de contas, a gente precisa fazer as coisas sozinhas algum dia, não é?

Eu nunca havia feito nada sozinha antes, e nem queria tanto assim no momento, mas pensei: "É agora ou nunca. Ou continuo me agarrando em todo mundo em busca de segurança, ou me acostumo a tomar iniciativas e a viver por mim mesma".

E foi assim que, cinco dias depois, parti para Bagdá.

Esse nome, realmente, fascina. Acho que não tinha uma imagem clara de como era Bagdá. Eu certamente não esperava encontrar a cidade de Harun al-Raschid. Era apenas um lugar ao qual eu nunca tinha pensado em ir, então guardava para mim todos os prazeres do desconhecido.

Eu tinha dado a volta ao mundo com Archie; havia estado nas Ilhas Canárias com Carlo e Rosalind; agora viajaria *sozinha*. Poderia descobrir agora que tipo de pessoa eu era — se tinha me tornado inteiramente dependente de outras pessoas, como eu temia. Poderia saciar minha paixão por ver lugares e conhecer qualquer um que eu quisesse. Poderia mudar de ideia a qualquer momento, assim como fiz quando escolhi Bagdá em vez das Índias Ocidentais. Eu não teria ninguém para levar em conta além de mim mesma. Descobriria o quanto eu gostava dessa ideia. Às vezes pensava que tinha temperamento de cachorro: os cachorros não saem a passeio, a não ser que alguém os leve. Talvez eu fosse assim! Esperava que não.

# Parte 8

# *Segunda primavera*

# I

Os trens sempre foram uma das minhas coisas favoritas. É triste perceber que, nos dias de hoje, os meios de transporte não pareçam mais amigos nossos.

Entrei em meu compartimento do carro-leito em Calais, depois de cumprir a aborrecida viagem até Dover e a travessia do canal, e instalei-me confortavelmente no trem dos meus sonhos. Foi então que encontrei um dos primeiros perigos da viagem. Uma mulher de meia-idade viajaria comigo. Era uma viajante bem-vestida, experiente, com muitas malas e caixas de chapéus — sim, ainda viajávamos com caixas de chapéus naquela época. Ela começou a conversar comigo, o que parecia natural, já que iríamos dividir a cabine, que, como todas as de segunda classe, dispunha de uma beliche. De certa forma, era muito mais agradável viajar na segunda classe do que na primeira classe, já que o vagão era muito maior e permitia a movimentação.

— Para onde você está indo? — perguntou minha companheira. — Para a Itália?

— Não — respondi. — Para mais longe.

— Para onde, então?

— Bagdá.

Imediatamente ela se animou toda. Ela mesma morava em Bagdá. Que coincidência. Se eu fosse ficar hospedada com amigos, como ela presumia, era quase certeza de que ela os conhecia. Respondi que não ficaria com amigos.

— Mas onde você vai se hospedar, então? Não dá pra ficar em um hotel em Bagdá.

"Por que não? Afinal, para que mais servem os hotéis?", esse pelo menos foi meu pensamento particular, embora não pronunciado em voz alta.

Ah! Os hotéis eram *impossíveis!*

— Você não pode fazer isso! Vou dizer o que deve fazer: ficará em nossa casa!

Fiquei um tanto assustada.

— Sim, sim, não aceitarei uma recusa. Quanto tempo você planeja ficar na cidade?

— Ah, provavelmente pouco tempo.

— Bem, seja como for, para começar, você ficará em nossa casa; depois trataremos de sua ida para a casa de outra pessoa.

Foi muito gentil, muito hospitaleiro, mas senti uma revolta imediata. Comecei a entender o que o Comandante Howe queria dizer quando me aconselhou a não me deixar envolver pela vida social da colônia inglesa. Eu podia me ver de pés e mãos amarradas. Tentei balbuciar um breve relato do que planejava fazer e ver, mas Mrs. C. — ela me disse seu nome, que seu marido já estava em Bagdá e que ela era uma das residentes mais antigas de lá — rapidamente colocou de lado todas as minhas ideias.

— Ah, você vai achar bem diferente quando chegar lá. As pessoas têm uma vida muito boa, de fato. Muito jogo de tênis, muita coisa acontecendo. Acho que você vai gostar bastante. As pessoas sempre dizem que Bagdá é terrível, mas não posso concordar. E tem os mais belos jardins, sabia?

Concordei amigavelmente com tudo.

— Suponho que irá a Trieste e de lá tomará o navio para Beirute, não?

Neguei. Faria meu caminho pelo Expresso do Oriente. Ela balançou a cabeça.

— Não acho que seja aconselhável, sabe. Acho que você não vai gostar. Mas suponho que não seja possível remediar agora. De qualquer forma, espero que nos encontremos. Eu lhe darei meu cartão e, se você nos telegrafar de Beirute quando estiver partindo de lá, assim que chegar a Bagdá meu marido irá ao seu encontro e a levará direto para nossa casa.

O que eu poderia dizer a não ser muito obrigada e acrescentar que meus planos estavam bastante incertos? Felizmente, Mrs. C. não faria toda a viagem comigo — graças a Deus por isso, pensei, pois ela falaria sem parar. Ela desembarcaria em Trieste e pegaria um navio para Beirute. Por cautela, não mencionei meus planos de ficar em Damasco e Istambul, então ela poderia concluir que eu havia mudado de ideia sobre ir a Bagdá. No dia seguinte, nos separamos em Trieste nos termos mais amigáveis, e eu me acomodei para aproveitar a viagem.

A viagem era tudo o que eu esperava. Depois de Trieste, passamos pela Iugoslávia e pelos Bálcãs, e havia todo o fascínio de olhar para um mundo totalmente diferente: atravessar desfiladeiros de montanhas, observar carros de bois e carroças pitorescas, estudar grupos de pessoas nas plataformas da estação, sair por vezes em lugares como Nish e Belgrado e observar a troca das locomotivas e a chegada desses novos monstros com dizeres e sinais bem diferentes. Naturalmente, achei algumas pessoas, *en route,* mas nenhuma delas, graças a Deus, quis apropriar-se de mim como a primeira. Passei algum tempo agradável com uma missionária norte-americana, um engenheiro holandês e duas senhoras turcas. Com estas últimas não pude conversar muito, embora falassem um francês claudicante. Eu me encontrei na humilhante situação de ter que confessar que fui mãe uma única vez e, cúmulo dos cúmulos, de uma menina. A risonha senhora turca tivera, segundo entendi, treze filhos, dos quais cinco haviam morrido; e ainda sofrera três, se não quatro, abortos. Tal soma de filhos parecia-lhe admirável, embora eu tenha percebido que ainda pretendia aumentar o esplêndido recorde de fertilidade. Aconselhou-me vários remédios para aumentar minha família. Além dos remédios caseiros, que deveriam me estimular, tais como tisanas de plantas, cozeduras de ervas e o uso — segundo me pareceu — de alho, deu-me o endereço de um médico em Paris que era "absolutamente maravilhoso".

Apenas quando viajamos desacompanhados compreendemos o quanto o mundo exterior está disposto a nos acolher e ser amistoso — embora nem sempre para nossa satisfação. A senhora missionária me recomendou vários remédios para o intestino: ela tinha um suprimento maravilhoso de laxantes. O engenheiro holandês me repreendeu seriamente quanto ao local em que pretendia me hospedar em Istambul, me alertando de todos os perigos daquela cidade.

— É preciso ter cuidado — aconselhou. — Você é jovem, educada, e na Inglaterra, onde mora, está sempre protegida, acho, pelo marido ou por parentes. Não acredite no que as pessoas disserem. Não vá a locais de diversão a menos que saiba para onde está sendo levada.

Na verdade, ele me tratou como uma menina inocente de 17 anos. Agradeci, e assegurei que ficaria atenta.

Para me salvar de perigos piores, ele me convidou para jantar na noite em que cheguei.

— O Tokatlian é um hotel muito bom — aconselhou ele. — Você estará bem segura *lá*. Por volta das nove horas a encontrarei lá e iremos a um restaurante muito bom, muito certo. As donas são senhoras russas... russas brancas, de nascimento nobre. Cozinham muito bem, e é um local muito sério.

Concordei, dizendo que seria muito bom, e ele cumpriu sua palavra.

No dia seguinte, quando ele terminou suas tarefas, me procurou novamente no hotel, me levou para conhecer alguns dos pontos turísticos de Istambul e depois indicou um guia para mim.

— Não contrate o guia da Agência, ele é muito caro. Garanto que este é muito respeitável.

Depois de uma noite agradável, em que as senhoras russas como que navegaram pelo restaurante, sorrindo aristocraticamente e conversando com condescendência com meu amigo engenheiro, ele me levou para conhecer mais alguns pontos turísticos de Istambul e, ao final, me acompanhou até o Hotel Tokatlian.

Ao se despedir, hesitante, disse:

— Eu me pergunto — disse ele, quando paramos na soleira. Ele me olhou inquisitivamente. — Eu me pergunto se agora... — E a pergunta se tornou mais pronunciada enquanto ele avaliava minha provável reação. Então, suspirou: — Não. Acho que será mais sensato não perguntar.

— Acho que o senhor é muito sábio — respondi. — E muito gentil.

Ele suspirou de novo.

— Teria sido agradável se fosse de outra forma, mas posso ver... sim, este é o caminho certo.

Ele apertou minha mão calorosamente, levou-a aos lábios e partiu da minha vida para sempre. Era um homem bom — muito amável — e devo a ele por ter conhecido as melhores atrações de Constantinopla sob as mais agradáveis circunstâncias.

No dia seguinte, um guia da Agência me encontrou no hotel da maneira mais convencional possível e me levou até Haidar Pasha pelo Bósforo, por onde retomaria minha jornada no Expresso do Oriente. Fiquei feliz por ter um guia comigo, pois não se pode imaginar nada mais parecido com um asilo de lunáticos do que a Estação Haidar Pasha. Todos gritavam, berravam, batiam os pés no chão e exigiam a atenção do oficial da alfândega. Fui então apresentada à técnica do dragomano da Agência.

— Dê-me uma libra, *já* — disse ele. Obedeci. Ele imediatamente pulou nos bancos da alfândega e acenou com o bilhete no alto. — Aqui, aqui — começou a gritar até que seus gritos se mostraram eficazes.

Um funcionário coberto de alamares dourados acorreu até nós e fez grandes traços de giz em toda a minha bagagem.

— Desejo-lhe uma boa viagem — disse ele antes de partir para atormentar aqueles que ainda não haviam aderido ao estratagema da libra da Agência.

— Agora vou instalá-la no trem — avisou meu guia.

— Quanto devo lhe dar? — perguntei. Eu estava um pouco incerta quanto ao pagamento e lançava um olhar ao meu dinheiro turco, na verdade apenas alguns trocados que me haviam sido dados no carro-leito.

— É melhor guardar esse dinheiro — respondeu ele. — Pode ser útil numa emergência. Dê-me outra libra.

Fiquei em dúvida, mas refleti que temos que aprender pela experiência, passei-lhe outra nota e ele foi embora depois de inúmeras saudações e bênçãos.

Havia uma sutil diferença quando se passava da Europa para a Ásia. Era como se o tempo tivesse menos significado. O trem seguiu vagaroso, acompanhando o Mar de Mármara e escalando montanhas — todo o trajeto era incrivelmente bonito. As pessoas no trem também eram diferentes — embora seja difícil descrever qual era a diferença. Sentia-me distanciada, mas muito mais interessada no que estava fazendo e para onde estava indo. Quando parávamos nas estações, eu gostava de olhar a multidão de vestimentas heterogêneas, os camponeses que lotavam a plataforma e as estranhas refeições que eram embarcadas. Comidas cozidas em espetos, embrulhadas em folhas, ovos pintados de várias cores, todo tipo de coisa. As refeições tornaram-se mais intragáveis e cheias de pedaços quentes, gordurosos e sem gosto à medida que avançávamos para leste.

Então, na segunda noite, paramos, e as pessoas saíram do trem para olhar as Portas da Cilícia. Foi um momento de incrível beleza. Jamais esqueci. Passei por aquele lugar em muitas outras ocasiões, indo ou voltando do Oriente, e como os horários dos trens mudavam, parei ali em diferentes horas do dia e da noite:

às vezes ao amanhecer, de fato uma maravilha; outras, como dessa primeira vez, ao cair da tarde, às seis horas; outras ainda, lamentavelmente, em plena noite. Saí com os outros passageiros e fiquei ali. O sol estava se pondo devagar, e a beleza era indescritível. Eu estava tão feliz por estar ali — tão cheia de gratidão e alegria. Voltei para o trem, os apitos soaram e começamos a descer ao longo de um desfiladeiro, passando de um lado para o outro até nos aproximarmos ao rio logo abaixo. Dessa forma, descemos lentamente pela Turquia e entramos na Síria por Aleppo.

Antes de chegarmos a Aleppo, porém, tive um curto período de azar. Levei muitas picadas nos braços e na nuca, nos tornozelos e joelhos, do que imaginei serem mosquitos. Ainda era uma viajante internacional ingênua, que não reconhecia que o que me mordia não eram mosquitos, mas percevejos, e por toda a minha vida fui bem suscetível a essas picadas. Eles saíam dos antiquados vagões de madeira e se alimentavam avidamente dos suculentos viajantes do trem. Tive febre alta e meus braços incharam. Por fim, com a ajuda de um amável francês que viajava a negócios, rasguei as mangas de minha blusa e do casaco — meus braços estavam tão inchados dentro deles que não havia mais nada que se pudesse fazer. Além da febre, tive dor de cabeça e sofrimento, a ponto de pensar comigo mesma: "Que erro fazer esta viagem". No entanto, meu amigo francês foi muito prestativo: ele desceu do trem e comprou algumas uvas para mim — as pequenas uvas doces que só se encontram naquela parte do mundo.

— Você não vai querer comer — disse ele. — Sei que você está com febre. É melhor que você fique com essas uvas.

Embora treinada por minha mãe e avós para lavar todos os alimentos antes de comê-los no exterior, eu não me importava mais com esse conselho. Passei a me alimentar de uvas a cada quarto de hora, e elas aliviavam muito a febre. Certamente não queria comer mais nada. Meu gentil francês se despediu de mim em Aleppo e, no dia seguinte, o inchaço havia diminuído e eu estava me sentindo melhor.

Quando por fim cheguei a Damasco, depois de um dia longo e cansativo em um trem que nunca parecia andar a mais de oito quilômetros por hora e que constantemente parava em algo indistinguível dos arredores, mas que se chamava estação, emergi no meio de um clamor: carregadores tirando a bagagem de mim, gritando e berrando, e outros tomando-a deles, os mais fortes lutando com os mais fracos. Enfim avistei do lado de fora da estação um belo ônibus com o letreiro: Orient Palace Hotel. Uma magnífica personagem de libré salvou a mim e à minha bagagem, e, junto a mais um ou dois viajantes perplexos, entrei no ônibus e fui conduzida ao hotel. Era um hotel magnífico, com grandes salões de mármore brilhante, mas com uma luz elétrica tão fraca que mal se podia ver o ambiente. Depois de subir os degraus de mármore e me instalar em um quarto enorme, conversei com uma mulher sobre a possibilidade de tomar um banho. Ela apareceu depois que toquei uma campainha, tinha um aspecto simpático e parecia entender algumas palavras de francês.

— Homem conserta — disse, e, a seguir, elucidou-me um pouco mais: — *Un homme, un type, il va arranger.* Então acenou com a cabeça de modo tranquilizador e desapareceu.

Fiquei um pouco em dúvida sobre o que era *un type*, mas, afinal, parece que se tratava do encarregado dos banhos, o mais baixo dos empregados, metido numa abundante roupa de algodão listrado, que me introduziu, vestida com um roupão, numa espécie de apartamento no porão. Ele girou várias torneiras e rodas. A água fervente escorria pelo chão de pedra e o vapor enchia o ar de modo que eu não conseguia enxergar. Ele assentiu, sorriu, gesticulou, me deu a entender que tudo estava bem e partiu. Antes de partir, ele fechou todas as torneiras e a água continuava escorrendo pelo ralo. Fiquei insegura quanto ao que eu deveria fazer em seguida. Realmente não me atrevi a ligar a água quente de novo. Havia cerca de oito ou dez pequenas rodas e botões ao redor das paredes, e cada um, presumi, poderia produzir um fenômeno diferente — entre elas uma chuva de água fervente na minha cabeça. No final, tirei os chinelos e outras peças de roupa e caminhei de um lado para o outro, lavando-me no vapor em vez de arriscar os perigos da água real. Por um momento, senti saudades de casa. Quanto tempo levaria até que eu entrasse em um apartamento familiar forrado com papel de parede e uma banheira de porcelana branca com duas torneiras devidamente etiquetadas com as indicações "quente" e "frio", que podiam ser controladas de acordo com minha vontade?

Tanto quanto me lembro, fiquei três dias em Damasco, durante os quais fiz minhas visitas turísticas guiadas pela inestimável Agência. Em uma dessas ocasiões, fiz uma expedição a um castelo do tempo das Cruzadas em companhia de um engenheiro norte-americano — os engenheiros pareciam crescer feito capim por todo o Oriente Próximo — e de um clérigo muito idoso. Nós nos conhecemos quando tomamos nossos lugares no carro, às 8h30. O velho clérigo, a própria beneficência, havia decidido que o engenheiro norte-americano e eu éramos marido e mulher. Ele se dirigia a nós como tal.

— Espero que não se importe — disse o engenheiro.

— Nem um pouco — respondi. — Lamento que ele pense que você é meu marido.

A frase parecia um tanto ambígua, e nós dois rimos.

O velho clérigo nos presenteou com uma dissertação sobre os méritos da vida conjugal, a necessidade de dar e receber, e nos desejou toda a felicidade. Desistimos de explicar, ou de tentar explicar — ele ficou tão angustiado quando o engenheiro americano gritou em seu ouvido que não éramos casados que era melhor deixar as coisas como estavam.

— Mas vocês deveriam se casar — insistiu ele, balançando a cabeça. — Não dá para viver em pecado... realmente não dá.

Conheci a adorável cidade de Balbeque, visitei os bazares, a rua chamada Direita e comprei muitas das atraentes baixelas de latão que fazem lá. Elas são feitas à mão, cada uma delas com desenhos específicos das famílias que as produzem, transmitidos de pai para filho, sem que ninguém possa copiá-los. Às vezes era um desenho de peixe, com fios de prata e cobre formando um padrão correndo por toda a peça. É fascinante pensar que cada família tem seu padrão passado de pai para filho e para neto, sem que ninguém mais os copie ou os produza em massa. Imagino que, se você fosse a Damasco agora, encontraria poucos desses antigos artesãos e suas famílias: em vez disso, haveria fábricas. Já naquela época, as caixas e mesas de madeira adornadas tinham se tornado estereotipadas e eram reproduzidas universalmente — ainda feitas à mão, mas em padrões e formas convencionais.

Comprei também uma cômoda — enorme, incrustada de madrepérola e prata —, o tipo de móvel que lembra o país das fadas. Foi desprezada pelo dragomano que me guiava.

— Não é um bom trabalho — disse ele. — Muito velho. Uns cinquenta anos, sessenta, talvez mais. Antiquado, sabe? Muito. Não é novo.

Respondi que era visível que não era uma peça nova, mas não existiam muitas iguais. Talvez nem voltassem a fazer cômodas como aquela.

— Pois é. Ninguém mais faz esse trabalho. Venha ver esta caixa. Está vendo? Muito boa. E esta aqui. Aqui está uma cômoda com gavetas. Está vendo? Tem muitas madeiras diferentes. Está vendo quantas madeiras diferentes ela tem? Oitenta e cinco madeiras diferentes!

O resultado era, para o meu gosto, medonho. Queria a velha cômoda de madrepérola, marfim e prata.

A única coisa que me preocupava era como eu a levaria para casa na Inglaterra — mas, aparentemente, não haveria a menor dificuldade. Por meio da Agência, ela ficou em um hotel, depois expedida para uma companhia de navegação e, finalmente, após vários arranjos, combinações e cálculos, nove ou dez meses mais tarde, uma quase esquecida cômoda com incrustações de madrepérola e prata surgiu ao sul de Devon.

Mas esse não foi o final da história. Embora fosse uma peça gloriosa de se ver, e um magnífico e espaçoso mobiliário, ele produzia um ruído estranho no meio da noite, como se dentes grandes estivessem mastigando alguma coisa. Alguma criatura estava comendo minha linda cômoda. Tirei as gavetas e examinei uma a uma. Não parecia haver marcas de dentes ou buracos. No entanto, noite após noite, depois da bendita meia-noite, eu ouvia: *crump, crump, crump*.

Por fim, peguei uma das gavetas e a levei para uma firma de Londres que se dizia especialista em pragas tropicais. Concordaram na hora que algo sinistro estava em ação nos recessos da madeira. A única saída seria desmontar a cômoda toda e montá-la de novo. Isso, posso dizer, custaria muito caro — na verdade, provavelmente custaria três vezes mais do que o próprio móvel e duas vezes mais do que sua passagem para a Inglaterra. Ainda assim, eu não podia mais suportar aquela mastigação fantasmagórica.

Cerca de três semanas depois, recebi um telefonema e uma voz animada pediu:

—Senhora, pode vir à loja? Gostaria que visse o que encontramos.

Eu estava em Londres nessa ocasião, de modo que me apressei a ir à loja, onde me mostraram um animal que parecia um cruzamento repelente de uma lagarta e uma lesma. Grande, branco, obsceno, e claramente gostava de suas refeições de madeira a ponto de torná-lo obeso além do que era possível acreditar. Comera quase toda a madeira em volta das gavetas. Algumas semanas depois, recebi o móvel de volta, e depois disso as horas noturnas voltaram a ser silenciosas.

Depois de passeios intensivos que só aumentaram minha vontade de voltar a Damasco e explorar muito mais a região, decidi viajar pelo deserto até Bagdá. Naquela época, esse serviço era feito por uma grande frota de carros de seis rodas ou ônibus, que operavam para a Agência Nairn. Os irmãos Gerry e Norman Nairn administravam tudo. Eles eram australianos e pessoas muito amigáveis. Conheci-os na noite anterior à minha viagem, quando ambos estavam ocupados montando de forma amadora as caixas de papelão para levar o almoço dos passageiros e me convidaram para ajudá-los.

O ônibus partiria de madrugada. Dois jovens e robustos motoristas estavam no comando e, quando saí pela manhã com minha bagagem, eles estavam ocupados guardando alguns rifles no carro, sobre os quais jogaram com displicência uma braçada de tapetes.

— Não podemos declarar que temos armas, mas não gostaria de atravessar o deserto sem elas — disse um deles.

— Ouvi dizer que levaremos a Duquesa de Alwiyah — disse o outro.

— Deus Todo-Poderoso — disse o primeiro. — Acho que teremos problemas, então. O que você acha que ela vai querer dessa vez?

— Deixar tudo de pernas pro ar — respondeu o outro.

Nesse momento uma procissão desceu as escadas do hotel. Para minha surpresa, e temo que não para minha satisfação, a figura principal não era outra senão Mrs. C., de quem me despedi em Trieste. Imaginei que a essa altura ela já teria chegado a Bagdá, já que me demorei conhecendo outros os pontos turísticos.

— Achei que você fosse fugir — disse ela, cumprimentando-me com prazer. — Está tudo feito. Vou levar você comigo para Alwiyah. Teria sido *impossível* você ficar em qualquer hotel em Bagdá.

O que eu poderia dizer? Fui aprisionada. Nunca tinha viajado a Bagdá, e nunca tinha visto os hotéis da cidade. Eles poderiam, pelo que eu sabia, ser uma massa fervilhante de pulgas, percevejos, piolhos, cobras e o tipo de barata que eu abomino. Então tive que balbuciar alguns agradecimentos. Aconchegamo-nos e percebi que a "Duquesa de Alwiyah" não era outra senão minha amiga Mrs. C. De pronto, ela recusou o assento que lhe reservaram por estar muito perto da traseira do ônibus, onde sempre se sentia mal. Queria viajar no banco da frente, logo atrás do motorista. Mas ele havia sido reservado por uma senhora árabe semanas antes. A Duquesa de Alwiyah apenas gesticulou. Aparentemente, para ela ninguém mais contava. Dava a impressão de ser a primeira mulher europeia a pisar na cidade de Bagdá, e seus caprichos deveriam ter prioridade sobre tudo o mais. A senhora árabe, quando chegou, reclamou seu assento. O marido tomou suas dores, e um esplêndido vale-tudo se seguiu. Uma senhora francesa também exigiu sentar-se à frente, e um general alemão fez o mesmo. Não sei que argumentos foram levantados, mas, como de costume naquela terra, quatro das pessoas mais mansas foram despojadas dos melhores lugares e mais ou menos jogadas para o fundo do ônibus. O general alemão, a senhora francesa, a senhora árabe, envolta em véus, e Mrs. C. ficaram com os louros da vitória. Nunca fui boa nessas brigas e não teria a menor chance, embora na verdade minha passagem desse direito a uma dessas posições desejadas.

Com retumbante ruído, iniciamos a marcha. No começo, fiquei fascinada por estar viajando através do deserto, com suas infindáveis dunas e rochedos arenosos, mas acabei mais ou menos hipnotizada pela monotonia da paisagem, e peguei um livro para ler. Jamais, em toda a minha vida, enjoara num automóvel, mas os movimentos de um ônibus de seis rodas, sobretudo se estivermos sentados na parte de trás, assemelham-se aos de um navio; isso, e o fato de estar lendo, causaram-me uma náusea imensa, antes que eu própria entendesse o que estava acontecendo. Fiquei bastante envergonhada, mas Mrs. C. foi muito amável comigo e me disse que essa forma de enjoo muitas vezes pegava as pessoas desprevenidas. Da próxima vez se encarregaria de achar um lugar para mim bem *na frente*.

A viagem de 48 horas pelo deserto foi fascinante e bastante sinistra. Dava a curiosa sensação de estar enclausurada, em vez de rodeada por deserto. Uma das primeiras coisas que percebi foi que ao meio-dia era impossível saber se você estava indo para o norte, sul, leste ou oeste, e aprendi que era nessa hora do dia que os grandes carros de seis rodas saíam da pista. Em uma de minhas últimas viagens pelo deserto, isso de fato aconteceu. Um dos motoristas — que era um dos mais experientes também

— percebeu, somente depois de duas ou três horas, que estava atravessando o deserto em direção a Damasco, do lado oposto para Bagdá. Aconteceu no ponto em que as pistas se dividiam. Havia um labirinto de pistas por toda a área. No momento em que ele deveria tomar a faixa correta, alguém apontou uma espingarda de dentro de um carro e o condutor precisou dar uma volta maior do que o habitual. Ele pensou que tinha voltado para a pista correta, mas na verdade estava dirigindo na direção oposta.

Entre Damasco e Bagdá não há nada além de um grande trecho de deserto sem pontos de referência, com apenas uma parada: o grande forte de Rutbah. Chegamos lá, eu acho, por volta da meia-noite. De repente, da escuridão, surgiu uma luz tremulante. Os grandes portões da fortaleza estavam destrancados. Ao lado da porta, em alerta, com os fuzis a postos, estavam os guardas do Corpo de Camelos, preparados contra bandidos disfarçados de viajantes de boa-fé. Seus rostos escuros e selvagens eram bastante assustadores. Fomos examinados e autorizados a passar, e os portões foram fechados atrás de nós. Havia nesse forte alguns quartos com camas, onde descansamos, cinco ou seis mulheres por quarto. Depois continuaríamos a viajar.

Por volta das cinco ou seis da manhã, quando amanheceu, tomamos o café da manhã no deserto. Em nenhum lugar do mundo há um desjejum tão bom quanto salsichas enlatadas preparadas em um fogareiro no deserto bem no início da manhã. Isso e o chá preto forte satisfizeram todas as necessidades e reavivavam a energia debilitada; as cores encantadoras por todo o deserto — rosa pálido, damasco e azul — com o ar de tons nítidos, formavam um conjunto maravilhoso. Eu estava em transe. Era o que eu ansiava. Aquilo era estar longe de tudo — era estar com o ar puro e revigorante da manhã, o silêncio, a ausência de pássaros, a areia que corria entre os dedos, o sol nascente, o sabor das salsichas e do chá. O que mais se poderia pedir da vida?

Depois, seguimos em frente e chegamos a Felajah, no Eufrates. Passamos pela ponte de barcos e pela estação aérea de Habbaniyah, até que começamos a ver palmeiras e uma estrada elevada. Ao longe, à esquerda, vimos as cúpulas douradas de Kadhimain, depois cruzamos o Tigre, novamente sobre uma ponte feita de barcos ligados entre si, idêntica à anterior, e prosseguimos até Bagdá por uma rua cheia de construções frágeis, com uma linda mesquita de cúpulas azul-turquesa, que ficava, ao que me pareceu, no meio da rua.

Não tive a chance de procurar um hotel. Fui transferida por Mrs. C. e seu marido, Eric, para um carro confortável e conduzida pela única rua principal em que consistia Bagdá, passando pela estátua do general Maude e saindo da cidade, para uma estrada com grandes fileiras de palmeiras de cada lado e manadas de belos búfalos pretos matando a sede em poças de água. Jamais vira algo parecido.

Depois chegamos a um aglomerado de casas e jardins floridos — não tantas como haveria no final do ano... E lá estava eu no que às vezes pensava ser o país das mulheres europeias, as *mem-sahib*.

## *II*

Foram tão legais comigo em Bagdá! Todos foram gentis e agradáveis — e eu me senti envergonhada por sofrer com a sensação de estar enjaulada. Alwiyah hoje faz parte de uma cidade contínua, cheia de ônibus e outros meios de transporte, mas naquele tempo estava separada por alguns quilômetros da parte principal da cidade. Só era possível chegar lá de carro. Um passeio fascinante.

Certo dia, fui levada para conhecer a cidade de Buffalo, que ainda pode ser vista de trem ao se chegar a Bagdá pelo norte. Aos olhos inexperientes, parece um lugar de horror — uma espelunca, um vasto recinto cheio de búfalos e seus excrementos. O fedor é terrível, e os barracos feitos de galões de gasolina levam a crer que aquele seja um exemplo extremo de pobreza e degradação. Na verdade, isso está longe de ser o caso. Os donos de búfalos são muito bem-sucedidos. Embora vivam na miséria, um búfalo vale cem libras ou mais — provavelmente muito mais hoje em dia. Seus donos se consideram pessoas de sorte, e enquanto as mulheres caminham na lama, belos braceletes de prata e turquesa podem ser vistos decorando seus tornozelos.

Logo aprendi que nada no Oriente Próximo é o que parece ser. As regras de vida e conduta, observação e comportamento de uma pessoa precisam ser revertidas e reaprendidas. Quando um homem gesticula violentamente para que você vá embora, você recua de imediato, mas, na verdade, ele está convidando você a se *aproximar*. Por outro lado, se ele acena chamando para perto, quer que você vá embora. Dois homens em extremos opostos do campo, gritando ferozes um com o outro, parecem estar se ameaçando de morte. Nada disso! São dois irmãos, em ameno passatempo, levantando as vozes porque estão com preguiça de caminhar ao encontro um do outro. Max, meu marido, me contou que, em sua primeira viagem a Bagdá, chocado pelo modo como todo mundo gritava com os árabes, decidiu que jamais gritaria com eles. No entanto, trabalhando com eles, descobriu que qualquer observação proferida em um tom de voz comum não era ouvida — não porque eram surdos, mas pela crença de que alguém falando em um tom de voz normal estava falando consigo mesmo, e que qualquer pessoa que realmente desejasse fazer uma observação se daria ao trabalho de fazê-la em voz alta o suficiente para que se pudesse ouvir.

As pessoas de Alwiyah foram de uma hospitalidade encantadora. Joguei tênis, fui a corridas de cavalos, conheci pontos turísticos, fiz compras — e me senti tão confortável quanto na Inglaterra. Geograficamente, aquilo era Bagdá; psicologicamente, porém, eu continuava na Inglaterra; e meu desejo de viajar havia sido em especial motivado pela vontade de sair da Inglaterra e conhecer outros países. Decidi que algo deveria ser feito.

Eu queria visitar a cidade de Ur. Fiz perguntas e fiquei encantada por minha ideia ser encorajada, e não repelida. Uma viagem foi organizada para mim, como descobri mais tarde, com muitos adornos adicionais desnecessários.

— Terá que levar um acompanhante, é claro — disse Mrs. C. — Faremos uma reserva de trem para você e vamos telegrafar para Ur, para Mr. e Mrs. Woolley, avisando-os de sua chegada e que gostaria de ver tudo por lá. Você pode passar umas noites na estalagem, e depois Eric vai buscá-la, quando quiser voltar.

Respondi que era muito gentil da parte deles se preocuparem tanto e me senti culpada por eles não saberem que eu já tinha feito meus arranjos para quando voltasse.

No devido tempo, parti. Olhei para o meu acompanhante ligeiramente alarmada. Era um homem alto e magro, com um ar de ter acompanhado as *mem-sahibs* por todo o Oriente Próximo, a ponto de saber o que era melhor para elas. Muito bem-vestido, ele me instalou na cabine, vazia e não particularmente confortável, fez uma *salaam* e partiu, não sem antes explicar que, em uma estação adequada, voltaria para me conduzir à sala de jantar da plataforma.

A primeira coisa que fiz quando fiquei sozinha foi extremamente mal calculada: abri a janela. O abafamento do compartimento era maior do que eu podia suportar, portanto ansiava por ar fresco. O que entrou não foi um pouco de ar fresco, mas um ar mais quente e muito mais empoeirado, assim como uma trupe de cerca de 26 grandes vespas. Fiquei horrorizada. As vespas voaram ameaçadoras. Eu não conseguia decidir se deixava a janela aberta e torcia para que elas saíssem, ou se fechava a janela e pelo menos me limitava às 26 que já estavam dentro. Foi tudo muito lamentável, e fiquei sentada e quieta em um canto por cerca de uma hora e meia até que meu acompanhante veio me resgatar e me levar ao restaurante da plataforma.

A refeição era gordurosa e não exatamente boa, e não havia muito tempo para comê-la. Os sinos tocaram, meu fiel servo me recuperou e voltei para a cabine. A janela tinha sido fechada e as vespas, desalojadas. Depois disso, fui mais cuidadosa com o que eu mexia. Eu tinha todo o compartimento para mim — isso parecia ser normal — e o tempo passou devagar, já que era impossível ler porque o trem tremia demais, e não havia muito para ser visto pela janela, exceto arbustos ou deserto arenoso. Foi uma jornada longa e cansativa, pontuada por refeições e sono desconfortável.

O horário de chegada do trem ao entroncamento de Ur mudou bastante desde que fiz essa primeira viagem, mas invariavelmente acontece em uma hora inconveniente. Nessa ocasião, acho que foi às cinco da manhã. Desperta, desembarquei, fui até a hospedaria da estação e fiquei alojada num limpo mas austero quarto até as oito horas, quando me senti com disposição para tomar o café da manhã. Pouco depois, um carro chegou na estação com o propósito de me levar para conhecer as escavações, distantes a uns 2,5 quilômetros dali. Embora não soubesse desse passeio, fiquei muito honrada. Depois de participar de escavações arqueológicas por muitos anos, a experiência que adquiri me ensinou como os visitantes são detestados nesses locais — chegam sempre em horas impróprias, querem que lhes mostrem as coisas e que falem com eles, desperdiçando tempo valioso e, em geral, incomodando a todos. Numa escavação arqueológica como a de Ur, cada minuto é precioso, e todos trabalham sem cessar. Um grupo de senhoras entusiasmadas, perambulando por entre as ruínas, é a coisa mais irritante que pode aparecer num local de trabalhos arqueológicos. Os Woolley, no entanto, tinham tudo muito bem planejado: os visitantes davam uma volta pelas escavações por conta própria, alguém mostrava o básico e logo depois eram delicadamente postos fora. Fui recebida, porém, de forma bem amável, como hóspede importante, e deveria ter dado muito mais apreço a esse fato do que realmente dei.

Esse tratamento deveu-se ao fato de Katharine Woolley, esposa de Leonard Woolley, ter acabado de ler um de meus livros, *O assassinato de Roger Ackroyd*, e ter ficado tão entusiasmada com ele que me deu tratamento VIP. Outros membros da expedição foram questionados se haviam lido o livro, e se dissessem que não, eram severamente repreendidos.

Leonard Woolley, à sua maneira gentil, mostrou-me tudo ali, e também fui recebida pelo Padre Burrows, jesuíta e epigrafista. O padre também era um personagem muito original, e a maneira como explicava o que me mostrava fazia um contraste bastante agradável. Leonard Woolley via com os olhos da imaginação: o lugar era tão real para ele como se fosse 1500 a.C., ou alguns milhares de anos antes. Onde quer que estivéssemos, ele fazia ganhar vida. Enquanto falava, não deixava dúvida alguma de que aquela casa da esquina fora de Abraão — era sua reconstrução do passado e ele acreditava nisso, e quem o escutava acreditava também. A técnica do Padre Burrows era totalmente diferente. Como se estivesse se desculpando, ele descrevia o grande pátio ou uma rua comercial cheia de lojas e, assim que você se interessava, ele sempre dizia:

— Claro que não sabemos se é isso mesmo. Ninguém pode ter certeza. Acho até que *não* foi bem assim.

E, da mesma forma, também dizia:

— Sim, sim, eram lojas, mas não suponho que tenham sido construídas como pensamos que eram. Pode ser que tenham sido bem diferentes.

Ele tinha uma paixão por desacreditar tudo. Uma pessoa interessante, inteligente, amigável e ao mesmo tempo distante: havia algo levemente desumano nele.

Em algum momento, sem motivo, ele começou a conversar comigo durante o almoço e descreveu o tipo de história policial que ele achava que eu poderia escrever muito bem e me incentivou a escrevê-la. Até aquele momento eu não fazia ideia de que ele gostava de histórias do tipo. A história que ele estava esboçando, embora um pouco vaga, de alguma forma construía uma trama intrigante, e decidi que um dia eu faria algo com ela. Muitos anos se passaram, então certo dia, talvez 25 anos depois, toda a ideia retornou à minha mente, e escrevi, não um livro, mas um longo conto baseado na combinação particular de circunstâncias que ele havia delineado. O Padre Burrows já estava morto havia muito tempo, mas eu gostaria que, de alguma forma, ele soubesse que usei sua ideia com gratidão. Como acontece com todos os escritores, virou ideia minha, e acabou não sendo muito parecida com a dele; ainda assim, ela existe por causa da inspiração dele.

Katharine Woolley, que se tornaria uma das minhas grandes amigas, era uma pessoa extraordinária. As pessoas se dividiam entre as que não gostavam dela com um ódio feroz e vingativo, e as fascinadas por ela — talvez porque ela mudava de humor tão facilmente que nunca se sabia como estava. Diziam que ela era impossível e que o modo como as tratava era insuportável; e então, de repente, mais uma vez ficavam fascinados. De uma coisa tenho bastante certeza: se qualquer pessoa precisasse escolher uma mulher para ser sua companheira em uma ilha deserta ou algum lugar onde não houvesse mais ninguém para entretê-lo, Katharine Woolley seria o melhor nome a se considerar. As coisas sobre as quais ela queria conversar nunca eram banais. Ela estimulava a mente das pessoas a pensar em um caminho que ainda não tinha sido trilhado. Era brusca — de fato, era de uma rudeza insolente, inacreditável, quando queria. Mas se desejava encantar alguém, sempre o conseguia.

Eu me apaixonei por Ur, por sua beleza à noite, seus ziguratos levemente sombreados e aquele vasto mar de areia de maravilhosos tons de alperce, rosa, azul e lilás, que mudavam a cada minuto. Adorava os trabalhadores, os capatazes, os garotos que carregavam os cestos, os apanhadores — suas habilidades e o modo de viver. O fascínio do passado me agarrou. Ver uma adaga surgindo devagar, com seu brilho dourado, através da areia era muito romântico. O cuidado de levantar os objetos do solo me encheu de desejo de ser arqueóloga. Como era lamentável que eu sempre tivesse levado uma vida tão frívola. E foi então que me lembrei com profunda vergonha da época em que, no Cairo, quando menina, minha mãe tentou me persuadir a ir a Luxor e Aswan para ver as glórias passadas do Egito, e eu só me importava em conhecer os rapazes e dançar até as primeiras horas da manhã. Bom, suponho que há um tempo para tudo.

Katharine Woolley e seu marido insistiram para que eu ficasse mais um dia e visse mais escavações, e concordei com alegria. Meu acompanhante, tão almejado pela Mrs. C., era completamente desnecessário. Katharine Woolley o instruiu a retornar a Bagdá e dizer que a data de meu retorno ainda era incerta. Pensei que assim eu voltaria a Bagdá sem que minha antiga anfitriã percebesse e me hospedaria no Tigris Palace Hotel (se fosse esse o nome no momento — o hotel teve tantos nomes que esqueci qual era o da época).

Esse plano não deu certo porque todos os dias Mrs. C. enviava o marido à estação para esperar o trem de Ur. No entanto, me livrei dele com bastante facilidade. Agradeci imensamente, disse o quanto sua esposa havia sido gentil, mas que achava melhor ir para o hotel, e que já havia providenciado tudo. Então ele me levou até lá. Acomodei-me, agradeci mais uma vez Mr. C. e aceitei um convite para jogar tênis em três ou quatro dias. Dessa forma, escapei da servidão da vida social à maneira inglesa, tinha me tornado um turista.

O hotel não era de todo ruim. Depois de uma escuridão profunda havia um grande salão e uma sala de jantar, com cortinas permanentemente fechadas. No primeiro andar, havia uma espécie de varanda ao redor de todos os quartos, varanda pela qual qualquer passante podia observar o interior dos quartos e até passar algum tempo com o hóspede enquanto ele estivesse deitado na cama. Um dos lados do hotel dava para o rio Tigre, o que era um sonho encantador. Na hora das refeições, mergulhávamos na sala em completa escuridão, com luzes elétricas muito fracas. Eram várias refeições em uma só; prato após prato, todos com uma estranha semelhança entre si — grandes fatias de carne frita e arroz, batatas pequenas e duras, omeletes de tomate, couves-flores imensas e pálidas, e assim por diante, *ad lib.*

Os Howe, o simpático casal que havia me incentivado a viajar, me deram uma ou duas cartas de apresentação. Aqueles não eram contatos sociais: eram contatos que eles achavam que valia a pena conhecer, pessoas que lhes mostraram partes interessantes da cidade. Bagdá, apesar da vida britânica de Alwiyah, era a primeira cidade realmente oriental que eu vi — e *era* oriental. Podíamos dobrar a rua Rachid e vaguear por vielas estreitas, pelos diversos mercados típicos: o do cobre, com seus ferreiros que batiam e martelavam o metal, o mercado das especiarias empilhadas com todo tipo de temperos.

Um dos amigos dos Howe, Maurice Vickers, um anglo-indiano que levava, creio, uma vida bastante solitária, mostrou ser um bom amigo também para mim. Levou-me para ver as cúpulas douradas de Kadhimain; foi meu guia em várias seções do mercado — aquelas aonde os turistas vão raramente —, me levou de carro ao bairro dos ceramistas e a muitos outros lugares. Fizemos caminhadas até o rio por entre palmeiras e jardins de tâmaras. Talvez eu tenha apreciado mais o que ele falou do que o que me mostrou. Com ele aprendi a pensar no *tempo* — algo em que nunca havia pensado antes; nunca de forma impessoal. Mas, para ele, o tempo e as relações do tempo eram de particular importância.

— Uma vez que você pensa no tempo e no infinito, as coisas pessoais deixam de nos afetar da mesma maneira. Tristeza, sofrimento, todas as coisas finitas da vida aparecem em uma perspectiva totalmente diferente.

Ele me perguntou se eu já tinha lido *Experiment with time,* de Dunne. Eu não havia lido. Então ele me emprestou o livro e, a partir daquele momento, algo aconteceu comigo — não uma mudança de coração, não exatamente uma mudança de perspectiva, mas, de alguma forma, passei a enxergar as coisas em uma proporção diferente, dando menos importância ao meu tamanho e vendo a mim mesma mais como apenas uma faceta de um todo, em um vasto mundo com centenas de interconexões. De tempos em tempos, surpreendia-me observando, como que de outro plano, minha própria existência. Era tudo grosseiro e amador a princípio, mas senti, a partir daquele momento, uma grande sensação de conforto e um conhecimento mais verdadeiro de serenidade do que jamais havia obtido antes. Sou grata a Maurice Vickers por essa introdução a uma visão mais ampla da vida. Ele tinha uma grande biblioteca de livros de filosofia e outros temas e, na minha opinião, era um jovem notável. Às vezes eu me perguntava se deveríamos nos encontrar de novo, mas acho que, no geral, estava convencida de que não deveríamos.

Nossas vidas foram como dois navios que se cruzam na noite. Ele me deu um presente que eu aceitei; o tipo de presente que eu nunca recebi antes, já que era um presente do intelecto — da mente, não apenas do coração.

Já não dispunha de muito mais tempo para ficar em Bagdá, porque estava ansiosa para chegar em casa e me preparar para o Natal. Disseram-me que eu deveria ir a Basra, e em especial a Mosul — Maurice Vickers insistiu comigo e disse que se tivesse tempo, me levaria lá pessoalmente. Uma das coisas surpreendentes sobre Bagdá, e sobre o Iraque em geral, era que sempre havia alguém para fazer companhia. Com exceção das viajantes renomadas, as mulheres quase nunca andavam sozinhas. Assim que eu mostrava disposição para uma viagem, alguém aparecia com um amigo, um primo, um marido ou um tio que arranjaria tempo e me acompanharia.

No hotel conheci o Coronel Dwyer, do Real Corpo Africano de Fuzileiros, que viajara muito pelo mundo todo. Era um homem idoso, com pleno conhecimento sobre o Oriente Médio. Nossa conversa, por acaso, recaiu sobre o Quênia e Uganda, e mencionei que meu irmão morara na região por muitos anos. Perguntou-me seu nome, e disse-lhe que era Miller. O Coronel Dwyer então olhou-me demoradamente, com uma expressão em seu rosto com a qual eu já estava familiarizada: uma espécie de dúvida incrédula.

— Você quer dizer que é irmã de Miller? Que seu irmão era o Billy Vaidade Miller? — perguntou ele. Eu não conhecia esse apelido, mas ele continuou: — Aquele louco, completamente louco?

— Sim — falei, concordando com entusiasmo. — Sempre foi louco.

— E você é irmã dele?! Meu Deus, ele deve ter feito você passar por momentos difíceis!

Respondi que esta era uma avaliação bastante justa.

— Uma das figuras mais curiosas que já conheci. Ninguém conseguia fazê-lo mudar de ideia, entende? Sempre obstinado feito um porco, mas era impossível não respeitá-lo. Um dos sujeitos mais corajosos que já conheci.

Pensei um pouco e acabei concordando.

— Mas é um inferno tentar controlá-lo durante a guerra — disse ele. — Veja bem, eu comandei aquele regimento e o avaliei desde o início. Encontrei pessoas como ele muitas vezes, pessoas que viajavam pelo mundo por conta própria. São excêntricos, teimosos, quase gênios, mas não exatamente, por isso em geral são fracassados. Veja bem, eles têm bom papo como ninguém, mas só falam quando têm vontade. Outras vezes, nem respondem, apenas ficam calados.

Cada palavra que ele dizia era absolutamente verdadeira.

— Você é bem mais nova do que ele, não é?

— Dez anos mais nova.

— Então ele foi para o exterior quando você ainda era criança. É isso mesmo?

— Sim. Nunca o conheci realmente. Mas ele voltou para casa quando obteve licença.

— O que aconteceu com ele, afinal? A última vez que ouvi falar dele, ele estava doente, num hospital.

Expliquei as circunstâncias da vida de meu irmão e como ele foi mandado para casa para morrer mas conseguiu viver por mais alguns anos, apesar de tudo o que os médicos haviam proferido.

— Naturalmente — disse ele. — Billy não morreria até que sentisse vontade. Mandei-o para o vagão-hospital, recordo-me, com um braço quebrado, bastante ferido... Ele, porém, não queria ir para o hospital. De cada vez que o mandávamos para um lado, ele saía pelo outro. Deu um trabalho terrível. Por fim, conseguiram levá-lo, mas no terceiro dia ele conseguiu sair do hospital sem que ninguém o visse. Uma batalha foi batizada com o nome dele. Sabia disso?

Eu disse que tinha uma vaga ideia.

— Enfrentou o comandante. Era o tipo de coisa que Miller fazia. O comandante era um sujeito convencional, um pouco metido a besta, nada a ver com o tipo de Miller. Ele era, naquela ocasião, o encarregado das mulas. Billy era maravilhoso nisso. De qualquer forma, de repente, disse que o lugar onde estavam era adequado para se dar combate aos alemães e que suas mulas estavam descansando ali... não poderia ser melhor. O comandante disse que o castigaria por rebeldia se desobedecesse às ordens. Billy simplesmente se sentou e disse que não iria se mexer, e suas mulas também não. E estava muito certo quanto às mulas: elas não se moveriam, a menos que Miller quisesse. Foi preso para ser julgado em tribunal militar. De repente, porém, surgiu uma importante força de soldados alemães.

— E a batalha aconteceu? — perguntei.

— Sim, e *ganhamos*. A vitória mais decisiva daquela campanha até aquele momento. Bem, então, é claro, o coronel, o velho, como era o nome dele mesmo? Rush alguma coisa, enlouqueceu de raiva. Ali estava ele com uma batalha vitoriosa em suas mãos, devida à insubordinação de um oficial que ia ser julgado por rebelião. O que já não poderia acontecer, pois a batalha tinha sido ganha. Por fim, todo mundo acabou se saindo bem. Esse episódio é sempre lembrado como "a Batalha de Miller" — explicou ele. Então, de repente perguntou de modo bruto: — Gostava dele?

Era uma pergunta difícil.

— Em parte, sim — respondi. — Acho que não convivi com ele por tempo suficiente para ter o que se pode chamar de afeição familiar. Às vezes ele me deixava desesperada, outras vezes, enlouquecida, e outras ainda... bom, eu ficava fascinada por ele... encantada.

— Ele encantava as mulheres com muita facilidade — disse o Coronel Dwyer. — Elas comiam na mão dele. Queriam se casar com ele para o converterem, para que levasse uma vida mansa e arrumasse um emprego. Ele não está mais entre nós, é isso mesmo?

— Não, ele morreu há alguns anos.

— Que pena! Ou não há o que lamentar?

— Muitas vezes me faço essa pergunta — respondi.

Qual é realmente a fronteira entre o fracasso e o sucesso? Por tudo que sabíamos, a vida de meu irmão Monty tinha sido um desastre. Ele não teve sucesso em nada que tentou. Mas isso talvez fosse apenas do ponto de vista financeiro. Não se deveria admitir que, apesar do fracasso financeiro, ele se divertiu durante boa parte de sua vida?

— Suponho que levei uma vida bastante imoral — disse-me ele uma vez, alegre. — Devo muito dinheiro a pessoas em todo o mundo. Violei as leis de muitos países. Tenho um pequeno tesouro de marfim ilícito escondido na África. Todo mundo sabe. Mas nunca o encontrarão. Dei muitas preocupações à nossa pobre mãe e a Madge. Creio que os sacerdotes não aprovam minha maneira de viver. Mas, te dou minha palavra, garotinha, eu me diverti. Muito. Nunca fiquei satisfeito com nada além do melhor.

A sorte de Monty nunca o abandonou: no momento certo, sempre aparecia uma mulher, como a pobre Mrs. Taylor, para cuidar dele. Os dois viveram pacificamente juntos em Dartmoor.

Depois, ela adoeceu, com bronquite grave. Demorou a se recuperar e o médico a desaconselhou quanto a passar mais um inverno em Dartmoor. Ela deveria ir para algum lugar quente como o sul da França.

Monty ficou encantado. Mandou buscar todos os folhetos de viagem imagináveis. Madge e eu concordamos que pedir à Mrs. Taylor para ficar em Dartmoor era demais — embora ela nos assegurasse que não se importaria e que estaria disposta a fazê-lo.

— Não posso deixar o Capitão Miller agora.

Então, querendo o melhor, rejeitamos as ideias mais loucas de Monty e, em vez disso, arranjamos quartos em uma pequena *pension* no sul da França, para Mrs. Taylor e para ele. Vendi o bangalô de granito e fui me despedir deles no Trem Azul. Pareciam radiantes de felicidade, mas Mrs. Taylor pegou um resfriado na viagem, desenvolveu pneumonia e morreu no hospital alguns dias depois.

Monty também foi levado para o hospital. Ele ficou arrasado com a morte de Mrs Taylor. Madge sabia que teria de providenciar algo para ele, mas não sabia o *quê*. A enfermeira que estava cuidando dele era simpática e prestativa. Ela veria o que poderia ser feito.

Uma semana depois, recebemos um telegrama do gerente do banco em cujas mãos os assuntos financeiros haviam sido deixados, dizendo que achava que uma solução satisfatória tinha sido encontrada. Madge não podia ir vê-lo, então eu fui. O gerente me encontrou e me levou para almoçar. Ninguém poderia ter sido mais agradável ou mais simpático. Ele estava, no entanto, curiosamente evasivo. Não conseguia imaginar uma razão para isso. Logo, a causa de seu embaraço veio à tona. Ele estava nervoso com o que as *irmãs* de Monty diriam. A enfermeira, Charlotte, se ofereceu para levar Monty para seu apartamento e se responsabilizar por ele. O tal gerente do banco deve ter temido uma explosão de desaprovação pudica da nossa parte — mas como estava enganado! Madge e eu teríamos caído aos pés de Charlotte, por pura gratidão! Madge depois a conheceu bem e se apegou a ela. Charlotte conseguiu conviver com Monty, e ele também gostava muito dela. Ela controlava o dinheiro, enquanto escutava com tato os planos grandiosos de Monty para morar em um grande iate e assim por diante.

Monty morreu de repente de uma hemorragia cerebral em um café na frente de sua casa. Charlotte e Madge choraram juntas no funeral. Ele foi sepultado no Cemitério Militar de Marselha.

Acho que, tratando-se de Monty, ele se divertiu até o fim.

O Coronel Dwyer e eu nos tornamos amigos próximos depois de nosso primeiro encontro. Às vezes, eu saía para jantar com ele; às vezes ele jantava comigo no hotel onde eu me hospedava; e nossa conversa sempre parecia voltar ao Quênia, Kilimanjaro, Uganda e o lago, e às histórias sobre meu irmão.

De maneira magistral e militar, o Coronel Dwyer providenciou o entretenimento em minha próxima viagem ao exterior.

— Planejei três bons safáris para você — disse ele. — Vou marcá-los para algum momento em que eu esteja disponível e seja conveniente para você. Acho que vou encontrá-la em algum lugar no Egito. Depois, pretendo organizar uma viagem em um comboio de camelos pelo norte da África. É uma viagem de dois meses, mas seria maravilhosa, algo que você nunca esqueceria. Posso levá-la aonde nenhum desses ridículos guias fraudulentos seria capaz. Conheço cada centímetro dessa terra. E ainda tem o interior.

E ele esboçou outros planos de viagem, principalmente em uma carroça de boi.

De vez em quando tinha dúvidas se algum dia eu seria forte o suficiente para fazer esses programas. Talvez ambos soubéssemos que eles estavam apenas no plano do desejo. Ele era um homem solitário, eu acho. O Coronel Dwyer ascendeu na hierarquia, teve uma bela carreira militar, aos poucos se afastou de uma esposa que se recusou a deixar a Inglaterra — tudo o que ela queria, ele disse, era morar em uma casinha arrumada em uma rua simpática. Era um homem cujos filhos não se importavam muito quando ele voltava para casa de licença. Achavam tolas e irreais todas as suas ideias de viagem para lugares selvagens.

— Acabei enviando o dinheiro de que ela necessita para viver e educar os filhos. Minha vida, porém, é aqui, nestas regiões do mundo, África, Egito, África do Norte, Iraque, Arábia Saudita... tudo isso, para mim, é a vida.

Ele estava, acho, embora solitário, satisfeito. Tinha um senso de humor seco e me contou várias histórias bastante engraçadas sobre várias intrigas que viu acontecer. Ao mesmo tempo, ele era, em muitos aspectos, altamente convencional. Um militar religioso e correto, com ideias severas sobre o certo e o errado. Um antigo Covernater seria uma boa descrição para ele.

Era novembro e o tempo estava começando a mudar. Os dias não eram mais quentes e ensolarados; ocasionalmente até chovia. A viagem de volta para casa já estava marcada e eu deixaria Bagdá com pesar — mas não muito arrependimento, porque já estava fazendo planos para voltar. Os Woolley tinham sugerido que eu voltasse para visitá-los no próximo ano, e talvez depois fizéssemos parte do caminho de volta para casa juntos; mas também recebi outros convites e incentivos.

Por fim chegou o dia em que embarquei novamente no veículo de seis rodas, desta vez tomando o cuidado de reservar um assento perto da frente do ônibus para não voltar a me desonrar. Partimos, e eu logo aprenderia algumas das travessuras do deserto. A chuva chegou e, como é costume naquele país, a marcha firme iniciada às 8h30 transformou-se em poucas horas num pântano de lama. Cada vez que dávamos um passo, uma enorme massa de lama pesando talvez dez quilos grudava em cada pé. Quanto ao veículo de seis rodas, ele derrapou sem parar, desviou e finalmente atolou. Os motoristas saíram portando pás, colocaram tábuas sob as rodas e começaram a escavar para libertar o ônibus. Após cerca de quarenta minutos ou uma hora de trabalho, foi feita uma primeira tentativa de desatolá-lo. O ônibus estremeceu, levantou e voltou a cair. No final, com a chuva cada vez mais violenta, tivemos que voltar a Bagdá. A segunda tentativa, no dia seguinte, foi melhor. Ainda tivemos que desatolar o ônibus uma ou duas vezes, mas por fim passamos por Ramadi e, quando chegamos à fortaleza de Rutbah, estávamos de novo no deserto seco e não havia mais dificuldade sob os pés.

# *III*

Uma das partes mais agradáveis de viajar é voltar para casa. Rosalind, Carlo, Punkie e sua família — observei a todos com a estima renovada.

Fomos passar o Natal com Punkie, em Cheshire. Depois fomos para Londres, e Rosalind convidou uma de suas amigas para ficar conosco — Pam Druce, cujos pais conhecêramos nas Canárias. O plano era assistir a uma pantomima e depois Pam ficaria conosco em Devonshire até o fim das férias.

Tivemos uma noite feliz assim que Pam chegou, até que, de madrugada, fui acordada por uma voz dizendo:

— Você se importa se eu me deitar aqui em sua cama, Mrs. Christie? Estou tendo sonhos esquisitos.

— Ora, venha, Pam — disse eu.

Acendi a luz e ela entrou e se deitou com um suspiro. Fiquei um pouco surpresa, porque Pam não me parecia ser uma criança nervosa. No entanto, foi bastante reconfortante para ela, sem dúvida, de modo que dormimos até de manhã.

Depois de as cortinas estarem abertas e com o meu chá servido, acendi a luz e olhei para Pam. Nunca tinha visto um rosto tão completamente coberto de manchas. Ela notou algo bastante peculiar em minha expressão e disse:

— Você está me olhando de um jeito estranho.

— Bom, é verdade, realmente estou.

— Também estou estranhando as coisas — confessou Pam. — Como vim parar em sua cama?

— Você veio até aqui à noite e disse que teve alguns sonhos horríveis.

— Eu fiz isso? Não me lembro. Não consigo imaginar o que me fez vir para sua cama — disse ela. Ela fez uma pausa e então continuou: — Há mais alguma coisa acontecendo?

— Bem, sim — respondi. — Receio que sim. Pam, acho que você está com sarampo.

Entreguei a ela um espelho. Ela examinou o rosto.

— Estou esquisita, não é mesmo?

Concordei.

— E o que vai acontecer agora? — perguntou Pam. — Será que não poderei ir ao teatro hoje à noite?

— Receio que não — respondi. — Acho que a primeira coisa que devemos fazer é ligar para sua mãe.

Telefonei imediatamente para Beda Druce, que logo chegou. Imediatamente cancelou sua viagem e levou Pam para casa. Meti-me no automóvel com Rosalind e segui para Devonshire, onde nos isolaríamos por dez dias, para ver se ela também contraíra sarampo. A viagem foi dificultada pelo fato de eu ter sido vacinada na perna uma semana antes, o que me dificultava dirigir. A primeira coisa que aconteceu no final dos dez dias foi que eu comecei a ter uma dor de cabeça violenta e todos os sinais de febre.

— Talvez *você* esteja com sarampo, não eu — sugeriu Rosalind.

— Bobagem — falei. — Já tive sarampo aos 15 anos.

Mas realmente me sentia um pouco desconfortável. Era *possível* pegar sarampo duas vezes — além disso, por que estaria me sentindo tão mal?

Telefonei para minha irmã, e Punkie, sempre pronta para me socorrer, disse que, se necessário, eu só precisava enviar um telegrama e ela viria de imediato para cuidar de mim ou de Rosalind, ou de nós duas, e de qualquer outra coisa que fosse preciso. No dia seguinte me sentia pior e Rosalind reclamou de resfriado — seus olhos lacrimejavam e ela espirrava.

Punkie chegou, cheia de seu entusiasmo habitual para lidar com desastres. No devido tempo, o Dr. Carver foi chamado e declarou que Rosalind estava com sarampo.

— E qual é o problema com você? — quis saber ele. — Você não parece muito bem.

Falei que me sentia muito mal, e achava que estava com febre. Ele fez mais algumas perguntas.

— Já foi vacinada, certo? Veio dirigindo o automóvel até aqui? Foi vacinada na perna? Por que não foi vacinada no braço?

— Porque as marcas de vacina ficam horríveis em trajes de gala.

— Bom, não há mal nenhum em ser vacinada na perna, mas é tolice andar de carro mais de trezentos quilômetros depois disso. Vamos dar uma olhada.

Então ele me examinou.

— Sua perna está enormemente inchada. Não percebeu isso?

— Bem, sim, mas pensei que fosse apenas um efeito colateral da vacina.

— Efeito colateral? É *muito mais* do que isso. Vamos medir sua temperatura.

Ele o fez, então exclamou:

— Meu Deus! Você não mediu a temperatura esses dias?

— Medi ontem. Estava com uns 38 graus, mas achei que fosse diminuir. Me sinto um pouco estranha.

— Estranha? Sem dúvida se sente estranha. Está com mais de 39 de febre. Vá para a cama e deite-se. Preciso resolver algumas coisas.

Então ele voltou para dizer que eu deveria ir imediatamente para uma clínica, e que mandaria uma ambulância. Respondi que pedir uma ambulância era um disparate! Por que eu não podia simplesmente ir de carro ou táxi?

— Você fará tudo o que for indicado — disse o Dr. Carver, talvez não tão certo disso quanto poderia. — Primeiro falarei com Mrs. Watts.

— Pode deixar que cuidarei de Rosalind enquanto ela estiver com sarampo — disse Punkie quando entrou no quarto. — O doutor acha que você está bastante doente. O que fizeram contigo? Envenenaram você com a vacina?

Punkie embalou alguns objetos de primeira necessidade para mim e fiquei na cama à espera de uma ambulância, desejando conseguir organizar meus pensamentos. Estava com a terrível sensação de estar no balcão de uma peixaria: alguns filés e peixes trêmulos no gelo ao meu redor, mas ao mesmo tempo eu estava presa a um tronco de madeira em chamas — que combinação infeliz! Em alguns momentos, com dificuldade enorme, eu saía desse pesadelo desagradável, dizendo a mim mesma: "Sou eu, Agatha, estou deitada na cama, não há peixe aqui, nem peixaria, e eu *não* sou um tronco em chamas". No entanto, logo eu estava deslizando ao lado de uma pele de carneiro escorregadia, com as cabeças dos peixes ao meu redor. Uma delas era muito desagradável de se ver, ainda me lembro — um grande rodovalho, com olhos protuberantes e de boca aberta, que me olhava da maneira mais terrível.

Então a porta se abriu e entrou no quarto uma mulher com uniforme branco e que poderia ser enfermeira, e mais uma pessoa com uma espécie de cadeira portátil. Protestei — não tinha intenção de ir a lugar algum em uma cadeira portátil. Eu poderia perfeitamente descer as escadas e entrar em uma ambulância. Fui dominada pela enfermeira, que me disse com voz ríspida:

— Ordens do médico. Sente-se aqui, querida, e nós amarraremos você.

Nenhuma recordação é mais assustadora do que ser transportada por um lance de escadas íngremes até o saguão. Eu tinha um bom peso — bem mais do que setenta quilos — e o atendente da ambulância era um jovem extraordinariamente fraco. Ele e a enfermeira me colocaram na cadeira e começaram a me carregar para baixo. A cadeira rangia e mostrava todos os sinais de que se quebraria toda, e o rapaz da ambulância ficava escorregando e se agarrando ao corrimão da escada. Por fim, a cadeira começou a se desintegrar no meio da escada.

— Ai, ai, enfermeira — ofegou o atendente. — Acho que está se desfazendo.

— Deixem-me sair daqui — gritei. — Deixem-me descer.

Eles tiveram que ceder. Soltaram a correia, eu agarrei o corrimão e desci corajosamente as escadas, sentindo-me muito mais segura e plena, e apenas me contendo para não dizer que idiotas absolutos eu achava que os dois eram.

A ambulância partiu e eu cheguei na clínica. Uma linda enfermeira aprendiz de cabelo ruivo me colocou na cama. Os lençóis estavam frios, mas não tanto. Visões de peixes e gelo voltaram a se repetir, e também um caldeirão em chamas.

— Uau! — exclamou a enfermeira, olhando para a minha perna com grande interesse. — A última vez que vi uma perna nesse estado, foi amputada no terceiro dia.

Felizmente, a essa altura eu estava tão delirante que as palavras quase não foram registradas — de qualquer forma, naquele momento eu não poderia me importar menos se cortariam minhas pernas e braços, ou até minha cabeça. Mas enquanto a pequena aprendiz arrumava as roupas de cama e me apertava com força, passou pela minha cabeça que talvez ela houvesse se confundido quanto à vocação, e suas observações não teriam o menor sucesso junto aos pacientes do hospital.

Por sorte, minha perna não foi amputada no terceiro dia. Depois de quatro ou cinco dias de febre alta e delírio provocados pela intoxicação, tudo começou a melhorar. Eu estava convencida, e ainda acredito, que algum lote de vacina havia sido enviado com o dobro da dose. Os médicos tendiam a acreditar que o que acontecera se devia ao fato de eu não ter sido vacinada desde bebê e ao esforço que fizera dirigindo o carro desde Londres.

Depois de uma semana, eu estava mais ou menos recuperada e interessada em saber por telefone sobre o progresso do sarampo de Rosalind. Tinha sido como o de Pam — uma esplêndida demonstração de erupção cutânea. Rosalind tinha gostado muito dos cuidados de sua tia Punkie; todas as noites a chamava com sua vozinha clara:

— Tia Punkie! Poderia passar de novo a esponja, como fez ontem à noite? Fiquei tão aliviada!

Assim, no devido tempo, voltei para casa, ainda com um grande curativo na coxa esquerda, e todas tivemos uma alegre convalescença juntas. Rosalind só voltou à escola duas semanas depois do início das aulas, quando voltou a ser ela mesma, forte e alegre. Precisei de mais uma semana para me recuperar, enquanto minha perna cicatrizava, e depois disso também parti, rumo à Itália direto para Roma — onde não pude ficar o tempo que havia planejado, porque tinha que pegar o navio para Beirute.

## *IV*

Dessa vez, viajei no navio da companhia Lloyd Triestino para Beirute, onde passaria alguns dias e, uma vez mais, utilizaria os serviços da Agência Nairn para a viagem pelo deserto. A viagem foi difícil ao longo do golfo de Alexandretta, e não me senti muito bem. Percebi que havia outra mulher a bordo. Sybil Burnett, a mulher em questão, depois me contou que também não se sentira muito bem com o balanço. Contou-me que, ao olhar para mim, pensara:

— Eis uma das mulheres mais desagradáveis que já vi em toda a minha vida!

De minha parte, pensei o mesmo a respeito dela. "Não gosto dessa mulher. Não gosto do chapéu que ela usa e não gosto de suas meias cor de cogumelo."

Com este sentimento de desagrado mútuo, cruzamos o deserto juntas. Quase imediatamente nos tornamos amigas — e continuaríamos amigas por muitos anos. Sybil, mais conhecida como Bauff Burnett, era a esposa de Sir Charles Burnett, na época vice-marechal do ar, e estava viajando para se juntar ao marido. Era uma mulher muito original, que dizia o que lhe vinha à cabeça, adorava viajar e conhecer novos lugares, tinha uma bela casa em Argel, quatro filhas e dois filhos de um casamento anterior e um prazer inesgotável pela vida. Na viagem havia ainda um grupo de senhoras anglo-católicas que estavam em excursão ao Iraque para fazer passeios por vários lugares bíblicos. No comando delas estava uma mulher de aparência excessivamente impetuosa: Miss Wilbraham. Usava sapatos pretos grandes e baixos e um enorme chapéu de explorador. Sybil Burnett disse que ela se parecia com um besouro, e eu concordei. Ela era o tipo de mulher impossível de não se querer contradizer. Por isso, Sybil Burnett a contradisse de imediato.

— Tenho comigo quarenta mulheres — disse Miss Wilbraham. — De fato devo me congratular. Cada uma delas é uma *sahib* genuína, exceto uma. Isso é importante, você não concorda?

— Não — disse Sybil Burnett. — Acho muito chato o fato de todas serem *sahibs*. É melhor ter variedades.

Miss Wilbraham não deu atenção ao comentário — esse era o seu ponto forte: ela nunca prestava atenção.

— Sim — confirmou ela. — Realmente me parabenizo.

Bauff e eu então juntamos a cabeça para ver se conseguíamos identificar a única mulher que não passara no teste e fora rotulada para a viagem como não sendo uma *sahib*.

No grupo havia ainda Miss Amy Ferguson, amiga de Miss Wilbraham e sublíder da excursão. Ela era devota a todas as causas anglo-católicas, e mais ainda à própria Miss Wilbraham, a quem considerava uma supermulher. A única coisa que a incomodava era não estar à altura de Miss Wilbraham.

— O problema — confidenciou ela — é que Maude é tão forte. Claro, minha saúde é boa, mas devo confessar que às vezes me canso. No entanto, tenho apenas 65 anos e Maude, quase 70.

— Uma criatura muito boa — disse Miss Wilbraham em relação à Amy. — Muito capaz, muito dedicada. Infelizmente, está sempre cansada, o que é muito irritante. Acho que não é culpa dela, coitada, mas é assim! Mas eu, *euzinha*, nunca me canso.

Disso tínhamos certeza.

Chegamos em Bagdá. Encontrei vários velhos amigos e, por quatro ou cinco dias, me diverti bastante. Depois, quando recebi um telegrama dos Woolley, desci para Ur.

Tinha me encontrado com os Woolley em Londres no mês de junho anterior, quando estavam na Inglaterra. Na verdade, havia emprestado a eles a casinha que eu comprara recentemente, em Cresswell Place. Era uma casa encantadora, ou assim eu pensava — uma entre quatro ou cinco casas que haviam sido transformadas de cavalariças em pequenos chalés, semelhantes a antigos *cottages* do campo. Quando a comprei, ainda tinha as divisórias dos estábulos e as manjedouras por toda a parede, além de um grande quarto de arreios no térreo e um pequeno quarto espremido entre eles. Uma escada pequena conduzia a dois quartos no segundo andar, com um banheiro em miniatura e outro quarto minúsculo ao lado. Com a ajuda de um empreiteiro, ela foi transformada. Conservei na grande cavalariça do térreo as divisórias e todo o trabalho de madeira junto à parede, e, por cima, pus um friso de papel de parede, imitando um gramado, de modo que, ao entrar nesse aposento, tínhamos a impressão de estar num pequeno jardim — era a moda da época. A sala dos arreios foi transformada em garagem. No quarto que ficava entre as duas salas fiz o quartinho da empregada. No andar de cima, o banheiro ficou esplêndido, com golfinhos verdes a saltitar pelas paredes e uma banheira de porcelana verde; o quarto maior virou uma sala de jantar, com um divã que se transformava em cama. O cômodo menor era a cozinha, e o outro, um segundo quarto de dormir.

Enquanto os Woolley estavam instalados nesta casa, fizeram um lindo plano de viagem para mim. Eu iria para Ur cerca de uma semana antes do final da temporada, quando eles estivessem fazendo as malas, e depois disso eu viajaria com eles pela Síria e pela Grécia, e de lá iríamos para Delfos. Fiquei muito feliz com essa perspectiva.

Cheguei a Ur no meio de uma tempestade de areia. Já havia passado por isso antes, mas dessa vez foi muito pior. Durou quatro ou cinco dias. Jamais imaginei que a areia pudesse penetrar por todo lado daquela forma. Embora as janelas permanecessem fechadas e cobertas com telas para mosquitos, as camas ficavam sempre lotadas de areia. Sacudíamos os lençóis, deitávamo-nos, e de manhã mais areia cobria nosso rosto, pescoço, e tudo em nosso redor. Foram cinco dias torturantes. No entanto, tivemos conversas interessantes, todos foram amigáveis e gostei muito do tempo que fiquei lá.

O Padre Burrows estava novamente na cidade, assim como Whitburn, o arquiteto. Dessa vez, estava também conosco o assistente de Leonard Woolley, Max Mallowan, que trabalhava com ele havia cinco anos, mas que estivera ausente no ano anterior, quando eu ali viera. Era um jovem magro, caladão e sombrio — pouco falava, mas era bastante solícito.

Desta vez, notei algo que não havia percebido antes: o silêncio extraordinário de todos à mesa. Era como se tivessem medo de falar. Depois de um ou dois dias, comecei a descobrir o porquê. Katharine Woolley era uma mulher temperamental e deixava as pessoas à vontade ou nervosas com grande facilidade. Percebi que ela era extremamente bem atendida: sempre havia alguém para lhe oferecer mais leite para o café ou manteiga para a torrada, para passar a geleia, e assim por diante. Perguntava-me por que estavam todos com tanto medo dela.

Certa manhã, quando ela estava de mau humor, comecei a descobrir um pouco mais.

— Acho que ninguém jamais vai me oferecer o sal — disse ela.

Imediatamente, quatro mãos dispostas se atropelaram sobre a mesa, e quase derrubaram o saleiro nessa movimentação. Depois de uma pausa, Mr. Whitburn, nervoso, inclinou-se para a frente e colocou torradas diante dela.

— Não vê que minha boca está cheia, Mr. Whitburn? — Foi a única resposta que ele recebeu.

O homem se recostou na cadeira, corando de nervoso, e todos comeram suas torradas com empenho antes de oferecerem a ela de novo. Ela recusou.

— Mas, de fato — disse então Katharine —, acho que vocês talvez não devessem comer todas as torradas antes que Max tenha oportunidade de comer alguma.

Olhei para Max. A última torrada foi oferecida a ele. Ele a pegou na hora, sem protestar. Na verdade, ele já tinha duas, e eu me perguntei por que não recusou a oferta. Isso, mais uma vez, eu entenderia mais plenamente mais tarde.

Mr. Whitburn me deu as primeiras pistas a respeito de alguns desses mistérios.

— Ela tem seus favoritos, entende? — disse ele.

— Mrs. Woolley?

— Sim. Não são sempre os mesmos, sabe? Às vezes uma pessoa, às vezes outra. Mas, quero dizer, ou tudo que você faz está errado, ou tudo está certo. No momento, eu sou o bode expiatório.

Estava claro que Max Mallowan era a pessoa que fazia tudo certo. Pode ser porque ele não estava no grupo na temporada anterior, de modo que era uma novidade; acho, porém, que foi porque no decorrer de cinco anos ele aprendeu a maneira correta de tratar os dois Woolley. Ele sabia quando ficar quieto; ele sabia quando falar.

Logo percebi como ele era bom em lidar com as pessoas. Tratava bem os trabalhadores e, o que era muito mais difícil, conseguia lidar com Katharine Woolley.

— Claro — disse Katharine para mim —, Max é o assistente perfeito. Não sei o que teríamos feito sem ele todos esses anos. Acho que você vai gostar muito dele. Vou enviá-lo com você para Nejef e Kerbala. Nejef é a cidade santa dos mortos muçulmanos e Kerbala tem mesquitas maravilhosas. Então, quando começarmos os preparativos para ir embora, ele a levará até lá. No caminho, poderá visitar Nipur.

— Mas... ele não vai para Bagdá também? Quero dizer, será que ele não tem amigos por lá que queira ver antes de regressar à Inglaterra?

Fiquei consternada com a ideia de ser enviada com um jovem que provavelmente ansiava por liberdade e diversão em Bagdá, depois de uma tensa temporada de três meses em Ur.

— Ah, não — disse Katharine com firmeza. — Max ficará encantado.

Não achei que Max ficaria, embora não tivesse dúvidas de que ele esconderia o fato. Eu me senti muito desconfortável. Considerava Whitburn um amigo, tínhamos nos conhecido no ano anterior, e então falei com ele sobre isso.

— Você não acha que é um pouco arrogante? Odeio fazer esse tipo de coisa. Acha que eu poderia dizer que não quero conhecer Nejef e Kerbala?

— Olha, eu acho que você deveria visitar esses lugares — disse Whitburn. — Vai ficar tudo bem. Max não vai se importar. E de qualquer forma, quero dizer, se Katharine decidiu, então está resolvido, entende?

Uma admiração enorme me invadiu. Que maravilha ser essa espécie de mulher que, sempre que resolvia alguma coisa, todo mundo acatava sem resmungar, como se sua decisão fosse inelutável!

Muitos meses mais tarde, conversando com ela, falei com admiração acerca de seu marido, Len.

— É maravilhoso como ele é generoso — disse eu. — O gesto de, a bordo do navio, se levantar de noite para fazer caldo Benger ou sopa para você! Não existem muitos maridos assim!

— Mesmo? — disse Katharine, parecendo surpresa. — Ah, mas Len considera isso um privilégio.

E, de fato, ele considerava um privilégio! Na verdade, tudo o que se fazia por Katharine parecia, pelo menos no momento, um privilégio. Claro, depois, quando você chegava em casa e percebia que tinha deixado com ela os dois livros que tinha acabado de retirar da biblioteca e estava ansiosa para ler, apenas porque ela suspirara e dissera que não tinha nada para ler, e se dava conta que de verdade não estava se importando com aquilo, você percebia que mulher notável ela era.

Apenas pessoas excepcionais não caíram sob seu domínio. Uma delas se chamava Freya Stark. Certa vez, Katharine adoeceu e quis que muitas coisas fossem feitas para ela. Freya Stark, que estava hospedada na casa dela, foi firme, alegre e amigável.

— Dá pra ver que você não está muito bem, querida, mas eu não sou *nada boa* com doença. A melhor coisa que posso fazer por você é ir embora e te deixar em paz.

E foi o que ela fez. Curiosamente, Katharine não se ressentiu disso; apenas achava que era um esplêndido exemplo da força de caráter de Freya. E o era de fato.

Voltando a Max, todos pareciam concordar que era natural que um jovem, que havia trabalhado intensamente em uma escavação árdua e estava prestes a ser liberado para descansar e se divertir, se sacrificasse para mostrar os pontos turísticos do país a uma mulher estranha muitos anos mais velha que ele, que sabia pouco sobre arqueologia. Max também parecia achar isso algo natural. Ele era um jovem de aspecto grave, e eu me sentia um pouco apreensiva com ele. Ficava me perguntando se deveria oferecer algum pedido de desculpas. Até *ensaiei* algum tipo de frase no sentido de que eu não havia sugerido tal passeio, mas Max estava tão calmo diante tudo aquilo. Disse que não tinha nada de especial para fazer. Estava voltando para casa por etapas, primeiro viajando com os Woolley, e depois, como já havia estado em Delfos, separando-se deles e indo em direção ao Templo de Bassae e outros lugares da Grécia. Ele, inclusive, adoraria ir a Nipur. Era um local muito interessante, onde ele sempre gostava de ir — e também Nejef e Kerbala, que valia a pena conferir.

Assim, quando chegou a data marcada, partimos. Gostei muito do dia em Nipur, embora tenha sido extremamente cansativo. Viajamos horas a fio em terreno acidentado e caminhamos ao redor do que pareciam acres de escavações. Acho que não teria achado muito interessante se não tivesse alguém comigo para explicar tudo. Assim, cada vez me sentia mais apaixonada por estudos arqueológicos.

Finalmente, por volta das sete horas da noite, chegamos a Diwaniya, onde passaríamos a noite com os Ditchburn. Cambaleava de sono, mas de uma maneira ou de outra consegui pentear meu cabelo, me livrar da areia, lavar o rosto, aplicar um pouco de pó de arroz e entrar em um vestido de noite.

Mrs. Ditchburn adorava receber convidados. Gostava de conversar — na verdade, nunca parava de falar, com uma voz brilhante e alegre. Fui apresentada ao marido dela e me indicaram para sentar-me ao lado dele. Ele parecia ser um homem quieto, o que talvez fosse de se esperar, e por um longo tempo ficou sentado em um silêncio sombrio. Fiz algumas observações um tanto insensatas sobre meus passeios, às quais ele não respondeu. Do meu outro lado estava um missionário norte-americano. Ele também era muito taciturno. Quando o observei melhor, notei que suas mãos torciam e giravam debaixo da mesa, e que ele estava rasgando lentamente um lenço. Achei isso bastante alarmante e me perguntei o que ocasionara tal gesto. Sua esposa estava sentada do outro lado da mesa e também parecia muito nervosa.

Foi uma noite curiosa. Mrs. Ditchburn estava em plena atividade social, conversando com seus vizinhos de mesa, comigo e com Max, que respondia razoavelmente bem. O casal de missionários permaneceu de boca fechada; a esposa olhando desesperada para o marido, e ele rasgando o lenço em pedaços cada vez menores.

Sonhando acordada, ideias para uma história magnífica de detetive vieram à minha cabeça. Um missionário enlouquecendo lentamente com a tensão. Tensão de quê? Tensão vinda de alguma coisa, de algum jeito... Por onde quer que ele passasse, lenços rasgados, reduzidos a farrapos, forneciam pistas. Pistas, lenços, farrapos — a sala cambaleou ao meu redor, e quase escorreguei da cadeira, caindo de sono.

Naquele momento, uma voz áspera falou em meu ouvido esquerdo.

— Todos os arqueólogos são mentirosos — disse Mr. Ditchburn com uma espécie de veneno amargo.

**466**  · AGATHA CHRISTIE ·

Acordei e considerei tanto ele quanto sua declaração. Pronunciara-a como que num desafio. Não me sentia totalmente competente para defender a veracidade dos arqueólogos.

— Por que acha que todos são mentirosos? — perguntei com suavidade. — A respeito de que eles mentem?

— A respeito de tudo — afirmou Mr. Ditchburn. — Tudo! Dizem que sabem as datas das coisas e quando certas coisas aconteceram — isto tem 7 mil anos de idade, aquilo, 3 mil, o rei que reinava nessa época era este e depois reinou aquele outro. Todos mentirosos, todos!

— Certamente não deve ser assim — insisti.

— Não deve? — Mr. Ditchburn soltou uma risada sardônica e voltou a ficar em silêncio.

Dirigi mais algumas palavras para o missionário, mas obtive pouca resposta. Então Mr. Ditchburn quebrou o silêncio mais uma vez e, por acaso, revelou uma possível pista de sua amargura ao dizer:

— Como sempre, tive que ceder meu quarto de vestir por causa desse jovem arqueológico.

— Sinto muito! Não sabia... — comecei desconfortavelmente.

— Acontece sempre — disse Mr. Ditchburn. — Ela faz isso sempre, minha esposa, quero dizer. Não para de convidar pessoas para ficarem conosco. Não, não estou me referindo a você; você está ocupando o quarto de hóspedes. Temos três desses, mas isso não é suficiente para Elsie. Não, ela sempre tem que encher todos os quartos que existem, e depois ocupa meu quarto de vestir também. Como aguento, não sei.

Novamente respondi que sentia muito. Não poderia estar mais desconfortável, mas naquele momento eu estava mais uma vez usando todas as minhas forças para me manter acordada, e aquilo era tudo o que eu conseguia lidar.

Depois do jantar, pedi permissão para me retirar e ir dormir. Mrs. Ditchburn ficou muito desapontada porque tinha planos para um esplêndido jogo de bridge, mas a essa altura meus olhos estavam praticamente fechados, e só tive forças para subir as escadas sem tropeçar, tirar minhas roupas e me jogar na cama.

Na manhã seguinte, saímos às cinco horas da manhã. Viajar pelo Iraque foi minha introdução a um modo de vida um tanto extenuante. Visitamos Nejef, que era de fato um lugar maravilhoso: uma verdadeira necrópole, uma cidade dos mortos, com as figuras escuras das mulheres muçulmanas de véu preto chorando e se movendo por ela. Era um viveiro de extremistas, e nem sempre era possível visitá-la. Era preciso antes informar a polícia, e então eles estariam atentos para ver se não ocorreriam surtos de fanatismo.

De Nejef fomos a Kerbala, onde existe uma lindíssima mesquita com uma cúpula azul-turquesa. Era a primeira que eu via de perto. Ficamos, nessa noite, hospedados na delegacia. A roupa de cama que Katharine me emprestara foi estendida no chão de uma pequena cela, e foi ali que dormi. Max dormiu em outra cela, e insistiu que chamasse por ele, mesmo durante a noite, em caso de necessidade. Nos dias de minha meninice, de educação vitoriana, teria achado muito estranho acordar em plena noite um jovem que mal conhecia para lhe solicitar a amabilidade de me escoltar até o banheiro; no entanto, foi exatamente o que aconteceu. Acordei Max, que, por sua vez, chamou um policial; este foi buscar um lampião, e nós três caminhamos pelos compridos corredores até atingirmos um cômodo bem malcheiroso, onde havia um buraco no chão. Max e o policial esperaram, corteses, do lado de fora para me escoltar e iluminar meu caminho de regresso à cela.

Na delegacia, o jantar foi servido em uma mesa ao ar livre, com uma grande lua acima de nós, e o constante coaxar monótono e musical dos sapos. Sempre que ouço sapos, penso em Kerbala e naquela noite. O policial sentou-se conosco. De vez em quando, ele dizia algumas palavras em inglês com bastante cuidado, mas falava principalmente árabe com Max, que ocasionalmente traduzia algumas palavras que eram dirigidas a mim. Depois de um dos silêncios revigorantes que fazem parte dos contatos do Oriente e combinam tão harmoniosamente com os sentimentos de cada um, nosso companheiro de repente quebrou o silêncio.

— Salve, tu, espírito jovial! — disse ele. — Ave tu nunca foste. Olhei para ele, assustada. Ele terminou de recitar o poema.

— Sei de cor — disse ele, acenando com a cabeça. — Inglês muito bom.

Concordei, dizendo que de fato era. Isso pareceu encerrar essa parte da conversa. Nunca imaginei que, em uma viagem para o Iraque, ouviria "Ode a uma cotovia", de Shelley, recitada para mim por um policial iraquiano em um jardim oriental à meia-noite.

Almoçamos cedo na manhã seguinte. Um jardineiro, que estava colhendo algumas rosas, avançou em minha direção com um buquê. Fiquei esperando, pronta para sorrir graciosamente. Para meu desconcerto, ele passou por mim sem olhar e os entregou com uma profunda reverência a Max. Max riu e relembrou que estávamos no Leste, onde presentes eram oferecidos aos homens e não às mulheres.

Empacotamos nossos pertences, roupas de cama, pão fresco e o buquê, e partimos novamente. Faríamos um desvio no caminho de volta a Bagdá para ver a cidade árabe de Ukhaidir. Era um caminho longo pelo deserto. O cenário era monótono, e, para passar o tempo, cantávamos, recorrendo a um repertório conhecido por ambos, começando com *Frère Jacques*, e passando por várias outras baladas e cantigas. Visitamos Ukhaidir, maravilhosa em seu isolamento, e mais ou menos duas horas depois chegamos a um lago, também em pleno deserto, de água azul, clara e brilhante. Fazia um calor violento, e eu ansiava por um banho.

— Gostaria mesmo de tomar um banho? — perguntou Max.

— Não vejo por que não possa tomar um.

— Será que posso? — Olhei por um momento para a roupa de cama enrolada e a mala pequena. — Mas eu não tenho roupa de banho...

— Você não tem nada que... bem... que faça as vezes de um maiô? — perguntou Max delicadamente.

Considerei a pergunta e, por fim, vesti um colete de seda cor-de-rosa e dois pares de calcinhas. Estava pronta. O motorista, a própria personificação da cortesia e da delicadeza, como são, de fato, todos os árabes, se afastou. Max, de calções e colete, se juntou a mim, e ambos nadamos na água azul do lago.

Foi o próprio paraíso — o mundo parecia perfeito, ou pelo menos até voltarmos a ligar o carro. O automóvel afundou na areia e se recusou a andar. Foi quando conheci mais alguns inconvenientes de viajar pelo deserto. Max e o motorista, tirando do carro esteiras de aço, pás e vários outros objetos, esforçavam-se por libertá-lo, mas sem êxito. As horas voaram. Ainda estava terrivelmente quente. Procurei abrigo na pequena sombra que havia num dos lados do automóvel e adormeci.

Em outra ocasião, Max me contou, não sei se com sinceridade, que decidiu naquele momento que eu seria uma excelente esposa para ele.

— Zero confusão — disse ele. — Você não reclamou nem disse que era minha culpa, ou que nunca deveríamos ter parado ali. Parecia não se importar se seguiríamos em frente ou não. Realmente foi nesse momento que comecei a pensar no quanto você é maravilhosa.

Desde que ele me disse isso, tenho tentado viver de acordo com a reputação que construí para mim. Sou boa em aceitar as coisas como elas vêm, em vez de ficar em um estado de agitação. Também tenho a útil arte de poder dormir a qualquer momento, em qualquer lugar.

Não estávamos, porém, em rota de caravanas; era possível que por vários dias não passasse nenhum caminhão nem qualquer outro veículo, talvez até por mais de uma semana. Tínhamos conosco um guarda que fazia parte do Corpo de Camelos, e que, ao fim de algum tempo, prontificou-se a partir em busca de socorro, coisa que só encontraria ao cabo de 24 ou talvez 48 horas. Deixou-nos a água que lhe cabia.

— Nós, que fazemos parte do Corpo de Camelos do Deserto — disse altivamente —, em caso de emergência não necessitamos de água.

Iniciou a caminhada e o observei partir com apreensão. Aquilo foi uma aventura, mas eu mantinha a esperança de que continuaria a ser ao menos uma aventura agradável. A água não era muita, e o pensamento de ficar sem ela me deu sede. Todavia, tivemos sorte. Um milagre aconteceu. Uma hora mais tarde, um Ford T com catorze passageiros surgiu no horizonte. Sentado junto do motorista, estava nosso amigo do Corpo de Camelos, acenando exuberantemente com seu fuzil.

De vez em quando, em nossa viagem de volta a Bagdá, parávamos para examinar vestígios arqueológicos e caminhávamos em volta deles recolhendo cacos de cerâmica. Fiquei encantada com todos os fragmentos vidrados. As cores brilhantes — verde, turquesa, azul e uma espécie de padrão dourado — eram todas de um período muito posterior ao que interessava a Max, mas ele era indulgente com minhas fantasias, e recolhemos uma grande sacola delas.

Depois que chegamos a Bagdá, e fui devolvida ao meu hotel, estendi minha capa impermeável, mergulhei todos os cacos na água e os organizei em padrões brilhantes de cores iridescentes. Max, gentilmente concordando com meus caprichos, forneceu

**470**

sua própria capa e acrescentou quatro fragmentos à exibição. Eu o peguei olhando para mim com o ar de um estudioso indulgente que observa com gentileza uma criança tola, mas não antipática — e, realmente, acredito que naquela época era essa a atitude dele em relação a mim. Sempre amei coisas como conchas ou pedacinhos de rocha colorida — todos os tesouros estranhos que uma pessoa pega quando criança. Uma pena de pássaro brilhante, uma folha diferenciada — essas coisas, às vezes sinto, são os *verdadeiros tesouros da vida*, e as apreciamos melhor do que topázios, esmeraldas ou ovos caros de Fabergé.

Katharine e Len Woolley já tinham chegado a Bagdá e não ficaram nada satisfeitos conosco por termos chegado 24 horas atrasados — o que aconteceu por causa de nosso desvio para Ukhaidir. Eu fiquei livre das censuras, uma vez que era apenas uma espécie de pacote que estava sendo levado de um lugar para outro, sem prévio conhecimento do lugar para onde estava indo.

— Max *devia saber* que nos preocuparíamos — disse Katharine. — Poderíamos ter enviado um grupo de busca ou feito algo estúpido.

Max repetiu pacientemente que estava arrependido; não lhe ocorrera que causaria tal alarde.

Alguns dias depois, deixamos Bagdá de trem para Kirkuk e Moaul, na primeira etapa de nossa viagem para casa. Meu amigo Coronel Dwyer foi à Estação Norte de Bagdá para se despedir de nós.

— Você vai ter que enfrentá-la — comentou ele comigo, confidencialmente.

— Enfrentar? O que quer dizer?

— Refiro-me a sua alteza ali.

Ele apontou com o queixo para Katharine Woolley, que estava conversando com uma amiga.

— Mas ela tem sido boa pra mim.

— Ah, sim, posso ver que você está enfeitiçada. Todos nós somos de vez em quando. Para ser honesto, eu ainda estou. Essa mulher pode me levar onde quiser a qualquer hora, mas, como disse, *não se deixe subjugar*. Ela pode enfeitiçar os pássaros de uma árvore e fazê-los cair das árvores, achando que isso *é* natural.

O trem soltava uns guinchos esquisitos que pareciam assombração e que pouco depois soube que eram característicos dos trens do Iraque. Era um ruído estridente e sobrenatural — de fato, lembrava uma bruxa invocando seu amado. Contudo, não se tratava de nada tão romântico: apenas uma locomotiva pronta para partir. Embarcamos — Katharine e eu partilhávamos uma cabine-leito; Max e Len, outra. E partimos.

Chegamos a Kirkuk na manhã seguinte, tomamos café na hospedaria e seguimos de carro para Mossul. Naquela época, era uma viagem de seis a oito horas, a maior parte em uma estrada muito esburacada, e incluía a travessia do rio Zab em uma balsa. Esta, por sua vez, era tão primitiva que parecia uma embarcação bíblica.

Em Mossul também ficamos em uma hospedaria que tinha um jardim encantador. Mossul seria, no futuro e por muitos anos, o centro da minha vida, mas a cidade não me impressionou na época, até porque fizemos pouco turismo.

Lá conheci Dr. MacLeod e esposa, que administravam o hospital, e que se tornariam grandes amigos. Ambos eram médicos e, enquanto Peter MacLeod era o encarregado do hospital, sua esposa Peggy ocasionalmente o ajudava nas cirurgias. Elas tinham que ser feitas de modo muito especial, porque ele não tinha permissão de ver ou tocar em mulheres na condição de pacientes. Era impossível para uma mulher mulçulmana ser operada por um homem, mesmo um médico. Pelo o que entendi, colocavam biombos entre o médico e a paciente: Dr. MacLeod ficava do lado de fora do biombo e sua esposa, na parte de dentro. Então, ele a orientava, dizendo-lhe como proceder e ela, por sua vez, descrevia, no momento oportuno e em todos os pormenores, as condições em que estavam os órgãos examinados.

Depois de dois ou três dias em Mossul, começamos nossa viagem propriamente dita. Passamos uma noite em uma hospedagem em Tell Afar, que ficava a cerca de duas horas de Mossul, e às cinco da manhã seguinte partimos de carro por uma trilha que atravessava a região. Visitamos alguns locais no Eufrates e partimos para o norte, em busca de um velho amigo de Len, Basrawi, que era xeque de uma das tribos dali. Depois de muitas travessias de rios intermitentes, perdendo e encontrando nosso caminho de novo, por fim chegamos à noite, e fomos muito bem recebidos com uma ótima refeição. Havia dois quartos em ruínas na casa de tijolos de barro que nos foram oferecidos, com duas pequenas camas de ferro diagonalmente nos cantos. Uma

**472**

pequena dificuldade então surgiu. Um quarto tinha uma cama de canto sob um excelente teto — ou seja, nenhuma água pingava ou caía sobre o colchão: fenômeno que pudemos observar porque havia começado a chover. A outra cama, no entanto, estava em um canto onde a corrente de ar batia e ainda ficava debaixo de pingos incessantes de chuva. Demos uma olhada no segundo quarto. Era menor e tinha um teto duvidoso; as camas eram mais estreitas e havia menos ar e menos luz.

— Katharine — disse Len —, acho que é melhor você e Agatha ficarem no quarto menor com as duas camas secas, e nós ficaremos com o outro.

— Acho que na verdade *devo* ter o quarto maior e uma boa cama — concordou Katharine. — Não conseguirei dar sequer um cochilo se houver água pingando no meu rosto.

Com firmeza, ela caminhou até o melhor canto e colocou suas coisas na cama.

— Acho que posso empurrar a outra cama um pouco para fora e evitar o pior — comentei.

— Realmente não vejo por que Agatha deveria ser forçada a ficar com essa cama ruim com o telhado pingando — disse Katharine. — Um de vocês poderia ficar nela. Max ou Len poderão dormir na cama ruim, neste quarto, e o outro irá para o outro quarto com Agatha.

Essa sugestão foi considerada, e Katharine, avaliando Max e Len para ver quem ela achava que seria mais útil para si, finalmente decidiu pelo privilégio de amar Len, e enviou Max para o pequeno quarto. Só nosso jovial anfitrião pareceu divertir-se com essa combinação — dirigiu vários comentários de natureza maliciosa, em árabe, a Len.

— Fiquem à vontade — disse ele. — Por favor! Dividam como quiserem. De todo modo, o homem ficará feliz.

No entanto, ninguém estava feliz. Acordei por volta das seis com a chuva caindo no meu rosto. No outro canto, Max estava totalmente exposto a um dilúvio. Ele arrastou minha cama para longe do pior vazamento e empurrou a dele também para longe do canto. Katharine não se saiu melhor do que ninguém: ela também tinha uma goteira sobre a cama. Almoçamos e fizemos um tour com Basrawi para conhecer seus domínios, depois seguimos nosso caminho mais uma vez. O tempo ficou bem ruim e alguns dos rios intermitentes estavam muito difíceis de cruzar.

Chegamos enfim, molhados e bastante cansados, a Aleppo, ao comparativamente luxuoso Baron Hotel, onde fomos saudados pelo filho dos donos da casa, Coco Baron. Tinha uma grande cabeça redonda, rosto um pouco amarelado e olhos bem escuros.

A única coisa que eu ansiava era um banho quente. Descobri que o banheiro era do tipo meio oriental, meio ocidental, e consegui que corresse alguma água quente, que, como de costume, jorrou no meio de nuvens de vapor e me assustou mortalmente. Tentei fechar as torneiras, mas não consegui, e tive que chamar Max para me ajudar. Ele apareceu no corredor, dominou as águas e me aconselhou a voltar para o quarto. Ele me chamaria quando o banheiro estivesse controlado o suficiente para que eu pudesse tomar banho tranquila. Obedeci e esperei. Esperei muito tempo e nada aconteceu. Por fim, saí, vestida com meu roupão e a esponja debaixo do braço. A porta estava trancada. Nesse momento, Max apareceu.

— E meu banho? — exigi saber.

— Ah, Katharine Woolley está lá agora — disse Max.

— Katharine? — repeti. — Você a deixou tomar *meu banho*, o que você estava preparando *para mim*?

— Foi — disse Max. — Ela quis assim — explicou, olhando-me nos olhos de maneira firme.

Compreendi que estava lutando contra algo semelhante à Lei dos Medos e dos Persas.

— Acho muito injusto — falei. — *Eu* estava preparando meu banho. *Era o meu* banho!

— Sim — disse Max. — Eu sei disso. Mas Katharine o quis.

Voltei para meu quarto e refleti sobre as palavras do Coronel Dwyer.

Precisei pensar nelas novamente no dia seguinte. O abajur da cabeceira de Katharine deu problema. Ela não estava se sentindo bem e ficou de cama, com uma dor de cabeça terrível. Desta vez, por vontade própria, ofereci a ela meu abajur. Levei a luminária para o quarto dela, liguei na tomada e a deixei com ela. Parecia que havia uma escassez de lâmpadas, então fiz o melhor que pude na noite seguinte tentando ler com apenas uma lâmpada fraca no teto acima de mim. No dia seguinte, surgiu uma leve indignação da minha parte. Katharine decidiu trocar seu quarto por um que tivesse menos barulho da rua. Como havia um abajur em perfeito estado em seu novo quarto, ela não se deu ao trabalho de devolver o meu, que acabou ficando com outro hóspede. No entanto, Katharine era Katharine, era pegar ou largar. Decidi, no futuro, fazer um pouco mais para proteger meus próprios interesses.

No dia seguinte, embora Katharine quase não tivesse febre, ela disse que se sentia muito pior. Sua indisposição não lhe permitia suportar pessoas próximas.

— Se ao menos *vocês todos* fossem embora — lamentou. — Vão embora e me deixem em paz. Não *suporto* gente entrando e saindo do meu quarto o dia todo, me perguntando se eu quero alguma coisa, me enchendo o saco. Se eu pudesse ficar bem quieta, sem ninguém se aproximando de mim, talvez me sentisse bem esta noite.

Imaginei que soubesse como ela se sentia, porque é bem assim que me sinto quando estou doente: quero que as pessoas se afastem e me deixem em paz. É a sensação do cão que rasteja para um canto sossegado e espera não ser perturbado até que o milagre aconteça e ele se sinta bem de novo.

— Não sei o que fazer — disse Len, impotente. — Realmente não sei o que fazer por ela.

— Acho que ela sabe melhor do que ninguém o que é bom para si mesma — comentei em um tom consolador, pois gostava muito de Len. — Acho que ela quer ficar sozinha. Se eu fosse você, deixaria que ficasse sozinha até de noite, e só então veria se está se sentindo melhor.

Ficou combinado assim. Max e eu saímos em uma expedição para visitar um castelo do tempo das Cruzadas em Kalaat Siman. Len disse que ficaria no hotel para estar à disposição, caso Katharine precisasse de algo.

Max e eu partimos felizes. O tempo melhorou e foi um passeio encantador. Passamos por colinas com mato e anêmonas vermelhas, rebanhos de ovelhas e, mais para a frente, à medida que a estrada subia, vimos cabras pretas e cabritos. Por fim chegamos a Kalaat Siman e fizemos nosso piquenique. Sentado ali e olhando em volta, Max me contou um pouco mais sobre si mesmo, sua vida e a sorte que tivera ao conseguir um emprego com Leonard Woolley quando estava saindo da universidade. Catamos alguns pedaços de cerâmica aqui e ali, e voltamos quando o sol estava se pondo.

No hotel, alguns problemas nos esperavam. Katharine ficou muito irritada com a maneira como a deixamos.

— Mas você disse que queria ficar sozinha — argumentei.

— As pessoas dizem coisas desse tipo quando não se sentem bem. E pensar que você e Max *tiveram coragem* de fazer essa excursão, de forma tão desalmada! Ah, bom, talvez não seja tão ruim de sua parte, porque você não entende muito bem, mas Max… Max me conhece e sabe que eu poderia precisar de *alguma coisa*… Como é possível que tenha saído de perto? — Ela fechou os olhos e acrescentou: — Agora é melhor você me deixar.

— Será que não podemos trazer algo de seu desejo ou ficarmos por perto?

— Não, não quero que vocês me tragam nada. De fato, estou muito magoada com tudo isso. Quanto a Len, o comportamento dele foi bem vergonhoso.

— Mas o que foi que ele fez? — perguntei, com alguma curiosidade.

— Ele me deixou aqui sem nada para beber, nem uma gota de água, nem limonada, nada. Apenas deitada aqui, indefesa, seca de sede.

— Mas você não poderia ter tocado a campainha e pedido um pouco de água?

Fiz a pergunta errada. Katharine me lançou um olhar fulminante:

— Você não entende nada mesmo, não entende o ponto central de tudo isso. Quem pensaria que Len poderia ser tão cruel assim… Claro, se uma *mulher* estivesse comigo, teria sido diferente. Uma mulher se lembraria.

Na manhã seguinte, mal ousávamos nos aproximar de Katharine, mas ela voltara a ser a Katharine de sempre. Sua disposição era encantadora, sorria, mostrou-se feliz em nos ver, grata por tudo o que fizéramos por ela, embora levemente condescendente, como se estivesse nos perdoando, e tudo ficou bem.

Ela era de fato uma mulher notável. Passei a entendê-la um pouco melhor com o passar dos anos, mas nunca consegui prever de antemão como estaria seu humor. Ela deveria, eu acho, ter tentado a vida como uma grande artista — uma cantora ou uma atriz —, pois suas mudanças de humor teriam sido aceitos como naturais ao seu temperamento. Por assim dizer, ela era quase uma artista: esculpira uma cabeça da Rainha Chubad que chegou a ser exibida, com o famoso colar de ouro e o toucado. Também esculpira uma boa cabeça de Hamudi, outra de Leonard

Woolley e a linda cabeça de um rapaz. Todavia, não confiava em seus atributos criativos, e estava sempre convidando outras pessoas a lhe darem uma ajuda ou acatando opiniões alheias. Leonard mostrava-se sempre atento a seus menores caprichos, mas nada do que fazia parecia suficiente. Ela o desprezava um pouco. Talvez qualquer outra mulher o desprezasse também. Afinal, mulher alguma ama um capacho, e Len, que podia ser bastante autoritário com os outros, era uma manteiga derretida nas mãos dela.

Certa manhã de domingo, antes de sairmos de Aleppo, Max me levou para um passeio por templos de várias religiões. Foi bastante extenuante.

Visitamos os maronitas, os sírios católicos, os gregos ortodoxos, os nestorianos, os jacobitas e outros que não me lembro. Alguns deles eram o que eu chamava de "sacerdotes-cebola" — porque usavam uma veste redonda parecida com uma cebola. Os gregos ortodoxos pareceram-me assustadores, pois ali fui obrigatoriamente separada de Max e misturada às outras mulheres de um lado da igreja. Fomos então empurradas para uma espécie de baia de cavalos, envolvidas por um cordel e presas à parede. Houve um culto esplendidamente misterioso, cuja maior parte se passou atrás do véu do altar. De trás dessa cortina, chegavam até nós retumbantes sons, acompanhados por nuvens de incenso. Todas nos inclinávamos em intervalos prescritos. No devido tempo, Max me encontrou.

Quando olho para o meu passado, parece que os *lugares* onde estive são, de tudo quanto vivi, o que se conservou com maior clareza em minha memória. Uma súbita emoção de prazer vem à minha mente — uma árvore, uma colina, uma casa branca escondida em algum lugar, perto de um canal, a forma de uma colina distante. Às vezes, tenho que pensar um momento para lembrar *onde* e *quando*. Então a imagem vem de forma clara, e me recordo.

Nunca tive uma boa memória. Meus amigos são queridos para mim, mas as pessoas que eu apenas conheci e me simpatizei desaparecem da minha memória quase imediatamente. Estou longe de poder dizer: "Jamais me esqueço de um rosto". Poderia dizer com mais verdade: "Nunca me lembro de um rosto". Mas os lugares permanecem firmes em minha memória. Muitas vezes, voltando para algum lugar depois de cinco ou seis anos, lembro-

-me muito bem do caminho a seguir, mesmo que só tenha estado lá uma vez antes.

Não sei por que minha memória para lugares é boa e para pessoas tão fraca. Talvez porque enxergo mal. Toda a vida sofri de presbiopia, de modo que sempre vi as pessoas como que esboçadas, pois estavam sempre perto de mim, ao passo que via as paisagens com nitidez, pois estavam sempre distantes.

É possível que eu não goste de um lugar só porque as colinas me parecem desajeitadas — é muito, muito importante que as colinas tenham o formato *certo*. Praticamente todas as colinas de Devonshire têm a forma certa. A maioria das colinas da Sicília tem a forma errada, então não me importo com a Sicília. As colinas da Córsega são puro deleite; as galesas também são lindas. Na Suíça, as colinas e montanhas ficam *muito próximas* de quem as vê. Montanhas com neve podem ser incrivelmente monótonas; devem a emoção que produzem a efeitos de luz variados. Paisagens também podem ser monótonas. Você sobe um caminho para o topo de uma colina e quando chega lá, um panorama se abre diante de você. *Mas está tudo ali.* Não há nada além. Já está visto. "Excelente", você diz. E é isso. Tudo está abaixo de você. É como um terreno já conquistado.

# V

De Aleppo seguimos de barco para a Grécia, parando em vários portos pelo caminho. O que mais me lembro é de ir para a praia com Max em Mersin e passar um dia feliz, nadando em um mar glorioso e quente. Foi nesse dia que ele colheu para mim enormes quantidades de flores amarelas. Fiz uma corrente com elas e ele a pendurou no meu pescoço, e fizemos um piquenique no meio de um grande mar das mesmas flores.

Tinha muita vontade de conhecer Delfos com os Woolley; eles falavam de Delfos com uma espécie de arrebatamento lírico. Insistiram em que fosse hóspede deles, o que achei extremamente amável. Raras vezes me senti mais feliz e mais cheia de expectativa do que quando chegamos a Atenas.

Certas coisas, porém, vêm sempre no momento em que não as esperamos. Estava na recepção do hotel pegando minha correspondência e, por cima de tudo, havia uma pilha de telegramas. No momento em que os vi, uma agonia aguda tomou conta de mim, porque sete telegramas só podiam significar más notícias. Ficamos incomunicáveis por pelo menos uma quinzena e finalmente as más notícias me alcançavam. Abri um dos telegramas — o primeiro era, na verdade, o último. Eu os coloquei em ordem. Diziam que Rosalind estava com pneumonia. Minha irmã assumira a responsabilidade de tirá-la da escola e levá-la de carro até Cheshire. Alguns dos telegramas relataram sua condição como grave. A última, a que eu abri primeiro, dizia que sua condição estava um pouco melhor.

Hoje em dia, é claro, seria possível estar em casa em menos de doze horas, com serviços aéreos saindo de Pireu todos os dias, mas em 1930, não havia essas instalações. No mínimo, se eu conseguisse reservar um assento no próximo Expresso do Oriente, não chegaria em Londres antes de quatro dias.

Todos os meus três amigos reagiram às minhas más notícias com a maior gentileza. Len deixou de lado o que estava fazendo e saiu para entrar em contato com agências de viagens e encontrar o primeiro assento que pudesse ser reservado. Katharine me confortou com profunda simpatia. Max falou pouco e acompanhou Len até a agência de viagens.

Caminhando pela rua, meio atordoada pelo choque, enfiei o pé em um daqueles buracos quadrados em que as árvores pareciam eternamente plantadas nas ruas de Atenas. Torci o tornozelo e não conseguia andar direito. Sentada no hotel, recebendo as condolências de Len e Katharine, me perguntei onde estaria Max. Logo ele entrou, levando com ele duas boas ataduras inelásticas e uma ligadura elástica. Então, ele explicou calmamente que poderia cuidar de mim na viagem de volta e me ajudar com meu tornozelo.

— Mas você vai subir ao Templo de Bassae, não vai? — perguntei. — Não ia se encontrar com alguém lá?

— Ah, mudei meus planos — disse ele. — Acho que também devo voltar para casa, e assim viajaremos juntos. Posso ajudá-la a ir até o vagão-restaurante ou levar as refeições para você e fazer tudo o que for necessário.

Parecia maravilhoso demais para ser verdade. Pensei então, e de fato sempre penso nisso desde então, na pessoa maravilhosa que Max é. Tão quieto, tão parco de palavras de comiseração.

Ele, porém, *faz* as coisas. Faz exatamente as coisas que você quer que sejam feitas e isso é mais consolador do que qualquer outra coisa. Ele não ficou tentando me consolar ou dizendo que ela ficaria bem e que eu não deveria me preocupar. Apenas aceitou que eu estava em um momento ruim. Naquele tempo ainda não havia sulfanilamida, e a pneumonia era uma ameaça real.

Max e eu partimos na noite seguinte. Em nossa viagem, ele me falou muito sobre sua própria família, seus irmãos, sua mãe, que era francesa, muito artística e apaixonada por pintura, além de seu pai, que parecia um pouco com meu irmão Monty — só que felizmente mais estável financeiramente.

Em Milão tivemos uma aventura. O trem estava atrasado. Saímos — eu já podia saltitar, com meu tornozelo preso pela ligadura elástica — e perguntamos ao condutor do carro-leito de quanto tempo seria a espera.

— Vinte minutos — respondeu ele.

Max sugeriu que comprássemos laranjas, e assim caminhamos até uma banca de frutas, e depois regressamos à plataforma. Haviam se passado apenas cinco minutos quando voltamos, mas o trem não estava mais na plataforma.

Disseram-nos que ele havia partido.

— O quê? — indaguei, assustada. — Mas informaram-nos que ele ficaria aqui vinte minutos.

— Ah, sim, *signora*, mas estava muito atrasado... esperou pouco tempo.

Olhamos um para o outro com desânimo. Então um funcionário mais experiente da ferrovia veio em nosso auxílio. Sugeriu que alugássemos um carro potente e que corrêssemos atrás do trem. Achava que tínhamos boa probabilidade de o alcançarmos em Domodossola.

Começou então uma jornada semelhante à de cinema. Em alguns momentos ficávamos à frente do trem, depois o trem ficava à nossa frente. Enquanto percorríamos as estradas da montanha, o trem entrava e saía dos túneis, à nossa frente ou atrás de nós. Num momento estávamos desesperados, no momento seguinte, confortavelmente em vantagem. Por fim chegamos a Domodossola cerca de três minutos depois do trem. Todos os passageiros, ao que parecia, estavam debruçados nas janelas — certamente todos os de nosso vagão — para ver conseguiríamos chegar.

— *Ah, madame* — disse um velhote francês, enquanto me ajudava a embarcar —, *que vous avez dû éprouver des émotions!*

Os franceses têm uma maneira admirável de encarar as coisas.

Como não tivemos tempo de negociar o aluguel do carro, pagamos por ele uma pequena fortuna e Max e eu ficamos praticamente sem dinheiro. A mãe de Max iria encontrá-lo em Paris, e ele sugeriu que eu pedisse dinheiro emprestado a ela. Muitas vezes me perguntei o que minha futura sogra pensou da jovem que pulou do trem com seu filho e, depois de uma breve saudação, pegou emprestado quase todos os centavos que tinha consigo. Havia pouco tempo para explicar por que eu tinha que pegar o trem para a Inglaterra de imediato, então balbuciei desculpas confusas e desapareci com o dinheiro que havia extraído dela. Não posso crer que a tenha predisposto a meu favor.

Pouco me lembro da viagem com Max, exceto de sua extraordinária bondade, tato e simpatia. Conseguiu me distrair, conversando muito sobre o que fazia e o que pensava. Massageou meu tornozelo repetidas vezes e sempre me ajudava a ir até o vagão-restaurante, o que eu não conseguiria fazer sozinha, em especial com o balanço do Expresso do Oriente à medida que ganhava força e velocidade. Mas nunca esquecerei um comentário específico. Havíamos passado ao longo da Riviera italiana. Eu estivera semiadormecida, sentada em meu canto, e Max viera à minha cabine e sentou-se de frente para mim. Quando despertei, percebi que ele me olhava, pensativo.

— Acho que você tem um rosto *nobre* — disse ele então.

Isso me espantou tanto que despertei um pouco mais. Era uma maneira de me descrever na qual jamais pensaria — certamente, ninguém mais pensaria. Um rosto nobre, o meu? Não estava convencida disso. Ocorreu-me um pensamento.

— Suponho que você está dizendo isso porque tenho um nariz romano — respondi.

Sim, pensei, um nariz romano. Talvez meu nariz desse a meu perfil certa nobreza. Mas não estava certa de gostar dessa ideia. Era um gênero de nariz com que não seria fácil conviver. Eu sou muitas coisas: tenho bom caráter, sou exuberante, dispersa, esquecida, tímida, afetuosa, completamente desprovida de confiança em mim mesma, um tanto generosa, mas *nobre*? Não, não posso pensar em mim como nobre. Voltei a dormir, mas dessa vez preocupada em não inclinar o rosto e ficar de perfil, para não evidenciar meu nariz romano.

# VI

Foi um momento horrível quando enfim consegui fazer um telefonema para casa assim que cheguei em Londres. Já fazia cinco dias que eu não tinha notícias. Ah, o alívio que senti quando a voz da minha irmã me disse que Rosalind estava muito melhor, fora de perigo e se recuperando rapidamente. Seis horas depois, eu já estava em Cheshire.

Embora Rosalind estivesse se recuperando rápido, foi um choque vê-la. Na época, eu tinha pouca experiência da rapidez com que as crianças apresentam altos e baixos durante as doenças. A maior parte da minha experiência de enfermagem foi entre homens adultos, e a maneira assustadora com que as crianças podem parecer meio mortas em um momento, e melhores logo depois, era praticamente desconhecida para mim. Rosalind estava mais magra e parecia mais alta, e a forma apática com que ela se recostava na poltrona era tão diferente da minha garota.

A característica mais notável de Rosalind era sua energia. Era o tipo de criança que nunca ficava quieta por um momento. Daquelas crianças que, quando regressam de um longo e extenuante piquenique, conseguem dizer cheias de animação:

— Ainda falta meia hora para o jantar. O que vamos *fazer* enquanto isso?

Não era inesperado para mim dobrar a esquina de casa e encontrá-la plantando bananeira.

— Que diabo você está fazendo, Rosalind?

— Ah, não sei, só matando o tempo. É preciso *fazer alguma coisa*.

Mas ali estava Rosalind deitada, com a aparência frágil, delicada e desprovida de energia.

— Se você a tivesse visto uma semana atrás... Ela realmente parecia a morte — foi tudo o que minha irmã disse.

Rosalind se curou bem rápido. Uma semana depois de meu retorno, ela estava em Devonshire, em Ashfield, e parecia quase de volta à sua antiga forma — embora eu fizesse o possível para impedir a perpétua agitação que ela pretendia retomar.

Aparentemente, Rosalind voltou para o colégio com boa saúde e bom humor. As coisas por ali tinham sido tranquilas até que uma epidemia de gripe passara pela instituição, e metade das crianças adoeceram. Suponho que a gripe, além da fraqueza natural depois do sarampo, causou a pneumonia. Todos estavam preocupados com ela, embora um pouco duvidosos quanto à decisão de minha irmã de levá-la de carro para o norte. Mas Punkie insistiu, pois tinha certeza de que era a melhor coisa a ser feita — e, de fato, provou ser.

Ninguém poderia ter se recuperado melhor do que Rosalind. O médico a declarou tão forte e em forma como nunca — se não mais.

— Ela parece um pedaço de aço vivo — acrescentou ele.

Assegurei-lhe que a resistência sempre foi uma das qualidades de Rosalind. Ela nunca foi de admitir que estava doente. Nas Ilhas Canárias, ela pegou amigdalite, mas nunca disse uma palavra a respeito, exceto:

— Estou muito zangada.

Aprendi por experiência que quando Rosalind dizia algo desse tipo, havia duas possibilidades: ou ela estava doente ou era uma declaração literal — ela *estava* zangada, e achava justo nos alertar sobre o fato.

As mães são sempre, é claro, parciais em seus julgamentos a respeito dos filhos — e por que não o seriam? —, mas não posso deixar de acreditar que minha filha era mais engraçada do que a maior parte das crianças. Tinha grande talento para respostas inesperadas. Não raro, podemos prever a respeito de uma criança. Rosalind, porém, sempre me surpreendia. Talvez fosse seu sangue irlandês. A mãe de Archie era irlandesa, e acho que era de sua ancestralidade irlandesa que herdara o dom de ser imprevisível.

— Claro — disse Carlo para mim com aquele ar de imparcialidade que ela gostava de assumir. — Rosalind pode ser enlouquecedora às vezes. Fico furiosa com ela. Mesmo assim, acho as outras crianças muito mais chatas do que dela. Ela pode nos enlouquecer, mas nunca é entediante.

Acho que isso sempre foi verdade, ao longo de sua vida.

Somos todos as mesmas pessoas que éramos aos 3, 6, 10 ou 20 anos. Mais notavelmente, talvez, aos 6 ou 7 anos, porque não estávamos fingindo tanto, enquanto aos 20 fingimos ser outra pessoa, para nos adequar à moda do momento. Se a moda é ser intelectual, fingimos ser intelectuais; se as garotas são avoadas e fúteis, queremos ser também. No entanto, à medida que a vida vai passando, torna-se maçante manter o caráter que inventamos, e então retomamos nossa personalidade, tornamo-nos mais autênticos. Isso às vezes é desconcertante para quem está ao redor, mas um grande alívio para a pessoa em questão.

Gostaria de saber se o mesmo acontece com a escrita. Certamente, quando se começa a escrever, em geral é por admiração por algum escritor e, querendo ou não, é impossível deixar de copiar seu estilo. Muitas vezes não é um estilo que combina com você, e por isso você escreve mal. Mas, com o passar do tempo, essa influência diminui. Você ainda admira certos escritores, pode até desejar escrever como eles, mas sabe muito bem que não pode. Presumivelmente, você aprendeu um pouco sobre a humildade literária. Se eu pudesse escrever como Elizabeth Bowen, Muriel Spark ou Graham Greene, pularia até o céu de tamanha alegria, mas sei que não posso, e nunca me ocorreria tentar copiá-los. Aprendi a ser *eu mesma*, a fazer as coisas que — como se diz — *eu sei fazer*, mas não posso fazer o que gostaria de fazer. Como diz a Bíblia: "Quem, só pensando nisso, poderá acrescentar um cúbito à sua estatura?"

Muitas vezes, passa pela minha cabeça a visão dos dizeres de uma gravura que ficava na parede do meu quarto de criança, algo que possivelmente ganhei num dos concursos de tiro ao coco em uma regata: "Se não conseguir dirigir um trem, seja ao menos o oleador que lubrifica as rodas". E nunca houve um lema melhor para seguir a vida. Acho que fui fiel a ele. Já fiz algumas tentativas disso e daquilo, veja bem, mas nunca me apeguei a tentar fazer coisas que faço mal e para as quais não tenho aptidão natural. Rumer Godden, em um de seus livros, certa vez escreveu uma lista das coisas que ela gostava e das que não gostava. Achei divertido e na hora escrevi uma também. Acho que hoje, para acompanhar essa lista, poderia fazer uma com as coisas que *não consigo* fazer e as que *consigo* fazer. Naturalmente, o primeiro item é muito mais longo.

Nunca fui boa em jogos; não sou e nunca terei bom papo; sou tão sugestionável que tenho de me afastar e ficar sozinha para saber o que de fato penso ou preciso fazer; não sei desenhar; não sei pintar; não sei modelar ou fazer qualquer tipo de escultura; não consigo me apressar sem me atrapalhar; não consigo me expressar direito quando falo — sou melhor escrevendo. Sou firme em questões de princípios, mas não por qualquer coisa. Embora eu saiba que amanhã é terça-feira, se alguém me disser mais de quatro vezes que amanhã é quarta, aceitarei e para mim será quarta-feira.

O que *sei* fazer? Bem, sei escrever. Poderia ser uma instrumentista razoável, mas não profissional. Sou uma acompanhante competente para cantores. Quando surge uma dificuldade, sou boa de improviso — e esse dom tem sido muito útil. Todo mundo ficaria surpreso se soubesse o que consigo fazer, quando surge um problema doméstico, com grampos de cabelo e alfinetes de segurança! Um dia, fiz uma espécie de bola de pão pegajosa, prendi-a a um grampo de cabelo, colei o grampo com lacre num pedaço de pau e consegui recuperar a dentadura de minha mãe, de onde ela caíra, no telhado da estufa de plantas! Anestesiei com clorofórmio um ouriço-cacheiro que se embaraçara na rede de tênis e consegui soltá-lo. Posso orgulhar-me de ser útil em casa. E assim por diante. Agora vou falar sobre aquilo de que gosto e de que não gosto.

Não gosto de multidões, nem de me sentir esmagada entre as pessoas; vozes muito altas; barulho; conversas infindáveis; festas, em especial, coquetéis; cigarro e, de modo geral, fumaça; nenhuma bebida, exceto às refeições; marmelada; ostras; comida morna; céus cinzentos; patas de pássaros, ou mesmo a sensação de tocar em qualquer pássaro. Para terminar, a coisa que detesto mais ferozmente — o sabor e o cheiro de leite quente!

Gosto de sol, maçãs, quase qualquer tipo de música, ferrovias, quebra-cabeças numéricos e qualquer coisa relacionada com números, ir ao mar, tomar banho e nadar, silêncio, dormir, sonhar, comer, cheiro de café, lírios do vale, a maioria dos cães, e ir ao teatro.

Eu poderia fazer listas muito melhores, muito mais grandiosas, muito mais *importantes*, mas isso novamente não faria meu tipo, e suponho que devo me resignar a ser *eu*.

Naquele momento, em que estava recomeçando a vida, pude fazer um balanço dos meus amigos. Tudo que eu tinha passado era uma espécie de teste ácido. Carlo e eu compilamos duas ordens: a Ordem dos Ratos e a Ordem dos Cães Fiéis. Às vezes, dizíamos de alguém: "Ah, sim, temos de lhe conferir a Ordem dos Cães Fiéis, a condecoração mais alta" ou "Nós lhe daremos a Ordem dos Ratos, de terceira classe". De fato não houve muitos "ratos", mas às vezes, inesperadamente, surgiam alguns: pessoas que supúnhamos serem verdadeiros amigos, mas que se mostravam ansiosas por se afastar de quem havia atraído notoriedade de má espécie. Essa descoberta, é claro, me deixou mais sensível e mais inclinada a me afastar das pessoas. Por outro lado, encontrei muitos amigos inesperados, completamente leais, que me mostraram mais carinho e bondade do que nunca.

Acho que admiro a lealdade quase mais do que qualquer outra virtude. Lealdade e coragem são duas das melhores coisas que existem. Qualquer tipo de coragem, física ou moral, desperta minha maior admiração. É uma das virtudes mais importantes da vida. Se suportamos viver, podemos suportar viver com coragem. É um dever!

Encontrei muitos membros dignos da Ordem dos Cães Fiéis entre meus amigos homens. Há cavalheiros fiéis na vida da maioria das mulheres, e fiquei particularmente tocada por um deles que chegou a galopes. Ele me enviou enormes buquês de flores e cartas, até que por fim me pediu em casamento. Era um viúvo alguns anos mais velho do que eu. Ele me disse que quando me conheceu achou que eu era jovem demais, mas que agora poderia me fazer feliz e me dar um bom lar. Isso me comoveu, mas eu não desejava me casar com ele, nem mesmo jamais tivera sentimentos correspondentes. Ele era um amigo bom e gentil, e isso era tudo. É animador saber que alguém se importa — mas é muito tolo se casar apenas porque você deseja ser consolada ou ter um ombro para chorar.

De todo modo, eu não queria ser consolada. Tinha medo do casamento. Percebi, como suponho que muitas mulheres percebem mais cedo ou mais tarde, que a única pessoa que pode realmente machucá-la na vida é o marido. Ninguém mais é tão próximo. Ninguém mais causaria tanta dependência emocional diária, construída com afeição e tudo o que compõe o casamento. Nunca mais, decidi, eu me colocaria à mercê de *ninguém*.

Um de meus amigos da Força Aérea em Bagdá me disse algo que me inquietou. Ele estava falando de suas próprias dificuldades conjugais e concluiu o seguinte:

— Você acha que arranjou sua vida, e que pode levá-la da maneira que pretende, mas, no final, uma de duas coisas acontecerá: ou você terá que ter um amante, ou vários. Você pode fazer uma escolha apenas entre essas duas opções.

Às vezes eu tinha uma sensação desconfortável de que o que ele dizia estava certo. Mas as duas alternativas eram melhores, pensava eu, do que o casamento. Vários amantes não me fariam sofrer. Um amante, sim, faria, mas não do mesmo modo que um marido. Para mim, um marido estava fora de questão — mas isso, insistia meu amigo da Força Aérea, não duraria.

O que me surpreendeu foi a quantidade de propostas que recebi assim que assumi a posição ligeiramente equivocada de mulher separada ou divorciada. Um jovem me disse, como quem me achasse pouco sensata:

— Bom, você está separada de seu marido, e acho que provavelmente se divorciou dele. O que mais esperava?

A princípio, não consegui determinar se estava satisfeita ou aborrecida com essas atenções. No geral, acho que estava satisfeita. Nunca se é velha demais para ser insultada. Por outro lado, às vezes trazia complicações cansativas — o que aconteceu em um caso com um italiano. Eu mesma causei o mal-entendido, por não entender as convenções italianas. Ele me perguntou se eu achava que o barulho do abastecimento de carvão do navio não me deixava dormir à noite, e eu disse que não, porque minha cabine ficava longe do cais.

— Ah, pensei que você estivesse na 33.

— Ah, não — neguei. — A minha é um número par, 68.

Essa foi certamente uma conversa inocente o suficiente do meu ponto de vista, certo? Não sabia que perguntar o número de sua cabine era a convenção pela qual um italiano perguntava se poderia visitá-la. Nada mais foi dito, mas algum tempo depois da meia-noite, o italiano apareceu. Seguiu-se uma cena muito engraçada. Eu não falava italiano, ele quase não falava inglês, então nós dois discutimos com sussurros furiosos em francês, eu expressando indignação, ele também expressando indignação, mas de um tipo diferente. A conversa correu mais ou menos assim:

— Como você se atreve a vir à minha cabine?

— Você me convidou.

— Não fiz nada disso.

— Fez sim. Você me disse que o número da sua cabine era 68.

— Bom, você me perguntou qual era.

— Claro que perguntei. Perguntei-lhe porque queria vir à sua cabine. E você me disse que eu podia.

— Não fiz nada disso!

A discussão continuou por algum tempo, de vez em quando subindo acaloradamente, até que eu o silenciei. Tinha certeza de que um médico da Embaixada e sua esposa, que estavam na cabine ao lado da minha, estavam formando as piores conjecturas possíveis. Com raiva, insisti para que ele fosse embora. Ele insistia que deveria ficar. Por fim, sua indignação chegou ao ponto de se tornar maior que a minha, e comecei a me desculpar com ele por não perceber que sua pergunta era, na verdade, uma proposição. Por fim me livrei dele, ainda ferido, mas aceitando que eu não era a mulher mais experiente do mundo, como ele pensava. Expliquei-lhe também, o que pareceu acalmá-lo ainda mais, que eu era inglesa e, portanto, frígida por natureza. Ele se mostrou compadecido por isso, e assim a honra — a dele — se satisfez. A mulher do médico da Embaixada me lançou um olhar frio na manhã seguinte.

Muito tempo depois descobri que Rosalind havia avaliado meus vários admiradores desde o início de uma maneira totalmente prática.

— Bom, é claro que pensei que você se casaria de novo algum dia, e claro que fiquei um pouco preocupada com quem seria — explicou ela.

Max já estava em Londres depois de sua estadia na França com a mãe. Ele avisou que estava trabalhando no Museu Britânico e pediu que eu o avisasse quando fosse a Londres. Aquilo não parecia possível no momento, já que eu estava em Ashfield. Mas então aconteceu que minha editora, a Collins, estava dando uma grande festa no Savoy para a qual minha presença era desejada já que meus editores queriam me apresentar aos editores norte-americanos e a outras pessoas. Eu teria compromissos durante todo o dia e voltaria para casa no trem noturno, então convidei Max para tomar café da manhã comigo em minha casa de Londres.

Fiquei encantada com a ideia de vê-lo de novo, mas, estranhamente, quando ele chegou, fiquei acanhada. Depois de toda a jornada que fizemos juntos e dos termos amigáveis em que nos mantivemos, não conseguia imaginar por que estava tão paralisada. Acho que ele também estava tímido. No entanto, no final do café da manhã que preparei para ele, fomos voltando aos nossos velhos termos. Perguntei se ele poderia nos visitar em Devon, e marcamos um fim de semana que ele teria livre. Fiquei muito feliz por não perder o contato com ele.

Depois de *O assassinato de Roger Ackroyd,* escrevi *O mistério dos sete relógios,* uma continuação de outro livro, *O segredo de Chimneys,* e pertencia ao gênero que eu chamava de "livros de terror leve". Eram livros fáceis de escrever, pois não requeriam muito roteiro, tampouco planejamento.

Estava me sentindo mais confiante no que escrevia e achava que não teria dificuldade em produzir um livro por ano e, possivelmente também, alguns contos. A parte mais agradável estava relacionada ao dinheiro. Se decidisse escrever um livro, ele me daria mais ou menos umas sessenta libras de ganho. Deduzindo o imposto de renda — naquele tempo vinte ou 25 por cento —, sabia que receberia, ao final, 45 libras. Isso estimulava bastante minha produção. Disse a mim mesma: gostaria de derrubar a estufa e construir uma *loggia* onde pudéssemos nos sentar. Quanto será que custa? Quando obtive o orçamento das despesas, sentei diante de minha máquina de escrever, pensei, planejei e, depois de uma semana, uma história havia nascido em minha mente. No tempo certo eu a escrevi e mandei fazer minha *loggia.*

Que diferença dos últimos dez ou vinte anos de minha vida! Nunca sei quanto estou devendo. Nunca sei quanto dinheiro tenho. Nunca sei quanto dinheiro terei no ano seguinte — e quem estiver cuidando de meu imposto de renda está sempre falando a respeito de problemas remanescentes de muitos anos atrás e ainda não solucionados. O que podemos fazer nessas circunstâncias?

Mas aqueles eram dias sensatos. Costumo chamar aquela época de meu período plutocrático. Meus livros estavam começando a ser publicados nos Estados Unidos, por capítulos, e o dinheiro que vinha desses contratos, além de ser muito maior do que qualquer coisa que eu já ganhara com direitos pelos livros serializados na Grã-Bretanha, também estava livre de imposto de renda na época. Era considerado um pagamento mensal. Ainda não recebia as somas que mais tarde comecei a receber, mas podia vê-las chegando, e me parecia que tudo o que eu precisava fazer era ser diligente e juntar dinheiro.

Hoje em dia penso que talvez seja melhor não escrever mais uma palavra sequer, porque se o fizer só vou criar complicações.

Max veio a Devon. Nos encontramos em Paddington e seguimos no trem da meia-noite. As coisas sempre aconteciam quando eu estava fora. Rosalind nos cumprimentou com seu bom humor habitual.

— Peter mordeu Freddie Potter no rosto — anunciou ela.

Saber que seu precioso cachorro mordeu o rosto do precioso filho da preciosa governanta-cozinheira não é das notícias mais agradáveis de se receber quando se chega em casa.

Rosalind explicou que não tinha sido realmente culpa de Peter: ela havia avisado Freddie Potter para não colocar o rosto perto de Peter e fazer caretas.

— Ele chegou cada vez mais perto de Peter, zunindo, então é claro que Peter o mordeu.

— Sim, mas não sei se Mrs. Potter entenderá dessa forma.

— Bom, ela não está tão mal com tudo isso. Mas é claro que não está satisfeita.

— É claro que não deve estar.

— De todo modo — disse Rosalind —, Freddie foi muito corajoso. Ele sempre é — acrescentou ela, em defesa leal de seu companheiro favorito.

Freddie Potter, o filho da cozinheira, era mais ou menos três anos mais novo que Rosalind, e ela gostava muito de mandar nele, cuidar dele e agir como uma protetora generosa, além de ser uma completa tirana organizando os jogos que eles jogavam.

— Foi sorte que Peter não arrancou fora o nariz dele de uma vez — disse ela. — Se tivesse arrancado, acho que teria de dar um jeito e grudá-lo novamente, de qualquer maneira; mas não sei bem como o faria, talvez desinfetando primeiro, ou algo assim, não é, mamãe? Só que não sei esterilizar um nariz. Não poderia *fervê-lo*, ou poderia?

O dia acabou sendo um daqueles dias indefinidos que podem ser lindos, mas, para os experientes no clima de Devonshire, era quase certo que choveria. Rosalind propôs que fôssemos fazer um piquenique na charneca. Gostei da ideia, e Max concordou, aparentemente feliz.

Olhando para trás, posso constatar que meus amigos sofreram com meu otimismo em relação ao clima e minha crença equivocada de que na charneca o tempo estaria sempre melhor do que em Torquay. Na verdade, o inverso era quase certo de acontecer. Meu carro era um leal Morris Cowley — evidentemente, um automóvel de passeio aberto —; ele tinha uma velha capota, com inúmeros rasgos, de modo que aqueles que se sentavam atrás sempre sentiam a chuva correndo firme pela nuca abaixo. Na verdade, fazer um piquenique com os Christie era um teste de resistência.

Mal partimos e a chuva começou. Persisti, no entanto, e contei a Max sobre as muitas belezas da charneca, que ele não conseguiria ver com a neblina e a chuva. Foi um bom teste para meu novo amigo do Oriente Médio. Ele certamente gostava de mim, já que aguentou e manteve o ar de diversão.

Quando finalmente voltamos para casa, nos secamos. Em seguida, cada qual voltou a se molhar em um bom banho quente e depois fechamos a noite brincando de vários jogos com Rosalind. No dia seguinte, como também estava bastante chuvoso, vestimos nossas capas impermeáveis e saímos para estimulantes caminhadas na chuva com o impenitente Peter, que, por sua vez, estava novamente nas melhores relações com Freddie Potter.

Estava muito feliz por passar um tempo com Max mais uma vez. Percebi como nosso companheirismo tinha sido próximo; como parecíamos nos entender antes mesmo de falarmos um com o outro. No entanto, foi um choque para mim quando, na noite seguinte, depois de termos nos despedido e cada um ter ido para seu quarto e eu já estar deitada lendo, ouvi uma batida na porta e era Max. Ele tinha em mãos um livro que eu havia emprestado.

— Obrigado pela indicação — disse ele. — Gostei muito.

Ele colocou o livro ao meu lado. Depois, se sentou na ponta da minha cama, olhou para mim pensativo e disse que queria se casar comigo. Nenhuma donzela vitoriana, dessas que exclamavam: "Ah, Mr. Simpkins, isso é tão inesperado!", teria ficado mais surpresa do que eu. A maioria das mulheres, é claro, sabe muito bem o que está acontecendo — na verdade, elas podem ver uma proposta chegando dias à frente e podem aceitá-la de duas maneiras: ou performam de modo desanimador e desagradável para que o pretendente fique enojado com a escolha, ou deixam que docemente eles cheguem ao ponto desejado. Agora sei, porém, que é genuína qualquer exclamação do tipo: "Ah, Mr. Simpkins, isso foi tão inesperado!"

Nunca me ocorreu que Max e eu estaríamos ou poderíamos estar nesses termos. Éramos *amigos*. Nós nos tornamos amigos instantaneamente, e cada vez mais próximos do que eu jamais havia sido de outro homem.

Tivemos uma conversa ridícula, que não vejo necessidade de relatar aqui. Respondi naquele momento que não poderia. Ele quis saber o porquê. Revelei todos os motivos. Eu era anos mais velha do que ele — ele admitiu isso e disse que sempre quis se casar com uma mulher mais velha. Eu disse que aquilo era não só um absurdo, como uma escolha ruim. Apontei que ele era católico, e ele disse que havia considerado isso também — na verdade, disse que havia considerado tudo. A única coisa que eu não disse e que teria dito, se fosse esse meu sentimento, foi que não queria me casar com ele — porque, subitamente, achei que não poderia haver nada melhor no mundo do que estar casada com Max! Se ele fosse mais velho ou eu fosse mais jovem...

Acho que discutimos por cerca de duas horas. Ele gradualmente me cansou — não tanto com protestos, mas com uma leve pressão.

Na manhã seguinte, Max partiu de trem bem cedo e, quando nos despedimos, ele falou:

— Acho que você *vai* se casar comigo... Só precisa de tempo para pensar a respeito.

Era muito cedo para organizar meus argumentos de novo. Depois de nos despedirmos, voltei para casa num estado de miserável indecisão.

Perguntei a Rosalind se ela gostava de Max.

— Ah, sim — disse ela. — Gosto muito dele. Gosto mais dele do que do Coronel R. e de Mr. B.

Sempre se podia ter certeza de que Rosalind estava a par do que se passava e de que seria bem-educada o bastante para não mencionar certos fatos abertamente.

Como aquelas semanas seguintes foram horríveis! Eu me sentia tão infeliz, tão indecisa, tão confusa. Primeiro, decidi que a última coisa que queria fazer era me casar de novo, que deveria *estar a salvo* de ser magoada de novo; que nada poderia ser mais estúpido do que casar com um homem muitos anos mais novo do que eu; que Max era jovem demais para conhecer a própria mente; que isso não era justo com ele — ele deveria se casar com uma boa moça; que eu estava apenas começando a aproveitar a vida por conta própria. Então, percebi que meus argumentos estavam mudando. Era verdade que ele era muito mais jovem do que eu, mas tínhamos muito em comum. Ele não gostava de festas, embora fosse alegre, e um dançarino afiado; acompanhar um jovem como aquele seria muito difícil para mim. Mas eu poderia, por outro lado, visitar museus tão bem quanto qualquer outra pessoa e, provavelmente, com maior interesse e inteligência do que uma mulher mais jovem. Poderia também percorrer os diversos templos de Aleppo, e até gostaria disso; poderia dar uma volta por todas as igrejas em Aleppo e aproveitá-las; poderia ouvir Max falando sobre os clássicos; aprender o alfabeto grego e ler traduções da *Eneida* — na verdade, eu poderia ter muito mais interesse no trabalho e nas ideias de Max do que por qualquer transação de Archie no centro da cidade.

— Mas você não deve se casar de novo — disse eu a mim mesma. — Você não pode ser tão *estúpida* assim.

A coisa toda aconteceu tão insidiosamente! Se eu tivesse considerado Max como um possível marido quando o conheci, poderia ter ficado todo esse tempo na defensiva. Não teria desenvolvido um relacionamento tão fácil e feliz. Mas eu não tinha previsto nada parecido — e lá estávamos nós, tão felizes, achando tudo tão divertido e tão fácil de conversar um com o outro como se já estivéssemos casados.

Em desespero, consultei meu oráculo caseiro.

— Rosalind, você se importaria se eu me casasse de novo? — perguntei.

— Bom, acho que isso vai acontecer em algum momento — disse Rosalind, com o ar de quem sempre considera todas as possibilidades. — Quero dizer, é a coisa natural a se fazer, não é?

— É, talvez.

— Eu não gostaria que você se casasse com o Coronel R. — disse Rosalind, pensativa.

Achei isso interessante, pois o Coronel R. fizera grande alarido com Rosalind e ela parecera encantada com os jogos que ele fizera para seu deleite.

Mencionei o nome de Max.

— Acho que ele seria o melhor — disse Rosalind. — Na verdade, acho que seria muito bom se você se casasse com ele — opinou ela. Depois, acrescentou: — Podemos ter um barco só nosso, que tal? Ele seria útil de várias maneiras. Max é bastante bom no tênis, não é? Ele poderia brincar comigo. — Ela buscou as possibilidades com a maior franqueza, considerando-as inteiramente de seu próprio ponto de vista utilitário. — E Peter gosta dele — finalizou Rosalind, em aprovação final.

Mesmo assim, aquele verão foi um dos mais difíceis da minha vida. Todas as pessoas achavam errada a ideia de que eu me casasse de novo. Talvez, no fundo, era isso que me encorajava. Minha irmã, por exemplo, era firmemente contra. Toda aquela diferença de idade! Mesmo meu cunhado James fazia ressoar uma nota de prudência.

— Você não acha que pode estar sendo influenciada por um gênero de vida de que gosta, a vida de arqueólogo? — perguntou ele. — Você gostou de ficar em Ur com os Woolley? Talvez esteja confundindo isso com o sentimento por uma pessoa!

Sabia, porém, que não era isso.

— Claro, isso é inteiramente da sua conta — acrescentou ele, gentil.

Minha querida Punkie, é claro, não achava que fosse apenas da minha conta. Ela achava que era de sua conta me salvar de cometer um erro bobo. Carlo, minha adorável Carlo, e sua irmã eram fortes como torres. Elas me apoiaram, embora inteiramente por lealdade, eu acho. Acredito que também achavam uma bobagem, mas nunca teriam dito isso porque não eram o tipo de pessoa que desejava influenciar os planos de alguém. Tenho certeza de que lamentaram que eu não tivesse o desejo de me casar com um atraente coronel de 42 anos. No entanto, como eu havia decidido o contrário, bem, elas me apoiariam.

Por fim, dei a notícia aos Woolley. Eles pareceram satisfeitos. Certamente Len ficou satisfeito; com Katharine era sempre mais difícil dizer.

— Só que você não deve se casar com ele por pelo menos dois anos — disse ela com firmeza.

— Dois anos? — perguntei, consternada.

— Antes disso seria fatal.

— Bem, acho que isso é muito bobo — retruquei. — Eu já sou muitos anos mais velha do que ele. Qual é o sentido de esperar até que eu seja mais velha ainda? É melhor que ele ainda aproveite meu resto de mocidade.

— Acho que seria muito ruim para ele — disse Katharine. — Muito ruim para ele na idade dele pensar que pode ter tudo o que quer de uma vez. Acho que seria melhor fazê-lo esperar... Ter uma espécie de bom e longo aprendizado.

Essa era uma ideia com a qual eu não podia concordar. Parecia-me um ponto de vista severo e puritano.

A Max, porém, disse que achava errado da parte dele casar-se comigo, e aconselhei-o a ponderar cuidadosamente o assunto.

— O que você acha que eu tenho feito nos últimos três meses? — perguntou ele. — Pensei nisso o tempo todo em que estive na França. Concluí que saberia o que quero quando a visse de novo. Saberia se tinha imaginado tudo, entende? Mas nada mudou. Você estava exatamente como eu me lembrava, e você estava exatamente como eu quero.

— É um risco terrível.

— Não é um risco para *mim*. Você pode pensar que é um risco para *você*. Mas qual é o problema de arriscar? Chega-se a algum lugar na vida sem arriscar?

Com isso concordei. Nunca deixei de fazer nada por motivos de segurança. Fiquei mais feliz depois disso. "De fato, o risco é meu, mas acredito que vale a pena arriscar para encontrar uma pessoa com quem você seja feliz. Lamento se der errado para ele, mas, afinal, esse é o risco dele, e ele está encarando isso com bastante sensatez", pensei. Sugeri que poderíamos esperar seis meses. Ele disse que não achava que isso seria bom.

— Tenho que ir para o exterior de novo, para Ur. Acho que devemos nos casar em setembro.

Conversei com Carlo e fizemos nossos planos.

Eu já tivera tanta publicidade e ela me causara tanto mal que queria tudo o mais secreto possível. Concordamos que Carlo, Mary Fisher, Rosalind e eu iríamos para Skye, onde passaríamos três semanas. Os proclamas seriam anunciados ali e nos casaríamos discretamente na Igreja de St. Columba, em Edimburgo.

Levei Max para visitar Punkie e James — James estava resignado, mas triste, e Punkie empenhava-se em evitar nosso casamento.

Na verdade, cheguei muito perto de acabar com tudo antes de chegarmos lá, quando, ao embarcarmos no trem, Max, prestando mais atenção ao meu relato sobre minha família do que até então, disse:

— Você disse James Watts? Tive um colega no New College chamado Jack Watts. Seria filho dele? Um comediante fantástico. Fazia imitações maravilhosas.

Fiquei arrasada por Max e meu sobrinho serem contemporâneos. Nosso casamento parecia impossível.

— Você é muito jovem — falei, em desespero. — Jovem demais.

Desta vez, Max ficou realmente alarmado.

— Nem um pouco — disse ele. — Fui para a universidade muito jovem, e todos os meus amigos eram muito sérios. Não pertenci à turma alegre de Jack Watts.

Aquilo me deixou muito abalada.

Punkie fez o possível para argumentar com Max, e comecei a temer que ele não gostasse dela, mas o contrário provou ser verdade. Ele disse que ela era tão genuína, e tão desesperadamente ansiosa para que eu fosse feliz — e também, ele acrescentou, tão engraçada. Esse sempre foi o veredicto final sobre minha irmã.

— Querida Punkie, eu te amo — dizia Jack, meu sobrinho, a respeito da própria mãe. — Você é muito doce e engraçada.

Na realidade, isso a descrevia muito bem.

A visita terminou com a saída de Punkie da sala, em meio a uma tempestade de lágrimas, enquanto James procurava ser bondoso comigo. Felizmente, meu sobrinho Jack não estava lá — podia ter entornado o caldo!

— É claro que eu soube imediatamente que você tinha decidido se casar com ele — disse meu cunhado. — Sei que você não muda de ideia.

— Ah, Jimmy, não sei. Parece que estou mudando de ideia o tempo todo.

— Não é verdade. Bom, espero que dê tudo certo. Não é o que eu teria escolhido para você, mas você sempre demonstrou bom senso, e acho que ele é o tipo de jovem que pode ir longe.

Como eu amava meu querido James, e como ele era paciente e resignado.

— Não ligue para Punkie — disse ele. — Você sabe como ela é… Mudará totalmente de ideia quando perceber que não há nada a ser feito.

Enquanto isso, mantivemos tudo em segredo.

Perguntei a Punkie se ela gostaria de ir a Edimburgo para nosso casamento, mas ela achou melhor não.

— Só vou ficar chorando e aborrecendo as pessoas — disse ela.

Na verdade, aquilo foi um alívio. Tinha junto de mim duas boas e calmas amigas escocesas para me darem um apoio firme. Sendo assim, fui para Skye com elas e Rosalind.

Achei Skye adorável, às vezes desejava que não chovesse todos os dias, embora fosse apenas uma chuva fina e enevoada que realmente não contava. Caminhamos quilômetros sobre a charneca e a urze, e havia um cheiro suave e adorável de terra com um travo de turfa.

Um dos comentários de Rosalind causou algum interesse na sala de jantar do hotel um ou dois dias depois de nossa chegada. Peter, que estava conosco, obviamente não nos acompanhava nas refeições nos salões, mas Rosalind, em voz alta, no meio do almoço, disse a Carlo:

— É claro, Carlo, que Peter deveria ser seu marido, não é mesmo? Quero dizer, como ele já dorme na sua cama...

Uma enxurrada de olhares se voltou para Carlo, principalmente as senhoras idosas que compunham a clientela do hotel.

Rosalind também me deu alguns conselhos sobre casamento:

— Quando você se casar com Max, vai ter que dormir na mesma cama que ele, sabe disso?

— Eu sei — respondi.

— Bem, sim, imaginei que soubesse porque, afinal, você foi casada com o papai. Só achei que você não estava se lembrando.

Assegurei-lhe que tinha pensado em tudo que fosse relevante para a ocasião.

Assim as semanas se passaram. Eu dava voltas na charneca e tinha crises ocasionais de infelicidade quando achava que estava fazendo a coisa errada e arruinando a vida de Max.

Enquanto isso, Max se dedicou a uma quantidade extra de trabalho no Museu Britânico e em outros lugares, terminando seus desenhos das cerâmicas e trabalhos arqueológicos. Na última semana antes do casamento, ele ficava acordado até as cinco da manhã todas as noites, desenhando. Suspeito que Katharine Woolley forçou Len a tornar o trabalho ainda mais pesado do que poderia ter sido: ela ficou muito aborrecida comigo por não adiar o casamento.

Antes de sairmos de Londres, Len veio me visitar. Ele estava tão envergonhado que eu não conseguia imaginar qual era o problema com ele.

— Talvez isso torne as coisas um tanto constrangedoras para nós. Quero dizer em Ur e em Bagdá. Quero dizer que... Você está entendendo? Não será possível que você vá à expedição porque não há espaço para ninguém além de arqueólogos.

— Ah, sim — respondi. — Entendo perfeitamente, já conversamos sobre isso. Não tenho nenhum conhecimento útil de qualquer tipo. Tanto Max quanto eu achamos que seria muito melhor assim, só que ele não queria deixá-lo na mão no início da temporada, quando haveria muito pouco tempo para encontrar alguém para substituí-lo.

— Eu pensei... eu sei... — Len fez uma pausa. — Pensei que talvez... bem, quero dizer que as pessoas podem achar muito estranho se você não fosse a Ur.

— Ah, eu não sei por que deveriam pensar isso — disse. — No final da temporada vou para Bagdá.

— Ah, sim, e espero que você passe alguns dias em Ur.

— Então está tudo bem, não é? — perguntei calorosamente.

— O que eu pensei... o que nós pensamos... quero dizer, o que Katharine... quero dizer, o que nós dois pensamos...

— Sim? — perguntei.

— Era que poderia ser melhor se você não fosse a Bagdá *agora*. Quero dizer, se vocês fossem a Bagdá e então Max fosse a Ur e você voltasse para a Inglaterra, você não acha que todo mundo iria achar estranho? Quero dizer, não me parece que os curadores achariam uma boa ideia.

Aquelas palavras me aborreceram. Eu estava bastante disposta a não ir a Ur. Nunca teria sugerido algo do tipo, porque achava que seria muito injusto querer ir. Mas não via razão para não ir a Bagdá, se quisesse.

Na verdade, eu já havia decidido com Max que não iria para Bagdá: seria uma viagem sem sentido. Iríamos para a Grécia em lua de mel, e de Atenas ele iria para o Iraque e eu voltaria para a Inglaterra. Já havíamos combinado isso, mas não diria nada naquele momento.

— Len, acho que não cabe a você me sugerir para que lugar devo ou não ir no Oriente Médio — respondi com alguma aspereza. — Se eu quiser ir a Bagdá, irei com meu marido, e nada disso tem a ver com a escavação ou com você.

— Ah, espero que não se importe. Foi só o que Katharine pensou...

Eu tinha certeza de que aquele pensamento era de Katharine, não de Len. Embora gostasse dela, eu não a deixaria ditar minha vida. Sendo assim, quando encontrei Max, disse-lhe que, embora não planejasse ir a Bagdá, eu não dissera nada sobre isso a Len. Max ficou furioso com toda a história, e tive de acalmá-lo.

— Estou quase inclinado a insistir que você venha — disse ele.

— Isso seria bobagem. Significaria muitas despesas, e seria muito triste ter que me separar de você por lá.

Foi então que ele me contou que havia sido abordado pelo Dr. Campbell-Thompson e que havia a possibilidade de que, no ano seguinte, ele fosse escavar em Nínive, no norte do Iraque, e que eu poderia acompanhá-lo.

— Nada está resolvido — disse ele. — Ainda falta muito a ser providenciado. Mas não vou me separar de você por mais seis meses na próxima temporada. Len terá tempo de sobra para encontrar outra pessoa.

Os dias se passaram em Skye, meus proclamas foram devidamente lidos na igreja, e todas as senhoras sentadas em volta sorriram para mim com o prazer gentil que todas elas têm diante de algo romântico como um casamento.

Max foi a Edimburgo, e Rosalind e eu, Carlo, Mary e Peter também fomos de Skye até lá. O casamento aconteceu na capela da Igreja de St. Columba. Nosso casamento foi um grande triunfo — não havia repórteres por lá e nenhuma pista do segredo havia vazado. Nosso disfarce continuou, porque nos separamos, como se canta na velha canção, na porta da igreja. Max voltou a Londres para terminar seu trabalho de Ur por mais três dias, enquanto eu voltaria no dia seguinte com Rosalind para Cresswell Place, onde fui recebida por minha fiel Bessie, que estava por dentro do segredo. Max se manteve afastado e, dois dias depois, chegou na porta de Cresswell Place a bordo de um Daimler alugado. Partimos para Dover e dali cruzamos o Canal até a primeira parada de nossa lua de mel: Veneza.

Max havia planejado a lua de mel inteiramente sozinho: seria uma surpresa. Tenho certeza de que ninguém desfrutou de uma lua de mel melhor do que nós. Houve apenas um ponto irritante: o Expresso do Oriente, mesmo antes de chegar a Veneza, foi mais uma vez atormentado pelo surgimento de percevejos.

# Parte 9

# *A vida com Max*

# I

Nossa lua de mel nos levou a Dubrovnik e, de lá, a Split. Nunca me esqueci de Split. Perambulando pela cidade à noite, perto do hotel, viramos uma esquina em uma das praças, e lá, brilhando nas alturas, estava a figura de São Gregório de Nin, uma das melhores obras do escultor Mestrovic. Dominava toda a cidade, e era uma dessas visões que ficam na memória como um marco permanente.

Nós nos divertimos muito com os cardápios. Eram escritos em iugoslavo e, claro, não tínhamos ideia do que significavam. Apontávamos para algum item e depois aguardávamos com alguma ansiedade para ver o que seria entregue. E com isso comemos pratos colossais com frango, ovos escalfados com um molho branco bem temperado ou ainda uma espécie de super-*gulash*. Todas as porções eram enormes, e nenhum dos restaurantes jamais permitia que pagássemos a conta.

— Não esta noite, não esta noite — murmurava o garçom em francês, inglês ou italiano bem ruinzinhos. — Deixem para pagar amanhã.

Não sei o que acontecia quando as pessoas faziam refeições por uma semana sem pagar e depois embarcavam para longe. E assim, na última manhã, quando fomos pagar, tivemos a maior dificuldade em fazer com que nosso restaurante favorito aceitasse o dinheiro.

— Vocês podem pagar outra hora — disseram.

— Mas não podemos fazer isso mais tarde, porque vamos embarcar ao meio-dia — explicamos, ou tentamos explicar.

O pequeno garçom suspirou tristemente com a perspectiva de ter que fazer alguma aritmética. Ele se retirou para um cubículo, coçou a cabeça, usou vários lápis de cada vez, gemeu e, depois de cerca de cinco minutos, trouxe-nos o que parecia uma conta bastante razoável para as enormes quantidades que havíamos comido. Então ele nos desejou boa sorte e partimos.

A próxima etapa de nossa jornada foi pela costa da Dalmácia e ao longo da costa da Grécia até Patras. Seria apenas um pequeno barco de carga, explicou Max. Esperamos pela chegada dele no cais com ansiedade. Então, de repente, vimos um navio tão pequeno — parecia mais um barquinho — que mal pudemos acreditar que era a embarcação que aguardávamos. Tinha um nome inusitado, composto inteiramente de consoantes: *Srbnn*. Nunca soubemos como pronunciá-lo. Mas era nosso barco com certeza. Havia quatro passageiros a bordo — nós em uma cabine e outros dois em uma segunda. Eles desembarcaram no próximo porto, então ficamos com o barco só para nós.

Nunca comi comida mais deliciosa do que a que nos serviram a bordo: um carneiro magnífico, muito macio, servido em pequenas costeletas; verduras suculentas, arroz, molhos suntuosos e saborosas iguarias servidas em espetos. Conversamos com o capitão, arranhando um italiano.

— Gostam da comida? — perguntou ele. — Fiquei satisfeito. Mandei fazer comida inglesa pra vocês. Uma comida bem inglesa pra vocês.

Fiquei com a sincera esperança de que ele jamais fosse à Inglaterra, para que não descobrisse como era, na realidade, a comida inglesa. Ele contou que recebera uma promoção para capitanear um barco maior, mas que preferira continuar ali mesmo, porque aquele barco tinha um bom cozinheiro e ele gostava de uma vida tranquila: ali não tinha preocupações com passageiros.

— Um navio de passageiros dá preocupações o tempo todo. Portanto, preferi não ser promovido.

Tivemos alguns dias felizes naquele pequeno barco sérvio. Paramos em vários portos — Santa Anna, Santa Maura, Santi Quaranta. Para podermos desembarcar em paz, o capitão combinou de mandar tocar a sirena de bordo meia hora antes da partida. Assim, enquanto caminhávamos pelos olivais ou nos sentávamos entre as flores, de repente ouvíamos o funil do navio, dávamos meia-volta e retornávamos às pressas. Como foi encantador sentar-se naqueles olivais, sentindo-me tão completamente em paz e feliz! Era um Jardim do Éden, um paraíso na terra.

Chegamos, por fim, a Patras, dissemos alegres adeuses ao nosso capitão e subimos em um esquisito trenzinho que nos levou a Olímpia. Como passageiros, não estava apenas nos levando, mas também grande quantidade de percevejos. Dessa vez subiram pelas calças que eu estava usando. No dia seguinte, tive que cortar minhas roupas, pois minhas pernas incharam novamente.

A Grécia não precisa de descrição. Olímpia era tão bela quanto eu esperava que fosse. No dia seguinte, fomos em mulas até Andritsena, e isso, devo dizer, quase acabou com nossa vida de casados.

Sem treinamento prévio em montaria de mula, uma jornada de quatorze horas resultou em uma agonia difícil de acreditar! Cheguei a uma fase em que não sabia se seria mais doloroso andar ou me sentar na mula. Quando finalmente chegamos, pulei da mula tão dura que não conseguia mais andar.

— Você realmente não está apto a se casar com ninguém, se não sabe o que alguém pode sentir depois de uma viagem como esta! — repreendi Max.

Na verdade, Max também estava bastante rígido e com dor. As explicações de que a viagem não deveria ter levado mais de oito horas segundo seus cálculos não foram bem recebidas. Levei sete ou oito anos para perceber que suas estimativas de jornadas sempre eram menores do que de fato eram, de modo que imediatamente passamos a adicionar um terço ao seu prognóstico.

Ficamos dois dias em Andritsena nos recuperando. Então admiti que não estava arrependida de ter me casado com ele, e que talvez ele pudesse aprender a maneira correta de tratar uma esposa — não a levando a passeios de mula sem ter calculado cuidadosamente a distância. Prosseguimos em outro passeio de mula um pouco mais cauteloso, de não mais de cinco horas, até o Templo de Bassae, e dessa vez não achei cansativo.

Fomos a Micenas e a Epidauro, depois nos hospedamos num hotel de Náuplia, no que nos pareceu ser a suíte real. As cortinas nas janelas eram de veludo vermelho e, na cama, um dossel com cortinas com brocados dourados. Tomamos o café da manhã numa varanda instável, porém ornamentada, de onde se avistava uma ilha. Depois, fomos para a praia tomar banho, com algumas precauções, por causa da enorme quantidade de águas-vivas que por lá havia.

Epidauro pareceu-me especialmente bonita, mas foi aí que, pela primeira vez, me insurgi contra o temperamento dos arqueólogos. Fazia um dia incrível, subi até o cimo do teatro e fiquei sentada ali, depois de deixar Max no museu examinando uma inscrição. Por fim, perdi a paciência, desci e fui ao museu.

Max ainda estava deitado de barriga no chão, estudando a inscrição, com total deleite.

— Você ainda está lendo essa coisa? — perguntei.

— Sim, ela é bastante rara — disse ele. — Venha ver. Quer que eu te explique?

— Acho que não — respondi com firmeza. — Está lindo lá fora, absolutamente maravilhoso.

— Sim, tenho certeza de que sim — disse Max distraidamente.

— Você não se incomoda se eu sair de novo?

— Ah, não — disse Max, um pouco surpreso. — Tudo bem. Só achei que você acharia essa inscrição interessante.

— Acho que não deveria achá-la tão interessante assim — disse, e voltei para o meu lugar no topo do teatro.

Max se juntou a mim cerca de uma hora depois, muito feliz por ter decifrado uma frase grega obscura em particular que, no que lhe dizia respeito, tinha feito seu dia.

Delfos foi o destaque da viagem, no entanto. Achei tão inacreditavelmente linda que andávamos pelas ruas escolhendo um lugar onde um dia poderíamos construir uma casinha. Lembro que selecionamos três. Foi um sonho bonito: não sei se acreditávamos nele, mesmo naquela época. Quando voltei a visitar a cidade, um ou dois anos atrás, e vi os ônibus trafegando para cima e para baixo, os cafés, as lojas de recordações para turistas e os turistas, fiquei muito contente por *não* termos construído nossa casa ali.

Estávamos sempre escolhendo locais para casas. Isso se devia principalmente a mim. Casas sempre foram minha paixão. Houve de fato um momento na minha vida, pouco antes da eclosão da Segunda Guerra, em que eu era a orgulhosa proprietária de oito casas. Eu era viciada em encontrar casas decadentes e miseráveis em Londres e fazer alterações estruturais, decorá-las e mobiliá-las. Quando a Segunda Guerra chegou e eu tive que pagar o seguro de danos de guerra por todas essas casas, não foi tão divertido. No entanto, no final, todas elas deram um bom lucro quando as vendi. Foi um passatempo agradável enquanto durou — e sempre gosto de passar por uma das *minhas* casas, ver como elas estão sendo mantidas e adivinhar o tipo de pessoa que está morando nelas.

No último dia que passamos em Delfos, descemos até o mar, em Itea. Um grego foi conosco, para nos mostrar o caminho, e

Max conversou com ele. Max tem uma mente muito curiosa e sempre tem que fazer muitas perguntas a qualquer nativo que o acompanhe. Nesta ocasião, ele perguntou ao nosso guia os nomes de várias flores. Nosso charmoso grego estava ansioso demais para nos atender. Max apontava uma flor e perguntava o nome, depois anotava a resposta cuidadosamente em seu caderno. Depois de ter anotado os nomes de cerca de 25 espécimes, notou que havia uma certa repetição. Ele já havia anotado a palavra grega que estava sendo usada para nomear uma flor azul com espinhos pontiagudos, e reconheceu-o como sendo o mesmo nome que havia sido usado para uma das primeiras flores, um grande calêndula amarela. Ocorreu-nos então que, em sua ansiedade de agradar, o grego estava apenas nos dizendo os nomes de flores que ele conhecia. Como não conhecia muitas, passou a repeti-las para cada nova flor. Com um pouco de desgosto, Max percebeu que sua cuidadosa lista de flores silvestres era completamente inútil.

Chegamos em Atenas, e lá, a apenas quatro ou cinco dias de nos separarmos, o desastre atingiu os felizes habitantes do Éden. Contraí o que a princípio considerei ser uma das queixas intestinais comuns, que muitas vezes atingem as pessoas no Oriente Médio, conhecida como "doença de Gyppy", "doença de Bagdá", "doença de Teerã" etc. Pensei que fosse a doença intestinal de Atenas, mas era bem pior.

Levantei-me depois de alguns dias, mas, ao sair para uma excursão, me senti tão mal que tive que retornar. Descobri que estava com febre alta e, por fim, depois de muitos protestos de minha parte, e quando todos os outros remédios falharam, fomos procurar um médico. Só conseguimos um médico grego. Ele falava francês, e em poucos minutos percebi que meu francês era suficiente para uma conversa social, mas que desconhecia quase todos os termos usados pelos médicos.

O médico atribuiu minha doença às cabeças de salmonete, nas quais, segundo ele, espreitavam grande perigo, em especial para estranhos que não estavam acostumados a dissecar esse peixe da maneira adequada. Ele me contou uma história horrível sobre um ministro que sofrera com isso a ponto de quase morrer e só se recuperara de última hora. Eu me sentia mal o suficiente para morrer a qualquer minuto! Permaneci queimando com quarenta graus de febre e incapaz de comer alguma coisa.

No entanto, no final, meu médico foi bem-sucedido. De repente, eu estava ali me sentindo humana mais uma vez. A ideia de comer alguma coisa ainda era horrível, e eu achava que nunca mais ia querer me mexer de novo — mas estava me recuperando e sabia disso. Assegurei a Max que ele poderia sair no dia seguinte.

— Isso é terrível. Como posso deixá-la, querida?

Nosso problema era que Max havia sido encarregado da responsabilidade de chegar a Ur a tempo de ampliar a casa da expedição, de modo a estar tudo pronto para os Woolley e os outros membros da expedição quando chegassem em quinze dias. Ele deveria construir uma nova sala de estar e um novo banheiro para Katharine.

— Eles vão entender, tenho certeza — disse Max. Mas ele disse isso sem muita convicção, e eu sabia muito bem que não entenderiam coisa nenhuma. Fiquei muito aflita e fiz com que entendesse que atribuiriam a *mim* as causas desse abandono do dever. Tornou-se uma questão de honra para nós dois que Max chegasse a tempo. Assegurei-lhe de que já estava praticamente boa. Ficaria ali deitada por talvez mais uma semana, quietinha, me recuperando, e depois voltaria direto para casa pelo Expresso do Oriente.

O pobre Max se desfez em pedaços. Ele também estava imbuído do terrível senso de dever britânico. Leonard Woolley tinha dito a ele: "Confio em você, Max. Pode se divertir e tudo mais, mas preciso que me dê sua palavra de que estará lá no dia certo e assumirá o comando".

— Você sabe o que Len vai dizer — apontei.

— Mas você está muito doente.

— Sei que estou doente, mas *eles* não vão acreditar. Vão pensar que eu estou apenas mantendo você longe, e não posso suportar uma coisa dessas. E se você continuar discutindo, minha temperatura vai subir de novo e aí *realmente* ficarei muito doente.

Por fim, Max seguiu o caminho do dever, fazendo com que ambos nos sentíssemos heroicos.

A única pessoa que não concordou com nada disso foi o médico grego, que jogou as mãos para o céu e explodiu em torrentes de um francês indignado.

— Ah, sim, são todos iguais, os ingleses. Conheci muitos deles, ah, tantos deles. São todos iguais. Eles têm uma devoção ao trabalho, ao dever. O que é trabalho, o que é dever, comparado à saúde dos seres humanos? Uma esposa é um ser humano, não é? Uma esposa está doente, e ela é um ser humano, e isso é o que importa. Isso é tudo que importa: um ser humano em perigo!

— Você não entende — falei. — Isso é muito *importante*. Ele deu sua palavra de que estaria lá. Ele tem uma grande responsabilidade.

— Mas o que é a responsabilidade? O que é o trabalho, o que é o dever comparado ao afeto? Os ingleses, porém, são assim! Ah, que frieza, que *froideur!* Que horror deve ser estar casada com um inglês! Eu não desejaria isso para nenhuma mulher. De fato, não desejaria!

Eu estava sem energia para continuar a discussão, mas assegurei a ele que tudo daria certo.

— Você terá que ter muito cuidado — avisou ele. — Mas não adianta dizer coisas assim. Sabe quanto tempo demorou até aquele ministro voltar ao trabalho? Um mês inteiro.

Não fiquei impressionada. Eu disse a ele que os estômagos ingleses não eram assim. Os estômagos ingleses, assegurei, recuperavam-se com mais rapidez. O médico ergueu as mãos mais uma vez, vociferou um pouco mais em francês e partiu, lavando as mãos.

— Se sentir vontade, coma uma pequena porção de macarrão simples cozido — recomendou ele.

Eu não queria nada. Nem macarrão cozido. Fiquei quieta no quarto forrado de papel de parede verde, me sentindo nauseada, com dores de estômago e ao redor da cintura, e tão fraca que mal podia levantar um braço. Mandei vir uma porção de macarrão cozido. Comi três fiapos e deixei o restante de lado. Fiquei com a impressão de que nunca mais voltaria a sentir vontade de comer.

Pensava em Max. Ele já deveria estar em Beirute. No dia seguinte, partiria pelo comboio de Nairn pelo deserto. O pobre Max ficaria preocupado comigo.

Felizmente eu já não estava mais preocupada comigo. Na verdade, senti despertar em mim a determinação de fazer alguma coisa ou chegar a algum lugar. Comi mais um pouco do macarrão cozido; com o tempo, consegui acrescentar um pouco de queijo ralado por cima, e comecei a perambular ao redor do quarto a fim de recuperar um pouco de força nas minhas pernas. Quando o médico retornou para mais uma visita, falei que estava muito melhor.

— Isso é bom. Sim, você está melhor, posso constatar.

— Na verdade, acho que poderei voltar para casa depois de amanhã — acrescentei.

— Não, sem tolices. Já te disse que aquele ministro...

Estava cansada do tal do ministro. Chamei o atendente do hotel e o obriguei a reservar um lugar para mim no Expresso do Oriente para dali a três dias. Não comuniquei minha intenção ao médico senão na noite anterior à minha partida. Então suas mãos se ergueram de novo. Ele me acusou de ingratidão, de imprudência, e avisou que eu provavelmente seria retirada do trem *en route* e que morreria em uma plataforma ferroviária. Eu sabia muito bem que não estava tão ruim assim. Estômagos ingleses, repeti para ele, recuperam-se de forma bem rápida.

No dia marcado, parti. Com passos vacilantes, caminhei com ajuda do porteiro do hotel até o trem. Desabei no meu compartimento, e ali permaneci. De vez em quando pedia que me trouxessem uma sopa quente do vagão-restaurante, mas como em geral era gordurosa, não sentia vontade de comer. Toda essa abstenção teria sido boa para minha figura alguns anos depois, mas naquela época eu ainda era esbelta e, no final da minha jornada para casa, parecia um saco de ossos. Foi maravilhoso voltar para casa e me jogar na minha própria cama. Ao final de tudo, demorou quase um mês para recuperar minha antiga saúde e ânimo.

Max havia chegado a Ur em segurança, embora com tremenda apreensão em relação à minha saúde, a ponto de enviar vários telegramas pelo caminho e esperando minhas respostas, que nunca chegavam. Ele colocou tanta energia no trabalho que por fim entregou muito mais do que os Woolley esperavam.

— Vou mostrar a eles quem sou — disse ele. Construiu o banheiro de Katharine inteiramente de acordo com as especificações, o mais pequeno e apertado possível, e acrescentou a ele e à sala de estar os adornos que considerou adequados.

— Mas não queríamos que você fizesse tudo isso — exclamou Katharine, quando eles chegaram.

— Achei que poderia fazê-lo, já que estou aqui — disse Max, sério. Explicou que me havia deixado às portas da morte em Atenas.

— Você deveria ter ficado com ela — disse Katharine.

— Sim, provavelmente eu deveria — disse Max. — Mas vocês insistiram tanto na importância desse trabalho!

Katharine encarregou Len de dizer que o banheiro não estava como ela desejara, e que o melhor seria derrubá-lo e reconstruí-lo, o que foi feito, aliás, com consideráveis inconvenientes. Mais tarde, porém, ela elogiou o design refinado da sala de estar e acrescentou que a sala fez muita diferença para ela.

Com minha idade atual, vivi o bastante para saber muito bem como lidar com pessoas temperamentais, de todos os tipos — atores, produtores, arquitetos, músicos e prima-donas congênitas como Katharine Woolley. A mãe de Max era aquilo a que eu chamava uma prima-dona por direito. Minha mãe fora quase isso: volta e meia ficava exaltada, mas, no dia seguinte, invariavelmente, estava tudo perdoado.

— Mas a senhora ontem estava tão desesperada! — dizia-lhe eu.

— Desesperada? — repetia minha mãe, com sincera surpresa. — Eu, desesperada?

Vários de nossos amigos do teatro podem fazer uma cena emocional, como, aliás, quase todo mundo. Charles Laughton, que interpretou Hercule Poirot em *Álibi*, em uma das pausas do ensaio, quando juntos tomávamos refrigerantes gelados, explicou seu método.

— É bom fingir que se é temperamental, mesmo que não sejamos. Acho muito útil. As pessoas vão pensar: "Não vamos fazer nada para incomodá-lo. Sabemos como ele é temperamental" — disse ele. Então, acrescentou: — Às vezes, é cansativo. Especialmente se você não quer ser assim. Mas compensa. Sempre compensa.


# II

Minhas atividades literárias nesse período são curiosamente vagas em minha memória. Eu não acho, mesmo então, que me considerava uma autora *bona fide*. Escrevia, sim, livros e histórias. Meus trabalhos eram publicados, e começava a me acostumar ao fato de poder contar com uma fonte de renda segura. Quando, porém, eu tinha que preencher algum formulário e chegava à linha em que deveria indicar minha profissão, jamais me ocorria nada que não fosse a antiga e honesta fórmula: "Dona de casa". Eu era uma mulher casada, esse era meu *status* e ocupação. Paralelamente, escrevia livros. Nunca havia pensado que minha escrita poderia ser considerada uma "carreira". Eu acharia ridículo.

Minha sogra não conseguia entender minha escrita.

— Você escreve tão bem, querida Agatha, e já que escreve tão bem, certamente deveria escrever algo... digamos... mais *sério*. Que tal?

Algo que "valesse a pena" era o que ela queria dizer. Achei difícil explicar a ela, e na verdade nem tentei, que eu escrevia para entretenimento.

Eu queria ser uma boa escritora de histórias policiais, sim, e de fato nessa época eu era vaidosa o suficiente para pensar que era boa nisso. Alguns de meus livros me satisfizeram e me agradaram. Nunca me agradaram inteiramente, é claro, porque acho que isso não é possível. Nada acontece do jeito que você pensou que aconteceria quando se está esboçando notas para o primeiro capítulo, ou andando por aí falando baixinho consigo mesma e vendo uma história se desenrolar.

Acho que minha querida sogra gostaria que eu escrevesse uma biografia de alguma figura mundialmente famosa. Não consigo pensar em nada que eu pudesse ser pior em fazer. De qualquer forma, permaneci suficientemente modesta para de vez em quando dizer, sem pensar:

— Acho que eu não sou de fato uma escritora.

Isso geralmente era corrigido por Rosalind, que dizia:

— Mas você é uma escritora, mãe. Você é definitivamente uma escritora de alto calibre.

O pobre Max teve uma penalidade séria imposta a ele pelo casamento. Até onde eu pude descobrir, ele nunca tinha lido um romance. Katharine Woolley o forçara a ler *O assassinato de Roger Ackroyd*, mas ele desistira. Alguém havia discutido o desfecho na frente dele e, depois disso, ele argumentou, dizendo:

— Qual é a graça de ler um livro quando você sabe o fim dele?

Agora, no entanto, como meu marido, ele começara corajosamente a tarefa.

Naquela época eu já havia escrito pelo menos dez livros, e ele começou as leituras lentamente. Considerando que um livro erudito sobre arqueologia ou sobre assuntos clássicos era a ideia de leitura leve de Max, era engraçado ver que clima pesado ele fazia lendo ficção. No entanto, ele se apegou ao meu texto e tenho orgulho de dizer que, no fim das contas, parecia gostar de sua tarefa autoimposta.

O engraçado é que tenho pouca lembrança dos livros que escrevi logo depois do casamento. Suponho que estava me divertindo tanto na vida comum que escrever tornara-se um encargo que desempenhava por acessos e rompantes. Nunca tive um lugar especial, que considerasse *meu* ou um aposento para onde ir para escrever. Isso me causou muitos problemas nos anos seguintes, pois sempre que eu tinha que receber um entrevistador, seu primeiro desejo sempre era tirar uma foto minha em meu local de trabalho.

— Mostre-me onde você escreve seus livros.

— Ah, em qualquer lugar.

— Mas certamente você tem um lugar onde sempre trabalha?

Mas eu não tinha. Tudo que eu precisava era de uma mesa firme e uma máquina de escrever. Já estava escrevendo direto na máquina, embora ainda fizesse os capítulos iniciais e mais um ou outro à mão para depois datilografá-los. Uma mesa de lavatório com tampo de mármore era um bom lugar para escrever; a mesa da sala de jantar, entre as refeições, também era adequada.

Minha família em geral percebia a aproximação de uma temporada de atividade, e dizia:

— Olhem para a patroa, está chocando algo outra vez.

Carlo e Mary sempre me chamavam de "patroa". Rosalind também me tratava mais vezes de patroa do que de mãe ou mamãe. De qualquer forma, todas elas reconheciam os sinais quando eu estava melancólica, olhavam para mim esperançosas e insistiam para que eu me trancasse em um quarto, em algum lugar onde pudesse trabalhar.

Muitos amigos meus diziam:

— Nunca sei quando você escreve seus livros, porque nunca a vi escrever, nem mesmo a vi sair para escrever.

Acho que me comporto como os cães quando se retiram com um osso: eles partem por meia hora e retornam constrangidos e com lama no nariz. Faço o mesmo. Sempre me senti um pouco envergonhada se precisasse sair para escrever. Uma vez que conseguia fechar a porta e fazer com que as pessoas não me interrompessem, então era capaz de ir a toda velocidade, completamente perdida no que estava fazendo.

Na verdade, minha produção parece ter sido bastante boa entre 1929 e 1932: além de livros completos, publiquei duas coletâneas de contos, uma delas inteiramente de histórias com o Mr. Quin. São as minhas favoritas. Escrevia contos de tempos em tempos, não com muita frequência, com intervalos talvez de três a quatro meses, às vezes mais. As revistas pareciam apreciá-los, e eu também gostava deles; recusei, no entanto, todas as ofertas de publicar essas histórias periodicamente, em folhetins. Não queria fazer folhetins com a série de Mr. Quin: só queria escrever uma dessas histórias quando realmente sentia vontade. Era uma reminiscência, para mim, dos meus antigos poemas das séries de *Arlequim e Colombina.*

Mr. Quin era um personagem que mal passava pela história — era um catalisador, nada mais —, mas sua presença afetava os seres humanos. Havia sempre algum pequeno fato, alguma frase aparentemente irrelevante, para mostrar quem ele era: um homem que se apresentava com ares de Arlequim através de uma janela de vidro; uma aparição súbita seguida de um desaparecimento igualmente súbito. Sempre defendia as mesmas coisas: era amigo dos que se amavam e ligado à morte. O pequeno Mr. Satterthwaite, que era, como se poderia dizer, o emissário de Mr. Quin, também se tornou um dos meus personagens favoritos.

Também publiquei uma coletânea de contos com o título *Sócios no crime.* Cada uma dessas histórias foi escrita à maneira de um detetive particular da época. Alguns desses detetives eu hoje já nem poderia reconhecer. Lembro-me de Thornley Colton, o detetive cego — Austin Freeman, é claro; Freeman Wills Croft, com seus maravilhosos horários e o inevitável Sherlock Holmes. É interessante ver quais dos doze autores de romances policiais que escolhi ainda são hoje lembrados e conhecidos — uns são nomes familiares, outros, porém, caíram no esquecimento. Todos eles, nesse tempo, para mim, pareciam escrever bem e de maneira divertida, apesar dos estilos diferentes. *Sócios no crime* destacava meus dois jovens investigadores, Tommy e Tuppence, que haviam sido os principais personagens de meu segundo livro, *O inimigo secreto.* Foi divertido voltar a eles para variar.

*Assassinato na casa do pastor* saiu em 1930, mas não consigo lembrar onde, quando e como o escrevi, ou por que o escrevi, nem sequer o que me sugeriu a ideia de criar uma nova personagem — Miss Marple, a detetive da história. Certamente, na época, eu não tinha intenção de continuar com ela pelo resto da minha vida. Não sabia que ela se tornaria uma rival de Hercule Poirot.

As pessoas me escrevem, ainda hoje em dia, para sugerir que Miss Marple e Hercule Poirot se encontrem — mas *por que* deveriam? Tenho certeza de que eles não iriam gostar nada disso. Hercule Poirot, o egoísta completo, não gostaria de ser ensinado por uma velha solteirona. Ele era um detetive profissional, não se sentiria em casa no mundo de Miss Marple. Não, ambos são estrelas, e são estrelas por direito próprio. Não deixarei que se encontrem a menos que sinta uma vontade repentina e inesperada de fazê-lo.

Acho possível que Miss Marple tenha surgido do prazer que tive em criar a irmã do Dr. Sheppard em *O assassinato de Roger Ackroyd*. Ela era minha personagem favorita no livro — uma solteirona acidulada, cheia de curiosidade, que sabia e ouvia tudo: um verdadeiro serviço de investigações em domicílio. Quando o livro foi adaptado para o teatro, uma das coisas que mais me entristeceu foi a desaparição de Caroline! Em vez disso, o médico recebeu outra irmã — muito mais nova —, uma garota bonita que poderia fornecer a Poirot um interesse romântico.

Quando me sugeriram essa adaptação, não fazia a menor ideia dos sofrimentos que tal tarefa implicaria, tamanhas as alterações que se impõem. Eu já tinha escrito uma peça do gênero, não me lembro exatamente quando. Não foi aprovada por Hughes Massie; na verdade, eles sugeriram que seria melhor esquecê-la completamente, então não insisti. Eu a chamava de *Café preto*. Era um thriller de espionagem convencional e, embora cheio de clichês, não era, eu acho, de todo ruim. Então, no devido tempo, ela veio à tona. Um amigo meu dos dias de Sunningdale, Mr. Burman, que estava ligado ao Royalty Theatre, deu indícios de que a peça talvez pudesse ser produzida.

Sempre me parece estranho que quem interpreta Poirot seja sempre um homem grande. Charles Laughton pesava bastante, e Francis Sullivan era largo, robusto, e tinha cerca de 1,80 metro de altura. Ele interpretou Poirot em *Café preto*. Acho que a estreia da peça ocorreu no Everyman, em Hampstead, e o papel de Lucia foi interpretado por Joyce Bland, que sempre considerei uma ótima atriz.

*Café preto* ficou apenas quatro ou cinco meses em cartaz, quando finalmente chegou ao West End; voltou à cena vinte e tantos anos depois, com pequenas alterações, e se saiu muito bem.

As peças de suspense geralmente são muito parecidas entre si — só mudam mesmo os inimigos. Há quase sempre uma gangue internacional *à la* Moriarty — composta de alemães, os "hunos" da Primeira Guerra; depois por comunistas, que, a seu turno, foram substituídos pelos fascistas. Ultimamente os inimigos são os russos e os chineses, e aí estamos de volta à gangue internacional, com o sempre presente Criminoso Supremo, aquele que invariavelmente procura obter a supremacia mundial.

*Alibi,* a primeira peça a ser encenada baseada num romance meu, *O assassinato de Roger Ackroyd,* foi adaptada por Michel Morton, que era experiente nesse serviço. Não gostei de sua primeira sugestão, que era rejuvenescer vinte anos nosso amigo Poirot, chamá-lo de Beau Poirot e rodeá-lo de muitas moças apaixonadas. Naquele tempo, eu já estava tão ligada a Poirot que compreendi que ficaria com ele o resto da vida. Argumentei violentamente contra o pensamento de alterar sua personalidade. No fim, com o apoio de Gerald du Maurier, o produtor, decidimo-nos a fazer desaparecer essa excelente personagem, Caroline, a irmã do médico, e substituí-la por uma moça atraente. Como já disse, a desaparição de Caroline me entristecia, pois gostava do papel que ela desempenhava naquele lugarejo, e também da ideia de que a vida do pequeno povoado aparecesse refletida no dia a dia do médico e de sua irmã magistral.

Acho que, naquele momento, em St. Mary Mead, embora eu ainda não soubesse, Miss Marple nasceu, e com ela Miss Hartnell, Miss Wetherby, Coronel Bantry e Mrs. Bantry — estavam todos ali, alinhados, abaixo da fronteira de consciência, prontos para ganhar vida e subir ao palco.

Lendo *Assassinato na casa do pastor,* já não gosto do livro como antes. Acho que ele tem personagens demais e muitas subtramas. Mas, de todo modo, o enredo *principal* é sólido. O vilarejo é tão real para mim quanto poderia ser — e, de fato, existem vários vilarejos notavelmente parecidos com aquele, mesmo nos dias de hoje. As ajudantes caseiras oriundas de orfanatos e as bem-treinadas empregadas domésticas desapareceram, a caminho de voos mais altos, mas as diaristas que lhes sucederam são igualmente reais e humanas — embora, devo dizer, não tão habilidosas quanto suas predecessoras.

Miss Marple se insinuou tão discretamente em minha vida que mal notei sua chegada. Escrevi uma série de seis contos para uma revista e escolhi seis pessoas que achei que poderiam se encontrar uma vez por semana em uma pequena vila e descrever algum crime não resolvido. Comecei com Miss Jane Marple, o tipo de velhinha que seria muito parecida com algumas das amigas de minha avó — senhoras que conheci em tantos vilarejos onde me hospedei quando menina. Miss Marple não era de forma alguma um retrato de minha avó; ela era muito mais meticulosa e solteirona. Mas uma coisa elas tinham em comum: embora fossem pessoas alegres, esperavam sempre o pior de todo mundo e de tudo, o que, com quase assustadora exatidão, sempre se provava certo.

— Eu não me surpreenderia se isso estivesse acontecendo — costumava dizer minha avó, balançando a cabeça sombriamente, e embora não tivesse fundamento para essas afirmações, adivinhava exatamente o que *estava* acontecendo. — Aquele sujeito sabe demais... Não confio nele! — comentou ela uma vez, e, quando mais tarde se descobriu que um jovem e educado funcionário do banco era estelionatário, ela não demonstrou surpresa, apenas assentiu com a cabeça. — Sim, conheci um ou dois como ele.

Ninguém jamais teria seduzido minha avó e tomado suas economias ou feito uma proposta que ela engolisse inocentemente. Ela teria olhado para essa pessoa com um olhar astuto e teria comentado mais tarde:

— Ele parece até gentil, mas eu bem sabia o que estava procurando. Acho que vou convidar alguns amigos para tomar chá e mencionar que um jovem desses está por aí.

As profecias da vovó eram muito temidas. Meu irmão e minha irmã tinham um esquilo como animal de estimação em casa havia cerca de um ano. Um dia, depois de pegá-lo com a pata quebrada no jardim, minha avó disse:

— Guarde minhas palavras! Aquele esquilo vai subir pela chaminé qualquer dia desses!

Foi o que aconteceu cinco dias depois.

Houve também o caso do jarro colocado em uma prateleira sobre a porta da sala de visitas.

— Se eu fosse você, eu não guardaria isso aí em cima, Clara — disse a vovó. — Um dia desses alguém vai bater a porta, ou o vento vai bater, e o jarro vai cair.

— Mas, querida Tia-avó, ele está ali há dez meses.

— Pode até ser — disse minha avó.

Alguns dias depois, uma tempestade se aproximou, a porta bateu e o pote caiu. Talvez fosse premonição. De qualquer forma, fiz com que minha Miss Marple tivesse um pouco dos poderes de profecia da vovó. Não havia maldade em Miss Marple, ela simplesmente não confiava nas pessoas. Embora esperasse o pior, muitas vezes aceitava as pessoas com bondade, apesar de serem como são.

Miss Marple nasceu com 65 anos — o que, tal como sucedera com Poirot, provou ser uma infelicidade, porque ela durou muito tempo na minha vida. Se *eu* tivesse o dom da premonição, teria feito meu primeiro detetive um precoce aluno de escola; só assim poderia ter crescido comigo.

Dei a Miss Marple cinco colegas na primeira série de seis histórias. Primeiro, seu sobrinho; um romancista moderno que lidava com assuntos fortes em seus livros, incesto, sexo e descrições sórdidas de quartos e equipamentos sanitários — Raymond West via o lado duro da vida. Sua querida, linda e velha tia Jane era tratada por ele com indulgente bondade, como quem não conhece nada do mundo. Em segundo lugar, criei uma mulher jovem, uma pintora modernista, que estava justamente se relacionando em termos muito especiais com Raymond West. Depois, havia Mr. Petherick, o advogado local, seco, astuto, idoso; o médico local — uma pessoa útil por conhecer casos que dariam uma história interessantes a ser contadas num serão; e um sacerdote.

A história contada pela própria Miss Marple ostentava o título ridículo de "O hadoque" e referia-se a um peixe... Passado algum tempo, escreveria outras seis histórias de Miss Marple, e as doze, com ainda uma história extra, foram publicadas na Inglaterra com o título de *The thirteen problems* [*Os treze problemas* no Brasil] e nos Estados Unidos com o de *The Tuesday Club murders.*

*Perigo na casa do fim* foi outro de meus livros que deixou uma impressão tão fraca em minha mente que nem me recordo de tê-lo escrito. Possivelmente já havia pensado no enredo algum tempo antes, pois isso sempre foi um hábito meu, e muitas vezes me confundo quando um livro foi escrito ou publicado. As tramas vêm a mim em momentos tão estranhos: quando estou andando por uma rua ou examinando uma chapelaria com interesse particular, de repente uma ideia esplêndida me vem à cabeça, e penso: "Isso seria uma maneira elegante de cobrir o crime para que ninguém visse o ponto." É claro que todos os detalhes práticos ainda precisam ser resolvidos, e as pessoas precisam se infiltrar lentamente em minha consciência, mas anoto minha esplêndida ideia em um caderno de anotações.

Até aí seria ótimo, se eu não perdesse o caderno invariavelmente. Costumo ter cerca de meia dúzia à mão, e costumava anotar neles as ideias que me invadiam, ou sobre algum veneno ou droga, ou ainda sobre uma pequena e inteligente trapaça que eu tinha lido no jornal. Claro, se eu mantivesse todas essas coisas em ordem, arquivadas e rotuladas, seria poupada de muitos problemas. No entanto, às vezes é um prazer, ao olhar uma pilha de cadernos velhos, encontrar um rabisco do tipo: "Enredo possível — faça você mesma — moça não é irmã verdadeira — agosto", com um tipo de esboço de um enredo. Sobre o que são nem sempre consigo me lembrar, muitas vezes, porém, é o que basta para me estimular e, se não utilizo o enredo exatamente como anotei, uso para escrever outra coisa.

Depois, vêm os enredos que me provocam, que gosto de pensar e brincar, sabendo que um dia vou escrevê-los. Roger Ackroyd brincou em minha mente por um longo tempo antes que eu consertasse os detalhes de sua trama. Tive outra ideia que me veio depois de ir a uma apresentação de Ruth Draper. Estava pensando em como era boa atriz e como eram excelentes suas interpretações das personagens, a forma maravilhosa com que se transformava de esposa insuportável em moça camponesa ajoelhada numa catedral. Foi pensando nela que escrevi *A morte de Lorde Edgware*.

Quando comecei a escrever histórias policiais, não estava com disposição para criticá-las ou pensar seriamente sobre o crime. Romances policiais eram apenas histórias de investigações; eram também uma história com uma moral; de fato, era a velha Moralidade de Todo Mundo, a perseguição do Mal e o triunfo do Bem. Nesse tempo, durante a guerra de 1914, o malfeitor não era um herói: o *inimigo* era ruim e o *herói* era bom; tudo era simples assim. Ainda não tínhamos começado a chafurdar na psicologia.

Eu era, como todo mundo que escrevia livros ou os lia, *contra* o criminoso e *a favor* da vítima inocente.

Havia uma exceção na figura do popular herói Raffles, um jogador de críquete e bem-sucedido arrombador de cofres, com seu comparsa Bunny. Acho que sempre me senti um pouco chocada com Raffles, e, pensando bem, hoje em dia me sinto muito mais do que antes, embora certamente fosse a tradição do passado — ele era um tipo de Robin Hood. Mas Raffles foi uma exceção alegre. Naquela época, ninguém jamais imaginaria que chegaria um momento em que os livros de crime seriam lidos por amor à violência, o prazer sádico da brutalidade por si só. Era normal pensar que a comunidade se levantaria horrorizada contra esse tipo de coisas; hoje, porém, a crueldade parece ser o pão com manteiga diário. Ainda me pergunto *como pode* isso acontecer, ainda mais considerando que a grande maioria das pessoas que conhecemos, rapazes e moças, assim como os mais velhos, são extraordinariamente gentis e prestativos: fazem tudo o que podem para ajudar. Estão dispostas, e até direi, ansiosas a se fazer úteis. A minoria — aqueles que apenas odeiam — é de fato muito pequena, como todas as minorias, mas parecem ser muito mais do que a maioria.

Uma das consequências de escrever livros policiais é o interesse pelo estudo da criminologia. Tenho um interesse particular em ler livros daqueles que estiveram em contato com criminosos, especialmente aqueles que tentaram beneficiá-los ou encontrar maneiras do que se chamaria antigamente de "reformá-los" — para o qual imagino que se use termos muito melhores hoje em dia! Parece não haver dúvida de que existem aqueles, como Ricardo III, tal como Shakespeare o descreve, gente que de fato diz:

— Mal, tu serás o meu Bem!

Esses escolheram o Mal, eu acho, tanto quanto o Satanás de Milton o fez: queria ser grande, queria poder, queria ser tão alto quanto Deus. Não existia amor dentro dele, então desconhecia a humildade. Eu diria, pela observação ordinária da vida, que onde não há humildade o *povo perece*.

Um dos prazeres de escrever histórias policiais é que há tantos subgêneros à escolha: o thriller, particularmente agradável de escrever; a história de detetive intrincada, com um enredo complicado, tecnicamente interessante e que exige muito trabalho, mas que é sempre recompensadora e, ainda, o que posso descrever como a história policial que tem como pano de fundo uma espécie de paixão: nesse caso, é esse elemento que ajuda a salvar a inocência. Porque é a *inocência* que importa, não a *culpa*.

Posso suspender o julgamento daqueles que matam — mas considero-os um mal para a comunidade; eles não trazem nada além de ódio, e arrancam da própria comunidade tudo o que podem. Estou disposta a acreditar que nasceram assim, com uma deficiência pela qual, talvez, deveríamos ter pena deles; mas, mesmo assim, acho que não deveriam ser poupados — porque você não pode poupá-los mais do que poderia poupar a pessoa que sai cambaleando de uma aldeia atingida pela peste na Idade Média para se misturar a crianças inocentes e saudáveis em uma aldeia próxima. Os *inocentes* devem ser protegidos; devem poder viver em paz e tolerância com o próximo.

Me assusta que ninguém pareça se importar com os inocentes. Quando você lê sobre um caso de assassinato, ninguém parece ficar horrorizado com a foto, digamos, de uma velha frágil em uma pequena loja de cigarros, virando-se para pegar um maço de cigarros para um jovem bandido, e sendo atacada e espancada até a morte. Ninguém parece se importar com seu terror e sua dor, e com o misericordioso desfalecimento final. Ninguém parece imaginar a agonia da velhinha, da *vítima*; todos se enchem de compaixão pelo jovem assassino — *porque é jovem*.

Por que não deveriam executá-lo? Será que estamos vivendo como lobos neste país? Não tentamos ensinar lobos a viver como cordeiros — e duvido que o conseguíssemos. Caçamos o javali nas montanhas antes que ele desça e mate as crianças perto do riacho. Destruímos o inimigo.

Sendo assim, o que podemos fazer com aqueles que estão contaminados com os germes da crueldade e do ódio, para quem a vida de outras pessoas não vale nada? Eles são muitas vezes os que têm bons lares, boas oportunidades, bom ensino, mas acabam sendo, em linguagem simples, perversos. Existe cura para a maldade? O que se pode fazer com um assassino? Não prisão perpétua — isso certamente é muito mais cruel do que a taça de cicuta na Grécia Antiga. Suspeito que a melhor resposta que já encontramos foi a deportação para uma vasta terra quase desabitada, cujos ocupantes são seres humanos em estado primitivo, onde o homem pode viver em um ambiente mais simples.

Vamos encarar o pensamento de que aquilo que consideramos defeitos já foram qualidades. Sem crueldade, sem desumanidade, sem total ausência de misericórdia, talvez a humanidade não tivesse continuado a existir; teria sido exterminada rapidamente. O homem de maus instintos dos dias de hoje pode talvez corresponder ao homem bem-sucedido do passado. Ele era necessário antes, mas hoje não passa de um perigo.

Parece então que a única esperança seria condenar tais criaturas ao serviço obrigatório em benefício da comunidade em geral. Seria possível deixar que o criminoso escolhesse entre a taça de cicuta e se oferecer de cobaia para pesquisas experimentais, por exemplo. Existem muitos campos de pesquisa, especialmente na medicina e na cura, onde um sujeito humano é vitalmente necessário, onde os animais não servem. Atualmente, parece-me que o próprio cientista, quando é um pesquisador dedicado, arrisca a própria vida. Mas *poderia* haver cobaias humanas que aceitassem um certo período de experimento em vez da morte, e que, se sobrevivessem, teriam então se redimido e poderiam sair como pessoas livres, com a marca de Caim removida de suas testas.

É possível que isso não alterasse suas vidas; poderiam dizer apenas:

— Bem, tive a sorte de escapar.

No entanto, o fato de a sociedade lhes dever gratidão poderia fazer uma leve diferença. Não se deve ter esperança demais. No entanto, deve-se manter sempre um pouco. Esses criminosos poderiam ter, pelo menos, a oportunidade de praticar uma ação meritória e livrar-se assim da retribuição merecida — e, então, começar uma nova vida estaria sob total responsabilidade deles. Será que não recomeçariam de modo diferente? Quem sabe não sentiriam um pouco de orgulho de si mesmos?

Se não, só se pode dizer, "que Deus tenha misericórdia deles". Não nesta vida, mas na próxima, talvez, eles possam se elevar um pouco. Mas o importante ainda *é* o inocente; aqueles que vivem com sinceridade e sem medo na época atual, que exigem ser protegidos e salvos do mal. São esses os que importam.

Talvez a maldade possa encontrar sua cura física — já é possível costurar nossos corações, congelar-nos —, talvez algum dia eles possam reorganizar nossos genes, alterar nossas células. Pense no número de cretinos que existiam, que dependiam, para melhorar seu intelecto, da súbita descoberta do papel que a glândula tireoide, funcionando deficientemente ou em excesso, pode fazer pela gente.

Isso parece ter me afastado muito das histórias policiais, mas explica, talvez, por que tenho mais interesse em minhas vítimas do que em meus criminosos. Quanto mais apaixonadamente viva a vítima, mais gloriosa indignação tenho em seu nome, e sinto-me deliciosamente triunfante quando consigo arrancar uma quase vítima do vale da sombra da morte.

Retornando de lá, decidi que não vou arrumar muito este livro. Por um lado, sou idosa. Nada é mais cansativo do que repassar as coisas que você escreveu e tentar organizá-las na sequência correta ou invertê-las. Talvez eu esteja falando comigo mesma — uma coisa comum de fazer quando se é escritor. A gente anda pela rua, passando por todas as lojas que deveria entrar, ou por todos os escritórios que deveria visitar, falando muito conosco — não muito alto, espero — e revirando os olhos expressivamente, e então de repente percebemos que as pessoas estão nos observando, abrindo passagem, evidentemente pensando no quanto somos loucas.

Ah, bom, suponho que seja exatamente como quando eu tinha 4 anos e conversava com Os Gatinhos. Ainda falo com eles, na verdade.

## *III*

Em março do ano seguinte, como combinado, parti para Ur. Max me encontrou na estação. Eu me perguntei se me sentiria tímida — afinal, casamos pouco tempo antes de nos separarmos. Para minha surpresa, foi como se tivéssemos nos encontrado no dia anterior. Max havia me enviado cartas completas, e eu me sentia tão bem-informada sobre o progresso arqueológico da escavação daquele ano quanto qualquer pessoa novata no assunto. Antes de voltar para casa, passei alguns dias na casa de expedição. Len e Katharine me cumprimentaram calorosamente e Max me conduziu com determinação pela escavação.

Tivemos azar com o tempo, pois soprava uma tempestade de poeira. Foi então que notei que os olhos de Max eram insensíveis à areia. Enquanto eu cambaleava atrás dele, cega pelo sopro de horror, Max, com os olhos aparentemente bem abertos, apontava isso e aquilo outro. Minha primeira ideia foi correr para o abrigo da casa, mas aguentei firme, porque apesar do grande desconforto, estava extremamente interessada em ver todas as coisas sobre as quais Max havia escrito.

Terminada a expedição da temporada, decidimos voltar para casa pela Pérsia. Havia um pequeno serviço aéreo alemão que havia acabado de começar a operar de Bagdá para a Pérsia, pelo qual optamos. Era um avião monomotor, com um único piloto, e por isso nos sentíamos extremamente audaciosos. Provavelmente foi bastante aventureiro mesmo — parecíamos estar voando para os picos das montanhas o tempo todo.

A primeira parada foi em Hamadan, a segunda, em Teerã.

De Teerã voamos para Xiraz, e me lembro de como era bela — como uma joia verde-esmeralda escura em um grande deserto cinza e marrom. Então, à medida que se aproximava, a esmeralda ficava ainda mais intensa e, finalmente, descemos para encontrar uma cidade verde repleta de oásis, palmeiras e jardins. Eu não tinha percebido quanto deserto havia na Pérsia, e só então entendi por que os persas apreciavam tanto os jardins — porque lhes é difícil *possuir* um.

Ficamos hospedados numa belíssima casa. Anos mais tarde, quando visitamos Xiraz pela segunda vez, tentei encontrar novamente essa casa, mas foi em vão. Da terceira vez, porém, consegui. Identifiquei-a porque em um dos cômodos havia vários quadros pintados em medalhões no teto e nas paredes. Um desses medalhões representava o Viaduto Holborn. Segundo parece, um xá da era vitoriana, depois de visitar a Inglaterra, enviara a Londres um artista com instruções para pintar em medalhões várias paisagens e cenários que ele queria retratados — assim, muitos anos depois, lá estava o Viaduto Holborn, embora um pouco destratado pelo tempo. A casa já estava arruinada e não era mais habitada, mas ainda era bonita, embora fosse perigoso andar dentro dela. Utilizei-a para cenário de um conto chamado "Uma casa em Xiraz".

De Xiraz pegamos um carro para Isfahan. Foi uma longa viagem, por um caminho horrível, sempre pelo deserto, onde aparecia, de longe em longe, um pobre povoado. Pernoitamos em uma estalagem excessivamente primitiva. Dormimos nas tábuas do assoalho, em cima de um tapete que trouxemos do automóvel, tendo como vigia um homem de aspecto duvidoso, ajudado por camponeses fanfarrões.

Passamos uma noite excessivamente dolorosa. A dureza de dormir em uma tábua é inacreditável; ninguém pensaria que seus quadris, cotovelos e ombros pudessem ficar tão machucados em poucas horas. Certa vez, dormindo desconfortavelmente em meu quarto de hotel em Bagdá, investiguei a causa e descobri que sob o colchão uma tábua pesada havia sido colocada para combater a flacidez das molas de arame. Uma senhora iraquiana havia usado o quarto antes de mim, explicou o empregado, e não conseguira dormir por causa da suavidade, então a tábua fora colocada para permitir que ela tivesse uma boa noite de descanso.

Retomamos nossa viagem e chegamos, bastante cansados, a Isfahan. Desde então, esta passou a ser a cidade *mais bonita do mundo*, em minha opinião. Nunca vi nada como suas cores gloriosas, os tons de cor-de-rosa, azul e dourado — as flores, pássaros, arabescos, adoráveis edifícios parecidos com os de contos de fadas, bem como lindos azulejos coloridos espalhados por todo lugar — sim, uma cidade do país das fadas. Depois que a vi pela primeira vez, não a visitei novamente por quase vinte anos, e fiquei com medo de voltar lá porque pensei que seria completamente diferente. Felizmente, mudou pouco. Naturalmente havia ruas e algumas lojas um pouco mais modernas, mas os nobres edifícios islâmicos, os pátios, os azulejos e as fontes — tudo ainda estava lá. As pessoas eram menos fanáticas nessa segunda visita, e foi possível visitar muitos dos interiores das mesquitas que antes eram inacessíveis.

Max e eu decidimos que continuaríamos nossa viagem de volta para casa pela Rússia, se isso não fosse muito difícil em relação a passaportes, vistos, dinheiro e tudo mais. Em busca dessa ideia, fomos ao Banco do Irã. Este edifício é tão magnífico que você não poderia deixar de considerá-lo mais como um palácio do que um mero estabelecimento financeiro — na realidade, foi difícil descobrir onde se processava a atividade bancária. Quando, finalmente, chegamos, depois de percorrer corredores com fontes e uma vasta antecâmara, avistamos à distância um balcão, atrás do qual um jovem elegantemente vestido com roupas ocidentais escrevia em lousas. Mas, tanto quanto pude observar, no Oriente Médio não se discutem negócios no balcão de um banco. Sempre éramos conduzidos até um gerente, um subgerente, ou, pelo menos, alguém que parecia ser uma coisa ou outra.

Um funcionário acenava a um dos mensageiros do banco, vestido com pitorescas roupagens e cujas atitudes também eram pitorescas; então, ele nos indicava um dos vários e enormes divãs de couro, e desaparecia. Passado algum tempo, reaparecia, acenava em nossa direção para que nos dirigíssemos até ele, nos acompanhava por uma escadaria de mármore de grande magnificência e nos conduzia até uma porta presumivelmente sagrada. Nosso guia dava uma discreta batida, entrava, nos deixando do lado de fora, e voltava imediatamente, com um sorriso radioso no rosto e mostrando-se encantado por termos passado no teste. Então entrávamos no aposento, nos sentindo como os príncipes da Etiópia!

Um homem encantador e bastante corpulento se levantava, cumprimentava em perfeito inglês ou francês, nos oferecia um assento e oferecia chá ou café. Perguntava quando tínhamos chegado, se estávamos gostando da cidade, de onde vínhamos e, finalmente — quase por acaso —, o que queríamos. Mencionávamos coisas como cheques de viagem. Ele tocava uma sineta em sua mesa, outro mensageiro entrava e lhe dizia: "Mr. Ibrahim". Chegava o café e com ele mais conversas sobre viagens, o estado geral da política, fracasso ou sucesso das colheitas.

Então Mr. Ibrahim aparecia. Estaria usando um terno europeu marrom-avermelhado, e teria mais ou menos 30 anos de idade. O gerente do banco explicava-lhe nosso pedido, e nós mencionávamos em que moeda gostaríamos que o pagamento fosse feito. Ele, então, exibia seis ou mais formulários para preenchermos e assinarmos. Mr. Ibrahim desaparecia, e sobrevinha outro longo intervalo.

Foi em um momento como esse que Max começou a falar sobre a possibilidade de irmos para a Rússia. O gerente do banco suspirou e levantou as mãos.

— Terão dificuldades — disse ele.

— Sim — disse Max. — Esperava que houvesse, mas não seria possível? Haveria algum impedimento para atravessarmos a fronteira?

— Você não tem representação diplomática no momento, acredito. Não há consulados lá.

Max disse que estava ciente de que não tínhamos cônsules lá, mas entendia que não havia proibição de entrada de ingleses no país.

— Não, não há proibição nenhuma. É claro que vocês teriam que levar dinheiro.

— Naturalmente, é o que esperávamos — disse Max.

— E nenhuma transação financeira que você fizer conosco será legal — disse tristemente o gerente do banco.

Isso me assustou um pouco. Max, é claro, não era novo nas formas orientais de fazer negócios, mas eu era. Considerei estranho que uma transação financeira pudesse ser ilegal em um banco, e ainda assim praticada.

— Como sabem, eles mudam as leis — explicou o gerente do banco. — Mudam o tempo todo. E de qualquer forma as leis se contradizem. Uma lei diz que você não deve sacar dinheiro de uma forma específica, mas outra diz que essa é a única forma em que você pode sacá-lo. Então, o que se deve fazer? A pessoa faz o que parece melhor no dia específico do mês. Digo isso para que vocês entendam uma coisa de antemão — acrescentou —, que embora eu possa providenciar uma transação e conseguir o tipo de moeda mais adequada a vocês, tudo será ilegal.

Max disse que compreendia muito bem. O gerente do banco se animou e nos disse que achava que iríamos gostar muito da viagem.

— Deixe-me ver. Querem ir ao mar Cáspio de automóvel? Sim? É um belo passeio. Terão que ir a Recht, e de lá irão de navio até Baku. É um navio russo. Não sei nada sobre isso, absolutamente nada, mas tem gente que viaja nesse navio.

Seu tom sugeria que as pessoas que passavam por ele desapareciam no espaço, e nada se sabia do que acontecia com elas depois.

— Vocês não só terão que levar dinheiro — avisou ele. — Terão que levar comida. Não sei se existem acordos para conseguir comida na Rússia. De qualquer forma, não tem como comprar comida no trem de Baku para Batum. Levem tudo com vocês.

Discutimos acomodação em hotel e outros problemas, e todos pareciam igualmente difíceis.

Pouco depois, chegou outro cavalheiro de terno marrom-avermelhado. Era mais jovem do que Mr. Ibrahim; seu nome era Mr. Mahomet, e carregava com ele vários formulários, que Max assinou. Ele também exigiu várias pequenas somas de dinheiro para comprar os selos necessários. Um mensageiro foi chamado e enviado ao bazar para obter dinheiro.

Depois, Mr. Ibrahim reapareceu. Ele exibiu a quantidade de dinheiro que havíamos pedido em algumas notas de valor alto, em vez do trocado que havíamos solicitado.

— Ah, mas é sempre muito difícil — disse ele com tristeza. — Muito, muito difícil. Sabem como é: em certos dias só temos notas altas, e em outros, notas de valores mais baixos. É uma questão de boa ou má sorte.

Era óbvio que neste caso teríamos de nos contentar com nossa pouca sorte.

O gerente tentou nos animar nos oferecendo ainda mais café. Voltando-se para nós, ele continuou:

— É melhor levarem todo o dinheiro que puderem para a Rússia em *tomans*. *Tomans* — explicou — são ilegais na Pérsia, mas é a única coisa que podemos usar aqui porque é a única coisa que aceitam no bazar.

Mandou outro subalterno ao bazar trocar grandes quantidades de nosso dinheiro recém-adquirido por *tomans. Tomans* eram moedas de prata pura e excessivamente pesadas.

— Os passaportes estão em ordem?

— Sim.

— São válidos para a União Soviética?

Afirmamos que sim; eram válidos para todos os países da Europa, inclusive a União Soviética.

— Então, tudo bem. Os vistos, sem dúvida, serão fáceis. Está tudo entendido? Vocês devem fazer alguns preparativos: conseguir um automóvel — o hotel pode ajudar com isso — e terão que carregar com vocês comida suficiente para três ou quatro dias. A viagem de Baku a Batumi demora vários dias.

Max disse que também gostaria fazer uma parada em Tíflis.

— Ah, quanto a isso você vai ter que perguntar quando tirar o visto. Não acho que seja possível.

Isso deixou Max aborrecido. No entanto, ele aceitou. Despedimo-nos e agradecemos ao gerente. Duas horas e meia haviam se passado.

Voltamos ao hotel, onde nossa dieta era um tanto monótona. O que quer que pedíssemos, o garçom dizia:

— Hoje tem um caviar muito bom, excelente e muito fresco.

Ansiosamente, costumávamos pedir caviar. Era incrivelmente barato e, embora comêssemos enormes quantidades, sempre parecia nos custar apenas cinco xelins. No entanto, às vezes, evitávamos pedi-lo no café da manhã — por alguma razão, não se quer caviar no café da manhã.

— O que você tem para o café da manhã? — perguntava eu.

— Caviar, *très frais*.

— Não, não quero caviar, quero outra coisa. Ovos? Bacon?

— Não tem mais nada. Temos pão.

— Nada mais? E os ovos?

— Caviar, *tres frais* — dizia o garçom com firmeza.

Então comíamos um pouco de caviar e muito pão. A única outra coisa que nos ofereceram para uma refeição no almoço, exceto caviar, foi algo chamado *la tourte*, que era uma torta de geleia grande e excessivamente doce, pesada, mas de sabor agradável.

Tivemos que consultar esse garçom sobre qual comida deveríamos levar para a Rússia conosco. No geral, o garçom recomendou caviar. Concordamos em levar duas latas enormes. O garçom também sugeriu levar seis patos cozidos. Além disso, levamos pão, uma lata de biscoitos, potes de geleia e meio quilo de chá.

— Para o motor — explicara o garçom.

Não entendemos bem o que o motor tinha a ver com isso. Talvez fosse costume oferecer chá ao maquinista? De qualquer forma, pegamos chá e essência de café.

Naquela noite, depois do jantar, conversamos com um jovem francês e sua esposa. Ele estava interessado em ouvir nossos planos de viagem e abanava a cabeça, horrorizado: "*C'est impossible! C'est impossible pour madame! Ce bâteau, le bâteau de Recht à Bakou, ce bâteau russe, c'est infecte! Infecte, madame!*" O francês é uma língua maravilhosa! Ele fazia com que a palavra "*infecte*" soasse tão depravada e suja que eu quase não ousava pensar em nosso projeto.

— Você não pode levar uma madame para esses lugares — insistiu o francês com firmeza.

Mas a madame não retrocedeu.

— Acho que não é tão *infecte* quanto ele diz — comentei mais tarde com Max. — De qualquer forma, temos muito pó para percevejos e coisas assim.

Assim, no devido tempo, partimos, carregados de *tomans* e com nossas credenciais do consulado russo, que foi bastante inflexível em não nos deixar descer em Tíflis. Alugamos um bom carro e partimos.

Foi um passeio adorável até o Cáspio. Subimos primeiro as colinas nuas e rochosas, e então, depois que chegamos ao topo e descemos pelo outro lado, era como se tivéssemos chegado a um outro mundo — encontramos um clima quente e suave e alguma chuva em Resht.

Algo nervosos, fomos conduzidos ao *infecte* navio russo. Tudo era o mais diferente possível da Pérsia e do Iraque. Primeiro, a embarcação estava escrupulosamente limpa; tal qual um hospital, coisa a que, aliás, se assemelhava. Suas pequenas cabines tinham camas altas de ferro, duros colchões de palha, lençóis de algodão grosseiro, impecavelmente limpos, e uma simples bacia com um jarro de lata. A tripulação do navio parecia toda idêntica; todos tinham aproximadamente 1,80 metro de altura, cabelos loiros e rostos impassíveis. Era uma gente cortês, apesar de nos olharem como se não estivéssemos realmente ali. Max e eu nos sentimos exatamente como o casal suicida da peça *Outward bound* — o marido e a mulher que se movimentam por um navio como assombrações. Ninguém nos dirigia a palavra, ninguém nos olhava ou concedia a menor atenção.

Logo, porém, vimos que estavam servindo comida no salão. Fomos esperançosos até a porta e olhamos para dentro. Ninguém fez nenhum sinal para que nos aproximássemos ou foi nos receber. Por fim, Max tomou coragem e perguntou se poderíamos comer alguma coisa. O pedido não foi compreendido. Max tentou francês, árabe e o persa que conhecia, mas sem resultado. Por fim, apontou o dedo com firmeza para a garganta, naquele gesto milenar que não pode deixar de ser reconhecido. Imediatamente o homem puxou dois assentos à mesa, nos sentamos e a comida nos foi trazida. Era muito boa, embora muito simples, e custava uma quantia absurda.

Chegamos a Baku. Lá fomos recebidos por um agente da Intourist. Era um homem charmoso, muito bem-informado e fluente em francês. Ele pensou que gostaríamos de ir a uma apresentação de *Fausto*, na Ópera. Isso, porém, eu não quis fazer. Achava que não tinha ido até a Rússia para ver *Fausto*. Então ele disse que providenciaria algum outro entretenimento para nós. Em vez de *Fausto*, fomos forçados a ver vários canteiros de obras e blocos de apartamentos ainda em construção.

Quando deixamos o navio, o procedimento foi simples: seis carregadores, que pareciam robôs, avançaram por ordem de idade. O preço, disse o homem da Intourist, era de um rublo por cada peça de bagagem. Avançaram até nós, e cada carregador pegou uma peça de bagagem. Um deles teve a pouca sorte de pegar a mala de Max, que continha livros; o mais feliz transportou apenas minha sombrinha; todos, porém, receberam o mesmo pagamento.

O hotel para onde fomos também era curioso. Era uma relíquia de dias mais luxuosos, imagino, e a mobília era grande, mas antiquada. Tinha rosas e querubins esculpidos e era todo pintado de branco. Por alguma razão, tudo estava no meio do cômodo, mais ou menos como se os carregadores de móveis tivessem acabado de empurrar um guarda-roupa, uma mesa e uma cômoda e os deixado ali. Nem as camas estavam encostadas na parede. Estas últimas eram magnificamente belas em estilo, e muito confortáveis, mas tinham sobre si lençóis de algodão rústico, pequenos demais para cobrir o colchão.

Na manhã seguinte, Max pediu água quente para se barbear, mas não teve muita sorte. Água quente eram as únicas palavras que ele conhecia em russo — além de "por favor" e "obrigado". A mulher a quem ele pediu balançou a cabeça vigorosamente e nos trouxe uma grande jarra de água fria. Max usou a palavra para quente várias vezes, esperançoso, explicando, enquanto colocava a navalha no queixo, para que precisava dela. Ela balançou a cabeça e desaprovou o gesto em choque.

— Acho que você está parecendo um aristocrata luxuoso pedindo água quente para se barbear. É melhor parar — avisei.

Tudo em Baku parecia um domingo escocês. Não havia diversão nas ruas; a maioria das lojas estava fechada; uma ou duas que estavam abertas tinham longas filas, e as pessoas esperavam pacientemente por artigos pouco atraentes.

Nosso amigo da Intourist nos acompanhou até o trem. A fila para comprar as passagens era enorme.

— Vou ver se consigo reservar lugares — disse ele, e se afastou.

Avançávamos lentamente na fila. De repente, alguém nos deu um tapinha no braço. Era uma mulher da frente da fila, sorrindo amplamente. Na verdade, todas essas pessoas pareciam prontas para sorrir se houvesse algo propício no ar. A mulher era a própria bondade. Com grandes gestos, insistiu para que passássemos para a frente da fila. Tivemos escrúpulo de o fazer e nos mantivemos em nossos lugares; porém, a fila inteira insistia. Deram tapinhas em nossos braços e ombros, balançavam a cabeça, até que, finalmente, um homem nos pegou pelo braço e nos empurrou à força para a frente. A mulher que ocupava o primeiro lugar da fila ficou de lado e curvou a cabeça, cumprimentando-nos e sorrindo. Compramos nossas passagens no Surchet.

— Ah, vocês já conseguiram — disse o homem da Intourist ao regressar.

— Essas pessoas gentis nos deram seus lugares na fila — disse Max um tanto desconfiado. — Gostaria que você explicasse que não queríamos pegá-los.

— Ah, mas eles sempre fazem isso — disse ele. Na verdade, gostam de ir para o fim da fila. É uma grande ocupação ficar na fila, sabe? Elas gostam de ficar o mais longo tempo possível. São sempre muito educados com estranhos.

E eram de fato. Todos assentiram e acenaram para nós quando partimos para o trem. A plataforma estava abarrotada; descobrimos mais tarde, porém, que praticamente ninguém viajaria de trem, exceto nós mesmos. Todas as outras pessoas tinham ido até ali apenas para se distrair um pouco e para passar uma tarde agradável. Por fim, fomos para nosso vagão. O homem da Intourist despediu-se de nós e assegurou-nos de que alguém nos encontraria em Batumi, dali a três dias, e que tudo daria certo.

— Vejo que não estão levando um bule de chá com vocês — disse ele. — Peguem emprestado com alguma mulher.

Descobri o significado disso quando o trem fez sua primeira parada depois de cerca de duas horas de viagem. Uma senhora em nosso compartimento me deu um tapinha violento no ombro, mostrou-me seu bule e explicou, com a ajuda de um menino que falava alemão, que a coisa a fazer era colocar uma porção de chá no bule e levá-lo à locomotiva onde o motorista forneceria água quente. Tínhamos xícaras conosco, e a mulher nos garantiu que faria o restante. Ela voltou com duas xícaras fumegantes de chá e nós desempacotamos nossas provisões. Oferecemos um pouco aos nossos novos amigos e a jornada seguiu.

Nossa comida resistiu moderadamente bem — isto é, começamos pelos patos, felizmente antes que eles estragassem, e comemos um pouco do pão que foi ficando cada vez mais escasso. Esperávamos poder comprar pão no caminho, mas isso não parecia ser possível. É claro que partimos para o caviar o mais rápido possível. Sentimos um pouco de fome no último dia porque não tínhamos mais nada além da asa de um pato e dois potes de geleia de abacaxi. Há algo de doentio em comer um pote inteiro de geleia de abacaxi puro, mas aliviava as dores da fome.

Chegamos a Batumi à meia-noite, sob chuva torrencial. Obviamente, não tínhamos reserva de hotel. Saímos da estação com nossa bagagem. Nenhum sinal de alguém da Intourist vindo ao nosso encontro. Havia à nossa espera uma *drochki,* um dilapidado carro de tração aninal semelhante a uma carruagem do tipo Vitória fora de moda. Amável, como todo mundo, o cocheiro ajudou-nos a embarcar e empilhou nossa bagagem por cima de nós. Dissemos que queríamos ir para um hotel. Ele concordou com um gesto de cabeça encorajador, estalou o chicote, e partimos sobre um desengonçado trote pelas ruas molhadas.

Logo chegamos a um hotel, e o cocheiro fez sinais para que entrássemos. Logo vimos o porquê. Assim que entramos, fomos informados de que não havia quartos. Perguntamos aonde mais iríamos, mas o homem apenas balançou a cabeça sem entender. Saímos e partimos mais uma vez. Fomos a cerca de sete hotéis; todos lotados.

No oitavo, Max disse que teríamos que tomar medidas mais severas, pois precisávamos encontrar um lugar para dormir. À chegada ao hotel seguinte, baqueamos num sofá de pelúcia no hall e ficamos olhando apáticos, fingindo não entender, quando nos disseram não haver quarto vago. No final, os recepcionistas e balconistas ergueram as mãos e nos olharam desesperados. Continuamos inertes e dizendo, de tempos em tempos, nas mais diversas línguas que achávamos que poderiam ser entendidas que queríamos um quarto para passar a noite. Finalmente eles nos deixaram. O motorista entrou, colocou nossas malas ao nosso lado e foi embora, acenando um adeus alegre.

— Você não acha que queimamos as pontes atrás de nós? — perguntei tristemente.

— É a única esperança — garantiu Max. — Agora que já não temos mais transporte para nos levar daqui e nossa bagagem está conosco, acho que acabarão nos conseguindo alguma coisa.

Vinte minutos se passaram e, de repente, o socorro chegou na forma de um homem enorme de mais de 1,80 metro de altura, com um notável bigode preto, usando botas de montaria e parecendo exatamente uma figura de balé russo. Olhei para ele com admiração. Ele sorriu para nós, deu-nos um tapinha no ombro de forma amigável e acenou para que o seguíssemos. Subiu dois lances de escada até o último andar. Depois ele puxou a porta de um alçapão no telhado e apoiou nele uma escada. Parecia pouco convencional, mas não havia outra solução; Max me puxou para cima e fomos para o telhado. Ainda gesticulando e sorrindo, nosso anfitrião nos conduziu até o telhado da casa vizinha e, finalmente, entramos por outro alçapão. Fomos levados a um grande quarto no sótão, muito bem mobiliado, com duas camas. Ele deu um tapinha nas camas, apontou para nós, desapareceu, e logo depois nossa bagagem chegou. Por sorte não tínhamos muitas malas conosco daquela vez; deixáramos a maior parte em Baku, e o homem da Intourist nos disse que a encontraríamos novamente, à nossa espera, em Batumi. Esperávamos que isso acontecesse no dia seguinte. Até lá, a única coisa que queríamos era deitar e dormir.

Na manhã seguinte, tentamos encontrar o caminho para o barco francês que estava navegando naquele dia para Istambul, e para o qual tínhamos passagens reservadas. Embora tenhamos tentado explicar isso de várias formas ao nosso anfitrião, ele não entendeu, e parecia não haver ninguém ali capaz disso. Então saímos e vasculhamos as ruas. Nunca tinha percebido antes o quão difícil era encontrar o mar quando não se tem vista de algum tipo de colina. Andamos para um lado, depois para outro, depois para uma terceira direção... Vira e mexe, dizíamos a palavra "barco" em todas as línguas que conhecíamos, além de "porto" e "cais". Ninguém entendia francês, alemão ou inglês. No final, conseguimos encontrar o caminho de volta para o hotel.

Max desenhou um barco em um pedaço de papel, e nosso anfitrião expressou compreensão imediata. Ele nos levou até uma sala de estar no primeiro andar, sentou-nos em um sofá e explicou em um espetáculo mudo que deveríamos esperar lá. Ao fim de meia hora, reapareceu com um senhor muito velho, de boné azul pontudo, que falava francês. Tinha sido porteiro em um hotel e ainda conseguia lidar com visitantes. Expressou prontidão imediata para nos levar ao nosso barco e conduzir nossa bagagem até lá.

Mas antes de tudo tivemos que recuperar a bagagem que deveria ter chegado de Baku. O senhor nos levou direto para o que era claramente uma prisão, e fomos levados para uma cela fortemente gradeada, onde nossa bagagem nos aguardava. O velho a recolheu e nos conduziu ao porto. Resmungou o caminho todo, o que acabou nos deixando um pouco tensos, pois a última coisa que queríamos fazer era criticar o governo de um país onde não tínhamos cônsul para nos tirar de uma confusão.

Tentamos silenciar o homem, mas não adiantou.

— Não, as coisas não são mais o que costumavam ser — dizia ele. — Acham o quê? Estão vendo este paletó que eu tenho agora? É um bom paletó, sim, mas ele é meu? Não, ele é do governo. Antigamente eu não tinha apenas um casaco — tinha quatro. Talvez não fossem tão bons quanto este, mas eram *meus*. Quatro paletós: um de inverno, um de verão, uma para chuva e outro mais elegante. Eu tinha quatro paletós! — Por fim, ele baixou um pouco a voz e disse: — É estritamente proibido dar gorjetas aqui, então se vocês *estão pensando* em me dar alguma coisa, seria melhor fazê-lo enquanto andamos por esta ruela aqui.

Uma dica tão clara não podia ser ignorada e, como seus serviços foram inestimáveis, rapidamente separamos uma generosa soma de dinheiro. Ele expressou aprovação, reclamou um pouco mais sobre o governo e finalmente apontou com orgulho para as docas, onde um elegante barco das Messageries Maritimes aguardava no cais.

Fizemos uma linda viagem pelo mar Negro. O que recordo mais nitidamente é a chegada ao porto de Inebolu, onde embarcaram oito ou dez encantadores ursinhos castanhos. Conforme ouvi dizer, seguiam para o jardim zoológico de Marselha, e fiquei triste, com pena deles: eram tão parecidos com ursinhos de pelúcia! Mas também poderiam ter tido pior sorte: podiam ter sido mortos a tiros e embalsamados, ou sofrido qualquer outro destino ainda mais sinistro. Sendo assim, fizeram pelo menos uma viagem agradável pelo mar Negro. Ainda me dá vontade de rir quando me lembro da cena de um rude marinheiro francês alimentando os ursinhos, um depois do outro, com uma mamadeira com leite.

## *IV*

A próxima coisa importante que aconteceu em nossa vida foi a visita que fizemos ao casal Campbell-Thompson em um final de semana, para que eu fosse testada antes de irmos à Nínive.

Max já tinha acertado que participaria das escavações com eles no outono e inverno seguintes. Os Woolley não estavam satisfeitos com a saída dele de Ur, mas Max estava determinado a realizar a mudança.

C. T., como Campbell-Thompson era mais conhecido, aplicava certos testes às pessoas. Um deles era o passeio no campo. Quando ele tinha alguém como eu hospedada, levava a pessoa para sair por terrenos acidentados no dia mais chuvoso possível, e notava o tipo de sapatos que as pessoas usavam, se eram incansáveis ou não, se concordavam em se aventurar entre cercas vivas e forçar passagem pelos bosques. Passei nesses testes com sucesso, depois de caminhar e explorar tanto em Dartmoor. O mato não me amedrontava. Mas fiquei feliz porque o teste não foi feito em campos arados, acho todos muito cansativos.

O próximo teste foi descobrir se eu era exigente quanto à alimentação. C. T. logo descobriu que eu podia comer qualquer coisa, e isso novamente o agradou. Ele também gostava de ler minhas histórias policiais, o que o prejudicou ao meu favor. Com a decisão de que eu, ao que tudo indicava, me encaixaria bem o suficiente em Nínive, as coisas foram providenciadas. Max deveria ir para lá no fim de setembro, e eu me juntaria a ele no fim de outubro.

Meu plano era passar algumas semanas escrevendo e relaxando na ilha de Rodes e depois navegar até o porto de Alexandretta, onde conhecia o cônsul britânico. De lá, eu alugaria um carro para me levar até Aleppo, onde pegaria o trem para Nisibin, na fronteira turco-iraquiana, e então seria uma viagem de oito horas até Mossul.

Era um bom plano, combinado com Max, que me encontraria em Mossul — embora os arranjos no Oriente Médio raramente corram de acordo com o planejado. O Mar Mediterrâneo estava muito agitado, e depois de ancorar em Mersin, as ondas ficaram cada vez mais altas, e eu fiquei deitada e gemendo em minha cabine. O mordomo italiano se encheu de compaixão e se entristeceu pelo fato de eu não querer comer mais nada. De vez em quando, enfiava a cabeça pela porta entreaberta e me tentava com algo do cardápio do dia.

— Trago para a senhora um lindo espaguete. Muito bom, com molho de tomate esplêndido, como a senhora gosta.

— Ah, não — gemi, o mero pensamento de espaguete quente gorduroso com molho de tomate praticamente acabando comigo.

Depois de um tempo, ele voltava.

— Agora tenho algo que a senhora vai gostar. Folhas de parreira no azeite com arroz. Muito bom.

Mais gemidos. Ele até me trouxe uma tigela de sopa, mas a camada de gordura por cima dela me fez ficar verde.

Ao nos aproximarmos de Alexandretta, consegui me levantar, me vestir, fazer as malas e depois cambaleei incerta até o convés em busca de ar fresco. Enquanto estava ali, me sentindo um pouco melhor com o vento frio e cortante, fui avisada de que estava sendo chamada na cabine do capitão. Ele me deu a notícia de que o navio não poderia atracar em Alexandretta.

— O mar está agitado demais — disse. — O porto de Alexandretta não é fácil, sabe, não é fácil desembarcar nele.

Realmente, para mim isso era muito grave. Parecia que eu nem conseguiria me comunicar com o cônsul.

— O que devo fazer? — perguntei.

O capitão encolheu os ombros.

— Você terá que seguir para Beirute. Não há mais nada a fazer além disso.

Para a minha tristeza, Beirute ficava totalmente fora da direção planejada. No entanto, não havia o que fazer.

— Não cobraremos mais nada por isso — disse o capitão, me encorajando. — Como não podemos desembarcá-la aqui, nós te levaremos para o próximo porto.

O mar havia acalmado um pouco quando chegamos a Beirute, mas ainda estava agitado. Fui transferida para um trem excessivamente lento, que me levou a Aleppo. A viagem levou, tanto quanto me lembro, todo o dia e, pelo menos, mais dezesseis horas. Não havia nenhum tipo de toalete no trem, e quando parava em qualquer estação não sabíamos também se ali haveria um banheiro ou não. Tive que suportar isso por dezesseis horas inteiras; felizmente, também consigo suportar longas esperas.

No dia seguinte, peguei o Expresso do Oriente para Tel Kochek, que na época era a estação terminal da ferrovia Berlim-Bagdá. Em Tel Kochek houve ainda mais um pouco de azar. O tempo estava tão ruim que a trilha para Mossul tinha desaparecido, e os rios estavam cheios demais. Tive que passar dois dias na estalagem — um lugar primitivo, sem absolutamente nada para fazer. Perambulei por um emaranhado de arame farpado, caminhei uma curta distância pelo deserto e voltei a mesma distância. As refeições eram sempre as mesmas: ovos fritos e frango duro. Li o único livro que me restava; depois disso, fiquei reduzida à meditação!

Por fim, cheguei à estalagem em Mossul. Alguma notícia minha parecia ter chegado até lá misteriosamente, pois Max me aguardava na escadaria.

— Você não ficou preocupado quando eu não cheguei três dias atrás? — perguntei.

— Não, isso acontece com frequência — disse Max.

Fomos de automóvel até a casa que os Campbell-Thompson haviam alugado perto do *mound*, um monte artificial, de Nínive. Era encantadora e ficava a 2,5 quilômetros de Mossul — sempre lembrarei desse local com amor e afeto. Tinha um telhado plano, com uma torre quadrada, onde havia um quarto e um lindo pórtico de mármore. Max e eu ficávamos no quarto do andar de cima. A mobília era escassa: consistia, basicamente, em caixotes de transporte de laranjas e duas camas de campanha. Ao redor de toda a casa havia roseiras. Quando chegamos, estavam cobertas de botões rosados. "Amanhã de manhã, as rosas já terão desabrochado. Que lindas estarão!", pensei. Na manhã seguinte, porém, as rosas continuavam fechadas. Não entendia esse fenômeno da natureza — a rosa não é, de fato, como uma flor da noite. No entanto, a verdade é que essas roseiras haviam sido plantadas para a produção de essência de rosas, e todos os dias, às quatro horas da manhã, vinham homens cortar as rosas, à medida que iam desabrochando. Quando as olhava pela manhã, restavam apenas os botões por abrir.

O trabalho de Max envolvia andar a cavalo. Duvido muito que ele tenha montado muitas vezes até aquele momento, mas insistiu que poderia e que antes de ir para lá, frequentou uma arena em Londres. Ele teria ficado mais apreensivo se tivesse percebido que a paixão da vida de C.T. era a economia. Embora em muitas ocasiões se mostrasse muito generoso, pagava aos trabalhadores os mais baixos salários. Uma de suas formas de economizar era nunca pagar muito caro por um cavalo; assim, qualquer animal que comprasse tinha em geral uma característica desagradável, que permanecia oculta até que seu proprietário conseguisse assegurar-se de um comprador; habitualmente escoiceavam, empinavam, se esquivavam ou sabiam um truque ou outro.

O cavalo de Max não era exceção, e o fato de ter que subir uma trilha escorregadia e lamacenta até o topo do monte todas as manhãs era sempre uma provação, em especial porque Max se esforçava para fazê-lo com uma aparência de extrema despreocupação. Apesar de tudo, Max *nunca* caiu. Isso, de fato, teria sido a suprema desgraça.

— Lembre-se que cair do cavalo significa que nenhum operário terá um pingo de respeito por você — disse-lhe C.T. antes de deixarem a Inglaterra.

O ritual começava às cinco da manhã. C.T. subia ao telhado, Max se juntava a ele e, após se consultarem, ele sinalizaria com uma lâmpada para o vigia noturno no topo do sítio arqueológico de Nínive. Essa mensagem informava se o tempo estava bom para que o trabalho pudesse prosseguir. Já que era outono, uma estação chuvosa, a ansiedade era natural; muitos dos operários estavam há dois ou três quilômetros de distância, portanto, procuravam a luz do farol no monte para saber se podiam sair de casa ou não. No devido tempo, Max e C.T. partiam em seus cavalos para subir até o topo do monte.

Barbara Campbell-Thompson e eu caminhávamos até o monte por volta das oito da manhã, onde tomávamos café da manhã juntas: ovos cozidos, chá e pão local. Aqueles dias de outubro foram muito agradáveis, embora em outro mês estivesse frio e estivéssemos bem agasalhadas. A região ao redor era adorável: as colinas e montanhas ao longe, o carrancudo Jebel Maklud, e às vezes as montanhas curdas com neve sobre elas. Olhando para o outro lado, via-se o rio Tigre e a cidade de Mossul com seus minaretes. Voltávamos para casa e depois subíamos novamente para um almoço-piquenique.

Travei, certa ocasião, uma batalha com C.T., a qual ele só cedeu por cortesia, mas acho que seu apreço por mim diminuiu depois daquilo. Queria comprar para mim uma mesa em um bazar. Podia guardar minhas roupas nos caixotes das laranjas, e tinha um deles junto de minha cama, como mesa de cabeceira, mas *necessitava,* se quisesse continuar a escrever meus livros, de uma mesa sólida, sobre a qual pudesse colocar a máquina de escrever e sob a qual pudesse enfiar meus joelhos. Queria que C.T. comprasse a mesa — ou, antes, eu compraria a mesa —, mas ele me olhava como se eu fosse uma perdulária que pretendesse despender dinheiro em algo que não era uma necessidade. Eu, porém, insistia que ela *era* de absoluta necessidade.

Ressaltei que escrever livros era o meu trabalho, e eu precisava de certas ferramentas para desempenhá-lo: uma máquina de escrever, um lápis e uma mesa na qual pudesse me sentar. Então C.T. cedeu, mas ficou triste. Insisti também em ter uma mesa *sólida*, não uma coisa qualquer de quatro pernas e um tampo que balançasse sempre que tocado. Assim, a mesa custou dez libras — uma quantia inaudita. Acho que ele levou duas semanas para me perdoar por essa extravagância luxuosa. No entanto, uma vez que consegui minha mesa, fiquei muito feliz, e C.T. sempre perguntava de forma gentil sobre o andamento do meu trabalho. O livro em questão era *A morte de Lorde Edgware*, e um esqueleto que surgiu em um túmulo no monte foi prontamente batizado de Lord Edgware.

O objetivo da ida de Max para Nínive era fazer uma escavação profunda no *mound*. C.T. não estava tão entusiasmado, mas eles concordaram de antemão que Max deveria tentar. Na Arqueologia, a pré-história de repente se tornou moda. Quase todas as escavações até então tinham sido de natureza histórica, mas naquele momento todos estavam apaixonadamente interessados na civilização pré-histórica, sobre a qual ainda pouco se sabia.

As pessoas examinavam pequenos *mounds* obscuros por todo o país, coletavam fragmentos de cerâmica pintada onde quer que fossem, rotulando-os, separando-os em sacos e examinando os padrões — era infinitamente interessante. Embora fosse tão antigo — era algo *novo*!

Como a escrita não havia sido inventada quando essa cerâmica foi feita, a datação foi bastante difícil. Era difícil dizer se um tipo de cerâmica precedia ou seguia outro. Woolley, em Ur, havia escavado até os níveis dos povoados da época do Dilúvio e ainda mais profundamente, e a empolgante cerâmica pintada descoberta em Tell-Ubaid provocava enorme especulação. Max fora contagiado tanto quanto qualquer um — e, de fato, os resultados da escavação mais profunda em Nínive foram muito *emocionantes*, porque logo ficou claro que o enorme *mound*, com trinta metros de altura, era 75% pré-histórico, algo que ninguém nunca havia suspeitado. Apenas a camada do topo era assíria.

A escavação profunda tornou-se bastante assustadora depois de um tempo, porque eles tiveram que cavar trinta metros até o solo virgem. Ficou pronta no fim da temporada. C.T., que era um homem corajoso, sempre fazia questão de descer com os trabalhadores uma vez por dia. Ele não se sentia bem com toda aquela altura, e era uma agonia para ele. Max não tinha problemas com altura e ficava muito feliz em subir e descer. Os operários, como todos os árabes, ignoravam qualquer tipo de vertigem. Eles corriam para cima e para baixo pela estreita calçada em espiral molhada e escorregadia logo pela manhã; jogavam cestos um para o outro e carregavam a terra dando empurrões de brincadeira um no outro a cerca de um centímetro da borda.

— Ah, meu Deus! — C.T. costumava gemer e levar as mãos à cabeça, incapaz de olhar para eles. — Desse jeito alguém vai acabar morrendo.

Mas ninguém morreu. Tinham os pés firmes como mulas.

Em um de nossos dias de descanso, decidimos alugar um carro e ir conhecer o grande monte Nemrut, que havia sido escavado pela última vez por Layard, havia mais de cem anos. Max teve alguma dificuldade para chegar lá, pois as estradas eram muito ruins. A maior parte do caminho tinha que ser feita pelo campo, e tanto os rios quanto as valas de irrigação eram muitas vezes intransitáveis. Por fim, chegamos e fizemos um piquenique — era um lugar muito bonito. O Tigre corria a apenas pouco mais de um quilômetro, e na grande colina da acrópole enormes cabeças de pedra assírias surgiam do solo. Num local era possível ver a enorme asa de um grande gênio. Era uma paisagem espetacular — pacífica, romântica e impregnada de passado. Max disse:

— Este é o lugar que eu gostaria de escavar, mas teria que ser em uma escala muito grande. Precisaria levantar muito dinheiro, mas, se pudesse, este é o local que eu escolheria.

Ele suspirou e acrescentou:

— Bom, acho que isso nunca vai acontecer.

O livro de Max está diante de mim agora: *Nimrud and its remains*. Como estou feliz que o desejo de seu coração tenha sido realizado. Nemrut acordou de seus cem anos sem ser estudado. Layard começou o trabalho, meu marido terminou.

Max descobriu seus segredos adicionais: o grande Forte Shalmaneser, nos limites da cidade; os outros palácios em outras partes da região. A história de Calah, a capital militar da Assíria, foi revelada. Historicamente, Nemrut não tem a fama que merece, além disso, alguns dos mais belos objetos já feitos por artesãos

— ou artistas, como prefiro chamá-los — foram levados para os museus de todo o mundo. Marfins delicados e requintados: coisa belíssimas.

Contribuí na limpeza de muitos deles. Eu tinha minhas próprias ferramentas favoritas, como qualquer profissional: um pauzinho de laranjeira, é provável ter sido uma agulha de tricô muito fina — em uma das temporadas, tive em meu poder um instrumento de dentista, que me foi emprestado, ou melhor, oferecido — e um pote de creme facial, que achei mais útil do que qualquer outra coisa para conseguir remover suavemente os dejetos das ranhuras sem prejudicar o friável marfim. Na verdade, meu creme foi tão usado que não sobrou nada para o meu pobre rosto depois de algumas semanas!

Como foi emocionante! A paciência, os cuidados necessários, a delicadeza do toque. E o dia mais emocionante de todos — um dos dias mais emocionantes da minha vida — foi quando os trabalhadores entraram correndo de seu trabalho de limpeza de um poço assírio e gritaram:

— Encontramos uma mulher no poço! Tem uma mulher no poço!

E trouxeram uma grande massa de lama num plástico.

Tive o prazer de lavar suavemente a lama em um grande lavatório. Pouco a pouco surgiu a cabeça, preservada pela lama por cerca de 2.500 anos. Lá estava ela, a maior cabeça de marfim já encontrada: uma suave cor acastanhada pálida, o cabelo escuro, os lábios levemente coloridos com o sorriso enigmático de uma das donzelas da Acrópole. A Senhora do Poço — a Mona Lisa, como o diretor iraquiano de Antiguidades insistia em chamá-la — está no novo museu de Bagdá: uma das coisas mais emocionantes que já se viu.

Havia muitos outros marfins, alguns talvez de beleza ainda maior que a cabeça, se não tão espetaculares. As placas com vacas de cabeça virada para trás, que amamentavam seus bezerros; senhoras de marfim à janela, uma delas, possivelmente, Jezebel, a Má, e as duas maravilhosas placas com um homem negro a ponto de ser morto por uma leoa. Na representação, o homem jaz por terra, com um pano dourado cingindo-lhe os rins, pontos dourados nos cabelos e a cabeça erguida, como que em êxtase, com a leoa por cima, para matá-lo; por trás dele vê-se a folhagem do jardim: lápis-lazúli, cornalina e ouro formam as flores e a folhagem. Que sorte ter essas duas peças recuperadas! Uma está no Museu Britânico, a outra, em Bagdá.

Toda pessoa sente orgulho de pertencer à espécie humana quando vê as coisas maravilhosas que os seres humanos moldaram com as mãos. Foram criadores — devem compartilhar um pouco da santidade do Criador, que fez o mundo e tudo o que havia nele, e viu que era bom. O Criador deixou, no entanto, algo a ser feito. Deixou coisas para serem moldadas pelas mãos dos homens. E assim foi feito, para que os humanos seguissem os passos do Criador, porque foram feitos à sua imagem, para depois também comtemplarem o que criaram e verem que era bom.

O orgulho da criação é uma coisa extraordinária. Até mesmo o carpinteiro que uma vez construiu um toalheiro de madeira particularmente hediondo para uma de nossas casas de expedição tinha o espírito criativo. Ao ser questionado sobre o motivo de ter feito pés tão enormes contra as ordens, ele disse em tom de reprovação:

— *Tive* que fazer assim porque me pareceu mais bonito.

Bem, parecia horrível para nós, mas era lindo para ele, e ele o fez no espírito da criação, *porque* era lindo.

Os seres humanos podem ser maus — mais até do que seus irmãos irracionais podem ser —, mas também podem subir aos céus no êxtase da criação. As catedrais da Inglaterra são monumentos à adoração da humanidade por aquilo que está acima de si mesma. Gosto daquela rosa Tudor — está, penso eu, num dos capitéis da capela do King's College, em Cambridge — onde o escultor, contra ordens, a pôs no centro o rosto de Nossa Senhora, porque, pensava ele, os reis Tudor estavam sendo adorados demais, e que o Criador, o Deus para quem aquele lugar de adoração foi construído, não fora honrado o suficiente.

Aquela seria a temporada final do Dr. Campbell-Thompson. Ele era, é claro, sobretudo, um epigrafista, e para ele a palavra escrita, o registro histórico, era muito mais interessante do que o lado arqueológico. Como todos os epigrafistas, ele sempre esperava encontrar um conjunto de tabuletas com inscrições.

Nínive fora tão escavada que era difícil entender todos os edifícios. Para Max, os edifícios do palácio não eram tão interessantes: era seu poço profundo no período pré-histórico que realmente o interessava, porque pouco se sabia sobre ele.

Ele já tinha traçado o plano, que achei muito empolgante, de escavar sozinho uma pequena colina naquela parte do mundo. Teria que ser pequena, pois seria difícil conseguir muito dinheiro para tal, mas Max achou que *deveria* ser feito, e que era extremamente importante. Então ele passou a ter um interesse especial, com o passar do tempo, no progresso do poço profundo em direção ao solo virgem. Quando por fim foi alcançado, a base era um pequeno pedaço de terra, com apenas alguns metros de diâmetro. Havia alguns fragmentos de louça — não muitos, devido ao pequeno espaço — e eram de uma época diferente das encontradas mais acima. A partir de então, Nínive foi rotulada outra vez, mas de baixo para cima: Ninivite 1, junto ao solo virgem; Ninivite 2, Ninivite 3, Ninivite 4 e Ninivite 5, estágio no qual a cerâmica já era feita num torno e havia belos potes com pinturas e incisões. Vasos como cálices eram bem característicos, e as decorações e pinturas eram vigorosas e encantadoras. No entanto, a cerâmica em si — a textura — não era de tão fina qualidade como a que fora feita possivelmente milhares de anos antes: delicadas louças da cor de damasco, quase como cerâmica grega, com a superfície lisa e vitrificada e suas ornamentações em sua maioria geométrica, em particular um padrão pontilhado. Max disse que era como a fundição de cerâmica em Tell Halaf, na Síria, mas sempre se pensou que esta fosse muito mais recente e, de qualquer forma, de melhor qualidade.

Ele pediu para que os operários lhe trouxessem vários pedaços de cerâmica das aldeias onde viviam, todos num raio de um a doze quilômetros. Em alguns dos *mounds*, as louças eram quase todas da qualidade das de Ninivite 5, e, além da variedade pintada, havia outro tipo muito belo de potes cinzelados, delicadamente trabalhados. Havia também louça vermelha, de um período mais antigo, e louça cinzenta, ambas lisas, sem pinturas.

Claro, um ou dois pequenos montes que cobriam a região até as montanhas tinham sido abandonados antes de as louças serem feitas em tornos: essa bela louça primitiva era feita à mão. Havia em particular um monte muito pequeno chamado Arpachiyah — estava apenas 6,5 quilômetros de distância a leste do grande círculo de Nínive. Naquele pequeno monte quase não havia vestígios de algo posterior aos belos cacos pintados de Ninivite 2. Aparentemente, esse foi seu último período principal de ocupação.

**544**

Max se sentiu atraído por ele. Eu o instiguei, porque achei a cerâmica tão bonita que seria excitante descobrir algo sobre ela. Max disse que seria uma aposta. Deveria ter sido um povoado pequeno e dificilmente teria sido importante, de modo que era legítimo duvidar acerca do que se viesse a encontrar. Mas ainda assim, as pessoas que fizeram aquela cerâmica deviam ter vivido ali. Sua ocupação talvez fosse primitiva, mas a cerâmica, não: era da melhor qualidade. Não poderiam ter feito isso para a grande cidade de Nínive, como alguns locais de Swansea ou Wedgwood, pois Nínive não existia quando eles moldavam argila. Só viria a existir alguns milhares de anos depois. Então, *para que faziam* tudo aquilo? Por puro amor de fazer algo tão bonito?

Naturalmente, C.T. pensou que Max estava enganado ao atribuir tanta importância aos tempos pré-históricos e a toda essa "confusão moderna" sobre a cerâmica.

— Registros históricos são as únicas coisas que importam — disse ele. — O homem contando sua própria história, não em palavras faladas, mas escritas.

Ambos estavam corretos em certo sentido: C.T. porque os registros históricos foram de fato reveladores, e Max porque, para descobrir algo novo sobre a história da humanidade, é preciso usar o que ela mesma produz e revela, neste caso pelo que as pessoas fizeram com as próprias mãos.

Eu também estava certa em notar que a cerâmica nesta pequena aldeia era linda, e em me preocupar com isso. E acho que estava certa de estar continuamente me perguntando os porquês o tempo todo, pois, para pessoas como eu, perguntar o porquê é o que torna a vida interessante.

Gostei bastante da minha primeira experiência de morar em uma escavação. Adorei Mossul e me apeguei profundamente a C.T. e Bárbara. Tinha terminado de escrever sobre o assassinato de Lorde Edgware e perseguido com êxito seu assassino. Fiz uma visita a C.T. e sua esposa para ler o manuscrito em voz alta, e eles ficaram muito agradecidos. Acho que foram as únicas pessoas para quem li um manuscrito — exceto, é claro, minha própria família.

Mal podia acreditar que, em fevereiro do ano seguinte, Max e eu estávamos de novo em Mossul, desta vez na casa de hóspedes. As negociações para nossa escavação em Arpachiyah estavam em andamento; o pequeno monte Arpachiyah, com o qual ninguém ainda se importava ou conhecia, mas que se tornaria um nome conhecido em todo o mundo arqueológico. Max persuadira John Rose, que havia sido arquiteto em Ur, a trabalhar conosco. Ele era amigo de nós dois: um belo desenhista, com um jeito calmo de falar e um humor suave que eu achava irresistível. John estava indeciso no início se iria ou não se juntar a nós: ele não queria voltar a Ur, certamente, mas estava em dúvida se continuaria com o trabalho arqueológico ou retornaria à prática da arquitetura. No entanto, como Max apontou para ele, não seria uma expedição longa — dois meses no máximo — e é provável que não houvesse muito o que fazer.

— Na verdade — disse Max persuasivamente —, você quase pode considerar que vai ter umas férias: a época do ano é encantadora. As flores são lindíssimas e o clima é bom; não existem tempestades de areia, como em Ur. Só montanhas e colinas. Você vai gostar muito. Terá repouso completo.

John deixou-se convencer.

— É claro que se trata de um risco, quase um desafio — acrescentou Max.

Para Max, foi uma temporada de grande ansiedade, pois estava no princípio de sua carreira e arcaria com o peso de sua opção: vencer ou fracassar conforme os resultados obtidos.

Tudo começou de forma pouco propícia. Para começar, o clima estava horrível. Com a chuva forte era quase impossível ir a qualquer lugar de carro; e foi incrivelmente difícil descobrir quem era o dono da terra que nos propusemos a escavar. As questões de propriedade da terra no Oriente Médio são sempre repletas de dificuldades. Se estão muito longe das cidades, estão sob jurisdição de um xeique, e é com ele que se fazem combinações financeiras e de outras naturezas, com o apoio do governo, para nos conferir alguma autoridade. Todo terreno registrado como *tell* — quer dizer, que fora habitado na Antiguidade — é propriedade do governo, e não do senhor da terra. Mas duvido que Arpachiyah, sendo tão pequena na superfície do solo, tivesse sido tão rotulada, então tivemos que entrar em contato com o proprietário da terra.

Parecia simples. Um homem grande e alegre encontrou-se conosco e assegurou que era o dono. Mas, no dia seguinte, soubemos que ele não era. Um primo de segundo grau de sua esposa era o verdadeiro dono. No outro dia, soubemos que a terra não era de fato propriedade do primo de segundo grau da esposa, e que várias outras pessoas estavam envolvidas. No terceiro dia de chuva incessante, quando todos se comportaram de maneira extremamente difícil, Max se jogou na cama com um longo suspiro.

— O que você acha de tudo isso? — perguntou ele. — *São dezenove proprietários.*

— Dezenove proprietários daquele pedacinho de terra? — falei, incrédula.

— É o que parece.

Ao final, quando desfizemos todo o emaranhado, descobrimos que a verdadeira dona era prima de segundo grau da tia da prima do marido da tia de alguém, que, sendo incapaz de fazer qualquer negócio por conta própria, teve que ser representada pelo marido e vários outros parentes. Com a assistência do *mutas-sarif* de Mossul, do Departamento de Antiguidades de Bagdá, do cônsul britânico e mais alguns assessores, toda a questão foi resolvida e assinou-se um contrato, aliás, bastante severo. Terríveis penalidades recairiam sobre qualquer dos lados que falhasse no cumprimento do acordo. O que mais agradou ao marido da proprietária foi a inserção de uma cláusula que dizia que, se de alguma forma interferisse em nosso trabalho de escavação, ou o contrato fosse anulado, ele teria que pagar uma quantia de mil libras. Ele imediatamente foi embora e se gabou disso para todos os seus amigos.

— É uma questão de tal importância que, se eu não der todo o auxílio que me couber dar e não cumprir todas as promessas que fiz em nome de minha esposa, perderei mil libras! — dizia ele com orgulho.

Todos ficavam muito impressionados.

— Mil libras? — perguntavam. — É possível que ele perca mil libras. Ouviram isso? Podem extrair mil libras dele se algo der errado!

Devo dizer que se alguma penalidade de natureza financeira tivesse sido exigida do bom homem, cerca de dez dinares teriam sido tudo o que ele tinha.

Alugamos uma casinha muito parecida com a que nos hospedamos com os C.T. Ficava um pouco mais longe de Mossul e mais perto de Nínive, mas tinha o mesmo telhado plano e uma varanda de mármore, com janelas de mármore de Mossul, de estilo ligeiramente eclesiástico e peitoris de mármore sobre os quais poderiam ser colocadas as louças. Tínhamos um cozinheiro e um empregado; além de uma cadela grande e feroz para latir para os outros cachorros da vizinhança e para quem se aproximasse da casa — e, no devido tempo, seis cachorrinhos nascidos dela. Tínhamos também um pequeno caminhão e um irlandês chamado Gallagher como motorista. Ele morava na região desde depois da guerra de 1914 e nunca mais voltou para casa.

Gallagher era uma pessoa extraordinária. Ele nos contava histórias maravilhosas, às vezes. Narrou uma saga sobre um esturjão que encontrou nas margens do mar Cáspio, e como ele e um amigo o transportaram, envolvido em gelo, pelas montanhas até o Irã para vendê-lo por um alto preço. Era como ouvir a *Odisseia* ou a *Eneida*, com inúmeras aventuras que aconteciam pelo caminho.

Ele nos deu informações úteis, como o preço exato da vida de um homem.

— O Iraque é melhor que o Irã — disse ele. — No Irã são necessárias sete libras em dinheiro vivo para matar um homem. No Iraque isso custa apenas três libras.

Gallagher ainda tinha lembranças de seu serviço de guerra e sempre treinava os cães da maneira mais militar possível. Os seis cachorrinhos eram chamados um de cada vez, e iam para a cozinha em ordem. A primeira a ser chamada era a Senhorita Suíça, a predileta de Max. Esses cachorrinhos eram medonhos, mas tinham a graça própria dos filhotes. Eles iam para a varanda para ficar conosco depois do chá e arrancávamos os carrapatos deles com muita atenção. Estavam sempre cheios de carrapatos no dia seguinte, mas fazíamos nosso melhor por eles.

Gallagher também se revelou um leitor onívoro. Minha irmã costumava enviar-me pacotes com livros todas as semanas — e, no devido tempo, eu os passava para ele. Gallagher lia rápido e parecia não ter preferência alguma pelo que lia: biografias, ficção, histórias de amor, thrillers, trabalhos científicos, de tudo um pouco. Ele era como um homem faminto que diria que qualquer tipo de comida é igual: você não se importa com o que é, só quer *alimento*. Ele queria alimento para sua mente.

Uma vez, com tristeza, Gallagher contou uma história sobre seu "tio Fred".

— Um crocodilo o pegou na Birmânia. Fiquei sem saber o que fazer. Achei, porém, que a melhor coisa era mandar empalhar o crocodilo, e foi o que fiz, e depois o mandei à esposa de meu tio.

Contou tudo isso com uma voz calma e prática. No começo, achei que ele estava inventando demais, mas por fim cheguei à conclusão de que praticamente tudo o que ele nos contou era verdade. Ele era exatamente o tipo de homem a quem coisas extraordinárias aconteciam.

Foi uma época de ansiedade para nós. Ainda não havia nada para mostrar se a aposta de Max ia dar certo. Descobrimos apenas prédios de natureza pobre e decrépita — nem sequer eram de tijolos de lama, consistiam em paredes de *pisé* difíceis de datar. Havia encantadores cacos de cerâmica por toda parte, e algumas lindas facas pretas de obsidiana com pontas delicadamente atadas, mas nada fora do comum em termos de achados.

John e Max se apoiaram, dizendo que era muito cedo para dizer, e que antes da chegada do Dr. Jordan, a coisa toda mostraria que a escavação havia sido feita de maneira adequada e científica.

E então, do nada, chegou o grande dia. Max correu até em casa para me buscar; naquele momento eu estava ocupada, remendando algumas peças de cerâmica.

— Um achado maravilhoso — disse ele. — Encontramos uma olaria incendiada. Vamos para lá comigo. É a coisa mais maravilhosa que você já viu.

E era mesmo. Um golpe de sorte. A oficina do oleiro estava ali, debaixo da terra. Fora abandonada depois do incêndio, e este não a deteriorara. Havia pratos gloriosos, vasos, xícaras, baixelas e cerâmica policromada, e tudo brilhava com a luz do sol — escarlate, preto e laranja —, uma visão magnífica.

A partir de então, ficamos tão freneticamente ocupados que não sabíamos como dar conta do recado. Vasos e mais vasos apareciam. Haviam sido esmagados pela queda do telhado — mas estavam lá, e quase todos podiam ser reconstruídos. Alguns deles estavam levemente carbonizados, mas as paredes caíram em cima deles e os preservaram, e ali ficaram, intactos, por cerca de 6 mil anos. Um enorme prato polido, em um lindo vermelho-escuro com uma roseta no centro e belos desenhos ao redor, muito geométricos, estava quebrado em 76 peças. Cada peça estava lá, e foi remontada, e é uma visão maravilhosa de se ver no museu onde está. Adorei uma tigela em especial, com um padrão a sua volta, um pouco no gênero da bandeira do Reino Unido, em cor de tangerina, de uma tonalidade profunda e suave.

Eu estava explodindo de felicidade. Assim como Max, e também, em seu jeito mais calmo, John. Mas como trabalhamos, desde então, até o final da temporada.

Naquele outono tentei aprender a desenhar por escala. Frequentei uma escola secundária local e recebi lições de um homenzinho encantador, que não queria acreditar que eu soubesse tão pouco quanto dizia.

— Você parece nem ter ouvido falar em ângulo reto — disse ele, com ar de desaprovação. Admiti que isso era verdade. Não tinha mesmo. — Assim fica difícil descrever as coisas.

No entanto, aprendi a medir e calcular, desenhar as coisas dois terços menores do que eram na realidade, ou como fosse necessário. Depois, chegou o momento em que eu teria que colocar à prova o que havia aprendido. Havia tanto para ser feito que cada um de nós tinha de colaborar *com todas* as forças. Levei, é claro, duas ou três vezes mais tempo do que qualquer um dos outros, mas John precisava de alguma ajuda, e eu consegui fornecê-la.

Max ficava na escavação o dia todo, enquanto John desenhava. Ele cambaleava para jantar à noite, dizendo:

— Acho que estou ficando cego. Meus olhos parecem estranhos, e estou tão tonto que mal consigo andar. Estou desenhando sem parar em alta velocidade desde as oito horas da manhã.

— E todos nós vamos ter que continuar depois do jantar — disse Max.

— E você é o homem que me disse que eu teria férias — disse John, acusador.

Para comemorar o final da temporada decidimos organizar uma corrida de cavalos para os homens que trabalharam conosco. Isso nunca havia sido feito antes. Haveria vários prêmios esplêndidos e estava aberto a todos os homens que quisessem competir.

Falou-se muito sobre isso. Para começar, alguns dos graves e mais velhos questionaram se não perderiam a dignidade ao competir em tal evento. A dignidade sempre foi muito importante. Competir com homens mais jovens, possivelmente garotos sem barba, não era o tipo de coisa que um homem digno, um homem de posses, deveria fazer. Mas acabaram concorrendo, e nós preparamos os pormenores. A corrida seria de cinco quilômetros e teriam que cruzar o rio Khosr bem junto da colina de Nínive. As regras foram elaboradas com cuidado. A principal era que não deveria haver faltas: ninguém podia jogar ninguém no chão, colidir, instigar, cruzar na frente, ou qualquer coisa assim. Embora dificilmente esperássemos que tais regras fossem respeitadas, queríamos apenas que os excessos fossem evitados.

Os prêmios eram os seguintes: *primeiro prêmio*: uma vaca e seu bezerro; *segundo*: um carneiro; *terceiro*: uma cabra. Havia ainda alguns prêmios menores — galinhas, sacos de farinha e ovos, em quantidades que variavam de cem a dez. Também haveria, para todos os que completassem a corrida, um punhado de tâmaras e a quantidade de *halva* que um homem pudesse segurar com ambas as mãos. Esses prêmios, posso dizer, custaram dez libras. Bons tempos aqueles!

Nós os chamamos de A.A.A.A., sigla para Associação Atlética de Amadores de Arpachiyah. O rio estava cheio, e não se podia passar pela ponte para vigiar a corrida; a Força Aérea Real, porém, foi convidada a fazê-lo do céu.

Quando chegou o dia, a visão foi memorável. A primeira coisa que aconteceu foi que, quando soou o tiro de pistola, todo mundo partiu ao mesmo tempo e a maior parte dos concorrentes caiu no rio Khosr. Alguns conseguiram se desvencilhar do fervilhante enxame e continuaram. Não se pode dizer que tenham sido desleais: ninguém jogou ninguém no chão. Houve muitas apostas na corrida, mas nenhum dos favoritos ficou bem colocado. Três cavalos pretos venceram — e os aplausos foram fantásticos. O homem que ganhou o primeiro prêmio era bastante atlético; o segundo, o mais popular, era um homem muito pobre, que sempre parecia estar com fome; o terceiro foi um rapaz bastante jovem. Aquela noite foi de muito regozijo: os capatazes e os trabalhadores dançaram; e o homem que ganhou o segundo prêmio das ovelhas a matou imediatamente e festejou com toda sua família e amigos. Foi um grande dia para a Associação Atlética de Amadores de Arpachiyah!

Partimos sob uma salva de bênçãos: "Deus os abençoe!", "Voltem em breve", "Deus é muito misericordioso" e assim por diante. Fomos então para Bagdá, onde todos os nossos achados nos aguardavam no museu. Lá, Max e John Rose os desempacotaram e fizeram a divisão. Estávamos no mês de maio, e em Bagdá a temperatura queimava até na sombra. O calor não agradava a John, e ele parecia bastante doente a cada dia. Tive a sorte de não fazer parte do esquadrão de empacotamento. Pude ficar em casa.

Os tempos em Bagdá estavam aos poucos piorando politicamente e, embora desejássemos voltar no próximo ano, fosse para explorar outro monte ou para escavar um pouco mais o Arpachiyah, já tínhamos dúvidas se isso seria possível. Depois que saímos, tivemos alguns problemas com o envio das antiguidades, e foi bastante difícil retirar nossas caixas. As coisas foram enfim resolvidas, mas demoraram muitos meses e, por isso, foi declarado desaconselhável que voltássemos para lá na temporada seguinte. Por alguns anos, quase ninguém escavou no Iraque; então todos foram para a Síria. E foi assim que no outro ano também decidimos escolher um local adequado nessa região.

Uma última coisa de que me lembro parecia um presságio do que estava por vir. Estávamos tomando chá na casa do Dr. Jordan, em Bagdá. Ele era um bom pianista e naquele dia estava tocando Beethoven para nós. Tinha uma bela cabeça, e ao contemplá-lo, pensei no quão esplêndido ele era. Sempre parecera gentil e atencioso. Então, casualmente, alguém mencionou os judeus. Sua expressão alterou-se de uma forma tão extraordinária como eu jamais vira em um rosto humano; estava transformado.

— Vocês não entendem — disse ele. — Nossos judeus talvez sejam diferentes dos seus. Eles são um perigo. Deveriam ser exterminados. É a única saída.

Encarei-o sem acreditar. Ele realmente acreditava no que estava dizendo. Foi a primeira vez que me deparei com qualquer indício do que aconteceria mais tarde da Alemanha.

As pessoas que tinham estado na Alemanha já tinham notado essa atmosfera, mas pessoas comuns como eu não poderiam ter, em 1932 ou 1933, a menor premonição do que sucederia.

Naquele dia, quando nos sentamos na sala de estar do Dr. Jordan e ele tocou o piano, vi um nazista pela primeira vez — e descobri mais tarde que sua esposa era uma nazista ainda mais feroz do que ele. Eles tinham um dever a cumprir ali e este não consistia apenas em ser Diretor de Antiguidades ou mesmo trabalhar para o país deles, mas também espionar o próprio embaixador alemão. Algumas coisas na vida nos deixam profundamente tristes quando passamos a entendê-las.

# V

Voltamos para a Inglaterra radiantes de triunfo e Max passou o verão ocupado escrevendo o relatório de sua campanha. Fizemos uma exposição no Museu Britânico com alguns dos objetos encontrados; e o livro de Max sobre Arpachiyah saiu naquele ano ou no seguinte. Não se podia perder tempo, dizia ele. Todos os arqueólogos tendem a adiar a publicação de um livro por muito tempo, e o conhecimento deve ser divulgado o mais rápido possível.

Durante a Segunda Guerra Mundial, quando estava trabalhando em Londres, escrevi um relato de nosso tempo na Síria. Chamei esse livro de *Venha, conte-me como você vive*, e ainda sinto prazer em relê-lo, de tempos em tempos, e recordar nossa temporada na Síria. Um ano vivido em uma escavação é muito parecido com todos os outros — acontece o mesmo tipo de coisa o tempo todo —, logo a repetição não adiantaria muito. Foram anos felizes, nos divertimos bastante e nossas escavações foram grandes sucessos.

Aqueles anos, entre 1930 e 1938, foram particularmente satisfatórios porque estavam livres de sombras externas. À medida que a pressão do trabalho e, em especial, o sucesso se acumulam, as pessoas tendem a ter cada vez menos lazer. Porém, esses anos ainda eram despreocupados, cheios de muito trabalho, sim, mas ainda não completamente absorventes. Escrevi histórias policiais, Max escreveu livros arqueológicos, relatórios e artigos. Estávamos ocupados, mas não sob intensa tensão.

Como era difícil para Max ir a Devonshire tanto quanto ele queria, passávamos as férias de Rosalind lá, mas morávamos a maior parte do tempo em Londres, cada vez em uma ou outra das minhas casas, tentando decidir de qual gostávamos mais. Carlo e Mary procuraram uma casa adequada na cidade no ano em que estivemos na Síria e montaram uma lista de possibilidades. Elas disseram que eu certamente deveria ir dar uma olhada na Sheffield Terrace, número 48. Quando a vi, quis tanto morar ali como sempre quis em qualquer casa. Era perfeita, exceto talvez pelo fato de ter um porão. Não tinha muitos quartos, mas todos eram grandes e bem proporcionados. Era exatamente o que precisávamos. Logo à entrada, havia uma grande sala de jantar, à direita. No meio do patamar ficava um banheiro, e no primeiro andar, do lado direito, por cima da sala de jantar e do mesmo tamanho, uma sala que poderia servir de biblioteca para Max — bastante grande, com espaço para abrigar mesas para seus papéis e cerâmicas. Do lado esquerdo do patamar, por cima da sala, havia outros dois quartos grandes, e um pequeno entre esses dois. O quarto pequeno seria de Rosalind; o grande, por cima da biblioteca de Max, ficaria para as coisas dele; o quarto do lado esquerdo, declarei, ficaria para *mim*; seria minha sala de estar e trabalhar. Todo mundo ficou surpreso com minha decisão, porque antes eu jamais havia pensado em tal coisa, mas todo mundo concordou também que era tempo de a pobre patroa ter um aposento só para si.

Eu queria ter um lugar onde não fosse incomodada. Não haveria telefone ali. Queria um piano de cauda, uma mesa grande e firme, um sofá ou divã confortável, uma cadeira rígida para me sentar e datilografar e uma poltrona para reclinar. *Nada mais*. Comprei um piano Steinway e fiquei muito feliz com o "meu quarto". Ninguém tinha permissão para usar o aspirador naquele andar enquanto eu estava na casa, e a menos que a casa estivesse pegando fogo, eu não deveria ser incomodada. Pela primeira vez, eu tinha um lugar só meu, e continuei a desfrutá-lo por cinco ou seis anos até que a casa foi bombardeada na guerra. Não sei por que nunca mais tive um aposento como esse. Acho que me acostumei a usar mais uma vez a mesa da sala de jantar ou o canto do lavatório.

A casa de Sheffield Terrace era uma casa feliz. Senti isso no momento em que coloquei os pés nela. Acho que se alguém foi criado com quartos grandes, como os que tivemos em Ashfield, sente muita falta da sensação de espaço. Já havia morado em várias casinhas charmosas — tanto na Campden Street como na casa da estrebaria —, mas elas nunca eram exatamente certas. Não é uma questão de grandeza. Pode-se ter um apartamento pequeno e muito elegante, ou alugar uma casa no campo grande e decadente, caindo aos pedaços, por menos dinheiro. É uma questão de sentir o espaço que nos rodeia — de sentir a capacidade de nos deslocarmos. Se temos que fazer a faxina, é muito mais fácil limpar um cômodo grande do que ficar aos encontrões por tudo quanto é canto e por todas as peças do mobiliário em uma sala pequena, onde o corpo sempre esbarra em alguma coisa.

Max se deu ao luxo de supervisionar pessoalmente a construção de uma nova chaminé em sua biblioteca. Ele havia lidado com tantas lareiras e chaminés de tijolos queimados no Oriente Médio que imaginava que aquele trabalho era dele. O construtor olhou para os planos com certas dúvidas. Nunca se podia saber se uma chaminé iria funcionar bem, dizia ele. Às vezes, uma chaminé poderia parecer perfeita e de acordo com todas as normas, mas não estava.

— E essa sua chaminé aqui não vai funcionar, posso garantir — disse ele a Max.

— Construa exatamente como eu disse e você verá — disse Max.

Para desapontamento de Mr. Withers, ele viu. Nunca se viu fumaça na chaminé de Max. Havia um grande tijolo assírio com uma escrita cuneiforme sobre a lareira e, portanto, o quarto ficou rotulado como covil particular de um arqueólogo.

Apenas uma coisa me perturbou depois de me mudar para a Sheffield Terrace: um cheiro penetrante em nosso quarto. Max não conseguia senti-lo e Bessie achou que eu estava imaginando coisas, mas eu insisti que não estava: sentia cheiro de *gás*.

— Não há gás na casa — apontou Max. — Não temos gás instalado.

— Mas não consigo deixar de sentir — protestei. — Sinto o cheiro de verdade.

Pedi para que os pedreiros e os homens da empresa responsável pela instalação de gás tentassem farejar o cheiro. Todos se deitaram de bruços e obedeceram, buscando evidências debaixo da cama. Por fim, disseram que eu estava imaginando.

— É claro! — disse o homem do gás. — Já sei o que está acontecendo, se é que está acontecendo algo, embora eu não sinta cheiro algum, senhora. Talvez seja um rato morto. Não acredito que seja isso, pois, se fosse um rato morto, *eu* sentiria o cheiro também, não é mesmo? É possível, porém, que se trate de um camundongo morto. Um camundongo *muito pequeno*.

— Pode ser, suponho — falei.

— Vamos levantar as tábuas.

Assim eles fizeram, mas não conseguiram encontrar nenhum rato morto, grande ou pequeno. No entanto, fosse gás ou rato morto, *algo* continuava a cheirar mal.

Continuei mandando chamar empreiteiros, responsáveis pelo gás, encanadores e todo mundo que eu pudesse pensar. Todos me olhavam com raiva quando terminavam a inspeção. Todos se cansaram de mim — Max, Rosalind, Carlo —, todos diziam que era "imaginação da mamãe". Porém "mamãe" sabia o que era cheiro de gás, e continuava a insistir. Por fim, depois de quase enlouquecer todo mundo, estava certa! Havia um cano de gás obsoleto sob o piso do meu quarto, e o gás continuava a escapar dele. Quem estava pagando esse gás, não sei — não havia contador de gás em nossa casa —, mas lá estava o cano vazando silenciosamente. Fiquei tão vaidosa com a prova de que eu tinha razão que tornou-se insuportável conviver comigo por algum tempo — mais do que nunca, posso dizer, estava confiante na destreza do meu nariz.

Antes da aquisição da casa da Sheffield Terrace, Max e eu tínhamos comprado uma casa no campo. Queríamos uma pequena casa ou chalé, porque ir e vir nos fins de semana a Ashfield era impraticável. Se pudéssemos ter uma casa de campo não muito longe de Londres, faria toda a diferença.

As duas regiões favoritas de Max na Inglaterra ficavam perto de Stockbridge, onde ele se hospedara quando menino, ou então perto de Oxford. Seu tempo em Oxford tinha sido um dos momentos mais felizes de sua vida. Ele conhecia toda a região por lá e adorava o Tâmisa. Portanto, subimos e descemos o Tâmisa em nossa busca. Procuramos em Göring, Wallingford, Pangbourne. Foi difícil encontrar casas no Tâmisa porque só havia casas medonhas do fim do período vitoriano, ou *cottages* que ficavam completamente submersos durante o inverno.

Por fim, vi um anúncio no *Times*. Foi no outono, cerca de uma semana antes de irmos para a Síria.

— Olha, Max — falei. — Estão anunciando uma casa em Wallingford. Você se lembra de como gostamos de Wallingford? Imagina se for uma casa perto do rio? Não havia nenhuma para alugar, quando fomos lá.

Telefonamos ao agente e corremos para Wallingford. Era uma casa encantadora, estilo Rainha Ana, pequena, perto da estrada, com um jardim e uma cozinha murada — maior do que gostaríamos — ao fundo, sem falar daquilo que Max sempre considerara ideal: prados descendo docemente até o rio. Era, sobretudo, um trecho lindo do rio, mais ou menos a 1,5 quilômetro de Wallingford. A casa tinha cinco quartos de dormir, três salas e uma cozinha muito boa. Olhando pela janela da sala, através da chuva que caía, avistamos um cedro bem bonito, um cedro-do-líbano. Essa árvore se erguia nos campos que chegavam até o valado; pensei em estender o gramado de tal forma que o cedro ficasse no meio dele. Nos dias quentes do verão, poderíamos tomar nosso chá à sombra da árvore.

Não tínhamos muito tempo para pensar. A casa era barata e livre de qualquer encargo. Sendo assim, decidimos ali mesmo. Telefonamos ao agente, assinamos os papéis, falamos com advogados e procuradores e, depois de nos sujeitarmos à aprovação dos administradores, compramos a casa.

Infelizmente, não pudemos vê-la de novo por cerca de nove meses. Partimos para a Síria e lá passamos o tempo todo imaginando se tínhamos sido bem tolos. Nossa intenção era comprar um pequeno *cottage*, e, em vez disso, tínhamos comprado uma casa no estilo Rainha Ana com janelas graciosas e boas proporções. Mas Wallingford era um bom lugar. Tinha um serviço ferroviário precário e, portanto, não era o tipo de região que encheria de turistas, nem de Oxford nem de Londres.

— Acho que vamos ser muito felizes lá — disse Max.

E com certeza fomos muito felizes ali por quase 35 anos. A biblioteca de Max foi ampliada para o dobro do comprimento, e dela se podia observar o rio. Winterbrook House, em Wallingford, é a casa de Max, e sempre foi. Ashfield era a minha casa e, creio, também a de Rosalind.

Assim, nossas vidas continuaram. Max com seu trabalho arqueológico e seu entusiasmo por ele, e eu com minha escrita, que estava se tornando mais profissional e, portanto, menos divertida.

Foi emocionante, a princípio, escrever livros — em parte porque, como eu não sentia que era uma escritora de verdade, era sempre surpreendente que meus livros, de fato, eram *publicados*. Mas tinha chegado a um ponto em que já escrevia livros naturalmente. Era meu negócio. As pessoas não apenas os publicavam, mas me incentivavam a continuar escrevendo-os. Porém, tinha o eterno desejo de fazer algo que não era de minha especialidade. Na verdade, seria uma vida monótona se não me arriscasse.

O que eu queria fazer naquele momento era escrever algo diferente de uma história policial. Então, com certo sentimento de culpa, me diverti escrevendo um romance simples chamado

*O gigante*. Era em geral sobre música, e entregava aqui e ali que eu sabia pouco sobre o assunto do ponto de vista técnico. Foi bem avaliado e vendeu razoavelmente pelo que se pensava ser o primeiro romance de uma nova autora. Usei o nome de Mary Westmacott, e ninguém sabia que o livro fora escrito por mim. Consegui manter esse fato em segredo por quinze anos.

Escrevi outro livro sob o mesmo pseudônimo um ou dois anos depois, chamado *O retrato*. Apenas uma pessoa adivinhou meu segredo: Nan Watts — depois Nan Kon. Nan tinha muito boa memória, e alguma frase que eu havia usado sobre algumas crianças e um poema do primeiro livro atraíram sua atenção. Imediatamente ela disse a si mesma: "Agatha escreveu isso, tenho certeza".

Certo dia, ela me deu uma cotovelada nas costelas e disse com a voz um pouco afetada:

— Um dia desses, li um livro que gostei muito. Agora, deixe-me ver… como era mesmo o título? *Dwarf's blood*, é isso, sim! — Então ela piscou para mim de maneira maliciosa.

Quando a deixei em casa, perguntei:

— Como você adivinhou sobre *O gigante*?

— É claro que eu sabia que havia sido você — disse Nan. — Sei como você se expressa.

Escrevi músicas de tempos em tempos, principalmente baladas — mas não tinha ideia se teria a mesma sorte estupenda de entrar direto em um departamento bem diferente, e fazê-lo também, em uma idade em que novas aventuras não são empreendidas com facilidade.

O que me fez começar foi o aborrecimento com as pessoas adaptando meus livros para o teatro de uma maneira que eu não gostava. Embora tivesse escrito a peça *Café preto*, nunca pensei seriamente em escrever dramaturgicamente. Gostei de escrever *Akhenaton*, mas não acreditei que seria produzida. De repente, ocorreu-me que se eu não gostasse da maneira como outras pessoas adaptavam meus livros, eu deveria ter uma chance de adaptá-los por conta própria. Tinha a impressão de que as adaptações de meus livros para o palco foram falhas porque ficaram muito próximas do livro original. Uma história policial é diferente de uma peça e, portanto, é muito mais difícil de adaptar do que um livro comum. Romances policiais têm um enredo tão intrincado, e em geral tantos personagens e pistas falsas, que no teatro a coisa toda está fadada a se tornar confusa e sobrecarregada. Alguém precisava *simplificá-los.*

Escrever um livro como *E não sobrou nenhum* era tão difícil que apenas a ideia de escrevê-lo me fascinava. Dez pessoas precisavam morrer sem que o livro se tornasse ridículo ou o assassino ficasse demasiado óbvio. Só o escrevi depois de elaborar muitos planos tremendos, e fiquei contente com o resultado. Era claro, direto, desconcertante e, todavia, a explicação era perfeitamente razoável; de fato, tive que escrever um epílogo para poder explicá-lo. Foi bem recebido pelo público e pela crítica, mas a pessoa que de fato ficou contente com ele fui eu, porque sabia, melhor do que qualquer crítico, o quanto havia sido penoso.

Agora, daria mais um passo à frente. Pensei comigo que seria emocionante ver se eu poderia transformá-lo em uma peça. À primeira vista, isso parecia impossível, porque não restaria ninguém para contar a história, então eu teria que alterá-la até certo ponto. A mim parecia que eu poderia fazer uma peça perfeitamente boa, modificando a história original. Tinha que criar duas personagens inocentes que se reuniriam no final e escapariam à provação. Isso não ia contra o espírito da cantiga de ninar original, visto existir uma versão da canção que termina assim: "Ele se casou e não restou nenhum".

Escrevi a peça. Não recebi muito incentivo. "Impossível de se produzir", foi o veredicto. Charles Cochran, no entanto, ficou bastante empolgado com ela. Fez o máximo para que fosse produzida, mas infelizmente não conseguiu persuadir seus apoiadores. Eles disseram todas as coisas de sempre — que era impossível de ser reproduzido e impossível de apresentar, as pessoas apenas ririam dela, não haveria tensão. Cochran disse com firmeza que discordava deles, mas o que mais poderia dizer?

— Espero que você tenha mais sorte com essa peça em outro momento, porque gostaria de vê-la nos palcos — disse ele.

No devido tempo, tive minha chance. Bertie Mayer, que levara à cena *Álibi* com Charles Laughton e Irene Henschell, fez a montagem e, no meu entender, muito bem. Foi interessante assistir a seu processo de trabalho, por serem diferentes dos de Gerald du Maurier. Para começar, aos meus olhos inexperientes, ela parecia atrapalhada, como se não tivesse certeza de si mesma, mas quando vi sua técnica se desenvolver, percebi como era boa. A princípio ela *sentia* o palco, como se estivesse vendo tudo, e não apenas escutando: os movimentos e as luzes, a aparência de tudo aquilo. Depois, quase como reflexão tardia, concentrava-se de fato no texto. Era eficiente e impressionante. A tensão crescia, e a iluminação com três pequenos *spots,* numa cena em que as luzes se apagam e todo mundo está sentado com velas acesas, surtiu um efeito maravilhoso.

Com a peça também bem encenada, dava para sentir a tensão crescendo, o medo e a desconfiança surgindo entre uma pessoa e outra; e as mortes foram tão planejadas que nunca houve qualquer sugestão de riso ou de que a coisa toda fosse ridiculamente assustadora. Não digo se gosto mais da peça ou do livro, ou mesmo que acho que seja meu melhor trabalho, mas é um trabalho que exigiu mais *perícia* do que qualquer outra coisa que escrevi. Acho que *E não restou nenhum* me lançou no caminho das peças teatrais. Foi então que decidi que no futuro ninguém mais adaptaria meus livros a não ser eu mesma: eu escolheria quais livros deveriam ser adaptados, e apenas aqueles que fossem adequados para adaptação.

O próximo que tentei transformar em peça de teatro muitos anos depois foi *A mansão Hollow.* Um dia, de repente, ocorreu-me que esse livro daria uma boa peça. Disse isso a Rosalind, que teve o valioso papel na vida de tentar sempre me desencorajar sem sucesso.

— Uma peça de *A mansão Hollow*, mãe? — disse Rosalind horrorizada. — É um bom livro, e eu gosto dele, mas você não pode transformá-lo em uma peça!

— Claro que posso — protestei, estimulada pela oposição.

— Eu gostaria que você não fizesse isso — disse Rosalind, suspirando.

De qualquer forma, me diverti rascunhando ideias para *A mansão Hollow*. Este livro, de certa forma, era mais um romance do que uma história de detetive e eu sempre considerei que eu o tinha estragado com a presença de Poirot. Estava acostumada a ter Poirot em meus livros, e então, naturalmente, ele havia entrado nesse, porém, não cabia ali. Ele fez tudo direitinho, mas continuo achando que o livro teria sido melhor sem ele. Assim, quando comecei a esboçar a peça, Poirot saiu.

*A mansão Hollow* foi escrita a despeito de muita oposição, para além da rejeição de Rosalind. Peter Saunders, que produzira tantas peças minhas desde então, foi a pessoa que gostou dela e a produziu.

Quando a peça provou ser um sucesso, fiquei tranquila. Claro que eu sabia que escrever livros era minha profissão firme e sólida. Eu poderia continuar inventando meus enredos e escrevendo meus livros até enlouquecer. Nunca me desesperei por falta de ideias.

Há sempre, é claro, aquelas terríveis três ou quatro semanas que você precisa enfrentar quando está tentando começar a escrever um livro. Não há agonia igual. Sentava-me em uma sala, mordendo um lápis, olhando para a máquina de escrever, andando pra lá e pra cá, me jogando no sofá, sentindo que queria chorar até morrer. Depois saía, *interrompia* alguém que estivesse trabalhando — eu escolhia Max, em geral, por conta de seu bom humor — e dizia:

— É horrível, Max! Esqueci por completo como se faz. Eu simplesmente não posso mais escrever! Jamais escreverei outro livro.

— Ah, sim, você vai — consolava Max. No começo ele dizia isso com alguma preocupação; porém, depois de tanto tempo, seus olhos retornavam para o trabalho, enquanto falava apenas para me acalmar.

— Mas sei que não vou. Não consigo pensar em nada. Tive uma ideia, mas agora não parece boa.

— Você vai ter que passar por essa fase. Já passou por tudo isso antes. Você disse isso no ano passado. E no ano anterior.

— Desta vez é diferente — afirmava com convicção.

Mas nada terminava de modo diferente, é claro, era apenas mais do mesmo. Todas as vezes esquecia o que sentira antes, o desespero, a infelicidade e a incapacidade de fazer algo criativo. No entanto, parece que essa fase especial de infelicidade tem que ser vivida. É talvez como colocar os furões à entrada da toca para fazer os coelhos saírem. Até que tenha havido muita perturbação interior, até que se tenham passado várias horas de um tédio total, não nos sentimos normais. Não sabemos o que queremos escrever e, se pegamos um livro para ler, não entenderemos o que estamos lendo. Se quisermos fazer palavras cruzadas, nossa mente não dará atenção ao que estamos fazendo; ficamos paralisados por um sentimento de total desesperança.

Então, por alguma razão desconhecida, um motor interno começa a trabalhar em nosso interior e começamos a funcionar.

Compreendemos que o livro está *saindo*, que a neblina está se dissipando. Você sabe de repente, com absoluta certeza, exatamente o que A quer dizer a B. Então passamos a sair de casa e a descer a rua falando sozinhos até mesmo de forma brusca, repetindo a conversa que Maud, digamos, vai ter com Aylwin, e exatamente onde elas estarão, exatamente onde o homem estará observando-as das árvores, e como o pequeno faisão morto no chão fará Maud se lembrar de algo que havia esquecido, e assim por diante... Chegamos em casa explodindo de prazer; ainda não temos nada material feito, mas é o suficiente para nos sentirmos *triunfantes*.

Escrever peças me fascinava pelo simples fato de que não era minha profissão, porque eu não tinha a sensação de que *tinha que* escrever uma peça de teatro — eu só precisava escrever sobre o que já estava pensando. Obras teatrais são muito mais fáceis de escrever do que livros, porque podemos vê-las em nossa mente, não é preciso ser interrompido todo o tempo por toda aquela descrição que atrapalha tão forçosamente e nos impede de continuar com a ação. Os limites reduzidos de um palco simplificam tudo para o autor. Não é necessário seguir a heroína enquanto ela sobe e desce as escadas ou vai até a quadra de tênis e volta, pensando coisas que precisam ser descritas. Temos apenas o que poderá ser visto no palco, o que será ouvido e feito. Tudo com que temos de nos preocupar é com o olhar, o escutar e o sentir.

Tinha certeza de que escreveria um livro por ano. A escrita dramática seria minha aventura — ela sempre seria, e sempre deveria ser um sucesso e um fracasso. Pode acontecer de uma peça após outra obter êxito e depois, sem qualquer motivo especial, um autor fracasse. Por quê? Ninguém realmente sabe. Já vi isso acontecer com muitos dramaturgos. Vi fracassarem peças que, na minha opinião, eram tão boas ou melhores do que outras do mesmo autor que tinham sido bem-sucedidas — sejam porque não atraíram a atenção do público, ou porque foram escritas na hora errada, ou porque o elenco era diferente. Sim, escrever peças de teatro estava longe da sensação de se trabalhar em um sucesso premeditado. Era uma aposta gloriosa todas as vezes, e eu gostava que fosse assim.

Após ter escrito *A mansão Hollow*, soube que gostaria de escrever outra peça e, se possível, pensei comigo mesma, escreveria uma que não fosse adaptada de um livro. Eu escreveria uma peça escrita para teatro mesmo.

O Caledonia foi um sucesso para Rosalind. Foi um dos melhores colégios que conheci. Todos os professores pareciam ser os melhores em suas disciplinas. Certamente conseguiram fazer aparecer o que havia de melhor em Rosalind. Foi a primeira aluna do colégio até o último ano, apesar de que, como ela mesma apontava, isso não fosse justo, pois havia no colégio uma moça chinesa muito mais inteligente do que ela.

— E eu sei o que eles pensam — disse Rosalind, chamando minha atenção para o fato. — Querem que a primeira aluna do colégio seja inglesa.

Calculo que Rosalind estivesse com a razão.

Do Caledonia, Rosalind foi para o Benenden. Lá, ela se sentiu entediada desde o início. Não sei qual o motivo — afinal de contas, era um bom colégio. Ela não se interessava em estudar por estudar — não existia em Rosalind nada de intelectual. E aquilo de que ela gostava menos eram os assuntos que a mim mais interessariam, tais como História, por exemplo; mas era boa em Matemática. Quando eu estava na Síria costumava receber cartas dela insistindo para que a deixasse sair do Benenden: "Realmente, não poderei suportar mais um ano sequer neste lugar", escrevia ela. Todavia, eu achava que, uma vez que iniciara seus estudos, pelo menos deveria terminá-los, de modo que lhe respondia dizendo que, tão logo obtivesse o certificado do curso, poderia deixar o Benenden e escolher outra forma de se instruir.

A diretora da escola, Miss Sheldon, me escreveu para dizer que, embora Rosalind estivesse ansiosa para tirar seu certificado escolar no próximo semestre, ela achava que minha filha não teria alguma chance de passar, mas que não havia razão para que ela não tentasse. Miss Sheldon estava errada, no entanto, porque Rosalind passou com facilidade. E eu precisei pensar qual seria o próximo passo para uma filha de apenas 15 anos.

Concordamos entre nós que ela iria para o exterior. Max e eu seguimos no que considerei uma missão bastante preocupante: inspecionar vários estabelecimentos escolares — uma família em Paris, algumas moças cuidadosamente criadas em Evian, pelo menos três educadores bem recomendados em Lausanne e um instituto em Gstaad, onde as meninas podiam esquiar e praticar outros esportes de inverno. Eu não era boa em entrevistar as pessoas. No momento em que me sentava, ficava com a língua presa. O que *sentia* era: "Devo mandar minha filha para você ou não? Como posso descobrir como você de fato é? Como posso saber se *ela* gostaria de estar com *você*? E, de qualquer forma, o que é isso tudo?" Em vez de entrevistar, eu gaguejava e fazia perguntas que eu achava completamente idiotas.

Depois de muita consulta familiar, decidimos pela pensão de Mademoiselle Tschumi, em Gstaad. Provou-se um fiasco. Passei a receber cartas de Rosalind duas vezes por semana: "Este lugar é horrível, mãe, *horrível*. As meninas aqui... você não tem ideia de como elas são! Elas ainda usam *snoods*. Dá pra imaginar?"

Eu não entendia por que garotas não deveriam usar *snoods*, e, de todo modo, também não sabia o que eram *snoods*.

"Andamos em pares quando saímos. Duas a duas. Imagine! Com a *nossa* idade? E nem por um segundo podemos entrar na vila para comprar qualquer coisa em uma loja. É horrível! Uma prisão absoluta! Também não nos ensinam nada. E quanto àqueles banheiros de que você fala, é uma bagunça absoluta! Eles nunca são usados. Nenhuma de nós já tomou banho uma vez sequer! Nem tem água quente! E para esquiar, é claro, é muito longe. Pode ser que nos liberem para isso em fevereiro, mas não acredito que nos levarão mesmo assim."

Resgatamos Rosalind de sua prisão e a mandamos primeiro para uma pensão no Château d'Oex, e, depois, para uma família agradavelmente antiquada em Paris. No caminho de volta da Síria, nós a pegamos em Paris e dissemos que esperávamos que ela já estivesse falando francês.

— Mais ou menos — disse Rosalind, tomando cuidado para não permitir que a ouvíssemos dizer uma palavra. Então lhe ocorreu que o motorista de táxi que nos levava da Gare de Lyon para a casa de Madame Laurent estava seguindo um caminho desnecessariamente tortuoso. Rosalind abriu a janela, colocou a cabeça para fora e se dirigiu a ele em um francês vívido e idiomático, perguntando por que ele achava que estava tomando aquelas ruas em particular e dizendo que ruas ele deveria tomar. Ele foi derrotado de imediato, e fiquei encantada ao descobrir o que, de outra forma, teria alguma dificuldade de descobrir: *Rosalind sabia falar francês.*

Madame Laurent e eu tivemos conversas amigáveis. Ela me assegurou que Rosalind havia se comportado muito bem, sempre *très comme il faut*. Porém, disse:

— *Madame, elle est d'une froideur, mais d'une froideur excessive! C'est peut-être le phlegme britannique.*

Respondi apressadamente que estava certa de que era isso mesmo, *le phlegme britannique*. De novo Madame Laurent me garantiu que tentara ser como uma mãe para Rosalind.

— *Mais cette froideur, cette froideur anglaise!*

Madame Laurent suspirou com a lembrança da rejeição de seu coração afetuoso.

Rosalind ainda tinha seis meses, ou possivelmente um ano, de estudo pela frente. Ela passou esse tempo com uma família perto de Munique, aprendendo alemão. Em seguida, ficou uma temporada em Londres.

Nisso ela foi um sucesso absoluto. Rosalind era considerada uma das debutantes mais bonitas de seu ano e se divertiu muito. Acho que isso lhe fez muito bem, e lhe deu autoconfiança e boas maneiras. Também a curou de qualquer desejo louco de continuar indefinidamente na agitação social. Ela disse que gostou da experiência, mas não tinha intenção de continuar fazendo esse tipo de coisa boba.

Levantei a ideia de um emprego, falando com Rosalind e sua grande amiga Susan North.

— Você tem que escolher algo para fazer — falei para Rosalind ditatorialmente. — Não me importa o que seja. Por que você não treina para ser *masseuse*? Isso seria útil mais tarde na vida. Ou suponho que você possa fazer arranjos de flores.

— Ah, não. Todo mundo está fazendo isso — disse Susan.

Finalmente, as meninas vieram me contar que achavam que gostariam de começar a fotografar. Fiquei muito feliz. Eu mesma queria estudar fotografia. Estava fazendo a maior parte das fotografias no trabalho de escavação, e achei que seria útil para mim ter algumas aulas de fotografia de estúdio, sobre a qual eu sabia bem pouco. Muitos de nossos objetos tiveram que ser fotografados ao ar livre, e não em condições de estúdio, e como alguns deles permaneceriam na Síria, era importante que tivéssemos as melhores fotografias possíveis. Fiquei tão entusiasmada com o assunto que as meninas caíram na gargalhada.

— Não pretendemos fazer o que a senhora está pensando — disseram. — Não estamos falando de *aulas* de fotografia, de jeito nenhum.

— Então o que querem dizer? — perguntei, confusa.

— Ser fotografada de maiô e coisas assim, para propagandas. Fiquei terrivelmente chocada.

— Vocês não serão fotografadas para comerciais de jeito nenhum! — exclamei. — Não quero mais ouvir falar nesse assunto.

— Mamãe é tão antiquada — disse Rosalind, com um suspiro. — Muitas garotas são fotografadas para publicidade. E sentem uma inveja terrível umas das outras.

— E nós conhecemos alguns fotógrafos — disse Susan. — Acho que podemos persuadir um deles a fotografar uma de nós para um comercial de sabonete.

Continuei a vetar o projeto. No final, Rosalind disse que pensaria em aulas de fotografia. Afinal, ela disse, poderia ser modelo nas aulas de fotografia e não necessariamente de maiôs.

— Posso ser, inclusive, modelo de roupas abotoadas até o pescoço, se você quiser! — instigou ela.

Certo dia, fui para a Escola de Fotografia Comercial Reinhardt, e fiquei tão interessada que quando voltei para casa tive que confessar que tinha, *eu mesma*, me inscrito em um curso de fotografia.

Quase morreram de rir.

— Mamãe ficou fascinada, em vez de nós! — disse Rosalind.

— Ah, coitadinha, você vai ficar tão cansada — disse Susan.

E fiquei mesmo! Depois do primeiro dia subindo e descendo vários lances de uma escada de pedra, fotografando e revelando as fotos que eu fazia sobre qualquer assunto, fiquei exausta. A Escola de Fotografia Reinhardt tinha muitos departamentos, incluindo um de fotografia comercial, onde eu estudava. Naquela época, a tendência fotográfica era fazer com que o que se fotografasse se parecesse o menos possível com a realidade. Colocavam-se seis colheres de sopa em cima de uma mesa, depois subia-se a uma escada e, debruçada lá de cima, conseguia-se realizar a fotografia, deformada pela posição, ou desfocada. Havia também a tendência a fotografar um objeto não no centro de uma placa, mas no canto esquerdo, ou algo assim, ou um retrato que era somente a metade de um rosto. Tudo isso era a última moda. Tomei como modelo uma cabeça esculpida em faia e fiz com ela várias experiências, utilizando toda espécie de filtros — vermelhos, verdes, amarelos — e estudando os diversos efeitos que era possível obter assim.

Quem não compartilhava do meu entusiasmo era o pobre Max. Ele queria que sua fotografia fosse o oposto do que eu estava fazendo. As coisas tinham que parecer exatamente o que eram, com o máximo de detalhes possível, perspectiva exata e assim por diante.

— Você não acha que este colar parece um tanto *monótono* assim? — falava.

— Não, não acho — respondia Max. — Não quero nada borrado e distorcido.

— Mas parece tão sem graça assim!

— Não importa — insistia Max. — Quero que pareça com o que é. E você não utilizou a escala de medidas aí.

— Porque ela acaba com o aspecto artístico da fotografia. Se você tiver que usar uma escala de medidas, vai ficar horrível.

— Mas você tem que mostrar o tamanho do objeto — dizia Max. — É o mais importante.

— Você pode colocar embaixo, não pode? Na legenda.

— Não é a mesma coisa. É preciso ver exatamente a escala.

Suspirei. Eu podia ver que tinha sido traída por minhas fantasias artísticas para me desviar do que havia prometido fazer, então pedi ao meu instrutor para me dar aulas extras sobre fotografar coisas em perspectiva exata. Ele ficou bastante entediado por ter que fazer isso e desaprovava os resultados. No entanto, era útil para mim.

Pelo menos uma coisa eu aprendi: não se fotografava uma coisa e, se depois víssemos que a foto não tinha ficado boa, a fotografávamos de novo. Ninguém na Escola Reinhardt tirava menos de dez negativos de *qualquer* tema; muitos faziam até vinte. Era singularmente exaustivo, e eu costumava voltar para casa tão cansada que desejava nunca ter começado o curso. No entanto, esse cansaço passaria na manhã seguinte...

Houve um ano em que Rosalind viajou também à Síria, e acho que ela gostou de ter visitado nossas escavações. Max conseguiu que ela fizesse alguns dos desenhos. Na verdade, ela desenha excepcionalmente bem e fez um bom trabalho, mas o problema com Rosalind é que, ao contrário de sua mãe, ela é perfeccionista. Se não conseguisse algo perfeito como ela queria, ela rasgava o desenho na hora. Ela fez uma série desses desenhos e depois disse a Max:

— Não são bons. Vou rasgá-los.

— Não faça isso — disse Max.

— Vou rasgá-los! — disse Rosalind.

Eles então tiveram uma briga enorme, Rosalind tremendo de raiva, Max também muito bravo. Os desenhos dos potes pintados foram recuperados e apareceram no livro de Max sobre Tell Brak, mas Rosalind nunca se sentiu satisfeita com eles.

O xeique nos forneceu cavalos, e Rosalind cavalgava acompanhada por Guilford Bell, o jovem arquiteto sobrinho de minha amiga australiana, Aileen Bell. Era um menino muito querido e fez alguns desenhos a lápis extraordinariamente adoráveis de nossos amuletos em Brak. Eram objetos pequeninos e belíssimos: sapos, leões, carneiros, touros. O delicado sombreado de seus desenhos a lápis era perfeito.

Naquele verão, Guilford passou uma temporada conosco em Torquay. Certo dia, soubemos que uma casa que eu conhecera quando jovem estava à venda — uma casa em Greenway, perto do rio Dart, uma casa que minha mãe sempre dissera ser a mais perfeita das várias propriedades na região. Compartilhávamos da mesma opinião.

— Vamos dar uma olhada nela — falei. — Seria ótimo vê-la de novo. Não a vejo desde que fui visitar minha mãe quando era criança.

Assim, fomos até Greenway. Tanto a casa quanto o terreno que a rodeava eram belíssimos. Uma casa georgiana pintada de branco de cerca de 1780 ou 1790, com um bosque que descia até o Dart, e muitos arbustos e árvores finas — a casa ideal, uma casa dos sonhos. Como tínhamos autorização para visitá-la, perguntei o preço, embora sem muito interesse. Não acho que ouvi a resposta corretamente.

— Você disse *dezesseis* mil?

— Seis mil.

— Seis mil?

Mal pude acreditar. Voltamos para casa falando sobre o assunto.

— É incrivelmente barato — falei. — Tem 33 acres de terra. Também não parece estar em mau estado. Só precisa ser redecorada.

— Por que você não a compra? — perguntou Max.

De tão assustada ao ouvir a ideia partir de Max, fiquei sem fôlego.

— Você anda tendo problemas com Ashfield, não é?

Eu sabia o que ele queria dizer. Ashfield, que sempre fora meu lar, havia mudado muito. Em outros tempos, as casas dos vizinhos rodeavam a nossa, ou vilas do mesmo gênero, mas agora, bloqueando a vista da parte mais estreita do jardim, havia o edifício de uma grande escola entre nós e o mar. Durante todo o dia havia crianças barulhentas gritando. Do outro lado de nós começara a funcionar uma casa de repouso para pessoas com deficiência. Às vezes, sons estranhos vinham de lá, e pacientes apareciam repentinamente no jardim. Não eram doentes mentais declarados, de modo que, presumo, podiam circular com liberdade. Já havíamos tido alguns incidentes desagradáveis. Um coronel musculoso de pijama apareceu, agitando um taco de golfe, determinado a matar todas as toupeiras do jardim; outro dia ele atacou um cachorro que tinha latido. As enfermeiras pediram desculpas e o levaram de volta dizendo que ele estava bem, apenas um pouco "perturbado", mas era tudo muito alarmante, e uma ou duas vezes as crianças que estavam conosco ficaram muito assustadas.

Antigamente, em Torquay, tudo ao redor era vegetação — três pequenos sítios no alto da colina e a estrada que dava nos campos. Os viçosos e verdes prados onde eu costumava espiar os cordeirinhos, na primavera, tinham dado lugar a inúmeras casas pequenas. Nossos conhecidos não moravam mais na região. Era como se Ashfield se tivesse tornado um arremedo do que fora.

Apesar de tudo, não havia motivo para que eu comprasse a casa de Greenway. Mas como me sentia atraída por ela! Sempre soubera que Max não gostava de Ashfield. Não porque ele tenha dito isso — mas eu sabia. Acho que, de certa forma, sentia ciúmes da casa, pois ela foi uma parte de minha vida que eu não partilhara com ele — era só minha. E, espontaneamente, Max tinha falado:

— *Por que você não a compra?*

E assim fizemos nossa investigação.

— Bom, meu conselho é este: derrubem metade da casa — disse Guilford depois de examinar a casa profissionalmente.

— Metade da casa?

— Sim. Vocês sabem que toda a parte dos fundos é vitoriana. Vocês poderão deixar só a casa original, a casa de 1790, e derrubar tudo o que foi acrescentado depois: o salão de bilhar, o escritório, esses quartos e toaletes novos do andar de cima. A casa ficaria muito melhor, muito mais leve. A casa original é, de fato, uma beleza.

— Não teremos banheiros se derrubarmos os vitorianos — apontei.

— Bem, você pode facilmente fazer banheiros no último andar. Além do que, isso reduziria bastante os impostos.

E assim compramos a casa. Colocamos Guilford no comando e ele redesenhou a casa em suas linhas originais. Adicionamos banheiros no andar de cima. No andar de baixo colocamos um pequeno vestiário, mas deixamos o resto intocado. Hoje, eu gostaria de ter tido o dom da previsão — se assim fosse, teria tirado *outra* grande parte da casa: a vasta despensa, o chiqueiro, o depósito de gravetos, a grande cozinha com copa e lavanderia. Em vez disso, eu teria feito uma cozinha pequena e bonita, da qual eu poderia ir para a sala de jantar em poucos passos, e que seria fácil de operar sem ajuda. Mas nunca me ocorreria que chegaria o dia em que não haveria empregada doméstica. Então deixamos a ala da cozinha como estava. Terminadas as alterações, a casa foi toda decorada de branco e nos mudamos.

Logo depois de nos mudarmos e celebrarmos esse fato, veio a Segunda Guerra. Não foi tão inesperada como em 1914. Tínhamos recebido avisos: Munique, por exemplo. Mas ouvimos as tranquilizantes palavras de Chamberlain e pensamos que o que ele dissera, "paz em nosso tempo", pudesse ser verdade.

Não teríamos, porém, paz em nosso tempo.

# Parte 10

# *A Segunda Guerra*

# I

E assim estávamos de volta ao tempo de guerra. Não era uma guerra como a última. Esperava-se que fosse, porque suponho que sempre se espera que os ciclos se repitam. A Primeira Guerra veio com um choque de incompreensão, como algo inédito, impossível, algo que nunca havia acontecido na memória viva, que nunca aconteceria. A Segunda foi diferente.

De princípio, houve uma surpresa incrédula por não estar acontecendo nada. Esperava-se ouvir que Londres fosse bombardeada naquela primeira noite. Londres não foi bombardeada.

Acho que todo mundo estava tentando ligar para todo mundo. Peggy MacLeod, minha amiga médica dos dias de Mossul, telefonou da Costa Leste, onde ela e o marido trabalhavam, para perguntar se eu poderia tomar conta dos filhos deles.

— Estamos tão assustados — disse ela. — Dizem que é aqui que tudo vai começar. Se você puder ficar com as crianças, vou já pegar o carro para levá-los até você.

Eu disse que tudo bem: elas poderiam ficar aqui e a babá também, se quisesse; e assim ficou resolvido.

Peggy MacLeod chegou no dia seguinte, depois de viajar dia e noite pela Inglaterra com Crystal, minha afilhada, que estava com 3 anos, e David, que tinha 5. Peggy estava exausta.

— Eu não sei o que eu teria feito sem benzedrina — disse ela. — Olha, tenho uma caixa extra aqui. É melhor dá-la a você. Pode ser útil quando estiver absolutamente exausta.

Ainda tenho aquela pequena lata achatada cheia de benzedrina: nunca usei. Guardei talvez como um seguro contra o momento em que *realmente* estivesse esgotada.

Nós nos organizamos, mais ou menos, e ficamos ali sentados, esperando que algo acontecesse. Mas como nada aconteceu, pouco a pouco continuamos com nossas atividades e algumas atividades adicionais de guerra.

Max se juntou à Guarda Nacional, que funcionava como uma ópera cômica naquela época. Quase não havia armas — uma para cada oito homens, acho. Max saía com eles todas as noites. Alguns dos homens se divertiram muito — e algumas das esposas estavam profundamente desconfiadas do que seus maridos estavam fazendo sob o pretexto de guardar o país. De fato, à medida que os meses passavam e nada acontecia, tornou-se uma reunião barulhenta e alegre. No final, Max decidiu ir para Londres. Como todo mundo, ele estava clamando para ser enviado ao exterior, para receber algum trabalho para fazer — mas tudo o que todos pareciam dizer era:

— Nada pode ser feito no momento. Ninguém foi chamado.

Fui ao hospital de Torquay e perguntei se me deixariam trabalhar no dispensário de lá para atualizar meus conhecimentos, caso eu fosse necessária no futuro. Como os casos de baixas eram esperados o tempo todo, a chefe dos farmacêuticos ficou bastante disposta a me receber. Ela me colocou em dia com os vários remédios e coisas que eram prescritas na ocasião. No geral era muito mais simples do que na minha juventude, havia tantas pílulas, comprimidos, pós e coisas já preparadas em frascos.

A guerra começou, não em Londres ou na Costa Leste, mas na nossa região. David MacLeod, um menino muito inteligente, era louco por aviões e fez um grande esforço para me ensinar os vários tipos. Mostrava-me os desenhos dos Messerschmitts e de outros tipos de aviões, e apontava os Hurricanes e Spitfires no céu.

— Será que você acertou desta vez? — perguntou ele, certo dia, ansioso. — Você sabe o que é *aquilo* lá em cima?

Estava tão longe que era apenas um pontinho, mas eu disse que imaginava que fosse um Hurricane.

— Não — disse David, aborrecido. — Você erra o tempo todo. É um Spitfire.

No dia seguinte, ele comentou, olhando para o céu:

— Aquele que vem lá é um Messerschmitt.

— Não, não, meu querido — contrapus. — Não é um Messerschmitt. É um dos nossos… é um Hurricane.

— Não é um Hurricane!

— Bem, é um Spitfire, então.

— Não é um Spitfire, é um Messerschmitt. Será que você não consegue diferenciar o Hurricane de um Spitfire e de um Messerschmitt?

— Mas não pode ser um Messerschmitt — insisti. Nesse momento duas bombas caíram na vertente da colina.

David olhou para mim, chorando.

— Eu disse que era um Messerschmitt — disse ele, com a voz chorosa.

Naquela mesma tarde, quando as crianças andavam de balsa com a babá, um avião desceu e metralhou todas as embarcações no rio. As balas ricochetearam perto da babá e das crianças, e ela voltou um tanto abalada.

— Acho melhor você ligar para a Mrs. MacLeod — disse ela.

Então liguei para Peggy e conversamos sobre o que fazer.

— Nada aconteceu aqui — disse Peggy. — Suponho que vá começar a qualquer momento. As crianças não deveriam voltar pra cá. O que você acha?

— Talvez não aconteça mais — falei.

David ficara muito animado com as bombas e insistia em ver se haviam caído mais algumas. Duas tinham caído em Dittisham, junto do rio, e outras na colina, por trás de nossa casa. Soubemos disso porque demos um passeio pelos campos, através das urtigas e cercas vivas, e chegamos a um local onde três camponeses examinavam a cratera que uma das bombas abrira no campo, perto da qual estava a outra bomba, que não explodira.

— Que o diabo as carregue — disse um dos camponeses, dando um vigoroso pontapé na bomba que não explodira. — Essas coisas malditas! Estão mandando essas coisas malditas para cima de nós!

Deu um novo pontapé na bomba. Parecia melhor que não continuasse chutando a bomba, mas, obviamente, ele desejava mostrar seu desprezo por todas as obras de Hitler.

— Não sabe nem explodir direito — dizia ele com desdém.

Aquelas bombas eram muito pequenas, em comparação com o que receberíamos mais tarde. No entanto, lá estava o *início* das hostilidades. No dia seguinte, chegaram notícias de Cornworthy, um pequeno vilarejo mais adiante no rio Dart: um avião desceu e metralhou o pátio da escola enquanto as crianças brincavam. Uma das professoras tinha sido atingida no ombro.

Peggy me ligou de novo e disse que havia providenciado para que as crianças fossem para Colwyn Bay, onde a avó morava. Parecia estar pacífico lá.

As crianças partiram, e lamentei muito que fossem. Pouco depois, Mrs. Arbuthnot me escreveu pedindo que eu alugasse a casa para ela. Agora que o bombardeio havia começado, as crianças estavam sendo evacuadas para várias partes da Inglaterra. Ela queria que Greenway fosse um berçário para crianças evacuadas de St. Pancras.

A guerra parecia ter se afastado de nossa região. Os bombardeios pararam. O casal Arbuthnot chegou e se estabeleceu em minha casa, assumindo meu mordomo e sua esposa, e acomodaram duas enfermeiras profissionais e dez crianças com menos de 5 anos de idade. Eu decidira ir para Londres, juntar-me a Max, que trabalhava no Reforço Turco.

Cheguei em Londres logo depois dos primeiros ataques, e Max, que havia me encontrado em Paddington, me levou para um apartamento na Half Moon Street.

— Receio que o local seja bem desagradável — desculpou-se ele. — Podemos procurar outra coisa.

O que me desencorajou um pouco quando o vi foi o fato de que o edifício se isolava, espetado igual a um dente, sem quaisquer outras construções de ambos os lados. Havia sido atingido por uma bomba dez dias antes e, como os proprietários haviam largado o apartamento, nos foi possível alugá-lo. Não posso dizer que me senti muito confortável naquela casa. Ela cheirava horrivelmente a sujeira, gordura e perfume barato.

Depois de uma semana, Max e eu nos mudamos para Park Place, perto da St. James Street, cujos serviços domésticos do apartamento estavam inclusos, porém eram caríssimos. Moramos lá por algum tempo, o estampido das bombas à nossa volta, por todo lado. Ficava particularmente triste pelos garçons, que tinham que servir as refeições da noite e ir para casa durante os ataques aéreos.

Naquela altura, nossos inquilinos da casa da rua Sheffield Terrace desistiram do aluguel de nossa casa. Então nos mudamos para lá.

Rosalind se inscreveu para a Força Aérea Auxiliar das Mulheres, mas não estava particularmente entusiasmada, e pensou que preferiria outra ocupação. Ela compareceu a uma entrevista, mas mostrou ter certa falta de tato. Quando perguntaram por que ela havia se alistado, ela apenas disse:

— Porque temos que fazer alguma coisa e isso vai fazer tão bem quanto qualquer outra.

Embora sincera, a resposta não foi, acho, bem recebida. Um pouco mais tarde, após um breve período entregando refeições a colegiais e trabalhando em um escritório militar em algum lugar, ela disse que achava que poderia entrar para o Serviço Auxiliar Territorial. Segundo ela, lá não eram tão arbitrários quanto a Força Aérea Auxiliar das Mulheres. Então ela preencheu novos formulários.

Então Max, para sua grande alegria, ingressou na Força Aérea, auxiliado pelo nosso amigo Stephen Glanville, que era professor de Egiptologia. Ele e Max estavam juntos no Ministério do Ar, onde dividiam um quarto, ambos fumando — Max, um cachimbo — sem parar. A atmosfera do quarto deles era tal que todos os seus amigos o chamavam de "casinha dos gatos".

Os acontecimentos sucediam-se confusamente. Lembro-me que Sheffield Terrace foi bombardeada em um fim de semana quando estávamos longe de Londres. Uma bomba caiu exatamente em frente a ela, do outro lado da rua, e destruiu completamente três casas. O efeito que teve no número 48 foi o de explodir o porão, que poderia ter sido considerado o lugar mais seguro da casa, além de danificar o telhado e o andar de cima, deixando o térreo e o primeiro andar quase ilesos. Meu piano Steinway nunca mais foi o mesmo.

Como Max e eu sempre dormimos em nosso próprio quarto e nunca descemos ao porão, não teríamos sofrido nenhum dano pessoal, mesmo que estivéssemos em casa. Nunca desci para nenhum abrigo durante a guerra. Sempre tive horror de ficar presa no subsolo — então dormia na minha própria cama, não importa onde eu estivesse. Acabei me acostumando com os ataques aéreos em Londres — tanto que mal acordava. Eu pensava, meio sonolenta, assim que ouvia a sirene, ou as bombas, não muito longe.

— Ai, ai, vai começar de novo — murmurava e me virava para o outro lado.

Uma das dificuldades com o bombardeio da Sheffield Terrace foi que nessa época era difícil conseguir espaço para armazenamento em qualquer lugar de Londres. Do jeito que a casa estava, seria difícil entrar pela porta da frente e só se tinha acesso por escada. Por fim, consegui que uma firma fizesse a mudança e tive a ideia de guardar o mobiliário em Wallingford, na quadra de squash que mandáramos construir havia mais ou menos um ano. Então tudo foi movido para lá. Contei com a presença de trabalhadores e prontos para retirar a porta da quadra e sua estrutura, se necessário — e isso eles tiveram que fazer porque o sofá e as cadeiras não passariam pela porta estreita.

Max e eu nos mudamos para um bloco de apartamentos em Hampstead — o Lawn Road Flats — e comecei a trabalhar no dispensário do hospital da universidade.

Quando Max me contou o que já sabia, acho que, há algum tempo, que ele teria que ir para o Oriente Médio, provavelmente para o norte da África ou Egito, fiquei feliz por ele. Eu sabia como ele estava ansioso para fazer essa viagem, e parecia certo, também, que seu conhecimento de árabe fosse usado. Foi nossa primeira separação em dez anos.

O Lawn Road Flats era um bom lugar para se estar, já que Max tinha que estar fora. Os vizinhos eram gentis. Além disso, também contei com um pequeno restaurante de ambiente informal e alegre. Do lado de fora da janela do meu quarto, que ficava no segundo andar, avistava uma ladeira com árvores e arbustos. Exatamente em frente a minha janela havia uma grande cerejeira branca que formava uma pirâmide. O efeito dessa ladeira era muito semelhante àquele do segundo ato de *Dear Brutus,* de Barrie, quando as personagens se viram para a janela e descobrem que o bosque de Lob chegou até as janelas. A cerejeira era especialmente propícia, pois, quando eu acordava na primavera, me alegrava logo pela manhã.

Havia um pequeno jardim em uma extremidade dos apartamentos e, nas noites de verão, podia-se fazer refeições ou sentar-se ao ar livre. Harnpstead Heath ficava a apenas dez minutos a pé, e eu ia até lá passear com James, o sealyham terrier de Carlo. Isso acontecia porque Carlo estava agora trabalhando em uma fábrica de munições e não podia sair com o cachorro. O pessoal do hospital universitário era muito gentil comigo e me deixava levar James ao dispensário. James se comportava impecavelmente. Ele deitava seu corpo branco parecido com uma salsicha sob as prateleiras de frascos e ficava ali, ocasionalmente aceitando atenções gentis da faxineira quando ela aparecia.

Rosalind não foi aceita na Força Aérea Auxiliar das Mulheres, tampouco em vários outros tipos de trabalho de guerra, sem se decidir, pelo que observei, por nenhum outro trabalho. Com o objetivo de ingressar na Serviço Auxiliar Territorial, ela preencheu muitos formulários com datas, lugares, nomes e toda informação desnecessária que as instituições burocráticas pedem. Então, do nada, na manhã seguinte comentou:

— Rasguei todos aqueles formulários. Não vou mais me juntar ao Serviço Auxiliar Territorial!

— Sério, Rosalind? — disse com severidade. — Você tem que tomar uma decisão! Não importa o quê. Procure algo que você goste de fazer, mas não fique começando a fazer coisas, para em seguida mudar de ideia e rasgar os formulários.

— Bom, pensei em algo melhor para fazer — disse Rosalind. Então, com a extrema relutância que todos os jovens de sua geração parecem ter quando dão qualquer informação aos pais, informou: — Na verdade, vou me casar com Hubert Prichard na próxima terça.

Isso não foi totalmente uma surpresa, exceto pelo fato de que a data fora fixada para terça-feira da semana seguinte.

Hubert Prichard era major do exército regular, nativo do País de Gales. Rosalind o conheceu na casa de minha irmã, onde ele fizera uma visita originalmente como amigo de meu sobrinho Jack. Ele passou alguns dias conosco em Greenway, e me afeiçoei a ele. Era quieto, sombrio, extremamente inteligente e tinha vários galgos. Ele e Rosalind já eram amigos havia algum tempo, mas eu ignorava que isso daria em alguma outra coisa.

— Suponho... será que quer ir ao casamento, mãe? — perguntou Rosalind.

— É claro que quero — respondi.

— Ah, sim, suponho que sim... Mas, na verdade, é uma agitação bastante desnecessária, talvez — comentou ela. — Quer dizer, você não acha que seria mais simples para você e menos cansativo se não fosse? Teremos que nos casar em Denbigh porque ele não está de licença.

— Tudo bem — assegurei. — Irei a Denbigh.

— Tem certeza de que realmente quer? — disse Rosalind, com um fio de esperança.

— Sim — respondi com firmeza. Então, adicionei: — Estou bastante surpresa por você me comunicar que *vai* se casar, em vez de anunciar seu casamento *depois* de efetuado. — Rosalind corou, e vi que havia tocado na ferida. — Acho que foi Hubert que insistiu para que você contasse...

— Ah... bem... sim — disse Rosalind. — De certa forma, sim. Ele me fez perceber que ainda não tenho 21 anos.

— Pois bem. Talvez então seja melhor você se resignar, pois irei ao casamento.

Rosalind sempre fora fechada como uma ostra e isso sempre me fez rir. E, naquele momento, acabei rindo também.

Viajei com Rosalind para Denbigh de trem. Hubert veio buscá-la no hotel pela manhã. Ele estava com um de seus irmãos, oficial como ele, e fomos para o cartório, onde a cerimônia foi realizada com o mínimo de *agitação*! O único problema em todo o processo foi que o velho escrivão se recusou terminantemente a acreditar que o nome e o título do pai de Rosalind estivessem corretos: "Coronel Archibald Christie, CMG, DSO, RFC".

— Se ele estava na Força Aérea, não pode ser coronel — disse o escrivão.

— Mas ele *é* — disse Rosalind. — Essa é a posição e o título apropriados.

— Ele deve ser comandante — disse o secretário.

— Não, ele *não* é comandante — disse Rosalind, e fez o possível para explicar que vinte anos antes a Royal Air Force ainda não existia. O escrivão continuou a dizer que nunca tinha ouvido falar disso, então acrescentei meu testemunho ao de Rosalind e, por fim, ele aceitou de má vontade.

# II

O tempo passava, e naquele momento as coisas não pareciam mais um pesadelo, mas algo muito antigo, que *sempre* existira. Tornou-se, de fato, natural conviver com a ideia de esperar pela própria morte a qualquer momento, assim como a de pessoas que mais amávamos, e ficar sabendo do falecimento de amigos. Janelas quebradas, bombas, minas terrestres e, depois, bombas voadoras e foguetes — todas essas coisas continuariam, não como algo extraordinário, mas perfeitamente natural. Depois de três anos de guerra, elas eram um acontecimento diário. Nem sabíamos como poderia ser um tempo sem guerra.

Estava me mantendo bastante ocupada. Minha escala no hospital era formada por dois dias inteiros, três meio períodos e as manhãs dos fins de semana intercaladas. No restante do tempo, escrevia.

Tinha decidido trabalhar em dois livros ao mesmo tempo, pois uma das dificuldades de escrever um livro é que de repente ele fica estagnado dentro de quem o escreve. Então é preciso deixá-lo de lado e fazer outras coisas — mas eu não tinha muito mais o que fazer. Não tinha vontade de me sentar e meditar. Eu acreditava que, se escrevesse dois livros alternando o trabalho entre eles, me manteria atualizada na tarefa. Um deles era *Um corpo na biblioteca,* que havia tempos pensava em escrever; o outro era *M ou N?,* uma história de espionagem que era, de certo modo, a continuação de *O inimigo secreto,* na qual resgatei Tommy e Tuppence. Agora, com um filho e uma filha já crescidos, Tommy e Tuppence estavam entediados porque ninguém precisava deles em tempo de guerra. Então fizeram um retorno esplêndido como um casal de meia-idade e rastrearam espiões com todo o antigo entusiasmo.

Nunca tive dificuldade em escrever durante a guerra, como aconteceu com alguns escritores; suponho que isso se deva ao fato de eu ter criado uma espécie de compartimento em minha mente. Eu poderia viver dentro do livro, entre as pessoas sobre as quais escrevia, murmurar suas conversas e vê-las andando a passos largos pelo ambiente que eu havia inventado para elas.

Uma ou duas vezes me hospedei na casa de Francis Sullivan, o ator, e sua esposa. Eles tinham uma casa em Haslemere, com bosques de castanheiros espanhóis ao redor.

Sempre achei tranquilizador conviver com atores em tempos de guerra, porque para eles, a *atuação* e o mundo teatral eram o mundo *real*; qualquer outro mundo não era. A guerra para eles era um pesadelo prolongado que os impedia de continuar seu modo de vida da maneira correta, então toda conversa deles era sobre pessoas e coisas do teatro, o que estava acontecendo no mundo teatral. Era maravilhosamente refrescante.

Depois, voltava para o Lawn Road Flats, cobria o rosto com um travesseiro como proteção contra vidros estilhaçados, e, em uma cadeira ao meu lado, deixava meus bens mais preciosos: o casaco de pele e a bolsa de água quente — insubstituíveis naquele tempo. E assim estava pronta para todas as emergências.

Então algo inesperado aconteceu. Recebi uma notificação por carta informando que o Almirantado estava se preparando para assumir a casa de Greenway, praticamente de um momento para o outro.

Então fui para Greenway House, onde um amável e jovem tenente da Marinha me aguardava para dizer que não poderia nos dar tempo algum. Não se impressionou com a situação de Mrs. Arbuthnot, que primeiro tentou lutar contra a decisão mas que por fim pedia mais tempo para consultar o Ministério da Saúde sobre para onde mudar a creche. O ministro da saúde não perdeu tempo algum, quando se viu em oposição ao Almirantado. Ordenou que a casa fosse evacuada e, assim, precisei fazer mais uma mudança! O problema era que não havia para onde mover as coisas. Não havia nenhuma empresa de mudança ou armazenamento em qualquer lugar. Todos os armazéns já estavam cheios até o teto. Por fim, fui ao Almirantado e eles concordaram que eu poderia usar a sala de estar, bem como um pequeno quarto no andar de cima, para guardar todos os móveis.

Enquanto o trabalho de mudança de móveis estava em andamento, Hannaford, o jardineiro, que era um velho cão fiel, dedicado a qualquer pessoa a quem serviu por tempo suficiente, chamou-me de lado e disse:

— Venha ver o que guardei para você e não deixei ela levar.

Não tinha ideia do que poderia ser, mas o acompanhei até a torre do relógio acima dos estábulos. Ali, conduzindo-me por uma espécie de porta secreta, mostrou-me com muito orgulho uma enorme quantidade de cebolas no chão, cobertas de palha, e uma pilha de maçãs.

— A *outra* veio ter comigo, antes de ir embora, e disse que levaria todas as cebolas e maçãs. Não mesmo! Isso eu não permitiria! Falei que quase toda a colheita fora ruim, e só lhe dei algumas. Ora, as maçãs nasceram *aqui* e as cebolas também, ela não tinha por que levá-las para Middlands, ou para a Costa Leste, ou aonde quer que esteja indo!

Fiquei tocada pelo espírito feudal de Hannaford, embora nada pudesse ser mais embaraçoso. Eu preferiria mil vezes que Mrs. Arbuthnot tivesse levado todas as maçãs e cebolas; agora enchiam minhas mãos, enquanto Hannaford abanava o rabo como um cachorro que recuperou do rio algo que você não quer.

Empacotamos as maçãs e as enviei para parentes com filhos que poderiam gostar. Não poderia voltar para Lawn Road Flats com duzentas cebolas estranhas. Tentei distribuí-las pelos hospitais, mas parece que por toda parte havia fartura de cebolas.

Embora nosso Almirantado estivesse conduzindo as negociações, Greenway House seria ocupada pela Marinha dos Estados Unidos. Maypool, uma casa grande que ficava um pouco acima da nossa, no alto da colina, acomodaria os marinheiros, enquanto os oficiais assumiriam nossa casa.

Não posso falar muito bem da gentileza dos estadunidenses e do cuidado que tiveram com nossa casa. Era inevitável, é claro, que os aposentos da cozinha ficassem mais ou menos em ruínas — tinham de cozinhar para cerca de quarenta pessoas e colocaram uns fogões horríveis e enfumaçados —, mas eram muito cuidadosos com nossas portas de mogno; na verdade, o comandante mandou cobri-las com compensado. Eles também apreciaram a beleza do lugar. Boa parte dessa flotilha em particular vinha da Louisiana, e as grandes magnólias, especialmente a *Magnólia grandiflora*, fizeram com que se sentissem em casa.

Depois da guerra, aparecia, de vez em quando, um parente de um ou outro oficial dos que estiveram em Greenway, em visita ao local em que o filho, ou primo, ou quem quer que fosse, ficara hospedado. Alguns me contavam que seu parente, nas cartas que enviava, descrevia nossa casa. Muitas vezes caminhei pelo jardim com esses visitantes, tentando identificar certos locais de que eles gostavam especialmente, embora nem sempre fosse fácil, porque, nesse meio tempo, as árvores haviam crescido.

No terceiro ano da guerra, de todas as minhas várias casas, nenhuma estava disponível para mim quando precisei. Greenway foi tomada pelo Almirantado; Wallingford estava cheia de evacuados, e, assim que eles voltaram para Londres, ela foi alugada por amigos nossos — um idoso doente, sua esposa e seus filhos. A casa na Campden Street, número 48, vendi com um excelente lucro. Carlo mostrara a casa a alguém que queria comprá-la.

— Não a vendo por menos de 3.500 libras — falei para ela.

Naquela época parecia muito dinheiro. Carlo voltou muito satisfeita:

— Consegui que dessem mais quinhentas libras — disse ela. — Achei que eles merecessem.

— O que você quer dizer com isso?

— Os compradores foram mal-educados — disse Carlo, que tinha uma verdadeira antipatia escocesa pelo que chamava de insolência. — Disseram coisas depreciativas e indevidas sobre a casa bem na minha frente. Do tipo: "Que decoração horrível! Esse papel de parede todo florido, temos que mudar isso! Como certas pessoas são extravagantes: imaginem deitar abaixo essa parede divisória!" Então achei que fosse melhor dar uma lição neles e aumentei quinhentas libras.

Aparentemente, eles pagaram sem hesitação.

Tenho um memorial de guerra em Greenway. Na biblioteca, que era a sala de encontro dos oficiais, um deles, que era artista, fez um afresco no alto das paredes. Pintou todos os lugares pelos quais a frota passou, começando por Key West, Bermudas, Nassau, Marrocos e assim por diante, terminando finalmente com uma exagerada glorificação dos bosques de Greenway, em que a casa branca aparecia por entre as árvores. Além disso, há também uma ninfa requintada, ainda não finalizada — uma garota *pinup* nua — que eu sempre supus representar as esperanças no final da jornada, quando a guerra finalmente acabasse. O comandante me escreveu perguntando se eu gostaria que este afresco fosse pintado de modo que a parede se assemelhasse ao que era antes. Respondi com rapidez que seria um memorial histórico e que estava encantada por tê-lo. Sobre a lareira estavam esboçadas as cabeças de Winston Churchill, Stalin e Roosevelt. Gostaria de saber o nome do artista!

Quando saí de Greenway, tive certeza de que a casa seria bombardeada e que nunca mais a veria, mas, felizmente, todos os meus pressentimentos estavam errados. A casa sobreviveu. Catorze privadas foram instaladas na despensa, e tive que lutar com o Almirantado para que fossem removidas.

# III

Meu neto Mathew nasceu em Cheshire, em 21 de setembro de 1943, em uma clínica perto da casa de minha irmã. Punkie, dedicada a Rosalind como sempre, ficou encantada por ela decidir ter o bebê perto dela. Minha irmã foi a mulher mais infatigável que conheci; uma espécie de dínamo humano. Desde a morte do sogro, James e ela foram morar em Abney, que, como já mencionei, era uma casa enorme, com catorze quartos, várias salas de estar, e que na minha juventude, quando fui lá pela primeira vez, tinha dezesseis empregados internos. Não havia mais ninguém na casa, exceto minha irmã e uma ex-ajudante de cozinha, já casada, que todos os dias ia para a propriedade cozinhar as refeições.

Quando me hospedei na casa, ouvia minha irmã se movimentando por volta das 5h30 da manhã. Ela faxinava a casa toda — tirava o pó, arrumava, varria, acendia o fogo, limpava as peças de latão, polia móveis, e depois chamava as pessoas para o café da manhã. Depois do café da manhã, ela limpava os banheiros e arrumava os quartos. Por volta das 10h30, não havia mais trabalho doméstico para fazer, então ela corria para a horta — que estava cheia de batatas novas, fileiras de ervilhas, favas, aspargos, cenourinhas e todo o resto. Nunca vi uma erva daninha ousar levantar a cabeça na horta de Punkie. Os canteiros ao redor da casa, com rosas e outras plantas, também nunca tinham uma planta daninha.

Minha irmã adotara um cachorro, um chow-chow cujo dono, um oficial, não pôde continuar tomando conta dele. O cachorro sempre dormia no chão do salão de bilhar. Certa manhã, quando ela desceu do quarto e entrou no salão de bilhar, viu o chow-chow muito quieto em seu cesto, mas a parte central do assoalho aninhava confortavelmente uma enorme bomba. Na noite anterior, um bombardeio jogou muitas bombas incendiárias no telhado, e todos subiram para tentar apagá-las. Aquela foi parar na sala de bilhar sem que ninguém tivesse visto ou escutado, no meio de toda a confusão, e não explodira.

Minha irmã ligou para o pessoal do esquadrão antibombas, que veio correndo. Depois de examiná-la, disseram que todos deveriam sair da casa em vinte minutos.

— Apenas pegue qualquer coisa essencial.

— E o que você acha que levei comigo? — perguntou ela. — Realmente, a gente faz loucuras quando está sob pressão.

— E o que você pegou? — perguntei.

— Bem, primeiro peguei as coisas pessoais de Nigel e Ronnie (dois oficiais que estavam alojados na casa na época) porque pensei que seria horrível se algo acontecesse com eles. Depois, peguei minha escova de dentes e então não consegui pensar em mais nada. Olhei por toda a casa, mas meu cérebro deu branco.

Então, por algum motivo, levei aquele grande buquê de flores de cera que está na sala de visitas.

— Não sabia que você gostava tanto dele — falei.

— Não gosto — disse Punkie. — Essa é a parte curiosa da história.

— Você não levou suas joias ou seu casaco de pele?

— Não passou pela minha cabeça — disse ela.

A bomba foi retirada da casa e devidamente detonada, e felizmente não ocorreram mais incidentes desse tipo.

Certo dia, recebi um telegrama de Punkie e viajei imediatamente para encontrar Rosalind muito orgulhosa de si mesma em uma clínica, gabando-se da força e do tamanho de seu bebê.

— Ele é um monstrinho — disse ela com uma cara de prazer. — Um bebê enorme, um verdadeiro monstro!

Fui checar o monstrinho. Ele parecia bem e feliz, tinha o rosto enrugado e um leve trejeito provavelmente provocado por gases, mas que parecia um sorriso amável.

— Está vendo? — exclamou Rosalind. — Esqueci o comprimento que me disseram que ele mede, mas ele é um monstro!

Ali estava o monstrinho, e todos estavam felizes. E quando Hubert foi conhecer o bebê, houve realmente júbilo. Hubert estava tão satisfeito quanto Punkie e Rosalind.

O combinado era que Rosalind iria morar no País de Gales depois que o bebê nascesse. O pai de Hubert tinha morrido em dezembro de 1942, e sua mãe estava se mudando para uma casa menor naquelas proximidades. Agora esses planos seguiriam em frente. Rosalind ficaria em Cheshire por três semanas após o nascimento, então uma babá, que tinha algum tempo livre "entre dois bebês", como dizia, viajaria com ela para ajudar enquanto todos se estabeleciam no País de Gales. Eu também a ajudaria, assim que as coisas estivessem prontas para ela partir.

Nada, é claro, era fácil em tempo de guerra. Rosalind e a babá foram para Londres, e eu as acomodei no número 47 da Campden Street. Como Rosalind ainda estava um pouco fraca, eu saía de Hampstead e preparava o jantar deles à noite. No início, também fazia o café da manhã, mas depois que a babá se certificou de que sua condição de babá-que-não-fazia-trabalho-doméstico não seria atacada, declarou-se disposta a prepará-lo. Infelizmente, porém, as bombas estavam piorando novamente. Passamos noites e noites sentadas e muito ansiosas. Quando soava o alarme, empurrávamos Mathew, em seu carrinho, para baixo de uma sólida mesa de *papier mâché*, com um grosso tampo de vidro, por ser o móvel mais pesado sob o qual podíamos colocá-lo. Era angustiante para uma jovem mãe, e eu desejava ardentemente ter de volta nossas Winterbrook House ou Greenway House.

Max estava no norte da África. Ele começou a viagem pelo Egito até chegar a Trípoli. Mais tarde, desceu ao deserto de Fezzan. As cartas chegavam lentas, e às vezes eu ficava sem notícias dele por mais de um mês. Meu sobrinho Jack também estava no Irã.

Stephen Glanville ainda estava em Londres, e era uma alegria para mim poder encontrá-lo. Às vezes, eu o encontrava no hospital no final do expediente e ele me levava para jantar em sua casa em Highgate. Tínhamos o hábito de comemorar se um ou outro de nós tivesse recebido uma remessa de comida.

— Tenho um pouco de manteiga americana. Pode trazer uma lata de sopa?

— Recebi duas latas de lagosta e uma dúzia inteira de ovos *dos marrons*.

Certo dia, ele anunciou que tinha peixes frescos de verdade, da Costa Leste. Chegamos à cozinha e Stephen desembrulhou seu pacote. Que maravilhosos peixes deviam ter sido! Agora, porém, só havia um lugar para eles: a lixeira. Uma triste tarde.

Nessa fase da guerra, os amigos e conhecidos de pessoas próximas começaram a desaparecer. Não podíamos manter contato com as pessoas com quem habitualmente convivíamos; era raro escrever aos amigos.

Dois amigos íntimos, que não consegui deixar de ver, foram Sidney e Mary Smith. Sidney dirigia o Departamento de Antiguidades Egípcias e Assírias do Museu Britânico; seu temperamento era o de uma prima-dona, e era um homem de pensamento original. Sua visão sobre qualquer assunto era sempre diferente das alheias e, se eu passasse meia hora conversando com ele, ia embora estimulada pelas ideias que me sugeria, saindo de sua casa como se levitasse. No entanto, provocava sempre em mim alguma resistência, de modo que discutia com ele todos os assuntos, ponto por ponto. Era um homem que não queria nem podia estar de acordo com os outros. Quando não gostava ou não concordava com alguém, não mudava o pensamento. Por outro lado, se era amigo de alguém então agia como um verdadeiro amigo. Sua esposa, Mary, era uma excelente pintora e uma mulher muito bela, com lindos cabelos grisalhos e um pescoço alto e elegante. Seu ótimo bom senso acrescentava mais encanto à sua personalidade.

Os Smith foram extremamente bons para mim. Não moravam muito longe, e eu sempre era bem-recebida na casa deles quando aparecia para uma visita depois de sair do hospital e conversar com Sidney por uma hora. Ele me emprestava livros que me interessariam e ficava lá sentado, como um filósofo grego de outrora, enquanto eu me sentava a seus pés, sentindo-me uma humilde discípula.

Ele gostava das minhas histórias policiais, embora suas críticas fossem diferentes das de qualquer outra pessoa. Sobre algo que eu não achava bom, ele dizia:

— Mas esse é o melhor ponto desse seu livro.

Quando eu comentava de algo que me agradava ou me satisfazia em minha obra, retorquia:

— Não, não é o que você fez de melhor. Aí você estava abaixo de seu padrão.

Um dia, Stephen Glanville me desafiou.

— Pensei em um projeto para você.

— Que projeto?

— Quero que você escreva um romance policial sobre o antigo Egito.

— Sobre o antigo Egito?

— Sim.

— Mas não conseguiria.

— Claro que conseguiria. Qual é a dificuldade? Não há razão para que uma história de detetive seja impossível de acontecer no Egito antigo, e possível na Inglaterra de 1943.

Entendi o que ele quis dizer. As pessoas são sempre iguais em qualquer século ou lugar em que vivam.

— Seria tão interessante — disse ele. Você deveria escrever esse romance, de modo que as pessoas que gostam de livros policiais e de ler sobre tempos passados pudessem combinar os dois gostos.

Novamente, afirmei que não poderia fazer nada desse tipo. Eu não tinha conhecimento suficiente. Mas Stephen era um homem extraordinariamente persuasivo e, no final da noite, ele quase me convenceu de que eu poderia.

— Você leu muito sobre egiptologia — disse ele. — Não se interessou apenas pela Mesopotâmia.

Era verdade. Um dos livros de que eu mais gostei de ler foi *The dawn of conscience*, de Breasted, e eu tinha lido um bom livro sobre a história egípcia quando escrevi minha peça sobre Akhenaton.

— Tudo o que você precisa fazer é fixar-se em um período, ou em um incidente, algum cenário predefinido — disse Stephen.

Tive a terrível sensação de que a sorte estava lançada.

— Mas você teria que me dar algumas ideias sobre que hora ou lugar — falei com a voz fraca.

— Bom, existem um ou dois incidentes que talvez sirvam — disse ele enquanto marcava uma ou duas coisas em um dos livros que retirara de sua estante. Depois, ele pegou mais uma meia dúzia de livros e me entregou, me acompanhou até em casa, e ainda disse: — Amanhã é sábado. Você pode passar o fim de semana lendo isso. Veja se desperta sua imaginação.

Marquei três pontos possivelmente interessantes — nenhum deles eram incidentes particularmente conhecidos, ou sobre figuras famosas, porque acho que é isso que muitas vezes faz romances ambientados em períodos históricos parecerem tão falsos. Ninguém sabe nada de como era o Rei Pepi ou a Rainha Hatshepsut, e fingir que se sabe é uma espécie de arrogância. Mas pode-se colocar um personagem de sua própria criação vivendo naqueles tempos, e contanto que você conheça o suficiente da atmosfera local e do sentimento geral do período, tudo bem. Uma das minhas escolhas foi um incidente da quarta dinastia, outro muito mais tarde — na época, se me lembro bem, de um dos últimos Ramsés — e o terceiro, aquele pelo qual me decidi, foi elaborado a partir de cartas de um sacerdote Ka, na décima primeira Dinastia, que tinham sido publicadas havia pouco tempo.

Essas cartas pintavam com perfeição o retrato de uma família viva: o pai, rabugento, teimoso, aborrecido com os filhos que não faziam o que ele dizia; os filhos, um obediente, mas obviamente não brilhante, e o outro, temperamental, vistoso e extravagante. As cartas que o pai escrevia aos dois filhos eram sobre como eles deveriam cuidar de uma certa mulher de meia-idade, obviamente uma dessas parentes pobres que ao longo dos tempos vivem com as famílias, com quem os chefes de família são sempre gentis, enquanto as crianças geralmente crescem não gostando delas porque muitas vezes são bajuladoras e dão prejuízo.

O velho determinava as regras: como se deveria fazer isto ou aquilo com o azeite, isto e aquilo com a cevada, como deveriam se defender de ser trapaceados por esta ou aquela pessoa a respeito da qualidade dos alimentos... A família toda ficava cada vez mais claramente visível em minha imaginação. Acrescentei uma filha e alguns pormenores a esses textos — a chegada de uma nova esposa, por quem o pai andava fascinado. Também inventei um rapazinho que não prestava e uma avó ávida, porém astuta.

Entusiasmada, comecei a trabalhar. Naquele momento não estava trabalhando em nenhum livro. *E não sobrou nenhum* seguia sua carreira com bastante êxito no St. James's Theatre, até ser interrompida quando o edifício foi bombardeado; então a peça foi transferida para o Cambridge por mais alguns meses. Eu estava justamente acalentando a ideia de um novo livro. Aquele era, portanto, o momento exato para começar uma história policial egípcia.

Não havia dúvida de que tinha sido intimidada por Stephen. Também não havia dúvida de que, se Stephen queria que eu escrevesse um romance policial no Egito antigo, eu deveria fazê--lo. Ele era esse tipo de homem.

Como lhe fiz notar nas semanas e meses seguintes, deve ter se arrependido bastante por ter insistido comigo para que escrevesse algo desse gênero. Eu não parava de telefonar para ele, fazendo perguntas que, como ele dizia, a mim só me custavam dois ou três minutos, enquanto ele necessitava consultar oito livros diferentes para obter a resposta.

— Mas o que eles comiam nas refeições? Como eles cozinhavam a carne? Havia alguma refeição especial para festejos importantes? Os homens e as mulheres comiam juntos? Em que tipo de quartos eles dormiram?

— Meu Deus do céu — reclamava Stephen, e então ele ia pesquisar as coisas, salientando sempre que era preciso deduzir um grande conhecimento a partir de poucas evidências.

Ele tinha fotos de pequenos pássaros sendo servidos em espetos, pães, cachos de uvas sendo colhidos — e assim por diante. De qualquer forma, consegui o suficiente para fazer minha vida diária do período parecer real, e então voltei com mais algumas perguntas.

— Comiam à mesa ou no chão? As mulheres ocupavam uma parte separada da casa? Guardavam roupa de cama em baús ou em armários? Que tipo de casas eles tinham?

Era muito mais difícil saber como eram as casas do que os templos ou palácios, já que os templos e palácios, por serem construídos com pedra, ainda estavam de pé, enquanto as casas eram de material mais perecível.

Stephen discutiu muito comigo sobre um ponto do desfecho, e lamento dizer que acabei cedendo. Sempre me irrito comigo mesma quando lembro que fiz isso. Ele tinha uma espécie de influência hipnótica sobre esse tipo de coisa; ele mesmo era *tão positivo* que parecia errado discordar dele. Até então, em geral, embora eu tenha cedido quanto a minha opinião sobre todos os assuntos sob o sol, *nunca havia abdicado de minha opinião acerca do que escrevo.*

Se acho que tenho uma boa solução em algum tópico de meus livros, não mudo de ideia facilmente. Mas nesse caso, contra minhas melhores convicções, eu *cedi*. Era um ponto discutível, mas depois de reler o livro recentemente ainda acho que gostaria de reescrever o final dele — o que prova que devemos nos ater, antes de tudo, às nossas ideias. Mas eu estava um pouco atrapalhada pela gratidão que sentia por Stephen por todo o trabalho que ele tinha tido, e pelo fato de ter seguido uma ideia dele. De qualquer forma, *E no final a morte* foi devidamente escrito.

Pouco depois, escrevi o único livro que me satisfez completamente. Foi mais um sob o pseudônimo de Mary Westmacott, um livro que eu sempre quis escrever, que estava claro em minha mente. O retrato de uma mulher com uma imagem completa de si mesma, do que ela era, mas com a qual estava completamente enganada. Por meio de suas ações, seus sentimentos e pensamentos, tudo é revelado ao leitor. Ela estaria, por assim dizer, *encontrando-se continuamente consigo mesma*, não se reconhecendo, e ficando cada vez mais inquieta. O que provocava essa revelação era o fato de que pela primeira vez na vida ela ficara sozinha — *completamente sozinha* — por quatro ou cinco dias.

Eu já tinha encontrado o pano de fundo em que situaria a história, algo que até então não me havia ocorrido. Seria uma daquelas hospedarias que conheci na Mesopotâmia, nas quais ficamos aprisionados, sem poder seguir viagem, e não há ninguém por perto além de nativos que mal falam inglês — apenas servem refeições, acenam com a cabeça e concordam com o que você diz. Não há para onde ir, ninguém para ver, e você se sente aprisionado. Então, depois de ter lido os dois únicos livros que levou, você se senta e *pensa em si mesmo*. E meu ponto de partida — sempre soube o que seria — é quando essa mulher está saindo de Victoria para visitar uma de suas filhas casada no exterior. Ela então olha para trás enquanto o trem deixa a estação, mirando as costas do marido que se retira da plataforma, e sente uma súbita pontada lhe perfurando enquanto o observa caminhando como um homem que está terrivelmente aliviado, que fora libertado da escravidão, que vai tirar férias. Aquilo tudo é tão surpreendente que ela mal pode acreditar em seus olhos. É claro que está enganada, é claro que Rodney sentiria falta dela, mas, ainda assim, aquela sementinha ficará em sua mente, preocupando-a; e então, ela fica sozinha e começa a meditar — o padrão de sua vida se desenrolaria pouco a pouco. Seria tecnicamente difícil de escrever do jeito que eu queria; leve, coloquial, mas com um sentimento crescente de tensão, de inquietação, o tipo de sentimento que se tem — todo mundo já teve, eu acho — de se fazer perguntas profundas. *Quem sou eu?* Como *realmente* sou? O que todas as pessoas que eu amo pensam de mim? Elas pensam em mim como eu penso que elas pensam?

O mundo inteiro surge de um jeito diferente; começamos a vê-lo de formas diferentes. A suspeita e a ansiedade iniciais não desaparecem diante da tentativa de inspirar tranquilidade.

Escrevi esse livro em três dias. No terceiro dia, uma segunda-feira, inventei uma desculpa para não ir trabalhar no hospital, porque não ousei deixar meu livro naquele momento — tive que continuar escrevendo até terminá-lo. Não era um livro longo — apenas cinquenta mil palavras —, mas estava comigo havia muito tempo.

É uma sensação estranha, essa de sentir um livro crescendo dentro de nós, por talvez seis ou sete anos, sabendo que um dia iremos escrevê-lo, sabendo que ele não para de se formar esse tempo todo. Sim, já está todo dentro de nós — só falta que se destaque mais nitidamente. Todos os personagens estão ali, prontos, à espreita, prestes a entrar no palco quando escutarem suas deixas — e, de repente, é como se ouvíssemos uma ordem súbita e clara: "Agora!"

Esse "agora" soa quando já estamos preparados para escrever o livro. Acontece quando já sabemos tudo a respeito dele. É um verdadeiro milagre quando podemos escrevê-lo logo, quando *agora* é realmente *agora!*

Eu estava com tanto medo de interrupções, de qualquer coisa que quebrasse o fluxo, que depois de ter escrito o primeiro capítulo com ardor, comecei a escrever o último, porque sabia tão claramente para onde estava indo que senti que deveria colocar no papel. E assim não precisei interromper nada — fui direta.

Acho que nunca me senti tão cansada. Quando terminei, quando vi que não precisava mudar uma palavra no capítulo que tinha escrito, caí na cama e, pelo que me lembro, dormi mais ou menos 24 horas seguidas. Então me levantei, fiz um bom jantar, e no dia seguinte estava pronta para ir ao hospital.

Minha aparência era tão estranha que todo mundo se afligiu.

— Você devia estar muito mal ontem — comentaram. — Você está com olheiras enormes.

Era apenas fadiga e exaustão, mas valeu a pena — pela primeira vez, não senti dificuldade alguma no processo de escrever, além do esforço físico. De todo modo, foi uma experiência muito gratificante.

Este livro recebeu o nome de *Ausência na primavera*, título tirado daquele soneto de Shakespeare que começa com essas palavras: "Afastei-me de você na primavera". Não tenho uma ideia nítida, na verdade, do valor desse livro. É possível que seja mal escrito, estúpido e imprestável. Foi, porém, escrito com integridade, sinceridade, com intencionalidade em cada palavra, e essa é a maior alegria que um escritor deve ter, a que lhe dá mais orgulho.

Alguns anos depois, escrevi outro livro de Mary Westmacott e o chamei de *O conflito*. É um livro que ainda leio com prazer, embora não tenha sido escrito com a mesma compulsão de *Ausência na primavera*. Mas neste livro, novamente, a ideia por trás dele estava comigo havia muito tempo — na verdade, desde cerca de 1929. Apenas uma imagem esboçada, que eu sabia que um dia ganharia vida.

Às vezes pergunto a mim mesma de *onde* virão as coisas que imaginamos — quero dizer, as que se tornam compulsivas. Às vezes, acho que é o momento em que nos sentimos mais próximos de Deus, porque nos é permitido sentir um pouco da alegria da criação pura. Fomos habilitados a fazer algo que não nos pertence. É como dividir um parentesco com o Todo-Poderoso, como no sétimo dia, quando você vê o que fez e o considera bom.

Ainda escrevi outro livro que fugia de meu gênero habitual: um livro de memórias, porque estava separada de Max, raramente recebia notícias dele, mas me lembrava com frequência dos dias que passamos em Arpachiyah e na Síria. Queria reviver nossa vida, ter o prazer de lembrá-la — e assim escrevi *Venha, conte-me como você vive*, um livro leve e frívolo; mas que reflete os tempos que passamos, as tantas coisinhas bobas que esquecemos pelo caminho. As pessoas gostaram muito desse livro. Foi feita apenas uma pequena edição, porque havia falta de papel.

— Você não pode publicar isso, Agatha — disse Sidney Smith, é claro.

— Eu vou publicar — rebati.

— Não — insistiu ele. — É melhor não publicar.

— Mas eu quero.

Sidney Smith olhou para mim com desaprovação. Não era uma atitude com que ele concordasse, essa de fazermos nossa vontade quando ela não combinava com sua visão pessoal, um tanto calvinista.

— Max pode não gostar.

Fiquei em dúvida e considerei essa questão.

— Acho que ele não vai se importar. Provavelmente vai gostar de se lembrar de todas as coisas que fizemos também. Jamais tentaria escrever um livro *sério* sobre arqueologia, pois sei que cometeria muitos erros bobos. Mas isso é diferente, isso aqui é *pessoal*. E vou publicá-lo — insisti. — Quero algo para me agarrar, para lembrar. Não se pode confiar na própria memória. Então é por isso que eu quero publicá-lo.

— Está bem — disse Sidney. Sua voz traía a dúvida. Todavia, seu "está bem" era uma concessão.

— Bobagem — disse Mary, a esposa dele. — Claro que você pode publicá-lo. Por que não? É muito divertido. E entendo perfeitamente o que você quer dizer sobre gostar de relê-lo e de recordar tudo o que viveu.

Meus editores também não gostaram do livro. Desaprovaram a ideia e suspeitaram que eu estivesse esgotada como escritora de romances policiais. Eles odiavam Mary Westmacott. Estavam, de antemão, preparados para não gostar desse, ou de qualquer outro gênero, na realidade, que se afastasse da linha policial. No entanto, o livro foi um sucesso, e acho que eles lamentaram a falta de papel. Ele foi publicado sob autoria de Agatha Christie Mallowan para que não fosse confundido com nenhum dos meus livros policiais.

# *IV*

Há coisas que não queremos que voltem à mente. Coisas que temos que aceitar apenas porque aconteceram, mas sobre as quais não queremos pensar novamente.

Rosalind me ligou um dia e me disse que Hubert, que estava na França havia algum tempo, havia sido dado como desaparecido e que talvez estivesse morto.

Essa é, eu acho, a coisa mais cruel que pode acontecer a qualquer jovem esposa em tempo de guerra. O terrível suspense. Saber que o marido está morto já é ruim o bastante; mas é algo com que você tem que lidar, e você sabe que tem. Essa espera é *cruel, cruel...* E ninguém pode ajudar.

Fui me juntar a ela e fiquei em Pwllywrach por algum tempo. Tínhamos esperança — é claro que sempre temos —, mas não acho que Rosalind, em seu coração, alguma vez tivesse uma dose muito grande dela. Ela sempre foi de esperar o pior. E acho, também, que sempre houve algo em Hubert — não exatamente melancólico, mas aquele toque ou olhar de alguém que não está destinado a uma vida longa. Ele era uma pessoa querida; sempre foi muito bom comigo. Hubert tinha também algo que não posso chamar de lirismo, mas que era bem semelhante. Gostaria de ter tido a chance de conhecê-lo melhor, não apenas algumas breves visitas e encontros.

Não demorou muito tempo até recebermos notícias. Acho que Rosalind passou um dia inteiro sem revelar o que já sabia. Ela se comportou exatamente como sempre: uma pessoa de enorme coragem. Por fim, odiando fazer isso, mas sabendo que era preciso, ela disse abruptamente:

— É melhor que você leia isso — disse ela, me entregando o telegrama que noticiava a morte de Hubert no campo de batalha.

A coisa mais triste da vida, a mais difícil de suportar, é saber que você não pôde salvar do sofrimento alguém que ama muito. Podemos fazer coisas que ajudem os fisicamente incapacitados; mas pouco podemos fazer para ajudar as dores morais. Talvez eu estivesse errada, mas achei que a melhor coisa a fazer para ajudar Rosalind seria falar o menos possível e continuar vivendo de modo usual. Acho que, se fosse comigo, essa seria minha vontade. Você só quer que as pessoas não falem com você ou ampliem as sensações. Espero que minha atitude *tenha sido* o melhor para ela, mas nunca saberei de fato. Talvez tivesse sido mais fácil se eu fosse o tipo de mãe determinada, que a convencesse a desabafar e a consolasse. O instinto pode não ser infalível. A vontade maior é não ferir a quem amamos muito — não fazer nada que seja ruim para ela! Eu sentia que *deveria* saber o que fazer, mas nunca se pode ter tanta certeza.

Rosalind continuou morando em Pwllywrach, na grande casa vazia, com Mathew — um menino encantador, e sempre, em minha memória, um menino tão feliz: ele tinha um grande talento para a felicidade. Ainda o tem. Fiquei tão feliz que Hubert viu seu filho; que sabia que tinha um filho, embora às vezes parecesse mais cruel saber que talvez não fosse mais voltar, talvez não fosse mais viver com a amada família, não fosse mais criar o filho tão desejado.

Às vezes, não se pode evitar a onda de raiva que se apodera de alguém quando pensa na guerra. Na Inglaterra tivemos guerra demais em um curto espaço de tempo.

A primeira foi inacreditável, espantosa! Parecia tão desnecessária. Mas esperava-se e acreditava-se que a coisa tivesse sido apagada, que o desejo de guerra nunca mais surgiria nos corações alemães. Mas aconteceu — sabemos agora, pelos documentos que fazem parte da História, que a Alemanha planejou tudo nos anos anteriores à Segunda Guerra.

O que fica é a horrível sensação de que a guerra não resolve nada; que ganhar uma guerra é tão desastroso quanto perdê-la! A guerra, penso, já teve seu tempo e lugar, nas eras primitivas, quando só os guerreiros viviam para perpetuar a espécie. Ser manso, bom, ceder facilmente, era prenúncio do desastre. A guerra era, então, uma necessidade, porque uns ou outros pereceriam. Era necessário lutar pelo próprio território, defendê-lo, como fazem os animais. A guerra fornecia escravos, terras, alimentos, mulheres — tudo o que fosse necessário para a sobrevivência. Agora, porém, é preciso aprender a evitar as guerras, não porque nossas naturezas tenham se tornado melhores ou tenha aumentado nosso horror de ferir os outros, mas porque a guerra não é proveitosa para ninguém, porque não existirá sobrevivência para a humanidade se elas continuarem, e seremos *destruídos* por elas. O tempo dos tigres terminou; agora, sem dúvida, teremos o tempo dos vagabundos, dos charlatães, dos assaltantes, dos bandidos e punguistas; é, porém, menos mau. Um degrau acima, na ascensão do homem.

Hoje, existe pelo menos o alvorecer, creio, de uma espécie de boa vontade. Nós nos importamos quando ouvimos falar de terremotos e de desastres espetaculares para a humanidade. Queremos ajudar. Essa é uma conquista real; que eu acho que deve levar a algum lugar. Não rapidamente — nada acontece rapidamente — mas de qualquer forma podemos esperar. Acho que às vezes não apreciamos aquela segunda virtude que tão raramente mencionamos na trilogia cardeal — fé, esperança e amor. Fé, todos a temos, pode-se dizer que quase *demais*: a fé pode tornar-nos amargos, duros e implacáveis; podemos usar mal a nossa fé. O amor é aquele que não podemos deixar de conhecer em nossos próprios corações; é essencial. Mas quantas vezes esquecemos que também há a esperança? É raro pensarmos nela. Entramos em desespero cedo demais, estamos sempre prontos para perguntar: "Qual é a vantagem disso ou daquilo?" A esperança é a virtude que mais devemos cultivar nos dias de hoje.

Temos um Ministério do Bem-Estar Social, que nos libertou do medo, nos deu segurança, nosso pão de cada dia e um pouco mais. No entanto, parece-me que agora, apesar desse Ministério do Bem-Estar Social, a cada ano fica mais difícil olhar para o futuro. Nada vale a pena. Por quê? Por que não temos mais que lutar pela existência? Viver não é mais interessante? Não apreciamos o fato de estarmos vivos. Talvez precisemos mesmo da falta de espaço, da vontade de abrir novos mundos, uma espécie diferente de privações e agonia, doença e dor, e de um selvagem desejo de sobrevivência.

Eu sou uma pessoa cheia de esperança. Acho que a única virtude que nunca extinguiria da minha vida é a esperança. Por isso, considero meu querido neto Mathew alguém com quem é bom viver. Sempre teve um incurável temperamento otimista.

Lembro-me de uma vez, quando ele estava na escola preparatória, e Max perguntou se ele achava que tinha alguma chance de entrar no grupo dos Onze Primeiros do Críquete.

— Ah, sempre há esperança! — disse Mathew, com um sorriso radiante.

Deve-se adotar algo assim, penso eu, como lema de vida. Fiquei louca de raiva ao saber de um casal de meia-idade que morava na França quando a guerra estourou. Quando pensaram que os alemães poderiam estar se aproximando em sua marcha pela França, decidiram que a única coisa a fazer era cometer suicídio. Assim fizeram. Mas o desperdício! Que pena! Eles não fizeram bem a ninguém com isso. Poderiam ter vivido uma vida difícil de resistir, de sobreviver. Por que alguém deve desistir da esperança até que esteja morto?

Isso me lembra uma história que minha madrinha norte-americana contava, anos e anos atrás, sobre dois sapos que caíram em um balde de leite.

— Ah, estou me afogando, estou me afogando! — disse um deles.

— *Eu* não vou me afogar — disse o outro.

— Como você conseguirá parar de se afogar? — perguntou o outro sapo.

— Ora, ficarei me mexendo, me mexendo, como louco — disse o segundo sapo.

Na manhã seguinte, o primeiro sapo desistiu e se afogou, e o segundo sapo, tendo se mexido a noite toda, estava ali sentado no balde, bem em cima de um bocado de manteiga.

Acho que todo mundo ficou um pouco inquieto nos últimos anos da guerra. Desde o dia D havia a sensação de que ela terminaria logo, e muitas pessoas que, até então, tinham sido de opinião contrária começaram a engolir suas palavras.

Comecei a me sentir inquieta. A maioria dos doentes havia saído de Londres, embora, é claro, ainda houvesse os pacientes ambulatoriais. Mesmo ali, às vezes se sentia, não era como na última guerra, na qual você ajudava homens feridos diretamente nas trincheiras. Agora, na maior parte do tempo, bastava distribuir grandes quantidades de pílulas para epilépticos — um trabalho necessário, mas faltava aquele envolvimento direto com a guerra, que nos dava uma sensação de utilidade. As mães levavam seus bebês ao Ministério do Bem-Estar Social — e muitas vezes eu pensava que fariam muito melhor se ficassem com eles em casa. Nesse aspecto, o farmacêutico-chefe assinava em baixo da minha opinião.

Nessa época, eu andava considerando um ou dois projetos. Uma jovem amiga que trabalhava como voluntária combinou um encontro entre uma amiga dela e eu com o objetivo de fazer um trabalho fotográfico de informação. Recebi um salvo-conduto impressionante, que me permitiu percorrer, pelo que pareceu, quilômetros de corredores subterrâneos no Ministério da Guerra. Por fim fui recebida por um jovem tenente bem sério. Quase morri de susto.

Embora eu tivesse muita experiência em fotografia, a única coisa que eu nunca tinha feito, e não sabia nada a respeito, era fotografia aérea. Por consequência, achei praticamente impossível reconhecer as fotografias que me foram mostradas. A única de que eu tinha uma certeza razoável era a de Oslo, mas eu já estava tão derrotada àquela altura que não ousei dizer isso, depois de alguns enganos. O jovem suspirou e olhou para mim como se eu fosse uma completa idiota.

— Acho que talvez seja melhor você voltar ao trabalho no hospital — disse ele, sendo gentil.

Saí me sentindo completamente ridícula.

No princípio da guerra, Graham Greene me ofereceu um trabalho com propaganda. Acho que eu não era o tipo de escritora que se daria bem escrevendo propaganda, por me faltar a simplicidade de espírito necessária para encarar as coisas de um só lado. Nada pode ser mais ineficaz do que uma propaganda sem ênfase. Devemos dizer: "X é escuro como a noite", e *senti-lo*. Acho que não seria capaz de ser tão persuasiva.

Mas, a cada dia, eu ficava mais inquieta. Queria exercer um trabalho no qual me sentisse ligada à guerra. Ofereceram-me também um emprego que consistia em preparar receitas para um médico em Wendover; ficava perto de onde alguns amigos meus moravam. Pensei que seria agradável e que me sentiria bem morando no campo. Entretanto, se Max chegasse da África do Norte — ao fim de três anos surgia a possibilidade de que ele voltasse —, acho que não poderia dar a menor atenção ao trabalho com esse médico. Também tinha um projeto teatral. Era possível que eu acompanhasse a peça como produtora executiva, ou algo assim, numa *tournée* à África do Norte. Ficara entusiasmadíssima com a ideia. Seria maravilhoso ir à África do Norte! Ainda bem que nada disso aconteceu, pois mais ou menos quinze dias antes da data em que eu deveria sair da Inglaterra, recebi uma carta de Max dizendo que muito provavelmente regressaria dentro de três semanas. Que desgosto seria se nossas agendas fossem incompatíveis!

As semanas seguintes foram de agonia. Lá estava eu, toda tensa, esperando. Por quinze dias, três semanas, não, talvez mais... Dizia a mim mesma que essas coisas sempre demoravam mais do que o esperado.

Fui passar um fim de semana com Rosalind, no País de Gales, e voltei de trem na noite de domingo. Era um daqueles trens que muitas vezes se tem de suportar em tempo de guerra, frios e, claro, quando se chegava a Paddington, não existiam meios de locomoção, tornando impossível chegar a algum lugar. Peguei um trem complicado que finalmente me deixou em uma estação em Hampstead, não muito longe de Lawn Road Flats, e de lá voltei para casa, carregando alguns peixes em minha mala. Entrei, cansada e com frio, e comecei ligando o aquecedor, tirando o casaco e esvaziando a mala. Coloquei os peixes na frigideira. Então ouvi um barulho peculiar do lado de fora e me perguntei o que poderia ser. Fui para a varanda e olhei para baixo. Pelas escadas subia uma figura carregada com tudo o que se possa imaginar, coberta de coisas que faziam barulho. Talvez o Old Bill pudesse dar ideia dessa figura. Não me parecia possível que um ser humano pudesse carregar tantos objetos! Não tive dúvidas, porém — era meu marido! Dois minutos depois, eu sabia que todos os meus temores de que as coisas pudessem ser diferentes, de que ele tivesse mudado, eram infundados. Aquele era o Max! Parecia ter saído de casa no dia anterior. Ele estava comigo novamente. Estávamos *juntos* novamente! Um cheiro terrível de peixe frito adentrou nossos narizes e corremos para o apartamento.

— O que você está comendo? — perguntou Max.

— Arenque — respondi. — Você devia provar. — Ficamos olhando um para o outro por algum tempo. — Max! Você engordou muito!

— Você também não emagreceu! — acrescentou.

— É porque comi muitas batatas — respondi. — Quando não se tem carne e coisas assim, resta comer batatas e muito pão.

Então lá estávamos nós dois com mais alguns quilos entre nós do que quando havíamos nos separado. Parecia errado. Deveria ter sido o contrário.

— Achei que a vida no deserto emagrecesse — falei.

Max disse que a vida no deserto não era nada leve, mas ninguém tinha mais nada a fazer a não ser comer refeições gordurosas e beber cerveja.

Foi uma noite maravilhosa! Comemos arenques queimados e nos sentimos felizes.

# Parte 11

## *Outono*

# I

Estou escrevendo em 1965. E tudo isso aconteceu em 1945. Vinte anos se passaram — mas não parecem vinte anos. Os anos da guerra também não parecem anos reais. Foram um pesadelo em que a realidade parou. Por alguns anos, tive o hábito de dizer que algo tinha acontecido há cinco anos, quando, na realidade, acontecera há pelo menos mais cinco. Agora, quando digo alguns anos atrás, quero dizer muitos anos. O tempo mudou para mim, assim como para as outras pessoas da minha idade.

Minha vida recomeçou, primeiro com o fim da guerra com os alemães. Embora tecnicamente a guerra continuasse com o Japão, a *nossa* tinha terminado. Assim, chegara o momento de recolher os pedaços, todos os pedaços espalhados por toda parte — pedaços da vida.

Depois de um tempo de licença, Max voltou para o Ministério da Aeronáutica. O Almirantado decidiu desocupar Greenway House — como de costume, a qualquer momento — e a data escolhida para isso foi o Natal. Não poderia ter dia pior para reassumir uma casa abandonada. Foi um azar. O motor do gerador elétrico, com o qual produzíamos nossa própria eletricidade, já estava em seus últimos anos quando o Almirantado assumiu. O comandante norte-americano me disse várias vezes que temia que a casa apagasse completamente em pouco tempo.

— Caso aconteça, nós lhe daremos outro, completamente novo, para substituí-lo, para que fique com boas recordações nossas.

Infelizmente, a casa foi desocupada três semanas antes da data prevista para a substituição do gerador elétrico.

Greenway estava uma beleza quando voltamos para lá num ensolarado dia de inverno — mas não tinha sido bem cuidada, e parecia selvagem como uma floresta virgem. As trilhas tinham desaparecido; na horta, em lugar das cenouras e alfaces, cresciam agora ervas daninhas, e as árvores frutíferas não haviam sido podadas. De certo modo, era triste ver a propriedade naquele estado, mas a beleza do lugar permanecia. O interior da casa não estava tão ruim quanto receáramos. Não haviam deixado o linóleo, o que era um aborrecimento, pois não teríamos um passe para colocar outro, já que o Almirantado o tirara e pagara por ele. A cozinha estava indescritível, com as paredes enegrecidas, cobertas de gordura e fuligem — e havia, como já mencionei, catorze privadas ao longo do corredor de pedra.

Havia no Almirantado um homem esplêndido, que lutou a meu favor; devo dizer que o Almirantado nos deu algum trabalho. Mr. Adams foi um firme aliado meu. Alguém me disse que ele era a única pessoa capaz de tirar água de pedra, ou arrancar algum dinheiro da instituição!

Eles se recusaram a pagar o suficiente para restaurar os quartos, com o pretexto absurdo de que a casa havia sido pintada apenas um ou dois anos antes de assumirem — portanto, aprovariam apenas para uma parte de cada quarto. Como é possível restaurar três quartas partes de um aposento? No entanto, descobriu-se que a casa de barcos tinha sofrido um bom estrago, suas pedras foram retiradas, os degraus estavam quebrados e vários prejuízos do tipo, um dano estrutural caro, pelo qual *tiveram* que pagar — então, quando consegui o dinheiro para essa restauração, consegui refazer a cozinha.

A questão das privadas foi outra batalha, porque queriam que *eu* as pagasse como *benfeitorias.* Eu disse que não era conveniente ter quatorze privadas inúteis ao longo de um corredor que conduz à cozinha. O que eu precisava ali era de uma despensa e um local para guardar a lenha, e uma copa, justamente o que já tínhamos lá antes. Insistiram que essas privadas seriam de grande utilidade se a casa fosse transformada numa escola para moças. Retorqui que a casa não seria transformada em colégio. Poderiam deixar *uma* das privadas, falei, com condescendência. Mas não a deixariam. Ou tirariam *todas* as privadas, ou eu pagaria o custo delas. Então, como a Rainha Vitória, eu disse:

— Levem tudo embora!

Isso trouxe muitos problemas e despesas para o governo, mas eles tiveram que levá-las. Mr. Adams fez com que seu pessoal voltasse várias vezes para retirá-las corretamente, pois sempre deixavam canos e pedaços de coisas saindo, e para que colocassem de novo a copa e a despensa como as haviam encontrado anteriormente. Foi uma longa e sinistra batalha.

No devido tempo, o pessoal da mudança veio e redistribuiu os móveis por toda a casa. Era incrível como tudo estava danificado ou estragado, além da destruição pelas traças de tapetes. Eles tinham sido instruídos para proteger tudo das traças, mas negligenciaram fazê-lo por meio de um falso otimismo:

— Tudo estará acabado no Natal.

Alguns livros estavam danificados pela umidade — mas eram, surpreendentemente, poucos. Nada havia atravessado o teto da sala de visitas, e todos os móveis permaneceram em condições bastante boas.

Como Greenway parecia linda em seu esplendor emaranhado! Perguntava a mim mesma se algum dia voltaria a desbravar as antigas trilhas, ou se acharia suas antigas localizações. O lugar se tornava cada dia mais selvagem, e a vizinhança também assim o considerava. Estávamos sempre expulsando as pessoas que apareciam. Elas vinham na primavera, arrancando grandes galhos de rododendros e arruinando descuidadamente os arbustos. Claro que o lugar ficou vazio por um tempo depois que o Almirantado o desocupou. Estávamos em Londres e Max ainda estava no Ministério da Aeronáutica. Não havia zelador, e todo mundo entrava para se servir livremente de tudo — não apenas *colher* flores, mas quebrar os galhos de qualquer maneira.

Por fim conseguimos nos acomodar e a vida recomeçou, embora não como antes. Havia o alívio de que a paz finalmente havia chegado, mas nenhuma certeza no futuro. Estávamos gentilmente gratos por estarmos juntos e experimentando a vida para ver o que seríamos capazes de fazer com ela. Os negócios também preocupavam. Formulários para preencher, contratos para assinar, complicações fiscais — toda uma confusão de coisas que não se entendia.

Só agora percebi, olhando minha produção durante a guerra, que produzi uma quantidade incrível de coisas durante esses anos. Suponho que foi porque não havia distrações de natureza social; praticamente nunca saía à noite.

Além dos que já mencionei, escrevi mais dois livros durante os primeiros anos da guerra. Isso foi em antecipação à minha morte nos ataques, o que parecia provável no mais alto grau, já que eu estava trabalhando em Londres. Um era para Rosalind, foi o que escrevi primeiro — um livro com Hercule Poirot — e o outro era para Max — com Miss Marple. Esses dois livros, quando depois de prontos, foram colocados nos cofres de um banco e formalmente legados a Rosalind e Max. Eu achava que ali eles estariam seguros.

— Saber que existem dois livros que pertencem a vocês irá alegrá-los quando estiverem voltando do enterro! — expliquei para eles.

Eles responderam que, apesar de tudo, preferiam ter a *mim*.

— Também espero que sim! — E todos rimos, alegres.

Não consigo ver por que as pessoas sempre ficam tão envergonhadas por ter que discutir qualquer coisa relacionada com a morte. O querido Edmund Cork, meu agente, sempre parecia muito chateado quando eu levantava a questão "Sim, mas supondo que eu *morra*". Mas a morte é tão importante hoje em dia que é preciso discuti-la. Pelo que pude entender do que me disseram os advogados e o pessoal dos impostos acerca de pagamento de direitos — do que eu entendia muito pouco —, o imposto sobre meu legado seria um desastre sem paralelo para todos os meus parentes, e a única esperança deles era me manterem viva o máximo de tempo possível!

Vendo o quanto a tributação subiu, fiquei feliz em pensar que não valia mais a pena trabalhar tanto: um livro por ano seria suficiente. Se eu escrevesse dois livros por ano, ganharia pouco mais do que escrevendo um, e só me daria muito trabalho extra. Certamente não havia mais o velho incentivo. Se aparecesse algo fora do comum que eu realmente *quisesse* escrever, então seria diferente.

Mais ou menos nessa época, a BBC telefonou perguntando se eu gostaria de escrever uma peça curta para rádio, para um programa que iam fazer, algo relacionado com a Rainha Mary. A rainha queria que fosse uma obra escrita por mim, porque gostava muito de meus livros. Queriam saber se eu poderia escrever rapidamente alguma coisa para eles. Digamos que a ideia me seduziu. Pensei muito, caminhei de um lado para outro, segundo meu costume nessas circunstâncias, e depois retornei o telefonema dizendo que sim.

Escrevi a ideia que me sobreveio em um pequeno *sketch* para rádio. Dei o título de *Três ratos cegos*. Tanto quanto sei, a Rainha Mary gostou da peça.

Parecia que aquilo ficaria por isso mesmo, mas logo depois foi sugerido que eu ampliasse a história em um conto. *A mansão*

**608**

*Hollow*, que eu adaptei para o palco, fora produzida por Peter Saunders e fez muito sucesso. Eu tinha gostado tanto que comecei a pensar em mais ensaios dramatúrgicos. Por que não escrever uma peça em vez de um livro? Era muito mais divertido. Um livro por ano cuidaria das finanças, então agora eu poderia me divertir em um meio totalmente diferente.

Quanto mais eu pensava em *Três ratos cegos*, mais eu sentia que poderia transformá-la de uma peça de rádio com duração de vinte minutos para um thriller de três atos. Pedia alguns personagens extras, um plano de fundo, um enredo mais completo e um trabalho lento até o clímax. Acho que uma das vantagens de *A ratoeira*, que seria o título da versão teatral de *Três ratos cegos*, é o fato de ter sido escrita a partir de um resumo, de modo que a princípio houve o esqueleto da peça, que depois foi preenchido com carne. Tudo estava lá nas proporções necessárias, desde o começo. Isso contribuiu para a boa construção.

Quanto ao título, devo agradecer totalmente ao meu genro, Anthony Hicks. Não mencionei Anthony antes porque ele não é realmente uma reminiscência, já que está conosco. Na verdade, não sei o que faria sem ele na minha vida. Ele não é apenas uma das pessoas mais gentis que conheço, mas também uma figura notável e interessante. Ele tem ideias. Pode iluminar qualquer mesa de jantar produzindo de repente um "problema". Em pouco tempo, todos estão discutindo furiosamente.

Ele já estudou sânscrito e tibetano, e pode falar com conhecimento sobre borboletas, arbustos raros, leis, selos, pássaros, louças Nantgar, antiguidades, atmosfera e clima. Se há algum defeito nele, é o de ter longas discussões sobre vinhos, coisa em que não tenho como julgar, porque não gosto de vinhos.

Quando soubemos que o título original de *Três ratos cegos* não podia ser usado — já havia uma peça com esse nome —, ficamos esgotados pensando em títulos. Anthony sugeriu *A ratoeira*. Foi adotado. Ele deveria receber direitos autorais por isso, acho, mas nunca sonhamos que essa peça em particular fosse fazer história no teatro.

As pessoas estão sempre me perguntando a que eu atribuo o sucesso de *A ratoeira*. Além de responder o óbvio, "sorte!" — porque noventa por cento *é* sorte, a única outra razão que posso dar é que a peça tem algo para quase todos: pessoas de diferentes faixas etárias e gostos podem gostar de vê-la. Os jovens gostam, os idosos gostam, Mathew e seus amigos de Eton, e mais tarde Mathew e seus amigos da universidade a viram e gostaram também. Até os professores de Oxford gostaram. Quando reflito sobre ela, sem vaidade nem modéstia demais, vejo que, em seu gênero leve, no qual coexistem humor e apelo à emoção, é uma peça bem-construída. O enredo desenrola-se de modo que todos querem saber o que acontecerá em seguida, e ninguém suspeita para onde a ação irá nos minutos seguintes. Também penso (embora as personagens de peças em cartaz por muito tempo acabem virando caricaturas) que as personagens de *A ratoeira* poderiam ser reais.

Houve um caso em que três crianças foram negligenciadas e abusadas, depois de terem sido colocadas pelo conselho tutelar em uma fazenda. Uma delas morreu, e havia o temor de que um menino ligeiramente delinquente poderia crescer cheio de desejo de vingança. Também aconteceu outro caso de assassinato em que alguém havia acalentado algum tipo de rancor infantil por muitos anos e se vingou depois de adulto. Essa parte do enredo não era impossível.

Quanto às personagens, uma jovem, amarga e rancorosa, determinada a viver apenas para o futuro; um jovem que se recusa a enfrentar a vida e só anseia por proteção; e o menino que infantilmente queria se vingar da mulher cruel que machucou Jimmy e de sua jovem professora. Tudo isso me parece real, natural, quando os observamos.

Richard Attenborough e sua encantadora esposa Sheila interpretaram os dois protagonistas na primeira produção. Que bela atuação eles deram! Adoraram a peça e acreditaram nela, e Richard Attenborough dava grande atenção ao personagem que representava. Adorava assistir aos ensaios, gostava de acompanhar tudo!

Então a peça entrou em cartaz. Devo dizer que não tinha a menor sensação de possuir um grande sucesso em minhas mãos, ou qualquer coisa remotamente parecida. Achei que tudo tinha ido muito bem, mas quando fui com alguns amigos assistir a uma apresentação — não sei se foi a primeira reapresentação ou talvez no princípio da *tournée,* em Oxford — senti que era um fracasso. Colocara humor demais nela; o público ria demais; isso talvez arrancasse a emoção e o terror necessários. Senti-me um pouco deprimida em relação à peça, recordo-me muito bem.

Peter Saunders, por outro lado, fez um gesto gentil com a cabeça e disse:

— Não se preocupe! Essa peça ficará um ano em cartaz. Acho que a manterei em cartaz por uns catorze meses.

— Não vai durar tanto — falei. — Oito meses talvez. Sim, acho que oito meses.

E agora, enquanto escrevo, a peça está chegando ao fim de seu 13º ano, e já foi encenada por inúmeros elencos. O Ambassadors Theatre já até passou por uma mudança — trocou os assentos e as cortinas. Agora, soube que estão preparando um novo cenário, visto que o antigo é considerado muito surrado. E as pessoas continuam indo ao teatro.

Devo dizer que isso me parece absolutamente incrível. Por que uma peça de teatro de entretenimento leve e divertido pode durar *treze anos*? Sem dúvida, milagres acontecem.

E para quem vão os lucros? Principalmente, é claro, para pagar os impostos, como todo o resto. Mas fora isso, quem ganha? Dei muitos dos meus livros e histórias para outras pessoas. Os direitos do conto "Santuário" foram cedidos ao Fundo de Ajuda da Abadia de Westminster, e outros contos foram doados a um ou outro amigo.

O fato de você poder se sentar e escrever algo que depois passa direto de você para outra pessoa é um sentimento muito mais feliz e natural do que entregar cheques ou coisas desse tipo. As pessoas podem dizer que dá no mesmo, no final das contas. Um dos meus livros pertence aos sobrinhos do meu marido; embora tenha sido publicado há muitos anos, eles ainda estão se saindo bem com isso. Dei minha parte dos direitos autorais do filme *Testemunha de acusação* a Rosalind.

A peça *A ratoeira* foi cedida ao meu neto. Mathew, é claro, sempre foi o membro mais sortudo da família, portanto, é justo que ele se tornasse dono dos royalties mais rentáveis.

Algo que me deu um prazer especial foi escrever uma história — algo entre um romance e uma novela — cuja renda foi reservada para colocar um vitral na igreja de Churston Ferrers. É uma linda igrejinha e a janela leste de vidro liso sempre me olhava boquiaberta com uma fenda nos dentes. Eu olhava para ela todos os domingos e imaginava como ficaria linda em cores claras. Não sabia nada sobre vitrais e tive muita dificuldade em visitar estúdios e obter diferentes esboços feitos por artistas especializados no tema. No final, o trabalho foi encomendado a Patterson, um artista que morava em Bideford e que enviou um projeto para o vitral que eu adorei — em particular suas cores, que não eram o vermelho e o azul comuns, mas predominantemente lilás e verde pálido, meus favoritos. Eu queria que a figura central fosse a do Bom Pastor. Tive algumas dificuldades acerca disto com a diocese de Exeter e até mesmo com Mr. Patterson. Tanto um como o outro insistiam que o desenho central de uma janela do lado do nascente *tinha* que ser, forçosamente, a Crucificação.

Todavia, a diocese, procedendo a pesquisas quanto ao assunto, concordou que o vitral figurasse a imagem de Jesus como Bom Pastor, pois tratava-se de uma paróquia pastoral. Queria um vitral alegre, que fosse atrativo também para as crianças. Por isso, no centro do vitral está o Bom Pastor com seu Cordeiro — e os painéis ao redor são o presépio com a Virgem e o Menino Jesus, os anjos que aparecem aos pastores nos campos, os pescadores com suas redes, e a figura do Cristo andando sobre as águas. São cenas simples do Evangelho. Amo esse vitral, gosto de olhar para ele aos domingos. Mr. Patterson fez um belo trabalho. Espero que resista às provações dos séculos, por ser simples. Sinto-me ao mesmo tempo orgulhosa e humilde por me ter sido permitido oferecê-lo com os proventos de meu trabalho.

# II

Uma noite no teatro se destaca em especial em minha memória; a primeira noite de *Testemunha de acusação*. Posso dizer com segurança que essa foi a única estreia que gostei.

As estreias são em geral angustiantes, dificilmente suportáveis. Só existem duas razões para comparecer a elas: a primeira, nada desprezível, é que se os pobres atores têm que passar por aquilo tudo seria deslealdade do autor não estar presente para partilhar a tortura deles se tudo der errado. Só fui conhecer essa agonia na estreia de *Álibi.* O roteiro pede que o mordomo e o médico batam em uma porta trancada do escritório e, em seguida, em crescente alarme, a forcem para abrir. Na estreia, a porta do escritório não esperou ser forçada, abriu-se gentilmente antes que alguém lhe pusesse o punho, exibindo o cadáver que acabara de se arrumar para o ato final. Isso tudo me deixava nervosa! Portas trancadas, luzes que não se apagam quando o objetivo é que elas se *apaguem*, e luzes que *não acendem* quando o objetivo é que elas *acendam*. Estas são as verdadeiras agonias do teatro.

A outra razão para ir às estreias é a curiosidade. Você sabe que vai odiar, que se chateará, que notará todos os erros, todas as falas esquecidas, as lacunas e tudo o mais. Mas a curiosidade insaciável importa mais e você quer *ver com os próprios olhos*, e não saber apenas por ouvir falar. Sendo assim, lá vamos nós, tremendo, sentindo frio e calor alternadamente, torcendo para que ninguém perceba as tentativas de nos escondermos nos píncaros do teatro.

A estreia de *Testemunha de acusação* não foi um sofrimento. Foi uma das minhas peças que mais gostei. Fiquei quase mais satisfeita com ela do que com qualquer outra. No início, não queria escrevê-la. Tinha receio. Fui forçada a isso por Peter Saunders, que tem um poder de persuasão maravilhoso. Docemente tirânico, sutilmente bajulador:

— É claro que conseguirá escrevê-la.

— Mas não sei nada sobre processos legais. Farei papel de boba.

— Isso é muito fácil de resolver. Você pode pesquisar sobre o assunto, além do que teremos um advogado à disposição para esclarecer as anomalias e fazer tudo dar certo.

— Não tenho condição de escrever sobre uma cena de tribunal.

— Sim, você tem. Já até assistiu a cenas de tribunal, certo? Poderá ler alguns julgamentos também…

— Não sei… acho que não conseguiria.

Peter Saunders continuou dizendo que "é claro que eu poderia e que deveria começar logo" porque ele queria a peça rapidamente. Assim, hipnotizada e sempre receptiva ao poder da sugestão, li enormes quantidades de julgamentos famosos, fiz perguntas a advogados, e de repente senti que estava me divertindo — aquele momento maravilhoso na escrita que geralmente não dura muito, mas nos empolga com uma espécie de vigor e nos arrasta como a onda ao nos impelir para a praia. "Isto é adorável. Estou conseguindo. Funciona. Agora, para onde sigo?", pensamos. Há o inestimável momento em que vemos tudo — não no palco, mas no olho da sua mente. Está acontecendo de verdade, em um tribunal real — não o Old Bailey porque eu ainda não tinha estado lá —, mas um tribunal esboçado no fundo da minha mente. Eu via o nervoso e desesperado jovem no banco dos réus e, entre as testemunhas, a enigmática mulher que seria testemunha não de seu amante, mas da Coroa. Foi uma história que escrevi bem rápido — acho que demorei apenas duas ou três semanas, depois da preparação.

Naturalmente, foi necessário fazer algumas mudanças no procedimento, e eu também tive que defender meu final com garras e dentes. Ninguém gostou, ninguém quis, todo mundo disse que estragaria tudo.

— Você não se safa com esse desfecho. — Era o que todos diziam. Queriam um final diferente, de preferência, um usado no conto original que eu havia escrito anos antes.

Um conto não é uma peça. O conto não tinha cena de tribunal, nem julgamento por assassinato. Era um mero esboço de um acusado e uma testemunha enigmática. Portanto, defendi meu final com firmeza. Normalmente, nesses assuntos, não teimo, quase nunca tenho convicção suficiente. Nesse caso, porém, eu a tinha. Queria aquele final. Queria tanto que não concordaria em ter a peça encenada sem ele.

Venci! A peça foi um êxito. Algumas pessoas acharam o final forçado ou arrastado, mas eu sabia que não era nada além de lógico. Era o que seria possível acontecer e que, a meu ver, provavelmente teria sucedido — talvez com um pouco menos de violência, mas o fator psicológico estaria no ponto certo, e o pequeno fato que estava por trás da trama estava implícito o tempo todo na peça.

Um advogado e seu assessor deram conselhos e compareceram aos ensaios da peça em duas ocasiões. A crítica mais severa veio do assessor.

— Na minha opinião está tudo errado, porque um julgamento como esse levaria três ou quatro dias pelo menos — disse ele. — Você não pode espremer em uma hora e meia ou duas.

Ele não poderia, é claro, estar mais certo, mas tivemos que explicar que todas as cenas de tribunal em peças deveriam receber o benefício da licença teatral, e três dias deveriam ser condensados em um período contado em horas e não dias. Um fechar de cortinas aqui e ali ajudava a resolver as elipses temporais. Sendo assim, em *Testemunha de acusação*, acho que foi válida a continuidade obtida na cena do tribunal.

De qualquer forma, gostei da noite em que a peça foi apresentada pela primeira vez. Suponho que fui até lá com minha habitual apreensão, mas assim que as cortinas subiram, a alegria tomou conta de mim. De todas as peças de teatro que escrevi, esta foi a que mais se aproximou de minha própria imagem mental: Derek Bloomfield como o jovem acusado; os personagens jurídicos que eu nunca tinha de fato visualizado com clareza, pois conhecia pouco da lei, mas que de repente ganharam vida; e Patrícia Jessel, que teve a parte mais difícil de todas, e de quem dependia o sucesso da peça. Eu não poderia ter encontrado uma atriz mais perfeita. O papel era difícil, em especial no primeiro ato, em que o texto não ajudava. Era um texto hesitante, reservado, e toda a força da peça está na atriz, em sua mímica, em seus olhares, reticências, na sensação que comunica de que algo maligno a inspira. Patrícia Jessel sugeria tudo isso à perfeição — *era* a personagem tensa, enigmática. Ainda considero seu desempenho como Romaine Helder uma das melhores atuações que já presenciei.

Eu estava feliz, radiantemente feliz, ainda mais pelos aplausos do público. Depois que a cortina desceu, escapuli como de costume e fui para Long Acre. Em pouco tempo, enquanto eu procurava o carro que me esperava, fui cercada por uma multidão de pessoas amigáveis, pessoas comuns da plateia, que me reconheceram, me deram tapinhas nas costas e me encorajaram.

— Foi a melhor que você escreveu até aqui, querida!

— De primeira categoria! Nota máxima, eu diria!

— Para esta peça só o V de vitória!

— Adorei cada minuto!

Deram-me livros para que eu autografasse e assim o fiz, alegre e feliz. Minha autoconsciência e nervosismo, por alguns momentos, não estavam ali comigo. Sim, foi uma noite memorável. Ainda tenho muito orgulho dela. E de vez em quando, cavuco o baú de memórias, pego esse momento, dou uma olhada e penso: "Essa foi A noite".

Outra ocasião de que me lembro com muito orgulho, mas também com certo sofrimento, foi o décimo aniversário de *A ratoeira*. Houve uma celebração — era forçoso haver uma recepção do tipo e, o que era pior, eu *teria* que comparecer a ela. Não me incomodava ir a pequenas recepções, dadas somente para o elenco, ou algo desse gênero; uma delas foi apenas uma reunião de amigos a qual, mesmo nervosa, compareci. Esta, porém, era em grande estilo, uma grande recepção no Savoy com direito a tudo o que há de mais horroroso numa recepção: multidões de pessoas, televisão, luzes, fotógrafos, repórteres, discursos, e mais um tanto de coisas! Ninguém, no mundo, está menos preparado para representar o papel de vedete do que eu. Mas não podia faltar. Certamente, não teria que discursar, apenas dizer algumas palavras — algo que nunca fizera. Não *sei* fazer discursos, *nunca* faço discursos e *jamais* os farei, o que é ótimo para mim porque, se os fizesse, seriam péssimos.

Eu sabia que qualquer discurso que eu fizesse naquela noite seria ruim. Tentei pensar em algo para dizer, mas desisti, porque pensar tornaria as coisas piores. Era muito melhor não pensar em absolutamente nada, e então, quando chegasse o momento terrível, eu simplesmente *teria* que dizer alguma coisa — não importaria muito o quê, e não seria pior do que um discurso que eu havia pensado de antemão.

Comecei a festa de uma forma pouco auspiciosa. Peter Saunders me pediu para chegar ao Savoy cerca de meia hora antes da hora marcada. (Isso, descobri quando cheguei lá, era para participar da tortura de ser fotografada numa escala maior do que sequer imaginei.) Então cheguei sozinha, corajosa, ao Savoy. Porém, quando tentei entrar na sala reservada para a recepção, fui impedida.

— Ainda não abrimos, senhora. Faltam vinte minutos para o início do evento.

Retirei-me. Não sei por que achei que não seria bom dizer abertamente: "Sou Mrs. Christie e pediram para que eu chegasse mais cedo". Acho que minha inevitável timidez miserável e horrível estragou tudo.

Isso é bobo porque ocasiões sociais comuns não me deixam tímida. Não gosto de festas grandes, mas posso comparecer a elas, e não fico me sentindo tímida. Suponho, na verdade, que a sensação é que estou fingindo ser algo que não sou — não sei se todos os escritores sentem isso, mas acho que muitos compartilham o mesmo — porque, ainda hoje, não me sinto uma escritora, embora eu seja uma. Ainda tenho aquela sensação exagerada de que estou *fingindo* ser uma grande escritora. Talvez eu seja um pouco como meu neto, o jovem Mathew, quando tinha 2 anos, que descia as escadas se reafirmando: "Este é Mathew descendo a escada!" E então cheguei ao Savoy e disse a mim mesma:

"Esta é Agatha fingindo ser uma escritora de sucesso, indo para sua grande festa, tendo que parecer que é alguém, tendo que fazer um discurso que ela não pode fazer, tendo que falar de algo em que ela não é boa".

De todo modo, não discuti, dei meia-volta e vagueei desconsoladamente pelos corredores do Savoy tentando ganhar coragem para voltar e dizer como Margot Asquith:

— Eu sou eu!

Felizmente, fui salva pela querida Verity Hudson, a gerente geral de Peter Saunders. Ela riu muito com a história — não podia deixar de rir —, e Peter Saunders também deu grandes risadas. Assim que entrei na sala, fui submetida ao corte de fitas, à obrigação de beijar atrizes, sorrir de orelha a orelha, e sofri o grande insulto a minha vaidade de encostar o rosto, carinhosamente, ao de uma atriz jovem e bonita, sabendo que essa fotografia ia aparecer no noticiário do dia seguinte — ela, belíssima e confiante em seu papel, e eu realmente *horrenda*. Suponho que isso seja bom para nos curar da vaidade.

Tudo correu bem, embora poderia ter sido melhor se a rainha da festa tivesse algum talento como atriz e deixasse uma boa atuação. Ainda assim fiz meu "discurso" sem desastres. Apesar de dizer apenas algumas palavras, as pessoas foram gentis: todo mundo me disse que estava tudo ótimo. Eu não poderia ir tão longe a ponto de acreditar, mas acho que serviu bastante bem. As pessoas lamentaram minha inexperiência, perceberam que eu estava tentando fazer o meu melhor e se sentiram gentis em relação ao meu esforço. Minha filha, posso dizer, não concordou com nada disso.

— Você deveria ter se dado ao trabalho, mãe. Poderia ter preparado algo mais *adequado* — disse ela.

Mas ela é ela, e eu sou eu, e preparar alguma coisa de antemão muitas vezes leva, no meu caso, a um desastre muito maior do que confiar no calor do momento, quando pelo menos as gentilezas se despertam.

— Você fez história no teatro esta noite — disse Peter Saunders, fazendo o possível para me encorajar. Suponho que seja verdade, de certa forma.

# III

Há alguns anos, estávamos hospedados na embaixada em Viena, quando Sir James e Lady Bowker ocupavam o posto. Elsa Bowker me repreendeu seriamente quando repórteres foram à embaixada em busca de entrevistas.

— Agatha! Não te entendo! — gritou ela em sua encantadora pronúncia estrangeira. — Se fosse eu, me alegraria. Estaria orgulhosa. Eu teria dito: Sim! Venham sentar-se comigo! Tudo o que fiz foi maravilhoso, sou a melhor escritora de livros policiais do mundo, sinto-me orgulhosa com esse fato. Sim, sim, claro que contarei tudo sobre isso. Estou encantada! Sem dúvida que sou muito inteligente! Se eu fosse você eu me sentiria inteligentíssima, tão inteligente que não falaria de mais nada o tempo todo!

Quase morri de rir, e disse:

— Elsa, sabe que eu adoraria trocar de pele durante os próximos trinta minutos? Você faria a entrevista tão lindamente, e eles iriam te adorar. Mas não sou qualificada para fazer esse tipo de coisa corretamente em público.

De modo geral, tive o bom senso de *não* fazer coisas em público, exceto quando era absolutamente necessário, ou feriria gravemente os sentimentos das pessoas se não o fizesse. Quando você não faz uma coisa bem, é muito mais sensato não insistir, e eu não vejo nenhuma razão pela qual os escritores deveriam — não é parte de seu ofício. Existem muitas carreiras em que personalidade e relações públicas são importantes — por exemplo, se você é um ator ou uma figura pública. O negócio de um escritor é simplesmente escrever. Escritores são criaturas tímidas — eles precisam de encorajamento.

Minha terceira peça representada em Londres (todas ao mesmo tempo) foi *A teia da aranha*, escrita para Margaret Lockwood. Peter Saunders me pediu para conhecê-la e conversar sobre a ideia. Ela disse que adoraria se eu escrevesse uma peça para ela, e eu lhe perguntei exatamente que tipo de peça ela gostaria. Ela disse de imediato que não queria continuar sendo sinistra e melodramática, que havia feito muitos filmes ultimamente nos quais tinha sido a "senhora má". Ela queria fazer comédia. Acho que estava certa, porque tem um enorme talento para a comédia, além de poder ser dramática. É uma atriz muito boa, e tem aquele *timing* perfeito que lhe permite dar às falas seu verdadeiro peso.

Gostei muito de escrever as falas de Clarissa em *A teia da aranha*. A princípio, houve certas hesitações quanto ao título; hesitamos entre *Clarissa encontra um cadáver* e *A teia da aranha*; mas, por fim, o último título levou a melhor. Ficou em cartaz por dois anos, e fiquei muito feliz com ela. Quando Margaret Lockwood conduzia o inspetor de polícia pelo caminho do jardim, era encantadora.

Mais tarde escreveria uma peça chamada *O hóspede inesperado*, e outra que, embora não tenha sido um sucesso de público, me satisfez por completo. Seu título era *Veredicto*, um título ruim. Eu a intitulara *Não há amarantos*, tirado das palavras de Walter Landor: "Não há flores de amarantos nesse lado do túmulo". Ainda considero essa peça uma das melhores que escrevi, com exceção de *Testemunha de acusação*; creio, no entanto, que falhei: ela não é verdadeiramente um romance policial ou thriller. É uma peça que dizia respeito ao assassinato, mas seu verdadeiro pano de fundo e premissa estava na ideia de que um idealista é sempre uma pessoa perigosa, um possível destruidor de quem o ama. Essa peça é sobre até onde é possível sacrificar, não a si mesmo, mas aqueles que você ama, pelo que você acredita, mesmo que eles não acreditem.

Dos meus romances policiais, acho que os dois que mais me satisfazem foram *A casa torta* e *Punição para a inocência*. Para minha surpresa, relendo-os outro dia, descobri que outro com o qual estou realmente satisfeita é *A mão misteriosa*. É um grande teste reler o que se escreveu cerca de dezessete ou dezoito anos depois. Nossas visões mudam. Alguns livros não resistem ao teste do tempo, outros, sim.

Uma moça indiana que estava me entrevistando uma vez (e fazendo, devo dizer, muitas perguntas bobas), me perguntou:

— Você já escreveu e publicou um livro que considera muito ruim?

Respondi com indignação que não. Nenhum livro, disse, era exatamente como eu queria que fosse, e eu nunca estava muito satisfeita com eles, mas se eu considerasse um livro ruim, nunca o publicaria.

No entanto, acho que cheguei perto disso em *O mistério do trem azul*. Cada vez que o leio, acho-o banal, cheio de clichês, com um enredo desinteressante. Muitas pessoas, lamento dizer, gostam dele. Diz-se sempre que os autores não são bom juízes do próprio trabalho.

Como será triste quando não mais puder escrever! No entanto, não devo ser ambiciosa demais. Afinal de contas, continuar escrevendo aos 75 anos sempre é uma sorte. Deveríamos saber ficar satisfeitos e nos aposentar. Mas fui tentada a continuar pelo fato de meu último livro publicado ter vendido melhor do que todos os outros até então: logo, parecia uma tolice parar de escrever. Talvez agora deva escolher os 80 anos como limite.

Gostei muito do segundo desabrochar da vida, que vem quando você já terminou o período de emoções e comprometimento pessoal, e de repente descobre — aos 50 anos, digamos — que toda uma nova vida se abriu diante de você, cheia de coisas sobre as quais você pode pensar, estudar ou ler. Você descobre que gosta de ir a exposições de fotos, concertos e ópera com o mesmo entusiasmo de quando tinha 20 ou 25 anos. Por um período, sua vida pessoal absorveu todas as suas energias, mas agora você está livre novamente para olhar ao seu redor. Você pode desfrutar do *ócio*; você pode desfrutar das *coisas*. Ainda temos bastante juventude para viajar por países estrangeiros, embora não dê mais para aguentar uma maneira de viver tão dura quanto a que suportávamos quando jovens. É como se uma nova seiva de ideias e pensamentos estivesse crescendo em você. Com isso, é claro, vem a penalidade da velhice crescente — a descoberta de que seu corpo quase sempre está doendo em algum lugar: ou suas costas estão doendo em algum ponto; ou você passa um inverno com reumatismo no pescoço, de modo que virar a cabeça é uma agonia sem fim; ou você tem problemas com artrite nos joelhos, de modo que não consegue ficar de pé por muito tempo ou descer ladeiras — todas essas coisas acontecem com você e precisam ser suportadas. Mas a gratidão pela dádiva da vida é forte e vital durante esses anos, mais do que nunca. Há um pouco da realidade e da intensidade dos sonhos nisso — e ainda gosto muito de sonhar.

# IV

Em 1948, a arqueologia voltava a erguer sua cabeça erudita. Todos falavam de possíveis expedições e faziam planos para visitar o Oriente Médio. As condições eram agora favoráveis novamente para se fazer escavações no Iraque.

A Síria havia fornecido a nata das descobertas antes da guerra, mas agora as autoridades iraquianas e o Departamento de Antiguidades estavam oferecendo condições justas. Embora quaisquer objetos únicos encontrados fossem para o Museu de Bagdá, as "duplicatas", como eram chamadas, seriam divididas e o escavador receberia uma parte justa. Assim, após um ano de tentativas de escavação em pequena escala aqui e ali, as pessoas começaram a retomar o trabalho naquele país. Uma Cátedra de Arqueologia da Ásia Ocidental havia sido criada após a guerra, da qual Max se tornou professor, no Instituto de Arqueologia da Universidade de Londres. Ele receberia alguns meses a cada ano para trabalhar no campo.

Com enorme prazer, partimos mais uma vez, após um lapso de dez anos, para retomar nosso trabalho no Oriente Médio. Sem Expresso do Oriente desta vez, infelizmente! Já não era mais o caminho mais barato — na verdade, não se podia mais viajar por ele. Desta vez voamos — o início daquela rotina monótona, viajar de avião. Mas não se podia ignorar o tempo economizado. Mais triste ainda, não havia mais viagens pelo deserto: você voava de Londres para Bagdá, e pronto. Naqueles primeiros anos ainda se passava uma noite aqui ou ali no caminho, mas era o começo do que se via claramente que se tornaria uma agenda de tédio excessivo e gastos sem prazer.

De qualquer forma, chegamos a Bagdá, Max e eu, acompanhados de Robert Hamilton, que havia trabalhado com os Campbell-Thompson e depois foi curador do Museu de Jerusalém. No devido tempo, subimos juntos, visitando locais no norte do Iraque, entre o pequeno e o grande Zab, até chegarmos ao pitoresco monte e à cidade de Erbil. Dali seguimos para Mossul, e no caminho fizemos nossa segunda visita a Nimrud.

Nimrud continuava tão incrível como eu me lembrava de nossa primeira visita há muito tempo. Max examinou tudo com especial zelo. Antes não era nem mesmo uma possibilidade prática, mas agora, embora ele não estivesse falando sobre isso naquele momento, algo poderia ser feito. Novamente fizemos um piquenique por lá. Visitamos alguns outros montes e depois chegamos a Mossul.

O resultado desse passeio foi que Max finalmente colocou para fora com firmeza que tudo o que ele queria fazer era escavar Nimrud.

— É um sítio arqueológico e histórico imenso, e *precisa* ser escavado. Ninguém fez isso nos últimos cem anos, aproximadamente, desde os trabalhos de Layard. E Layard só escavou a franja dos terrenos. Ele encontrou alguns bonitos fragmentos de marfim, mas devem existir montes deles. É o local de uma das três cidades mais importantes da Assíria. Assur era a capital religiosa, Nínive, a capital política, e Nimrud, ou Calah, como era então seu nome, a capital militar. *Precisa ser escavada.* Isso exigiria muitos trabalhadores, muito dinheiro e vários anos. Há sérias probabilidades, se tivermos um pouco de sorte, de que seja uma das escavações históricas com mais contribuição ao conhecimento sobre o passado do mundo.

Perguntei a Max se não se interessava mais por cerâmica pré-histórica. Ele respondeu que sim, ainda se interessava; mas tantas perguntas já tinham sido respondidas e ele estava totalmente interessado em Nimrud como um sítio histórico para explorar.

— É do nível da tumba de Tutancâmon — acrescentou ele. — De Cnossos em Creta, e Ur. Terei de pedir um empréstimo para estudar um lugar desses.

O dinheiro apareceu; não muito, a princípio, mas foi crescendo à medida que fazíamos novas descobertas. O Museu Metropolitano de Nova York foi um de nossos maiores contribuidores; também recebemos da Escola de Arqueologia Gertrude Bell, no Iraque, e instituições como do Ashmolean e do Fitzwilliam, de Birmingham. Então começamos o que seria nosso trabalho pelos próximos dez anos.

Neste mesmo mês, agora, será publicado o livro de meu marido, *Nimrud and its remains* [As relíquias de Nimrud]. Max levou dez anos para escrevê-lo. Sempre receou não viver tempo o bastante para completá-lo. A vida é muito incerta, e doenças tais como trombose, pressão alta e todos os males modernos parecem estar sempre esperando por nós, particularmente os homens. Mas deu tudo certo. É o trabalho de toda sua vida: foi para isso que ele se encaminhou, desde 1921, serena e constantemente. Tenho muito orgulho dele, e estou satisfeita com sua felicidade. Parece um milagre que, tanto ele como eu, tenhamos tido sucesso nas tarefas a que nos dedicamos.

Nada poderia ser mais oposto do que nosso trabalho. Eu sou inculta e ele é culto, mas nos complementamos, acho, e nos ajudamos. Muitas vezes ele pediu minha opinião em alguns pontos, e embora eu continue sendo uma amadora, sei bastante sobre sua especialidade da arqueologia — na verdade, muitos anos atrás, quando eu estava dizendo tristemente a Max que era uma pena não poder ter começado a estudar arqueologia quando ainda era menina, para ter mais conhecimento sobre o assunto, ele disse:

— Você não percebe que neste momento você sabe mais sobre cerâmica pré-histórica do que quase qualquer mulher na Inglaterra?

Naquele momento talvez eu soubesse, embora mais tarde tenha esquecido. Nunca terei uma atitude profissional nem me lembrarei das datas exatas dos reis assírios, mas tenho um enorme interesse pelos aspectos pessoais que a arqueologia revela. Gosto de encontrar um cachorrinho enterrado sob a soleira, na qual estão inscritas as palavras: "Não pare para pensar, morda-o!" Que boa divisa para um cão de guarda! Dá para imaginar a pessoa a inscrevendo no barro enquanto ri. As lâminas onde estavam inscritos os contratos são interessantes, esclarecendo como e onde você se vende como escravo, ou as condições sob as quais você adota um filho. Podemos ver Shalmaneser construindo seu zoológico, enviando animais estrangeiros de suas campanhas, experimentando novas plantas e árvores. Sempre ávida, fiquei fascinada quando descobrimos uma estela descrevendo um banquete dado pelo rei em que estão listadas todas as coisas que eles tinham para comer. A coisa mais estranha, me pareceu, foi que depois de cem ovelhas, seiscentas vacas e quantidades desse tipo, comeram apenas vinte pães. Por que um número tão pequeno? Na verdade, por que essa refeição precisaria de pães?

Nunca fui uma escavadora suficientemente científica para gostar de níveis, planos e tudo o mais, coisas que são discutidas com tanto gosto pela escola moderna. Sou descaradamente devotada aos objetos de artesanato e arte que brotam do solo. Atrevo-me a dizer que para mim nunca haverá fascínio maior do que o trabalho das mãos humanas: os pequenos escrínios de marfim, com cenas cinzeladas com músicos e seus instrumentos; o menino alado, a cabeça maravilhosa de uma mulher, feia, cheia de energia e personalidade.

Morávamos em uma parte da casa do xeique, no vilarejo entre a colina e o rio Tigre. Destinaram-nos no andar de baixo um cômodo para fazermos nossas refeições e onde armazenávamos nossas coisas, uma cozinha anexa, e dois quartos no andar de cima — um para Max e para mim, e um menor, sobre a cozinha, para Robert.

Eu tinha que revelar as fotografias na sala de jantar à noite, de modo que Max e Robert iam para o andar de cima. Toda vez que eles atravessavam os cômodos, pedaços de lama caíam no prato onde uma fotografia estava revelando. Antes de começar o próximo lote, eu subia e dizia:

— *Lembrem-se* de que estou *revelando* fotografias bem embaixo de vocês! Toda vez que vocês se mexem, alguma coisa dá errado. Vocês não podem falar sem se mexer?

Mas acabavam por se entusiasmar com qualquer assunto e corriam a uma mala para tirar um ou outro livro de consulta, e a lama seca caía de novo.

No pátio havia um ninho de cegonhas, e elas faziam um barulho terrível de acasalamento, com as asas batendo e um som como o chocalhar de ossos. As cegonhas são muito apreciadas na maior parte do Oriente Médio, e todos as tratam com grande respeito.

Quando saímos de lá no final da primeira temporada, acertamos tudo para construir uma casa de tijolos de barro no *mound* que estava sendo escavado. Os tijolos foram feitos e colocados para secar, e o telhado foi arranjado.

No ano seguinte, ao regressarmos, nossa casa nos encheu de orgulho! Tínhamos uma cozinha; junto dela uma sala para refeições e a sala de estar, e, na sequência, um cômodo para desenhar e outro para guardar as antiguidades. Dormíamos em tendas. Passados um ou dois anos, acrescentamos à nossa casa um pequeno escritório com uma escrivaninha e uma janela, junto à qual podíamos pagar os trabalhadores e, do outro lado, outra escrivaninha para o epigrafista. Depois, veio o cômodo para desenhar e o aposento de trabalho, com tabuleiros para armazenar os objetos que necessitavam de restauração. Além disso, havia também uma espécie de canil onde o infeliz fotógrafo tinha que preparar a câmera fotográfica e revelar as fotos. Vez ou outra, uma terrível tempestade de areia soprava forte, com um vento que não se sabia de onde vinha. Tínhamos que correr imediatamente e segurar nossas tendas, com toda a força, enquanto os caixotes com lixo eram arremessados para longe.

Quando o vento amainava, geralmente as tendas caíam, embrulhando alguém em suas pregas. Por fim, um ou dois anos depois, fiz um requerimento para que acrescentassem um cômodo destinado para mim, e cuja construção eu mesma pagaria. Mandei então construir, por cinquenta libras, um quarto pequeno, quadrado, feito de tijolo. Foi lá que comecei a escrever este livro. Tinha uma janela, uma mesa, uma cadeira dura e os restos do que fora uma cadeira Minty, tão decrépita que era difícil sentar-se nela, mas ainda confortável. Na parede, dois quadros pintados por jovens artistas do Iraque. Um continha uma vaca de olhar triste ao lado de uma árvore; o outro era um caleidoscópio de todas as cores imagináveis, que a princípio parecia um mosaico, mas no qual, de repente, percebíamos dois burros e o homem que os conduzia pela rua em frente a um mercado — sempre achei essa pintura fascinante. No final o quadro ficou por lá, porque todos o adoravam. Ele acabou sendo promovido à parede da sala principal. Algum dia, espero que volte às minhas mãos.

Na porta, Donald Wiseman, um de nossos epigrafistas, afixou o cartaz em cuneiforme, anunciando que aquela era Beit Agatha — a Casa de Agatha —, e para a Casa de Agatha eu ia todos os dias trabalhar um pouco. A maior parte do dia, porém, eu passava fotografando ou remendando e limpando marfins.

Tivemos uma esplêndida sucessão de cozinheiros. Um deles era indo-português e um tanto insensato. Ele cozinhava bem, mas foi ficando cada vez mais quieto com o passar da temporada. Os ajudantes da cozinha vieram nos falar que estavam preocupados com Joseph — ele estava ficando muito esquisito. Certo dia, ele desapareceu. Procuramos por ele e notificamos a polícia, mas foi o pessoal do xeique que o trouxe de volta. Ele então explicou que recebera uma ordem do Senhor a que tivera de obedecer, mas que agora o Senhor lhe dissera que deveria voltar e assegurar-se de que eram cumpridos os desejos d'Ele. Parecia haver uma ligeira confusão em sua mente entre o Todo-Poderoso e Max. Ele caminhou pela casa, caiu de joelhos diante de Max, que estava explicando algo para alguns trabalhadores, e beijou a barra de suas calças, para grande constrangimento de Max.

— Levante-se, Joseph — disse Max.

— Devo fazer o que me ordena, Senhor. Diga-me para onde ir e eu irei. Envie-me para Basra e eu irei para Basra. Diga-me para visitar Bagdá e eu visitarei Bagdá; mande-me para as neves do norte e eu irei para as neves do norte.

— Estou dizendo — disse Max, aceitando o papel do Todo-Poderoso. — Digo-lhe que vá imediatamente à cozinha, para nos preparar comida.

— Eu vou, Senhor — disse Joseph, que então beijou a barra da calça de Max mais uma vez e foi para a cozinha. Infelizmente os fios pareciam cruzados, pois outras ordens continuavam chegando a Joseph e ele sumia de vez em quando. No final, tivemos que mandá-lo de volta para Bagdá. Seu pagamento foi costurado em seu bolso e um telegrama foi despachado para seus parentes.

Então, nosso segundo ajudante, Daniel, disse que tinha um pouco de conhecimento de culinária e que daria conta das últimas três semanas da temporada. Tivemos indigestão permanente como resultado. Ele nos alimentou inteiramente com o que chamou de "ovos escoceses"; excessivamente indigesto e cozido na gordura mais peculiar. Daniel se desonrou antes de sair. Ele brigou com o motorista, que então partiu para cima dele e nos informou que ele havia enfiado na bagagem 24 latas de sardinha e outras iguarias diversas. Foi lida a sentença habitual para casos com este. Daniel foi declarado péssimo cristão e péssimo criado, culpado por provocar, entre os árabes, um mau conceito dos cristãos, e avisamos a ele que não mais o contrataríamos. Foi o pior empregado que tivemos.

Para Harry Saggs, um dos epigrafistas, Daniel foi dizer:

— Você é o único homem bom nesta escavação. Você lê sua Bíblia, porque eu já vi. Portanto, já que você é um bom homem, me dará seu melhor par de calças.

— Não farei nada disso — disse Harry Saggs.

— Você será um verdadeiro cristão se me der suas melhores calças.

— Nem minhas melhores calças, nem minhas piores — disse Harry Saggs. — Preciso das minhas duas calças.

Daniel retirou-se para tentar conseguir algo em outro lugar. Ele era bem preguiçoso e sempre dava um jeito de limpar nossos sapatos somente depois de escurecer, de modo que ninguém reparasse se ele estava realmente os limpando ou apenas sentado e cantarolando para si mesmo, fumando.

Nosso melhor empregado foi Michael, que trabalhara no consulado britânico em Mossul. Parecia uma figura pintada por El Greco, com um longo e melancólico rosto e olhos enormes. Estava sempre brigando com sua mulher. Em uma ocasião, ela tentou matá-lo com uma faca. Por fim, o médico o convenceu a levá-la para Bagdá.

— Ele me escreveu e disse que é apenas uma questão de dinheiro — disse Michael. — Se eu lhe der duzentas libras, tentará curá-la.

Max insistiu para que ele a levasse ao hospital geral para o qual ele já havia lhe dado uma carta de recomendação, a fim de que não fosse vítima de charlatões.

— Não, este é um homem muito grande — disse Michael. — Ele mora em uma grande rua, em uma grande casa. Ele deve ser o melhor.

A vida em Nimrud nos primeiros três ou quatro anos foi relativamente simples. O mau tempo muitas vezes nos separava da chamada estrada, o que afastava os visitantes. Então, certo ano, devido à nossa crescente importância, uma espécie de trilha foi feita para nos ligar à estrada principal, e a estrada para Mossul foi asfaltada por uma boa parte do caminho.

Isso gerou muitos problemas. Nos últimos três anos que lá ficamos, chegaram tantos visitantes que nos fazia falta um ajudante exclusivamente para recebê-los, acompanhá-los, oferecer-lhes chá, bebidas etc. Chegavam também ônibus repletos de crianças. Foi uma das piores dores de cabeça, porque havia grandes escavações em todos os lugares e os topos em ruínas não eram seguros, a menos que você soubesse exatamente por onde estava andando. Imploramos aos professores que mantivessem as crianças longe das escavações, mas eles, é claro, adotaram a atitude costumeira dizendo: "*Inshallah*, tudo ficará bem". Os pais também levavam bebês.

— Este lugar mais parece uma creche! — disse Robert Hamilton em tom insatisfeito, enquanto olhava ao redor da sala onde eram feitos os desenhos, que estava ocupada com três carrinhos de bebês aos berros. — Vou lá fora medir os níveis.

Todos nós gritamos com Robert em protesto.

— Ora, Robert, você é pai de cinco filhos. Você é a pessoa certa para ser responsável pela creche. Não podemos deixar esses jovens solteiros cuidando dos bebês!

Robert olhou friamente para nós e partiu.

Foram bons tempos. Todo ano tinha sua diversão, embora, em certo sentido, a cada ano a vida se tornasse mais complicada, mais sofisticada, mais urbana.

O próprio *mound* perdeu a beleza inicial, por causa da grandeza das escavações. Desaparecera a inocente simplicidade, com cabeças de pedra espetadas por entre a grama verde, salpicada de ranúnculos vermelhos. Desapareceram os bandos de pássaros que se alimentavam de abelhas — adoráveis passarinhos dourados, verdes e cor de laranja e, um pouco mais tarde, outras aves maiores, também azuis e cor de laranja, com o curioso hábito de darem rasantes súbitos e desajeitados. Reza a lenda que essas aves foram punidas por Istar, a serem vencidas pelas asas, porque haviam insultado essa divindade.

Agora, Nimrud dorme.

Nós a cicatrizamos com nossas escavadeiras. Suas fossas escancaradas foram preenchidas com terra crua. Um dia, suas feridas se curarão e ela florescerá mais uma vez com as primeiras flores da primavera.

Aqui existiu Calah, a Grande Cidade. Depois, Calah dormiu...

Aqui veio Layard para perturbar sua paz. E Calah-Nimrud dormiu outra vez...

Ali estiveram Max Mallowan e sua esposa. Agora, novamente Calah dorme... Quem a perturbará em seguida?

Não sabemos.

Ainda não mencionei nossa casa em Bagdá. Tínhamos uma velha casa turca na margem oeste do Tigre. Foi considerado um gosto muito curioso da nossa parte gostar tanto dela e rejeitar uma construção mais moderna. Mas nossa casa turca era fresca e agradável, com seu pátio e as palmeiras subindo até o parapeito da varanda. Na parte de trás, havia jardins de palmeiras irrigados e a minúscula casa do porteiro, feita de latas de gasolina. As crianças brincavam lá, alegres. As mulheres entravam e saíam, e desciam ao rio para lavar suas panelas e frigideiras. Os ricos e os pobres vivem lado a lado em Bagdá.

Como Bagdá cresceu desde que a vi pela primeira vez! A maior parte da arquitetura moderna é muito feia, totalmente inadequada para o clima. Foi copiada de revistas ocidentais — francesas, alemãs, italianas. Já não adentramos os frescos *sirdab*, no calor do dia as janelas não são mais aquelas aberturas no alto das paredes, que conservavam o frescor e nos protegiam dos ardores do sol. Possivelmente, os encanamentos de hoje em dia são melhores — os antigos não podiam ser piores —, mas duvido disso. O encanamento moderno parece bom, as louças dos banheiros são de maravilhosas cores em tons de lilás, mas o esgoto não tem muito para onde ir. Ele tem que ser descarregado no Tigre da maneira antiga, e a quantidade de água para descarga parece, como sempre, terrivelmente inadequada. Há algo de peculiarmente irritante nos belos banheiros modernos e nas instalações sanitárias que não funcionam devido à falta de disposição adequada e de uma ampla entrada de água.

Devo mencionar a primeira visita que fizemos a Arpachiyah após um intervalo de quinze anos. Fomos reconhecidos na hora. A aldeia inteira saiu à rua. Houve gritos, saudações, boas-vindas.

— Você se lembra de mim, *Hawajah*? — disse um homem. — Eu era o garoto do cesto quando você foi embora. Agora estou com 24 anos, tenho uma esposa, tenho um filho grande, um filho adulto… eu mostro a você.

Eles ficaram surpresos que Max não conseguia se lembrar de todos os rostos e todos os nomes. Eles relembraram a famosa corrida que entrou para a história. Encontrávamos o tempo todo nossos amigos de quinze anos antes.

Um dia estava passando de caminhão pela cidade de Mossul e o policial que estava orientando o trânsito bateu com seu cassetete nele e gritou:

— *Mamã! Mamã!* — e avançou para mim, segurando minha mão, sacudindo-a freneticamente: — Que alegria em vê-la, *mamã*! Eu sou Ali! Sou Ali, o garoto dos potes! Você se lembra de mim? Sim? Agora sou policial!

E assim, toda vez que íamos para Mossul, lá estava Ali. No momento em que ele nos reconhecia, todo o trânsito na rua era interrompido, nos cumprimentávamos, e então nosso caminhão seguia com prioridade total. Como é bom ter amigos como ele!

Afetuosos, simples, cheios de prazer da vida, e tão dispostos a rir de tudo! Árabes são ótimos em sorrir, ótimos em hospitalidade também. Sempre que você passa por uma aldeia onde mora um de seus trabalhadores, eles saem correndo e insistem que você entre e tome coalhada com eles. Alguns dos efêndis da cidade são maçantes; os nativos, porém, são esplêndidos amigos.

Como eu amei esses países!

Ainda os amo e para sempre amarei.

# Epílogo

O desejo de escrever minha autobiografia me assaltou de repente em minha "casa" de Nimrud, Beit Agatha.

Reli tudo o que escrevi e estou satisfeita. Fiz o que eu queria fazer. Escrevê-la é como fazer uma viagem. Não tanto uma viagem *retrospectiva* através do passado, mas para o *futuro* — que começa no princípio de tudo, a partir do *Eu* que inicia sua viagem através do tempo. Não fui limitada nem pelo tempo nem pelo espaço. Demorei-me onde quis, pulei para a frente e para trás, conforme meu desejo.

Lembrei-me, suponho, do que queria me lembrar; há muitas coisas ridículas sem razão que fazem sentido. É assim que nós, criaturas humanas, somos feitos.

E agora que cheguei aos 75 anos, parece o momento certo de parar. Porque, no que diz respeito à vida, isso é tudo o que há a dizer.

Vivo agora um tempo tomado de empréstimo, esperando, na antecâmara, pelo chamado que inevitavelmente virá. Então partirei para o que vier a seguir — seja lá o que for. Felizmente, ninguém precisa se preocupar com isso.

Agora estou pronta para aceitar a morte. Tenho sido singularmente afortunada. Tenho comigo meu marido, minha filha, meu neto, meu gentil genro — as pessoas que compõem meu mundo. Ainda não cheguei ao momento em que sou um completo incômodo para todos eles.

Sempre admirei os esquimós. Um belo dia, uma refeição deliciosa é preparada para a querida mãe idosa, e então ela vai embora andando sobre o gelo, *e não volta mais...*

Deve-se ter orgulho de deixar a vida assim, com dignidade e resolução.

É claro que é muito bonito escrever essas palavras grandiosas. O mais provável é que eu chegue aos 93 anos enlouquecendo todo mundo que estiver perto de mim por não ser capaz de escutar o que estão dizendo, queixando-me amargamente dos mais recentes aparelhos científicos para surdos, fazendo inúmeras interrogações, esquecendo imediatamente as respostas e perguntando, de novo, as mesmas coisas. Vou brigar violentamente com a enfermeira que estiver me atendendo e acusá-la de me envenenar, ou fugir do mais moderno asilo para velhinhas gentis, causando problemas sem fim à minha família sofredora. E quando finalmente sucumbir à bronquite, um murmúrio se ouvirá: "Não podemos deixar de reconhecer que para ela foi um alívio misericordioso..."

E será mesmo um alívio misericordioso (para eles) e a melhor coisa a acontecer.

Até lá, enquanto ainda estou confortavelmente esperando na antecâmara da Morte, estou me divertindo. Embora, a cada ano que passe, eu tenha que cortar *algo* da lista de prazeres que me restam.

Já foram cortados da minha lista de prazeres os longos passeios a pé e, infelizmente também, meus banhos de mar; estão também fora da lista filés, maçãs e amoras (dificuldades dentárias) e a leitura de letras miúdas. Mas ainda sobrou muita coisa. Óperas e concertos, leituras, e o enorme prazer de me deitar na cama e dormir, tendo sonhos variados, e receber frequentemente visitas de jovens que são muito gentis comigo. E, talvez o melhor de tudo, ficar sentada ao sol — docemente sonolenta...

E então me pego de volta às recordações.

"Eu me lembro, eu me lembro, da casa onde nasci..."

Sempre volto a ela em minhas lembranças. Ashfield.

*O ma chère maison, mon nid, mon gite*
*Le passé l' habite. . . Oh! ma e aqui maison...*

Ashfield significa tanto para mim! Quase nunca sonho com a Greenway nem com Winterbrook. É sempre com Ashfield, o velho cenário familiar, onde minha vida começou, mesmo que nos sonhos as pessoas sejam as de hoje. Como conheço bem cada pormenor ali: a cortina vermelha puída junto da cozinha, o guarda-fogo de latão da lareira do hall, com um desenho de girassóis, o tapete turco das escadas, a grande e malcuidada sala de estudos, com seu papel de parede com desenhos azul-marinho e dourados!

Há uns dois anos, visitei o local onde Ashfield estivera. Eu sabia que teria que ir mais cedo ou mais tarde. Mesmo que me causasse dor, eu precisava ir.

Há três anos recebi uma carta perguntando se eu sabia que a casa seria demolida e que uma nova propriedade seria construída no local. Eles se perguntaram se eu não poderia fazer algo para salvá-la — uma casa tão linda —, pois souberam que eu tinha morado lá.

Fui falar com meu advogado. Perguntei se seria possível comprar a casa e doá-la a um asilo. Mas não foi possível. Quatro ou cinco grandes mansões e jardins haviam sido adquiridas em conjunto — todas seriam demolidas para dar lugar a novas propriedades. Portanto, não haveria trégua para a querida Ashfield.

Um ano e meio depois, tomei a decisão de fazer a viagem pela Barton Road...

Não havia mais nada ali que me suscitasse sequer uma lembrança. Eram as casinhas mais mesquinhas e de má qualidade que eu já tinha visto. Nenhuma das grandes árvores permanecera. Os freixos da floresta haviam desaparecido, os restos da grande faia, a wellingtônia, os pinheiros, os olmos que bordejavam a horta, a escura azinheira — nem consegui situar, na minha mente, onde antigamente ficava a casa. E então eu vi a única pista — os restos desafiadores do que já tinha sido uma araucária, lutando pela sobrevivência no fundo de uma casa. Não havia sinais de um jardim em lugar nenhum. Era tudo asfalto. Não havia um verde sequer.

— Brava araucária — falei para a árvore e refiz o caminho de volta.

Mas passei a me importar menos depois de ter visto o que tinha acontecido. Ashfield não existia mais. E porque tudo o que *existiu* ainda *existe* na eternidade, Ashfield ainda é Ashfield. Pensar nisso não me causa mais dor.

Talvez alguma criança, mordendo um brinquedo de plástico e tamborilando na tampa de uma lata de lixo, um dia veja outra criança, com cachos de salsichinhas amarelo-pálido e um rosto solene. A criança solene estará junto de uma araucária, num canteiro gramado, segurando um arco. Ela olhará para a nave espacial de plástico que a outra criança está mordendo e esta olhará para o arquinho. Ela não sabe o que é um arquinho. E ela não saberá que viu um fantasma...

Adeus, querida Ashfield.

Tantas outras coisas para recordar: caminhar por um tapete de flores até o santuário dos yezidas, em Sheikh Adi... a beleza das grandes mesquitas de azulejos de Isfahan — uma cidade de contos de fadas... um pôr do sol avermelhado na varanda da casa de Nimrud... Sair do trem nas Portas da Cilícia ao crepúsculo... As árvores de New Forest no outono... Nadar em Torbay com Rosalind... Mathew jogando no torneio entre Eton e Harrow... Max chegando em casa da guerra e comendo peixe comigo... Tantas coisas — algumas bobas, algumas engraçadas, algumas lindas. Dois cumes de ambição atingidos: jantar com a rainha da Inglaterra (como minha babá teria ficado contente! "Gatinho, gatinho, onde estava você?") e a orgulhosa compra de um Morris — meu carro! A mais pungente das experiências: Goldie, o canário, pulando do mastro da cortina, depois de um dia de desesperada infelicidade.

Uma criança agradece a Deus por seu bom jantar.

O que posso dizer aos 75?

Graças a Deus por minha boa vida e por todo o amor que me foi dado.

*Wallingford, 11 outubro de 1965*

# *Notas sobre*
# Uma autobiografia

**Iniciada em 1950** e finalizada em 1965, este livro é fruto da relutância de Christie em deixar que outras pessoas contassem sua história, como ela explicou ao agente Edmund Cork de Hughes Massie. Ciente de que isso seria inevitável por conta de sua fama, Agatha Christie decidiu ter a primeira palavra, apesar de insistir que o livro só fosse lançado após sua morte.

**Depois que Agatha Christie** faleceu em 1976, o manuscrito foi editado por seus editores de longa data da House of Collins, assim como pela filha, Rosalind Hicks, e o marido Anthony. Como resultado, a narrativa termina em 1966, e não inclui algumas das últimas conquistas da autora, como ser nomeada Dama (Dame Commander of the Order of the British Empire) em 1971.

**Apesar de vários filmes** terem sido inspirados em eventos específicos da vida de Christie, como *Agatha* (1979) e o episódio de *Doctor Who*, "The Unicorn and the Wasp" (2008), nenhum deles é uma adaptação fiel da autobiografia dela.

**A tradução para o português** do trecho de *David Copperfield*, obra do escritor inglês Charles Dickens, na página 15, é da Penguin Companhia.

**O pai de Barker,** mencionado na página 33, é um darbista, nome dado aos membros dos Irmãos de Plymouth, grupos cristãos protestantes não conformistas de Dublin, na Irlanda.

**O trecho citado na página 93** é do poema "Blue Remembered Hills", de A. E. Houman. Em tradução livre: "As estradas felizes por onde fui / E não poderei voltar…"

**Na página 97,** Christie cita uma prática comum na década de 1910 na qual meninas adolescentes distribuíam penas brancas "da covardia" para homens que estavam vestindo roupas civis como uma forma de incentivá-los a se alistarem através da humilhação pública.

**Na página 116,** há uma referência a "See Me Dance the Polka", uma música de George Grossmith, cuja letra original é: *You should see me dance the Polka / You should see me cover the ground / You should see my coat-tails flying.*

**Na página 117,** a filha de Agatha ri quando ela diz ter praticado a "dança do leque" em sua juventude por confundi-la com a *fan dance*, um estilo de dança erótico em que as mulheres dançam com plumas enormes.

**Na página 125,** Christie faz um correlação entre as cartas do baralho e a peça *Hearts are Trumps*, que estreou na Broadway em 1900, algo que foi possível por conta do título da peça que, no contexto do jogo de cartas, significa "copas são trunfos".

**Cocunut shies,** citado na página 126, é um jogo de mira em que se jogam bolas de madeira tentando derrubar cocos.

**Na página 312,** o caráter sinistro do nome do Dr. Stabb vem do sentido da palavra *stabb* em inglês, que significa "apunhalar". Um nome bem macabro para um médico.

**Na página 455,** Christie descreve o Coronel Dwyer como um "antigo Covernater", fazendo referência aos adeptos do um movimento político e religioso escocês do século XVII a favor da Igreja Presbiteriana da Escócia.

**Um *mound*,** citado na página 538, é o nome dado pela arqueologia a monumentos em forma de colinas, que serviam de túmulos, templos e moradas.

**Na página 564,** os *snoods* usados pelas meninas da pensão de Mademoiselle Tschumi são uma espécie de rede de cabelo tradicional feitas de lã grossa ou tecido.

**Na página 600,** Old Bill faz referência a um personagem de quadrinhos criado entre 1914 e 1915 pelo cartunista Bruce Bairnsfather e que era muito popular durante a Primeira Guerra Mundial por levantar a moral das tropas britânicas.

Este livro foi impresso pela Lisgráfica,
em 2022, para a HarperCollins Brasil.
A fonte usada no miolo é Cheltenham, corpo 9,5/12,3pt.
O papel do miolo é pólen soft 70g/m²,
e o da capa é couché 150g/m² e offset 150g/m².